普通高等教育"十一五"国家级规划教材

华章文渊 管理学系列

第2版

战略管理

Strategic Management

王方华 吕巍 等编著

机械工业出版社
China Machine Press

本书保持了第1版在经典战略理论学术基础上的务实风格，参考国际经典战略管理教材与企业所面临的新的内外部竞争环境，对部分章节结构与内容做了适当的调整，使之与国际最新战略管理课程接轨，反映了最新的企业界管理实践。同时，本书更新了大量案例，使其更具时效性，使案例教学更贴合时代发展，具有实际意义，是一本实践性和操作性极强的教材。

本书适用于管理学类专业本科生、研究生、MBA以及企业管理人员和相关领域的学者。

图书在版编目（CIP）数据

战略管理/王方华，吕巍等编著. —2版. —北京：机械工业出版社，2011.1（2021.8重印）
（华章文渊 · 管理学系列）

ISBN 978-7-111-32666-3

Ⅰ. 战…　Ⅱ. ① 王…　② 吕…　Ⅲ. 企业管理　Ⅳ. F270

中国版本图书馆CIP数据核字（2010）第234660号

机械工业出版社（北京市西城区百万庄大街22号　邮政编码　100037）
责任编辑：王金强　　　　版式设计：刘永青
北京捷迅佳彩印刷有限公司印刷
2021年8月第2版第18次印刷
185mm × 260mm · 23.25印张
标准书号：ISBN 978-7-111-32666-3
定价：38.00元

凡购本书，如有缺页、倒页、脱页，由本社发行部调换
客服热线：（010）88379210；88361066
购书热线：（010）68326294；88379649；68995259
投稿热线：（010）88379007
读者信箱：hzjg@hzbook.com

华章文渊 管理学系列

师道文宗
笔墨渊海

文渊阁 位于故宫东华门内文华殿后，是紫禁城中贮藏图书的地方，世界上最大的丛书《四库全书》曾经藏在这里，阁内悬有乾隆御书“汇流澄鉴”四字匾。

华章文渊

管理学系列

作者简介

王方华 教授、博士生导师，现任上海交通大学校长特聘顾问，享受国务院突出贡献专家津贴，兼任国务院学位办学科评议组成员、全国MBA教育指导委员会委员、教育部科技委学部委员、上海行为科学学会会长、《上海管理科学》主编，上海企业家协会副会长、中国企业管理研究会常务理事、上海市政府“十一五”规划专家、上海市世博局特聘专家等，曾任上海交通大学安泰经济与管理学院院长。长期从事战略管理、企业发展理论、市场营销等方面的研究与教学。先后主持和参与多项国家自然基金研究重大项目、重点项目和一般项目，以及教育部博士点重点项目、国家社会科学研究项目等。在国内外经济管理类核心刊物上发表100余篇文章，出版30多部专著和教材。曾获国家级教学成果奖二等奖、上海市教育成果一等奖、上海市高等院校优秀教材一等奖、上海市优秀教学成果一等奖、上海市育才奖。2004年被亚洲人力资源协会评为“商学院领导成就奖”。

吕　巍 教授、博士生导师，现任上海交通大学安泰经济与管理学院副院长，兼任中国市场学会学术委员会常务理事秘书长以及陆家嘴开发股份有限公司、罗兰家纺股份有限公司、上海耀华皮尔金顿玻璃股份有限公司、中国香港七星购物公司等公司的独立董事，同时还兼任多家跨国公司、大型企业和民营企业的战略营销顾问。曾赴美国南加州大学商学院、麻省理工学院斯隆管理学院、法国INSEAD管理学院做高级访问学者；曾任复旦大学IMBA项目主任、院长助理。长期从事战略管理、市场营销等方面的研究与教学，曾先后组织和完成多项重大战略管理和市场营销方面的课题，其中，国家级项目5项、挪威教育部项目1项、企业委托的咨询项目30多项。近年来在国内外核心刊物上发表论文和案例60多篇，出版专著7部、教材6部和译著7部。曾获国家杰出教育一等奖、国家级教学成果奖二等奖、宝钢集团“国家优秀青年教师奖”、上海市杰出教育奖、上海市杰出青年教师奖、“花旗银行奖教金”一等奖等。

出版说明

提高自主创新能力，建设创新型国家，是党中央国务院做出的战略部署，是包括科技界、教育界在内全社会的共同目标。高等学校是培养和造就数以千万计专门人才和一大批拔尖创新人才的重要基地，是综合国力的重要组成部分，在支撑经济社会发展、提高自主创新能力、推进创新型国家建设中具有不可替代的重要作用。增强自主创新能力，建设创新型国家，对培养创新人才提出了新的要求，对高等教育提出了新的挑战。教育部明确提出大力推进高校自主创新，进一步提高高等教育质量。

作为教学内容改革成果重要体现形式的教材，则在高校创新人才的培养中扮演着重要角色。“教材是体现教学内容和教学方法的知识载体，是进行教学的具体工具，也是深化教育教学改革、全面推进素质教育、培养创新人才的重要保证。”新世纪的到来，对高等教育来说，不仅是时间上的跨越，更重要的是教育思想、教育观念发生了深刻的变革，而教材正从一个侧面折射出教育思想变革。为体现优秀教材的创新成果，机械工业出版社华章公司推出“华章文渊”教材系列（分经济学系列和管理学系列）。本系列重视教育思想和观念的改革，力求处理好知识、能力和素质三者辩证统一的关系，以素质教育为核心组织教材的内容，实现教材内容和体系的创新。“华章文渊”教材充分体现“授人以鱼不如授人以渔”的终身教育的思想。

奉献给广大读者的“华章文渊”教材系列重在培养学生的创新精神和能力，观点、体系有所创新，既与国际接轨，又具有理论性、实用性、可操作性和创新性等鲜明特色，具有各自的知识创新点和独到之处。同时，优秀教材是知识性和可读性的结合体，将深奥的知识融于浅显易懂的文字中，努力使读者的学习过程变得轻松愉快，也是“华章文渊”的目标。

秉承“国际视野、教育为本、专业出版”的理念，华章始终坚持以内容为先的出版标准。集合优秀教材创新成果的“华章文渊”教材系列正是“深化教育教学改革，全面推进素质教育，培养创新人才”的直接体现，期待有志于此的广大教师加入。

机械工业出版社华章公司经管出版中心

2006年6月

第2版前言

机械工业出版社华章公司的《战略管理》第1版从面世之初即广受好评，多次重印，在全国许多高校被广泛用做本科与MBA核心课程教材，作者也收到来自各方的许多有益建议。从2004年12月第1版发行到现在，中国乃至世界的企业界发生了巨大的变化，金融危机对产业格局的影响、新技术新能源的发展与应用、层出不穷的新型商业模式、全球竞争格局的变化……种种因素给企业战略管理的各个方面带来的冲击不可言喻。在这样的背景下，我们决定进行《战略管理》第2版的修订工作，目的是让教材在实际使用中具有更强的时代性和实践作用。

本书第2版共13章，保留了原来的章节内容结构：每章由开篇案例引发读者思考，提出明确的学习目标，在正文中运用“战略透视”来列举具体操作案例，每章都提供“个案研究”和介绍最新战略管理研究前沿的“专论摘要”，在每章末尾有本章小结、复习思考题并列出关键术语（见图0-1）。

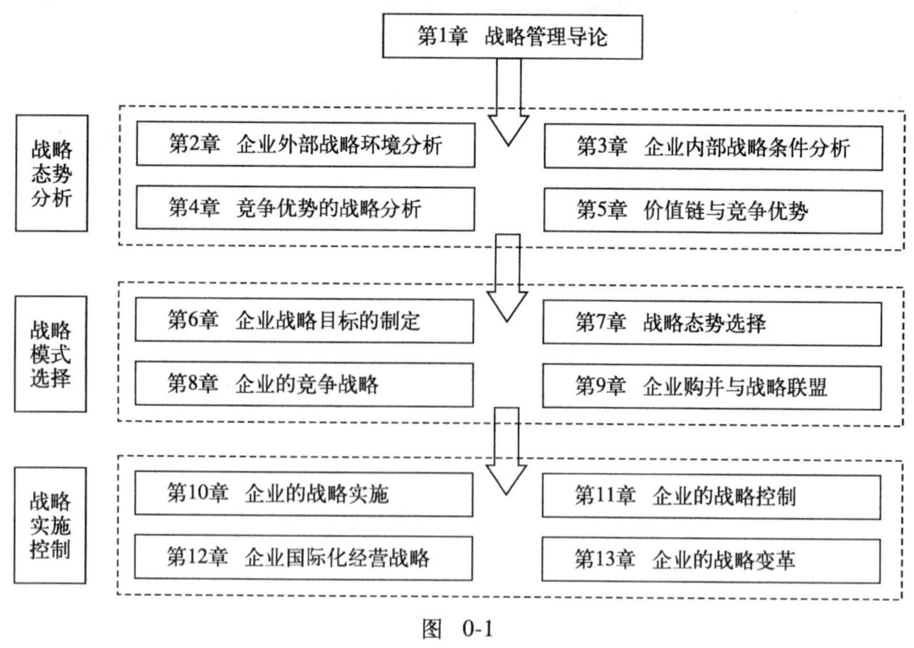

图 0-1

在第1版的基础上，我们主要进行了如下修改。

（1）在经典战略理论的学术基础上保持了第1版务实的风格，参考国际经典战略管理教材，对第1版部分章节结构与内容做了适当的调整，使教材思路更为清晰，与国际最新战略管理课程接轨。

（2）根据企业面临的新的内外部竞争环境对大量内容进行更新，淘汰已经与现实相脱节的一些过时内容，使教材反映最新的企业界管理实践。

（3）更新了书中的大量案例，使其更具时效性，使案例教学更贴合时代发展，具有实际意义。

本书第2版修订工作由上海交通大学安泰经济与管理学院的王方华教授、吕巍教授主持并设计修改方案，陈继祥教授对其中第3章、第5章和第10章等章节内容的撰写与改编做出了很大贡献。参加本版改编工作的还有上海交通大学的郑瑞娟、吴佳、史靖祎三名硕士研究生。第2版的修订工作也得益于学术界对本书第1版提出的大量反馈与修改意见。在此，我们谨向在本书第1版与第2版撰写过程中给予帮助的各位人士表示衷心的感谢。

在第2版即将付梓之时，编者仍感觉诚惶诚恐，一则由于水平有限，难免出现差错；二则企业界形势变化太快，战略管理的理论与实践无时无刻不受到新环境的影响与挑战，没有一种理论、一种模式能永远适用。因此，我们所做的只是引发读者对战略管理的思考与讨论，在未来形势的不断变化中，我们也必须跟着时代发展不断推出第3版、第4版，以保证教材跟上时代步伐。

王方华　吕　巍

2010年9月于上海交通大学

第1版前言

21世纪的今天，中国改革开放进入新的阶段。随着中国加入WTO，中国经济已经逐渐融入全球经济一体化的进程。首先，全球化的环境使得今天的中国企业面临的市场竞争环境更加复杂，从相对内向型的竞争走向开放型的竞争环境，企业的竞争层面从简单的价格、广告宣传的竞争向深层的企业核心竞争力的提升过渡；其次，全球新技术的快速发展，如网络技术、生物技术、管理技术等的突飞猛进，推动了新的商务模式的产生，为中国企业的未来发展带来无限机遇；最后，知识经济和转型经济的发展在改变全球竞争格局的同时，也增加了全球市场的竞争性，企业不得不从单纯地获取信息改变为充分地开发利用信息，以在21世纪竞争环境下夺取战略竞争力。这些巨变给中国企业战略管理实践带来了一系列深刻的挑战。在整个经济结构发生重大变化的社会形态下，企业的战略管理成功与否，企业战略灵活性程度如何，几乎决定了现代中国企业今后发展的命运。中国企业要为长期的可持续发展寻求新的道路，就必须在新形势下重新审视其战略管理的各项要素，反思自己的战略规划过程，重新构建自己的经营哲学。

战略管理理论研究也有许多重要的进展，其中一个重要的理论突破是在国际化的背景下研究企业的国际化战略问题。另外，在新技术背景下企业成长战略的研究涉及许多新的概念、研究方法和分析工具，我们也将新的理论和有关企业战略方法的变化吸收进书中。

此外，战略管理的教学也发生了很大的变化。企业战略管理是管理学类专业，同时也是工商管理硕士（MBA）的一门综合性很强的课程，它在美国和西欧的一些商学院被普遍列为MBA的核心课程，同时也被我国MBA教育指导委员会列为核心课程。目前，我国的战略管理课程教育也出现了新的变化。学习战略管理的学生层面不断提高，很多学校在新开设EMBA学位教育的同时，还开设了总裁班、商界领袖班等，战略管理受到越来越多高层管理者的重视，他们也迫切需要这方面的新想法和新内容。本书是为大专院校和工商界人士提供的一本富于现代气息的主流战略管理教材。我们希望本书中新增加的理论和实践案例能推动学生在制定战略规划和实施战略时更有前瞻性和可操作性，提高对复杂环境的敏感性。

本书吸收时代变迁精华，从新的视角、以新的体例来撰写战略管理。在参阅了大量国外著名商学院最新出版的企业战略管理教材的基础上，总结了我国自20世纪80年代中期以来所推行的企业战略管理的理论与实践，结合从事多年的EMBA、MBA主讲教师的体会和纵向及横向课题的研究成果，编写成既系统深入地阐述战略管理的理论范式，又及时全面地反映现实研究，有利于培养学生战略观和全局观的一门实践性和操作性极强的教材。

本书的主要风格就是在经典战略理论的学术基础上务实，抛弃教条的说教，注重对现实问题提出战略上的崭新视角和思考方式。在这个风格下，本书以美国主要战略流派有关战略理论为学术基础，对本土化的案例加以充分的利用和分析，并对战略管理思想进行提炼，突现全球化的环境、新技术（特别是互联网技术）和知识经济对战略的影响。本书的基点和核心是如何应对环境变迁带来的机遇和挑战，创造和保有持续的竞争战略优势。

本书的特色体现在：**结合中国的实际国情，“全球化的视角、本土化的行动”，吸收中国传统的哲学思想，力图在一个相对不成熟的商业环境和条件下为如何规划战略和执行战略提供崭新的战略思维。**

本书共13章，每章后附有复习思考题，同时在大多数章节还设置了“专论摘要”，有利于广大读者和师生了解战略管理研究者的研究前沿与成果。

在体例上，本书采用了经典教材的模式。

（1）由开篇案例引领读者进入思维环境并强调主要问题。

（2）每章开头有明确的学习目标，以明确学习目的，同时说明在学习了该章以后会有哪些收获。

（3）列出关键术语。

（4）在正文中需要用案例，特别是用本土案例加以说明的地方，提供了“战略透视”来具体论证，包括说明当今的某些趋势、对一些方法运用的具体例证以及在现实中公司的行动方案等。

（5）在每章末尾有本章小结、关键术语和复习思考题。

（6）本书所提供的“个案研究”和“专论摘要”可以帮助读者更好地学习“战略管理”这门课程。

本书由上海交通大学安泰经济与管理学院王方华、吕巍设计全书的整体框架结构，提出完整的编写思路。参加本书编写工作的有上海交通大学陈洁、桑琳、孟令春、刘莱、郑菁菁，复旦大学胡金星、林涛、张颖、吴郁梅和张伟以及上海对外贸易学院姜薇薇。上海交通大学陈洁和蒋波参与了统稿和校对工作。本书由王方华、吕巍做最后的统编定稿。在此，我们谨向给予帮助的各位人士表示衷心感谢。同时，由于水平有限，编写的时间较紧，故难免有差错之处，请各位同行批评指正。

王方华　吕　巍
2004年9月于上海交通大学

教学建议

教学目的

本书从企业经营管理的全局和未来发展出发，研究并介绍了关系到企业生存与发展问题的企业战略的方方面面。本课程教学的目的在于让学生充分认识企业战略管理的重要作用与意义，深入了解企业经营战略的基本构成和具体内容，掌握战略管理各项工作的重要技能，通过学习与实践，学会制定各种战略的方法并成功实施已经制定的战略，培养战略性思维。

前期需要掌握的知识

经济学、管理学、市场营销学、财务管理、人力资源管理等课程相关知识。

课时分布建议

教学内容	学习要点	课时安排	
		MBA	本科
第1章 战略管理导论	(1) 战略管理定义，探讨战略意图和战略使命 (2) 战略管理层次 (3) 战略管理过程 (4) 利益相关者的定义及三大主要利益相关集团对组织的影响力 (5) 后危机时代战略管理面临的主要挑战	3	2
第2章 企业外部战略分析环境	(1) 企业的总体环境和行业环境因素 (2) 企业总体环境的四个方面 (3) 企业的五种基本竞争力量以及它们如何对企业的获利能力起决定性作用 (4) 利用企业战略环境分析技术进行具体分析	4	3
第3章 企业内部战略分析条件	(1) 企业内部资源 (2) 无形资源的重要作用 (3) 企业资源和企业能力的关系 (4) 分析企业资源状况的方法	4	3
第4章 竞争优势的战略分析	(1) 竞争优势的定义和重要性以及对竞争优势进行战略分析的必要性 (2) 竞争优势种类、形成以及保持竞争优势的手段 (3) 有关竞争优势来源的理论发展过程 (4) 为什么核心竞争力是建立持续竞争优势的源泉 (5) 超级竞争的意义 (6) 用博弈论分析现实中企业经常发生的竞争行为	5	3
第5章 价值链与竞争优势	(1) 价值链理论的产生及主要内容 (2) 价值链与竞争优势之间的关系及实践应用 (3) 虚拟价值链的含义及在企业中的开发与使用 (4) 竞争优势通过价值链而实现递增的机制及效应 (5) “2+1”价值链精益管理在实践中的应用	5	3

（续）

教学内容	学习要点	课时安排	
		MBA	本科
第6章 企业战略目标的制定	(1) 企业使命定位及其应考虑的因素 (2) 企业使命与企业战略之间的关系 (3) 企业任务定位的含义以及功能定位要解决的三个问题 (4) 企业战略目标的定义与特征 (5) 企业战略目标体系的具体内容 (6) 制定企业战略目标的原则与方法	3	2
第7章 战略态势选择	(1) 战略态势的含义，四种战略态势的概念、特征、适用性、利弊及类型 (2) 清算战略和放弃战略的区别与联系 (3) 波士顿矩阵分析法和战略群模型两种具体的战略分析方法的内容 (4) 战略态势选择存在的误区及克服方法	5	3
第8章 企业的竞争战略	(1) 竞争的定义，了解竞争与战略的相互关系 (2) 现代企业竞争特征 (3) 竞争战略的重要性 (4) 在对竞争力量和竞争对手类型分析的基础上，描述三种基本竞争战略 (5) 分析每种竞争战略具有的风险 (6) 竞争者的响应模式 (7) 竞争战略及价格竞争对市场占有率的影响，提高市场占有率的战略途径	5	3
第9章 企业购并与战略联盟	(1) 企业购并的含义、类型以及我国企业的购并程序 (2) 企业购并的动因和企业购并的实施策略 (3) 战略联盟的概念、特点以及战略联盟的动因 (4) 战略联盟的形式及应注意的问题	4	3
第10章 企业的战略实施	(1) 战略实施的背景与意义，战略实施与战略基础和战略风险的关系 (2) 构建人力资源管理、生产、营销、财务、研发在战略实施中的框架型结构 (3) 战略实施的核心是整体的系统概念，战略是协调各种活动的关系达到整体最优	4	3
第11章 企业的战略控制	(1) 企业战略控制及其基本步骤 (2) 企业战略控制的特性和影响战略控制的因素与趋势 (3) 企业战略控制的动态过程 (4) 企业战略控制与信息流动、组织和环境的相互关系	4	3
第12章 企业国际化经营战略	(1) 企业追求国际化经营战略的主要动因 (2) 国际经营环境分析与国际竞争 (3) 全球经营战略规划的一般思路 (4) 国际市场的进入方式 (5) 国际竞争存在的风险 (6) 了解为何进行组织设计、战略伙伴选择和跨文化管理 (7) 如何实施国际竞争战略的控制	5	3
第13章 企业的战略变革	(1) 企业战略变革的背景和意义，理解战略变革在企业成长中的巨大作用 (2) 战略变革的困难所在 (3) 战略变革的业务流程和具体实施步骤	3	2
课时总计		54	36

说明：在课时安排上，管理学类专业本科生根据36个学时安排或者选择性补充；MBA和非管理学类专业本科生建议安排54个学时。

目　录

第7章 战略态势选择 ……………168

第8章 企业的竞争战略…………194

第9章 企业购并与战略联盟 …220

第1章 战略管理导论

学习目标

1. 描述战略管理的产生和发展历程。
2. 了解战略管理定义，探讨战略意图和战略使命。
3. 分析战略管理层次。
4. 解释战略管理的过程。
5. 掌握利益相关者定义及三大主要利益相关集团对组织的影响力。
6. 探讨危机时代战略管理面临的主要挑战。

开篇案例 星巴克的咖啡宗教——基于星巴克案例的品牌战略分析

1986年，霍华德·舒尔茨购买并改造星巴克。15年后，星巴克已经成为全球最大的咖啡零售商、咖啡加工厂及著名咖啡品牌。公司已从西雅图的一个小公司发展成为一个在全球四大洲拥有5 000多家零售店的大型企业——从一个咖啡店发展成咖啡帝国。星巴克公司把一种世界上最古老的商品发展成为与众不同的、持久的、高附加值的品牌。一个品牌如何能够如此扎根于世界商业，扎根于各类人的心中？星巴克背后到底有着怎样的品牌战略？

星巴克给品牌市场营销的传统理念带来的冲击同星巴克的高速扩张一样引人注目。暂不考虑其对我国市场的威胁状况和消费者本土品牌偏好以及炫耀消费等问题，仅从其战略考虑——我们可以从其发展和扩张中看到一个成功的、全球化的咖啡世家是如何炼就其品牌的。以下从三个大方面论述星巴克的品牌战略。

品牌定位战略

高品质占领咖啡消费市场

产品质量是品牌生命的基础，产品的质量直接传递给消费者一种品牌知觉。1971年星巴克第一家分店正式开业时，正值美国经济已经从20世纪60年代巅峰跌落，咖啡的销量也因此下滑。据统计，当时美国咖啡的消费人群仍占总人口的75%。而到了80年代，美国的咖啡销量进一步减少，直到90年代，咖啡消费人群基本保持了一个稳定比例。可见，在星巴克开办初期，咖啡行业前景并不乐观。但是星巴克的开创者认为，市场需要高品质的咖啡，咖啡店不只贩卖这种饮品，也应该成为摆脱家庭和工作羁绊的第三空间。

开始时，星巴克以磅为单位销售咖啡——这种特制咖啡品质上乘，口感丰富、味道浓郁、粉末细腻。高品质的咖啡让许多咖啡消费者成为其拥护者，同时也使更多人对咖啡产生兴趣。北美每年都有越来越多的人执迷于咖啡。据统计，美国约有52%的成人每天都喝咖啡，平均每天3杯，另外有28%的成人不定期饮用咖啡。像星巴克公司这样的咖啡店对人们的影响是巨大的，他们通过独特的质量增强了客户对高品质咖啡的意识和需求，开拓了咖啡市场，即用产品的质量创造了消费市场——为日后的成功迈出了卓有成效的第一步。

“广告”独到加深品牌的认知度

星巴克创办者早期的市场战略，始终追求“市场第一”——成为全球极品咖啡的翘楚。因此，其战略和许多传统的美国公司一样，追求的是全球市场地位和市场占有率。但是，星巴克运用了独特的“广告”进行推销。公司认为，同一地区的多家分店可以树立品牌形象和增加客户的便利度。星巴克很少使用传统的广告手段进行宣传，而是拥有众多相邻分店、街头巷尾的绿色标示，增强了品牌的认知度，也极大方便了咖啡消费者。

“店店相连，口口相传”——星巴克巧妙地避开了传统的广告模式，如铺天盖地的平面或媒体的广告宣传，这就节省了巨额的促销广告费用。“我们的店就是最好的广告”，星巴克的经营者们这样认为。据了解，星巴克从未在大众媒体上花过一分钱的广告费。星巴克也故意不打广告。这种启发也是来自欧洲那些名店名品的推广策略，它们并不依靠在大众媒体上做广告，坚持“每一家好的门店就是最好的广告”。

品牌形象塑造战略

打造品牌特色，增加产品附加值，注重品牌联想

一个良好的品牌，有一个由联想所支持的、有竞争力并吸引人的位置，且在合意的特征上得到很高的评价。星巴克的咖啡产品定位不单是咖啡，而且是咖啡文化和咖啡店的体验。比如，星巴克极力强调美国式的消费文化：顾客可以随意谈笑，挪动桌椅组合；注重咖啡之外的“体验”：气氛管理、能够融入当地建筑却不失个性化的门店设计、柔和的暖色灯光、令人放松的店内音乐等。这样的体验也是星巴克营销风格的一部分，一如麦当劳一直倡导“售卖欢乐”，星巴克把咖啡文化逐步分解，使其成为可以体验的商品。

“以顾客为本”：“认真对待每一位顾客，一次只烹调顾客那一杯咖啡。”这句取材自意大利老咖啡馆工艺精神的企业理念，是星巴克快速崛起的秘诀。注重“当下体验”的观念，强调在每天工作、生活及休闲娱乐中，用心经营“当下”这一次的生活体验。

如今，提到星巴克，我们想到的就不仅仅是一杯香醇的咖啡，更是一种生活情调的体验，是一个午后闲暇时光和音乐一同徜徉的时刻的体验。它的建筑同样给了我们一种美的享受，在街道上看到这熟悉的店面，心头就浮出一片温馨和畅然。这就是星巴克品牌的魔力：同时“俘获”人们的味觉和感觉。

品牌忠诚，增强消费者对品牌的感情量度

品牌忠诚，就是要做到正确对待顾客，接近顾客记忆提供附加服务。研究表明：2/3的成功企业的首要目标就是满足客户的需求和保持长久的客户关系。星巴克一个主要的竞争战略就是在咖啡店中同客户进行交流，特别重视同客户之间的沟通。每一个服务员都要接受一系列培训：基本销售技巧、咖啡基本知识、咖啡的制作技巧等。要求每一位服务员都能够预感客户的需求。星巴克也通过征求客户的意见，加强客户关系。

此外，星巴克成立了一个咖啡俱乐部，顾客在星巴克消费的时候，收银员除了品名、价格以外，还要在收银机上键入顾客的性别和年龄段，否则收银机就打不开。所以公司可以很快知道消费的时间、消费了什么、金额多少、顾客的性别和年龄段等。星巴克的“熟客俱乐部”，除了固定通过电子邮件发新闻信，还可以通过手机传简讯，或是在网络上下载游戏，过关可以获得优惠券，这也起到一传十、十传百的广告效应。

星巴克的附加服务也十分周到。由于环境的幽雅舒适，很多人花时间到这里来处理文件、写作等，因此，星巴克有免费的宽带接口，方便人们上网，而且自己带杯子的顾客可以用更便宜的价钱续杯。

了解不同地区风俗习惯状况，拓展星巴克“领土”

星巴克早已进入中国市场，但让习惯喝茶的中国人普遍地喝咖啡还有很长的路要走。有统计数据表明，咖啡市场正以每年30%左右的速度增长。理论上讲，中国的咖啡市场还有巨大的增值空间。星巴克在中国的初步成功，说明它的理念可以被不同文化背景所接受。

“在国际市场上的竞争已经不是产品的竞争了，而是理念和观念文化的竞争。”在上海星巴克，有一项叫做“咖啡教室”的服务，所谓“挂咖啡卖文化”。比如，三四个人一起去喝咖啡，星巴克就会为这几个人配备一名咖啡师傅。顾客一旦对咖啡豆的选择、冲泡、烘焙等有任何问题，咖啡师傅会耐心细致地向他讲解，使顾客在找到最适合自己口味的咖啡的同时，体味到星巴克所宣扬的咖啡文化。文化给其较高的价格一个存在的充分理由，顾客由此获得心理上的莫大满足，而真正的赢家却是星巴克。

品牌内部管理战略——员工力量

舒尔茨意识到员工在品牌传播中的重要性，他另辟蹊径开创了自己的品牌管理方法。本来用于广告的支出用于员工的福利和培训。1988年，星巴克成为第一家为临时工提供完善的医疗保健政策的公司。1991年，星巴克成为第一家为员工（包括临时工）提供股东期权的上市公司。一系列的“员工关系”计划，使公司确实收获不浅，员工的流动率大幅下降。舒尔茨写道：“知名的品牌和尊重员工使我们挣了很多钱并颇具竞争力，两者缺一不可。”

星巴克通过有效的奖励政策，创造环境鼓励员工自强、交流和合作。因为所有的员工都拥有期权，他们同样被称为“伙伴”。

同时，星巴克公司通过权力下放机制，赋予员工更多的权力。各地分店也可以做出重大决策。为了开发一个新店，员工们团结于公司团队之下，帮助公司选择地点，直到新店正式投入使用。这种方式最能让新店融入当地社会。创造“关系”资本，跨越企业内部障碍，实现文化、价值观的交流，是创造企业关系资本的基础。

资料来源：王婧怡. 星巴克的咖啡宗教——基于星巴克案例的品牌战略分析。

从上面这个案例可以看出，星巴克由于品牌战略定位准确，成功地占据了消费者的心。对星巴克而言，它的战略管理就是确定品牌定位，对整体战略的制定、实施、控制和修正进行管理。但是正确的战略方向并不能保证战略管理的正确性，星巴克对内部管理的重视，使得其有能力实施所制定的品牌战略。正确的战略管理有助于形成共同愿景、明确企业的使命与目标，通过控制和修正，确保整个战略方向的稳定性和可实现性。因此，在市场经济条件下，随着商品生产与商品交换的日益扩大，企业的外部环境正在发生着重大变化，特别是卖方市场迅速转变为买方市场和市场竞争日趋激烈，使每一个企业在不同程度上都感到了市场竞争的压力。在这种条件下，如果企业不重视外在环境的变化，不重视外来战

略的组建，不重视战略的实施，不能在竞争中深谋远虑、多谋善断，则必将为时代所抛弃，更谈不上企业竞争的获胜。由此，研究企业战略的形成、战略执行、战略控制和战略修正的整个战略管理过程对企业未来的发展具有极其重要的意义。

1.1 战略管理的产生与发展

1.1.1 战略管理的产生

1.1.1.1 管理——历史的回顾

管理，与人同在；管理，自古有之。然而，管理真正成为一门科学则是在19世纪末20世纪初，这也是社会环境变迁的产物与社会发展的见证。回顾企业管理的发展史，我们可以看到它的风风雨雨。诸多理论家根据其过程特点将之划分为经验管理时代、科学管理时代、行为科学理论、管理的丛林等阶段。作为名家之言，固然言之有理，但是我们若从投入产出要素的视角来对这一问题做更深入的探讨的话，那么，我们可清晰地看到企业管理发展有别于上述的划分，而应分为生产管理阶段、经营管理阶段和战略管理阶段。

1. 生产管理阶段

这个阶段管理的突出特征便是现场管理，即只考虑如何去高效率地生产。19世纪末至21世纪初，电力和内燃机的应用推动了科学技术的发展，以美国为代表的资本主义国家经济高速增长，其中，制造业发展表现尤为突出，整个市场呈现出供不应求的现象。在当时的情况下，企业管理的核心问题必然是如何提高生产效率，提高产量，降低成本。生产企业一般都是靠生产品种比较单一的产品来满足市场的需要，整个市场的需求基本上是被动的，消费者没有多大的选择余地。以泰勒（Frederick W. Taylor）为代表的科学管理理论和方法就是在这种背景下产生的。企业管理的重心必然是生产管理，即千方百计地谋求提高生产效率，增加产量。由于产品的销售不成问题，因此，生产者并不考虑市场需求问题。这种指导思想可以概括为："我们会做什么就生产什么。"

个案研究

美国的皮尔斯堡面粉公司从1869年成立到20世纪20年代，一直用其生产观念来指导企业的经营管理活动。这家公司提出的口号是："本公司旨在制造面粉。"

美国福特汽车公司的信条一度是"不管顾客的需要是什么，我们只生产黑色汽车"。在那种条件下，福特汽车公司通过采用流水线的生产组织形式，大大提高了福特汽车的生产效率，大幅度降低了生产成本，从而使福特汽车的售价大幅度降低，并成为市场上供不应求的典范。

显然，在生产管理阶段，买方与卖方的关系以卖方市场为主导，而企业考虑的主要也是生产效率问题。

生产管理是企业生产运营实践活动中的最古老、最常用的一种管理方式，也是指导企业行为时间最为长久的一种管理方式。

2. 经营管理阶段

从19世纪末开始，资本主义经济高速发展。随着资本主义生产发展的盲目性及其基本矛盾的激化，终于爆发了1929～1933年震撼资本主义世界的经济危机。各个企业为了求生存、图发展，竞相采用新技术以提高劳动生产率和降低成本，这使整个市场产生了生产过剩和供过于求的局面。这时，各生产企业面临的首要问题已经不再是如何扩大生产规模和提高生产效率，而是从整个企业的投入要素与产出成果去考虑企业的经营问题。第二次世界大战后到20世纪50年代初，由于科学技术的高速发展和大量军工企业转向生产民用产品，社会产品供给量剧增，各生产企业在市场上的竞争空前激烈。整个市场也迅速由原来的卖方市场转变为以购买者为主导的买方市场。

面对这一社会经济的变化，许多具有远见的企业家意识到，只有树立经营意识，从投入产出的角度去理顺各个管理环节，特别是要首先分析和研究市场的需要，了解顾客现在与未来的需求，然后再确定企业的产品线，并努力降低各种原料成本，这样企业才能得到生存与发展。

个案研究

1950年前后，皮尔斯堡面粉公司经过调查了解到，战后美国人民的生活方式已发生了变化，家庭妇女采购食品时，日益要求有多种多样的半成品或成品（如各式饼干、面包、点心等），而不是以前仅以面粉为主要购买对象。针对这种产品需求的变化，这家公司主动采取各种措施，开始生产多种半成品和成品食品，使企业业绩大幅上扬。1958年，这家公司又进一步成立了皮尔斯堡销售公司，着眼于长远占领食品市场，着重研究以后的市场变化方向并及时调整其生产结构及原料结构。

福特汽车公司在相当长的一段时间里，由于仅抱着只生产黑色汽车的思想，并不考虑市场变化，使得公司的销售量日趋下降，甚至面临倒闭的危险。后来该公司改变了这种做法，根据市场特点改革了产品，推出了各种不同牌号、档次、型号和颜色的汽车，结果扭转了局面，打开了销路。

综观这一时期经营管理的特征，其突出表现有如下几点。

- **企业的管理目标**
  - 关注已建立起来的企业总目标，但没考虑调整因素。
  - 总目标在以现有的经验判断是正确的以后，并没有注意到企业目标有时是有争议的，在有些条件下没有经验判断的根据。
  - 总目标可以自上而下地层层分解，并有自下而上的层层保证，但并没有关注目标的实现与否，主要看企业未来生存发展的制约要素。
- **领导作用**
  - 领导者更多考虑用什么手段去达到企业总目标，并没有更多关心企业外部环境的发展变化趋势。
  - 领导者能较快获悉目标实施情况，有时表露出急功近利的倾向。
- **企业组织**
  - 为了达到目标，一般用奖惩来调动员工的积极性，并没有充分发挥出员工的主动性与聪明才智。
  - 竞争对手之间都有熟悉的“比赛规则”。

• 实施过程中的问题能很快暴露出来，至于潜在的更深的问题则很少得到关注。

3. 战略管理阶段

随着社会的发展，这种思想已不再能适应需要了。因为经营管理基本上还是停留在缺乏大目标的追求效率与效益阶段上，追求短期、局部利益现象非常严重。而丧失目标方向或目标方向错误的效率与效益只会损害企业利益，只是追求短期、局部利益也只会危及长远、整体利益。复杂多变的环境需要有新的管理理念。在这种历史条件下，企业战略管理应运登上了管理舞台。

1.1.1.2 时代的抉择：战略管理呼之欲出

近现代社会，一个企业能否成功，从某种意义上来讲，就是看其能否灵活运用战略管理将各种资源变成社会所需要的产品和服务。

第二次世界大战后，经过了30年的短短时日，日本这个原来相对落后、资源匮乏并饱受战争摧毁的岛国就创造了令世界震惊的经济奇迹。于是，各种关于研究日本经济发展经验的论著蜂拥而出，它们将之归结为日本企业的长期计划、终身雇用制、年工序列制、企业价值观乃至日本的文化传统、民族意识等，但这其中不容忽视的重要一点便是战略管理模式。

我们以日本汽车成功进入欧美市场为例。人们往往惊叹于日本的小汽车长驱直入欧洲和美国市场，实际上，日本汽车公司早就制定了在石油短缺情况下的发展战略，同时尽量开发小型节油小轿车。而在20世纪60年代末期，美国汽车工业“三巨头”——通用汽车公司、福特汽车公司和克莱斯勒汽车公司几乎是不约而同地做出集中生产体积大、耗油多的小轿车的决策。然而在不久之后爆发的“石油危机”侵袭下，这三家企业正在实施的战略被冲得支离破碎，根本应付不了市场的突变。欧洲市场也是类似情况。此时，日本将早已研制好的轻型节油小轿车大量投放欧美市场，它们如鱼得水，一举攻占了欧洲和美国市场，并登上了世界小轿车市场的霸主地位。随后，日本企业又相继在家电、摩托车等领域以优质低价的产品一举成功战胜欧美企业。

日本取代瑞士钟表王国厂商的市场地位的原因也是如此。人们曾对“石英技术誉满全球”的日本手表厂商的广告称赞不已。实际上，钟表王国——瑞士早在20世纪60年代末就成功研制了世界上第一只石英电子表，但瑞士手表厂商曾认为这项技术发展前途渺茫，因此并未加以关注。相反，敏感而精明的日本厂商经过多方面的市场、技术论证，认定这是个大有作为的手表新领域。于是它们当机立断，充分利用已有的雄厚电子技术实力，生产大量的石英电子表以投放国际市场。仅几年时间，日本手表厂商就取代了瑞士钟表王国厂商的市场地位。

1.1.1.3 社会经济发展需要战略管理

我们简要看一下21世纪以来的社会经济发展史，就可以清晰地发现战略管理产生的深刻的社会历史根源和经济发展对战略管理需求的迫切性。此时的企业发展有如下几个特征：

• **企业的规模日益壮大** 根据美国《福布斯》(*Forbes*)杂志的资料，早在1983年，世界十个最大企业的年收入都在270亿美元以上。这种超大规模的经济实力让许多世界小国望尘莫及。在实际的管理跨度中，也是今非昔比，一个总经理往往要掌管十几个事业部。这三个方面的变化使大企业管理的有效性和效率问题变得非常重要，显然，以前的经营管理模式已不再适应这种大规模的发展了，市场要求企业能综合应用内部资源以适应环境变化。

- **企业与社会的联系越来越紧密，企业所承担的社会责任也大大提高** 虽然没有足够的证据能说明企业所承担社会责任的大小与企业的经营有直接的一一对应关系，但由于企业与社会的关系都遵循这样一个原则：如果企业拒绝承担相应的社会责任，那么社会就会通过法律或行政手段来迫使企业这么做，即企业具有社会责任的不可推卸性。只是随着社会的进步，这种关系表现得更为显著。因此企业考虑未来发展时，必须充分注意它的活动会对社会产生怎样的正面与负面的影响，否则，企业将为自己的行为承担责任。1989年，美国阿拉斯加石油泄漏事件发生以后，埃克森公司不仅面临着法律诉讼和巨额罚款，而且还受到公众的普遍谴责，其产品也遭受抵制。此时，越来越多的企业已意识到它们必须承担起以下社会责任：①保护消费者的正当权益；②保护投资者和债权人的合法权益；③承担起生态与环境的保护义务；④向社会提供平等的就业机会；⑤保障与提高员工的生活和工作质量，为其提供事业发展的机遇；⑥促进所处社区的稳定与繁荣。所有这些均应归入企业战略管理的范畴。
- **企业发展已从专业化向多元化转变** 为了避免或减少企业风险、获取规模经济及稳定收入，许多企业已在不同的行业寻找最佳发展机会。例如，联想公司不仅在电脑领域发展，还逐步涉足手机等行业。在这种条件下，产业间的相互关联和波及效果势必影响并决定了企业发展前景，对产业不进行分析，似乎是不可思议的事。
- **企业国际竞争国内化，国内竞争国际化** 美国著名管理学者西奥多·莱维特（Theodore Levitt）在《市场全球化》一书中做了这样描述："一股强大的力量正在使世界变成一个统一的共同体，这种力量就是科学技术……"其结果是出现了一个新的商业现实——标准化消费品的全球市场。面对这种新情况，一些超大型的全球化企业寻求用全球化的竞争战略在全世界范围内推销高质量、低成本、标准化的产品，如索尼电视机、丰田小轿车、耐克运动鞋、可口可乐饮料、联合利华日用品、Levi's和Lee牌牛仔服装等。而另外一些中小企业则千方百计地制定自己的战略以寻找有利于自己生存和发展的利基。越来越多的企业认识到："要想在当今的条件下生存和发展，就必须有自己的企业战略。"因此，由于竞争的残酷性，企业若想在竞争中获取优势并保持这种优势，就必须有竞争战略管理与之相适应。
- **企业所面临的环境更加复杂多变** 多因素的影响大大胜于单因素的作用，而且每一因素的变化节奏明显加快。在这种情况下，企业闭门造车或被动适应环境无异于自寻末路。企业必须制定正确的和明确的战略来确定自己的位置，并在这个位置上创造自己的独特优势。

综上所述，战略管理时代的到来有其自身的必要性。正是由于各种要素的综合作用，战略管理才被纳入管理的领域中。

1.1.2 战略管理在西方的发展

战略管理在西方企业界经历了一个兴起、热潮、回落、重振的历史时期。今天，它已成为企业管理的一个重大发展方向。

1.1.2.1 20世纪60年代——战略管理的兴起

在整个20世纪60年代，战略研究的中心课题都是理论问题。20世纪60年代初，美国著名管理学者阿尔弗雷德 D. 钱德勒（Alfred D. Chandler Jr.）的《战略与结构》一书问世，揭开了企业战略问题研究的序幕。钱德勒在这部论著中给企业战略管理下了明确的定义。他认为：企业战略影响和决定企业的基本长期目标与目的，制约企业达到既定目标所遵循的路线途径，并为实现这些目标对企业已有资源进行最优化配置。在论著中，钱德勒首先详细、全面地分析了环境、战略和组织结构之间的互动关联；然后，他经过仔细分析后得出结论是：企业战略应当适应环境变化——满足市场需求，而组织结构又必须适应企业战略的要求，随战略发展的变化而变化。因此，钱德勒是研究环境-战略-结构之间相互关系的开山鼻祖。

在20世纪60年代的战略发展中，形成了战略构造中的基本学派——设计学派，其代表人物就是哈佛商学院著名教授安德鲁斯及其同事。

他们提出的基本模型是将战略构造区分为制定与实施两大部分，在制定过程中要用SWOT分析法，即全面分析组织的优势与劣势、机会与威胁的相互制约因素。这个学派形成了一句至今仍有相当影响的佳句：企业战略是使组织自身的条件与所处的环境机会相适应。他们要求企业战略要通过一种模式，将企业的目标、方针政策、经营活动和不确定的环境结合起来，使企业形成自己的特殊战略属性和竞争优势。具体地讲，设计学派的基本内容包括以下四个方面：

（1）战略构造应是一个有意识控制的思想过程。战略是在正规训练基础上，通过人们严密的思考论证而制定出来的。

（2）战略构造的模式应该是简单而又非正式的。

（3）组织结构中的高层管理者应该是战略家，专门把握全局问题，负责战略设计和控制。

（4）最佳的战略应该具有创造性、灵活性及充足的弹性，能不断地适应变化，而不是陈旧、僵化的信条。

与设计学派几乎同时产生的另一学派便是计划学派，其代表人物是安索夫，他于1965年出版了《公司战略》一书。由此开始，西方战略管理文献一般将战略分为企业总体战略和经营战略两大类，这对推动战略管理的进一步发展起到了积极的作用。计划学派的主要观点是：

（1）战略构造应是一个有控制、有意识的正式计划过程。这个过程的每一个阶段都必须有支撑措施，并经过认真检验。

（2）组织中的高层管理者负责计划的全部过程，在具体制定和实施计划过程中，下属人员必须对高层管理者负责。

（3）企业战略一旦形成，要能通过目标、项目、预算的逐级分解使之得以实施。

综上所述，从20世纪60年代到70年代初所发生的总体情况可以反映当时的理论研究重点：一是研究战略与环境的关系；二是战略应从上至下，即由高层管理者构思设计；三是战略应该通过正式计划予以实施。

经过诸多学者的研究，大家基本达成共识，即认为战略应该适应环境变化，战略计划

不同于一般的管理作业计划，因为后者仅是面向结果，即规定企业应该达到的具体目标；而战略计划则是面向未来和全局，它的重点不在于规定企业发展的各种指标，而是要指明企业生存与发展的最有利的路径。因此，战略计划便成为贯穿企业生产经营活动全过程的一个动态过程，企业各部门、各单位、各层次的工作都应纳入到战略计划体系中，围绕着企业整个战略计划来展开，去获取有利的机会。

这个时期，战略研究取得了很大进展。它虽然侧重于企业理论上的探索，与企业实际经营活动结合不甚紧密，但它却具备了企业整体宏观面的特点。它将企业的经营活动看成是一个相互关联的整体，在分析问题上打开了思路，为以后的企业战略管理研究奠定了坚实的基础。这里可以用著名战略管理学者、哈佛商学院教授迈克尔·波特的话来一个概括：20世纪60年代的企业战略研究成果为其今后的发展建立了一个框架，但是其中的内容有待进一步填充。这个填充工作也就很快成为20世纪70年代企业战略管理研究的中心问题。

1.1.2.2 20世纪70年代——战略管理的热潮

20世纪70年代是企业经营环境剧烈动荡的年代，同时也是企业战略研究的鼎盛时期。这个时期，企业战略管理的理论与实践相互结合、相互促进，使关于战略管理的研究视野更加开阔，方法亦是多种多样。

1971年，美国管理学者肯尼斯 R. 安德鲁斯（Kenneth R. Andrews）出版了《公司战略思想》一书，他首次提出了公司的战略思想问题，充分阐述了制定、实施公司战略的分析方法。同时，他深入研究了高层管理者在战略制定与实施的地位和作用，认为高层管理者是制定战略的设计师与指导者，并督促战略的实施过程。

与此同时，安索夫（H. I. Ansoff）根据已有的战略研究理论和自己在企业中总结的实际经验，提出一整套关于公司战略制定的方法。1972年，他在《企业经营政策》杂志上发表了“战略管理思想”一文，正式提出了“战略管理”的概念，为以后的企业战略管理理论进一步拓展奠定了基础。

1979年，安索夫出版了《战略管理》一书，系统地提出了战略管理模式，即企业的战略行为模式，这也是他的战略管理的核心内容。安索夫认为，战略行为是一个组织对其环境的交感过程以及由此而引起的组织内部结构变化的过程。安索夫的战略行为模式即企业战略管理模式。他提出“外部环境”、“战略预算”、“战略动力”、“管理能力”、“权力”、“权力结构”、“战略领导”、“战略行为”八大要素。

安索夫提出战略管理理论，在整个企业战略管理发展史上留下了光辉的一页，这里特别指出的是他极具新意的三个观点。

- **修正了钱德勒关于战略与结构的基本思想** 钱德勒在《战略与结构》一书中提出先有战略后有结构的观点，即战略决定组织结构。而安索夫认为，先战略后结构关系使结构调整永远滞后于环境变化，这样会彻底影响战略的实施。鉴于这种分析，安索夫提出了“战略追随结构”，反其道而行之，即“先结构后战略”的观点。循着这种反顺序，企业可缩短组织结构的调整时间，可迅速跟上环境变化，从而降低“可预知性”问题所造成的损失。虽然我们在实践中无法直接判断谁是谁非，但他们给理论者与实践者提供了一种思想、一种解决问题的思路，无疑有很大的借鉴意义。

- **环境服务组织（environment serving organization，ESO）思想** 传统观念认为，营利组织为了追求利润而讲求效率，相反，非营利组织无效率、没有冒险精神，但随着社会经济的进步，这种区别变得越来越模糊。未来营利组织实现自己的战略，在追求自身经济利益的同时，也同样尽职地履行着自我社会职责；而非营利组织也同样开始注重自身的效率和效益，努力创收，以弥补组织在日常活动中的庞大费用支出。这个观点表明，尽管各组织的属性存在差异，但为了求生存和发展，应成为组织战略的出发点。
- **运用系统的方法研究战略管理** 安索夫在这个问题上的突出贡献是：他认为，企业战略管理过程应被看成一个开放式系统，不仅要使组织系统内各个部分相互配合，而且要求组织与外部环境相匹配。这种“外在配合”与“内在配合”的双重适应对战略问题研究是有促进作用的。

战略管理理论的研究发挥出先导作用，它大大推动了企业的战略管理实践。这一时期，严峻的现实与理论的导向使美国许多企业建立了战略计划部门，并由总裁或总经理一级的高级管理者直接负责企业的战略计划工作。有一项资料表明，到20世纪70年代初，美国最大的500家公司中，85%的企业已经组建了战略计划部门。这种历史条件也为管理咨询公司发展提供了契机。管理咨询公司此时接受战略咨询的业务量空前增加，到20世纪70年代末，战略咨询收入高达3亿美元。研究战略管理的学者专家与日俱增，有关战略管理的专著、刊物如雨后春笋般地脱颖而出。20世纪70年代，在美国形成了“战略热”，正如《日本的管理艺术》一书的作者帕斯卡尔（R. T. Pascale）所指出的，美国人对战略管理问题的重视已空前绝后，人们一提起“战略管理”一词，马上会联想到蒙哥马利或麦克阿瑟出奇制胜扭转颓势的大胆决策。这种现象在欧洲也毫不例外，在日本就更不必说了。日本在“汽车战”中尝到甜头，各企业纷纷将战略管理摆到极重要的位置，并将之作为自我成功的一个典型案例向海外推广。总之，在20世纪70年代，西方世界各国均已掀起企业战略管理的热潮。

1.1.2.3 20世纪80年代——战略管理的回落

进入20世纪80年代以后，西方企业战略管理已不再像70年代那样风风火火，它走入一个“回落”阶段。由“战略热”到战略回落，究其原因，主要有以下三种。

- **企业管理的“软化”导致“战略热”降温** 20世纪80年代以美国为代表的西方管理理论异常活跃，涌现出了诸多学派，管理史上将这个时期归结为“热带丛林”时期，先后出现了“决策学派”、“经验学派”、“社会学派”、“系统学派”、“经理角色学派”、“数理学派”等诸多学派。而这时表现突出的是1981年威廉·大内的《Z理论》、理查德·帕斯卡尔与安东尼·阿索斯合著的《日本的管理艺术》等书的问世，他们在美国掀起了“向日本学习”的狂潮。1982年又相继有由托马斯·彼得斯和罗伯特·沃特曼合著的《寻求优势》，以及由特伦斯·迪尔和阿伦·肯尼迪合著的《企业文化》的出现。这些著作批判以前在管理中的理性主义，提出应恢复符合常理的“非理性主义”。他们将“战略”、“制度”、“组织”等都作为企业管理中的“硬性”因素，把其他因素称做“软性”因素。他们通过自己的研究认为，传统的管理过于强调硬性因素，而忽视软性因素的作用。他们主张要发挥企业文化、作风等软性因素的作用，提倡管理中的软化成分。这种要求软化的倾向一度占了上风，自然就导致其对立面“战略热”的回落。

- **各种战略分析方法的应用易使企业走向以财务分析预测为主导的盲区**　在企业战略的制定过程中，有些管理者并不十分深入了解企业基层的实际情况，往往是一种闭门造车的工作方式，只会按层层上报的利润、销售额、业务利润等指标进行计算分析。这样就导致了他们在实际工作中缺乏现实性与灵敏度，一味追求财务上的短期利益，而缺少远见卓识的气魄和运筹全局的能力，致使企业错失许多有利的商业机遇。罗伯特·沃特曼引用了IBM公司巴纳德·帕克特的话说，计划过程只能窒息新的有创造性的思想，它并不能为我们指出新的机会；相反，它只能是扼杀这些机会。也就是说，一些企业往往只关注自我可见的财务指标，而不是从环境与企业相互作用中去发掘新的战略机会，往往是拾一漏万。
- **一些企业实际应用战略管理不当，致使其声誉日衰**　有些公司在实际运用战略过程中，并没有真正领会到战略管理的内涵，只是从一些基本词语概念上略知皮毛便开始匆匆上马，这种不负责任的盲目决策只能给一些企业带来数不清的损失与失败。例如，有些企业还没有真正了解到自我实力所在和环境变化的方向，便采用不恰当的多元化经营战略。本想是分散风险，处处开花，可实际事与愿违，多数败北，反而影响人们对战略管理的期望。事实上，对于这种情况，《寻求优势》一书已给出了答案，它称那些多元化经营失败的公司是因为它们没有形成自身的竞争优势，即并没有形成公司独有的核心能力。

1.1.2.4　20世纪90年代至21世纪初——战略管理的重振

20世纪90年代以后，由于交通、通信的迅猛发展，科学技术已使整个世界变得越来越小，使大家都在一个小小的“地球村”上生存、发展。同样，20世纪90年代也是一个动荡的年代，随着国际政治、经济格局的变化与重组，区域经济集团的发展，以及网络时代的到来，企业面临的环境将比以往任何一个时期来得更复杂多变。进入21世纪，企业的竞争热度日趋升温。在这种竞争态势下，西方各国的企业都在思考这样几个问题：企业如何在国际市场上更有效地实现扬长避短，制定有效的竞争方略？企业如何能充分了解和掌握需求动态的变化趋势，及时调整经营方向和竞争策略，并能灵活把握竞争的主动权？

而战略管理是以预测和分析未来竞争环境为基石、以寻求长期竞争优势为目标的一种先进管理方法，它在某种程度上就是企业竞争获胜的“法宝”。正如著名的未来学家托夫勒所言，没有战略的企业就犹如在险恶气候中飞行的飞机，始终在气流中颠簸，在暴风雨中穿行，最后很有可能就迷失方向。即使飞机有幸不坠落，也有耗尽燃料之险。可以说，企业战略将是企业重振往日雄风，再铸辉煌的成功宝典。正因为如此，西方各国乃至整个世界又开始“怀旧”，逐步关注起了被一度冷落的战略管理。理论界开始用新的工具、新的思路来研究企业战略，试图使企业战略具有更大现实意义。例如，曾一度盛行的企业流程再造在某种程度上就是企业战略的再适应，它强调在新环境中企业战略大调整，从而获得更为长远的竞争优势。与此同时，实践界更是跃跃欲试，诸如许多西方企业的“十年计划”

乃至“百年战略计划”更是屡见不鲜。因此在20世纪90年代至21世纪初，企业战略管理又回到正常、正确的轨道上来，企业战略管理的重振已势在必行。

如果理清企业管理发展史和20世纪60年代到21世纪企业战略管理的脉络，不难看出企业战略管理的发展有以下几个趋势：

战略管理的研究注重从实践中摸索、提升 曾几何时，战略管理研究方法论更侧重于定量工具，如数学模型的应用。不可否认，数学模型等工具对战略管理的发展起到过相当的促进作用。但若过分迷恋于此，只会捆住人的创造性，窒息新的生命。惟有不断从实践中汲取营养的战略才是永存的。林德布鲁姆早在1959年发表的《失败后再成功的科学》一文中就指出，战略构造是一个复杂的系统过程，成功的企业必须善于从失败中学习教训。1980年，魁因（J.B.Quinn）出版了《应变的战略》一书，书中再次强调企业战略管理与实践相结合的重要性，从而使“学习学派”成为战略管理中的主流。此学派提出人们制定战略的过程是一个不断深化、不断发展的过程，其中包括三个阶段：

第一阶段是“无序增量主义”，认为战略制定是一个需要连续不断补救的分散过程。在这个过程中，企业首先明确需要解决的问题，然后针对问题制定决策，而不是充分有效利用外部机会。

第二阶段是“合理增量主义”，认为企业制定的战略必须具有现实可行性，而非凭空生造，必须使企业的决策目标与外界环境保持一致。

第三阶段是“战略的主动精神”，强调企业内部的高层管理者必须努力学习，认真研究，反复总结在实践中的经验与教训，只有这样，才能成为真正意义上的战略家。

同时“学习学派”还强调，要正确处理思维与行动、控制与学习的关系，应在实践中获取有益的理论源泉。无疑，这些都为以后的战略管理在理论与实践的结合方面打下了坚实的基础。

美国学者钱德勒于1962年和1971年分别出版了《战略与结构》、《看得见的手：美国经理革命》两本书，它们前后系统地反映出他扎实的理论联系实际的研究方法。这两本书从美国企业经营管理史的角度全面分析了大公司的经营状况、企业战略实践的成功经验和失败教训，给后人留下诸多启示。从根本上说，战略管理必须深深扎根于实践的土壤中，对企业的实践活动才可能有久远的指导作用。20世纪80年代各种数量分析方法大行其道，尽管有近乎完美的数学模型和基于此的对策建议，但结果还是被广大企业界人士无情地抛弃，导致战略管理的声誉大损，这已从反面足以证明没有实践基础的战略管理是没有生命力的。因此，20世纪90年代战略管理已充分注重其实践意义，这也将成为企业战略管理今后发展的一个方向，即实践出真知。今后一段时间的企业必将在确定战略之后，边实践，边检验，进行逐步细化，实施“走一步、看一步”的滚动研究方法。这样做并非是战略管理的短视化，它恰恰反映的是战略管理的时间方向。

重视物质要素与精神要素的相互作用 管理学家们认为，如果企业高层管理者只关注一些财务指标和经济效益的考核，忽略了企业的物质技术基础设施建设，那么，随着时间的推移，它必然会损害企业的长远战略利益。纵观历史上有成就的战略管理者的实践经验，大都是从企业的基础设施建设抓起。在美国，许多战略问题专家指出，许多企业在错综复杂的国际竞争中屡次败北的原因就在于它们偏废于一方，即重财务分析，轻生产技术管理。他们认为，美国企业家应该再次将注意力转移到生产和技术管理上去，重视抓产品和技术开发。只有具备强大的物质基础，将管理的重点转到生产技术这个基点上来，才能使目前被动的局面得以改观。然而，这也只说明了问题的一个方面。

另一方面，出于对成功经验的借鉴和理论的研究，近年来，西方国家的企业战略管理，越来越重视在实际工作中人们精神力量的作用。他们将价值观念和信念教育作为实施战略的重要前提条件与基础，甚至认为企业成功的关键在于企业集体的精神动力，而不是主要取决于企业外部环境和条件。这也被以后的诸多案例所验证。惠普公司认为，企业经营的好坏主要取决于企业内集体精神，并不在于企业的市场竞争地位。又如，美国管理学家们研究日本企业在竞争中处于优势地位的情况后得出结论，正确的竞争战略固然是其取胜的重要原因，但隐在其后的则是日本企业中所特有的企业文化精神，从某种意义上讲，这才是真正的秘诀。组织的士气、企业的精神，经过长时间的培养之后，一旦形成稳固的竞争氛围——企业文化，并很好地同企业物质技术条件相结合，便会在企业群体中焕发出一股令人感召的力量，使各种不同的行业行为融会起来，从而激发出巨大的工作热情和积极性，为实现企业的战略目标提供有力的精神保障。

物质要素和精神要素是企业内部最重要的两大资源，也是形成企业核心能力的基础。如何使两者相交作用，也引起战略学家的注意，并形成新的研究方向。如果企业不具备这样的合力，那么再出色的战略管理也失去了成功的依据，竞争优势也无从谈起。当然，这种观点并不否认分析企业竞争地位的重要性。如果能使两者更好地结合，岂不是锦上添花？真是如此，又何愁企业的竞争优势？

兼顾“整体面”和“个案论证”的分析方法的应用 当前战略管理研究的一个重要方向就是兼顾“整体面”和“个案论证”分析方法的应用。而以前战略管理研究往往是以个别案例中某一因素和市场关系为基础建立模型，寻找答案，这已不能适应瞬息万变的经营环境。经营环境的高速变化迫切需要战略研究从“整体面”分析着手，再结合“个案”进行合理调整。美国学者杰米逊曾说，战略管理发展到了必须采用“整体面”分析方法的时候了，惟有此，才能推动战略领域的研究工作继续向前发展。哈佛商学院教授迈克尔·波特（Michael E. Porter）在这方面做了开拓性的工作，1980年，他出版了《竞争战略》，1985年，又出版了《竞争优势》，这是进行“整体面”分析方法的代表作。他认为，“决定一个企业盈利能力的首要的和根本的因素是产业的吸引力。”“竞争战略必须从对决定产业吸引力的竞争规律的深刻理解中产生。”他详细分析了行业内的机会和竞争因素，提出一整套竞争战略。这为企业战略管理的进一步发展开辟了新途径。

虽然对企业进行“整体面”分析很重要，但企业战略毕竟是单个企业的战略，它必然受到不同领导艺术和领导风格的影响。因此，企业在进行“整体面”研究时，要进行“个案论证”，注重从实践中学习，以保证企业战略的切实可行性。1987年，《商业周刊》评出了1986年十大管理畅销书，其中《计算》、《福特：人与机器》等均是以公司发展历史和企业家的个人创业史为背景，这充分说明了企业战略不能忽视“个案论证”。

因此，企业战略管理必须将“整体面”分析方法和“个案论证”分析方法结合起来，从企业实际经营中总结有益的经验，同时进行有效的演绎推理，形成一套行之有效的“整体面”分析方法。只有这样，才能为企业保持竞争优势提供可行的分析体系，也为进一步发展战略管理扫清路障。

注重对培育“优秀战略”的研究 日本学者伊丹敬之对“优秀战略”进行了重点研究。

他总结了过去对战略管理研究的不足，即对战略制定的程序和研究方法过多，而对于什么是“优秀战略”却少有问津，也就是“战略的战略问题”并没有很好地解决。伊丹敬之在此问题上做了有益的尝试。他认为研究战略管理，就像人们画画一样，首先应该知道什么是好画，其次要知道它为什么好，最后才是如何画的问题。在战略管理研究上也具有类似情况，首先应该知道什么是优秀战略，其次知道为什么是优秀战略。他指出优秀战略就是“适应战略”，即要求“战略内容与战略环境之间形成‘适应’关系”。具体来讲，战略要与环境、资源、组织三个因素相适应。环境是企业的外部要素，包括技术、顾客、竞争三个变量；而资源和组织则是企业的内部要素。这三种要素彼此间的适应关系缺一不可。以开拓新领域为例，如果企业高层管理者选择的行业、事业领域没有前途，则企业迈出的第一步是错误的。同样，如果企业不具有拓展新领域所需要的资源储备和实力，则成功也是渺茫的；如果企业有了资源，但战略与企业的组织状况不吻合，也不能充分调动人的积极性和创造活力，再完美的战略也将无济于事。因此，只有在战略与环境、组织和资源相互呼应、彼此契合时，企业战略才会变得可行。

专论摘要

伊丹敬之认为企业战略家若要有成形的优秀战略，必须具备有下列战略指导思想：

1. **差异化战略**：能与竞争对手进行明显的区分，要具有特色的4P战略来获取支撑。

2. **集中化战略**：企业资源必须有适当的密集分配点，形成自我的“旗舰”。

3. **切合时机的战略**：“谋事在人，成事在天”，不合时宜的战略无异于纸上谈兵。

4. **关联战略**：整体战略中的各个“子战略”必须有相应的关联度，能应用波及效果实现更大收益。

5. **聚合战略**：战略需汇集士气，使全体员工拧成一股绳，产生聚合效应。

6. **相对不平衡战略**：保持战略在一定程度上的不平衡性，可能会更有利于战略的实现。

7. **组合战略**：战略应发挥出组合效果，即能将各种要素充分组合起来，产生乘数效果和互补作用。

以上所述都应是优秀战略的必备条件。

伊丹敬之通过研究使企业战略管理又前进了一大步，他澄清了过去许多战略研究的误区，指明了战略管理应发展的新方向，这也成为战略管理发展的一个趋势。

1.1.3 战略管理在现代中国的发展

通过上述介绍，可以清晰看到国外的战略管理都经历了一个形成和发展的过程。西方各国企业均已将战略管理看成是企业管理的重心，是企业的“重头戏”，它们也从中受益匪浅。尤其是日本，它的企业战略管理开始是从美国学来的，可它没有完全照搬照抄，而是对其进行模仿、消化、吸收，最后形成完善的战略管理体系。日本的经验启发我们，一国企业战略管理可以吸收别国经验，但更重要的是不盲从。因此，结合我国经济改革的理论和实践，探索与研究中国企业战略管理的形成与发展过程，对于指导我国今后战略管理理论与实践的发展，必将具有重大现实与历史意义。

我国现代企业的经营管理近几十年来实际上也经历了从生产导向到推销导向、营销导向，直至战略管理几个阶段。战略管理的出现是社会经济发展的必然。在市场经济条件下，随着商品生产与商品交换的日益扩大，企业的外部环境正在发生着重大变化，特别是卖方市场迅速转变为买方市场和大规模“海外兵团”的入侵，使每一个企业在不同程度上都感到了市场竞争的压力。在这种条件下，如果企业不重视外在环境的变化，不重视外来战略的组建，不能在竞争中深谋远虑，多谋善断，则必将为时代所抛弃，更谈不上企业竞争的获胜。由此，企业战略管理应运而生。

我国现代企业战略管理存在一个初创、推进和新的发展的过程，也是一个不断摸索、不断积累、不断前进的过程。由于我国企业战略管理的发展的不同时期大都是交错进行的，很难将各个阶段进行严格区分，因此我们对其进行了大致归纳，以供读者看出它的必要性。

1.1.3.1 企业战略管理的初创时期

20世纪80年代初，我国对宏观经济的数量及结构进行了大幅度调整，很快就波及企业的生产经营活动。有些企业的产品以前是“皇帝女儿不愁嫁”，可是随着时势的逆转，转眼间库存产品与日俱增，原来的供需关系也完全改变，政府的保护效用大幅降低。随之而来的便是全行业进行争夺市场份额的竞争，场面可谓是壮观。针对这种情况，每个企业不得不重新考虑生存问题，重新审视自己的产销状况。它们一方面开始注重研究企业外部的环境，掂量环境对企业的巨大影响；另一方面又进一步探索企业的长远发展。此时，一些抗变性较强的国有大中型企业开始转变生产经营管理方式，直接或间接地学习国外先进管理技术，尤其是企业战略管理的最新理论、方法和技术，并根据企业的实际情况将其直接应用于管理实践，从而形成了少数企业在经济结构大调整中的企业战略管理雏形。这个阶段的中国企业战略管理还处在模仿和不断摸索的过程，理论上也缺乏系统的指导。

个案研究

某家部属重点机床厂在20世纪80年代初期宏观环境影响下面临如下难题：

上级主管部门直接下达的指令性计划任务大幅度减少，本身也明显感到企业正一步一步走向市场，而且此时用户需求发生很大变化，在这种情况下，企业产品能否为社会所接受，企业能否在日益激烈的市场竞争中形成竞争优势并加以巩固，将直接关系到企业的前程和职工的切身利益。

在这种背景条件下，该厂从20世纪80年代初，每年都组织企业中坚力量在海内外调研技术开发前景和市场变化轨迹。有资料表明，仅1980～1982年间，该企业在国内访问调查了4个工业部、35个城市、300多家企业，同时还派优秀人才去美国、日本、瑞士、法国、德国进行考察和社会调查。通过这样详细、系统的研究，它查明了轻纺、电子、手工业等行业对机床的需求潜力很大，大量的专用设备，特别是自行车、缝纫机、手表三大行业对该厂的磨床有较大需求，当然这只是从行业角度进行的研究。接着该厂对国际市场的竞争进行比较深入的分析。分析后得出结论：该厂的产品比世界同档次的产品价格低，但质量并不逊色，具有一定竞争实力；另外，美国是最大的机床进口国，美国铸件成本高，劳动力匮乏，因此对大型机床需求量有增大的趋势。于是，该厂根据形势及时重新研究了企业战略，认为既要扩大企业的销售量，以满足不断扩大的市场，又要发挥自己的技术优势，形成“拳头”系列产品，而不是盲目发展。据此，该厂制定了“搞好一主多副，实行三个转移”的企业战略。

- “一主”：以制造磨床和精密测量仪为主。
- “多副”：发挥精密加工的技术优势，开发出工艺相近、结构相通的轻、纺、手工业和技术改造所急需的机械产品，搞多种经营。
- “三个转移”：①从原来只为重工业和基本建设服务转向同时为轻、纺、手工业等技术改造服务的方向转变；②从原来只注重国内市场开发向同时兼顾国内市场和国际市场开发的转变；③从普通磨床向高、大、精数控磨床的档次提升。

经过几年的实践，该企业的战略给该厂创造了良好的经济效益和声誉，同时也推动了技术进步。

1.1.3.2 企业战略管理的推进时期

如果说企业战略的初创时期只是一个战略雏形的话，那么，20世纪80年代中期的企业战略管理则向着新的方向继续推进。随着中国国民经济调整工作进一步理顺，国民经济结构也逐步协调，这时，不少企业已走出了经济调整期的“低谷”阶段，效益有了很大提高。80年代中期，中国改革开放政策步幅进一步加大，企业既增强了活力，也面临着市场竞争的巨大压力。为了首先在国内市场站稳脚跟，并能在竞争中保持优势地位，企业在战略管理的实践上进行了艰苦探索。在这期间，不少企业根据当时的宏观经济形势，立足企业优势，应用科学预测、数量计算的方法来确立新的企业战略。

个案研究

仍以上述部属重点机床厂为例。

该厂在1984年组织相关人士与国外一咨询公司一起，分别在上海、江苏、浙江等地区对不同类型的61家工厂进行了调查，同时委托咨询公司对欧美市场进行研究。调查分析后得出的结果是：世界机床市场和国外某类机床市场的需求每年将以7%的速率递增。调查结果表明，在使用的3 500台这类机床中，约有50%已超龄服役15年，急需更新，潜在需求量很大。在调查中，该厂还获悉，国内一些厂家每年需要从国外进口一定数量的这类机床和精密仪器，只要国内产品质量相当，品种齐全，完全可以取代进口产品；同时，美国和欧洲某些中小型工厂也非常欢迎该厂的机床，只是该厂的销售渠道存在缺陷，不能提供完善的售前售后服务，而使出口产品的销路无法控制，价格也失去指导，使那些中小型小厂产生不少怨言。它们在得到这些可靠消息之后就开始细致研究该厂的内部条件。针对企业厂房设备旧、自动化程度低、效率不高的现状，制定出一系列旨在调整产品结构、改造营销渠道、控制产品价格、提供完善的售前售后服务和管理方式的新的企业战略。由于企业及时、准确地制定出了新的企业战略，从而使企业的“外挤、内联、改造、开发”等方面有了长足的进步，推动了企业向外向型经济迈进。

在企业战略管理的实践逐步推进的同时，结合国内外的理论和我国企业的实际，大量有关企业战略管理研究方向的书籍也陆续问世。这对战略的内涵、实施、控制方面做了有益的理论探索，但重点还是放在定性研究上，战略管理的方法与技术等方面的定量研究仅初露头角，并在实践中起到一定的指导作用。无疑，企业战略管理理论的出现与向各个领域的拓展，对战略管理的实践大有裨益。

1.1.3.3 企业战略管理新的发展时期

20世纪80年代后期，西方发达国家经历了一次经济结构大调整时期，众多劳动密集型产业，甚至是一些传统重工业生产成本越来越高，本国市场也趋于饱和，开始出现相对萎缩的迹象。这样，这些劳动密集型产业与产品逐渐由发达国家向劳动力素质相对较高而费用较低的发展中国家和地区转移。有的产品因为本国生产成本较高，它们干脆采取进口替代的策略。这对劳动力资源非常丰富的中国内地来讲，是一次难得的历史挑战与机遇。

在这历史关头，1988年国家提出了关于加快沿海地区经济发展的战略决策，这个战略决策要求企业在更大范围、更深层次上参与国际分工和国际竞争，沿海地区具备参与国际竞争优势的国有大中型企业要制定以国际市场为导向的企业战略，以期成为在国际市场上有竞争实力的经济实体。

在国际、国内经济形势的紧逼之下，中国企业势必将企业战略管理推进到一个新的发展时期，即中国企业逐步由国内经营转向国际经营，由为数很少的企业外向经营转向更多企业的外向经营，它们将在更为广阔的世界经济舞台上实施企业战略管理。

外向型企业的战略管理对不同企业及相同企业的不同发展时期要求不一。从我国现状来看，其发展也是个循序渐进的过程，一般须经历外向探索阶段、出口导向阶段和跨国经营阶段。由于中国各地区的企业外向型程度不同，导致这几个阶段同时并存的局面，但大多数企业目前还处在外向型探索阶段。

外向型探索战略要求企业从内向型逐步转变为外向型。**出口导向战略**要求企业能面对国际市场，以出口具有强大竞争力的产品来获取竞争优势，建立稳定的全球销售网络，培育大代理商，并产生相当的市场号召力。**跨国经营战略**要求企业具备强大的资金实力，在国外投资建立生产基地，商品也直接在海外销售，以达到规避风险、利用比较优势、减少费用支出和扩大规模经济的目的。

这将对中国的企业战略管理提出更高的要求。纵观世界上知名的大企业集团，它们无不是在企业达到一定规模之后即拓展其跨国经营战略的。它们利用对外直接投资、海外参股、兼并国外企业、创办国外独资或合资企业等战略经营形式，获得了可观的经济效益。市场、资金和技术的国际化正成为一种历史性的潮流。在此大背景下，我国相当一部分企业在跨国经营战略指导下，率先进行国际市场拓展，有的已在国外参股、控股，而另一些也相继在海外建立合资企业。

尽管我国企业实施跨国经营战略还刚刚起步，但是通过此战略去谋求更大的发展已成为我国企业战略管理发展的一个方向。对一些只停留于外向探索战略的企业来说，应充分挖掘自己的内在潜力，尽快制定出跨国经营的新战略，以实现我国企业的战略管理水平的提升，为进入更高层次的战略管理做准备。

在这一阶段，企业的战略管理的研究在各方面做了有益的探索和补充。借鉴国外经验，我国企业战略也做了公司战略、业务战略和功能性战略的区分。在战略理念上也有了发展。首先，战略管理的研究开始注意到应深入了解企业所处的行业结构；其次，强调企业应该深入了解其客户，因为竞争的最后赢家属于那些对客户有透彻分析的企业；最后，企业战略管理强调应该了解其竞争对手。所有这些都证明战略管理正在为越来越多的企业所重视，

对它的研究也越来越深入。

1.1.3.4 进一步推进企业战略管理是时代所需

虽然我国企业在经营规模、多样化程度、竞争力度、技术水平等方面还不能与西方某些大企业相提并论，但是越来越多的大型国有企业、民营企业和合资企业已经初步接触并深入了解国外企业战略管理的知识，也越来越深刻认识到发展企业战略管理的重要性和迫切性。

（1）近年来我国企业，尤其是沿海地区的企业，发展速度相当快，规模也越来越大。例如，海尔集团、TCL集团、正泰集团、福耀玻璃、力帆集团等在短短几年中，由分散的、小规模的厂迅速发展成产值几十亿，甚至上百亿的大集团，速度之快，令人惊异。然而，如何有效地管理大型集团，形成竞争优势，已成为重大课题。

（2）改革开放政策造就了一大批以外向型为主导的企业。这些企业不仅参与了国内竞争，而且以不同的方式直接或间接参与了国际竞争。面对突如其来的环境大变动和竞争加剧，如何使企业获得长期稳定的增长这个问题也变得非常突出。这里需要企业能不断分析国内外环境因素的变化情况，明确自己所处的市场地位，并对战略的制定、实施和控制进行有效的管理。

（3）越来越多的企业实施多元化经营战略，它们认识到仅凭一个行业的资源是无法迅速扩张的，必须在企业发展到一定程度之后及时向其他产品或行业发展，实施企业战略管理可以有效帮助这些多元化发展的企业集团。此时，如何形成企业的核心能力，能否应用领导的力量去推行、执行企业战略，企业的组织结构能否适应战略的发展，如何建立本企业不易被其他企业所模仿的竞争优势，而且是一种持续性的优势，这一系列问题当即摆到了企业高层管理者面前。

（4）中国经济体制改革仍处于探索阶段，对其中出现的一些新情况和新问题，一些企业管理者感到无所适从。我国多种所有制形式共存，因此企业在管理体制、经营方式、税收及产品价格管理上存在一定差异，如何面对这些同一市场中的不同规则，将成为企业战略管理之中不可缺少的部分。

（5）由于全球经济一体化进程的推进、科技的发展、通信方式的转变，企业更应该首先从全球市场角度去考虑其战略的可行性和适用性，争取在错综复杂的国际市场竞争中站稳脚跟，拓宽经营领域，实现企业战略。

1.2 战略管理的内涵

1.2.1 战略的定义

“战略”一词原为军事用语。顾名思义，战略就是作战的谋略。

《辞海》中对战略一词的定义是：“军事名词。对战争全局的筹划和指挥。它依据敌对双方的军事、政治、经济、地理等因素，照顾战争全局的各方面，规定军事力量的准备和运用。”

《中国大百科全书·军事卷》在诠释“战略”一词时说：“战略是指导战争全局的方略，即战争指导者为达成战争的政治目的，依据战争规律所制定和采取的准备和实施战争的方针、政策和方法。”

在英语中，战略一词为“strategy”，它来源于希腊语的“stratagia”，也是一个与军事有关的词。《韦氏新国际英语大词典》（第3版）定义战略一词为“军事指挥官克敌制胜的科学与艺术”。而《简明不列颠百科全书》则称战略是“在战争中利用军事手段达到战争目的的科学和艺术”。

军事家们对战略一词也有精辟的见解。著名的德国军事战略家冯·克劳塞维茨说：“战略是为了达到战争目的而对战斗的运用。战略必须为整个军事行动规定一个适应战争目的的目标。”另一位著名的德国军事战略家毛奇也曾经说过：“战略是一位统帅为达到赋予他的预定目的而对自己手中掌握的工具所进行的实际运用。”毛泽东也曾经指出：“战略问题是研究战争全局规律性的东西。”

随着人类社会实践的发展，战略一词后来被人们广泛地应用于军事之外的领域，人们又逐渐赋予战略一词以新的含义，因此，将战略思想运用于企业的经营管理之中，就产生了企业战略这一概念。

什么是“企业战略”？在战略管理文献中对此没有一个统一的定义，不同学者与经理赋予企业战略不同的含义。有的认为企业战略应包括企业的使命与目标，即广义的企业战略；有的则认为企业战略不应包括这一部分内容，即狭义的企业战略。本书参照一些国内外学者的观点，在本章附录1A中向读者介绍一些西方有代表性的定义，帮助读者思考企业战略的真实含义，判断在某种特定的情况下，运用哪种企业战略定义更为合适。

专论摘要　企业战略的特征

尽管战略学者和经理们对企业战略的内涵各有不同的认识，但是对于企业战略的特征，人们的认识没有太大的分歧，对它的基本理解都比较相似。概括起来，企业战略具有如下特征：

- **总体性**：形象地说，企业战略就是企业发展的蓝图，制约着企业经营管理的一切具体活动。
- **长远性**：企业战略考虑的是企业未来相当长一段时间内的总体发展问题。经验表明，企业战略通常着眼于未来3～5年乃至更长远的目标。
- **指导性**：企业战略规定了企业在一定时期内基本的发展目标，以及实现这一目标的基本途径，指导并激励着企业全体职工努力工作。
- **现实性**：企业战略是建立在现有的主观因素和客观条件基础上的，一切从现有起点出发。
- **竞争性**：企业战略也像军事战略一样，其目的也是克敌制胜，赢得市场竞争的胜利。
- **风险性**：企业战略是对未来发展的规划，然而环境总是处于不确定的、变化莫测的趋势中，任何企业战略都伴随有风险。
- **创新性**：企业战略的创新性源于企业内外部环境的发展变化，因循守旧的企业战略是无法适应时代发展的。
- **稳定性**：企业战略一经制定后，在较长时期内要保持稳定（不排除局部调整），以利于企业各级单位、部门努力贯彻执行。

- **适应性**：企业战略不应脱离现实可行的管理模式基础，管理模式也必须调整以适应企业战略的要求。
- **综合性**：企业战略与战术、策略、方法、手段相结合，一个好的企业战略如果缺乏实施的力量和技巧，也不会取得好的效果。

1.2.2 战略管理的定义

战略管理一词最初是由美国企业家兼学者安索夫在其1976年出版的《从战略计划走向战略管理》一书中提出的。安索夫在1979年又专门写了《战略管理论》一书。安索夫认为，企业战略管理是指将企业日常业务决策同长期计划决策相结合而形成的一系列经营管理业务。而美国学者斯坦纳在其1982年出版的《管理政策与战略》一书中则认为，企业战略管理是确立企业使命，根据企业外部环境和内部经营要素设定企业组织目标，保证目标的正确落实，并使企业使命最终得以实现的一个动态过程。此后，其他许多战略研究学者与实业家也提出了不同的见解，下面是迄今为止几种影响力比较大的见解：

- 企业战略管理是决定企业长期表现的一系列重大管理决策和行动，包括战略的制定、实施、评价和控制。
- 企业战略管理是企业制定长期战略和贯彻这种战略的活动。
- 企业战略管理是企业在处理自身与环境关系过程中实现其宗旨的管理过程。

概括起来，各学者的主张可以归纳为两种类型，即广义的战略管理和狭义的战略管理。广义的战略管理是指运用战略对整个企业进行管理，其主要代表是安索夫；狭义的战略管理是指对企业战略的制定、实施、评价（控制和修正）进行管理。狭义的战略管理将整个战略管理的过程分解成三个阶段：战略形成、战略实施和战略评价。这三个阶段相互制约、相互影响、相互作用。正确处理好这三个阶段的关系将有助于战略管理的效率的提升。狭义战略管理的主要代表人物是斯坦纳。目前，狭义战略管理的学者占主流。

专论摘要 战略管理与企业绩效

关于战略管理与企业绩效的关系，人们曾做过大量的研究。这些研究涉及一大批处于不同发展阶段和不同环境条件下的经营企业，并采用了多种不同的分析方法和技术。下面介绍其中的一些研究成果。

一项开始最早、内容也最广泛的关于战略管理与企业绩效相互关系的研究囊括了医学、化学、机械、石油、食品及钢铁制造等行业的许多公司。这项研究把这些公司分为两组，划分的依据是看它是具有一套正式的战略管理系统，还是只有非正式的管理系统。然后，分别从销售额、股票价格、每股收益率、净资产利润率以及全部资本利润率等几项指标分析每一组公司的经营绩效。研究结果表明，那些具有正式的战略管理系统的企业在每股收益率、净资产利润率以及全部资本利润率方面显著优于其他企业。虽然这些公司的平均销售额和股价增值同样较大，但其数字明显受单个公司具体情况的影响，因此，在这两个指标上没有得出什么一般性结论。这项研究还对那些具有正式战略管理系统的公司在实行这一系统前后相同时期的绩效做了对比。同样，在实行该系统后，企业绩效要比实行前好得多。对上面这同一些公司的跟踪研究也表明，那些具有正式战略管理系统的公司在此后的运行中仍然比那些只具有非正式战略管理系统的公司高出一大截，而且，实际上这个差距已经在拉大。

另一项对70家大商业银行的一项研究从是否具有一个正式战略管理系统的角度考察了这些机构的金融业绩（表现为净收入和净资产利润率的增长）。结果同样表明，那些具有正式战略管理系统的机构要比其他机构表现出色。一项对澳大利亚20家颇有名气的企业的研究也得出了相同的结论：在盈利能力和投资利润率方面的良好业绩同高质量的战略管理存在着密切联系。

一些没有正式战略管理系统的企业，或者由于幸运，或者由于它们的领导人的天才的直觉，同样获得了成功。然而，从长期来看，比较保险的结论也许是：那些具有正式战略管理系统的企业，会比那些不具有这一系统的企业运行得更好。

1.2.3 战略管理的构成要素

战略管理一般由四种要素构成，即产品与市场范围、增长向量、竞争优势和协同作用。安索夫认为这四种要素可以产生合力，成为企业共同经营的主线。有了这条经营主线，企业内外的人员都可以充分了解企业经营的方向和产生作用的力量，从而扬长避短，发挥优势。

1.2.3.1 产品与市场范围

产品与市场范围说明企业属于什么特定行业和领域，企业在所处行业中产品与市场的地位是否占有优势。为了清楚地表达企业的共同经营主线，产品与市场的范围常常需要分行业来描述。因为大行业的定义往往过宽，其产品、使命和技术涉及很多方面，经营的内容过于广泛，用它来说明企业的产品与市场范围，企业的共同经营主线仍不明确。分行业是指大行业内具有相同特征的产品、市场、使命和技术的小行业，如饮料行业中的果汁饮料分行业、机械行业中的机床分行业，等等。

1.2.3.2 增长向量

增长向量又可称为成长方向，它说明企业从现有产品与市场结合向未来产品与市场组合移动的方向，即企业经营行动的方向，而不涉及企业目前产品与市场的态势。下面通过图1-1来说明增长向量。

产品 使命	现有产品	新产品
现有使命	市场渗透	产品开发
新使命	市场开发	多种经营

图1-1 企业增长向量矩阵

从图1-1可以看出，市场渗透是通过目前的产品与市场的市场份额增长达到企业成长的目的。市场开发是为企业产品寻找新的消费群，使产品承担新的使命，以此作为企业成长的方向。产品开发是创造新的产品，以逐步替代现有产品，从而保持企业成长的态势。多种经营则独具特色，对于企业来讲，它的产品与使命都是新的。换言之，企业步入了一个新的经营领域。

在前三种选择中，其共同经营主线是明晰和清楚的，或是开发新的市场营销技能，或是开发新产品和新技术，或是两者同时进行。但是在多种经营中，共同经营主线就显得不够清楚了。

应该看到，增长向量指出了企业在一个行业里的方向，而且指出企业计划跨越行业界线的方向，以这种方式描述共同经营主线是对以产品与市场范围来描述主线的一种补充。

1.2.3.3 竞争优势

竞争优势说明了企业所寻求的、表明企业某一产品与市场组合的特殊属性，凭借这种属性可以给企业带来强有力的竞争地位。图1-2列示了美国战略学家迈克尔·波特的竞争优势模型。

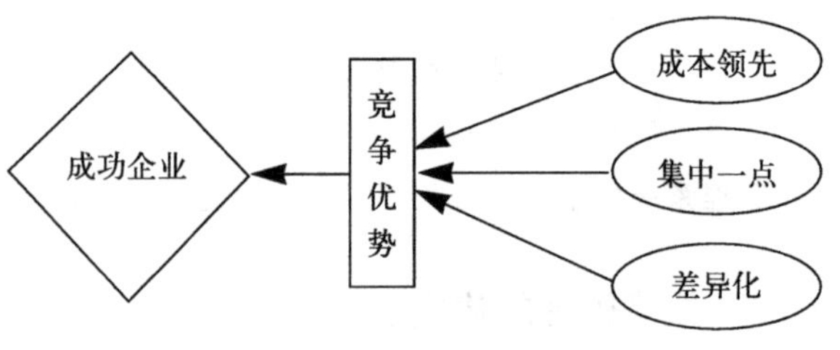

图1-2 波特竞争优势模型

上述三种要素描述了企业在外部环境里的产品与市场道路，而第四种要素——协同作用则是从企业内部的协调考虑的。

1.2.3.4 协同作用

协同作用指明了一种联合作用的效果，协同作用涉及企业与其新产品和市场项目相配合所需要的特征。在管理文献中，协同作用常常被描述为1＋1＞2的效果，这意味着企业内各经营单位联合起来所产生的效益要大于各个经营单位各自努力所创造的效益总和。

安索夫又进一步将协同作用划分成：销售协同作用，即企业各种产品使用共同的销售渠道、仓库等；运行协同作用，即企业内分摊间接费用，分享共同的经验曲线；管理协同作用，即在一个经营单位里运用另一个单位的管理经验与专门技能。当然，如果协同作用使用不当，也会产生负的协同作用，这就是所谓的内耗，产生1＋1＜2的结果。

协同作用是衡量企业新产品与市场项目的一种变量。如果企业的共同经营主线是进攻型的，该项目则应运用于企业最重要的要素，如销售网络、技术等；如果经营主线是防御型的，该新项目则要提供企业所缺少的关键要素。同时，协同作用在选择多种经营战略上也是一个关键的变量，它可以使各种经营形成一种内在的凝聚力。

共同经营除了上述的意义外，还有更深一层的含义，即企业应考虑如何提高获利能力。产品与市场范围指出了提高获利能力的范围；增长向量指出这种范围扩展的方向；竞争优势指出企业最佳机会的特征；而协同作用则挖掘企业总体获利能力的潜力，提高企业获得成功的能力。这四个要素相辅相成、互不排斥，共同构成了企业战略管理的内核。图1-3描述了企业战略管理四个构成要素间的关系。

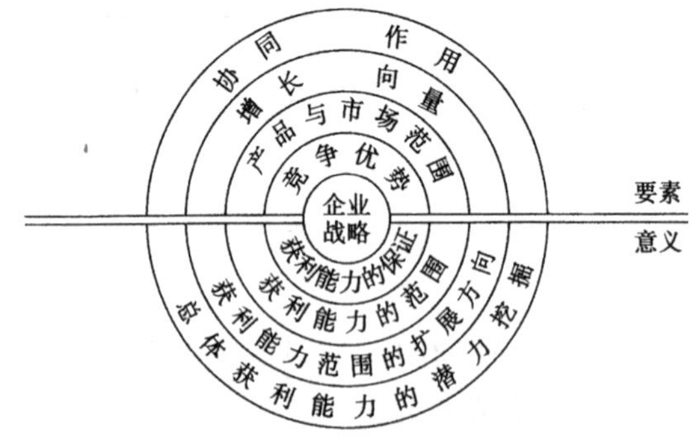

图1-3 战略管理构成要素

1.3　战略管理层次

对一个企业来说，战略管理可以包括三个层次：公司层战略管理、业务层战略管理、职能层战略管理。图1-4列出了战略管理层次的关系。

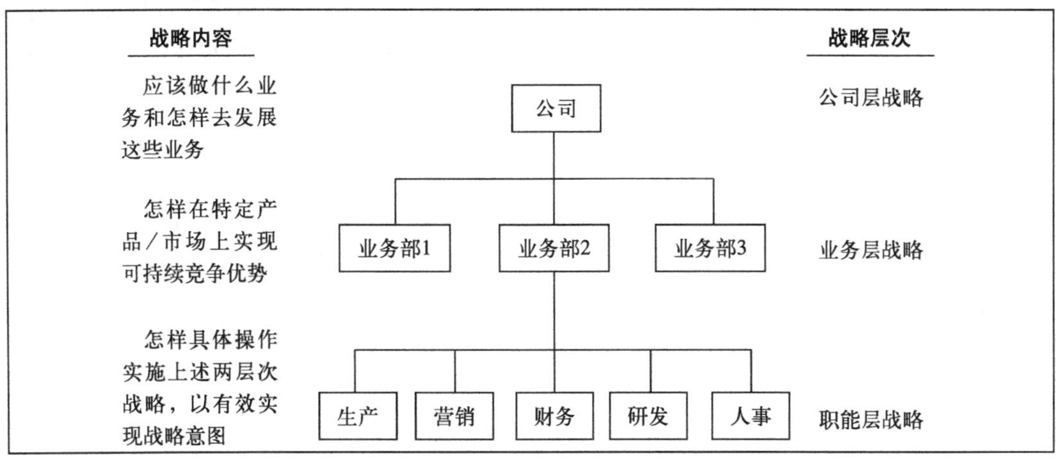

图1-4　战略管理层次

1.3.1　公司层战略

现代企业体系是由大企业、中型企业和小企业组成的，尽管小企业在数量上占据整个企业体系的绝大多数，但小企业从性质上讲只是企业发展过程中的一个初始形态，它必然要向中型企业和大型企业方向发展和过渡。因此，现代企业的稳定形态、典型形式应该是大中型企业。一般而言，大中型企业是由一些相对独立的业务组成的集合体，这些相对独立的业务在西方被称为战略业务单位（SBU）。多元SBU共存于一个企业有其客观合理因素，下面三个理论即是普遍为学者和实业界接受的解释：

- **组合论**　该观点认为，将多个独立的业务组织在一起，更有利于对它们实施有效管理，多个相互独立的业务可以相互支持，共同增强企业的竞争能力。例如，正在走向成熟的业务单位所创造的现金收入，可用来满足正处于高速成长期的新业务单位对资金大量投入的需要。
- **协同论**　协同论指出，公司存在的基本原因在于它建立在多元SBU之间且存在重要相似之处这个基础上，这使得各个SBU共享资源，如管理人员的技能与经验、大规模采购带来的单位成本下降、共同销售网络节省的开支等，从而有利于单项业务费用的减少或者在市场上更有力地竞争。
- **核心能力论**　该观点认为，如果一个企业形成了一种特殊能力，这种特殊能力可以为企业带来竞争优势地位，那么企业可以将这种能力应用于其他业务单位，实现竞争优势。例如，日本本田公司将小型四冲程汽油发动机的制造技术应用于汽车、割草机和艇外推进机等产品的生产。

公司战略研究的对象就是一个由一些相对独立的业务组合成的企业整体。公司战略是这个企业整体的战略总纲，是企业最高管理层指导和控制企业一切行为的最高行动纲领。公司战略的主要内容包括企业战略决策的一系列最基本因素，是企业存在的基本逻辑关系或基本原因。概括来讲，公司战略强调两个方面问题：

- **我们应该做什么业务？** 即确定企业的性质和宗旨，确定企业活动的范围和重点。这些因素不仅决定着企业的经营状况，而且还能决定企业在外部市场环境中的地位，因而是企业生存和发展的根本问题。企业所服务的消费者群体的类型、消费者满足需要的程度、企业采用的技术类型、企业向市场提供的产品类型以及这些方面的发展趋势，结合起来就确定了企业活动范围和重点。这些因素也是反映企业的市场地位、利用市场机会和应付市场威胁的能力的检测器。
- **我们怎样去发展这些业务？** 在企业各种不同的活动中，应当如何确定资源分配的先后次序？企业内部哪一项业务应当得到这些资源？各应得到多少？怎样最大限度地利用好这些资源？对企业来说，合理地配置资源是至关重要的。因为一方面，资源投入不同业务领域的效益不大相同，另一方面，企业内部各个部门往往都在相互争夺有限资源。企业高层管理者的一个重要任务就是以最有利于提高企业整体绩效为前提，根据企业内部资源的潜力可能性，权衡每一项业务活动对企业内部资源的需要，按照轻重缓急合理地配置资源。

从企业战略管理的角度来看，公司战略的侧重点表现在以下三个方面：

(1) **企业使命的确定。**企业最适合于从事哪些业务领域，为哪些消费者服务，企业向何种经营领域发展。

(2) **战略业务单位的划分及战略业务的发展规划。**比如开发新业务的时机与方式；现有企业放弃、维持或扩展的安排；进行这种调整的深度和速度。

(3) **关键的战略业务单位的战略目标。**

1.3.2 业务层战略

业务层战略是在总体性的公司战略指导下，经营管理某一个特定的战略经营单位的战略计划，是公司战略之下的子战略。它的重点是要改进一个战略经营单位在它所从事的行业中，或某一特定的细分市场中所提供的产品和服务的竞争地位。业务层战略涉及这个企业在它所从事的某一个行业经营领域中扮演什么样的角色，以及在战略经营单位里如何有效地利用好分配给的资源。

在实行业务部制的大中型企业中，业务层战略通常由业务部在公司战略指导下负责制定的。因此，企业的最高管理层往往将业务部视为企业内部具有高度自主权的战略经营单位。在企业总体目标和总体战略的范围内，可以允许各业务部发展自己的经营战略，可以允许它们对本业务部范围内产品与服务的生产、销售、成本控制、销售利润率等不同方面有较自由的安排处置权。对一个从事单项经营的小型企业来说，或对没有实行事业部制的中型企业来说，它的公司层战略和业务层战略往往是合二为一的。

从企业外部来看，业务层战略的目的是为了使企业在某一个特定的经营领域取得较好的成果——努力寻求建立什么样的竞争优势，应当关注如何有效地满足消费者群体需要，应当怎样使自己的产品区别于竞争者的产品，如何通过竞争和吸引顾客实现企业的市场定位，以及怎样使业务部的经营活动与本行业的发展趋势、社会变革和经济形势相适应。

从企业内部来看，为了对那些影响企业竞争成败的市场因素的变化做出正确的反应，需要协调和统筹安排企业经营中的生产、财务、研究与开发、营销、人事等业务活动。业务层战略可以为这些经营活动的组织和实施提供直接的指导。从企业战略的角度看，企业内部的关键因素是应当明确从哪些方面提高企业的竞争能力，以及如何提高企业的竞争能力。如果在创新、生产和市场销售这些方面能够确实做得不错，做得与众不同，就能建立起企业的竞争优势，从而获得经营的成功。

综合起来，战略管理意义上的业务层战略侧重点在于：

- 如何贯彻企业使命。
- 业务发展的机会与威胁分析。
- 业务发展的内在条件分析。
- 业务发展的总体目标和要求。
- 确定业务层战略的战略重点、战略阶段和主要战略措施。

公司层战略与业务层战略的根本不同在于，公司层战略要统筹规划多个战略业务的选择、发展、维持或放弃，而业务层战略只就本业务部从事的某一战略业务进行具体规划。业务层战略要在公司战略的指导和要求下进行。

1.3.3　职能层战略

职能层战略是为贯彻、实施和支持公司战略与业务层战略而在企业特定的职能管理领域制定的战略。企业职能层战略的重点是提高企业资源的利用效率，使企业资源的利用效率最大化。在企业既定的战略条件下，企业各层次职能部门根据职能层战略采取行动，集中各部门的潜能，支持和改进公司战略的实施，保证企业战略目标的实现。与公司层战略及业务层战略相比较，企业业务层战略更详细、具体，更具有可操作性。它是由一系列详细的方案和计划构成的，涉及企业经营管理的所有领域，包括财务、生产、销售、研究与开发、公共关系、采购、储运、人事等各部门。职能层战略实际上是公司层战略、业务层战略与实际达成预期战略目标之间的一座桥梁，如果能够充分发挥各职能部门的作用，加强各职能部门的合作与协调，顺利地开展各项职能活动，特别是那些对战略的实施至关重要的职能活动，就能有效地促进公司层战略、业务层战略成功实施。

职能层战略一般可分为营销战略、人事战略、财务战略、生产战略、研究与开发战略、公关战略等。从战略管理的角度而言，职能层战略的侧重点在于：

- 如何贯彻业务发展的总体目标。
- 职能目标的论证及其细分，如发展目标（规模、生产能力等）；主导产品和品种目标；质量目标；技术进步目标；市场目标（市场占有率及其增长率）；职工素质目标；管理现代化目标；效益目标（利润率及竞争能力综合指数）。
- 确定职能战略的战略重点、战略阶段和主要战略措施。
- 战略实施中的风险分析和应变能力分析。

表1-1列示了公司层战略、业务层战略和职能层战略三个战略层次的特点比较。

表1-1　三个战略层次的特点比较

特　点	战略层次		
	公司层	业务层	职能层
性质	观念型	中间	执行型
明确程度	抽象	中间	确切
可衡量程度	以判断评价为主	半定量化	通常可定量

（续）

特 点	战略层次		
	公司层	业务层	职能层
频率	定期或不定期	定期或不定期	定期
时期	长期	中期	短期
所起作用	开创性	中等	改善增补性
对现状的差距	大	中	小
承担的风险	较大	中等	较小
盈利潜力	大	中	小
代价	较大	中等	较小
灵活性	大	中	小
资源	部分具备	部分具备	基本具备
协调要求	高	中	低

制定公司层战略是企业高层管理者的主要职责，制定业务层战略是企业业务部领导层的主要职责。除此之外，这三个层次战略的制定与实施过程实际上是各级管理者充分协商、密切配合的结果。可见，公司层战略、业务层战略和职能层战略一起构成企业的战略体系。在一个企业内部，企业战略的各个层次之间相互联系、相互配合，每一个战略层次都构成了其他战略层次赖以发挥作用的环境，任何一个战略层次的失误都会导致企业战略无法达到预期目的。

如图1-5所示，当企业战略的各个部分与层次相互配合、密切协调时，就能增加企业的凝聚力，也就能最有效地贯彻实施企业战略。职能层战略与业务层战略协调一致能够增强业务部战略的力量。同样，协同业务部战略的各个要素，集中各职能部门专家和员工的建设性意见，也能够极大地改善和强化公司层战略。因此将战略的不同部分和层次之间的关系看做是将企业的不同活动从观念和行为上统一起来的黏合剂，看做是使战略有效地发挥的合力，对有效地实施战略管理来说是十分有益的。

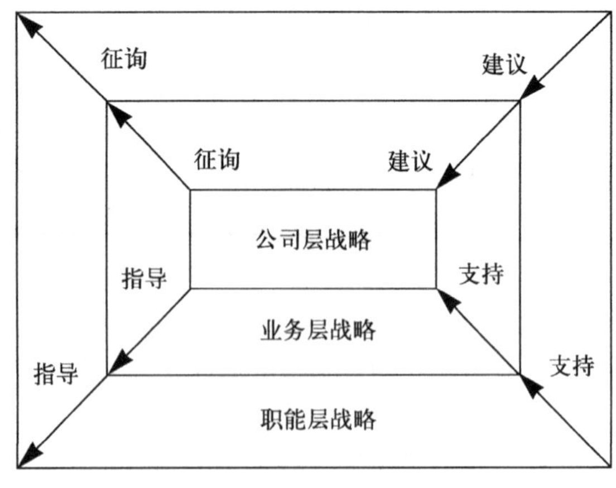

图1-5 战略管理层次互动过程

1.4 战略管理过程

追求竞争力既是战略管理的核心，也是设计应用战略管理过程的核心。为了获取超额利润所需的资源，也为了最大限度地满足利益相关者，公司相互之间不得不展开竞争。通过战略管理过程各个部分的有效运用，公司可以找出发展方向和获取所期望的战略竞争力和超额利润的方法。动态的战略管理过程可以分为战略形成、战略执行、战略控制和战略修正四个阶段，每一个阶段又各自包括若干不同的步骤。图1-6列示了动态的企业战略管理过程模型。

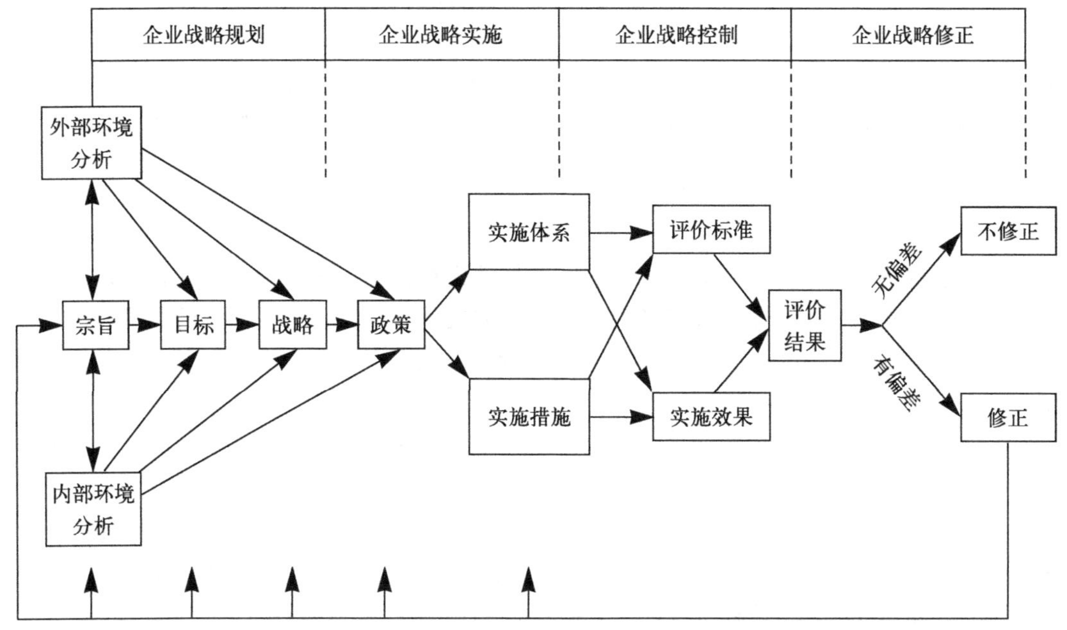

图1-6　企业战略管理过程模型

1.4.1　企业战略的形成

战略管理过程要求公司研究外部环境和内部环境，以找出市场的机遇和挑战，并决定如何利用核心竞争力来获得预期战略收益。利用这一知识，公司形成了它的战略意图，从而运用公司资源、能力和核心竞争力赢得全球竞争的胜利。在战略意图之上，战略使命以书面的形式说明了公司打算利用其资源、能力和竞争力生产的产品和进入的市场。

1.4.1.1　企业的内外部环境分析

企业的外部环境要素可以归纳为两类，一类是直接对企业生产经营活动产生影响的环境因素，如政府、股东、供应者、竞争者、顾客、公众、媒介、社区等；另一类是只能间接地影响企业活动和决策的环境因素，如政治、经济、科技、社会文化等客观环境因素。企业高层管理者进行外部环境分析的目的是：①了解有哪些因素会对企业的未来活动产生影响；②认清这些影响的性质，积极的影响因素称为机会，它是对企业有利的；消极的影响因素称为威胁，它对企业是不利的；③如何对这些不同性质影响因素采取对策。

企业内部的各种环境因素，一般可以分为三类：①企业资源状况（人、财、物、信息、技术等）；②企业在市场营销、财务、生产、研究与开发、人事以及企业文化等方面的现实表现；③企业管理者是否在市场营销、财务管理、生产管理和研究与开发以及企业文化等方面使用了正确的方法。企业的内部环境因素分析的目的是：①了解哪些因素会对企业未来活动产生影响；②认清这些影响的性质，支持性的因素是企业的优势，妨碍性的因素是企业的劣势；③如何针对企业各种不同性质的内部环境因素采取对策。

1.4.1.2 确定企业愿景

企业愿景是全体员工为之奋斗的目标，它必须是前瞻性的、挑战性的，又必须是宏伟的。也就是说它既具有难度，又具备可操作性，同时还具有激励功效。

企业愿景包括两个部分，一个是企业的核心信仰，另一个是未来景象。前者包括企业的核心价值观和核心使命，用于规定企业的基本价值观念和存在原因，是企业长期不变的因素。后者是企业未来10～30年里努力实现的宏大远景目标和对它的鲜活描述。它们是企业通过创造，并通过重大变革和进步才能获得的东西。

1.4.1.3 树立企业宗旨

企业宗旨又称为企业使命，是指企业存在的理由和目的。确定企业宗旨就是根据企业内外部环境分析，判断企业应该从事什么业务，它的顾客是谁，它要向自己的顾客提供什么样的产品和服务。简而言之，确定了企业宗旨，就确定了企业应该从事哪一行业。企业宗旨可以反映一个企业的经营观念。

例如，一家家具公司的企业宗旨表述为："我们是一家向一切愿意购买的顾客出售家具的公司。"而另一家家具公司的宗旨则表述为："我们是以合理的价格为希望有一个舒适的家庭室内环境的顾客提供周到服务的公司。我们提供的不仅是家具产品，我们还提供令顾客幸福和舒适的服务。"这两个企业的经营观念大相径庭，前者仍然属于生产型观念，以企业为中心，而后者则属于营销型观念，以顾客为中心开展生产经营活动。

确定企业宗旨是企业战略管理过程最重要，同时也是最困难的工作。一般来说，企业宗旨的表述必须把企业的性质、特点和目的描述清楚，既不能把企业宗旨界定过窄，也不能把企业宗旨界定过宽。过窄的企业宗旨会限制企业的行动，使企业不能灵活地适应外界环境的变化。过宽的企业宗旨则因包罗万象而使企业无所适从，实现不了指导企业经营管理的目的。

一个恰当的企业宗旨定义可以为企业战略的制定和实施提供明确的指导方针，使企业既不至于在面临的多种发展机会与方向面前无所适从，又不至于在复杂的环境中迷失方向。一般来说，企业不应当四面出击，同时朝许多不同的方向发展。对一个优秀企业家来说，必须在深刻认识企业的现状和需要的基础上，在分析环境的机会和风险基础上，通过确定企业宗旨，明确自己应该做什么，不应该做什么，以及在什么时候转向新的发展方向。

企业宗旨是指向外部，而不是指向内部的。换言之，企业宗旨必须定位于企业的外部。因为顾客是企业生存的基础，一个企业只有为自己的产品和服务找到足够的顾客，它才能够生存下去。因此，企业必须根据它所服务的顾客和顾客的需要来确定自己的宗旨。

1.4.1.4 设置企业战略目标

企业战略目标就是企业在遵循自己的宗旨时所要达到的长期的特定地位，它可以看做是企业活动在一定时期所要得到的结果。企业宗旨为企业高层管理者选择要达到的战略目标提供了方向和范围。

专论摘要　战略目标设定时的常见错误举例

在我国企业战略规划实践中，由于存在模糊认识，战略目标设置时经常出现明显的错误，这使得战略规划往往流于形式，无法取得其应有的效果。

【例1】本企业的战略目标是实现利润的大幅增长。

分析：究竟增长多少才是大幅增长，而且需要多少时间实现利润增长？

改进：本企业未来三年的战略目标是实现利润总额增长50%。

【例2】本企业未来三年的战略目标是改善目前较落后的市场地位。

分析：市场地位改善到什么样的程度才能称得上是改善？

改进：本企业未来三年的战略目标是将市场占有率提高到10%。

【例3】本企业在2003年度的战略目标是增加促销支出20%。

分析：促销活动只是一种活动，而不是一种结果，战略目标应是经营活动的一个结果。

改进：本企业在2003年度的战略目标是通过增加促销费用支出20%，使我们的市场占有率由2%上升到6%。

【例4】本企业的战略目标是在未来十年内跻身世界工业企业500强。

分析：该企业由于目前只在国内处于中流水平，此战略目标失之虚夸，对员工激励作用不大。

改进：本企业未来十年的战略目标是跻身国内工业企业500强。

【例5】本企业未来五年的战略目标是成为本行业的领先者。

分析：究竟是市场领先者，技术领先者，还是两者兼而有之？不明确。

改进：本企业未来五年的战略目标是成为本行业技术方面的领先者。

一般来说，企业战略目标与企业的一系列外部和内部因素相关。从企业的外部因素看，企业战略目标与企业在总体环境中的位置、形象、商誉相联系；从企业的内部因素来看，企业战略目标与企业追求的经营管理成果，即市场份额、增长速度、盈利水平、现金流量、投资收益、竞争能力、经营方向、多种经营的程度等一系列指标相联系。

战略目标的确定是企业战略规划中至关重要的一步。只有明确战略目标，企业才能根据实现目标的需要，合理分配企业的各种资源，正确安排企业经营活动的优先顺序和时间表，恰当指明任务和职责。不确定企业的战略目标，企业的宗旨就可能成为一纸空文。

在确定企业的战略目标时，要注意以下四个方面的问题：

（1）一个战略目标应该有一个明确、特定的主题，不应该模糊不清，过于抽象。比如，“我们的战略目标就是要使本企业成为一家更有进取的企业”，这个战略目标就十分不明确。

（2）目标应该是可以测量的。只要有可能，战略目标就应该用定量指标来描述。

（3）目标的设定要有一个实现目标的明确期限。

（4）目标应该是积极进取的，既具有挑战性，同时又具有现实性和可操作性。

1.4.1.5　制定企业战略

企业战略是为实现企业宗旨和目标服务的，它是指导企业经营管理的综合性蓝图，是从企业发展全局出发而做出的较长时期的总体性谋划和活动纲领。它涉及企业发展中带有全局性、长远性和根本性的问题。企业战略必须解决企业始终面临的以下四个基本问题：

- 面对条件变化带来的威胁，企业应当做出什么样的反应，以利用新的机会，减少外界条件变化带来的不良影响。
- 在不同业务、不同部门、不同项目之间，企业应当如何分配自己的资源。也就是说，当企业的资源有限时，企业必须把自己的有限资源有限分配给哪些方面。
- 在企业从事的行业中，企业应当如何与每一个同行企业竞争。比如怎样打入市场，怎样争取顾客，应当突出顾客的哪些需要诉求，用什么样的技术向市场提供产品等。
- 为了贯彻落实总体战略，企业应当在每一项业务范围内管理好主要的职能部门，以使企业内部的每一个单位都能为企业战略的实施而努力。

1.4.1.6 制定企业政策

企业战略的全部含义需要由企业的政策来做进一步的阐述和说明。战略解决的是企业发展的基本方向、主要步骤和事关全局的重大项目等问题，而政策则是指导人们实施战略的细则。制定了政策，企业战略的全部含义就显而易懂，而且政策渗透进企业的具体经营管理活动之中，它有助于建立一种规范的、可预测的行动方式。政策能够保证企业的所有部门在同一基础规则下运作，同时也有助于促进企业各单位之间的相互联系与协调。

为了实现自己的战略，每一个企业都需要在生产经营中以一系列的政策来指导产品的开发、设计、生产、定价、销售和顾客服务。

企业政策的制定受许多因素的影响：

- **政府的管制** 比如正当竞争法规、劳工法规、产品标准、会计惯例、工资标准、环境保护等。
- **竞争对手行为** 竞争对手的政策也会对一个企业的政策产生影响，特别是在人事政策方面，诸如雇员工资、职工利益以及工作条件等。
- **社会风俗和文化**。
- **企业传统** 例如，一个企业历史上一直是稳健型经营企业，其政策制定必然会受到影响。
- **环境变动** 当一个企业内外部环境发生改变时，政策也需要被重新估价。

个案研究

英国航空公司与战略名词

英国航空公司在它的年度会计报表中清晰地陈述了公司的使命和目标，而且有些目标与使命密切相关。公司管理人员在年度会计报表上的一些说明支持和解释了该公司使命的目标。下面就是对战略、具体目标的举例说明。

使命

“努力成为航空业的最佳、最成功的企业。”

目标

“全球领导者。”

“保证在全球航空运输市场占有最大的份额，同时，保证在所有重要的地区市场占有重要份额。”

“服务与价值观。”

"在我们的每一个细分市场内提供价廉物美的服务。"

具体目标

"我们的具体目标是保持英国航运的增长率，同时在向全球扩张过程中保持优势。"

"在预测顾客需求与竞争者的行为，并快速做出反应等方面力求做得最好……"

战略

"……在我们的许多市场中竞争都会加剧。我们要获得成功，主要依靠我们严格控制成本的能力。"

"我们的战略是在全球范围内通过在有利可图的地方，建立营销联盟或在有足够资本收益率的地方，投资其他航线来扩张我们的核心业务。"

"……保持使我们在竞争中领先的质量、革新和服务等……"

资料来源：Gerry Johnson, Kevan Scholes. 公司战略教程[M]. 北京：华夏出版社，1998.

1.4.2 企业战略的执行

企业战略的执行指借助于中间计划、行动方案、预算和一定的程序，实现企业战略和政策的行动过程。一般认为，战略的执行是一项行政性的管理工作，是在企业最高管理层的监督和指导下，由企业的中下层管理人员组织执行的。然而，作为企业的最高行政领导，一个企业的总经理必须对企业战略的执行承担全部责任。在企业战略执行的过程中，一个企业家有四项重要的任务：

- 确认实施所选择的战略对行政管理的要求，探明企业战略的执行过程中将产生的问题。
- 协调企业战略与企业的内部组织行为，使之相互适应。
- 推进战略执行过程。
- 监督战略执行过程。

企业家要完成战略领导工作，需要使企业的内部结构和经营活动与企业战略相适应。这种适应反映在以下几个方面：

- 战略与企业组织结构相适应。
- 战略与企业的技术与能力相适应。
- 战略与企业的资源分配相适应。
- 战略与企业的组织激励系统相适应。
- 战略与企业的内部政策和工作程序相适应。
- 战略与企业员工的价值观念相适应。
- 战略与企业的预算和计划方案相适应。

企业战略的执行过程包括制定方案、编制预算、确定工作程序等内容，具体如下：

- **中间计划** 它是介于长期战略的行动方案之间的计划。从时间上讲，它一般在1～3年之内。从内容上说，它包括了比行动方案更全面的内容。对于一个3年期的企业战略，中间计划就是年度计划了。
- **行动方案** 它是完成某一次性计划的活动和步骤的陈述。例如，一个企业选择了产品开发战略，就需要在战略执行过程为开发新产品制定行动方案。
- **预算** 它是企业在一定时期内的财务收支预计。从企业战略管理的角度看，预算是为了管理和计划控制的目的确定每一项战略活动方案的详细成本。预算是实现企业战略目标的财务保证。

- **程序** 它是规定完成某一特殊行动或任务的步骤和方法。这些活动是实现企业战略目标所必需的，因而程序必须在时间、人、财、物等方面满足战略目标的要求。为了制定最佳的工作程序，可以借助于计算机和计划评审法、关键路线法、线性规划、动态规划、目标规划等一系列科学管理方法。

1.4.3 企业战略的控制

战略控制就是将经过信息反馈回来的实际战略实施成效与预定战略目标进行比较，检测二者的偏离程度，并采取有效措施进行纠正，以达到战略目标的实现。

战略控制之所以必要，是因为在战略执行过程中会出现以下问题：

- 产生与战略形成要求不符的行动。这一般是因为个人的认识、能力、掌握信息的局限性以及个人目标和企业目标上的不一致造成的。
- 有时还会出现战略计划的局部或整体不符合企业的内外部状况。这一般是由于原来战略计划制定不当或环境发展与原来的预测不同所造成的。

战略控制是企业高层战略活动的控制，所以它不同于管理层、业务层等中下层的控制。企业战略控制具有以下特点：

- 企业战略控制是面向整个企业系统的。
- 企业战略控制的标准是企业总体目标，而不是战略规划本身的目标，因为战略规划必须服从企业总体目标，它本身也需要控制。
- 战略控制既要保持战略规划的稳定性，又要注意战略的灵活性。

战略控制包括以下三种要素，下面分别予以介绍。

1.4.3.1 确定评价标准

战略评价标准是用以衡量战略执行效果好坏的指标体系，包括定性指标和定量指标两大类。

在定性评价标准方面，国外提出了以下六种标准：

- 战略内部各部分内容具有统一性。
- 战略与环境保持平衡性。
- 战略执行中注重评估其风险性。
- 战略在时间上保持相对稳定性。
- 战略与资源保持匹配。
- 战略在客观上保持可行性和可操作性。

在定量评价标准方面，可用以下项目制定出具体指标：劳动生产率、经济效益、产品质量、新产品开发、物质消耗、市场占有率、产量、产值、资金利税率、销售利润率、利润、成本费用等。

企业战略的各项定量标准应该用本行业的有关资料进行比较，特别是要与竞争对手的有关资料进行比较，还要与国外同行业领先者的资料对比才能确定。

1.4.3.2 实际工作成果

实际工作成果是战略执行过程中实际达到目标程度的综合反映。要想掌握准确成果资料和数据，必须建立管理信息系统，并运用科学的控制方法和控制系统。控制方法和控制系统必须满足如下要求：

- 节约。
- 有实际意义。
- 能适时地提供信息。
- 能测量出经济活动的真实特性。
- 能提供经济发展趋势的定性信息。
- 提供的信息要简单明了。

1.4.3.3　评价工作业绩

在用取得的实际成果与预定的目标进行比较时，会得到如下结果：

- 超过预定的目标，这种情况称为正偏差。但如果是稳定、协调发展的结果，则是好结果。
- 与预定目标基本上相符，偏差甚微，这也属于好的结果。
- 没有达到预定目标，存在明显的负偏差，这是不好的结果。

在这种情况下，应及时采取有效措施进行调整。必须针对其产生的深层原因而非表层原因采取纠正措施，这样才能真正达到战略控制的目的。

1.4.4　企业战略的修订

战略修订是在战略执行过程中产生的实际结果与预定目标有明显差距时采取的对战略方案的修改。如果战略执行成效与预期战略目标无差别，则不需要对战略进行修订。

1.4.4.1　进行战略修订的原因

企业进行战略修订的原因有很多，一般可归纳为如下四种：

（1）战略长期稳定性与战略环境的多变性之间发生矛盾，如果不对战略方案进行修订，就会严重脱离实际，从而带来不良后果。

（2）战略方案的制定带有主观想象的成分，加之科学技术发展水平的限制使得对未来预测不够准确，在战略执行中其可靠程度可能会日益降低，因而不得不修改战略。

（3）在战略执行过程中，产生了明显的失误，带来了巨大的风险，迫使企业修订战略。与此相反的情况是，由于指挥得力，措施得当，善于捕捉机会，而提前完成了阶段性战略目标，因此也要修订战略。

（4）战略制定本身就不符合客观发展规律，甚至本身就是错误的，在执行一段时间后发现了战略制定的失误之处，因此必须进行修订。

造成战略修订的具体原因很多，这里不一一列举。总之，战略修订既是由客观因素所决定的，又是由主观因素所决定的。进行战略修订是更好地实现战略的一个重要程序。

1.4.4.2　战略修订的种类

战略修订视其修订的范围大小而可以分为三类：

- **局部性修订**。就是按照影响战略的因素对战略进行局部性小修改，而不涉及战略方向的变化。
- **职能战略修订**。这属于子战略的修订，由于影响战略的因素涉及范围较大一些，职能战略修订程度也比较大，需要认真研究分析，才能进行修订。

- **总体战略修订**。这是涉及全局的长期基本方向的修改，不可轻举妄动，如需要变动大方向，必须有充分的数据与论证，才能进行修改。

1.4.4.3 战略修订的程序

一般说来，战略修订可以按照战略规划的程序进行。为了简化修订的手续，可以分以下几种情况进行。

- **局部性修订**。由于这种修订不影响整体战略，可以由执行单位进行修订，报综合部门备案。
- **职能性战略修订**。可由职能部门提出修订方案，报综合部门审定后，经主管领导批准后执行。
- **总体战略修订**。由综合部门提出修订方案充分的数据，由领导集团讨论后，报主管部门批准后执行。

1.4.4.4 战略的滚动修订

战略是企业发展的一套总体设想，是一种主观对客观的预测，随着客观条件的不断变化，就会出现主、客观的偏差，需要随时进行修订，这种修订不是一时的，而是每年都需要进行的，因此，战略的滚动修订就成为客观的必然要求。战略滚动一般都是时间跨度很大的滚动，大约在三年以上。由于滚动中总有四年是在重复修订与不断准备中，因而能使战略更接近于客观实际，实现的可能性更大。战略滚动规划修订，如图1-7所示。

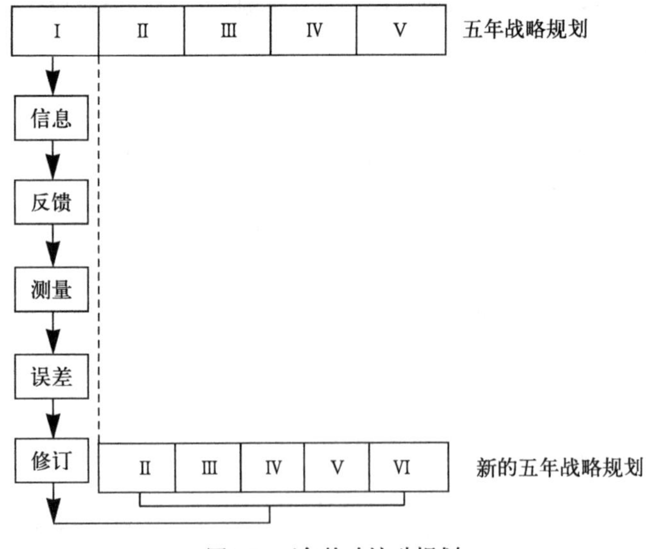

图1-7 五年战略滚动规划

1.5 战略管理的利益相关者

参与企业战略管理的利益相关者可以分为三大类，分别是利益相关者、战略决策者、战略实施者。

1.5.1 利益相关者

利益相关者包括资本市场利益相关者（股东和公司的主要资本提供者）和产品市场利益相关者（公司主要的顾客、供应商、所在社区、工会）。

1.5.1.1 资本市场利益相关者

投资者都期望公司能够使其投资保值并升值。预期收益是与风险程度成正比的，也就是说，低风险带来低收益，而高风险则会有高收益。

假如投资者对公司不满，他们则会对以后的资本投资提出更严格的要求。股东可以通过好几种方式表达他们的不满，如抛售股票。当公司意识到资本市场利益相关者潜在或实际的不满时，它会做出反应。公司对利益相关者不满做出的反应会受到它们之间的依靠关系的影响，如前面所说，同样也会受到社会价值的影响。依靠关系越紧密、越重要，公司的反应则会越直接、越重要。

1.5.1.2 产品市场利益相关者

顾客、供应商、所在社区和工会这四类团体都会从激烈的企业竞争中获得利益。例如，根据产品和行业特性，市场竞争会为顾客带来低廉的产品价格，而公司则会付给供应商较高的价格，因为公司愿意以高价换取能带来竞争成功的物品和服务。

作为利益相关者的顾客往往要求价廉物美，而供应商则希望找到愿意出高价的忠诚顾客。社区会希望公司能够常驻此地以提供税收收入，但是社区不希望公司提出过多公共支持服务的要求。工会人员关注的是为工人寻求稳定的工作和舒适的工作环境。由此，当公司的利润只不过最低程度满足了资本市场利益相关者时，它却能基本满足产品市场利益相关者。

在一个竞争的商业环境中，所有的产品市场利益相关者都是至关重要的。然而，很多公司都非常重视顾客。尽管资本市场利益相关者的能力可以决定公司的实力，但最终的标准还是顾客满意度。

1.5.2 战略决策者

战略决策者主要是指在公司战略层次的责任者——高层管理者，通过企业战略计划的确定，企业高层管理者为自己的企业选择正确的时机、设置正确的方向、按照正确的顺序运用最高效率的方法去做正确的事情。战略决策者在战略管理过程中的主要任务，见表1-2。

表1-2　战略决策者与战略决策过程中的主要任务

战略层次	责任者	战略管理工作重点	战略决策过程中的主要任务
公司战略	企业高层管理者	制定和实施企业的宗旨、目标、政策和战略	1. 制定公司的任务和战略 2. 确定公司各业务部的任务 3. 按照任务给各部门分配资源 4. 批准各业务部的计划、预算和主要投资 5. 考核各业务部工作，保证整个公司按照战略规划顺利运作

高层管理者对公司能否获得预期的战略结果起着关键作用。不难理解，工作勤奋、思维周密、诚实可信、追求卓越、具备常识等特点是成为成功战略决策者的前提。战略决策

者在进行战略决策时，最大的特点就是需要具有企业家精神。企业家精神主要体现在企业战略制定中，就是要使企业不断地追求卓越。这意味着高层管理者要努力维持创新精神和进取精神，不断探索和把握新的市场机会，改进和开发新的产品和服务，寻求满足顾客需要的更好的方法，随时准备应付来自环境和竞争者的威胁，使企业在市场竞争中始终处于不败之地。同时，高层管理者还需要正确地、不失时机地决定企业应当放弃哪些业务、保持哪些业务、开发哪些新业务，以及用怎样的正确方法对企业的业务进行调整，将企业的资源从低收益或收益下降的业务部门转移到高收益或收益增长的业务部门，使企业的资源得到最合理的运用，以取得更好的经营效益。

优秀的战略家会告诉他人一个远景目标（战略意图），以帮助公司创造竞争优势。

1.5.3 战略实施者

战略实施者是指企业中下层管理者和员工，他们在企业的运作中承担不同的职责，在不同的岗位各司其职、各负其责、恪尽职守，上下级密切配合、和谐协作。战略实施者主要包括：业务战略层次的责任者——业务层战略主要管理者；职能层战略层次的责任者——职能机构的中级管理人员和组织利益相关者（公司所有的员工）。战略实施者在战略管理过程中的主要任务，见表1-3。

制定一个完善的企业战略计划，绝对不是为了束之高阁。贯彻落实战略计划，并取得预期效果，这是战略实施者的重要职责。企业战略的实施虽然是行政管理性质的工作，但也充满挑战性。它包括建立一个高效率的企业组织系统，激励员工的工作积极性和劳动生产率，创造一个有利于实现企业战略的企业文化环境，协调企业内部各方面的关系，修订工作进度，调整工作计划以适应环境变化，当企业的经营活动偏离预期目标时能够及时采取正确的行动予以干预和纠正。

表1-3 战略实施者与战略管理过程中的主要任务

战略层次	责任者	战略管理工作重点	战略决策过程中的主要任务
业务部战略	业务部主要管理者	制定和实施公司战略之下的相关业务部战略	1. 向公司高层管理者提出业务部执行公司总体战略的业务部战略 2. 制定本业务部的经营计划并获得上级批准 3. 为取得最佳利润率和业务增长率而经营 4. 按照公司方针、政策与程序进行管理
职能战略	职能机构中的中级管理者	制定和实施公司战略、业务部战略相配合的职能战略	1. 参与制定公司战略 2. 制定公司范围的方针、政策与标准，通过考核与监督，保证执行的一致性 3. 就各业务部的任务、战略、经营计划和预算问题，向公司高层管理者提出建议 4. 就各业务部的职能部门工作，向公司高层领导者提出专门性的意见 5. 制定职能部门系统的战略、目标和职责 6. 对于关键岗位的任命、工作标准的设置以及考核评价，提出建议 7. 在需要的地方提供职能方面的服务
战术	基层管理者和员工	实现企业各层次战略的具体方法和步骤	

1.6 危机时代战略管理面临的主要挑战

2007年，“次级房贷债券”像亚马逊河上的蝴蝶一样，轻轻地拍动翅膀，便打破了华尔街巨大的经济泡沫，掀起了一场席卷全球的金融风暴。大量次级房贷通过金融衍生品被层层打包出售，这条看似完整的金融链给华尔街带来了虚假的繁荣。即使多国中央银行多次向金融市场注入巨额资金，也没能阻止这场金融危机的蔓延。危机从发达国家扩散到发展中国家，从金融领域扩散到实体经济，全球资金链紧缩，融资成本上升，企业生产放缓，世界实体经济遭受了严重冲击。

毫无疑问，此次危机对中国宏观经济产生了显著的负面冲击。我国企业应该如何应对次贷危机？次贷危机是否为我们提供了新的机遇，我们又能从中获得哪些深刻的启示呢？怎样的战略管理才能帮助企业走出寒冬呢？本节将从全球经济秩序重建、危机背后原因及其他环境变化三个方面，探讨危机时代战略管理面临的挑战。

1.6.1 国际经济秩序调整带来的挑战

伴随金融危机而来的是全球经济失衡，意味着原有的世界经济秩序被打破。金融危机之后，全球性的结构调整不可避免。金融危机促进了世界经济秩序的调整，主要体现在国际力量格局演进，国际经济关系加速调整。在这个过程中，全球经济出现了新的列阵，世界经济东倾但未完全东移，中国、印度等新兴经济体迅速成长，尤其是中国的成长备受关注。我们主要从全球化变革和新兴经济体两个方面，探讨经济秩序的调整给企业战略管理带来的挑战。

1.6.1.1 金融危机影响了美国主导的全球化进程

全球化一度让企业看到了巨大的增长前景。大众公司的桑塔纳车型无疑是一种很传统的车型，即便在欧洲早已不再投产，它的技术仍在中国重新运营了接近20年。因此，更大的市场空间意味着企业可以拥有更大的规模，从而可以在研发上有更多的投入；更大的市场空间意味着各个市场可能并不处于同一消费阶段，这也意味着固定成本可以得到更好的摊销；更大的市场空间意味着可以规避某一经济区域的周期景气循环。

全球金融危机像魔镜一般，将全球化存在的问题迅速暴露在企业面前。当前全球化浪潮的推动力，如开放的市场、全球供应链、跨国公司及私人所有制等受到严重影响。贸易保护主义再度出现，跨国公司在战略上，主动裁员、缩减支出、合并机构、减少或撤回投资并向其本国回归。受全球金融危机影响，世界500强企业的市值已从2008年的26.8 万亿美元下跌至2009 年的15.6 万亿美元，缩水幅度近42%。外资银行也积极进行去杠杆化的进程，这也意味着它们从很多新兴市场撤资，不得不退出市场或主动收缩业务。

那些曾经在全球化竞争格局下如鱼得水的跨国企业，在淡化了国际资本流动、全球原材料采购、人力资源获取等优势之后，不得不重新审视自己的竞争力，针对新的市场环境，进行新的战略布局。2008年，金融危机时期，北京跨国公司成立了地区总部联盟，入盟企业包括ABB、爱立信、雀巢、日立等36家。该联盟将通过定期组织非正式的交流、考察活动，为企业和政府搭建沟通的平台，形成在华投资的战略联盟，共同应对金融危机对企业的冲击。

1.6.1.2 金融危机提升了新兴经济体在世界经济中的地位

在过去的20年中，新兴经济体逐步崛起，国际地位日渐上升。据国际货币基金组织统计，按购买力平价计算，最近5年世界经济增长的70%来自新兴市场与发展中国家，其中“金砖四国”占一半强，尤其是中国与印度名副其实地成为世界经济的重要引擎。

中国经济不断发展，并与世界经济联系越来越紧密，这些都给中国企业走向世界带来了战略机遇。首先，强势经济体为改善本国经济对我国海外投资放宽限制，通过海外并购获取技术、人才、品牌、营销网络等战略性无形资产的机会增多。其次，世界各国都出台了刺激经济的计划，服务外包和投资机会增多。最后，由于周边国家和新兴市场在危机中遇到的资金、外汇机制等困难，中国与其战略合作、创造新需求的机遇增多。

企业想在全球化竞争中脱颖而出，就要对全球市场有清晰的认识，采取灵活的竞争策略紧跟全球市场变化。当大多数美国零售企业在经济危机中受创时，全球最大的零售连锁巨头沃尔玛却得到了迅速发展。经济危机让那些曾在经济发展时离开了沃尔玛的顾客在经济萎缩时又回来了。究其原因，首先，沃尔玛在危机时期，看准了全球市场对平价消费突增的需求，并为顺应这种消费，2008年，沃尔玛在全球采取大规模降价，以确保占领市场、消化库存以及获得更多的现金流。此外，沃尔玛抓住了新兴市场大规模扩张的契机，尤其是中国市场。这意味着，沃尔玛可以凭借其庞大的物流系统优势降低成本；同时等到金融危机来临后，还可以最大限度地抓住率先反弹的新兴市场的商机。正是由于沃尔玛在金融危机时期，采取了正确的全球化竞争战略，使其可以成功的趁危机时期，将其美国模式复制到全球市场。这也是中国企业在金融危机时期应该学习的把握战略机遇的预见性和准确性。

在金融危机的背景下，中国企业“走出去”投资并购的“抄底”冲动渐浓，但是绝不能忽略走出去将面临的严峻考验。政治风险、汇率风险、海外信用和融资风险、海外经营风险等要求企业有清晰且灵活的国际化战略规划，以便应对危机背景下的国际化竞争。

当然，仅仅抓住机遇是不够的，走出去还要求中国企业做好足够的战略实施的准备。2007年11月27日，中国平安保险集团斥资约18.1亿欧元从二级市场直接购买欧洲富通集团9 501万股股份，折合约富通总股本的4.18%，一跃成为富通集团第一大单一股东。然而，危机时期，富通集团计入人民币157亿元（合22.7亿美元）的减值准备，这最终导致了中国平安的海外投资宣告彻底失败。2008年9月底富通集团的股价已经下跌了超过70%，2008年第三季度平安保险集团季度报表出现净亏损人民币78.1亿元。平安保险集团的失利，正说明了中国企业海外投资仍面临巨大挑战，为此中国企业应该做到对东道国市场进行调研，以降低投资风险；寻求银行的融资支持，以降低国际融资能力不强带来的融资风险；熟悉境外投资企业的经营情况及环境；考察当地政府政策，控制跨国产权风险等。

开发全球市场对有些公司来说是最有吸引力的战略手段，但这并非战略竞争力的唯一来源。事实上，对大多数公司来说，即使是那些有能力参与全球竞争的公司，最关键的还是立足当地市场。危机时代，在全球竞争环境下，公司应恰当把握国内市场和国际市场的平衡。

1.6.2 对金融危机背后原因的思考

关于此次金融危机的原因，国内外各界主要从两个方面来分析：从次级贷款和房产泡沫本身角度，以及从金融监管、会计制度等制度角度。但总结起来，通俗地讲，就是市场用钱的人和可以提供钱的人之间的委托代理链条过长。也就是说，虚拟经济和实体经济脱节。

20世纪90年代，信息高速公路概念一度迅速转化为纳斯达克网络泡沫的推动力量。但

美国本土缺少实体制造经济，所以信息科学技术并没有与生产劳动紧密结合，而成了虚拟资本投机的工具。IT泡沫破裂后，新的技术革命和新的产业革命没有及时出现，所以投资人仍然继续虚拟资本投机。应对全球性经济危机，就需要寻找虚拟经济和实体经济的平衡点，促进实体经济的发展。这往往会催生重大科技创新和科技革命，从而给企业的发展带来新的机遇和挑战。

金融危机下，我国传统优势企业的生存和发展受到了严峻的挑战：出口加工型企业的出口贸易额受到严重的影响，企业的进口材料成本很难预料，国内市场需求减少，融资难度加大，等等。然而，挑战和机遇总是并存的，为了帮助企业渡过难关，我国出台了刺激内需、提高部分产品的出口退税率等政策，这将是促进企业出口、进行产业结构调整和产业升级的机遇。

我国正处于经济结构转型时期，经济环境的不稳定，要求企业的竞争行动和反应更加及时有效，政府政策和法律也影响企业如何选择竞争地点和竞争方式。企业只有有意识地理解外部环境，才能形成前瞻性战略，从而在金融危机、经济转型时期抓住机遇。

丰田作为新能源车型的积极倡导者，早在1993年就开始在公司内部商讨发展混合动力技术。目前混合动力许多技术丰田都申请了专利，在美国新能源汽车的销售量中排名第一，已成为该行业的大赢家。正是在战略上的前瞻性和全局性，使得丰田抓住了新能源汽车市场的机遇，并成功占据混合动力汽车市场的领先地位。面对危机时代新能源汽车市场的机遇，早就在混合动力汽车市场占据优势的丰田并没有懈怠。丰田将混合动力作为新能源技术的核心，同时也研发其他新能源技术路线，例如对电动汽车和氢燃料汽车技术的研究。

值得注意的是，丰田在新能源汽车市场的竞争优势，不但来源于其战略的前瞻性，也有赖于其技术能力。所以我国企业在寻找战略机遇的时候，应该考虑到自身战略实施能力，有意识地提高组织结构、领导力、核心技术等战略实施能力。

1.6.3　其他国际环境的变化带来的挑战

除了金融危机带来的经济环境的变化，还有很多其他国际环境的变化也给企业战略管理带来了挑战。我们主要从环境问题、人文环境、国际政治秩序几个方面进行探讨。

1.6.3.1　环境问题带来的挑战

环境问题包括能源短缺、环境污染以及生态破坏。随着人类文明的发展，这些高度发达工业的负面影响愈演愈烈，国际社会对此也越来越关注。2009年12月结束的哥本哈根会议，表明了国际社会对环境问题的关注，以及对低碳经济的倡导，这也预示着高排污、高耗能的行业将受到很大的政策冲击。那些能源密集型、高排污的企业将面临来自能源价格上升和政策打压等方面的严峻挑战。即使短期内国家为保证经济发展不会全面打击这些企业，但是长期来讲，产业结构的优化势在必行。我国已经开始积极倡导低碳经济，控制高耗能工业发展，减少和控制高耗能产品出口；大力发展使用可再生能源技术；全面大力发展核电，特别是着重第三代、第四代先进核电技术；提高大范围的公众意识，使低碳生活方式成为普遍行为。

这些对传统企业的挑战，要求它们对未来的发展有新的战略规划，寻找自己转型的机遇，不能坐以待毙。前文提到的丰田电动汽车就是一个很好的例子，丰田抓住了新能源发展的机遇，通过电动汽车缓解了企业发展中的能源问题。对高耗能、高污染的企业来讲，

想要长期持续生存，可以利用新能源技术，开拓新能源下的生产，不仅仅躲过政策对这些企业的打压，更是为自己创造一个华丽转型的机遇。

1.6.3.2 人文环境带来的挑战

人文环境对企业战略管理的挑战主要体现在两个方面：一是国内人文环境的发展变化，随着人们生活水平的提高，以及受国际文化交流的影响，一国的人文环境都在发生一些变化，从而影响消费者对产品的需求以及公司治理环境；二是对国际人文环境的不熟悉。随着企业国际化竞争的加剧，能否准确把握目标国的人文环境，从而准确把握其消费者对产品的需求以及跨国管理的关键，这将是企业在国际市场成功的必要条件。然而，人文环境是一个复杂的社会概念，对其变化的把握本身就不容易，加之人文环境对消费者需求以及公司治理环境影响的不确定性，对企业战略管理的挑战就更加严峻了。

海尔冰箱在进入美国市场的时候，就很好地把握了消费者心理，利用美国人对在车里和卧室放置小型冰箱的喜好，采取主打小型车载冰箱的战略决策，成功地打开了美国市场，成为最大的小冰箱供应商。快餐领域的两大巨头在中国本土化的例子也很好地说明了人文环境对企业战略的挑战。虽然在国际市场上麦当劳要远远胜于肯德基，但是由于肯德基在中国采取了很好的本土化战略，把握住了中国消费者的饮食习惯，在中国市场上的份额成功地超越了麦当劳。

1.6.3.3 国际政治秩序带来的挑战

随着全球化竞争格局的加剧，很多企业的发展不再局限于国内，也就是说，企业的经营环境已经拓展到国际市场，那么国际政治秩序就理所当然地成为影响企业经营以及企业战略管理的一大因素了。国际政治秩序的稳定显然对于企业的长期发展是十分有利的，但是也不乏在混乱中寻找到非常机遇的企业。但不论对希望远离还是利用国际政治紊乱秩序的企业来说，都需要对政治秩序发展有一定的预见性，争取时间进行持续发展的战略规划。处于秩序不稳定环境下的企业应该加强自己应对危机的能力，从而降低秩序不确定性给企业造成的非常规损失。

如何应对这些国际政治秩序的不确定因素，对企业战略管理来说并不轻松。2010年6月，上海鼎衡船务公司租用的新加坡籍货轮“金色祝福”号，在离索马里海岸约95公里的亚丁湾被海盗劫持。索马里海盗近年来开始频繁袭击各国商船，并索取赎金。这对那些被袭击的企业都是不确定且很难预料的。对需要长期行驶在海盗活动区域的商船来讲，将是致命的挑战。目前，企业已经开始纷纷思考对策，是停止相关业务，还是继续冒险，这都需要企业进行谨慎的战略决策。通过现代通信技术加强商船之间的交流，重要商船争取政府军事护航等措施已经开始实施。

综上所述，面对席卷全球的金融危机，企业战略管理应该针对金融危机带来的内外部环境变化，积极而审慎地调整企业战略，整合企业资源，完善治理结构，提高生产效率，巩固核心竞争力，寻找新的增长点；同时加强战略管理和实施，提高公司获得战略竞争力和超额利润的能力。只有进行有前瞻性的战略规划，并提高执行战略的能力，企业才能保持长久的竞争优势和发展态势，才能在危机中持续生存，做好充足的准备去迎接冬去春来的新一轮经济增长。

|战|略|透|视|　上海汽车工业集团：迈向全球市场

上海汽车工业集团（以下简称“上汽集团”，SAIC）是中国历史最悠久、规模最大的汽车生产厂商之一。该集团在中国共有50家工厂，生产小轿车、拖拉机、摩托车、卡车、巴士以及汽车零件等（批发与零售），其业务还涉及汽车租赁与融资租赁。上汽集团曾与通用汽车、德国大众公司成功合作，为不断成长的中国汽车市场生产通用汽车和大众汽车；其在20世纪90年代与21世纪初的销售主要来自这些合资企业。事实上，在中国任何大城市你都可以发现通用汽车（如通用别克车）以及大众汽车很受欢迎。然而，有些分析认为通用与大众可能太多依赖上汽集团。

上汽集团还持有韩国汽车制造商双龙公司（Ssangyong Motor Co.）约51%的股份，并拥有Rover25和Rover75车型及K系列引擎的知识产权。上汽集团从2007年开始生产Rover7（根据中国市场重新设计）。

上汽集团从合作经历中收获颇多，并拥有许可转让的技术，因而决定生产和促销自有品牌的汽车。中国政府也在强调中国公司发展部分自有品牌的重要性，因为外国品牌占据了大部分中国市场。另外，企业要成为能成功地在全球竞争的公司需要拥有自有品牌。在这方面，中国企业的高层管理者喜欢用“自主品牌”这个词来表示自己拥有的品牌，“自主”的意思实际上就是做自己的主人。2007年，上汽集团开始在中国市场出售自有品牌的汽车荣威（Roewe）。

上汽集团目前是中国排名前三位的汽车公司，它的目标是进入汽车行业的全球前十。为此它树立的目标是在美国汽车市场上进行有效竞争，因为美国市场是世界上最大的汽车市场。上汽集团聘用了通用中国公司前任主席菲利普·墨菲来领导它的上海分公司。

这个目标对上汽集团来说是一个巨大的挑战，因为所有知名汽车制造商都在美国市场展开竞争。现代集团在试图加强其美国市场竞争力的时候也面临这样的挑战。尽管与竞争对手相比现代在相应款型汽车上具有更好的质量和更低的价格，但它并没有在美国夺取到其所期望的市场份额。虽然现在在美国市场的相对排名比2005年略有提高，它的市场份额仍只维持在不到3%。

中国的汽车制造商总体上极少出口，出口到美国的就更是寥寥无几。虽然美国汽车制造商所占的市场份额在过去几年中有所降低，但市场份额大多数被日本汽车制造商夺取，特别是丰田汽车公司。中国汽车出口量在2007年预期达到500 000辆，但主要目标是南美、东南亚和东欧市场。当然，分析师预测中国汽车制造商将会在包括美国在内的国际市场上获得成功，上汽集团很可能是其中的先驱之一。

资料来源：迈克尔 A. 希特等著. 战略管理. 吕巍等译. 北京：机械工业出版社，2009。

本章小结

1. 战略管理的产生是社会经济发展的必然。由于企业经营环境的不确定性和复杂性，企业为了生存与发展，必须对周围的各项要素及未来的投入与产出进行深入透彻的分析，这样战略管理应运而生。西方战略管理的出现是在20世纪50年代末60年代初，它经历了一个兴起、热潮、回落、重振的发展过程，今天，企业战略管理仍在各个领域进行积极探索。中国企业的战略管理是在环境发生巨大变化和充分吸收西方战略管理理论这两个双重因素下发展起来的，它也经历了一个初创、推进和新的发展几个阶段。同样，目前中国企业的战略管理在理论与实践上都处于探索和发展之中。

2. 关于企业战略和战略管理，不同学者赋予其不同的含义。安德鲁斯、安索夫、魁因和明茨伯格通过研究分别提出了不同的含义，但是对于企业战略的特征的认识没有太大的分歧。战略管理一般由四种要素构成，即产品与市场范围、增长向量、竞争优势和协同作用。企业在研究内外部环境的基础上，获得信息和经验，设计出战略意图和战略使命。战略意图说明如何利用资源、能力和核心能力在竞争环境中创造预期收益。战略使命是战略意图的运用。战略使命界定了企业打算通过利用它的资源、能力和竞争力来获得的产品市场和顾客。
3. 企业战略管理可以划分为三个层次：公司层战略、业务层战略和职能层战略。这三层战略一起构成企业的战略体系。在一个企业内部，企业战略的各个层次之间相互联系、相互配合，每一个战略层次都构成了其他战略层次赖以发挥作用的环境，任何一个战略层次的失误都会导致企业战略无法达成预期目的。
4. 追求竞争力既是战略管理的核心，也是设计应用战略管理过程的核心。为了获取超额利润所需的资源，也为了最大限度满足相关利益者，公司相互之间不得不展开竞争。通过战略管理过程各个部分的有效运用，公司可以找出发展方向和获取所期望的战略竞争力和超额利润的方法。企业战略管理的过程是动态的，可以分为战略规划、战略实施、战略控制和战略修订四个阶段，每一个阶段又各自包括若干个不同的步骤。
5. 利益相关者是指能够影响企业战略成果或被其影响的个人或群体。由于企业要依赖相关利益者、战略决策者和战略实施者的支持，因此，利益相关者有权对企业的表现施加影响。当企业获得超额利润后，它才可以完全满足所有利益相关者的要求。然而，当企业只获得平均利润时，企业的战略决策者就必须加倍考虑各利益相关者。战略决策者负责有效的战略管理过程的设计，而战略实施者则负责战略管理过程的执行。战略决策者的工作常常要求在不同的选择中做出取舍。
6. 面对席卷全球的金融危机，企业只有进行有前瞻性的战略规划，并提高执行战略的能力，企业才能保持长久的竞争优势和发展态势，才能在危机中持续生存，做好充足的准备去迎接冬去春来的新一轮经济增长。

关键术语

战略　战略管理　战略意图　战略使命　核心能力　利益相关者

复习思考题

1. 西方战略管理今后发展趋势如何？
2. 探讨企业战略管理对我国的实践意义。
3. 解释企业战略四种影响力较大的定义的区别与联系。
4. 战略管理的四种构成要素相互之间的关系怎样？
5. 企业战略管理可划分为几个层次？
6. 战略管理过程包括哪几个步骤？

7. 为什么要对战略进行修订？
8. 战略意图和战略使命之间的区别是什么？对于企业战略管理过程，战略意图和战略使命的意义是什么？
9. 利益相关者是指哪些人？他们为什么可以影响组织？
10. 你如何看待组织战略决策者的工作？
11. 危机时代，企业战略管理面临的主要挑战是什么？

参考文献

[1] 迈克尔 A. 希特，等．战略管理：竞争与全球化[M]．吕巍，等译．北京：机械工业出版社，2009.

[2] Rumelt Schendel，Teece. Fundamental Issues in Strategy [M]. Harvard Business School Press, 2002.

[3] Gerry Johnson, Keven Schole．公司战略教程[M]．金占明，贾秀梅，译．北京：华夏出版社，1998.

[4] Barney. Firm Resources and Sustained Competitive Advantage [J]. Journal of Management, 1991(17).

[5] 崔毅．中海油：碧波潮生，频购油田，借势求源[N]．中国经营报，特刊2，2003.

[6] R. Sanchez. Strategic Flexibility in Product Competition. Strategic Management Journal (Special Summer Issue), 16: 135-159，1995.

[7] 冯晓民．从金融危机的爆发看企业战略管理的缺失[J]．中国商贸，2009(5).

[8] 肖辉．论美国金融危机的成因与蔓延[M]．吉林：吉林大学，2009.

[9] 何宗焕．从金融危机看教育创新[J]．湖南教育（上旬刊），2009(3).

[10] 彭兴韵，吴洁．从次贷危机到全球金融危机的演变与扩散[J]．经济学动态，2009(2).

[11] 跨国公司"抱团取暖"应对金融危机[J/OL]．人民网．http://www.022net.com/2008/11 16/462168263261390.html.

[12] 本次危机后世界经济格局必将发生重大演变[J/OL]．中国经济网．http://www.finance.ce.cn/rolling/201005/14/t20100514_15765648.shtml.

[13] 国际金融危机下中国企业走出去的"危"与"机"——访商务部政策研究室副主任王子先[J/OL]．国务院发展研究中心．http://www.drcnet.com.cn/DRCNet.Channel.Web/gylt/ 20090814/gylt_37.html.

[14] 沃尔玛"中国化"策略好使，去年开店超家乐福两倍[J/OL]．中国新闻网．http://www. chinanews.com.cn/cj/cj-cyzh/news/ 2010/03-19/2179471.shtml.

[15] 平安斥资18.1亿欧元入股欧洲富通集团[J/OL]．财经网．http://www.caijing.com.cn/2007-11-29/100039697.html.

[16] 低碳社会　我们的未来[J/OL]．中国经济导报．http://www.csoet.cn/n16/n1100/n37710/n118649/577966.html.

附录1A 西方学者眼中战略的定义

西方一些著名的学者提出了独具特色的战略的定义。不同的企业战略定义有不同的内涵，本附录将介绍一些最具代表性的定义，以供读者思考企业战略的真实含义。

1A.1 安德鲁斯的定义

安德鲁斯是哈佛商学院的教授，他认为企业总体战略是一种决策模式（mode of decision），决定和揭示企业的使命和目标，提出实现目的的重大方针与计划，确定企业应该从事的经营业务，明确企业的经济类型与人文组织类型，以及决定企业应对员工、顾客和社会做出的经济与非经济的贡献。

因此，安德鲁斯的战略定义从本质上讲，是要通过一种模式把企业的使命、方针、政策和经营活动有机地结合起来，使企业形成自己的特殊战略属性和竞争优势，将不确定的因素具体化，以便较容易地着手解决这些问题。

战略决策对这种模式的最大贡献是在较长的时间里有效地影响着企业各个方面的资源和行为。因此，战略模式的某些方面在相当长的时期里不会发生变化，如保证质量、采用高技术、维护良好的劳工关系等。但战略模式的有些方面则一定会随着时间推延而发生变化，如产品系列、制造过程等。因此，在观察、判断或制定企业的战略时，经理人员要有权变的观点，辩证地处理变与不变两种关系，在保证企业活力前提下，提高战略的相对稳定性。

1A.2 魁因的定义

魁因是美国达梯莱斯学院的管理学教授。他认为，战略是一种模式或计划，它将一个组织的主要目的、政策与活动按照一定顺序结合成一个紧密的整体。一个完善的战略有助于企业组织根据自己的内部能力与弱点、环境中预期变化以及竞争对手可能采取的行动而合理地配置自己的资源。魁因对此定义做过进一步的解释，认为战略应包括以下内容：

- **三个基本因素。**①可以达到的最主要的目的（或目标）；②指导或约束经营活动的重要政策；③可以在一定条件下实现预定目标的主要活动程序或项目。在魁因的定义中，确立一个组织的目标是战略制定过程中一个不可分割的部分。
- **围绕着重要的战略概念与推动力而制定。**所谓战略推动力是指企业在产品和市场这两个主要经营领域里所采取的战略活动方式。不同的战略概念与推动力会使企业的战略产生不同的内聚力、均衡性和侧重点。当然，这些战略推动力中有的是暂时的，有的则贯穿始终。从成本上看，企业要实现某些推动力，则要付出相应的代价。不过企业要获得成功，则必须给每个已定推动力配置足够的资源。而且，企业还应该协调控制总体的经营活动，支持已经形成的推动力模式。不然，整个战略就会失败。
- **不仅要处理不可预见的事件，也要处理不可知的事件。**在实际工作中，计划工作人员很难准确预料到企业战略中各种重要影响因素之间相互作用的方式，也很难预料到由于竞争对手有意识地抵制而不得不修改战略的时机和方式。因此，战略的实质是建立一种强大而又灵活的态势，为企业提供若干个可以实现自己目标的抉择方式，以应付外部环境可能出现的例外情况，不管外部力量可能会发生哪些不可预见的事件。
- **在大型组织里管理层次较多，每一个有自己职权的层次都应有自己的战略。**这种分战略必须在一定程度上或多或少地实现自我完善，并与其他分战略相互沟通、互相支持。重要的是组织中所有战略要具有一种总体的凝聚力，即每一个低层次的战略都必须是实现高一层次战略的凝聚力的元素。同时，组织还应运用系统的方法去考察每一种分战略，检验它们是否按照战略的主要原则制定。

总之，魁因的定义与安德鲁斯的定义有类似之处，都属于广义的定义。

1A.3　安索夫的定义

美国著名战略学家安索夫与安德鲁斯一样，都是战略管理第一次浪潮的代表人物。他对战略管理的最大贡献是自从他的战略定义提出以后，西方战略管理文献一般便将战略管理分为两大类：企业总体战略和经营战略。企业总体战略考虑的是企业应该选择进入哪种类型的经营业务；经营战略考虑则是企业一旦选定了某种类型的经营业务后，确定应该如何在这一领域里进行竞争或运行。

安索夫指出，企业在制定战略时，有必要先确定自己的经营性质。有的企业按照产品系列的特性确定自己的经营性质，便产生出“半导体器件公司”、“机床公司”等名称。有的则是根据构成产品系列的技术来确定经营的性质，如“钢铁公司”、“炼铝公司”、“玻璃公司”等。在后一种定义的情况下，企业尽管有可能向不同用户销售一系列不同的产品，但制造这些不同的产品的技术基本上是一致的，或彼此之间在技术上有着一定的关系。无论怎样确定自己的经营性质，目前的产品和市场与未来的产品和市场之间存在着一种内在的联系，安索夫称这种现象为“共同经营主线”。通过分析企业的“共同经营主线”可以把握企业的方向，同时，企业也可以正确运用这条主线，恰当地指导自己的内部管理。

在实际工作中，还有些企业是根据所有的市场确定自己的经营性质。这种确定方式提出了一个很有用的观点，即注意到了企业使命与用户之间的差别。安索夫认为使命是现有产品的一种需求，而用户是产品的实际购买者。用户的身份较为特殊，既是需求占有者，又是货币持有者，它们是用货币来满足需求的。在制定战略的实际过程中，用户不应被看做企业经营的共同主线。一个用户常常会有一系列不相关的产品使命或需求。例如，个人消费者在家乐福超市购买食品是为了满足对食物的需求，而在国美电器购买音响是为了满足娱乐的需求。如果一个企业准备同时销售这两种产品，就应该注意到它们之间在产品技术、销售渠道和顾客动机上是不相同的，彼此之间没有较强的共同经营主线。

因此，企业在用户已定的情况下确定用户的使命时，需要找出存在于用户使命中的产品特征、技术或者需求相似性之中的共同经营主线。例如，家用电器制造厂家要从简化家庭劳动的角度出发，生产一系列省力、省时的电器产品，如洗衣机、洗碗机、微波炉等。

企业如果将自己的经营性质定义得过宽，则会失去共同经营主线，也就无法制定战略。例如，一个自称为“交通运输的企业”，便找不到共同经营的主线。首先，这类企业的使命会相当广泛，如市内交通、城际交通、空中运输、水上运输等。其次，用户的范围相当广泛，如个人、家庭、企业、机关单位等。最后，产品范围也相当广泛，如汽车、火车、轮船、飞机等，这些变量可以形成无数组合，产生出无数条共同经营主线，使企业无所适从。

当然，企业也不能将自己的经营性质定义得过窄。在工业发达的今天，许多企业实际上是在若干种不同的行业里从事生产经营活动。同时，行业的界线也随着科学技术的发展而不断变化，不断产生新的行业。例如60年前，在工业分类中还没有半导体收音机、电视机和录像机等行业。

经济发展的现实对管理学家和经理人员提出了客观的要求，即企业的战略必须一方面能够指导企业的生产经营活动，另一方面能够为企业的发展提供空间。总之，安索夫的企业战略定义与安德鲁斯和魁因不同，应该是属于狭义的战略定义。

1A.4 明茨伯格的定义

加拿大麦吉尔大学管理学教授明茨伯格（H. Mintzberg）对于企业战略的定义有着他自己的特殊认识。他指出，在生产经营活动中，人们在不同的场合以不同的方式赋予企业战略不同的内涵，说明人们可以根据需要接受各种不同的战略定义。只不过在正式使用战略的定义时，人们只引用了其中的一个罢了。在这种观点的基础上，明茨伯格借鉴市场营销学中的四要素（4P）的提法，即产品（product）、价格（price）、地点（place）、促销（promotion），提出了企业战略5P观，即计划（plan）、计策（ploy）、模式（pattern）、定位（position）和观念（perspective）。值得强调的是，企业战略仍只有一个，这五个小定义只不过是从不同角度对战略加以阐述。

1A.4.1 战略是一种计划

明茨伯格指出，大多数人把战略看成为一种计划，即它是一种有意识、有预计的行动，一种处理某种局势的方针。根据这个定义，战略具有两个本质属性：一是战略是在企业发生经营活动之前制定的，以备人们使用；二是战略是有意识、有目的地开发的。在实践中，企业战略是公开而明确的，作为一种计划写进企业正式文件中，当然不排除有些不公开的、只为少数人了解的企业战略。

从本质上讲，战略具有“行动之前”的概念。明茨伯格为了更有力地说明这个观点，引证了下列不同领域中有关战略的定义：

在军事中，克劳塞维茨指出战略涉及“起草战争的计划……实现个别的战略，决定个别的战斗”。

在博弈论中，冯·纽曼认为战略是“一种全面的计划，是一种说明计划人员在每一种可能的情况下将做出的选择的计划”。

在管理学中，彼得·德鲁克强调“战略是一种统一的、综合的、一体化的计划，用来实现企业的基本目标”。

在赖德姆豪斯英文字典中，战略一词被解释为“一种计划、方法或一系列为取得具体目标或结果的手段、计策”。

所以，显然把战略说成是一种计划是有充分证据的。

1A.4.2 战略是一种计策

这是指在特定的环境下，企业把战略作为威慑和战胜竞争对手的一种“手段”。例如，一个企业得知竞争对手想要扩大生产能力时，便提出自己的战略是扩大厂房面积和生产能力。由于该企业资金雄厚、产品质量优异，竞争对手无力竞争下去，便放弃扩大生产能力的设想。然而，实际情况却是，一旦竞争对手采取了放弃的态度，该企业并没有将扩大能力的战略付诸实施。因此，这种战略只能称为是一种计策，使之对竞争对手构成威胁。换句话讲，这时战略便成为一种威慑因素。

1A.4.3 战略是一种模式

明茨伯格认为，仅把战略定义为企业采取经营活动之前的一种计划是不充分的。在现实中，人们仍需要有一种定义说明战略执行结果的行为，即战略体现为一系列的行为。因此，明茨伯格提出第三种定义：战略是一种模式，它反映企业的一系列行动。根据这个定义，当年福特汽车公司的总裁亨利·福特要求T型福特汽车只漆成黑色的行为，就可以理解为一种战略。这就是说，无论企业是否事先对战略有所考虑，只要有具体的经营行为，就有战略。这种战略与企业的行为相一致，行为的最终结果说明了战略的执行情况，使之有水到渠成的效果。

战略作为一种计划与战略作为一种模式两种定义是相互独立的。在实践中，计划往往可能在最后没有实施，模式却可能事先并没有具体计划，但最后却形成了。就是说，战略可能是人类行为的结果，而不是人类设计的结果。因此，我们可以称第一个定义的战略是设计的战略，而第三个定义的战略是已实现的战略（见图1A-1），图中，已设计的战略与已实现的战略之间是准备实施的战略。这是指那些已经设计出来，即将实施的战略。自发战略则是指那些预先没有计划、自发产生的战略。没有实现的战略是指那些只有预先计划、没有结果的战略。

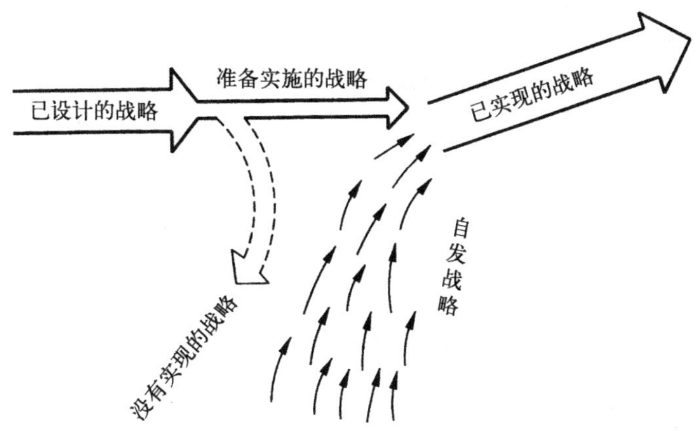

图1A-1　战略的形式

图1A-1表明，战略实际上是一种从计划向实现流动的结果。那些不能实现的战略在战略设计结束之后，通过一个单独的渠道流失，脱离准备实施的战略的渠道。此外，准备实施的战略与自发的战略则通过各自的渠道，流向已实现的战略。这是一种动态的战略观点，它将整个战略看成是一种“行为流”的运动过程。

1A.4.4　战略是一种定位

前三种定义虽各有千秋，但明茨伯格认为它们仍旧没有准确地回答一个基本问题，即战略到底是什么？克劳塞维茨指出，从军事术语来看，“战略”是指重大的事情，而“战术”则指细节问题。他认为，“战术指导我们在战斗中使用兵力；战略则指导我们运用战斗去达到战争的目的。”因此，像福特汽车公司只生产经营黑色汽车的计划无疑属于细节问题，很难与“战略”这一重大概念相符。

但是，鲁梅尔特（Rumelt）指出，“一个人的战略会是另一个人的战术——一个事件是否具有战略意义，取决于当事人所处的地位。”同样，它也取决于当事人所处的时间。今天看来是战术的问题，明天可能就会被证实是战略的。因此，有些细节问题在一定时间、一定程度上应该视作战略。例如，在与通用汽车公司的竞争战中，亨利·福特痛失市场份额的原因之一就是他只同意将汽车漆成黑色，而拒绝漆成其他颜色。油漆颜色的选择看起来不是一个战术问题，但最后却成了不折不扣的战略问题。

究竟战略是什么呢？简单地说，它可以包括产品及过程、顾客及市场、企业的社会责任与自我利益等任何经营活动及行为。不过，最重要的是，战略应是一种定位，是一个组织在自身环境中所处的位置。对企业来讲，就是确定自己在市场中的位置。这第四种战略定义实际上成为企业与环境之间的一种中间力量，使得企业的内部条件与外部环境更加融洽。借用管理学的术语来讲，战略就是要把企业的重要资源集中到相应的地方，形成一个产品和市场的“生长圈”。

通常，在军事学或博弈论中，战略的概念涉及“两方（军）对垒”，引申到企业经营中，这种概念多指经营双方的正面冲突。在这种情况下，企业通常把战略看成是一种计策。然而企业战略是一种定位，引进了“多方竞争”以及超越竞争的含义。换句话说，企业在生产经营中既要考虑与单个竞争对手在面对面的竞争中处于何种位置，也需要考虑在若干竞争对手面前自己在市场中所处的地位，甚至企业还可以在市场中确定一种特殊地位，使得对手们无法与自己竞争。例如，企业凭借专利或产品特殊质量，形成其他企业无法与之竞争的细分市场，并给以充分的资源保证，造成以小胜大或生存下去的态势。

总之，把战略看成一种定位的概念有利于正确配置企业的资源，形成企业有力的竞争态势。在这一点上，第四种定义与其他三种定义并不矛盾，是可以通过前面三种定义实现的。

1A.4.5 战略是一种观念

战略的第四个定义是要确定企业在外部环境的位置。就是说，这里是把战略看成一种观念，它体现组织中人们对客观世界固有的认识方式。例如，有些企业是进取型的，创造出新的技术，开拓了新的市场；而有的企业则一成不变，固守在早已建成的市场上。凡此种种，企业的经营者对客观世界的不同认识会产生不同的经营效果。

由此可以看出，战略是一种观念的定义，战略都是一种抽象的概念，只存在于需要战略的人的头脑之中。没有谁亲眼见过战略或触摸过战略。可以说，每一种战略都是人们思维的创造物，是一种精神产物。战略是一种观念的重要实质在于，同价值观、文化和理想等精神内容为组织成员所共有一样，战略的观念要通过组织成员的期望和行为而形成共享。在这个定义里，还需强调的是集体意识。个人的期望和行为是通过集体的期望和行为反映出来的。因此，研究一个组织的战略，要了解和掌握该组织的期望如何在成员间分享，如何在共同一致的基础上采取行动。

1A.4.6 五种定义之间的关系

由上可以看出明茨伯格所给的五种战略定义的区别，参见表1A-1。

这些不同的定义有助于对战略过程的深刻理解，避免发生观念上的混乱。不过，应该看到，这五种定义彼此之间存在着一定的内在联系。它们有时是某种程度的替代，如定位型战略定义可替代计划型战略定义，但在大多数情况下，它们之间的关系是互补的，使战略趋于完善。因此，只能说每个战略定义有其特殊性，不能说哪种战略定义更为重要。

表1A-1 明茨伯格所给的五种战略定义

战略定义类型	核心要点
计划型	强调企业管理人员要有意识地进行领导，凡事谋划在前，行事在后
计策型	强调战略是为威胁或击败竞争对手而采取的一种手段，重在达成预期竞争目的
模式型	强调战略重在行动，否则只是空想。战略也可自发地产生
定位型	强调企业应适应外部环境，创造条件，更好地进行经营上的竞争或合作
观念型	强调战略过程的集体意识，要求企业成员共享战略观念，形成一致的行动

第2章　企业外部战略环境分析

学习目标

1. 定义并描述企业的总体环境和行业环境因素。
2. 阐述企业总体环境的四个方面。
3. 鉴别企业的五种基本竞争力量，并且解释它们如何对企业的获利能力起决定性作用。
4. 利用企业战略环境分析技术进行具体分析。

开篇案例　肯德基在中国

20世纪90年代以来，中国经济全球化进程提速。在这个人口世界第一、最具潜力的中国大众餐饮市场，同样源自美国的全球快餐巨头麦当劳与肯德基，在中国市场展开了激烈的竞争。

从全球范围看，麦当劳和肯德基尚不属于一个重量级：麦当劳目前在世界121个国家和地区拥有超过30 000家店，全球营业额约406.3亿美元，而肯德基在世界80个国家和地区拥有的连锁店仅为11 000多家。据美国食品业界研究机构Technomic对2003年全美快餐销售额和餐厅数量的统计显示，麦当劳以全美13 609家餐厅，销售额超过221亿美元的业绩排名榜首，而肯德基则以全美5 524家餐厅，销售额49.36亿美元排名第七。

然而，作为全球快餐第一品牌的绝对老人麦当劳在中国市场的整体发展现状，却一反常态、不容乐观，远远落后于位处全球范围的第二品牌与美国本土市场第七的肯德基，两者之间的业绩相去甚远。相比麦当劳，肯德基更加受到中国人民的喜爱，平均每年开店200家，遍及全国31个省，年平均销售额增长率达到20%。究其原因，肯德基在中国市场的胜利，有赖于其对中国市场环境的准确把握。

全球化与本土化结合

跨国公司所面临的一个非常重要的问题就是在多元文化条件下，如何克服异质文化的冲突，发挥多元文化的优势，对企业进行有效的管理。肯德基通过将全球化与本土化相结合，打出“为中国而改变，全力打造‘新快餐’”的口号。肯德基的本土化内容主要包括以下几个方面。

首先是人才本土化。肯德基着力培养和提拔本地人才，从一开始，就聘用一批由中国香港、台湾地区及亚洲其他地区和国家的华人所组成的核心领导层，他们富有激昂的创业热情，并且具备多年的快餐行业从业经验，同时又对中国的语言、文化、地理、历史、风俗习惯比较了解。正是这样一个既具有行业经验又深刻了解中国市场的领导层，能够在最短的时间内做出最正确的判断。

其次是产品本土化。中国的北方人偏好牛羊肉，但在中国的南方，猪肉及鸡肉则受到大众的喜爱，总体来看，中国人对鸡肉的需求是大于牛肉的，这也是麦当劳在中国市场不及肯德基的一个原因之一。肯德基以“原味鸡”名闻世界，但中国人不像美国人那样喜爱鸡胸的“白肉”，因此肯德基从一开始就不断揣摩中国消费者的口味，不断推出了很多具有中国特色的产品，如珍鲜四宝粥、培根鸡蛋灌饼、胡萝卜面包、墨西哥/老北京鸡肉卷、芙蓉鲜蔬汤、番茄蛋花汤、盐酥半翅等菜式。有许多人中国人都喜欢吃辣，肯德基就针对这种偏好推出了香辣鸡腿堡、川辣嫩牛五方、辣鸡翅等产品。

最后是供应商本土化。使肯德基的供应链本土化，发展本地供应商，能够很好地满足中国人民对饮食的需求，有效地降低采购成本，中国百盛供应链的整合以及本土化在1998年一年就将外购成本削减了近一亿元人民币。同时，实行供应商本土化还可以降低外购时由于天气、运输、关税、政府政策等不可预测因素带来的风险。

选址策略

一家餐厅的运营状况会受很多因素的影响，其中十分重要的一个因素就是餐厅选址。影响餐厅选址的因素主要包括区域商圈的商业条件、交通条件、客流状况、店面状况及其他因素，等等。

综合这些对选址产生重要影响的因素，几乎每一个肯德基店面的选址，都会包含这样几个特点：主要分布在客流量大的商业中心附近，周围有大型购物商场、游乐园、医院等，这些地区人流量大且稳定，有较大的需求；主要分布在交通条件便利的路口附近，且在街道两侧人流较多的一侧，这样不仅人流量大而且交通便利，吸引顾客光顾；以购物商场为依托，且布局楼层较低，充分利用知名购物商场的顾客资源，为顾客提供购物后的休息与娱乐场所，而且使得广大男性顾客避免陪女伴长时间逛商场。

危机管理能力

每个公司都会面临这样或那样的突发事件，尤其是跨国公司，就更容易得到大家的关注以及监督。随着肯德基在中国市场的不断发展，出现了很多大大小小的突发事件，比如苏丹红事件、禽流感事件、劳资事件以及滤油粉事件，无论事件的大小，肯德基都做到了在事件发生后做出迅速、有技巧的处理。同时，肯德基还认识到要“防患于未然”，预测可能发生的危机，并且模拟一旦危机发生后的处理程序。正是这种正确的面对危机的态度，使得在危机发生时，肯德基能够迅速地做出处理，将危机事件对公司的不利影响降低到最小。

肯德基在中国市场取得的巨大成功并不是偶然。作为一个国际性的餐饮企业，肯德基很好地做到了本土化，将全球化与本土化恰到好处地结合在一起；肯德基的餐厅选址至今未出现任何闪失；肯德基拥有一套完善的危机管理系统，这样在面对困难时就能够快速、正确地进行处理。这些根据中国市场特点所采取的应对策略，使得肯德基在中国远远超过全球老大麦当劳。

资料来源：田松. 浅析肯德基在中国的成功因素. 西南财经大学工商管理学院，2010；麦当劳vs肯德基：谁在中国更成功？http://www.kesum.com/Article/ltcyyj/cyyyj/200804/42156.html.

肯德基在中国市场取得的巨大成功并不是偶然。正是由于肯德基在进入中国前进行了周密的市场调查，准确地把握了中国的市场竞争环境和消费者需求，同时抓住了进入中国的最佳时机，稳步快速发展，在中国市场实现本土化战略等因素，才使得肯德基远远超过麦当劳，在中国快餐业建立了不可撼动的地位。由此可见，了解、判断和预测企业战略外部环境，对企业的生存和发展有着极为重要的意义。

企业发展所面临的外部环境可以分为宏观环境和微观环境。其中宏观环境指的是对企业发展具有战略性影响的环境因素，例如政法、社会文化等。一般在分析企业的外部环境时，通常先分析企业的宏观环境，然后再分析微观环境，由外到内进行分析。

2.1 企业的宏观环境

构成企业战略环境的要素包括对企业经营与企业前途具有战略性影响的变量。这些要素可以分为四大类型，它们是政治法律环境、经济环境、社会文化环境和技术环境。经济领域要素的变化显然对企业战略具有最重要的影响，但其他领域的影响也非常重要，因为每一个行业和行业中的企业都将受这些企业战略环境各个方面因素的影响。当然，某一个因素的变化对不同行业企业的影响程度是不同的。企业与企业宏观环境构成要素的相互作用关系如图2-1及表2-1所示。

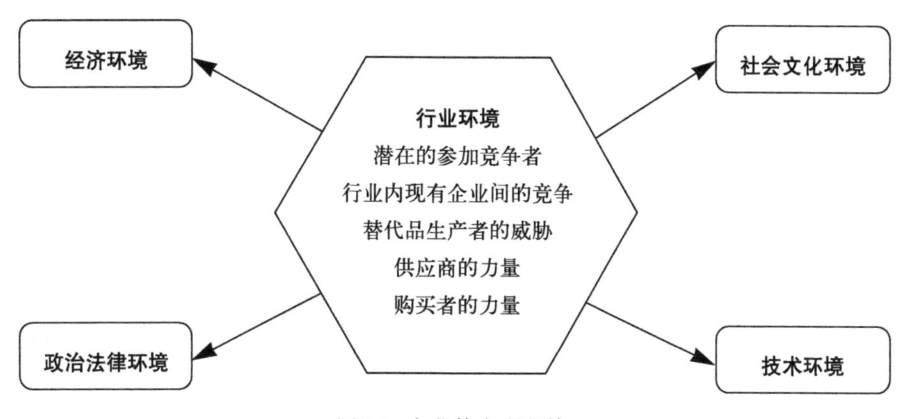

图2-1 企业的宏观环境

表2-1 总体环境：细分与具体要素

政治法律环境	政治制度、法规 政府的稳定性 政府行政干预和控制的趋势 特殊经济政策 反托拉斯立法	环保立法 外贸立法 就业立法 对外国企业态度等
经济环境	国内生产总值的变化 通胀率 利率 储蓄率 个人可支配收入 工资/物价控制	贸易赤字或顺差 财政赤字或盈余 货币供给 行业结构 市场需求等

（续）

社会文化环境	生活质量的态度 就业预期 保护消费者运动 结婚率 妇女就业	人口增长率 人口年龄分布 人口迁移 文化及亚文化等
技术环境	国家研究开发支出流向 行业R&D支出流向 科研研究重点 产品创新	专利保护 新技术的商品化等

2.1.1 政治法律环境

政治法律因素是指对企业经营活动具有现存的和潜在作用与影响的政治力量，同时也包括对企业经营活动加以限制和要求的法律和法规等。这些因素常常制约、影响着企业的经营行为，尤其是影响着企业较长期的投资行为。

从国际方面来看，政治因素主要包括其他国家的国体与政体、关税政策、进口控制外汇与价格控制、国有化政策以及群众利益集团的活动等。国际方面的法律因素主要涉及各国的国内法以及国际公约条约的有关规定等。例如，美国政府自1980年以来颁布了几十个经济法规。美国等发达国家的经济立法，有些是为了保护竞争，有些是为了保护消费者利益，有些是为了保护社会利益，防止环境污染。我国企业若要与某个国家开展交易活动，必须事先了解该国的政治和法律。

从国内方面来看，政治因素主要是指政府和各职能部门的各项方针和政策。它对企业的生存与发展将产生长期与深刻的影响。具体来说，政治因素包括国家和企业所在地区的政局稳定状况、执政党所要推行的基本政策以及这些政策的连续性和稳定性。这些基本政策包括产业政策、税收政策、政府订货及补贴政策等。就产业政策来说，国家确定的重点产业总是处于一种大发展的趋势。因此，处于重点行业的企业增长机会就多，发展余力大。那些非重点发展的行业，发展速度就较缓慢，甚至停滞不前，因而处于这种行业的企业很难有所发展。另外，政府的税收政策影响到企业的财务结构和投资决策，资本持有者总是愿意将资金投向那些具有较高需求且税率较低的产业部门。

一些政治因素对企业行为有直接影响，但一般说来，政府主要是通过制定一些法律和法规来间接地影响企业的活动。从国内方面来看，法律因素主要指人大常委会、国务院、主管部门以及各省、市、自治区公布的法律、法规所做的有关规定，其中经济法律法规的关系更为密切。经济法律法规是为调整经济活动中的法律关系，发展社会生产力服务的。它规定了企业可以做什么，不可以做什么。合法经营受到法律保护，非法交易则要受到法律制裁。目前我国的经济立法，特别是涉外经济立法还不够完备。近几年来，我国政府为适应改革开放的需要，在健全法制、加强法治方面取得了明显进步，先后制定和颁布了一大批经济法律和法规，例如《中华人民共和国全民所有制工业企业法》、《中华人民共和国中外合资经营企业法》、《中华人民共和国涉外经济合同法》、《中华人民共和国专利法》、《中华人民共和国商标法》、《中华人民共和国进出口关税条例》、《中华人民共和国公司法》、《中华人民共和国企业破产法》等。

政治法律环境要素对企业来说是不可控的，带有强制性的约束力，只有适应这些环境的需要，使自己的行为符合国家的政治路线、政策、法令、法规的要求，企业才能生存和发展。

2.1.2　经济环境

经济环境指的是一个企业所属的或可能会参与其中的经济体的经济特征和发展方向。经济环境要素是指国民经济发展的概况，国际和国内经济形势及经济发展趋势，企业所面临的产业环境和竞争环境等。一般来讲，企业面临的经济环境主要可以从以下几个方面进行分析。

- 考察目前国家宏观经济处于何种阶段：萧条、停滞、复苏还是增长，以及宏观经济以怎样一种周期规律变化发展。在衡量宏观经济的众多指标中，国民生产总值是最常用的指标之一，它是衡量一国或地区经济实力的重要指标，它的总量及增长率与工业品市场购买力及其增长率有较高的正相关关系。同时，宏观经济指标也是一国或地区市场潜力的反映，近年来，中国成为欧美国家竞相投资的热点，也是因为中国经济持续、稳定的高速增长所揭示的巨大的潜在市场。
- 与消费品购买力正相关的指标是人均收入。由于中国大多数人的薪资收入尚未达到个人所得税征收点，故其薪资收入即可看做个人可任意支配收入。随着收入水平的不断提高，现在市场上所显示的数码产品以及金银首饰的购买热、旅游热以及房地产、证券投资热即表明了这一趋势，这给这些行业带来了机会，也带来了激烈竞争。
- 一国的总人口数量往往决定了一国许多行业的市场潜力，如食品、衣着、交通工具等。尽管中国的计划生育政策有效地控制着人口增长，但庞大的人口基数，伴随着经济的高速增长，揭示了巨大的市场潜力和机会，而这也恰是吸引外资投资的根本动因。
- 价格是经济环境中的一个敏感因素。长期以来，我国的价格体制存在严重缺陷，价格没有成为反映和调节供求状况的信号与杠杆，所以价格改革的出发点就是要调整被扭曲的价格，包括商品之间的比价与差价关系。然而价格改革是一项系统复杂的工程，因为适度的通货膨胀可以刺激经济增长，但过高的通货膨胀率对经济造成的损害往往难以预料。消费品价格上涨过快，使人们基本生活需要支出大幅增加。误导的价格信号会使某些消费行为提前，而某些购买行为又被推迟。个人可自由支配收入的降低会长时间抑制耐用消费品的需求，特别是高通货膨胀率所造成的社会心理损害将对整个市场供求关系产生深层次的影响。20世纪80年代中期企业对价格不能做出准确估计，或者说日后通货膨胀的程度要大大超过企业可能承受的范围，则企业既有的战略就会成为一页废纸。
- 对于经济基础设施的考虑也是重要的一环，它在一定程度上决定着企业运营的成本与效率。基础设施条件主要指一国或一地区的运输条件、能源供应、通信设施以及各种商业基础设施（如各种金融机构、广告代理、分销渠道、营销中介组织）的可靠性及其效率。这在策划跨国、跨地区的经营战略时尤为重要。
- 随着全球化的不断深入，各国之间经济相互依赖程度不断加剧。世界上相互关联的经济体出现任何不稳定，都会影响到该经济体内各行业的企业，同时还会通过国际贸易波及经济体外的企业。而互联网的加速效应将使这种传递性更加迅速，影响也更加深刻。1997年，曼谷金融危机迅速蔓延到东南亚的其他国家，引发了持久且严重的亚洲金融危机；2001年的“9 · 11”事件，使美国乃至世界的航空业、旅游业以及金融业等蒙上一层久久挥之不去的阴影。如果一国经济环境剧烈波动，则扭转经济形势需要付出很大的代价，所以关注、分析和预测国际经济形势对于企业抓住市场机遇，规避市场风险非常必要。

2.1.3 社会文化环境

社会文化要素是指一定时期整个社会发展的一般状况。一个社会的态度和价值有关。态度和价值是构建社会的基石，它们通常是人口、经济、法律政策和技术条件形成和发展的动力。社会文化要素主要包括社会道德风尚、人口变动趋势、文化传统、文化教育、价值观念、社会结构等。

人口是“潜在的购买者”，企业必须时刻注意人口因素的动向。目前世界上人口变动的主要趋势是：

- 世界人口迅速增长，目前已超过50亿大关。世界人口的增长意味着消费将继续增长，世界市场潜力和机会将继续扩大。但是快速增长的人口正在大量消耗自然资源和能源，加重粮食和能源供应的负担，这些预示着21世纪的主要挑战和商机。
- 美国、日本等发达资本主义国家出现生产率下降、儿童减少的趋势。这种趋势对以儿童为目标市场的企业来说是一种环境威胁，但是年轻夫妇有更多闲暇时间和收入用于旅游和文化活动等，因此可能为相应的企业带来更多的市场机会。
- 目前发达国家和一些发达地区出现人口老龄化的趋势，我国也有这种趋势。因此，企业应认真研究老年人市场。
- 许多国家的家庭状况正发生变化。例如，某些东方国家的家庭规模趋向于小型化，几世同堂的大家庭大为减少。30年前，日本六口之家占全国总户数的1/3。现在，四口之家最多，占总户数的25.5%。
- 西方国家的非家庭住户也在迅速增加。非家庭住户包括单身成年人住户、暂时同居住户和集体住户。
- 目前许多国家女性就业人数不断增加，职位也逐步上升，并在一些知名企业中担任要职，如雅芳首席执行官钟彬娴。

社会阶层通常是指在一个社会中存在相对持久的和类似的人的组合。在一个阶层中，个人和家庭具有大致相同的价值观、生活方式、兴趣和行为规范。一般依据一个人的职业、收入来源和教育水平来决定他属于哪一个社会阶层。一个清洁工与一个文艺工作者的收入或许相同，但由于职业不同，两个人的消费特点则不同。划分社会阶层可以更准确地判断和测定消费者的购买意向和购买行为。

文化通常特指人类创造的精神财富，它包括文学、艺术、教育、科学等，是人们的价值观、思想、态度等的综合体。文化因素强烈地影响着人们的购买决策和企业的经营行为，影响着一个国家的经济和法律政策环境。就养老储蓄来看，美国有48%的人储蓄以养老，德国为18%，意大利为9%。类似地在医疗保健方面，美国人将14%的GDP花在医疗保健上，德国为10.4%，瑞士为10.2%。因此，如果企业能够充分了解某个国家的文化对它的社会特征和社会健康的作用，那么它就能提供更符合要求的产品和服务，提高顾客满意度。

不同的国家有着不同的文化传统，因而也有着不同的亚文化群、不同的社会习俗和道德观念，从而会影响人们的消费方式和购买偏好。企业若要通过文化因素分析市场，必须了解行为准则、社会习俗、道德态度这些文化因素并对其加以分析。

此外，生活方式的演变、消费者保护运动的开展等也是社会文化环境要素的重要组成部分。

2.1.4 技术环境

技术环境要素是指目前社会技术总水平，引起革命性变化的发明，与企业生产有关的新技术、新工艺、新材料的出现、发展趋势及应用前景。它具有变化快、变化大、影响面大（超出国界）等特点。

新技术的产生能够引发社会性技术革命，创造出一批新产业，同时推动现有产业的变迁。历史上彩色胶卷、立体相机的问世，自动打字机淘汰全机械打字机，电脑打字机取代电子打字机，不危害臭氧层的R134a制冷剂代替氟利昂等无不是技术创新的结果。1996年上海国际汽车工业展览会上展出的新车型说明汽车产业进入电动时代所具备的技术条件已经成熟，汽车业的能源革命将使汽车的构造和使用发生彻底的变化。近年来计算机开发中个人计算机（PC）及其软件的开发，改变了教育、娱乐和家用电子业。电子信息技术的发展和应用已经对现有的信息传输手段造成了威胁。

个案研究

把握互联网发展，改变沟通习惯

马化腾创立的腾讯公司真实演绎了互联网奇迹，1998年至今近12年间，腾讯发展成为目前亚洲第一、世界第二、中国营业收入最高的互联网企业，也是中国所有境外上市互联网企业中市值最高的公司。现在，除美国外，只有中国人是使用本土研发、运营的互联网即时通信软件，这对整个国家的互联网通信和网络安全都有着积极而深远的意义。

马化腾和腾讯QQ改变了数以亿计用户的沟通习惯，创造了互联网上新的沟通文化，为中国互联网的发展做出了卓越的贡献，填补了我国软件行业中的一项空白。腾讯QQ由于立足本土，在用户使用习惯、服务和技术处理上都采用了最贴近国内用户需求的方案，因此自从诞生之日起就获得用户的青睐，现在，QQ获得了1.094亿最高同时在线用户的瞩目成绩。

更值得一提的是，QQ的发展已经深刻影响和改变了数以亿计网民的沟通方式和生活习惯，从而直接影响到现代社会的行为模式，极大地加快了信息传递速度，提高了工作学习效率，有更多的用户依托QQ平台进行信息传递、沟通、娱乐和商务等广泛应用。在日常社会生活中，QQ发挥着巨大的作用：相隔千里的家人可以利用QQ视频、音频来沟通亲情，老师可以利用QQ来与学生近距离交心，热心人可以利用QQ来发起公益活动；在商业领域，大多数企业也开始利用QQ提升企业沟通效率，QQ成为必不可少的现代化网络办公方式和手段之一。马化腾所创造的QQ通过改变沟通方式，直接影响了互联网时代的进步，它为中国人提供了一个巨大的便捷的沟通平台，它在人们生活中实践着各种生活功能、社会服务功能、商务应用功能，并正以前所未有的速度改变着人们的生活方式，也创造着更广阔的互联网应用前景。

马化腾对中国互联网发展方向有着深刻的认识，他认为在无国界的互联网当中，“谁

失去互联网，谁就将失去未来”，因此中国企业必须拥有自己的话语权，他首先预判了中国互联网未来将是“在线生活”的模式，即在互联网普及融入生活的环境下，用户在任何时间、任何地点，以任何终端、任何接入方式，都能使用网络服务满足日常生活中信息获取、信息沟通、休闲娱乐和交易的需求。在博鳌论坛等全球性经济论坛及国内产业界的重量级会议中，这个由腾讯倡导的产业方向获得了业界的高度认可。在马化腾的带领下，目前腾讯已经初步完成了面向在线生活产业模式的业务布局，腾讯因此也成为中国互联网民族企业中唯一一家门户、即时通信、电子商务、搜索、网络游戏等全业务渗透的企业，可以独立为用户提供一站式、全价值链的互联网服务。

马化腾说：“我们并不希望腾讯把利润放在账面上，更加希望把很多利润投入到长远的发展里。”他判断，未来的3年绝对是中国网民增长非常关键的3年，之后的增长率可能会降低不少。正因为如此，腾讯仍不断坚持自主创新，持续加大研发投入。现在，腾讯50%以上员工为研发人员，其在即时通信、电子商务、在线支付、搜索引擎、信息安全以及游戏等方面都拥有相当数量的专利申请。此外，腾讯投资过亿元在北京、上海和深圳三地设立了中国互联网首家研究院——腾讯研究院，进行互联网核心基础技术的自主研发，正逐步走上自主创新的民族产业发展之路。

资料来源：马化腾：创造互联网新的沟通文化。http://www.sznews.com/culture/content/2010-09/10/content4913852.html.

一个国家经济增长速度的高低受采用重大技术发明的数量与程度影响，一个企业盈利状况也与其研发费用呈高相关关系。在世界汽车行业及电子通信行业中，如通用汽车公司、沃尔沃公司、梅赛德斯-奔驰公司、西门子公司以及爱立信公司等，近年来研发费用占销售额的比例都在10%以上，这是一个让中国绝大多数企业感到不可思议的比例。爱立信公司作为世界电子通信行业的领导者，在20世纪80年代初成功开发移动通信技术，短短十余年间，已使它的技术与产品更新换代了多次。

随着世界科技进步的进一步加快，产品更新、产业演变的速度也将越来越快，技术环境要素对企业的影响将越来越重要。

2.2 行业结构的战略分析

企业战略环境的范围很广，既有社会因素，又有经济因素。但是，企业所面临的一个直接环境因素就是企业所在的行业。行业的环境在决定竞争原则和企业可能采取的战略等方面具有强烈的影响。因此，行业结构分析是企业战略环境分析的一个重要方面。

2.2.1 行业结构

依照迈克尔·波特的观点，一个行业的激烈竞争不是事物的巧合，而是根源于其内在的经济结构。如图2-2所示，一个行业中的竞争，远不止在原有竞争对手中进行，而是存在着五种基本的竞争力量，即行业内现有企业间的竞争、潜在的参加竞争者、替代品生产者的威胁、供应商讨价还价的能力以及购买者讨价还价的能力。

这种基本竞争力量的状况及其综合强度，决定着行业竞争的激烈程度，决定着行业中获得利润的最终潜力。

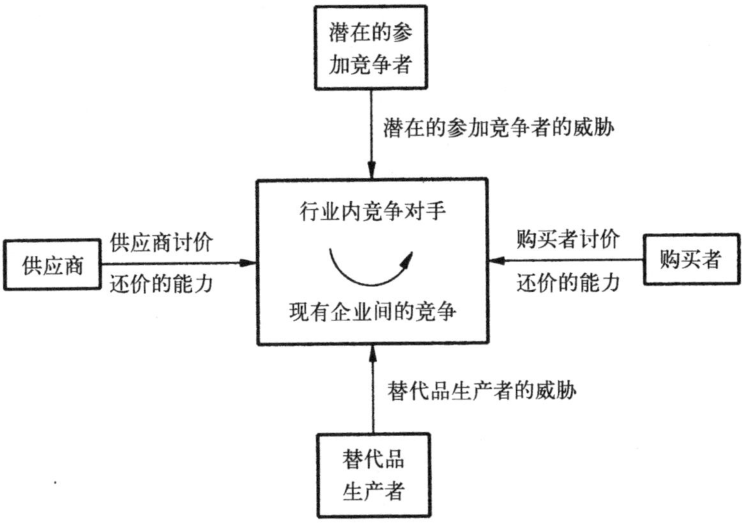

潜在的参加竞争者

潜在的参加竞争者的威胁

供应商　供应商讨价还价的能力

行业内竞争对手

现有企业间的竞争

购买者讨价还价的能力　购买者

替代品生产者的威胁

替代品生产者

图2-2　决定行业竞争的力量

不同行业竞争力量的综合强度是不同的，因此各行业利润的最终潜力也不同。竞争力的综合强度有强烈和缓和之分。在竞争激烈的行业中，一般不会出现某家企业获得惊人收益的状况。在竞争相对缓和的行业中，各企业普遍可能获得较高的收益。

另外，行业中竞争的不断进行会导致投资收益率下降，直至接近于竞争的最低收益率。竞争最低收益率与经过资本亏损风险调整的长期公债的收益率接近。如果投资者的收益率长期低于这个收益率，他们会将资本投入其他行业；如果企业的收益率总是低于这个收益率，他们最终会退出这个行业。相反，将会刺激资本流入该行业。其流入方式有潜在的参加竞争者带入资本和现有竞争对手增加投资。值是注意的是，行业中竞争力量的综合强度决定着资本流入的程度，驱使收益趋向竞争最低收益水平，并最终决定企业保持高收益的能力。

从战略制定的观点看，五种基本竞争力量共同决定行业竞争的强度和获利能力。但是，各种力量的作用是不同的，常常是最强的力量或是某股合力共同处于支配地位，起决定作用。例如，一个企业在某行业中处于极为有利的市场地位，潜在的参加竞争者对它不能构成威胁。但如果它遇到了高质量、低成本的替代品竞争时，就只能获得低的收益。即使没有替代品和大批的进入者，现有竞争对手之间的激烈抗衡也会限制其潜在收益。在经济学家所谓的完全竞争行业里，由于为数众多的企业和产品都很相似，所以进入者可以自由加入，而且现有企业没有抵御供应商和购买者讨价还价的能力，因此竞争相当激烈。从具体行业看，在远洋油轮行业中，竞争的关键力量一般是购买者（主要是石油公司），而在钢铁工业中，竞争的关键力量是外国的竞争对手和可替代的材料。

在这里，应把反映竞争力量强度的行业环境与那些以临时的方法影响行业竞争状况和获利能力的许多短期因素区别开来。短期因素，如原材料短缺、需求激增等，会影响许多企业的短期获利能力，但它们仅具有战术意义。

根据上述行业环境原理，一个行业的经营单位，其竞争战略目标应是在此行业中找到一个位置，在这个位置上，该企业能较好地防御五种基本竞争力量，或者说，该企业能够对这些基本竞争力量施加影响，使它们有利于本企业。因此，企业在制定经营战略时，应透过现象抓住本质，分析每种竞争力量的来源。对竞争压力基本来源的分析，有助于弄清企业生存的优势和劣势，有助于寻求企业在本行业中的有利地位，有助于弄清那些当战略发生变化时会产生巨额开支的领域，以及对机会或威胁可能具有重大意义的行业动向方面的问题。正因为如此，行业环境分析是制定经营战略的基础工作，是战略分析的出发点。

行业环境分析的核心是确定某个行业中决定和影响五种基本竞争力量的基本因素。下面逐项分析这些基本因素。

2.2.2 潜在的参加竞争者

潜在的参加竞争者是行业的重要竞争力量，它会对该行业（如钢铁行业）带来很大威胁。这种威胁称为进入威胁。这种威胁主要是由于潜在的参加竞争者会带来该行业生产能力的扩大，带来对市场占有率的要求，除非这种产品的市场需求不断增长，否则将导致与现有企业的激烈竞争。另一方面，潜在的参加竞争者要获得资源（如钢铁生产中的矿石和焦炭等）进行生产，从而可能使得行业生产成本升高。

进入威胁的状况取决于进入障碍以及预期的报复措施。如果进入障碍高，原有企业激烈反击，潜在的参加竞争者难以进入本行业，进入威胁就小。

2.2.2.1 进入障碍

现有的企业总是设法给市场进入制造障碍。相反，潜在的参加竞争者会挑选进入障碍不太明显的市场。进入障碍低，潜在的参加竞争者能够获得利润的空间就大。决定进入障碍大小的主要因素有以下几个方面。

- **规模经济**　规模经济是指“当企业的生产规模逐渐增加时，边际效益递增”的现象。从生产角度来说，规模经济意味着当企业在一定时期内生产的产品增加时，单位产品的制造成本降低。规模经济将使潜在的参加竞争者陷入进退两难的困境。如果行业潜在的参加竞争者以大生产规模进入，将面临现有企业强烈反击的风险；如果以小规模进入，则要长期忍受产品成本高的劣势。这两种情况都会使潜在的参加竞争者望而却步。大企业的生产成本要低于小企业的生产成本，这就有了进入障碍的客观条件。

  规模经济形成的进入障碍表现在许多方面：①表现为企业的某项职能或某几项职能。如计算机硬件行业，其生产、研发、市场营销等职能上的规模经济，都可能是进入的主要障碍。②表现为某种或某几种经营业务和活动。如在电视机制造业中，彩色显像管生产规模的经济性具有决定意义。③表现为多种经营，如生产小型电机的企业，同时将小型电机用于它所生产的电扇、吹风机、制冷设备的电器系统等，这就迫使潜在的参加竞争者也不得不从事多种经营，否则就会成本过高而处于不利地位。④表现为联合成本，如企业在生产主导产品的同时并能生产副产品，使主导产品成本降低，这就迫使潜在的参加竞争者也必须能生产副产品，不然就会处于不利地位。如钢铁联合生产中，炼焦可产生可利用的煤气，高炉产生的高炉煤气以及炉渣都可以利用。⑤表现为纵向联合经营，如从矿山开采、烧结直至轧制成各种钢材的纵向一体化钢铁生产。这就迫使潜在的参加竞争者必须联合进入（这有时难以做到），若不联合进入，势必在价格上难以承受。

- **产品差异优势**　产品差异优势是指原有企业所具有的产品商标信誉和用户的忠诚度等。造成这种现象是由于企业过去的广告、用户服务、产品差异或者行业历史悠久等

形成的差异优势。一旦消费者认为某一企业的产品是独特的，那么这种认知会给企业带来继续发展的机会，企业可以借此领先其他公司向消费者提供产品和服务。可口可乐、百事可乐以及全世界的汽车公司不遗余力地花费大量的资金用于广告，其目的就是要消费者相信它们的产品是独一无二的，从而使消费者对它们的产品和服务保持很高的忠诚度。

产品差异优势所形成的进入障碍，迫使潜在的参加竞争者要用很大代价来树立自己的信誉和克服现有用户对原有产品的忠诚。潜在的参加竞争者通常采取降价的方法。这种做法是以亏损作为代价的，而且要花费很长时间才能达到目的。如果潜在的参加竞争者进入失败，那么它失去的不仅是物质上的投资，还失去了消费者对原有产品的忠诚。

- **资金需求** 资金需求所形成的进入障碍，是指在行业经营的企业不仅需要大量资金，而且风险大。潜在的参加竞争者要在持有大量资金、冒很大风险的情况下才敢进入。需要大量资金的原因是多方面的，如购买生产设备需要资金，提供用户信贷、存贷经营、弥补投产亏损等业务，也会扩大资金的需要量。美国某复印机公司采取不直接销售复印机，而是出租复印机的经营方式，增大了对流动资金的需求，形成了很大的进入障碍。
- **转换成本** 转换成本是指消费者从购买一个供应商的产品转为购买另一个供应商的产品所支付的一次性成本。它包括重新训练业务人员、增加新设备、检测新产品的费用以及产品的再设计等，甚至还包括中断原供应关系造成的心理成本等。如本科一年级的学生转系或转校的成本就要比高年级学生的成本低得多，喝惯茶的人很难接受可口可乐的味道。对于潜在的参加竞争者来说，如果转换成本很高，为了吸引消费者，它就必须在成本或服务上做出重大改进，以便消费者可以接受。通常当前各方之间的关系越稳固，转换成本就越高。
- **销售渠道** 一个行业的正常销售渠道已经为原有企业服务，潜在的参加竞争者要进入该行业，必须通过利润分摊、广告合作和广告津贴等办法说服原有的销售渠道接受自己的产品，这样就会减少潜在的参加竞争者的利润，形成进入障碍。产品的销售渠道越有限，它与现有企业的联系越密切，则与现有企业建立的专营关系的销售渠道所形成的进入障碍就越高，潜在的参加竞争者要进入该行业就越困难。

所以，某些企业正在探索新的销售方式，如通过直接销售渠道。戴尔运用直接销售渠道给中国和全世界的消费者创造价值。为了维护直销模式的优势，戴尔用心培育客户关系，为他们提供优质服务，满足他们的要求。

- **与规模无关的成本劣势** 原有的竞争对手常常在其他方面还具有独立于规模经济以外的成本优势，如专利权、独占最优惠的资源、有利的地理位置、占据市场的有利地位、政府补贴、学习和经验曲线以及政府的某些限制政策等。这些都是潜在的参加竞争者无法仿效的成本优势。
- **政府政策** 政府为了降低企业间的竞争激烈程度，或出于保护消费者利益和环境的要求，可能通过许可证或政府补贴等对进入特定行业的企业进行控制。

政府补贴是政府给予现有企业长期的补贴。这种障碍对那些力图打入国际市场上的企业来讲是普遍存在的。许多国家的政府都会保护自己的高科技公司。

2.2.2.2 预期的报复措施

想要进入某个行业的企业需要估计原有企业的反应。如果预料到现有企业的反应将会很激烈，那么进入成功的可能性就小。如果一个企业与某行业利益攸关，或者它拥有相当的资源，或者行业的增长缓慢，那么企业受到报复的可能性很大。潜在的参加竞争者可以寻找原有企业忽视的市场缝隙进入，避开进入障碍。

2.2.3 行业内现有企业间的竞争

行业内现有企业间的竞争多采用的竞争手段主要有价格战、广告战、引进产品以及增加对消费者的服务等。竞争的产生是由于一个或多个竞争者感受到竞争的压力或看到改善其地位的机会。如果一个企业的竞争行动对其对手有显著影响，就会招致报复或抵制。如果竞争行动和反击的竞争行动逐步升级，则行业中所有企业都可能遭受损失，使处境更糟。在以下情况下，行业内现有企业之间的竞争会变得很激烈。

2.2.3.1 有众多或势均力敌的竞争对手

当一个行业的企业为数众多时，必然会有一定数量的企业为了占有更大的市场份额和取得更高的利润，而突破本行业规定的一致行动的限制，采取打击、排斥其他企业的竞争手段。这势必在现有竞争对手之间形成激烈的竞争。肯德基和麦当劳之间的竞争就是最好的例子。即使在企业为数不多的行业中，若各企业的实力均衡，由于它们都有支持竞争和进行强烈反击的资源，也会使现有竞争对手之间的竞争激烈化。

2.2.3.2 行业增长缓慢

当行业增长快速时，行业内各企业可以在与行业增长保持同步的情况下，充分利用各自拥有的资源优势，因而现有竞争对手之间的竞争比较缓和。当行业缓慢增长时，有限的发展空间势必导致各企业为了寻求各自的出路，把大量资源都放在现有市场占有率的争夺上，从而使现有竞争对手的竞争激化。例如，20世纪90年代末中国的彩电价格大战。在彩电的低端市场基本饱和的情况下，长虹、厦新、康佳等国内彩电生产商为了保持或争夺更多的市场份额展开了激烈的竞争，并逐步演变为价格战。虽然低价促销可以吸引顾客并提高市场占有率，但同时也将减少企业的利润，并且使得所有的竞争对手都很难把促销稳定在能带来利润的价格上。

2.2.3.3 规模经济的要求

企业为了降低单位产品的固定成本，在规模经济要求下不断扩大生产能力，最终必将打破行业供需平衡，造成产品供过于求，迫使企业不断降价销售，强化现有竞争对手间的抗衡。

2.2.3.4 行业的产品差异性小或行业转换成本低

若某个行业中产品差异性较大，则消费者将基本根据自己的偏好购买产品，企业间的竞争比较缓和。反之，若各企业的产品缺乏差异，消费者购买产品时更多考虑的是价格和服务，这将导致企业在价格和服务上展开激烈竞争，使现有竞争对手之间的抗衡激化。

转换成本的影响与产品差异性的影响基本相同。消费者的转换成本越低，竞争对手就越容易通过提供较低的价格和优质的服务来吸引消费者。相反，消费者的转换成本高，可以在一定程度上保护企业，抵消竞争对手的压力。

2.2.3.5 退出行业的障碍很大

退出障碍是指经营困难的企业在退出行业时所遇到的困难。当退出障碍高时，经营不好的企业只得继续经营下去，这样使现有企业间的竞争激烈化。退出障碍的主要来源有：

- 具有高度专门化的固定资产（这种固定资产的清算价值低或转换成本高）；
- 退出的费用高（如高额劳动合同费、安置费、设备备件费等）；
- 战略相关性高（如退出某一行业就会使其他业务领域的产品形象、市场营销能力、分享设备能力受到很大影响）；
- 情感障碍（如退出某一行业将影响职工忠实度，引起员工对其个人职业发展产生畏惧等）；
- 政府和社会的限制（如考虑到失业问题、地区经济的影响，政府有时会出面反对或劝阻企业退出某一行业）。

2.2.3.6 进入障碍和退出障碍的组合状况

每个行业的进入障碍和退出障碍的高低是不同的，这样就会形成不同的组合，具体情况如表2-2所示。

表2-2　进入障碍和退出障碍的组合状况

退出障碍 / 获利状况 / 进入障碍	高	低
高	利润高，风险大	利润高，风险小
低	利润低，风险大	利润低，风险小

从获利情况看，最好的组合是进入障碍高而退出障碍低的组合。因为潜在的参加竞争者受到阻拦，经营不成功的企业容易退出。若两者都高，潜在的参加竞争者虽然被阻，但不成功的企业很难退出，这就使本行业利润高而风险大。两者都低时，行业经营状况好时会有不少企业进入，经营状况不好时会有许多企业退出，因此，虽然利润较低但风险也较少。最坏的情况是进入障碍低而退出障碍高，在这种情况下，潜在的参加竞争者可以很容易进入，一些暂时引起利润上升的因素都能使潜在的参加竞争者进入。然而，当条件恶化时，经营出现困难的企业不得不留在行业内部参加竞争，这就使本行业不仅利润低而且风险大。

正是因为有了上述差别，现有竞争对手间的抗衡程度也就不同。

2.2.4 替代品生产者的威胁

我们通常根据产品或者服务来定义一个行业。因此，我们有了铝罐业、制糖业等行业的分类。据此我们能够识别生产相似产品又相互竞争的公司。然而，如果我们从购买者的角度来定义行业的话，就可能将完全不同的公司组合在一起，它们虽然生产不同的产品，但却能满足同类购买者的需要。喜欢甜咖啡的消费者会认为制糖商与人造糖生产商的关系是直接竞争的，因为替代品是指满足同一市场需求、同样功能不同性质的产品，是满足购买者需要的另一种方式。所以电话传真机是信函的替代品，而不是包裹邮寄的替代品。

如果替代品价格较低，它投入市场会使本行业产品的价格上限只能处在较低水平，从而使得被替代品价格上涨，会导致原来忠实顾客转向购买替代品，从而限制本行业的收益。替代品的价格越有吸引力，这种限制作用就越强，对本行业构成的压力就越大。从这个意义上说，没有一种东西具有与替代品相同的效果，因为这意味着被替代品市场有效需求的下降。因此在抵御替代品的威胁时，本行业的企业有可能采取联合一致的行动。因为替代品不是仅仅对一两个企业，而是将对全行业的所有企业都构成威胁，这时本来互不相让的企业之间就可能彼此借力，共同抵御生产替代品的竞争者。例如，共同进行大规模的联合广告宣传活动以及共同改进产品的质量和功能，等等。但是在进行这种竞争中应注意以下情况：当出现的替代品是一种顺应潮流的产品并且具有强大的成本优势时，或者替代品是那些实力雄厚、获利水平高的行业生产时，对现有产品完全采取排斥的竞争战略不如采取引进的战略更为有利。

在下列情况下，替代品有很大的威胁：

- 替代品在产品功能、质量、理念以及服务等方面都与本行业的产品存在极大的相似性，可以满足相同顾客的需要时，这将严重威胁本行业的产品。
- 购买者从购买本行业的产品转向购买替代品时，只需承担很小的转换成本，替代品的威胁就大。因为如果转换成本高，购买者将固定在原有产品上，而不会去购买替代品。
- 替代品的价格越低，而购买者对价格越敏感，所带来的威胁就越大。

2.2.5 供应商讨价还价的能力

供应商的威胁手段一是提高供应价格，二是降低供应产品或服务的质量，从而使下游行业利润下降，自己获得更多的收益。如果企业无法通过价格结构调整、消化增长的成本，它的利润就会由于供应商的行为而降低。在下列情况下，供应商有较强的讨价还价的能力：

- 供应商行业由几家公司控制，其集中化程度高于购买者行业的集中化程度。这就提高了供应商自己的地位，它能够在价格、质量等条件上对购买者施加相当大的影响，迫使购买者不得不接受自己的条件成交。
- 替代产品，尤其是功能和服务极其相似的替代品会给供应商带来极大的压力。即使供应商力量再强大，其竞争能力也会受到牵制，与购买者的讨价还价能力下降。
- 对供应商们来说，如果某个下游行业在其销售额中所占比例较小，供应商讨价还价的能力较强。反之，如果某行业是供应商的重要购买者，那么供应商就会出于自身长远发展的角度，采用公道定价和渠道疏通等营销活动来保护购买者的权益。
- 对购买者来说，供应商的产品是重要的生产投入要素。这种投入对于购买者生产制造过程或产品质量将产生重要的影响，这样增强了供应商讨价还价的能力。
- 供应商们的产品相互存在差别，并且形成购买者较高的转换成本。这样，购买者就无法轻易地转换供应商，供应商讨价还价的能力自然就高。
- 供应商前向一体化将对购买者行业构成很大威胁。这样，购买者行业若想在购买条件上讨价还价，就会遇到困难。例如矿石公司想要自己用铁矿石炼铁，则对炼铁公司来说构成很大的威胁。
- 供应商掌握充分的供求信息。这样，供应商便会在交易中占据主动，面对购买者威胁时进行有力的反击。

2.2.6 购买者讨价还价的能力

企业总是寻求投资回报的最大化，而购买者则希望用最低的价格购买商品。这个价格将会是供应行业获得可接受的最低的投资回报率。为了降低成本，购买者通常都会讨价还价，要求更高质量的产品、更优质的服务以及更低的价格，其结果是行业内企业之间的竞争加剧，导致行业利润下降。在以下情况下，购买者（由买方组成的集团）具有较强的讨价还价能力：

- 购买者相对集中并且大量购买。如果购买者们集中程度高，由几家大公司控制，这就会提高购买者的地位。如果生产行业急需补充生产能力的话，那么大宗购买者就更加具有特别有力的竞争地位。
- 购买的产品占购买者全部费用或全部购买量中很大的比重。这时，购买者愿意花费必要的资金购买，购买者讨价还价的能力就大。反之，只占购买者全部费用的一小部分，那么购买者通常对价格不很敏感，无须讨价还价。
- 从该行业购买的产品属于标准化或差异性小的产品。购买者在这种情况下确信自己总是可以找到可挑选的供应商，可使供应商之间互相倾轧。
- 购买者的行业转换成本低。高的转换成本将把购买者固定在特定的供应商身上。相反，如果转换成本低，购买者讨价还价的能力就大。
- 购买者的利润很低。这样，他们会千方百计地压低购买费用，要求降低购买价格。高盈利的购买者通常对价格不太敏感，同时他们还可能从长计议考虑维护与供应商的关系和利益。
- 购买者有采用后向一体化对供应商构成威胁的倾向，他们宁愿自己生产而不去购买。
- 供应商的产品对购买者的产品质量或服务无关紧要。如果供应商的产品对购买者的产品质量影响很大时，购买者一般在价格上不太敏感。
- 购买者充分掌握供应商的信息。这样，购买者便会在交易中享有优惠价格，而且在受到供应商威胁时进行有力的反击。

以上是行业环境分析的内容和方法。行业环境分析的目的在于了解本行业的基本竞争力量及其基本情况，明确本企业的优势和劣势、机会和威胁，从而确定本企业对各种竞争力量采取的态度，以期制定出有效的竞争战略，其中包括如何抵制潜在的参加竞争者，如何应对原有竞争对手，如何与替代品生产者竞争，如何提高与供应商和购买者讨价还价的能力等。这些都是在行业结构分析基础上应考虑的问题。

2.3 企业战略环境分析技术

企业战略环境的分析需要运用各种模型及技术对关键外部环境因素对企业的影响及其相互关系进行综合分析。这种分析的目的是要了解这些关键因素对企业影响的性质（机会或威胁）以及它们的相对重要性。

2.3.1 战略环境要素评价模型

在找出企业的战略环境要素，收集有关信息，预测关键要素的变化之后，战略环境要素评价模型可以帮助企业战略管理者对上述分析工作进行概括和进一步分析。考虑到主观判断在此模型中的影响，所以不能过分夸大此模型的作用。建立这个模型的主要步骤方法如下：

（1）列出企业的主要机会和威胁。

（2）给每个因素确定一个权重。权重应在0.0（不重要）到1.0（很重要）之间。每一因素的权重说明该因素对行业中的某个企业获得成功的重要性。各个因素的权重总和等于1。

（3）按4分制给每一个因素打分，以表明这个因素是企业面临的重大威胁（1分）、一般威胁（2分）、一般机会（3分）、重大机会（4分）。

（4）将每一因素的权重和分数相乘得到某一因素的加权分数。

（5）将每一因素的加权分数加起来，其总和就是一个企业的加权总和。

无论这个模型包括多少个重要机会和威胁，企业的加权总和最高是4分，最低是1分，平均数是2.5分。得4分的企业正处在朝阳行业，面临许多外在机会；相反，得1分的企业则处在夕阳行业，面临许多严重的威胁。

外部因素评价模型列举的机会和威胁一般应控制在5~20个。表2-3是一个利用该模型进行战略环境分析的例子，从中可以看到，政府放松管制是这个行业最重要的战略环境因素。本例中的公司面临两个机会：美国人口向西部转移和信息系统计算机化。同时这个企业面临一个主要威胁：利率的上升。企业总加权分数是2.70，这表明该企业所处的行业只有略高于平均水平的吸引力。

表2-3　战略环境要素评价模型示例

关键战略环境要素	权　数	分　数	加权分数
利率上升	0.20	1	0.20
美国人口向西部转移	0.10	4	0.40
政府放松管制	0.30	3	0.90
一个主要对手采取扩张战略	0.20	2	0.40
信息系统计算机化	0.20	4	0.80
总加权分数	1.00		2.70

2.3.2　行业关键战略要素评价矩阵

行业关键战略要素评价的矩阵分析方法是通过对行业关键战略要素的评价分值比较，展示行业内各竞争者之间相对竞争力量的强弱，企业本身所面临的机会与威胁，并力图为企业制定经营战略提供一种识别本企业与竞争对手各自竞争优势与劣势、机会与威胁的工具。建立行业关键战略要素评价矩阵可按以下4个步骤进行：

（1）由企业战略决策者识别行业中关键战略要素。评价矩阵中一般要求5～15个关键战略要素。具体由战略决策者通过研究特定行业环境与相关研究成果，结合本企业的核心能力，找出关键战略要素。在分析中常见的关键战略要素有市场份额、产品组合情况、规模经济、价格、广告与促销效益、财务地位、管理水平、产品质量，等等。

（2）对每个关键战略要素需要确定一个适用于分析行业中所有竞争者的权重，以此表示该要素对于在行业中成功经营的相对重要性。权重的确定可以通过考察成功竞争者与不成功竞争者的经营效果，从中得到启发。每一要素权重的变化范围从0.0（最不重要）到1.0（最重要），且各要素权重之和为1。

（3）对行业中各竞争者在每个关键战略要素上所表现的相对力量进行评价。评价的分

数通常取1，2，3，4，依次为1表示最弱，2表示较弱，3表示较强，4表示最强。评价中必须注意各分值的给定应尽可能以客观资料为依据，以便得到较为科学的评价结论。

（4）将各关键战略要素的评价值与相应的权重相乘，得出各竞争者在各战略要素上相对力量的加权评价值。最后对每个竞争者在每个战略要素上所得的加权评价值进行加总，从而得到每个竞争者在各关键战略要素上力量相对强弱情况的综合加权评价值。这一数值的大小揭示了各竞争者之间在总体力量上的相对强弱情况。

表2-4是利用行业关键战略要素评价矩阵进行分析的示例。

表2-4中财务地位的权重为0.40，表明它是关系到企业经营战略成败的最重要的战略要素，本企业在产品质量方面的评价值为4，表示在产品质量方面该企业力量最强，竞争对手2在财务地位与综合力量方面均属最强，其得分分别是4与2.8，而竞争对手1的综合加权评价值2.2，表示其在综合力量方面最弱。

表2-4　行业关键战略要素评价矩阵示例

行业关键战略要素	权　重	本企业		竞争对手1		竞争对手2	
		评价值	加权评价值	评价值	加权评价值	评价值	加权评价值
市场份额	0.20	3	0.6	2	0.4	2	0.4
价格竞争	0.20	1	0.2	4	0.8	1	0.2
财务地位	0.40	2	0.8	1	0.4	4	1.6
产品质量	0.10	4	0.4	3	0.3	3	0.3
用户信誉	0.10	3	0.3	3	0.3	3	0.3
综合加权评价值	1		2.3		2.2		2.8

2.3.3　战略环境预测方法和技术

预测是一种十分复杂的活动，因为政治波动、技术进步、文化的改变、竞争状况的变化、新产品或服务的出现、政府政策的变化、经济形势的变化以及其他一些变化总是相互影响或同时发生。预测方法可以分成两大类：定量方法和定性方法。

定量方法包括三种基本技术：经济模型、回归分析和趋势外推。经济模型是以若干回归等式构成的相互作用的系统为基础，在先进的计算机的帮助下，经济模型已经成为预测经济变量的一种最广泛运用的方法。单元或多元回归分析是一种广泛运用的方法，是一种用一个或几个自变量的变化来解释另一个因变量变化的统计学方法。趋势外推是对过去的变化趋势是否延续至将来的预测。应当注意的是，所有定量技术都是以各种变量之间的历史关系为基础或根据的，因此选择和使用预测方法要小心谨慎，否则得到的结果会引起更大的偏差。

|战|略|透|视|　**金融危机下沃尔玛独资大力扩张**

在2008年全球范围金融危机背景下，零售业展开了不同程度降价，进入新的竞争。

在竞争中，沃尔玛以世界500强首位的排名始终立于不败之地，以“为顾客省钱，使他们生活得更好”为目标，展开了让利降价的“风暴”，其中一些商品的折扣幅度可达到20%。同时2008年沃尔玛公司第二次入选“世界500强企业在华贡献排行榜”。

如果完全按照美国的游戏规则在中国下棋，注定路途坎坷。现在沃尔玛已经意识到这一点，并决心改变策略以适应中国国情。

最近，沃尔玛在湖南注册成立了一个区域性的独资法人公司，运作新店。沃尔玛内部人士透露，目前沃尔玛已经在湖北、湖南、重庆等地设立了十几家百分之百的独资公司。“在2008年年底外资零售门店的审批权下放到省级商务部门的背景下，沃尔玛在地方注册公司将税收留在当地，迎合了地方政府，因此便于拿到开店的行政审批。”

这将破解沃尔玛近两年来因为审批难而开店受阻的处境。而金融危机可能正是沃尔玛的一个扩大中国市场份额的机会。

改变策略

沃尔玛要学着迎合地方政府的口味。

现在沃尔玛已经在各地设立了十几家独资公司。沃尔玛中国公关经理牟明明说：“目的是为了在各地开门店，帮助沃尔玛利润增长。在地方政府要求以及沃尔玛调研可行后，这种模式就被采用。”

目前，地方政府基本上都会要求零售企业在当地注册公司，从而把税收留在当地，家乐福、好又多等企业都是这么操作的。沃尔玛显然也感受到压力，开始改变。据了解，2009年1月，沃尔玛中国一路狂奔开店17家，几乎追平2008年全年开19家店的纪录。这些新店大部分隶属于沃尔玛各地的独资公司，这可能是沃尔玛以后开店的主要模式。

在此之前，沃尔玛主要是与深国投、昆明大观商业城有限公司等合作开店，没有在各地方注册公司，各分店的企业所得税、增值税等都由沃尔玛总部在深圳上缴，各地方只缴纳少量的营业税等。“由于税收不在地方，再加上沃尔玛抵制中国式公关，做事一板一眼，有些地方政府并不欢迎沃尔玛。”一位业内人士直言。

这使沃尔玛近两年的新店计划受阻。据上述沃尔玛人士透露，2006年下半年沃尔玛所有新店开业计划全部被拒批，2007年沃尔玛在中国开了30家店，但原计划是50家。“沃尔玛有些店与开发商签订了租赁协议，但由于拿不到政府批文，交了一年多租金都开不出来。”一位好又多的拓展经理说，沃尔玛的厦门加州阳光项目、西安万达广场项目以及山东潍坊、湖北荆州等地项目都有由于批文而延迟开店的问题。

2008年9月12日商务部下发文件，将外资零售门店的审批权下放到省一级的商务部门。这对沃尔玛是一个利好，因为之前不少本土零售商游说政府“抵制外资”，商务部也对外资开店的审批有所紧缩，但现在地方政府更好打交道。沃尔玛立马采取行动，在地方注册公司示好。

对此，曾服务于沃尔玛、鸿骏讯息技术有限公司高级顾问钟升认为：“今天沃尔玛的策略是学当初的家乐福，更加本土化。”在我国零售业未完全开放的背景下，家乐福在一定程度上采用了名义上的合资合作、借道地方政府等非常规手段开店，抢占了先机。零售业开放后，家乐福在地方设立分支机构，地方政府为了政绩以及税收，还帮忙去跑批文。

政策智慧提升

沃尔玛的本土化，显然为其扩张注入了动力。

钟升说，1996年沃尔玛进入中国的时候，把中国当成几个欧洲来看，当时的策略是先把广东省作为一个区域发展，再向全国扩张。之后又尝试往大连、昆明拓展，但为时已晚，家乐福通过商业管理公司等方式“曲线进入”各地开店。

“2000年、2001年，政府紧急叫停了家乐福的快速扩张，但并没有下猛药，这时沃尔玛才恍然大悟，要本土化。”钟升说。

沃尔玛前期不准确的中国发展策略，以及美国式循规蹈矩的行事风格，延误了战机。而新任中国区总裁陈耀昌上台后的任务之一就是要加速沃尔玛的本土化，尤其是在沃尔玛将扩张重心逐渐转移至二三线城市的过程中。

就在不久前，沃尔玛全球总裁换人，国际部门主管Duke接棒Scott，Duke的专长能带领沃尔玛向更多国际市场进军。沃尔玛也对外表示未来5年内的国际资本开支预算中的一大半将投入迅速成长的新兴市场，包括中国、巴西等国家。

“沃尔玛在中国已经会看政策行事。”一位业内人士说，目前中国被认为有望在金融危机中最早复兴，同时政府扩大内需的政策对沃尔玛等零售企业的扩张是很大的支持。

资料来源：徐春梅. 金融危机沃尔玛趁机抄底 独资成扩张发动机. 中国经营报，2009年3月9日。

专论摘要 用于预测未来外部环境状况的6种定性技术

1. 销售人员估算法 是一种从下到上进行估算方法的典型。这种方法可以对产品、供应商、经销商和购买者方面的变化进行预测。

2. 经理人员判断法 是一种征询或综合各个部门经理的意见而进行预测的方法。

3. 预先调查或市场调研法 是通过经常的电话或问卷调查和分析收集的信息进行预测的方法。

4. 情景预测法 是进行社会预测最广泛使用的方法。它首先对可能影响组织或企业的各种事件进行描述，然后预测如果发生这些事件会对企业产生什么样的影响。

5. 德尔菲法和头脑风暴法 它主要用于技术、政治、法律变化趋势的预测。德尔菲法的使用要求有一批专家在一起进行共同预测。头脑风暴法则用于收集新的观点、办法和意见。它只能在没有任何压力的环境中才能使用。

没有一种预测方法是完美的，有的甚至误差很大。这种情况就要求企业的战略管理者投入大量的时间和精力去了解各种公开的预测数据，并且在综合分析的基础上形成自己的预测。因为只有通过准确、及时的预测，企业才能辨认自己面临的重要机会和威胁，才能建立起企业的竞争优势。

本章小结

1. 企业战略外部环境分为两个主要部分：①总体环境（广泛的社会环境中影响各行业的要素，包括人口环境因素、经济因素、法律政治因素、社会文化因素、技术因素及全球化因素）；②行业环境（对一个企业及其竞争行为和反应以及行业的利润能力有影响的要素——潜在的参加竞争者、行业内现有企业间的竞争、替代品生产者的威胁、供应商以及购买者讨价还价的能力）。有效的环境分析应当假设商业环境是没有国界的，即全球化的。
2. 企业战略总体环境涉及六个方面的因素：人口、经济、法律政治、社会文化、技术和全球化。考察任何一个因素，企业均要确定环境变化及其趋势与战略的相关性。

3. 和总体环境相比，行业环境对企业战略行为的影响更直接。
4. 竞争的五种力量模型包括那些能够决定行业利润的特征要素。通过研究这些特征要素，企业要在行业中找到一个平衡点，要么它能正面引导这些特征因素，使其有利于自身；要么减少这些特征因素的影响，防止超额回报的流失。
5. 企业的外部环境错综复杂。由于外部环境对企业业绩的影响，企业必须具备所需的技能，依托相应的战略环境分析技术，探索企业外部环境的机会和威胁。
6. 企业战略环境分析技术主要有：战略环境要素评价模型、行业关键战略要素评价矩阵和战略环境预测。这仅仅是企业分析战略环境最基本的技术。要想全面正确地了解企业的战略环境，还需要个人扎实的专业背景和信息技术的支持。

关键术语

企业战略外部环境　　企业的宏观环境　　行业结构

复习思考题

1. 为什么企业研究和了解外部环境很重要？
2. 企业战略分析的总体环境包含哪六个方面？
3. 行业环境的五种基本竞争力量是什么？
4. 试比较总体环境和行业环境的区别。这些区别有什么重要性？
5. “一个行业的利润能力由五种竞争力量决定”。判断这句话是否正确并给出理由。
6. 分析企业战略环境有哪些方法？
7. 既然外部环境如此重要，为什么有些企业并没有重视？查找一些不了解外部环境的案例，并讨论不进行外部环境分析的后果。
8. 分析某个企业的外部环境，并假设你将成为这个企业的一分子。对于相应的外部环境，你认为该企业应该采取什么样的应对措施？
9. 同样的外部环境，一个企业视之为机会，而另一个企业则视之为威胁。这可能吗？
10. 仔细研究你感兴趣的一家企业。你认为该企业将采取什么样的措施制造行业进入障碍？
11. 在什么样的条件下，企业会对行业的潜在的参加竞争者采取报复行为？

参考文献

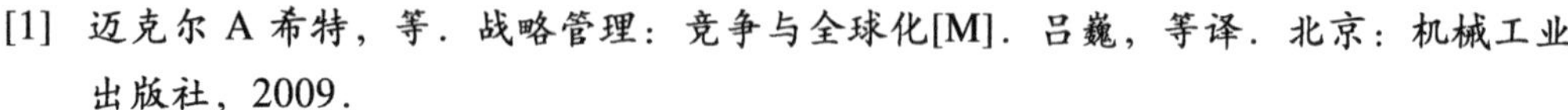
[1] 迈克尔 A 希特，等．战略管理：竞争与全球化[M]．吕巍，等译．北京：机械工业出版社，2009．

[2] 王方华，吕巍．企业战略管理[M]．上海：复旦大学出版社，1997．

华章文渊·管理学系列

第3章 企业内部战略条件分析

学习目标

1. 知道什么是企业内部资源。
2. 理解无形资源的重要作用。
3. 理解企业资源和企业能力的关系。
4. 会利用本书介绍的方法来分析企业的资源状况。

开篇案例 应对创新与效率之间的对立

企业竞争优势的一个重要来源就是，明智地利用企业中的各项资产持续不断地创新，为企业顾客源源不断地创造价值。数十年来始终坚持多元化经营战略、现已经拥有六个业务部门的3M公司就是企业创新的一个成功范例。我们可以从这样一句话中体会到3M公司对技术创新的坚持，以及创新对其竞争行为来说所具有的重要性："创新精神，这就是3M。"从现实意义上来说，创新的重要性可以体现在3M公司为自己定下的一项闻名于业界的经营目标，那就是每年至少1/3的销售额都要从最近五年里推向市场的新产品中获得。

几十年来，3M公司的确因为在创新相关领域表现出的杰出能力及由此获得的商业成就而得到业界的广泛赞誉。凭借公司内部大量科学家和工程师的技术能力，3M一共开发出了30多项核心技术，并以这些核心技术为基础生产出55 000多种产品，远销世界各地。但如今时代已经变了。2007年中期，3M公司仅仅从最近五年推向市场的新产品中获得了25%的年销售额。公司在产品研发上投入的资金也越来越少，而研发通常又是产品创新的源泉。不计其数的金融分析师都对3M公司的研发投资提出了批评。2006年全年利润也没有达到公司的预期目标，众多投资者以及其他的利益相关者（例如供应商、顾客甚至包括企业员工）都对3M公司的经营业绩失去了信心。在当时的危机情况下，新上任的CEO乔治·巴克利执行了一项重要战略，令3M公司脱离险境，重新回到蓬勃发展的黄金时代。

3M公司创新成果的转变究竟得益于什么因素呢？有些人认为是前任CEO詹姆斯·麦克纳尼（在巴克利任职之前，此人就是3M公司的CEO）一手引入的六西格玛计划塑造了如今3M公司的经营格局。在业界得到广泛使用的六西格玛指的是"一系列旨在减少产品缺陷、提高企业效率的管理方式"。在生产流程中，六西格玛的作用就是及时发现问题，并利用严格的衡量标准来减少产品的多元化，消除产品的缺陷。早在通用电气担任高层主管的时候，麦克纳尼就已经对六西格玛了如指掌，因为当时通用电气的CEO杰克·韦尔奇在任职期间将六西格玛方法广泛应用于通用电气的经营活动。

如果你的目的是减少资源浪费，提高经营效率，从而改进企业的盈利能力，那么像六西格玛这样的管理方式是完全适用的。但问题是，创新源泉和效率源泉在有些情况下是不同的。用一位分析师的话来说："就像3M公司那样，当各种积极的管理方式（六西格玛）融入企业文化时，创新能力（以及由此产生的产品创新）就经常会被抑制。"事实的确是这样。六西格玛关注的是定义、衡量、分析、改进和控制等管理行为。有些人争论说，仅仅关注这些管理行为，只会产生千篇一律，而不会带来产品创新。3M公司的一位员工曾将效率和创新之间的对立称为"六西格玛控制"和"创新自由"。一直以来，3M公司都在产品创新领域投入了巨大的精力和资源，公司的员工由此认为，3M公司因实行六西格玛计划而过度强调的一些原则最终将会使3M遗失自己的灵魂。

最近，CEO巴克利指出，3M公司的股东们将会迎来公司研发部门的复苏。巴克利相信这代表了3M对企业发展和产品创新的再次关注。不过，建立高度有效的生产流程仍然是3M公司的一项首要任务。

资料来源：迈克尔 A 希特. 战略管理. 吕巍，等译. 北京：机械工业出版社，2009.

在20世纪七八十年代，企业的战略大多强调需要调整企业内部资源、组织结构和机制，甚至是企业本身的追求来适应外在环境的变化。但是到了20世纪80年代以后，以外部环境为导向的战略公式面临着如何在长期水平上保持连续的挑战。同时，人们也意识到，相对于外部环境的急剧变化，企业本身，特别是企业的内部战略环境往往更具有相对稳定性。内部战略环境在很大程度上受制于企业所拥有的资源和能力，所以对企业资源和能力的充分认识，为制定更为长远的企业经营战略提供了可能性。比如，20世纪70年代末80年代初，世界打字机制造商面临着两种战略选择，其一是随着文字处理新型技术的发展，转向生产个人电脑以继续为人们的文字处理提供服务，但结果却不令人满意，像意大利的Olivetti公司；另一种是转向了生产打印机，因为打印技术和先前的打字机技术有更多的相通性，企业内部的资源和能力也更容易转移，这些企业后来都表现不俗。过去的行业分析理论更强调企业应寻找适宜的行业环境和结构，包括竞争压力较小、市场定位准确等，从而可以赢得可观的利润。但是随着竞争的日益激烈，我们几乎找不到所谓竞争程度较低的市场空隙，并且随着技术和市场需求的发展，行业的界限正在被不断争取利润的战略思想打破，各个行业的战略防御也越来越困难。特别是在全球化的经济环境中，各个竞争对手都会努力运用全球化和互联网技术带来的种种便利创建自己的竞争优势，但是反过来，这些技术的广泛运用又使得企业难以在长时间内保持竞争优势。因此，只是通过行业选择来争取高额利润回报在现在的竞争环境下是不可靠的。结果自然就是，企业仔细考虑自身的资源和能力，确定自己的竞争优势，以赢得稳定利润增长。这样的思想会逐步取代更多地依靠寻求竞争的保护伞。这样，企业家的思考重点和学术界研究的重点都转向企业的内部资源，这也是今天我们之所以要认真研究这个内容的原因。

当企业家把目光转向企业内部来思考战略过程时，就会意识到如果企业要建立竞争优势，就需要独特的多种资源、能力以及竞争力的混合体，并把这些资源、能力和竞争力进行必要的整合，以便为企业建立独特的市场地位。所以，所有的竞争优势的起点都必须从

分析企业的内部资源和能力入手。这些资源包括技术、人员、品牌、市场网络、组织结构、信息等方面，而所有的竞争优势都是建立在公司的资源和能力上的。企业需要一些与众不同的内在资源和能力，或者资源和能力的不同组合方式。资源产生能力，一些能力又可以转变成核心竞争力。企业就是要运用核心竞争力来超越竞争对手，或者在某些方面让对手无法模仿和超越。由企业内部资源转换为能力以及核心竞争力的过程是企业家战略思考的过程，也是企业执行战略意图的过程。能力和核心竞争力是对企业有重大现实意义的概念，也是我们本章要介绍的关键概念和研究重点。

当我们理解了研究企业内部资源的重要性后，我们还需要懂得外部环境、内部资源和企业战略之间的关系。我们通过图3-1来明确这个关系。不难发现，战略的实质是通过调整企业本身的资源和能力来抓住外部环境提供的种种机会和规避威胁。战略是企业内部因素和企业外部因素相互动态作用过程中的桥梁。

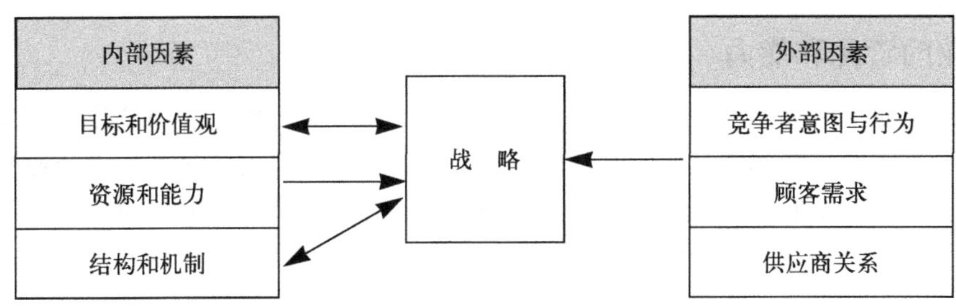

图3-1 连接企业内部和外部的桥——战略

借助图3-1，我们可以在理论上快速勾画出内部资源的重要性和研究的必要性，但是我们明确这三者关系的目的还在于强调，在一个动态的全球化环境下，真正动态地全面理解、研究并运用内部资源分析具有重大的现实意义。战略的实质意味着企业的领导人要不断地审视战略规划的内外部环境变量，为形成战略和保持长期战略优势提供支持。但是，在一个动态的全球化环境下，一个既定的战略为企业创造的价值可能会有限且短暂，因为战略制定来源于对外部环境的理解和对内部资源的控制运用。这意味着企业从一个既定的战略中获得的竞争优势是有限的。杰克·韦尔奇认为："企业若想具有生命力，必须重新定位、重新开始，不断地获取新的创意，更新自己。"然而，重新开始和获取新的创意意味着企业要认识并且承认自己的竞争优势是有限的，更重要的是要让每个员工都认识到这一点，成为组织的意识。美国软件业巨鳄微软公司的创始人比尔·盖茨就曾说："我们离破产永远只有18个月。"保持对竞争优势的审视也是微软公司具有极大创造力的一个前提条件，如果企业没有彻底理解竞争优势的限制性，那么，学习能力就不能充分发挥，组织建立新的竞争优势就可能受到限制。这就是为什么在世界500强排名前50名的公司一般的生命期限只有20年的原因。

当我们开始进行内部分析的时候却可能犯错。所以，经理们首先要做到的就是具备勇气、充满自信、诚实，能够应付复杂和多变的环境，并且愿意雇用那些能对自己负责、对工作负责的人。

具体说来，在能力、资源和核心竞争力的决策中经常犯错的原因包括三个方面：不确定性、复杂性和组织内部的冲突。

新的政治格局、新的经济环境动荡、新的技术出现、社会趋势和价值观的变化以及顾

客具体需求的转变等关键变量的变化都是战略决策者面临的不确定性。环境的不确定性又增加了研究这些环境的复杂性。而对复杂性不同的认识、理解和领会又使得组织在进行核心竞争力等战略决策时发生组织内部的冲突。

显然，在制定可能受到上述因素影响的决策时，必须做出合理的判断。而这些判断都是在没有可供参照的科学模型或相关数据不全面、不可靠的条件下做出的。判断意味着需要承担风险。所以，在全球化和技术化的竞争环境中，高层决策的判断力就会成为一种极其重要的竞争优势来源。

但是，对战略的不断审视意味着不断的调整和执行，而这些行为带来的变化可能会影响到企业的权力分配和内部组织结构，企业内部很可能产生惯性以及对变化的抵触情绪。所以，要在一个快速变化的环境中保持企业的竞争优势，企业的领导者就必须有勇气采用适当的方法来推行变化。

3.1 企业的资源和能力

投入到企业生产和运营中去的都是企业的资源。资金、设备、员工技能、市场关系、专利以及经理人的才能都是企业的资源。所以，单单靠企业的财务报表或者企业的库存记录是不能完全反映企业资源的。一种较为经典的分类方法是将企业的资源分为有形资源和无形资源。有形资源是那些能够被量化、能被看见的资源，比如生产设备、存货或者一个正式的生产流程报告系统，等等。无形资源则是不易被看见和察觉的，同时也不容易被竞争对手发现和模仿，但对企业的价值增加具有重要意义。例如和供应商的良好关系、管理模式、良好的声誉和强大的品牌。但是在有形资源越来越近似的竞争环境下，企业最终靠无形资源和人力资源来进行差异化的竞争，员工之间的信任关系和自身才能都对竞争优势有着不可忽视的影响。

3.1.1 企业的有形资源

如表3-1所述，企业的有形资源包括企业的财务资源、实物资源和组织资源，它们可以被较为容易识别和评估，并在企业的各项财务报表中得以反映。值得注意的是，这些财务报表不能反映企业的所有资产价值，因为它们忽略了一些无形资产。因此，企业的竞争优势就不能完全反映在财务报表中，并且有形资源的潜力很难再继续挖掘。比如，把一辆卡车看做是一种有形的企业资源，你就不能让一辆卡车开到五个地方，或者让一个司机驾驶五辆卡车。值得注意的是，一个资源的价值和其他许多因素有关，比如卡车作为有形资源，需要和适当的物流调度以及卡车司机的人力资源管理结合起来才能发挥这个有形资源的价值。

当我们需要对有形资源做战略价值的评估时，就需要明确，资源的战略价值是由它们对企业的能力、核心竞争力以及竞争优势所做的贡献的程度来衡量的。对有形资源的战略评估包括两大问题：

- 有什么机会可以更经济地使用企业的库存和固定资产，即是否可以用更小规模的有形资产去完成一个相同的任务。成功的企业往往可以通过有形资产重组来达到提高效率的目的。
- 有没有可能使现有有形资源在更高利润的地方被利用。通过自己对有形资源的挖掘以

及与他人组成联盟，甚至出售一部分有形资产，能更好利用有形资产的公司可以使资产利润率得以提高。

表3-1　企业的有形资源和评估

资　源	主要特征	主要指标
财务资源	企业自有资金和融资的能力，它在总体上决定了企业的投资能力和资金使用的弹性	资产负债率 资金周转率 各项开支 使用制度
实物资源	企业工厂和设备的规模、技术、位置以及灵活度；企业土地和建筑的地理位置和用途；企业拥有的原材料决定着企业可能的成本、质量以及生产能力和水准	固定资产的现值 工程的规模 固定资产的多用途 固定资产的折旧率
组织资源	企业的报告系统以及其正式的计划、控制和协调系统	运用公司流程的运行效率

3.1.2　企业的无形资源

因为无形资源更难以被竞争对手了解、购买、模仿和替代，企业更愿意将无形资产作为它们能力和核心竞争力的基础和来源。实际上，一种资源越是不可见，就越是能让建立在它的基础上的竞争优势更具有持久性。而且，无形资源可以被更深地挖掘。很多企业的知识管理就是如此。不同的员工有不同的知识，当企业建立起共享知识库时，所有的员工都可以分享其他人的知识，而同时自己的知识不会减少。这样的无形知识网络越大，网络内的每个人获得的利益就越大。

如表3-2所示，企业的无形资源主要有三大类，即技术资源、声誉资源和创新资源。

表3-2　企业的无形资源

技术资源	• 专利、商标、版权和商业机密等。企业技术创新的资源包括研究设备和科学技术人员
声誉资源	• 客户声誉 • 品牌 • 对产品质量、耐久性和可靠性的理解
创新资源	• 创意 • 科研能力 • 创新能力

3.1.2.1　声誉资源

企业的声誉往往由企业产品的市场地位、形象、对顾客的服务、对员工的公正性所构成。随着产品和技术之间的差异不断缩小，企业声誉以及企业形象在市场竞争中正扮演着越来越重要的角色。

3.1.2.2　创新资源

企业的创新能力是人力资源、企业文化和技术能力共同作用的结果。这在技术主导的行业中显得格外重要。企业的创新能力直接关系到新产品发布的时间以及领先对手的优势。比如，半导体行业中的英特尔、软件行业中的微软和著名的IBM，其丰富的创新资源使得它们有更多的专利、更多的新产品和领先对手的竞争优势。

作为能力的来源，有形和无形的资源是发展企业竞争优势的关键因素。资源在被整合

或者组合的时候，它的战略价值就会增加。企业如果想让一系列的资源一起产生效应，就需要将独特的有形资源和无形资源做独特的组合，以产生能力。

个案研究

百年3M无限创新

2002年，走过了整整百年的3M丝毫未显老态龙钟，相反，它展示给世人的，是不断进取的勃勃生机。2001年3M以超过160亿美元的营收位列《财富》世界500强第316位。同时，3M也是美国道琼斯30种工业股票指数成分股之一。

一直以来，3M产品推陈出新的能力令人称奇。目前3M公司共有67 000多种产品，而且总是以领先于他人的速度不断开拓新的技术领域，推出新产品。3M每年开发的新产品多达200多种，几乎每隔一两天就有一项新产品问世。巨大的产品更新能力为3M保持优良的成长能力打下了坚实的基础。

事实上，3M全球年营业额的30%左右是从最近4年研制的产品中取得的。“创新”二字被3M奉为至高无上的生存法则。3M的公司宣言就是要成为“世界上最具创新能力的公司”。在3M，创新的基本解释既醒目又简单，就是“新思想+能够带来改进或利润的行动”。

3M公司的产品成功是其在研究方面投入巨资的结果。“公司通常要投资年销售额的约7%用于产品研究和开发，这相当于一般公司的两倍。更重要的是，3M一直以来努力创造一个有助于产品创新的内部环境。3M鼓励每一个人开发新产品，公司推行的“15%规则”可谓业内皆知。这项规则允许每个技术人员可用15%的时间来“干私活”，搞个人感兴趣的工作方案，而不管这些方案是否直接有利于公司。“15%规则”在提供自由发挥空间的同时，也肯定了一点：要创新，就不可避免会犯错误。3M公司知道在成千上万个构思中最后成功的只是凤毛麟角。公司里对此有一个很形象的比喻：“亲吻青蛙”——为了发现王子，你必须与无数个青蛙接吻。“亲吻青蛙”意味着经常会失败，但是，3M公司把失败视为创新工作的一部分。

也正是看到了失败是必经之路，3M为露出成功征兆的新产品创新提供了良好的“孵化”机制。当产生一个有希望的构思时，3M公司会组织一个由该构思的开发者以及来自生产、销售、营销和法律部门等各方面的人员组成的风险小组。由该小组培育产品，并保护它免受公司苛刻的调查。小组成员一起致力于产品发展，直到其成功或失败，然后回到各自原先的岗位上。

3M已经成为多元化制造型企业的一面旗帜、一个“青春不老”的神话。创新使得3M摆脱了创始之初采矿公司的宿命，一百年来随着时代的变迁和科技的进步，3M不断改变着自己，重塑着自己，一直到21世纪的今天，红色的3M标识仍旧在世界各地焕发着光彩。

资料来源：百年3M 无限创新——3M“青春不老”的神话。http://www.chinardm.com/info/html/20060727623.html.

3.1.3　人力资源

如表3-3所示，企业的人力资源是非常重要的无形资源，它包括企业的知识结构、技能和决策能力。许多经济学家把企业的人力资源称为“人力资本”。识别和评估一个企业的人力资本是一件非常困难和复杂的工作。个人的技能可以通过每个人的学历、经验和工作表现来加以评估，但这只是表明了每个人的可能潜力，并不等于将这些放在一起共同工作就能发挥出协同效应，也不等于每个人的工作表现就能简单地加总为公司的表现。特别是当公司面临外界环境快速变化，或者企业谋求新的发展的时候，我们必须认识到员工们过去和现在的工作表现是重要的，然而员工能否根据新的要求很快地调整他们的技能将更为重要。美国的阿莫科公司近年来在衡量员工的技能、知识、态度和行为时，强调以下四个方面的标准：

- **达成目标**。例如：企业财务目标的达成，各项工作的改善，战略步骤的实施和风险的负担等。
- **解决问题**。例如：信息的收集、评估、判断能力和系统的问题解决能力。
- **相互沟通**。例如：员工之间有效的沟通，组织整体的机敏度和员工的信心。
- **团队工作**。例如：能否面向未来发展团队使命感；团队工作能力。

因此，我们可以发现当代企业除帮助每位员工提高技能之外，越来越强调如何使企业作为一个团队工作的效率得以提高。在此过程中人们体会到，组织能力的提高必须依靠将各项资源有机地加以结合。企业人力资源是否得以充分有效地利用还有赖于企业内部的文化氛围，以及建立人与人之间的良好关系和创造不懈追求的企业信念。

企业的人力资源可以从四个方面评价描述：知识、信任、管理能力、组织惯例，如表3-3所示。

表3-3　企业的人力资源

人力资源	• 知识 • 信任 • 管理能力 • 组织惯例

3.2　企业的能力

一种企业资源并不能单独生产实际的生产力，真正的生产力来自于各种资源的组合，而具有有效的资源组合构成的企业才具备采取某些行动的能力，这些企业的能力在战略的制定和执行以及市场竞争中起到重要的作用。当然，随着战略理论的发展，人们越来越注意到：尽管企业的能力是多样化和多层次的，但是市场竞争的经验使得人们更多地重视企业的“核心能力”或者“特殊能力”，因为只有这种能力的充分发挥才能在与竞争对手的较量中获得优势。

3.2.1　企业的基本能力

在我们识别企业的核心能力和特殊能力之前，我们首先要搞清楚一个企业基本上有多少种能力。这里有两种最基本的方法。第一种是“功能性分类分析法”，第二种是价值链分析法。

功能性分类分析法主要是根据每个企业生产经营所必需的各项功能来分析其能力。表3-4说明了利用这种方法分析企业能力的基本模式。

个案研究

美国西南航空公司的培训计划

美国西南航空公司建有自己的大学，每年有25 000人在这个大学中接受培训，培训的重点是更好、更快而成本更低地完成工作；理解其他人的工作；提供杰出的顾客服务以及保持好企业文化。所有的员工都要从一个叫做“你、西南航空和成功”的培训计划开始。在此所有西南航空公司的新人会了解到西南航空的历史、服务的声誉以及员工如何为公司做贡献等主题。从此开始，员工们将逐步变得热情和兴奋。培训接下来关注的是帮助员工避免过于满足而不思进取。西南航空希望通过积极的压力管理来帮助和刺激员工们相信他们比其他公司的人更优秀。对于经理们来说，则有一个为期三天半的课程，专门训练领导能力、定价、现金管理以及如何经营等方面。高级管理层的成员总会参加两个小时的会议并和所有的参与者开放地面谈。一线经理每年参加一个特别设计的两天课程。这个课程设计用于解决特别的需要，比如跨部门的团队工作。这个课程的参与者包括从不同层级和不同组织部门来的经理，但是在同一个研究会上不会有上司和下属之分。除了这个特别的计划之外，高级经理每年有8个小时的培训，内容包括沟通、时间管理和职业设计以及强调顾客服务和勇于承担责任等方面。

表3-4 企业能力的功能性分类分析表

功能区域	企业能力
公司管理	有效的财务控制系统 多元化公司的战略控制的专门经验 强有力的领导 公司各部门或各业务部的协调能力 公司价值观的定位 有效的激励
信息管理	具有较强的协调能力和综合有效的管理信息系统
研发	基础研究能力 新产品开发和创新发展的能力 新产品开发的速度
生产制造	有效的生产系统规模 生产过程的不断改善能力 灵活和快速的反应能力
营销	品牌管理和品牌促进能力 对市场变化的反应能力 促进和利用企业高质量的声誉的能力
分销和推销	快速和有效的分销能力 有效的促销和人员推销能力 高质、有效的客户服务能力

价值链分析法是根据企业活动的连续过程来分析企业的能力。图3-2说明了一个典型的制造企业的价值链过程。人们可以根据价值链的每一阶段分析各阶段的企业能力。

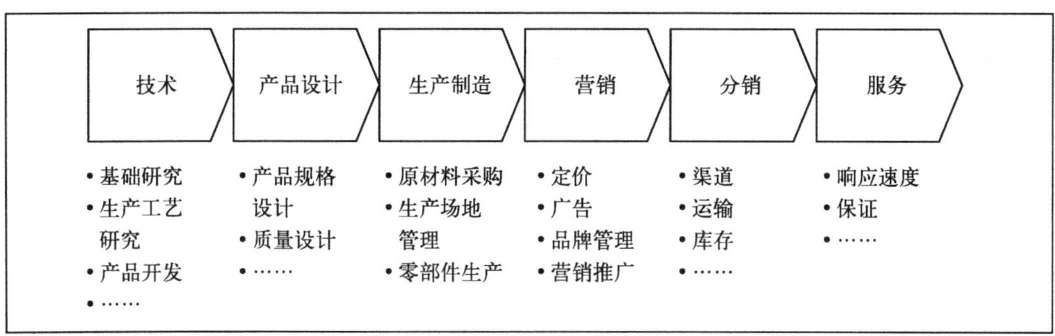

图3-2 典型制造业企业的价值链

功能性分类分析法和价值链分析法都从解剖学的角度对企业的各方面能力进行了分析，但事实上企业的能力往往是企业各项资源的有机结合，而且企业能力的发挥还涉及企业的组织结构。一种特别专业的能力往往与一个特定的企业目标和特定的资源相联系，然而越是综合的能力，如整体的产品开发能力、顾客服务能力、质量管理能力等，它所涉及的面就更为广泛，往往包含了许多特定的企业能力。我们必须认识到企业的各项专业的能力并不是可以被直接综合的。综合能力的达到依赖于拥有各项知识的人员的相互交流和综合。提高企业综合的能力非常困难，因为它不是提高一个人的能力，而是提高一批人的能力。

3.2.2 核心竞争力

核心竞争力是能为企业带来相对于竞争对手的竞争优势的资源和能力。核心竞争力来源于企业的资源和能力，帮助企业从激烈的竞争中脱颖而出，同时反映出企业的特性。作为一种行动的能力，核心竞争力使得企业能超越竞争对手。通过核心竞争力，企业使自己的产品和服务为顾客创造出更多的价值。

值得注意的是，并不是所有的资源和能力都能成为核心竞争力的真正来源。有时即使是那些有竞争价值和潜力并能带来竞争优势的资产，也不能算做核心竞争力。有些资源和能力会削弱企业的竞争能力，因为这些资源和能力使得企业处在一个相对于竞争对手较弱的地位。所以，有些资源和能力就会阻止企业发展其核心竞争力。比如，如果企业没有优质的人力资源，就可能在营销和销售上无法和竞争对手抗衡，也无法能动而有效地利用企业其他的设备和资产。在这样的情况下，人力资源就成为企业的弱势。

3.2.3 核心竞争力的标准

如表3-5所示，核心竞争力有四个标准，它们也称做核心竞争力的四种战略力量，即有价值的能力、稀有的能力、难以模仿的能力和不可替代的能力。不能满足这四个标准的能力就不是核心竞争力。所以，核心竞争力都是能力，但不是每一个能力都是核心竞争力。要成为核心竞争力，必须满足：从顾客的角度出发，是有价值并不可替代的；从竞争者的角度出发，是独特并不可模仿的。

竞争优势可能来源于有价值和稀有的资源，但是如果要获得持久的竞争优势，就一定需要具备无法被竞争对手模仿和抄袭的资源和能力，也就是一定要把四个标准结合起来才能获得持久的竞争优势。

表3-5 决定战略能力的四个标准

有价值的能力	• 帮助企业减少威胁以及利用机会
稀有的能力	• 不被他人拥有
难以模仿的能力	• 历史的因素：独特而有价值的组织文化和品牌等 • 模糊性因素：竞争能力的原因和应用不清楚 • 社会关系的复杂性因素：企业员工之间、供应商以及客户之间的人际关系、信任和友谊等
不可替代的能力	• 不具备战略对等的资源

3.2.3.1 有价值的能力

有价值的能力是指那些能为企业在外部环境中利用机会、降低威胁而创造价值的能力。有价值的能力让企业在特定的竞争环境下形成战略优势，并为客户创造价值。

3.2.3.2 稀有的能力

稀有的能力是指那些极少数现有或潜在竞争对手拥有的能力。评估这项能力的经理应该清楚到底有多少竞争对手拥有这种能力，或者有多少潜在的竞争对手会获得这种能力。有价值的能力如果容易得到，那么这种能力就不能成为企业的战略资产。同样，获得这种能力的对手会立即削弱这种能力给企业带来的价值。美国西南航空公司快速的运营模式和短途飞行效率比竞争对手更胜一筹，这种能力虽然有价值却难以模仿，因为这个能力很稀有。

3.2.3.3 难以模仿的能力

难以模仿的能力是其他企业不能轻易建立起来的。以下的一种或者三种混合的因素有可能会产生难以模仿的能力。

企业基于特定的历史条件而发展起来的难以模仿的能力 "企业在发展的过程中，不断地挑选出那些独特的、能反映其特有的历史道路的能力和资源。"在企业创立的时候就开始形成的价值观和信仰能形成独特的组织文化和企业文化，而这些因素的不可见性就让其他企业很难模仿，因为这是隐藏在员工自愿的行为和思想中的。

企业的竞争能力和竞争优势之间的界限模糊 因为界限比较模糊，竞争对手就不容易发现企业竞争优势的基础是什么样的竞争能力。所以，竞争对手就无法发现应该具备什么样的资源和能力才能具备对等的竞争优势。丰田汽车公司会邀请它的竞争对手通用汽车公司或者福特汽车公司到它的汽车生产部门去参观，但是这两家美国的汽车公司还是不具备丰田汽车公司的生产效率和员工士气，因为美国的竞争对手们不清楚隐藏在生产优势后面的能力到底是什么。

社会关系的复杂性 社会关系的复杂性因素主要是指企业内部的社会关系和企业外部的社会关系。企业内部的社会关系包括企业员工之间的相互信任、融洽的关系、友谊和默契的配合；企业外部的社会关系包括广泛而有价值的客户网络、与供应商之间的相互信任和支持以及企业处理外部关系的声誉，等等。这些社会关系的复杂性对企业相当重要，但是又不易被察觉和复制，因此成为难以模仿的能力。

3.2.3.4　不可替代的能力

不可替代的能力是那些不具有战略对等资源的能力。它是能力成为竞争优势的最后一个条件，就是“一定要不具备战略对等的资源，虽然这项资源本身并不是稀有的，也不是不可以模仿的。”如果两种能产生价值的企业资源在执行相同战略的情况下，能分别产生相似竞争力，那么它们就称做战略对等的资源。总的来说，一种能力越是难以被替代，它所产生的战略资源就越高。能力越是不可见，企业就越难找到它的替代能力，竞争对手就越难模仿它的战略以产生价值。

综上所述，只有持续性地发展有价值的、稀有的、难以模仿的以及不可替代的能力，才能获得持久的竞争优势。是否符合这四个条件以及符合的程度怎么样会直接决定企业在竞争中的表现以及竞争的后果。

|战|略|透|视|　　美国西南航空公司——无形资源形成强大的竞争力

美国西南航空公司创造了众所周知的神话：在短短的40年间，从只有4架飞机的地区性公司发展为全美第五大航空公司，在68个城市拥有超过500架波音737。在过去的十年中，西南航空公司的收益增长了388%，净收入增长了1 490%。公司连续30多年盈利，其间股票投资者的总回报超过300倍（高于所有其他股票的表现），公司市值比美国其他所有航空公司市值的总和还要高。无论是在机票价格战或经济衰退的年份，还是在遇到石油危机或其他意想不到的灾难时，西南航空都没有亏过一分钱。即使在经济危机狂潮袭来的2008年，公司依然盈利1.78亿美元，2008年在《福布斯》杂志评出的“最可靠的航空公司”名单中排名第一。

虽然西南航空公司的成功故事广为流传，但是其成功的原因却没有多少人知道。Tom Peters说，西南航空公司的商业模式连三岁的小孩子都可以理解，但是却没有人能复制西南航空公司的商业模式。其主要竞争对手，比如Vanguard、America West、Reno以及Kiwi Air虽然都尽力去模仿西南航空公司，但是都失败了。成立于1981年的America West公司在四年内就成为了全美第十大航空公司，而且被誉为“自人民捷运（People Express）以来最年轻的航空公司”。但是仅仅在两年后，这家公司就陷入和工会的战争中，结果顾客服务和运作都受到很大的影响，没有办法实现和西南航空公司同样的持续盈利目标。

虽然西南航空公司成功的原因有很多，但是一个主要的竞争优势在于它的成本结构。其CEO凯莱赫意识到短途飞行一定会比长途飞行的成本更高（因为飞机起飞和降落的时候会比平时耗油更多，因此必须在每个机场都要有效地处理油料等事务）。他知道低成本战略导向的公司能在成本最高的地方获得最多的成本优势。西南航空公司的成本在1994～1998年显著地降了下来，这归功于公司对生产能力改善的努力和对成本控制的能力。而它的竞争对手的成本则高出15%～40%。

形成成本优势的部分原因在于其员工非凡的生产力。比如，西南航空公司的员工能在15分钟内完成从降落到再次起飞的所有工作。在这15分钟里，西南航空公司能更换飞机上的工作人员，卸载137名乘客，再载上137名乘客，卸载上百个包裹和600多磅的邮件，并给飞机加上4 500磅的燃料。而对大陆航空公司和联合航空公司来说，完成这些工作则需要35

分钟，甚至更多。努力工作且士气高昂的员工给西南航空公司带来了巨大的生产力。比如，在1998年，西南航空公司平均每架飞机上有94名员工，而联合航空公司和美国航空公司则几乎有160名，而行业的平均的人数则超过了130名。飞机快速的流转以及不拥挤的机场意味着有更多的飞机在天上，在真正地赚钱。但是西南航空公司仍然不仅仅是一个低费用、低成本的公司，它也很强调顾客服务，而且它的员工把顾客服务贯彻到每天的日常性工作中。西南航空公司的员工会帮顾客照看爱犬两个星期，直到顾客度假回来；他们也会陪伴老年顾客到下一站，以帮其确定能否换机。

西南航空公司的最大优势来源于它的无形资源，即它的文化、员工的信任和良好的沟通。在股东、顾客和员工关系的处理上，凯莱赫说："当然应该是员工第一。"只有员工开心、满足、有奉献精神和充满活力，他们才会照顾好顾客。当顾客开心的时候，他们就会成为回头客。这个时候，股东才会开心。公司努力提供给员工一个稳定的工作环境以及学习和个人成长的平等机会。总之，员工被给予足够的关心、尊重和关照，因此他们也和每个西南航空公司的顾客来分享。

与其他公司不同且难能可贵的是，西南航空公司用实际行动来把其价值观贯彻到日常工作中去，建立起一个系统来执行这些价值观和企业文化。在西南航空公司的员工甄选中，就实施了同事招聘、飞行员招聘飞行员、包裹处理者招聘包裹处理者，等等，这和强调文化的融通性和团队协作能力的公司文化是分不开的。其培训的重点是服务顾客的能力、领导能力、双向沟通以及幽默感。在薪酬制度方面，西南航空公司包含很多简单的因素：相对于个人而言，相对较重的集体因素比重，比如相对于个人绩效薪酬而言的利润分享和员工股票期权计划，相对较低的高级行政长官薪酬以及稳定的待遇。Libby Sartain说："这里没有奇迹性的薪酬计划。规矩是以低薪开始，越资深，薪酬越高。"稳定的人力资源和低流动率使得西南航空公司获得稳定的生产力以及低成本的人力资源。

西南航空公司的成功以及其他公司模仿的失败不是由于它具有一些独特的战略、知识产权、不可模仿的技术、复杂的管理信息系统、更聪明的经理或者秘密政策以及流程，因为西南航空的行动对于竞争者都是公开的，并被竞争者积极地模仿。重要的是西南航空公司的CEO凯莱赫和他的高级管理层把个人领导变成了一个组织系统，在这个系统里面，每个人都有机会来发展他的领导技能。所以，西南航空公司的"秘密配方"在于其价值观、系统和战略以及价值观实践之间紧密的关联。这种关联强化了西南航空公司的无形资源，并形成了低成本、快速而稳定的运作过程。虽然竞争对手模仿了其硬件设施，但是它们并没有真正地依照宣称的那样来对待员工，并形成能支撑其战略模式的企业文化。无形资源依靠其不可见性和难以模仿性为西南航空公司提供了长期的竞争优势。

3.3　企业内部战略条件的分析技术

3.3.1　雷达图分析法

经营分析所用的雷达图是从企业的生产性、安全性、收益性、成长性和流动性等五个方面，对企业财务状态和经营现状进行直观、形象地综合分析与评价的图。因这种分析方法的图示形状如雷达的放射波，而且具有指引经营“航向”的作用，故而得名。

雷达图分析法如图3-3所示。先画出三个同心圆，并将其等分成五个扇形区，分别表示生产性、安全性、收益性、成长性和流动性。通常，最小的圆圈代表同行业平均水平的1/2或最低水平；中间的圆圈代表同行业的平均水平，又称标准线；最大的圆圈代表同行业的先进水平或者平均水平的1.5倍。在五个扇形区中，从圆心开始，分别以放射线形式画出五六条主要经营指标线，并标明指标名称及标度。然后，将企业同期的相应指标值用点标在图上，以线段依次连接相邻点，构成雷达图。

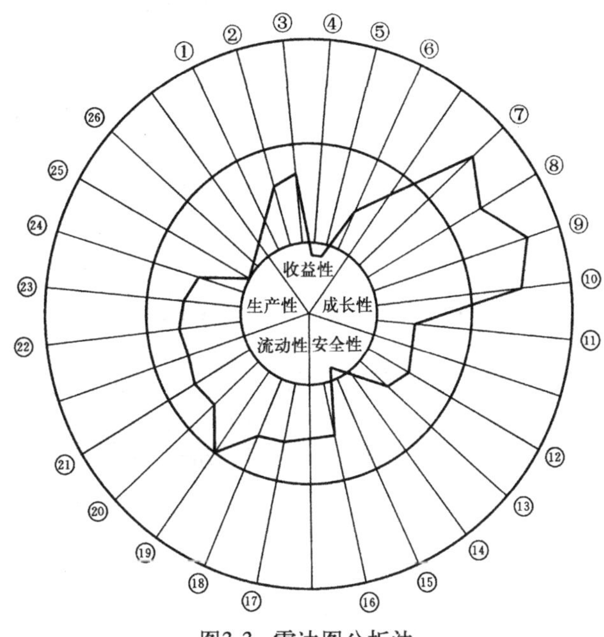

图3-3　雷达图分析法

注：收益性：①总资本利润率；②销售利润率；③成本利润率；④产值利润率；⑤资金利润率；⑥销售费用/销售额比率。

成长性：⑦销售额增长率；⑧产值增长率；⑨人员增长率；⑩总资本增长率；⑪利润增长率。

安全性：⑫利息负担率；⑬流动资金利润率；⑭固定资金利润率；⑮自有资金率；⑯固定资本比率。

流动性：⑰固定资产周转率；⑱应收账款周转率；⑲存货周转率；⑳流动资产周转率；㉑总资本周转率。

生产性：㉒全员劳动生产率；㉓工资分配率；㉔劳动装备率；㉕人均利润率；㉖人均销售收入。

就各项经营指标来看，当指标值处于标准线以内时，说明该指标低于同行业平均水平，需要加以改进；若接近最小的圆圈或处于其内，说明该指标处于极差状态，是企业经营的危险标志，应重点加以改进；若处于标准线外侧，说明该指标处于理想状态，是企业的优势，应采取措施加以巩固和发扬。

3.3.2 产品评价法

产品评价法是通过对企业产品的分析与评价，来发现企业内部战略条件的优势与劣势，从而为制定出适合企业自身发展的战略计划打下基础。由于产品是企业各方面综合实力的反映，因此从分析产品着手，可以从一个侧面找出企业所存在的问题。对企业产品的分析可以以四个方面作为评价基础，它们是市场条件、生产可能性、成长可能性和安定性，参见表3-6至表3-9。

表3-6 产品评价基准——市场条件

评价项目 \ 重要度 \ 区分等级 \ 评分		10	8	6	4	2
		优	良	中	差	劣
1. 销售途径	1	现在销售途径能取得大市场	大部分现在的途径，一部分新途径可取得大市场	现在途径与新途径各需要一半	必须依靠大部分新途径才行	必须依靠全部新途径
2. 商品竞争能力	2	本企业产品比竞争企业产品各方面都优越	与竞争企业产品比，有优越的地方	与竞争企业产品比一样	比竞争企业产品比较差	完全不如竞争企业产品
3. 市场广度（使用范围）	0.5	最终使用层是国内人口的70%以上	国内人口的50%～60%	国内人口的30%～49%	国内人口的10%～29%	国内人口的9%以下
4. 对现有商品销售的影响	2	对本企业现有产品的销售有较大促进作用	对现有产品的销售完全没有影响	对现有产品销售基本没影响	有一定影响	妨碍现有产品的销售
5. 相关行业的评价	0.5	可望最高水平地普及（第一位）	可望有良好普及（第二位）	普及一般（第三位）	普及不太好（第四位）	几乎不可普及(第五位)
6. 国内市场占有率	0.5	80%以下	60%～79%	40%～49%	20%～39%	19%以下
7. 季节变动	0.5	四季均无低下现象	只有第1季度需求低下	第2季度需求低下	第1～2季度需要将减少一半	第1～2季度无需求
8. 顾客购买情况	0.5	有两家即购买50%	3～4家购买50%以上	5～7家购买50%以上	10家购买50%以上	10家购买不足50%
9. 品种多样化的要求	0.5	1～3种标准品即可满足要求	4～10种标准品可满足	14～20种标准品可满足	21～30种标准品可满足	31种以上标准品方可满足
10. 质量与价格	2	与竞争企业商品相同的质量、价格便宜20%以上	比同质品便宜10%～20%	比同质品便宜5%～10%	比同质品便宜5%以下	比竞争企业同质品还贵
合计	10					

表3-7　产品评价基准——生产可能性

评价项目＼重要度＼区分等级＼评分		10	8	6	4	2
		优	良	中	差	劣
1. 根据企业内技术水平，生产的可能性	1.5	有类似产品生产的实践	有类似生产实践，但不安全	对类似产品一部分工序较详细	有文献资料但没有生产经验	必须从文献资料的调查开始
2. 生产过程的信赖性	1.5	1级品率在95%以上，退货在1%以下	1级品率在95%以下，退货在2%以下	1级品率在85%以上，退货在3%以内	1级品率在80%以上	1级品率在79%以下，退货在6%以上
3. 达到商品化所需要的时间	1	3个月以内	4～6个月	7～12个月	1～2年	2年以上
4. 专利可能性	0.5	可成为专利	认为可以成为专利	不实际做出来，难见分晓	认为不能成为专利	不能成为专利
5. 闲置设备的利用	0.5	用闲置设备即可生产	大体用闲置设备可以生产	一半以上的工序利用闲置设备生产	1/4以上工序利用闲置设备生产	几乎不能利用闲置设备生产
6. 设备的必要性	0.5	完全可以利用现有设备生产	对一部分器具、工具进行改动即可生产	对一部分设备进行改动可进行生产	必须更新一部分设备	必须以全新的设备生产
7. 动力(水电气)的利用	0.5	利用率70%以上	利用率60%～69%	利用率40%～59%	利用率30%～39%	利用率29%以下
8. 生产所需人员	0.5	现状不用调配即可	经部门内调配即可	经厂内调配即可	全公司内调配	需要重新组织或招收人员
9. 原材料　购进价格	0.5	比市价便宜20%购入	比市价便宜10%～19%购入	比市价便宜5%～9%购入	比市价便宜4%以下购入	比市价高
购进方法	0.5	80%以上依靠国内	60%～79%依靠国内	40%～59%依靠国内	20%～39%依靠国内	19%以下依靠国内
企业内调配	0.5	可利用其他产品的库存原料	大体上可以利用产品的库存原料	可一般程度地用其他产品的库存原料调配	不能用其他产品的库存原料	没有其他产品的库存原料可用
10. 维持生产难度	1.5	生产计划的完成率在95%以上	生产计划的完成率在85%～94%	生产计划的完成率在75%～84%	生产计划的完成率在65%～74%	生产计划完成率在64%以下
11. 企业的负担	0.5	销售额占总销售额的41%以上	销售额占总销售额的31%～40%	销售额占总销售额的21%～30%	销售额占总销售额的11%～20%	销售额占总销售额的10%以下
合计	10					

表3-8　产品评价基准——成长可能性

评价项目＼重要度＼区分等级＼评分		10	8	6	4	2
		优	良	中	差	劣
1. 商品特性（特征）	2	有优良的特性、能满足需求	有优良的特性，能大体满足需求	商品有优点，能满足大部分使用者要求	商品有优点，但不完全符合使用者要求	有优点，但并非使用者所期待的
2. 成本	2	成本是原来的40%以下	成本是原来的41%～60%	成本是原来的61%～80%	成本是原来的81%～100%	比原来成本还高
3. 出口的可能性	1	出口盈利在30%以上	出口盈利在20%以上	出口盈利在10%以上	以销售成本出口	亏损出口
4. 技术革新或改变的情况	1	没必要提高性能	有望能提高性能	有必要提高性能	提高性能是绝对必要的	—
5. 本企业的付加价值（收益性）	3	原材料费占销售价格的20%	原材料费占销售价格的21%～30%	原材料费占销售价格的31%～40%	原材料费占销售价格的41%～50%	原材料费占销售价格的51%以上
合计	9					

表3-9　产品评价基准——安定性

评价项目＼重要度＼区分等级＼评分		10	8	6	4	2
		优	良	中	差	劣
1. 市场的持续性	2	任何时候都被使用	可持续5年左右	可持续3年左右	可持续2年左右	可持续1年左右
2. 获得市场的可能性	1	独家生产销售	有1～3家生产销售	有4～6家生产销售	有7～10家生产销售	有11家以上生产销售
3. 市场范围（国内外）	2	国内有广泛的需求，有向国外伸展的可能	在国内有广泛的需求	国内有需求	在地方上有需求	在很小的市场范围内有需求
4. 模仿的难易度	1	其他企业要用4年以上才能生产	需要3年以上	需要2年以上	需要1年以上	很快（6个月内）即可仿制出来
5. 对行情变动的关联性	1	与行情无关，能很好地销售	行情变动的影响不大，对经济状况变化不敏感	销售随行情变化而变化	较大程度地随行情变化而变化，对状况的变化敏感	行情变动是需求大小的决定因素
6. 产品的独占性	3	有充分的专利保证	有专利，但是已被仿制	没有专利，但是产品的特点不易仿制	没有专利，某些有实力的企业能够仿制	没有专利，并且其他公司很易仿制
合计	10					

3.3.3 内部战略要素矩阵评价法

内部战略要素矩阵评价法可以帮助企业的经营战略决策者对企业内部各个职能的主要优势与劣势进行全面综合的评价。其具体分析步骤如下：

- 由经营战略决策者识别企业内部战略条件中的关键要素，通常列出10～15个为宜。
- 为每个关键战略要素指定一个权重，以表明该要素对企业战略的相对重要程度。权重取值范围从0.0（表示不重要）到1.0（表示很重要），但必须使各要素权重之和为1.0。
- 将各要素的评价值相乘，即得到该要素的加权评价值。
- 将每一要素的加权评价值加总，就可求得企业内部战略要素的优势与劣势情况的综合评价值。表3-10为某企业内部战略要素矩阵评价分布情况。从中可以看出，该企业的主要优势在产品质量，评价值为4，劣势为组织结构的适应性差，评价值为1；从加权评价值来看，产品质量的加权评价值为0.8，职工士气为0.6，这两个关键战略要素对企业战略产生的影响最大；该企业的综合加权评价值为2.4，说明该企业内部战略要素的综合地位处于行业平均水平（2.5）以下，应该引起高度重视。

表3-10　内部战略要素矩阵评价法

关键战略要素	权重	评价值	加权评价值
职工士气	0.20	3	0.60
产品质量	0.20	4	0.80
营运资金	0.10	3	0.30
利润增长水平	0.15	2	0.30
技术开发人才	0.05	2	0.30
组织结构	0.30	1	0.30
综合加权评价值	1.00	—	2.40

3.4 综合战略分析技术

虽然我们在第2章和第3章分别介绍了外部环境和内部资源的分析方法，但是制定战略时一定要对环境和资源做整体的理解和透视。对于一个明智的企业来说一定要将两者结合起来分析，以识别竞争环境，为制定企业战略提供全面的信息。我们接下来介绍三种重要的战略分析方法，即SWOT分析法、波士顿矩阵和通用矩阵。

3.4.1 SWOT分析法

SWOT分析法是将企业外部环境的机会（O）与威胁（T）、优势（S）与劣势（W）同列在一张十字形图表中加以对照，这样做既一目了然，又可以从内外环境条件的相互联系中进行更深入的分析评价。SWOT分析法是一种最常用的企业内外部环境条件战略因素综合分析方法。

图3-4列示了某洗衣机厂内外部环境条件战略因素综合分析情况。

在战略管理中，仅有上述分析内容还远远不够，还必须对企业内外环境条件的综合情况做深层次分析，从所列关键要素中归纳出问题的实质，研究潜在的机会与威胁、优势与劣势。我们现在以润滑油市场上的昆仑牌润滑油为例进行SWOT分析。

中国目前有4 000余家润滑油厂商，据传其中93%已濒临亏损，而美孚、壳牌、福斯、埃索、道达尔、BP、嘉实多等凭借强大的规模实力和国际品牌优势，却在中国润滑油市场上如鱼得水。据专家估算，这些位于世界500强前列的石油巨头们已经占据了78%以上的中国高端润滑油市场，攫取着整个车用润滑油市场80%的高额利润。

	威　　胁	机　　会
外部环境	1. 城市市场中洗衣机滞销 2. 原材料价格上涨40%以上 3. 新进入洗衣机行业者	1. 城市、郊区、农村的购买者日益增多 2. 政府将限制洗衣机进口 3. 本厂有两种型号洗衣机有出口的可能
	优　　势	劣　　势
内部条件	1. 技术开发能力强 2. 产品质量稳步提高 3. 管理基础工作基础较好 4. 协作、公关关系紧密	1. 设备老化 2. 技术工人年龄结构有断层 3. 资金严重不足 4. 无国际化经营的经验

图3-4　某洗衣机厂内外部环境条件战略因素综合分析情况

英荷壳牌长期以来一直雄霸安徽市场，尤其是皖南地区的市场，其占有率达到80%以上。2002年5月，中国石化旗下的主推品牌昆仑牌润滑油从零开始进入安徽市场，通过制定差异化的终端和服务策略，频频发起了对市场领导者壳牌的争夺战。如今，昆仑品牌的知名度在行业中已达到90%以上，其皖南的市场占有率已超过30%，其中以出租车为主的品种SG15W/40已占有60%以上的市场份额。

优　　势	劣　　势
1. 作为中国石化的一个品牌，昆仑拥有位居世界500强第81名的实力和优势支撑 2. 无人能敌的基础油资源优势 3. 众多国家级的中国石油战线科研技术机构支持，拥有阵容齐全的博士后工作站 4. 昆仑牌润滑油将充分利用依托中国石化遍布全国、数量众多的加油站，来展示昆仑品牌和实行有效的营销战略布局 5. 昆仑牌拥有目前中国最为先进的润滑油制造设备，如加压加氢异构脱蜡装置等	1. 新入润滑油市场的昆仑品牌号召力还很弱，知名度很低 2. 产品结构不尽合理，尤其是利润较为丰厚的小包装油比例过少 3. 打造中高端品牌形象的工作必将非常艰辛和耗时费力 4. 经营管理有时要受体制的掣肘 5. 由于历史的原因，昆仑润滑油公司在地域分布上不尽合理，华东等市场容量较大地区的销售网络几近空白
机　　会	威　　胁
1. 随着我国汽车消费市场高速度增长，润滑油市场容量迅速扩大 2. 壳牌等许多国际大品牌都是简单地通过经销商代理运作，品牌成熟期已过，价格透明，经销商利润较薄 3. 壳牌等国际大品牌提供的产品附加价值很少，以服务为导向的产品经营特色表现不充分 4. 有些使用壳牌的司机反映，该产品产生油泥较多，有积碳生成现象出现 5. 整个车用润滑油市场正呈现向民品化发展的趋势 6. 新的消费者更注重服务和产品的综合价值	1. 壳牌在皖南市场具有强劲的国际品牌力 2. 壳牌是皖南地区主要车型奇瑞的装车用油 3. 诸多消费者具有迷信洋品牌的消费观念 4. 跨国石油公司已进入中国市场多年，并已建立了长期的稳定客户群 5. 竞争品牌如美孚、壳牌、BP等在西方市场的民品化营销模式已经较为成熟，有成功经验可资借鉴、复制

图3-5　昆仑牌润滑油的SWOT分析

所以，我们需要将企业的SWOT分析再细化下去，这将会更加详尽地明确行业状况和企

业内部战略环境。更重要的是从所列关键要素中归纳出问题的实质，研究潜在的机会与威胁、优势与劣势，详见图3-6。

SWOT矩阵能帮助企业的经理们识别和制定四种战略：SO战略（优势－机会战略）、WO战略（劣势－机会战略）、ST战略（优势－威胁战略）和WT战略（弱势－威胁战略）。规划企业SWOT分析最难之处就在于将外部环境和内部条件结合起来分析，这不仅需要扎实的理论功底和丰富的实践经验，还需要战略的直觉判断且不遵循固定模式。将我们前面所讲的SWOT矩阵展开可以得到如图 3-7所示的矩阵。

	潜在外部威胁（T）	潜在外部机会（O）
外部环境	• 市场增长较慢 • 竞争压力增大 • 不利的政府政策 • 新的竞争者进入行业 • 替代产品销售额正在逐步上升 • 用户讨价还价能力增强 • 用户需要与爱好逐步转变 • 通货膨胀递增及其他	• 纵向一体化 • 市场增长迅速 • 可以增加互补产品 • 能争取到新的用户群 • 有进入新市场或市场面的可能 • 有能力进入更好的企业集团 • 在同行业中竞争业绩优良 • 扩展产品线，满足用户需要及其他
	潜在内部优势（S）	**潜在内部劣势（W）**
内部条件	• 产权技术 • 成本优势 • 竞争优势 • 特殊能力 • 产品创新 • 具有规模经济 • 良好的财务资源 • 高素质的管理人员 • 公认的行业领先者 • 买主的良好印象 • 适应力强的经营战略 • 其他	• 竞争劣势 • 设备老化 • 战略方向不明 • 竞争地位恶化 • 产品线范围太窄 • 技术开发滞后 • 营销水平低于同行业其他企业 • 管理不善 • 战略实施的历史纪录不佳 • 不明原因导致的利润率下降 • 资金拮据 • 相对于竞争对手的高成本及其他

图3-6 企业SWOT战略分析

	内部优势 • 内部优势A • 内部优势B • 内部优势C	内部劣势 • 内部劣势A • 内部劣势B • 内部劣势C
外部机会 • 外部机会A • 外部机会B • 外部机会C	SO战略 战略意图：利用优势，抓住机会	WO战略 战略意图：利用机会，克服劣势
外部威胁 • 外部威胁A • 外部威胁B • 外部威胁C	ST战略 战略意图：利用优势，规避威胁	WT战略 战略意图：最小化劣势并规避威胁

图3-7 SWOT矩阵的展开

从图3-7中不难发现，SO战略用一个企业的内部优势去利用外部机会。所有的经理都希望其组织能运用内部资源优势来充分利用外部机会和其他环境要素。而大多数企业都想运用WO、ST或者WT战略来让组织进入一个良好的战略位置，以便实施SO战略。当一个企业发现了自己的劣势时，就会竭尽全力克服弱点，甚至把弱点转化为优势。当一个企业面临外部环境威胁时，就会尽力规避威胁，以让自己专注于外部机会。

WO战略的意图在于利用外部机会来改善内部劣势。有时关键的外部机会是存在的，但是企业的内部劣势妨碍它去利用这些机会。比如，当市场对于汽车液压控制技术的需求大大提升时，某个汽车制造商却缺乏这方面的技术，因此不能抓住这个外部机会。企业可以通过WO战略来获得这项关键技术，比如购买这项技术的专利或者与有该技术的公司结为战略联盟。当然，该汽车制造商也可以大量招聘会使用这项技术的工程师和技术工人，这同样也是WO战略的体现。

ST战略是运用企业的优势来规避或者减少外部威胁的冲击。比如，芯片设计的盗版问题常常困扰着IT企业。在这样的行业环境威胁下，著名的英特尔公司就常常运用它优秀的法律部门和律师团队针对芯片设计上的专利盗版问题进行大量诉讼，保护其在芯片设计上的领先地位。

WT战略则是一种防御性战略，用来规避外部威胁和内部劣势带来的不利影响。如果一个企业面临着很多的外部威胁和内部劣势，它就的确处于一个极为不稳定的位置。实际上，很多这样的企业就要竭力求生、兼并、紧缩、破产或清算。

SWOT矩阵分析是战略分析中非常重要的工具，也是一种战略性的思维方法。企业需要不断地练习和熟练地使用它。当然，正如我们在前面提到的，SWOT分析的正确使用来源于知识、经验、充分的信息、战略思维和商业直觉，可以说，它是一个非常综合性的思维过程。

3.4.2 波士顿矩阵分析法

波士顿矩阵是美国波士顿咨询公司（Boston Consulting Group）在1960年开发出来的。其基本思想是将企业生产经营的全部产品或者业务的组合作为一个整体进行分析，该方法常被用来分析企业相关业务之间现金流量的平衡问题。通过该方法，企业可以找到使其内部资源与外部环境结合的适当业务战略。

图3-8为波士顿矩阵的基本示例。其中，矩阵的横轴表示企业在行业中的相对市场份额地位，即企业某项业务的市场份额与这个市场中最大的竞争对手的市场份额之比。纵轴表示市场增长率，即企业的某项业务前后两年行业市场销售额增长的百分比，这一增长率表示每项经营业务所在市场的相对吸引力。图中每个圆圈都表示企业的一项独立业务，其面积代表了该项业务或者产品的收益与企业全部收益的比例。所以，在图3-8中，我们能非常清晰地发现企业各项业务或者产品的收益、市场份额和收益增长情况，从而为制定业务战略提供信息基础。

让我们来看一下图3-8中的四个象限代表的意义。根据有关业务或者产品的行业市场增长率和企业相对市场份额标准，波士顿矩阵可以把企业的经营业务定位在四个象限中：

(1) **高增长、低竞争的问题业务**　这类业务通常处于最差的现金流量状态。一方面，其所在行业的市场增长率高，企业需要大量的投资支持其生产经营活动；另一方面，其相对市场地位低，能够产生的现金流很小。因此，企业在对于问题业务的进一步投资上需要进

行分析，判断使其转移到明星业务所需要的投资量，分析其未来盈利潜力，研究是否值得投资等问题。

(2) **高增长、强竞争的明星业务** 这类业务处于迅速增长的市场，具有很大的市场份额。在企业的全部业务当中，明星业务在增长和获利上有着极好的长期机会，但它们是企业资源的主要消费者，需要大量资金投入。为了保护或者巩固并扩张"明星"业务在增长的市场中的主导地位，企业应该在短期内优先给这类业务提供所需的资源，引导这类业务的发展并使其转化为现金牛业务。

(3) **低增长、低竞争的现金牛业务** 这类业务处于成熟的低速增长的市场之中，市场地位有利，盈利率高，本身不需要投资，反而能为企业提供大量的资金，用以支持其他业务的发展。

(4) **低增长、强竞争的瘦狗业务** 这类业务处于饱和的市场中，竞争激烈，可以获得的利润很低，不能为企业提供资金，而且还可能由于竞争激烈需要企业投入更多的资金。如果这类业务还能自我维持，则应该缩小其经营范围；如果失败或者难以经营，应该及早采取措施，清理业务，退出经营。

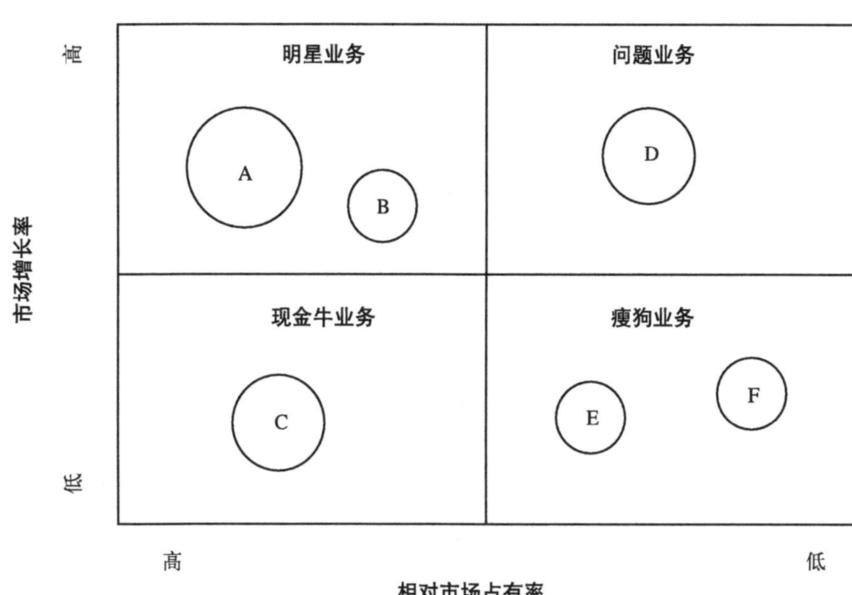

图3-8 波士顿矩阵

理解了波士顿矩阵的分析思路和方法之后，我们不难发现，波士顿矩阵通过明确各项业务的环境和绩效表现，帮助企业明确各项业务的现状和前景，判断各项业务的机会和威胁、优势和劣势，采取相应的策略，比如保持现金牛业务的地位、帮助明星类业务快速成长或者果断终止瘦狗业务。当企业多元化经营时，就非常需要用该方法来辅助战略思维。

3.4.3 通用矩阵分析法

通用矩阵又称行业竞争力矩阵，它是美国通用电气公司（GE）设计的一种投资组合分析方法。可以说，通用矩阵是对波士顿矩阵的改进，在评价指标上增加了许多中间等级，战略的变量增多了。通用矩阵分析法不仅能适用于波士顿矩阵所能适用的范围，而且对需求、技术寿命周期曲线的各个阶段以及不同的竞争环境都可以适用。通用矩阵开发了九个象限，更好地说明了企业中处于不同地位经营业务的状态，使得企业可以更为有效地分配有限的资源。

图3-9为通用矩阵的基本示例。图中，横轴表示经营业务的竞争地位，纵轴表示行业竞争力。行业竞争力和竞争地位的值决定着企业某项业务在矩阵上的位置。矩阵中圆圈面积的大小与行业规模成正比。圆圈中扇形部分表示某项业务所占有的市场份额。

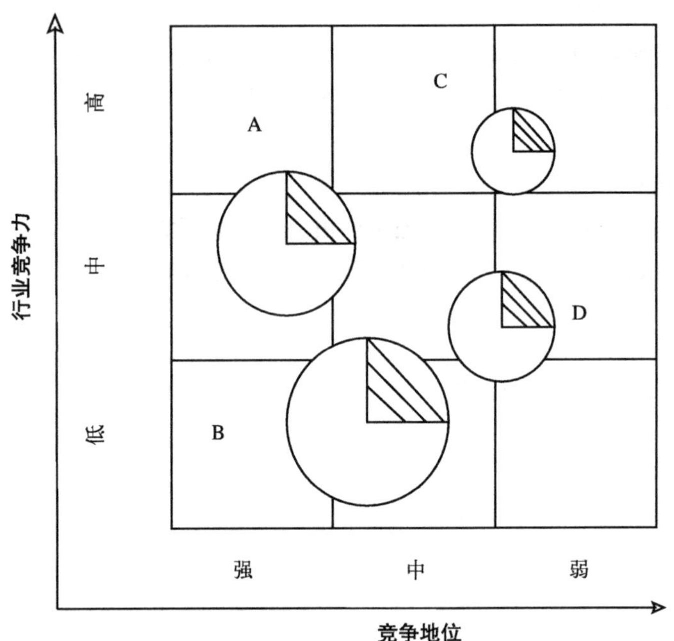

图3-9　通用矩阵

企业利用通用矩阵比较其经营业务以及决定其资源的分配方式时，必须估测行业竞争力及经营业务的竞争地位。显然，这需要企业充分了解外部环境和内部资源状况。

影响行业竞争力的因素包括行业增长率、市场价格、市场规模、获利能力、市场结构、技术及社会政治因素等。评价行业竞争力的大致步骤是：首先根据每个因素的相对重要程度，定出其权重；然后根据业务定出行业竞争力因素的级数；最后用权数乘以级数，得出每个因素的加权数，并将各个因素的加权值汇总，即为整个行业竞争力的加权值（参见表3-11）。

表3-11　行业竞争力测定

因素	权重	等级值	加权值
税收	0.05	4	0.20
汇率变化	0.08	2	0.16
工资水平	0.10	5	0.50
零件供应	0.10	1	0.10
劳动力来源	0.10	5	0.50
技术力量	0.10	4	0.40
市场容量	0.12	4	0.48
市场增长率	0.15	4	0.60
行业盈利率	0.20	3	0.60
总计	1.00	—	3.54

影响经营业务竞争地位的因素包括市场份额、市场增长率、买方增长率、产品差别变化、生产技术、生产能力、管理水平等。评估企业经营业务竞争地位的原理，同评估行业竞争力的原理是基本相同的。

从通用矩阵的九个象限来看，对处于左上方三个象限中的业务，应该采取增长和发展的战略，企业应该对其优先分配资源；对处于右下方三个象限的业务，应该采取停止、转移、撤退等战略；而对处于对角线三个象限的业务，应该采取维持或者有选择地发展的战略，保护规模，调整发展方向。通用矩阵更加细致的标准划分使得经理们能更加仔细、更加全面地考虑行业的各个指标，充分参考外部信息和企业内部资源，从而做出恰当的判断并制定业务战略。

3.4.4 生命周期分析

3.4.4.1 生命周期的定义

有关企业生命周期的研究始于20世纪50年代，繁荣于七八十年代，在90年代末出现了新的高潮。生命周期概念很早以前就被当做是一个分析产品和行业演变的有力工具。多年来，人们从理论和实践上对企业的生命周期做出了不同的概括和定义。

美国著名学者伊查克·爱迪思（Ichak Adizes）对企业的发展、老化和衰亡进行了多年细致的研究，于1989年提出了企业生命周期理论。该理论主要从企业生命周期的各个阶段分析了企业成长与老化的本质及特征，把企业生命周期形象地比作人的成长与老化过程，即：孕育期、婴儿期、学步期、青春期、盛年期、稳定期、贵族期、官僚化早期即内耗期、官僚期、死亡期。爱迪思认为企业在其生命周期不同阶段各有不同的特征和问题，并提出了相应的对策。爱迪思的生命周期理论指出了企业生命周期的基本规律和企业生存过程中基本发展与制约关系，给出了一种人性化的管理理论。

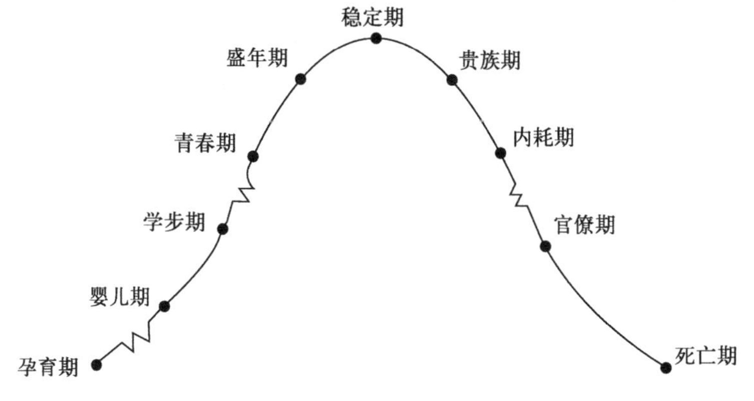

图3-10　企业的生命周期

哈佛大学拉瑞·葛雷纳教授提出了企业成长五阶段模型。现在我们通用的生命周期理论把企业的生命周期分为四个阶段：投入期、成长期、成熟期和衰退期。

图3-11所示的是现代优秀企业所倡导的生命周期模型，即企业的经营不是简单的投入期、成长期、成熟期和衰退期的依次变化，直至企业的消亡。本模型的最大特点在于企业采取各种经营措施促使企业一直处于增长状态，从而无限期地延长企业的生命。

世界上著名的企业，如瑞士的劳力士公司和美国的杜邦公司（年龄都超过200岁）、美国的通用汽车公司和西方电气公司（也都100多岁），它们的生长轨迹即如图3-11所示。根据爱迪思的理论，国内部分企业只能算刚刚度过学步期进入青春期，而绝大多数还处在婴儿期和学步期的初级阶段。在2009年《财富》杂志发布的“中国企业百强”排行中，排名第五的中国移动、第十二的联想集团、第十五的中国电信等国内超大型企业都只有二三十年的历史。在计划经济时代，中国的国有企业都依靠政府的扶持延续生命，而当由计划经济向市场经济转变时，一些国有企业难以生存，显示出短命的兆头。因此探索企业发展道路的同时，如何让企业长寿，是摆在中国企业家面前的一道难题，生命周期理论因此有了重要的应用价值。

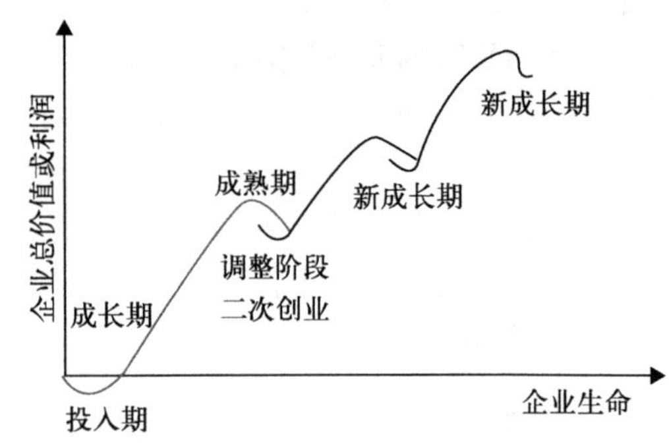

图3-11 现代企业生命周期

我们探讨企业生命周期理论的目的是要揭示出影响企业生命周期的因素，进而说明如何改善企业的生命周期。企业的生命周期是与产业生命周期和企业经营周期密切相关的，同时受技术进步、技术替代、消费者收入、就业水平、税收政策、未来通胀预期、利率、货币政策以及其他各种政策等的影响。另外，企业的劳动生产率也会极大地影响企业经营周期，而经营周期的变化方向基本上与企业生命周期的变化方向是一致的。从生物的生命周期来看，一般认为生命周期是不可逆的，更不可能循环，但是，对于企业而言，实际情况是经营有着低谷和高潮的不断起伏，是一个动态的过程，比较好的运行轨迹是图3-11所显示的模式。

3.4.4.2 生命周期阶段的特征

（1）投入期和早期成长期。行业处于投入期的特征是增长较快，技术变动，致力于开辟新用户，市场占有率分散且变动，企业产品单一，企业领导人承担管理企业所有重大责任。企业通常通过技术进步、创新或企业家精神而初具形态，获得细分市场并获利。本阶段内企业主要关心如何获得足够的资金投入以确保生存和谋取发展。组织结构表现为非正式沟通、简洁、集权和个性化。

（2）成长期。企业处于成长期的特征是高速增长，用户、市场占有率和技术渐趋明朗并走向稳定，进入壁垒提高。企业一般在成长期能生产多种产品，并开始涉足不同的业务领域，不断扩大规模，企业经营不断显现复杂性。企业内部出现管理和决策的波动，经营计划的制定和实施比较困难，建立规章制度和维持组织结构的稳定性成为需要。组织结构开始规范化、专业化和职能化。

（3）成熟期。企业处于成熟期的特征是增长率不高，技术、用户和市场占有率大体上都是稳定而清楚的；企业的规章制度已经成型，组织结构僵化，缺乏应变能力。制度化提高了企业早期发展阶段的稳定性，然而又降低了企业创新能力和灵活性，以及对未来动荡环境的适应性，这会导致企业以后的衰落。成熟期的企业一般会寻求矩阵结构，健全信息系统，开发多种产品线以及实行分权与多元化。

（4）衰退期。企业处于衰退期的特征是需求下降，竞争者数目和产品品种减少。企业内气氛表现为盲目乐观、缺乏沟通、战略保守、群体思维和互不信任。组织结构的僵化、对变革的抵制使企业不可能感知重要的环境变化，因此组织结构、决策过程、信息管理程序会越来越不符合组织的需要。

衰退阶段之后，企业要么死亡，要么进入复苏和再发展阶段。如果企业能采取激烈的措施扭转局势，它将能继续生存下去。

3.4.4.3 生命周期阶段的危机表现

在经济全球化的大环境下，尽管不同地区、不同行业的不同企业，其经营状况是各不相同的，总会出现一些营销战略危机、企业目标愿景危机、企业管理理念危机等，但从生命周期理论来看，一般的企业在其生命历程中，都会明显地表现出一些危机特征。

例如，在投入期创业者不能取得足够的支持，在忙乱与疲惫中失去信心，或是长期缺乏流动资金，导致夭折或长不大，以及缺乏主要的获利业务；在成长期，企业容易未经审慎评估盲目扩张，未能建立功能团体，导致过早分权，容易失控；在成熟期企业缺乏具有综合管理能力的高级人才，或是过于自傲自满，缺乏危机意识，也可能出现领导班子过早退休，传承失败的情况；在衰退期，企业容易注重形式，忽略目的与本质，重视做事过程的对错，失去创业精神，趋于保守，害怕犯错误，拥有严密的制度，但缺乏创新文化配合，导致活力丧失。

3.4.4.4 生命周期理论的功能

生命周期理论大量运用到产品开发、营销策略、环境保护、企业管理、行业竞争等领域，大大提高了管理的针对性。生命周期模型能预测企业成长各个阶段的特征，可以帮助企业领导者设计企业的成长之路，识别企业成长的关键转折点，对必要的变革预先有所准备，适当调整战略和组织机构来减轻成长带来的压力。企业生命周期理论分析能使管理人员知道何时应该放弃那些只会妨碍未来成长的战略和文化，能帮助企业明确应该如何发展、有哪些易犯错误、员工需要何种技能、怎样管理才能激发未来成长。企业生命周期理论还可以用于更广的领域。

生命周期对战略制定有重要的意义。把行业的生命周期阶段和企业的竞争地位即实力作为两个维度构成的矩阵，如图3-12所示。业务如果位于矩阵左上方则处境有利，有宽广的战略选择余地；位于矩阵中阴影部分的业务应审慎地、有选择性地发展；位于矩阵右下方的，处境可危，应考虑战略转移或退出。

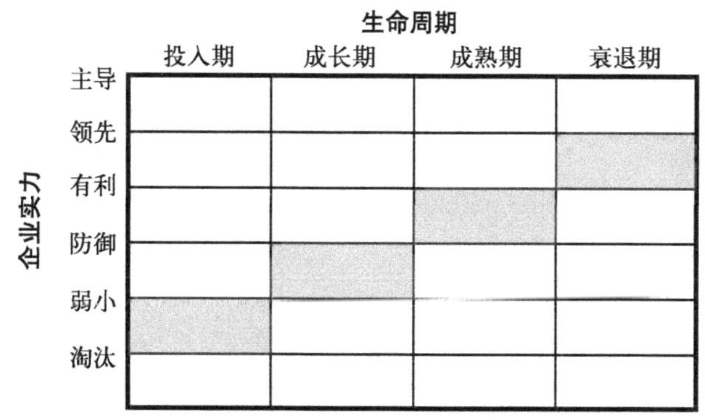

图3-12　生命周期与企业实力关系

对公司所经营的业务在矩阵中进行定位，先要解决以下问题。

（1）业务划分。公司对所经营业务的划分可以有粗细的不同。划分业务的准则主要应根据企业的外部因素，也就是在市场上具有竞争对手、价格和用户等方面的共性。

（2）识别业务的生命周期阶段。识别某项业务在生命周期中所处阶段的主要标志有：市场增长率、需求增长潜力、产品品种多少、竞争者多少、市场占有率的状况、进入壁垒、技术变革和用户购买行为等。多数行业由投入期、成长期进入成熟期。有的成熟期很长，而有的则很短。也有的行业从成熟期又回到成长期，这是由技术、社会、经济等因素造成的。

（3）识别经营业务的竞争状态。主导地位指的是企业享有独占的或受到保护的领先地位。在行业中享有支配地位的企业至多只有一个，或者没有。领先地位指的是企业能按本身的意愿做出战略选择，不需考虑同行其他企业将如何做出反应，其相对市场占有率超过1.5，但还未达到支配地位。也并非所有的行业都有占据强大地位的企业。有利地位指的是企业享有某些方面的优势，特别在一个较分散的行业中，企业具有某些方面的优势而处于相对的有利地位。防御地位指的是企业出现某些落后的现象，但经过努力可以克服，把力量集中使用仍可保持盈利。弱小地位指的是企业或是由于太弱小，难以持久地生存和盈利，或是由于经营失误导致地位的严重削弱。它具有过渡性质，或是得到改善，或是变为无法生存。无法生存遭淘汰是不言而喻的。

此外，还可以分别按各业务的销售量、利润、资产、资金利润率在矩阵中各区域间的分布做进一步的分析。这种分析所提供的信息对策略规划十分有用。

企业生命周期还有以下几项功能：用于对市场占有率、投资、资金流、利润做出战略定位；用于制定基本战略方针；用于评价各项业务的经营成效；用于风险分析。

3.4.4.5 生命周期理论的不足

生命周期分析对战略规划有重要的意义，但也存在着不少在应用上的局限性，主要是：

（1）生命周期是一条经过抽象典型化了的曲线。各行业按实际销售量绘制出来的曲线远不是这样规则。不同行业的生命周期各阶段的长短不同，因此在特定的时刻要确定某项业务处于哪一阶段是很困难的。当识别不当时，容易导致战略上的失误，特别是容易导致过早地放弃某些暂时需求下降但尚有盈利能力的业务。

（2）行业演变并不总是遵循“S”形曲线，有的行业衰退后又重新振兴，有的行业会跳越某个阶段。另外，整个经济中的周期性现象和某个行业的演变也不易区别开来。

（3）在生命周期—竞争地位矩阵中，生命周期被视为不可控的外部因素。但企业通过革新产品等措施确实能影响生命周期。

（4）在生命周期的各个阶段，不同行业具有很不相同的竞争特性，例如有的行业从分散演变到集中，有的行业则从集中演变到分散，这就提出了是否有适用于生命周期中某个阶段通用的战略这样的疑问。

3.4.5 经验曲线分析工具

3.4.5.1 经验曲线的定义

1936年，美国康奈尔大学赖特（T. P. Wright）博士在对众多企业进行研究时发现，当企业生产重复程度提高时，工时随之下降，他于是提出了“学习曲线”（learning curve）的概念。而经验曲线（experience curve）起源于学习曲线。1966年，波士顿咨询集团（BCG）的亨德森在研究数千种产品成本时，发现与学习曲线相类似的规律：当累积产量增加一倍时，产品单位成本将呈现固定比例的下降——通常为20%～30%，亨德森博士称其为经验曲线，并采用下式表示其变化规律：

$$y=ax^k \quad (a>0,\ k>0)$$

式中，y代表产品单位成本；a代表第一件产品的成本；x代表累积产量；k代表经验系数。

由上式可知，随着累积产量的增加，单位产品成本也逐渐下降，产生这种现象的原因有以下几个方面。

（1）劳动熟练程度提高。人们通过学习而提高重复从事某项工作的熟练程度，从而提高完成该项工作的效率。

（2）专业化分工的深化。产量增加，规模化大生产促使专业化分工成为可能，可以通过使用专业化的加工工具，提高生产率。

（3）产品和工艺改进。随着累计产量增大，产品和工艺改进的机会不断增多，包括：产品设计的改进和标准化，原材料利用率的提高，生产设备和运送设备的改进，更有效的营销手段的采用。所有这些都会提高效率，使成本下降。

（4）技术创新。企业效益的提高和经营的多样化，将方便企业购置先进的技术设备，引进先进的工艺流程，从而提高生产效率使单位产品成本降低。

（5）合理的投资。对一些有发展前景的项目加大投资强度也是形成经验曲线的一个重要原因。

3.4.5.2　经验曲线的实践含义

能否有效地管理企业的生产成本直接关系到企业长期盈利目标的实现。从战略角度出发，成本的意义不只在于它是生产和销售中各种费用的总和，而在于它标志着一个企业运用其内部资源在竞争中的盈利能力。企业的长期盈利能力在很大程度上依赖于企业能否生产出比别的企业成本更低的产品来满足用户的需要。经验曲线主要用在评价企业在成本方面的实力。它作为经营战略的一种评价技术，其含义可以从以下几方面来理解。

（1）经验曲线与市场占有率。累计产量的增加导致单位产品成本下降，这使市场占有率成为在一个行业中确定一个企业的战略地位的突出因素。其因果关系是：高市场占有率→高累计产量→低单位产品成本→高盈利。

（2）经验曲线与价格和成本。通过经验曲线虽然能相当合理地预见成本的趋势，但价格却是另一回事。在产品生命周期的投入期和成长期中，可以设想价格大体上能保持稳定。领先进入这个行业的企业，因经验效应导致成本逐步下降，将享有一定时期内的较优厚的利润。而这种较优厚的利润往往吸引更多的企业进入这个行业，引起竞争加剧和价格下降的局面。产品从成长期转入成熟期期间，往往有一个调整阶段，在这个阶段价格下降较快，使一部分企业遭到淘汰（归并或退出），剩下一部分效率较高的企业留在成熟期。这时价格又趋向平稳，大体上保持与成本同步下降的趋势。

一个首创某种产品的企业常面临一个重要的战略性决策，即把初始的价格定得较高，并在一段时期内保持这种高价，以便获取较高的利润。但与此同时却招来众多新的竞争者，只得把价格定得较低或在成长期内随着成本下降而主动调低价格，以提高进入壁垒，阻碍

新竞争者的加入。如果进入壁垒低，引来了强有力的竞争者，则会加剧调整阶段中的竞争，以致首创企业遭到淘汰的事例也是屡见不鲜的。

（3）经验效应与增值链。一项生产经营业务不是一个单一的过程，它包括有许多步骤和功能，如研究开发、采购、零件制造、装配、批发、零售等，每个步骤和功能都创造了新的价值，从而依次形成一条增值链。在所有的步骤中都有经验效应，但未必是同样的经验效应。

除了由于各个步骤工作性质的不同而具有不同的经验效应外，多种经营的企业还会有各个步骤的累计产量的不同。

由于以上两方面的原因，增值链上各个不同环节在成本优势上所处的地位是不一样的。因此，在比较不同企业的市场占有率以及相应的成本优势时，不只是简单地对某种最终产品进行比较，还需考虑到增值链中各个环节中的不同状况。对某种产品而言，一个企业可能是一个新进入者，但如果它过去长期经营的业务的营销性质和这种产品是相类似的，则它在营销这个环节的经验曲线上不是处于起始的上端，而是处于远离起始的下端。

3.4.5.3 经验曲线的应用

经验曲线在企业经营管理中运用非常广泛，可用于产品单位成本的预测，进而为产品报价提供可靠的依据；可用于考核生产工人技术熟练程度；也是企业通过横向购并实现规模经济的重要理论依据。这里就其在企业定价中的应用加以分析。图3-13显示的是一条具有85%经验效应的经验曲线。图中横轴表示累计产量，纵轴表示单位产品成本。从该图可知，当累计产量每增大1倍，生产这种产品的成本将下降一个固定的百分率。如图所示，当累计产量从100增至200时，单位产品成本从100下降至85；当累计产量再增加1倍至400时，单位成本再下降至72.25（=85×0.85）。

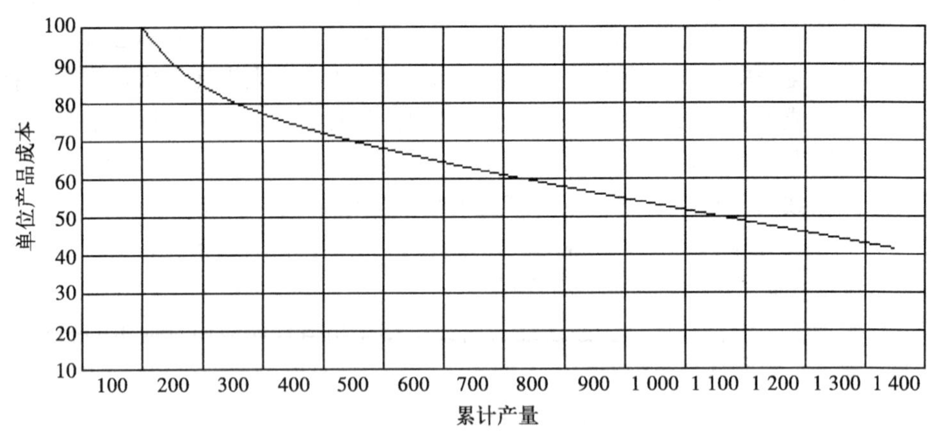

图3-13 85%的经验曲线

如果把累计产量和单位成本的关系以双对数坐标轴表示，则单位成本和累计产量之间的经验效应，可以由一个简单的负指数关系式表达如下：

$$C_t=C_0(P_t/P_0)^{-\alpha}$$

式中，C_0和C_t分别表示在时刻0和t的单位成本；P_0和P_t分别表示在时刻0和t的累计产量；α是一个取决于各行业不同情况的常量。

对于85%的经验效应，可以由上式中C_t/C_0=0.85，P_t/P_0=2求得α=0.234。不同行业的经

华章文渊·管理学系列

验效应是不同的。对降低成本的潜力具有最大影响的因素是行业的经验效应以及市场需求量的增长速度。

以上列举了85%的经验曲线，在实践中，不同行业中的不同企业，甚至不同的产品都有自己的经验曲线。因此，经验曲线分析工具值得我们深入研究。具体来说，经验曲线的应用可以体现以下几个方面。

（1）经验曲线应用于行业的成本分析。

在行业分析中，分析业内各个企业的经验曲线具有很重要的意义。当所有的企业都适用一条同样的经验曲线时，它们相互之间在成本上的实力地位取决于其市场占有率的大小；否则，就要考察各个企业所使用的不同技术或所达到的不同的技术水平，各增值链的经验效应及经验积累的状况。

后一种情况特别值得注意，在一个处于成熟期的行业，一个外来者以新的技术即以一条不同的经验曲线打入，或在增值链的某个环节上具有优势，即从位于一条局部的经验曲线下端打入，虽然起始时它在市场占有率上处于劣势，但能迅速取得成本优势，并很快扩大市场占有率。

（2）经验曲线应用于匡算企业的成本发展趋势。

在一些经验效应较大的企业中，当考虑投标或承接一笔较大的订货需报价时，需从经验曲线上对成本进行匡算。因为，如果任务能够落实，随着累计产量的增加，单位成本将沿着经验曲线向右下端移动。在报价中应考虑这个成本下降因素才能有竞争力。一旦报价被接受，企业必须把这种成本匡算转化为成本控制的机制，因为，经验曲线上所显示的经验效应不是不经努力就会全部自动地实现的。

在这里，对经验效应的正确估计起着关键性的作用。估计不足、报价过高，有失去订单的危险；估计过高、报价过低，有无法实现成本降低目标、招致亏损的危险。另外需要指出的一个问题是，由于某种技术创新，或者是间断性地扩大生产能力，在一些较长的时段内，经验曲线在双对数坐标上未必总是一条直线，也可能是几条折线的组合。

（3）经验曲线应用于经营策略的选择。

扩大市场占有率，利用经验效应取得成本领先地位，是企业取得经营成功的有效途径，但并不是唯一的。发挥企业产品的特色或重点瞄准某个特定的局部市场同样有机会取得经营的成功。

最后还需指出，过分强调经验效应可能会给企业带来丧失灵活性的消极后果，亦即过多地强调增加产量、扩大市场占有率，而忽视技术进步和增加产量品种以及忽视外界的创新；只顾眼前利益，忽视长远利益，等等。应注意当前的成功或许会包含着长远潜伏的危机。

至此，我们已经介绍了五种方法来综合分析外部环境条件和企业内部资源。可以说，每种方法都是分析行业的强大工具，能帮助经理们透视复杂的行业竞争格局和企业实际业务状况的关系。但是，我们一定要指出，使用这些方法时不能仅仅依靠其经典案例，还应改进各项细节指标，使战略思维更加全面。更重要的是，很多判断来自于对行业特性的理解和洞察以及对于企业自身资源能力的把握，甚至是依靠战略性的直觉将经典、通用的方法融会贯通起来。

本章小结

1. 在21世纪的全球化氛围中，中国的竞争已经远远超过了地域上的限制，成为真正意义上的国际竞争。传统的资源，例如劳动力和原材料，虽然也能形成一定的优势，但是很难在激烈的竞争中得到长期的维持。有形资源从长期来看能被竞争对手获得，而从企业内部无形资源中得到的核心竞争力只有与时代机会相吻合，才能获得长期的竞争优势和超额回报。
2. 只有当某种能力是有价值的、稀有的、难以模仿的、不可替代的情况下，它才是核心竞争力和竞争优势的来源。而核心竞争力只有在促进企业利用环境带来的机遇并创造价值的情况下，才是竞争优势的来源，才能让企业获取超额回报。
3. 没有任何竞争优势是永恒的。形成竞争优势的独特资源和能力在一定的环境条件下才能存在，而随着环境条件的变迁，企业的竞争优势也将逐渐丧失。这就意味着企业要不断地获得适合环境条件的资源，并形成相应的能力，在动态的环境中处理竞争的关系。
4. 人力资源和企业文化作为企业不可见的资源在今天激烈的竞争中有着越来越重要的作用，它是竞争对手难以模仿的。在知识经济时代，掌握知识的人越来越成为企业资源、能力和核心竞争力中重要的战略因素。美国西南航空公司的案例准确地说明了这一点。在这个基础上培养的核心竞争力将为企业带来较为持久的竞争优势。
5. 通过强大的战略分析工具可以将外部环境和内部资源结合起来考察企业的业务战略。SWOT分析法、波士顿矩阵分析法和通用矩阵分析法以及生命周期分析和经验曲线分析工具对于战略性的选择和调整都是很有用的分析工具。结合对行业的经验和对企业自身的认识，战略制定者可以做出适当的判断和决策。

关键术语

企业资源　企业能力　核心竞争力　长期竞争优势　生命周期　经验曲线

复习思考题

1. 企业有哪些主要的资源？其主要的特征是什么？
2. 无形资源的特征是什么？它在现代企业中表现为什么特征？
3. 核心竞争力的特征有哪些？资源、能力、核心竞争力、竞争优势之间的关系是什么？
4. 试讨论企业人力资源、企业文化在企业长期竞争优势中的作用。
5. 试用雷达图分析法分析一个企业实力。
6. 使用SWOT分析法综合分析一个特定行业中的企业的战略竞争地位和可能选择的战略。

参考文献

[1] 迈克尔 A 希特，等．战略管理：竞争与全球化[M]．吕巍，等译．北京：机械工业出版社，2009．

[2] 王方华，吕巍．企业战略管理[M]．上海：复旦大学出版社，1997．

[3] 项保华．战略管理：艺术与实务[M]．北京：华夏出版社，2002．

[4] 弗雷德 R 戴维．战略管理[M]．6版．李克宁，译．北京：经济科学出版社，1998．

[5] 陈继祥，黄丹，等．战略管理[M]．上海：格致出版社，上海人民出版社，2008．

第4章　竞争优势的战略分析

学习目标

1. 定义竞争优势，并明白它的重要性，同时了解对竞争优势进行战略分析的必要性。
2. 了解竞争优势种类、形成以及保持竞争优势的手段。
3. 描述有关竞争优势来源的理论发展过程。
4. 理解为什么核心竞争力是建立持续竞争优势的源泉。
5. 理解超级竞争的意义。
6. 解释如何用博弈论分析现实中企业经常发生的竞争行为。

开篇案例　戴尔总成本领先竞争战略分析

总部设在美国得克萨斯州奥斯汀（Austin）的戴尔公司是世界排名第一的计算机系统公司、计算机产品及服务的提供商，其业务包括帮助客户建立自己的信息技术及互联网基础架构。

戴尔计算机公司于1984年由迈克尔·戴尔创立。他是目前计算机行业内任期最长的CEO。他的理念非常简单：按照客户要求制造计算机，并向客户直接发货，使戴尔公司能够最有效和明确地了解客户需求，继而迅速做出回应。这个直接的商业模式消除了中间商，这样就减少了不必要的成本和时间，让戴尔公司更好地理解客户的需要。戴尔创立的直销模式，改变了人们购买PC的习惯。这种直销模式允许戴尔公司能以富有竞争性的价位，为每一位消费者定制并提供具有丰富配置的强大系统。

作为国内市场挑战者，戴尔为扩大市场份额采取的是进攻性战略，戴尔没有模仿市场领先者联想的竞争战略而是采取总成本领先战略，从而获得其竞争优势。

利用其成本领先优势，以价格为基础攻击竞争对手。其获得总成本领先的途径主要有：

直销

戴尔公司董事长兼CEO迈克尔·戴尔曾说“取消存货、倾听顾客需要、坚持直销”是戴尔公司的三大黄金法则。1998年8月，戴尔在进入我国时，也把其在国际市场的直线订购模式复制到我国。在营销过程中，公司直接面对客户，省去了代理商和专卖店等流通环节，创新PC营销通路，由此节省了大量的流通成本。这部分省下来的钱为戴尔电脑创造了很大的降价空间。直销的方式使戴尔计算机完全能做到以出厂价销售。由于没有中间渠道直接面对用户这一项，就节约了很多成本。要知道采取分销方式的公司，给大的代理商的利润至少占到产品的10%～15%，有些甚至可以达到30%，这部分成本都会记入价格。而据最新统计，联想的代理或经销商有将近4 000家，这样庞大的数字是联想的财富，也是联想的负担。戴尔在保持低价的前提下，仍能维持较高的利润空间。因此，采取分销模式的公司很难在价格上占到便宜。

直销的售价较低，取得了价格优势，这就是戴尔的创新。这样做打破了PC销售的传统分销方式的游戏规则，尽管也有很大风险的。人们购买习惯是想先看一看，电话订货毕竟看不到实物，但戴尔最终取得了成功。戴尔的成功不只是直销模式，其实在这模式背后还有一套成熟的支持系统，如无条件退货制度、售后服务制度、付款方式制度。正是这样的保证，可以消除顾客的担忧。还有一点很重要，就是直销的产品一般是标准的产品，计算机基本上属于这种产品。直销还可以使戴尔以低廉的成本与客户沟通，更加了解客户的需求，在满足客户要求的基础上有利于降低生产成本。

按单生产、大规模定制

戴尔采用的生产模式是“按单生产、大规模定制”，这是有别于其他厂商按预测进行生产的生产模式，是对生产模式的创新。每天戴尔生产中心按照订单的情况从货运中心运来生产所需的原料，这些原料会通过一条主干线和22条分支输送到车间的每一个生产单元中。在每个生产单元中，四名经过专业培训的工人会按照图纸把产品组装好，生产一台PC的时间只不过是两三个小时。再经过测试、封箱等环节，一台合格的产品就可以出厂了，通过物流公司直接运送到客户手中。这种先进的生产模式完全摆脱了库存的压力，减少库存成本，减少由于价格下跌造成的库存损失，降低了生产成本，可以给客户提供最个性化的产品。当然，没有库存就要承担断货的风险，戴尔有一整套对市场的分析、预测方法，以及同上游供货商之间的良好合作，这些是对按单生产的最有力的保证和管理精髓。

对消费者来说，个性化定制标志的是独一无二。对戴尔来说，却并非是拒绝标准化，而是更为充分的标准化。定制并不是无限的选择，而是通过提供适当数量的标准件，进行成千上万种搭配，形成组合后的独一无二。这既给顾客一种无限选择的幻觉，又使复杂的制造程序能够得到有效的管理，降低生产成本。

取消存货

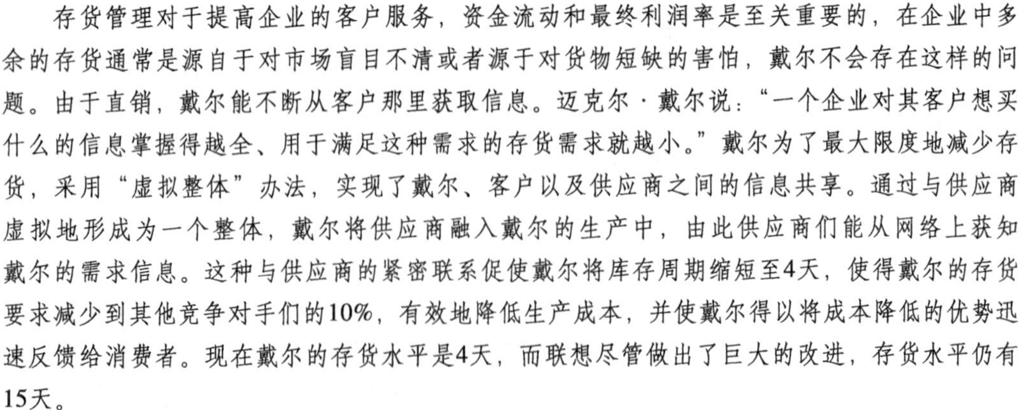

存货管理对于提高企业的客户服务，资金流动和最终利润率是至关重要的，在企业中多余的存货通常是源自于对市场盲目不清或者源于对货物短缺的害怕，戴尔不会存在这样的问题。由于直销，戴尔能不断从客户那里获取信息。迈克尔·戴尔说：“一个企业对其客户想买什么的信息掌握得越全、用于满足这种需求的存货需求就越小。”戴尔为了最大限度地减少存货，采用“虚拟整体”办法，实现了戴尔、客户以及供应商之间的信息共享。通过与供应商虚拟地形成为一个整体，戴尔将供应商融入戴尔的生产中，由此供应商们能从网络上获知戴尔的需求信息。这种与供应商的紧密联系促使戴尔将库存周期缩短至4天，使得戴尔的存货要求减少到其他竞争对手们的10%，有效地降低生产成本，并使戴尔得以将成本降低的优势迅速反馈给消费者。现在戴尔的存货水平是4天，而联想尽管做出了巨大的改进，存货水平仍有15天。

就近采购

戴尔在北京、上海和深圳建立了国际采购网点，尽量就近采购适应其产品的一切零部件，以降低成本，加强与供应商在中国的伙伴关系，提高戴尔在全球的采购效率。戴尔首先努力协调在中国100多个地点的30多家供应商的关系，他们为戴尔提供20多种产品。戴尔在中国采购大量零部件，包括附件、光驱、印刷电路板、软驱、显示器、扬声器、键盘、鼠标和输入输出设备。这些零部件还可能被运往戴尔的其他工厂。在2001财年，戴尔的零部件采购额超过10亿美元。由于采购数量直接影响采购价格，戴尔的零库存和按需采购，决定了其单次采购额度不高，为避免因此带来的成本上升，戴尔承诺供应商“长期合作”，即一年内将有多少采购额。一旦所谓的“采购预测”失误，中国工厂消化不了戴尔承诺给供应商的采购额，公司很快会把它们转运到全球别的工厂（而不是库存）。

高效物流配送

信息时代的高科技领域，原材料成本随着日趋激烈的竞争而迅速下降。以PC业为例，每周原材料成本下降1%。从戴尔的经验来看，其原材料库存量只有4天。当竞争对手维持4周的库存时，就等于戴尔的原材料开支与对手相比保持着3%的优势。当产品最终投放市场时，物流配送优势就可转变成2%～3%的产品优势，竞争力的优劣不言而喻。戴尔的物流运作水平远高于联想，可以做到从客户下单到提货一周内完成。据说，戴尔唯一不让参观的就是它的配件供应与装配系统，也就是说，戴尔摸索出了一套在接受订单后，快速而低成本的配件供应与装配系统，使得消费者可以低价地享受个性化的服务。

戴尔的供应链管理达到国际最高水准，戴尔投入力量对负责中国业务的大通物流公司进行培训改造使之适应即时采购、即时供货和按需定制这种模式。为了方便物流，戴尔厦门工厂距离机场仅20分钟车程。在提高物流配送效率方面，戴尔和30家原材料供应商保持着密切、忠实的联系。戴尔所需原材料的95%都由这30家供应商提供。戴尔与这些供应商每天都要通过网络进行协调沟通，戴尔监控每个零部件的生产情况，并把自己的新要求随时发布在网络上，供所有供应商参考，不仅提高透明度和信息流通效率，还能刺激供应商之间的相互竞争。供应商则随时向戴尔通报自己的产品进展、价格变化、存量等方面的信息。

采用多种方式降低生产成本

戴尔对PC的稳定性要求很高，对产品设计要求严格，戴尔强调性能高效实用，非常擅长选用质优价廉的PC零部件满足实用性，这是戴尔PC能够在不丧失品质保证的前提下不断用价格来攻击竞争对手的又一原因。除此之外，戴尔在我国的市场战略主要表现在放弃以顾客定制为主改为推出固定电脑配置，而固定配置的PC可提高生产规模，另一个有利之处是可以将戴尔PC的生产进行OEM（贴牌生产），于是便有了华硕电脑为戴尔PC进行OEM生产，这进一步降低了戴尔的生产成本。

资料来源：陶晋川. 联想与戴尔的竞争战略和营销策略比较分析. 中国期刊网http://www.chinagking.com。

从以上案例反映的戴尔公司的低成本竞争策略可以看出，戴尔公司在中国的成功主要是因为其良好地落实了低成本战略，形成了独有的低成本竞争优势，从而保证了中国市场的胜利。

一般来讲，竞争优势是指使企业获得战略领先地位，从而进行有效竞争并实现自己目标的一些因素和特征，一般体现为企业拥有的能够为顾客创造的超过成本的价值的能力。

因此，任何一种竞争，其中的赢家都有一种共同规律，那就是在竞争的过程中充分发挥了各自的特长。每个企业都有可能拥有与别的企业不同的因素，但只有当这些因素能够帮助企业进行有效竞争实现自己目标的时候，才可能表现为竞争优势。M. J. Rouse曾在其著作中提到："竞争优势仍然是战略研究中的核心部分。"因此要认识并且运用竞争优势，企业必须不断地进行战略管理，并且通过这种管理来不断为企业增加价值。如本章开篇案例所讨论的，IBM正是通过把优势与利用外部环境的机会进行战略性的结合，创造了竞争能力，实现了超额回报。战略管理理论是一门有关竞争的理论，这一点从"战略"一词的来源就可以得到证明。市场竞争是一种竞争经济。市场竞争与自然界的竞争和军事竞争相比，表现得更为理性和科学，人们必须充分考虑竞争对手的实力以及他们可能会采取的行为，然后加以应对。因此，战略管理的核心问题绝不是简单地去制定一个目标，而是如何通过对自己现有资源的识别，从而明确自身的竞争比较优势，并不断地保持和发展这种优势。本章将从竞争优势的来源、形成及保持等几个方面详细论述企业应如何对竞争优势进行战略分析，使之充分展露于市场竞争的发展过程中，从而赢得市场竞争。

4.1 竞争优势的种类

任何竞争优势都是相对的。不同企业拥有的竞争优势是不同的。仔细观察商场的竞争，我们可以归纳出四种竞争优势。

4.1.1 成本和质量方面的竞争优势

企业的各项成本直接影响到企业市场的竞争力，因为价格始终是市场竞争最有力的武器，这就是当前企业一定要重视规模经济的道理。除了有特别专长的中、小企业，失去了企业规模，尤其是企业的市场规模，企业就不能形成最有效的经营成本。所以在产品质量几乎相近的时候，价格战一触即发。

同时如果价格相近，或价格对市场供求影响不大的时候，质量又成为市场成败的关键。这里的质量显然是一个综合性的概念，它包含着产品的功能、稳定性、服务以及差异化等多项内容。

当然随着市场竞争的愈发激烈，许多企业总是希望通过市场细分、再细分来避免与对手之间的价格和质量冲突。因此成本性能比成为企业十分关注的问题。大家都希望追求低价优质的产品以参与竞争，也正因为大家都在向这一目标努力，这一目标的达成变得异常困难。

历史经验表明，价格和质量的竞争在市场经济条件下是最基本的竞争手段。但同时我们必须注意到顾客的偏好总是不同的，有时人们对某些因素的考虑会有完全不同的观点，如时间紧张者或许没有充裕的时间去仔细衡量价格性能比，方便对他们来说是最重要的；又如有些顾客会为了追求心理的满足而放弃价格性能比更优的产品。因此，企业必须能更仔细地去区分每一个细分市场，以体现不同细分市场的具体特征。

4.1.2 时间和专有知识方面的竞争优势

善于捕捉市场机遇，率先进入或领先改变原有竞争模式的企业，可以形成第一行动者的时间优势。这种优势包含市场的知名度、市场新规则设立的优先权、人们对新事物的偏爱以及先行动者在行动过程中得到的市场经验等。

在市场先行的过程中，这些企业可能建立起自己的某些专有知识，包括技术创新的知

识和经营管理的知识，它可以表现为专利和诀窍，从而形成专有知识的竞争优势。施乐公司正是因为买断了静电复印的专利技术，几乎统治了复印机市场达20年之久；可口可乐由于有特殊的配方，近200年始终保持世界软饮料市场的领先地位。

但遗憾的是，无论谁拥有先行者或专有知识的优势，都没有办法彻底杜绝别人的模仿，这里还没有计算先行者所承担的风险以及专有知识开发的成本。为了保持优势，先行者或专有知识的拥有者必须不断地先行开发新的技术，从而要求企业持续地投入。创新和模仿总是不断斗争着，领先者经常发现模仿的速度总是大大超过原先的估计，而进一步创新的成本变得越来越大，前进的道路困难重重，所以许多人不得不更注重差异化，试图摆脱紧紧跟随者。这并不等于说企业不可以在某一领域保持时间和技术上的优势，我们只是想说绝不能低估别人模仿的能力，因此领先者必须及早设置障碍，阻止别人进入。

4.1.3 设置进入障碍

考虑到价格、成本优势以及时间和专有知识优势的长期保持所面临的诸多困难，企业如果能够设置阻碍别人进入该行业的有效障碍，在一定程度上阻碍或推迟竞争对手的进入，使该市场对于对手来说并不具有吸引力，或者即使进入也很难与其匹敌，那么这些障碍就成了市场竞争的优势。这些可能的障碍包括：

- **经济规模的障碍** 现有行业中的企业可以通过逐年发展起来的庞大市场规模，向社会提供极具竞争力的优秀价格性能比的产品和服务，从而使新进入者很难在一段时间内达到这种经济规模，如没有强大的资金作为后盾，新进入者是很难突破的。
- **深层的产品差异化的障碍** 现有企业通过多年的努力，建立起产品品牌以及良好的企业形象，从而造成许多无形的、更深层次的产品差异化，给对手的进入造成了巨大的障碍，因为要改变人们已经普遍接受的一些观念和习惯是一件异常困难的事情。由此我们可以发现，成功的企业越来越注意把企业目标与社会目标相结合，树立良好的企业形象；同时不断地增加市场竞争执行过程中的文化含量，从而加深顾客的印象。
- **投资量的障碍** 某些行业对于新进入者来讲，如果初始的要求投资量很大，无疑增加了进入的风险，也遇到了进入的障碍，导致现有企业的一种优势。
- **转换成本的障碍** 防止对手的进入，关键是如何保持自己的顾客。对顾客来讲尽管他可能有多种选择，但每一次改变供应渠道依然涉及多种风险和成本，如果某一部件或设备的采购直接影响到顾客经营的成败，改变原先的供应商所承担的成本是很高的。再加上顾客与原有供应商长期合作所建立的信任和友情，除非新进入者确实能够提供优质低价、对顾客确有附加价值的产品来抵消顾客的转换成本，否则这种转换成本又可以形成现有企业的竞争优势。
- **接近销售渠道的障碍** 现有企业由于进入市场早，它们与产品销售商建立了良好的合作关系，包括建立了良好的信誉。而许多产品的销售渠道并不具有很宽余的选择，新进入者要从中打开缺口也是十分困难的。
- **其他成本障碍** 现有企业可以通过与供应商长期的合作关系得到更便宜的供货；可以抢先在最有利的地点设立自己的工厂和销售服务点；可以与行业有关的其他关键公众保持良好的关系。新进入者要跨越这些障碍，达到一个好的经营环境，其成本是很难精确估量的。

• **政府政策的障碍** 现有行业的企业可以通过游说政府设置许多政策性障碍来阻止新对手的加入。在国际市场的竞争中，这一现象表现得十分明显和普遍。

以上可能的七个方面的障碍，对于先进入市场者实际上是去探索进一步确立竞争优势的可能途径。

4.1.4 实力优势

成本与质量、时间和专有知识以及设置进入障碍给企业带来的优势，最终都会被别人慢慢地赶上。人们可以发现企业终结意义上的竞争优势是实力优势，即主要依靠企业的资金优势。因为如果企业有充分的资金优势，就能够在各种资源，包括人力和技术等方面加以高强度的持续投入，从而甩开竞争对手。

某种意义上讲，实力确实是市场的主宰，因为没有实力，即使有再好的想法也不能加以实施。但这并不等于说实力相对较弱的企业就没有了获胜的机会，因为：越来越细分的市场本身孕育着各种潜在的机会；实力较弱的企业可以通过战略联盟更有效地利用伙伴的资源和能力，从而提高综合实力。

以上四方面的竞争优势分析归纳了企业市场竞争过程中最重要的，也是极富实际操作性的竞争优势。我们必须注意到竞争过程是一个动态的过程，以上四方面的竞争优势也是市场竞争层次不断提高的过程，它们表明了市场竞争必然的内在规律。根据美国战略管理专家理查德·戴维和罗伯特·甘慈在他们的新作《超级竞争》中表达的观点，超级市场竞争的状态可能是某个行业由几个主要企业所控制，组成全球性的战略联盟，发展和创造健康的竞争，以达到某种平衡。

4.2 竞争优势的来源

企业竞争优势是企业界、产业界和理论界都普遍关注的问题。研究企业竞争优势的根源有助于企业更好地理解竞争优势的实质，并对自身拥有的竞争优势进行战略性运用。

个案研究

神州数码的竞争优势

目前，随着制造行业信息化程度的提高，加之制造业本身的特点，大量的数据需要科学有效、及时准确的管理。神州数码经过近十年的发展，逐渐形成以ERP为主流业务，PDM/PLM、EC、OA、CRM等并存的产品架构体系。作为国内知名的PDM供应商，神州数码也有着自己明确的目标市场定位。

DCMS的核心业务是ERP，但对于相当多的行业客户，比如汽车零部件、电子等行业，如果不处理好其产品开发过程中的一些特殊的需求（比如APQP、FEMA等），其信息化效益也会大打折扣。再比如，对于装备制造、电机、电梯、输配电成套设备、低压电器元件等行业，BOM的复杂度就很高，能否真正从产品设计源头就把BOM管理好，成了ERP实施成败的关键要素。DCMS的PLM产品正是针对这样的行业客户，和ERP紧密配合，把产品开发环节和生产制造环节有机地衔接起来，从而提供给客户一个整体的行业应用解决方案。

随着制造业数字化、信息化的程度越来越高，更多的信息管理软件被应用到企业管理和生产过程当中，大量的与产品相关的数据需要科学有效的管理。在这种情况下，各种大大小小、形形色色的PDM产品开始涌入中国市场，竞争也是日趋激烈。

就PDM的市场竞争而言，首先要看其市场"定位"，尽管PLM的厂家很多，但是市场定位还是所不同，如果能找到差异化的市场定位，又具备了专业化的能力，在市场上的竞争优势就一定能凸显出来，市场竞争力也就会大大提升。比如一个给中小企业提供二维CAD的厂商，如果开发一套专门针对低端客户的图文档管理的PDM软件，再能和自己已有的CAD软件销售体系紧密结合起来的话，那也是一种具有竞争力的定位。

对于DCMS而言，其核心业务是ERP，能否利用好其ERP业务的资源优势，并能提升ERP业务的竞争优势，将是DCMS的PLM业务能否快速具备核心竞争力的关键所在，这也是上述第一个问题中谈到的DCMS为何要选择这样的市场定位的原因所在。值得庆幸的是，通过这几年的努力，DCMS PLM的这种核心竞争力已经逐步建立起来并初显成效。

根据产品的核心资源，进行准确的市场定位，是神州数码获得竞争优势的关键，也是其面对金融危机的后盾。金融危机似乎对于一些没有把产品研发作为核心竞争力的企业影响更大些，比如一些做OEM的制造业客户。而PDM业务主要是关注把产品开发作为核心竞争力的客户，而这种类型的客户似乎在金融危机面前，开始更加关注产品开发方面的投入。因此，在未来3～5年，神州数码会不断提高自己产品的质量，完善自己的产品开发与服务体系，与EPR珠联璧合，一起助推中国制造业的设计、制造的整体信息化。

资料来源：PLM核心ERP资源提升竞争优势。http://www.mie168.com/read.aspx.

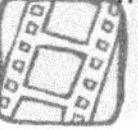

专论摘要

战略联盟是指企业个体之间结成盟友，交换互补资源，各自达成产品阶段性的目标，最后获得长期的市场优势。它可以充分利用产业环境的机会，充分发挥自己核心能力的优势，与其他企业一起共创竞争优势。战略联盟是一种全新的竞争战略，它突破了长期以来企业将商场视为战场，各自画地为牢，受困于自身资源有限的局限性，体现了竞争本身包含着的竞争与合作的辩证关系。根据波特的研究，企业创造价值的活动不仅来自于价值链内部的联系，而且还来自企业价值链与买方及销售渠道价值链之间的联系，波特将这些联系称为纵向联系。企业价值链与供应商或渠道价值链之间的各种联系意味着企业与买方和卖方的关系并不是一方受益，另一方受损的"零和游戏"，而是一种双方都受益的关系，为企业增强竞争优势提供了机会。因此依靠价值链纵向联系进行的战略联盟给合作企业提供了建立竞争优势的另一途径。这种企业的战略联盟不等于企业合并，联盟是企业之间的长期协定，它超出了正常的市场交易，但是又没有达到合并的程度。战略联盟是扩大企业市场范围而不扩大企业的方法，也是一种不用实际联合就可以取得纵向一体化的低成本和标新立异的手段。因此，战略联盟的根本特征是独立的企业为了共同的利益和目标而相互合作，共担风险，是竞争性的合作组织。

资料来源：马健著. 企业如何塑造竞争优势. 烟草在线，2004年5月9日。

4.2.1 企业竞争优势的外生论及内生论

企业竞争优势的外生论主要包含两个方面内容。其一是指经济学中的竞争优势外生论。这一理论的基本观点认为，不同的市场结构是个别企业获得超额利润的原因。美国哈佛大学的梅森（E.S.Masson）和贝恩（J.S.Bain）在这个理论基础上，进行了进一步的研究，他们通过考察某一产业市场的结构、行为，同时研究企业间绩效差异问题，认为这种差异是由市场结构和市场行为所引起的，因此推论出企业的绩效（竞争优势）是外生的。外生论的第二个方面是指战略管理学中的竞争优势外生论。在这一理论中，处于主流地位的是迈克尔·波特的竞争战略理论。他认为，竞争是企业成败的核心所在，企业的竞争优势源自于结构优势，源自于企业的市场地位。波特在他的著作《竞争优势》（*Competitive Advantage*）中充分阐明了这一思想。总的来说，我们可以在波特的竞争战略理论中找到梅森–贝恩理论的影子。

企业竞争优势的内生论的主要观点是，企业的竞争优势来源于企业自身拥有的资源的能力。与外生论不同的是，内生论认为，与企业外部条件相比，企业内部条件对于企业获得市场竞争优势有着决定性的作用，企业内部资源、能力的积累是解释企业获得超额收益和保持企业竞争优势的关键。尽管在这一方向上，各研究学者使用的概念不尽相同，但是基本思想是一致的。其中占主导地位的是哈默尔和普拉哈拉德提出的企业核心竞争力概念。这一概念指出，企业据以成功的竞争优势最终来源于企业拥有的核心竞争力，而核心竞争力是在正确评估企业自身所拥有的基本资源和能力之后，结合竞争环境所确定的战略能力。

个案研究

亚马逊的商业模式创新

创建一个优秀企业并保持良好的运营态势，这些已再不能保证你的企业屹立100年，甚至20年。1958年，编入标普500的公司平均上榜时间是57年；到1983年，这个时间缩短到30年；而到了2008年，这个时间只有18年。企业的生命周期更短，这就需要有一种新的管理方法，能够引领企业不断完成转变和更新。为了在当今的市场里保持不败，历久不衰，每一家企业现在都必须结合竞争环境，制定适合自身的发展战略。

回想亚马逊公司，它是互联网泡沫时代崛起的少数赢家中的一个，而后又开辟了令人瞩目的增长之路（从2002年的约40亿美元发展到2008年的近200亿美元）。在亚马逊公司引人注目的成功背后，有一个不为人所注意的侧面，那就是它善于抓住白色空间寻求变革性增长。亚马逊公司之所以能在互联网泡沫的破裂中幸存下来，就是因为它围绕着一种改变市场的客户价值主张和一种全新的盈利模式建立了一个可行的创新型商业模式，从而颠覆了一成不变的图书行业。然后，它又迅速扩张到图书以外的领域，涵盖了所有方便装运的消费品，从原有的核心业务发展到周边业务。然而，亚马逊公司并未就此止步。

几年以后，公司抓住了一个新的白色空间，定位了一个新的价值取向，为二手书的买卖双方提供中介服务并收取佣金。后来，它再度挺进白色空间，制定了新的业务模式，为全新的客户——第三方卖家——提供服务。它向其竞争对手的其他零售商开放店面，把自己的业务由直销转为销售加服务的模式，让众多卖家共享它的虚拟空间，收取其他公司的销售佣金。

接着，亚马逊再接再厉，找准了一个新的潜在增长点，即另一群新客户——IT界。要满足这类新客户的需求需要不同的流程、不同的资源和不同的盈利模式——总之，又一个新的商业模式。2002年，亚马逊推出了网络服务平台。对于一家在当年刚刚开始盈利的年轻公司来说，将创新资金投入新的商业模式，而不是固守原有核心业务，或许是种冒险之举；但在5年时间内，亚马逊网络服务平台所使用的网站已发展为世界第七大网站。而亚马逊则持续进取。2007年年末，它设立了Lab126，其首款产品Kindle电子阅读器上市时，它所采取的商业模式不仅异质于亚马逊的企业DNA，而且对整个出版业来说都具有潜在的颠覆性。

为了推广这种高利润、产品导向的电子阅读器，亚马逊必须变成一个原始设备制造商(OEM)。它把这种技术完美集成到一个类似于iTunes的数字媒体平台上，人们既可在此进行交易又可接收订阅的内容。公司创造性地与内容制作方合作，创设了一个开放的后端平台，使独立出版商能为Kindle制作新内容。在第一年，亚马逊就卖出了约50万台Kindle。亚马逊在电子书市场大规模开疆拓土，不仅取得了市场定位的成功，而且在报纸和期刊的经销方面也战绩辉煌。

亚马逊的根本就是求变。只要公司发现有服务新客户的机会，或者是为现有客户提供服务的新方式，它就会构想并创造出新的商业模式来作为生财之道。亚马逊的独特能力在于它既能推出并经营全新的商业模式，同时又从现有的业务中汲取价值。亚马逊的前进历程上还会打上一系列变革的烙印，因为它还在继续勇于进军白色空间，追求发展远景、商业模式创新和企业的更新。

资料来源：摘自《抓住白色空间：增长和更新的商业模式创新》(哈佛商业出版社2010年2月)；涂颀译自BusinessWeek, Apr. 12, 2010.

4.2.2 由核心竞争力形成的持续竞争优势

如第3章所述，可以通过价值链分析方法来确定核心竞争力。“价值链”由美国哈佛大学著名战略学家迈克尔·波特提出，他认为不同企业参与的价值活动中，并不是每个环节都创造价值，实际上只有某些特定的价值活动才真正创造价值，这些真正创造价值的经营活动，就是价值链上的“战略环节”。企业要保持的**竞争优势**，实际上就是企业在价值链某些特定的战略环节上的优势。运用价值链分析方法来确定**核心竞争力**，就是要求企业密切关注组织的资源状态，要求企业特别关注和培养在价值链的关键环节上获得重要的核心竞争力，以形成和巩固企业在行业内的**竞争优势**。

根据第3章的论述，核心竞争力具有稀缺性、难以模仿性、不易被取代和独特、长久的用户价值，因此能为企业带来无法模仿、不可复制的持续竞争优势。那么核心竞争力如何保证企业获得持续竞争优势？核心竞争力以为用户提供颇有价值的好处为出发点，奠定了企业的市场基础。如本田公司的发动机用户总是可以享受省油、易发动等众所周知的好处。核心竞争力使企业不断衍生出一系列创新产品和服务成为可能，这确保了企业在市场中的长久生命力。如佳能的核心竞争力由光学镜片、电子成像技术、微重量控制技术等构成，这些技术帮助佳能进入复印机、激光打印机、传真机等数十个最终产品领域。而且根据普拉哈拉德和哈默尔的观点，现代企业的成功不再仅仅依靠暂时或偶然的产品开发和某些所

谓灵机一动的市场战略，而是企业所拥有的独特竞争优势的外化，是一种区别于其他竞争对手的知识体系，是在公司发展历程中逐渐形成和发展起来的一种知识、技能与资产互动的体系。也就是说，核心竞争力一般都内化于企业的整个组织体系中，是企业长期的、系统的学习经验的积累，而且还有不断创新的机制作保障，这些都使核心竞争力给企业带来的市场领先性不易消失，从而保证了企业竞争优势得以持续。

核心竞争力是企业持续竞争优势的来源，但是其本身不会自动地转化为竞争优势，需要构建相关机制与条件对核心竞争力加以支持。企业的核心竞争力需要与企业的竞争战略相结合才能给企业带来长久的竞争优势。

专论摘要

"核心竞争力"的真正含义是什么？詹姆士·布瑞安·魁因与弗雷德里克 G. 希尔默认为，有效的核心竞争力是指企业所有的技能或知识集群，而非产品或功能。他们认为企业的经理人员需要看到那些超出产品之外真正创造竞争优势的智力技能或管理系统。产品，甚至那些受到专利保护的产品，也很容易滞后，被他人复制，或被一些代用品所替代。功能，诸如生产、工程、销售或财务也都不是一种核心竞争力。与之相反，核心竞争力往往是跨越各部门的技能或知识集群。尤其是在市场、技术和竞争快速变化的今天，这种具有跨部门强大知识技能优势的企业要远胜于仅在某一个功能领域出色的企业。比如苹果公司通过认真分析，认为自身优势是苹果Dos（磁盘操作系统）以及支持宏指令的软件。因此，苹果公司将自己的内部资源集中在这上面，赋予苹果产品独一无二的外貌、感觉以及开放的结构。而这种开放的结构又因独立的软件商编写的各种软件而使苹果Times New Roman型产品获得无与伦比的强大功能。而苹果简洁的组织结构（扁平的组织结构）使其在整个20世纪80年代，与那些具有固定投资比例的大型计算机生产商相比，享有三倍的资本营业额和最高的市场价值。由此可见，核心竞争力应该是指诸如产品或服务设计、技术创造、客户服务或后勤等等趋向于建立在知识而不是建立在资产所有权或知识产权本身的基础上的那些活动。这些建立在知识基础上的核心竞争力可为企业在服务领域和生产领域创造最大价值。

资料来源：詹姆士·布瑞安·魁因，弗雷德里克 G. 希尔默著. 战略性外购. 斯隆经营管理杂志，1994（夏季号）.

4.3 竞争优势的形成

应该如何去定义竞争优势，各人的理解会有所不同。竞争优势的定义一定要放到竞争环境中去加以分析。

竞争优势是指当两个企业处在同一市场中，面对类似顾客群，其中一个企业能够赢得更高的利润率，或能够赢得潜在的更高的利润率时，这个企业就拥有某种竞争优势。当然这里我们用利润率这一最根本的企业目标作为衡量的标准，但有时为了战胜竞争对手，市场占有率往往成为至关重要的因素，有时还有其他的目标。

4.3.1 适应外界环境的变化形成的竞争优势

竞争优势的形成往往伴随着变化发生的过程，其中很重要的一部分是企业外部环境的变化。企业外部环境的变化并不直接意味着给企业带来优势或威胁。基于变化环境中的竞争优势的形成依赖于人们对外在环境变化的反应。外部环境的变化经常意味着新的机会。我们往往把识别这种机会并快速地调整企业管理的各项工作的能力称为企业家精神，也把面对机遇敢于第一尝试的企业称他们拥有第一行动优势。上海的华联、联华超市是上海最早成立的超市集团，它们及时把握了超级市场作为一种新型零售形式在上海的良好发展机遇，一举成为上海超市的领先者；麦德隆、易买得等作为上海第一批仓储式销售的拓荒者，同样在其领域取得巨大的成功。

因此，一种竞争优势能否形成，企业的反应速度能否跟上变化，关键在于对外界环境变化的预测能力。产品有生命周期，行业也有生命周期，顾客的要求在不断变化，竞争的模式也在变化，所以企业必须及时地调整自己的战略，抓住面向未来成功的关键因素。其中企业的信息系统起到重要的影响，这并不单纯是指对现实市场环境的数据收集、整理和分析，更重要的企业需要建立对环境重大因素变化的预警系统，通过对科技发展、顾客需求、供应商条件、社会形态等多项指标的监控来实现目标。英国著名的清洁用品公司美体小铺（Body Shop），正是准确地体悟到人们对自然型清洁用品的不断增长的偏爱，大胆地采用世界各地民间的天然的清洁用品配方，附以现代的营销方式，在强手如林的清洁品行业中后来居上，取得成功。

当然单纯的预测未来并不能直接形成竞争优势，企业必须能灵活地应用自己的资源和能力去适应各种形式的变化。这里的灵活性一方面指与工厂、设备有关的技术能力，另一方面同样涉及企业组织整体的灵活性，包括组织结构、决策系统、工作设计以及员工态度等。所以，快速反应的源泉来自于组织本身的柔性程度。

事实上许多成功的企业绝不消极地等待事物的变化，或仅依靠预测来进行反应；它们更侧重于自我创新，努力创造新事物来影响外部环境，为自身的发展提供良好的机遇。例如，索尼公司坚定不移地追求“高、精、尖”的经营理念，不断地向市场推出如Walk-man、Diskman、Watchman等耳目一新的产品，打破市场的原有格局和态势，为自身的发展拓展新的空间。

随着竞争程度的不断提高，竞争对手的实力也变得异常强劲。人们会注意到利用外界环境变化形成竞争优势的关键是反应速度，即在大家都预感某种变化将要发生的时候，最后的赢家往往是反应速度最快的企业。所以对企业资源和能力的快速重新组合并有效地执行新的战略计划成为竞争中制胜的法宝。

4.3.2　内部系统的创新形成的竞争优势

外部环境的变化给具有敏锐触角及有企业家精神的人提供了形成竞争优势的良机。同时，企业内部系统的创新，包括对内部资源的重新组合也是形成企业优势的重要途径。

谈到企业内部系统的创新，人们马上会联想到技术创新，利用新技术开发新一代的产品，例如，英特尔不懈地对芯片开发技术进行创新，以保持其领先地位。但同时我们应该注意到，这里所说的内部系统的创新同样意味着企业经营管理思想和方法的创新，特别是战略竞争方法的创新。例如，来自瑞典的世界著名家具零售商IKEA，并没有像其他同行那样只是侧重于如何改善零售服务质量、家具款式等问题，而是在世界各地建立长期的供应商关系，设计顾客可以自己组装的实用家具，大规模地开展连锁经营，并保持自己企业的

鲜明个性，从而给家具零售业带来了新鲜的空气。

事实上，企业内部系统的创新要求人们有充分的想象力、创造力，甚至还需要人们的直觉。这里最重要的是能否创新出新的市场“游戏规则”。通常情况下这种新的“游戏规则”意味着创造该行业各项活动的新的结构，或者改变该行业活动的价值链。例如，过去的计算机市场为主要的几家计算机制造商所控制，如IBM、康柏等，但英特尔公司通过行业价值链的分析强烈地意识到CPU是计算机的心脏，因而成功地提高作为计算机零部件厂的知名度，提高CPU技术的领先地位，并进而向前延伸到主板的生产，从而彻底改变了其在行业中的地位，成为计算机行业的主宰力量。同样，微软公司也是深深地意识到软件在未来计算机行业中的核心地位，全力投入并成为另一个巨人。这些企业的成功创新说明，要达到改变行业“游戏规则”的目的，以下三方面的工作至关重要：集中投资，建立自己的特殊能力；尽量避免竞争对手的注意；设立进入障碍，保护自己的优势。

当然所有以上工作的基础依然是正确地鉴别自己的资源和能力，特别是那些可以导致竞争优势的能力，并把那些资源和能力发扬光大。正是企业不断的创新能力迅速地改变着各行各业的发展变化，也导致整个世界范围内的战略模式的变化。

4.4 竞争优势的保持

人们会发现，他们花了巨大的努力建立起来的竞争优势，往往在激烈的市场竞争中慢慢丧失了，从而与企业战略者们原来期望相背离。如何保持竞争优势实质上是保持企业长期生命力的关键。保持竞争优势的方法首先在于找到竞争优势丧失的原因，深入分析这些原因。一般而言，企业竞争优势的丧失可分为三类：由于时间的推移，企业原有的竞争优势被对手模仿；行业环境的动态变化导致原有优势不复存在；企业成长之后引起的大企业病，使得企业失去企业家精神。

因此，我们必须对症下药才能找到保持竞争优势的正确道路。

4.4.1 防止他人模仿

要成功模仿他人，必须满足以下四个前提：

能准确地识别他人具有的优势；通过这种模仿，可以达到更高的利润回报，从而构成模仿的动机；能准确地判断出构成那些竞争优势的基本组成因素；可以进行有效的资源重组，形成优势。

为了保持竞争优势，防止他人模仿始终是企业的战略核心内容之一。企业防止他人模仿的四个方法如下：

（1）适当地隐蔽由于竞争优势所带来的超凡表现，从而避免让人过早地注意或过快地跟踪。例如，即使有新的产品创新，市场需求旺盛时也不急于抬高价格，以避免对手较快地发现短期利润而加以追逐；或者即使有丰厚的利润也不暂时公开，导致有些公司不愿意很快走上市的道路。

（2）降低对手的模仿动力。要使得试图模仿者感到要形成竞争优势，赢取超额利润是一件异常困难的工作。这可以通过包括设置进入障碍或预设警告来提高对手模仿的难度。例如领先者可以通过其原有经济规模效益和市场控制力，一旦发现有人模仿就大幅度地降低市场价格，使对手看不见预见的利益从而放弃计划。这需要企业有充分的能力和实力，再加上胆识，因为这涉及的成本及风险也是巨大的。

另一种降低对手模仿动力的方法是快速抢占市场。通过扩大产品线，制造差异化的产品，迅速提高生产能力，快速铺满市场渠道，以及各项专有知识、专利的迅速繁殖等手段，使拥有优势的企业能占领现有的和潜在的各细分市场，从而使试图模仿者的市场空间大大减小，丧失投资信心。

（3）使形成竞争优势的原因模糊化。模仿者要实施模仿计划，必须分析优势的成因。竞争者之间表面上的差异是较易发现的，如一家超级市场的管理者可以自由地进出其竞争对手的商店，找到定价、货物陈列、商品结构、促销活动等方面的差别。但他并不容易搞清楚这些表象背后，诸如采购系统、信息系统、人力资源以及那家超级市场的企业文化等影响因素。因此，如能将形成竞争优势更多地基于组织能力，基于企业各项资源和能力相互作用的结果之上，那么这就将竞争优势形成的原因模糊化了，也使模仿者的模仿行为面对更多的不确定性，风险也就随着大大提高。

（4）提高模仿者的资源重组的难度。企业要想得到新的资源有两种途径：第一是买，第二是制造。因此，拥有优势的企业应考虑如何使形成竞争优势的资源的流动性减小，或者是使对手得到这些资源要付出的成本巨大。有些资源的地理位置决定了其不可流动。例如，美国施乐公司曾经拥有2 000项有关复印机的专利，它们把专利的价格定得很高或根本不卖，使想模仿者觉得成本太高，难于逾越。当然有些模仿者可以自己制造，但是基于整体组织资源而综合形成的特殊资源，模仿者必须花很长的时间才能达到。

4.4.2 保持企业家精神

面对动态的竞争环境和行业技术的日新月异，保持竞争优势的关键在于是否能有敏锐的眼光不断地关注企业内外部环境的变化，以及始终保持企业家精神。

企业战略的制定和执行要求战略制定者善于捕捉那些关键性的市场机会，并能将已有的企业核心能力及优势在新的形势下或面对新的市场机会不断地加以充实和提高。优势永远是暂时的，优势的保持从某种角度来讲是需要打破原有优势才能建立新的优势。所以，优势拥有者要有勇气自己打破优势，才能不断保持领先。

在此过程中企业家精神能否长期保持是至关重要的。只有保持企业家精神，企业才能有不懈的追求，有新的目标。这其中企业领导扮演着重要的角色，他们的眼光、胆识、经验和勇气对企业总体而讲无疑会产生巨大的影响，企业全体人员只有在富有理想的企业领导的带领下才能为共同的新目标而努力。光有理想显然是不够的，面对动态变化的竞争环境，企业必须有严格的制度和灵活的机制来执行各项工作，从而最终取得胜利。

4.4.3 追求超级竞争

持续竞争优势是企业得以长期生存并发展的保障，但是必须意识到，随着产业环境的日益动态化、技术创新的加快、竞争的国际化和顾客需求的多样化，更多时候企业取得竞争优势的关键在于能否快速地从一种优势转到另一种优势，能否紧跟技术与经济的发展，向更高阶梯进军，取得一种相对持续的竞争优势，这也是超级竞争的核心思想。

个案研究

iPhone激发手机市场“超级竞争”

乔布斯在首次展示iPhone手机时说，“我们今天将创造历史，1984年Macintosh改变了计算机，2001年iPod改变音乐产业，2007年iPhone要改变通信产业。”

当前全球手机市场最炙手可热的产品当然是iPhone，全球IT行业最受追捧的公司中当然有Apple的名字。自2008年7月11日iPhone 3G版在全球21个国家同步推出之时，前三天即售出100万部，苹果店还收到1 000万份的订购申请。

由于iPhone、Blackberry以及未来的Gphone等产品的出现，全球手机产业的竞争已经达到了前所未有的激烈程度，普通意义上的竞争策略已经难以满足需求，Nokia、Motorola、Samsung、LG、Sony-Ericsson等传统手机巨头必须加快升级“超级竞争”的步伐，而iPhone等新兴手机厂商（虽然Apple并不将iPhone简单地定位为手机）也必须不断通过超级竞争策略，超越自我，否则，还会有新的理念和产品将其替代。

在市场环境日益复杂，变化日益加速的情况下，手机市场逐渐进入加速了的超级竞争的时代，任何一家企业都很难利用一款或者几款产品赢得整个市场，必须通过自己不断的创新能力的发挥，不断在竞争对手推出新的手机型号与款式之前推出新一代的产品。

正如超级竞争的观点阐述的那样，今天的企业处在超强竞争的环境下，这是一种优势迅速崛起并迅速消失的环境，不是一家企业或公司就可以建立起永恒的竞争优势（因为每次的企业互动都会改变竞争的本质），而是必须通过一连串短暂的行动来建立一系列暂时的竞争优势，而每一项行动又必须通过一连串短暂的行动来建立一系列暂时的竞争优势，而每一个行动又必须结合竞争对手的特点来策划和评判。

超级竞争的含义不仅仅是产品和技术的创新，正如苹果在iPhone上商务模式的不断创新正在变得日益重要。2G版iPhone的销售采取与独家运营商合作，收入分成的模式，但由于黑客对iPhone的破解使得其同样可以在非指定运营商的网络中运行。在iPhone 3G版的销售中，Apple回归传统模式，即采取运营商为iPhone补贴，但用户需与运营商签订一定时长的使用服务协议。在此种模式下，Apple将获得iPhone的所有销售收入，而用户的服务费则完全归运营商。

资料来源：iPhone们迫使传统手机制造商加快升级“超级竞争”。http://www.market.c114.net/602/a335441.html.

超级竞争是一种动态竞争，这种竞争以高强度和高速度的竞争为特点，其中的每一个竞争对手都不断地努力建立竞争优势和削弱对手的竞争优势，任何企业一个超级优势都是相对暂时的，都有可能被竞争对手的反击行动所击败。因此竞争战略的有效性不仅取决于时间在先，更主要的是预测竞争对手反应和改变需求或者竞争规则的能力。这种竞争战略充分体现了以顾客为本的战略思想，是一种由外而内的战略思维方向，考虑的是顾客需求是什么，企业应该如何满足顾客的需求，把维系顾客或比竞争对手更好地满足顾客作为企业发展的基础，并由此来对企业进行变革，以满足这种要求。因此，在超级竞争状态下，企业以顾客价值作为战略的取向，以价值创新为己任，以价值来维系顾客和满足顾客需求。

这对整个行业而言是一种非零和的战略，而对企业而言，这种竞争状态要求企业能快速理解和把握顾客的需求及需求变化，有足够的柔性来调整自身各种资源的组合，并以顾客能接受的成本向顾客提供产品和服务，从而追求超级竞争，建立时间上的优势。

4.5 企业竞争的博弈分析

在《竞争战略》一书中，迈克尔·波特提出了著名的"产业结构分析模型"。波特认为，一个产业的竞争激烈程度及产业中的潜在盈利能力的大小，取决于产业结构中的五种竞争力量的大小（潜在的参加竞争者、行业内现有企业间的竞争、替代者、购买者和供应商）。一个产业中的从业者与这五种竞争力量之间的关系是一种个体对抗关系，也正是这种个体对抗关系影响着一个产业的竞争激烈程度以及产业中的潜在盈利能力的大小。实际上，波特模型所揭示的是一种基于"零和"思维模式下的企业（个体）间的对抗性竞争关系。例如一个产业中的从业者与同行业中的其他竞争者相争是为了在一定的市场中为本企业产品和服务谋取更多的市场份额。这种企业间的对抗性竞争关系是自20世纪70年代末以来世界上许多企业制定竞争战略的基础。20世纪90年代中期以后，经济全球化改变了企业竞争的环境与方式，出现了主张竞争中合作的企业战略思想。由于全球经济的迅速发展，不可避免地出现了经济中相互依存、相互渗透、你中有我、我中有你的局面。在此经济格局下，企业竞争上升到了新的层次。同时任何企业从事经营活动时，必须面对世界的挑战，知识型经济的发展使得企业战略发展方向面临重大调整，企业间不再是单纯的竞争关系。在竞争中寻求合作成为企业竞争战略的新追求，全球化的思维将以往企业间单纯竞争的关系改变为竞争与合作相结合的关系。下面将运用博弈论的分析框架对企业竞争与合作的战略选择进行分析。

4.5.1 博弈基本原理简介

4.5.1.1 博弈的要素和纳什均衡

博弈论，又名对策论，它是一门研究博弈中各个博弈方所选策略的科学，或者说，它是决策者在某种竞争下，"当成果无法由个体完全掌握，而结局必须视群体共同决策而定时，个人为了取胜，应该采取何种策略"的数学理论和方法。博弈论发展了原则上应用于所有互斗情形的一套方法，并进而探讨这些方法在每一具体应用中所导致的结果。

一般而言，一个博弈包括以下五个要素：

（1）博弈的参加者，即在所定义的博弈中究竟有哪几个独立决策、独立承担结果的个人或组织。只要在一个博弈中统一决策、统一行动、统一承担结果的，都可以作为博弈中的一个参加方。并且，在博弈的规则确定之后，各参加方都是平等的，大家都必须严格按照规则办事。

（2）各博弈方各自可选择的全部策略或行为的集合，即规定每个博弈方在进行决策时可以选择的方法、做法或经济活动的水平、量值等。不同博弈可供博弈方选择的策略或行为的数量很不相同，在同一个博弈中，不同博弈方的可选策略或行为的内容和数量也常不同，有时只有有限的几种，甚至只有一种，而有时又可能有许多种，甚至无限多种可选策略或行为。

（3）进行博弈的次序。在现实的各种决策活动中，当存在多个独立决策方进行决策时，就会有一个次序问题。因此一个博弈必须规定其中的次序，次序不同一般就是不同的博弈，即使博弈的其他方面都相同。

（4）博弈信息，即能够影响最后博弈结局的所有参加者的情报。信息在博弈中占重要的地位，博弈的输赢很大程度上依赖于信息的准确度与多寡。得益信息是博弈中的重要信息，如果博弈各方对各种局势下所有局中人的得益状况完全清楚，称之为完全信息博弈，反之为不完全信息博弈。在动态博弈中还有一类信息：轮到行动的博弈方是否完全了解此前对方的行动。如果完全了解则称之为“具有完美信息”的博弈，反之称为“不完美信息的动态博弈”。由于信息不完美，博弈的结果只能是概率期望，而不能像完美信息博弈那样有确定的结果。

（5）博弈方的得益。对应于各博弈方的每一组可能的决策选择，都应有一个结果表示该策略组合下各博弈方的所得或所失。绝大多数博弈本身都有数量的结果或可以量化为数量的结果，例如收入、利润、损失、个人效用和社会效用、经济福利等：博弈中的这些可能结果的量化数值称为各博弈方在相应情况下的“得益”。一个博弈必须对得益做出规定，得益可以是正值，也可以是负值。

博弈论中常常用到的一个概念就是纳什均衡。考虑一个博弈，如果由各个博弈方的某一个策略所组成的某个策略组合中，任一博弈方的那个策略都是其余博弈方策略组合的最佳对策，那么这个策略组合就是一个纳什均衡。简而言之，就是给定其他人的策略选择，自己的那个策略是最佳的（如产量最大、利润最大等），那么这种策略组合就是一个纳什均衡。

4.5.1.2 博弈的分类

博弈模型有很多分类方法，各种分类相互之间都是交叉的，并不存在严格的层次关系。根据各种分类对博弈分析方法影响程度的大小，可对博弈进行如下分类：

首先分为非合作博弈和合作博弈两大类，它主要是根据博弈方是否合作来划分。比如，两个寡头企业之间达成一个具有约束力的协议，联合以实现最大化垄断利润，并且各自按这个协议生产，这就是合作博弈。它们面临的问题就是如何分享合作带来的合作剩余（即合作所得利润与不合作所得利润之差）。合作博弈强调的是团体理性，强调的是效率、公正、平等。非合作博弈强调的是个人理性，个人最优决策，其结果可能是有效率的，也可能是无效率的。“合作博弈”的理论给企业经营者以重大的启示，竞争是市场经济的不变规律，然而竞争的战略和手段是多样的。在日趋激烈的市场竞争中，大型企业公司在各行业的竞争互相交织，双方有可能形成同盟或伙伴关系，共同提高彼此的竞争力或市场份额。

其次在非合作博弈的范围内，可分为完全理性博弈和有限理性博弈两大类。大多数基本博弈概念、原理和分析方法都以完全理性假设为基础，因为这样可以使分析比较简单。

第三个层次分为静态博弈和动态博弈，外加重复博弈这种特殊的动态博弈，其依据是各博弈方进行博弈次序的不同以及是否了解其他博弈方的策略。

第四个层次是根据信息是否完全和完美分类，可分为完全信息静态博弈和不完全信息静态博弈、完全且完美信息动态博弈、完全但不完美信息动态博弈、不完全信息动态博弈。

最后根据各博弈方的总得益是否为零，还可分为零和博弈和非零和博弈。

博弈论作为一种研究主体行为的相互作用及均衡状态的方法，可以帮助企业在极具风险的开放竞争环境下，更透彻地分析竞争者、顾客、供应商的决策行为，以指导企业的决策。布兰登勃格（Adam M.Brandenburger）和内勒巴夫（Barry J. Nalebuff）将博弈论引入战略管理领域后提出的“竞合”学说，强调游戏规则的可变性以及竞争与合作在企业战略中占有同等重要的地位，引起了很大的反响。

4.5.2　从对抗性竞争走向合作竞争

众所周知，由亚当·斯密所创建的古典的完全竞争理论描述的仅仅是竞争的结果，而并非竞争行为。更多有趣而又重要的竞争行为被形容为“无形的手”，总结在一个参数——价格里。牛津字典上定义的竞争是指“拥有同样的商品的厂商之间为争夺顾客而进行的斗争”。“顾客的争夺”是一个动态过程，这个过程就是竞争。一个完全竞争状态下的厂商根本不必在意同行业其他厂商的活动，而只是市场价格的被动接受者，没有任何“斗争”存在。而博弈理论认为竞争是在不确定条件下的一系列战略决策，强调社会经济活动中的人的主观能动性，完全克服了古典经济理论回避竞争实质的根本缺陷，通过在传统经济学中加入微观主体的行为细节，来表示价格是如何通过竞争形成的。

4.5.2.1　非合作博弈下的策略选择

1. 单次博弈的情形

首先来研究单次博弈的策略选择。假定博弈只进行一次，参与博弈的企业有两家：A和B，且具有某方面的互补性。A和B生产相同的产品，在相同的市场上销售。假设它们以价格来进行竞争（这是一种最普遍的竞争方式）。如果B不降价，那么A降价显然有利可图；而如果B降价，则A也得降价，否则它将失去市场份额，损失很大。这是一个典型的“囚徒困境”。其博弈过程中的利润矩阵如图4-1所示。

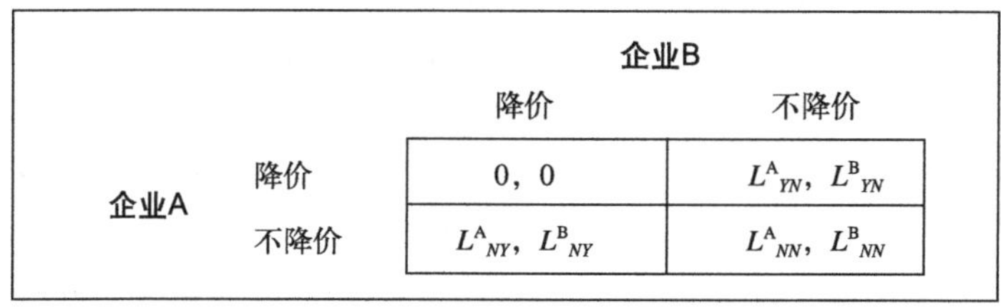

		企业B	
		降价	不降价
企业A	降价	0，0	L^{A}_{YN}，L^{B}_{YN}
	不降价	L^{A}_{NY}，L^{B}_{NY}	L^{A}_{NN}，L^{B}_{NN}

图4-1　对抗性竞争——单次博弈

图4-1中，L代表利润，Y和N代表降价和不降价，利润矩阵中的值满足如下关系：

$$L^{A}_{YN} > L^{A}_{NN} > 0 > L^{A}_{NY}$$
$$L^{B}_{NY} > L^{B}_{NN} > 0 > L^{B}_{YN}$$

对该博弈中的两个博弈方企业A和企业B来讲，各自都有两种可选择的策略：降价和不降价，因此该博弈共有四种可能的结果，即（降价，降价）、（降价，不降价）、（不降价，降价）和（不降价，不降价）。在这些结果中，每个博弈方可能取得的最大利润是L^{A}_{YN}或L^{B}_{YN}，最小利润是L^{A}_{NY}或L^{B}_{NY}。假设两家企业都追求利润最大化，那么它们会选择这四种策略中的哪一种？博弈的结果是什么呢？

首先可以肯定的是，在这个博弈中，两博弈方各自的利益不仅取决于它们自己的策略选择，而且也取决于对方的策略选择，因此每个博弈方选择自己的策略时，即使无法知道另一方的实际选择，也不能忽视另一方的选择对其自己利润的影响。它必须在考虑到另一方有两种可能的选择，而且在不同的选择对自己的利益影响不同的情况下，做出自己的最佳策略选择。

对企业A来说，企业B有“降价”和“不降价”两种可能的选择。假设企业B选择的是“不降价”，则对企业A来说，“不降价”利润为L^{A}_{NN}，“降价”利润为L^{A}_{YN}，那么它应该选择

“降价”(注意根据个体理性的原则，企业A只是根据自身利润最大化的原则行事，不会关心此时企业B的收益为负，即L^{B}_{YN})；假设企业B选择的是“降价”，则企业A“不降价”利润为L^{A}_{NY}，“降价”利润为0，那么它还是应该选择“降价”。因此在本博弈中，无论企业B采用何种策略，只考虑自身利益的企业A的选择是唯一的，那就是“降价”。因为在另一方的两种可能选择的情况下，“降价”给它自己带来的利润都是最大的。我们可以说“降价”是企业A的一个“占优策略”。

同理，因为企业B与企业A的情况完全相同，因此企业B的决策思路和选择也与企业A完全相同，企业B在这个博弈中唯一合理的选择也是“降价”，或者说“降价”也是企业B的“占优策略”。所以该博弈的纳什均衡必然是两博弈方都选择“降价”策略（降价，降价），获得的利润都是0。

显然，在这个博弈中，无论是对这两个企业的总体来讲，还是对它们各自来讲，最佳的结果（不降价，不降价）及利润（L^{A}_{NN}，L^{B}_{NN}）都要比（降价，降价）及利润（0，0）好得多。但是，由于这两家企业之间不能串通，并且每家企业都只顾追求自己的最大利润而不会顾及另一方的利益，双方又都不敢相信或者说指望对方有合作精神，因此只能实现对它们都不理想的结果。

2. 多次重复博弈的情形

以上探讨的是企业之间短期、一次性的合作或竞争关系，但在现实经济活动中，除此之外还存在许多长期、反复的合作和竞争关系，比如两家企业在一个市场上的长期竞争。下面考察重复博弈的策略选择问题。假定刚才的博弈再进行一次。两家企业的最终利润是两个阶段博弈中各自所得利润之和。在这个博弈构成的两次重复博弈中，两博弈方先进行第一次博弈，双方看到第一次博弈的结果以后再进行第二次博弈。

一般常用逆推归纳法来分析重复博弈这类属于动态博弈的问题。先分析第二阶段，也就是第二次重复时两博弈方的选择。很明显，第二阶段仍然是和上面相同的博弈问题，即两企业之间一个“囚徒困境”式的博弈，此时前一阶段的结果已成为既成事实，此后又不再有任何的后续阶段，因此实现自身当前的最大利润是两博弈方在该阶段决策的唯一原则。因此不难得出结论，不管前一次博弈的结果如何，第二阶段的唯一结果就是原博弈唯一的纳什均衡（降价，降价），双方利润为(0，0)。

现在再回到第一阶段，即第一次博弈。理性的博弈方在第一阶段就对后一阶段的结局非常清楚，知道第二个阶段的结果必然是（降价，降价），双方利润为(0，0)。因此不管第一阶段的博弈结果是什么，双方在整个重复博弈中的最终得益都将是第一阶段得益的基础上各加0。因此从第一阶段的选择来看，这个重复博弈的利润矩阵实际上就是图4-2（严格地讲应该是完全等价）。

		企业B	
		降价	不降价
企业A	降价	0，0	L^{A}_{YN}，L^{B}_{YN}
	不降价	L^{A}_{NY}，L^{B}_{NY}	L^{A}_{NN}，L^{B}_{NN}

图4-2 对抗性竞争——重复博弈

由于图4-2利润矩阵中的利润是图4-1原博弈利润矩阵的所有得益上普遍加0得到的，不可能改变博弈的均衡，因此该等价博弈仍然有唯一的纳什均衡（降价，降价），双方的利润依然为(0，0)。这意味着重复博弈的第一阶段结果与单次博弈也一样。于是两次重复博弈就相当于单次博弈的简单重复。事实上，经过严格证明可以得出3次，4次以至*n*次重复博弈的结果都是一样的，即都是单次博弈的那个纳什均衡。

在市场竞争条件下，这样的价格不断下降是无法避免的，降价成了不断重复的过程。在还没有下降到边际成本以前，企业A和B的互相降价行为是市场规律作用以及为了自身利益最大化的必然行为。这样，企业A和B的降价行为就重复进行下去，直到无法再降时，即当价格等于边际成本时。虽然企业A和B的出发点都是利润最大化，但在这样的纳什均衡中，整体利益不断下降。

在我国电信业的现实中，各电信企业彼此提供的业务相近或替代，利益相互冲突，企业竞争策略也影响着竞争对手的策略的制定和发挥，这些特点反映出我国电信市场处于多寡头市场。根据纳什均衡的思想，可以设想存在这样一种状态，参与市场竞争的各电信企业不愿意单独改变已有的竞争策略，因为单独改变其原有的竞争策略，不会给本公司带来更大的收益。而原有的策略就是“降价”，这样价格战就打响了。价格战的结果造成了目前电信业ARPU值（平均每月每户收益）和MOU值（每户每月通话时间）明显下降，直接影响了电信行业的长远利益和持续发展。

4.5.2.2 合作博弈下的策略选择

现在，由于技术的飞速发展，A和B两企业的技术开始具有互补性，如果双方合作开发技术，就可以开发出所需要的技术，各自的利润都很大。图4-3中，W代表利润，Y和N代表合作和不合作，如果双方不合作，双方都没有利润；如果企业A选择参与合作，而B不参与，那么企业B既然不投资，当然也就没有利润，其利润仍为0，而企业A由于缺乏合作支持，其先期投入损失，所以利润小于零，因此，其利润矩阵的值满足如下关系：

$$W^{A}{}_{YY} > 0 > W^{A}{}_{YN}$$
$$W^{B}{}_{YY} > 0 > W^{B}{}_{NY}$$

假设企业B选择的是“不合作”，则对企业A来说，“不合作”利润为0，“合作”利润为$W^{A}{}_{YY}$，那么它应该选择“合作”；假设企业B选择的是“不合作”，则企业A“不合作”利润为0，“合作”利润为$W^{A}{}_{YN}$，那么它应该选择“不合作”。在本博弈中，无论企业B采用何种策略，企业A的选择都是与企业B一致的。同理，因为企业B与企业A的情况完全相同，因此企业B的决策思路和选择也与企业A完全相同，企业B在这个博弈中的策略选择是与企业A一致的。

		企业B	
		合作	不合作
企业A	合作	$W^{A}{}_{YY}$，$W^{B}{}_{YY}$	$W^{A}{}_{YN}$，0
	不合作	0，$W^{B}{}_{NY}$	0，0

图4-3 合作竞争博弈

因此，这个博弈就有两个纳什均衡存在，即（合作，合作）从而利润为（$W^{A}{}_{YY}$，$W^{B}{}_{YY}$）

和（不合作，不合作）从而利润为（0，0）。显然，（合作，合作）这个纳什均衡明显优于（不合作，不合作）的纳什均衡。

可见，合作对双方是有利的，但风险在于：如果对方不合作，将导致前期投资损失，那么，只要博弈一方能够确信对方存在较强的合作意愿，（合作，合作）这个纳什均衡就是可以实现的。如果双方合作开发技术的利润越大，现实中在高利润领域的合作的可能性越大。$W^B{}_{NY}$或$W^A{}_{YN}$越大，也就是当一方合作而缺乏另一方的合作时造成的损失越大，在现实中就是项目的研究开发费用和独自开发失败的风险很大时，双方合作的可能性越大。

现在再去考察对抗性竞争中的价格博弈过程。企业A和B在技术上合作，说明它们具有很强烈的合作意愿，在这个基础上，企业A和B是很容易达成不降价合作协议的，这可以在很大程度上避免双方陷入恶性价格竞争，从而也就产生了“合作剩余”。企业从合作中得到的合作利润越大，不合作所造成的损失越大时，企业越容易认识到在当前的对抗性竞争环境下，无法获取最大的潜在利润。当前企业之间由对抗性竞争到合作竞争，才能增加“合作剩余”，实现利润最大化。

上述分析表明，对抗性竞争作为一种竞争规则，因其自身的不足和缺陷将越来越失宠于现代产业中的从业者。以紧密合作代替强个体对抗将是时代发展的主流趋势。因为随着世界经济一体化的发展和全球竞争的加剧，一个产业中的从业者将很难依靠个体力量来抗击来自全球范围内规模、实力不等的竞争者。此外，现代社会科技飞速发展，信息传播加快，产品的寿命周期不断缩短，顾客的需求日趋个性化、多样化，从业者也将很难仅依靠自身的力量生产经营越来越复杂的产品及服务来满足市场的需要。因而必须与其他企业紧密合作，使不同企业间的资本、人才、技术以及信息资源得以有效灵活地组合，以充分利用市场机会。双赢策略可在合作竞争中为合作创造更大的利润空间，营造更持久有力的竞争优势。这就要求现代产业中的从业者必须更新观念(抛弃旧有的“零和”个体对抗竞争思维模式并接受双赢合作竞争思维模式)，扩大自己的竞争视野，辩证地处理竞争与合作的关系：在竞争中有合作，合作的目的则是为了竞争，合作是竞争的主要方式。

4.5.3 竞争战略的博弈分析

我们已经研究了企业的对抗性竞争和合作竞争的情形，现在将运用已讲过的博弈模型结合我国电信企业的情况分析企业竞争战略的选择问题。从1994年成立联通公司打破中国电信独家垄断，在电信市场上扶植出双寡头竞争，到2002年设立铁通，从中国电信分拆出网通和新电信，中国电信市场上形成了数家电信运营商寡头竞争的局面。伴随我国电信市场分层竞争格局的初步形成，电信业的竞争也将越来越激烈。

我们假定市场上两个电信运营商A与B在某一领域展开竞争。A是市场原有企业，实力雄厚，占据绝大多数的市场份额；B则刚成立不久，实力相对较弱小。

4.5.3.1 市场导入期价格竞争策略

A与B的价格竞争是一个动态博弈的过程。在这个过程中，企业不断达到纳什均衡，又不断打破这一均衡，在均衡反复打破的过程中，价格不断下降直至接近边际成本。B作为新电信运营商在迈入市场的起步阶段，为了自身的发展往往采用价格策略来争夺市场份额，挑战A市场领导者的地位。

第一轮价格博弈　A出价为P_0，由于B在政府扶植下享有一定价格优惠政策，B的价格可比P_0低10%。而A凭借自己在市场上的支配地位，暂时接受B的价格差异。在这样的市场分配下，A和B可达到平衡，但由于B在价格方面的优势，市场份额逐步扩大。

假设双方形成以下利润矩阵（见图4-4）。

		企业B	
		降价	不降价
企业A	降价	−5，−5	15，−5
	不降价	−10，15	5，10

图4-4　市场导入期的价格竞争

在B选择不降价和降价的概率相等的情况下，A降价的收益为$15\times 50\%-5\times 50\% = 2.5$，不降价的收益为$5\times 50\%-10\times 50\%=-2.5$。对于A而言，显然降价比不降价要好，降价至少可保证比B好。为了自身利益最大化，A不可避免地选择了降价。从B角度看，效果也一样，降价同样比不降价好，其降价收益为5，不降价收益为2.5，B也会选择降价。在这轮博弈中，A和B都将降价作为策略，因此各损失5，整体损失10，整体收益最差，陷入了“囚徒困境”。

第二轮价格博弈　双方都降价后，A价格为P_1，B仍比P_1低10%（为简化模型，假定双方降价幅度相等）。第一轮博弈的结果是，双方分别为自身利益最大化而降价，结果是包括行业的整体利益都受损。这时行业主管部门就会出面约束双方的降价行为，制定行业基本资费标准，从而使A和B的降价行为暂时终止。A和B暂时保证都不降价，但这样的约定在市场竞争下无法长存。因为双方都发现，如果对方遵守资费标准而自己降价，则自己将获得更多的客户。因此它们会采用打折、优惠、套餐等变相手段降价。这些手段为的是使降价行为的隐蔽性更好，让竞争对手维持原价，而自己获得最大利润。但A和B都存在这样的动机：通过变相降价以图获取最大利益。于是降价又打破了刚建立的平衡，双方都受损。

多轮重复博弈　纳什均衡描述了一个均衡状态：在已知博弈对方策略的情况下，没有任何单个参与者有积极性选择其他策略去打破这种由各自最优策略组成的均衡，即双方都采取了各自的占优策略——降价。在陷入纳什均衡的怪圈后，企业的降价行为就无法自拔，降价成了不断重复的过程。纳什均衡指出，仅当价格降到边际成本时，才能达到稳定的平衡状态。在这之前，A和B的降价行为是市场规律作用下最大化自身利益的必然行为。这样，A和B的降价行为就重复进行下去，直到价格等于边际成本时，博弈停止。在重复博弈中，A和B的出发点都是利益最大化，但在这样的纳什均衡中，整体利益却不断下降。

在现实中，理论上的产量博弈和价格博弈转化为电信业务资费博弈。联通公司作为打破垄断的公司，享受着国家允许的10%～20%的价格优惠，但这一价差在短期内并不足以弥补其竞争对手中国移动在GSM网络覆盖、业务种类等方面的差异。也正因这一点，竞争对手中国移动占领了大部分市场，特别是消费能力较强的高端市场——用户市场。而联通只能通过价格优势去争夺中低端市场。为在短期内争取到更多用户，联通的许多分公司纷纷突破这一政策限制，大幅降价，从而触发了价格战。而一旦价格战打响，正如模型中所描述的，参与市场竞争的两电信企业都不愿单独改变原有的降价策略。因为如果那样做，不会给本公司带来更大的收益。但若掌握不好的话，双方就可能陷入恶性价格竞争的误区。

4.5.3.2 营销策略组合异质化竞争战略

由第4.5.2节可知，企业B初始降价是以个体理性为出发点，初衷是获得一定的独占优势，抢占先机以快速争夺和扩大市场份额。但在市场竞争过程中事与愿违，竞争双方明显陷入了不得利反而受损的困境，即导致了“双输”的结局。无论模型还是实践都说明，单纯的价格竞争对电信企业、整个行业、消费者都不是一种好结果，无法实现整体福利水平最大化。那么竞争双方该采用何种方式来改变这种不利局面呢?

沿用上面的假定来分析下面情况：既然双方降价对谁都不利，那么当一方降价，对方不降价而采用营销组合策略（如开发新资费策略，提供更多增值服务，市场渠道策略，广告策略等）时会出现何种情况呢？由于采用这种策略适应了社会需求，吸收了大量顾客，从而产生了新的收益分配格局，如图4-5所示。

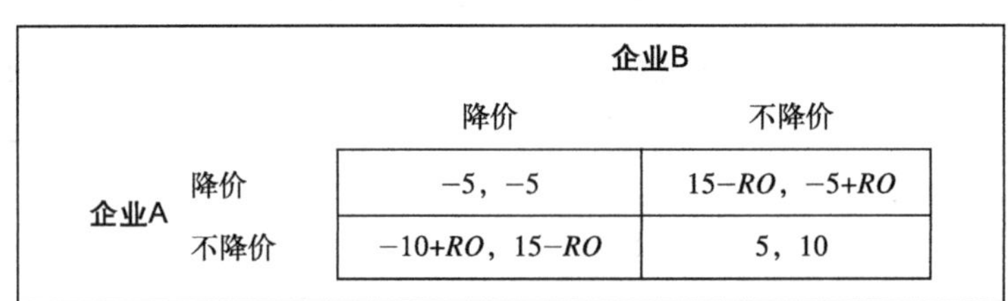

		企业B	
		降价	不降价
企业A	降价	−5，−5	15−*RO*，−5+*RO*
	不降价	−10+*RO*，15−*RO*	5，10

图4-5 营销异质化的竞争

从图4-5可以看出，不论企业B是否采取降价策略，若企业A都不降价而采取创新性市场营销策略，企业A反而能赢得更多的消费者，增加了利得*RO*，而企业B由于降价减少了*RO*，变为15−*RO*。因此，企业A通过创新的营销策略赢得了市场，同时也向企业B发出了不降价也能多盈利的信号。但我们知道在市场竞争的情况下，企业A的策略很容易被竞争对手学习和仿效。企业B观察到企业A的策略并仿效竞争对手的行为，停止了价格战。因此（不降价，不降价）成为新的纳什均衡，双方的得益恢复到了不降价前的水平(5，10)，从而达成了一种默契和共识——合作，在原有市场份额的基础上实现了双赢。

4.5.3.3 以技术提升网络质量的创新性竞争策略

由以上分析可知，竞争对手不采用降价而采用非价格竞争策略，整体收益会为15。但就整个行业来说，这仅是维持了现有的收益水平。长此以往，整个行业将停滞不前，并且双方都采用相同的营销策略对彼此不利，因为双方依然处于正面冲突的竞争态势中。因此，从长期看来，选择其他非价格策略（否则只能最终走价格大战的老路）势在必行。

众所周知，电信业是个技术迅猛发展的行业，技术进步日新月异。采用先进技术提升网络质量，提供更新更优的服务以适应移动通信市场差异化、多层次的需要，培养企业的核心竞争力，形成不易被对手效仿的更加持久的竞争优势。同时，新技术的使用和新业务的投放不仅是原有市场份额的简单分配，而且能够创造出新的市场需求。此外若它能满足消费者需求的日益多样化，则等量消费者愿支付更多的货币，其得益矩阵如图4-6所示。

双方均衡策略依然是(不降价，不降价)，但双方的收益都增加了*RO*，整个行业的收益变为15+*RO*，整个市场的蛋糕被共同做大了。

实践中，中国移动和联通都是朝这个方向努力的。联通为避免与中国移动在GSM网上同质的竞争，推出全新的“新时空”CDMA，欲凭借其通话质量好，在上网、传输数据等方面较GSM网的明显优势而胜出。中国移动不甘落后，也积极地打造介于第二代GSM和第三代WCDMA的2.5G的GPRS，这两个网络都在2003年形成了一定的用户规模，建立在不同技术优势上的用户争夺战也在2003年进入了白热化。这说明两方都意识到若要在将来的竞争中立于不败之地，单一的价格战以及在原有业务和技术水平上营销策略的创新是不够的。关键要紧跟技术进步，不断推陈出新，通过服务和产品的升级换代来满足消费者的新需要。这是从长期动态发展的角度寻找各自不同竞争优势的竞争战略。它既能促进整个电信产业有效竞争的形成和整个产业竞争力的提升，又可以满足消费者使用更优更好的产品和服务的要求，从而提高整个社会的福利水平。这是一种多赢的策略。

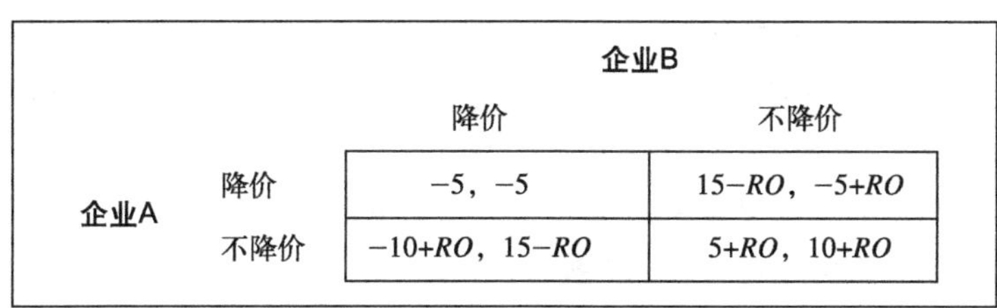

		企业B	
		降价	不降价
企业A	降价	−5，−5	15−*RO*，−5+*RO*
	不降价	−10+*RO*，15−*RO*	5+*RO*，10+*RO*

图4-6　质量歧异化的竞争

很多人都认为本田是通过众多的广告宣传以及强有力的促销活动取胜的，实际上，本田车的竞争优势并非来自于它所宣传的使用新用途，而在于公司对研发的坚持不懈的巨大投入及由此带来的先进的生产制造技术。波士顿咨询公司的调查报告显示，本田公司对高市场份额的不断追求保证了企业高产量、高生产效率、低成本目标的实现，从而保证公司利用其低廉的生产成本及强大的研发能力与竞争对手展开低价竞争。而这种竞争的实现又提供了企业在研发部门进行不断投资以保证已有的优势所需的一切资源。

本田公司的一系列成功充分体现了该公司以技术为本的战略思想。可以看出，本田公司的基本战略思想是首先在技术上确立优势，建立技术上的竞争力，然后从产品定价、产品销售以及成本管理等各个方面确保技术上的优势能够体现在产品的实际销售中，从而保证将核心竞争力——技术能力转化成为企业得以持续发展的竞争优势。

|战|略|透|视|　大雪——低成本竞争战略所向披靡

2004年大连中国国际啤酒节，大连大雪集团作为辽宁省唯一一家地方企业参展，2 000多平方米的展台占据了中心位置，在舞台搭建、格局布置上都别出心裁，成为啤酒节上一大亮点，其高端产品“大雪纯生”，吸引了众多客商。

抚今追昔，谁能想到这个当年产量仅4 000吨，负债2 450万元，濒临倒闭的小啤酒厂，在年轻的总经理王明瑞统帅下，已发展成为以啤酒产业为核心，并集房地产开发、商城市场、餐饮娱乐、农业科技孵化为一体的多元化大型企业集团。2003年啤酒实际产量已达16万吨，纯利润3 600万元。

14年风雨洗礼，使当年的乡镇小厂彻底脱胎换骨。回首往事，当年参与创业的大雪人无不认为大雪啤酒在发展中做出了正确的战略选择，即全力开辟农村“根据地”，实现“农村包围城市”。大雪的所在地普兰店处于辽宁重要城市大连与鞍山之间，这里有广阔的辽南农村市场，而当时大连的两家啤酒企业还无暇北顾，这就给大雪实现自己的战略目标提供了机会。

“农村包围城市”的战略说到底就是总成本最低战略。农村市场的特点是有便宜的不要贵的，对价格高度敏感；但市场卖点分散，物流成本很高，要在这一市场获取利润，惟有一个办法：成本压低再压低。大雪集团通过严格管理，不但做到了而且非常成功。

首先大雪集团极力压低采购成本。据本人观察，大雪集团原辅材料的平均采购价格要比市场平均价格低10%以上，但愿意和大雪合作的供应商络绎不绝，大雪凭借一诺千金的信誉和优惠的付款条件获取价格谈判的主动权。

大雪集团前后经六次大型技术改造，已形成整体配套30万吨、糖化40万吨的生产能力，而固定资产仅3.5亿元，就是说每万吨啤酒投资仅千万元。仅此一项就比常规投资降低每吨酒固定成本百元以上。

大雪集团在早期的技术改造中就采用了大罐氨直接冷却、麦汁一段冷却、变频技术等高效节能措施，为降低生产成本奠定了基础。

大雪集团对生产费用的控制也到了苛刻的程度，制定了严格的考核标准和奖惩办法，大雪员工的工资结构中节约奖为主要部分，这些措施使节能降耗取得了明显的成果。多年来，大雪在粮耗、能耗、水耗、酒损等指标上位居全省最低。

大雪集团还将增加效益指标分配到每一部门，成效显著。如技术部门通过优化原料配比、优选工艺取得了降低制造成本的明显成果。

总经理王明瑞深谙大雪员工的特点，始终强调“以勤补拙”的管理思想，极大提高了工作效率。大雪五个月就可完成6万吨糖化改造，九个月就可完成6万吨纯生整体新建，神话般的速度不但节约了可观的资金成本，更重要的是降低了机会成本，赢得了介入市场的宝贵时间。

以最低总成本作后盾，大雪集团有条件以更优惠的价格参与竞争。目前大雪啤酒不但占领了大连北三市市场，对大连市内也进行了成功渗透，还北上营口、盘锦、鞍山、沈阳、赤峰、大庆，剑指之处所向披靡。市场占有率的提高又进一步降低了固定成本，大雪实现了资本的良性循环。

连续多年纯利润达数千万元、吨酒利润一直名列全省前茅的大雪集团早已完成了资本的原始积累，96年后实现了跳跃式发展。他们不断更新设备，采用先进技术，实现产品升级，其竞争战略又与时俱进，赋予了新的内涵。

大雪啤酒后来居上，成为靠打拼赢得区域主导地位的中型强势企业。企业战略各异，竞争手段不一，是通过深入分析行业竞争态势，针对竞争对手和目标客户的特点，依据自身资源条件而制定。战略实施具体内容有的是独出心裁的“绝招”，有的是别具套路的“组合拳”，都因独特性而难以复制，从而构成企业的核心竞争力，这就为不断获取竞争的胜利打下了坚实的基础。

资料来源：王爱中.啤酒企业竞争战略成功案例解读.中国营销传播网。

本章小结

在现实世界中，任一赢取对手获得成功的企业，一定是自身拥有某些具有决定意义的竞争优势，而企业用以获得胜利的竞争优势是多种多样的。本章从四个方面对竞争优势的种类进行了归纳。实际上，竞争优势对企业市场竞争过程至关重要，也极富实际操作性。而且值得注意的是，随着市场竞争层次的提高，这四个方面的竞争优势也是不断提高的。

不同学者对于企业竞争优势的来源持不同的观点。最初的研究认为企业的竞争优势外生于企业取得的结构优势。由此进一步发展出来的理论认为，竞争优势内生于企业自身所有的资源和能力，其中占主流地位的是哈默尔和普哈拉提出的企业核心竞争力理论，该理论认为竞争优势最终来源于企业拥有的核心竞争力。而判断企业是否具有核心竞争力一般有两种方法，一种是按照四种标准来进行判断，另一种是采用价值链的分析方法来进行判断。

竞争优势的形成往往伴随着企业外部环境的变化，在这种情况下，竞争优势的形成依赖于人们对外部环境变化的反应。形成竞争优势的另一重要途径是企业内部环境的变化，这主要是指企业内部系统的创新。当然，发挥竞争优势才是市场竞争关键之所在，而竞争优势的保持应基于防止他人模仿，更重要的是企业在企业家精神指导之下的不断进取。而这种进取往往意味着对企业资源的再投入，再重组，从而形成新的企业竞争力和竞争优势。

对现代企业而言，竞争的目的是为了更好地发挥自身特长，更有效地利用自身资源和能力。竞争优势的战略性运用也包括与竞争对手进行战略合作，实施优势互补。当全球化的思维将以往企业间单纯竞争的关系改变为竞争与合作相结合的关系时，在竞争中寻求合作成为企业竞争战略的新追求，而博弈论则提供了对企业竞争与合作的战略选择进行研究的分析框架。

关键术语

竞争优势　核心竞争力　超级竞争　博弈分析

复习思考题

1. 核心竞争力为什么是企业竞争优势的最终来源？
2. 在企业外部环境或内部环境发生变化时，如何形成企业的竞争优势？
3. 企业在确立起竞争优势后应该如何保持这种优势？
4. 企业在超级竞争中，如何追求时间段上的竞争优势？
5. 如何用博弈论分析现代企业经常发生的竞争与合作行为？

参考文献

[1] 迈克尔 A 希特，等．战略管理：竞争与全球化[M]．吕巍，等译．北京：机械工业出版社，2009．

[2] 迈克尔·波特．竞争战略[M]．陈小悦，译．北京：华夏出版社，1997．

[3] 王方华，吕巍．企业战略管理[M]．上海：复旦大学出版社，1997．

[4] 项保华．战略管理：艺术与实务[M]．北京：华夏出版社，2002．

第5章　价值链与竞争优势

学习目标

1. 描述价值链理论的产生及主要内容。
2. 理解价值链与竞争优势之间的关系及实践应用。
3. 学习虚拟价值链的含义及在企业中的开发及使用。
4. 掌握竞争优势通过价值链而实现递增的机制及效应。
5. 了解"2+1"价值链精益管理在实践中的应用。

开篇案例　深圳华强北路"山寨手机"一条街所引发的产业价值链思考

深圳华强北路是全世界有名的消费电子产品卖场，这里每天人流量为60万～80万人次，车流量为10万～20万车次，这个地方的年销售额达300多亿元，是名副其实的"中华商业一条街"。

这里大大小小的柜台上，摆放的是各式各样的手机。苹果、诺基亚、三星等，不管什么品牌，这里全有，而且价格便宜得吓你一跳；MP3、拍照、大屏幕、触摸屏、双卡双待、手机电视等功能，只要你能想到的，这里全有，而且还有你想不到的新奇产品。

恰恰是联发科技股份有限公司（MTK）在手机芯片上的颠覆性创新，将手机产业门槛拉低，众多企业争先恐后地生产手机。为了赢得客户，各种匪夷所思的功能都被集中在手机上。在这一派繁荣背后，是盗版、仿制等种种产业痼疾。这里的手机被称为"山寨机"，华强北路也是世界有名的"山寨机"集散地。

"山寨"手机的商业模式是由多个基本模块组合而成：技术研发模块（芯片技术、数码影像技术、IC设计等）、生产模块（芯片、机壳、摄像头等）、客户服务模块（客户需求管理、交付渠道管理等）、资源整合平台（网上定制、零部件采购、支付系统等）。这些模块构成了一个虚拟、高拆合性、高效率、低成本、即时反应、按需定制、集体智能型的商业模式。

中国企业这些年来一直走的是模仿和跟随道路，低成本是大部分中国企业的最终竞争力。由于是模仿和跟随，如何发现和定义消费者高端需求能力一直比较欠缺，因为企业只要能仿制别人的产品就可以了，无须去思考产业领先者为什么和怎样推出这种产品。

因为竞争力集中在低成本上，所以没有足够的利润去支撑研发，也没有足够的资源去做前瞻性的市场调查。在原材料、土地、人力资本等价格普遍上涨的情况下，企业的低成本竞争力将会走到尽头。如果企业一味地走低成本价格竞争战略，那就会陷入重复模仿、甚至侵权的恶性产业生态循环。

差异化竞争是企业获得超额利润的关键战略。差异化的根本是要洞察消费者的价值生存机制，并以此为起点高效地完成企业产业价值链整合。在IT技术时代，企业的价值创造来自于每位顾客独特、个性化的消费体，定制化消费成为了企业提供高附加值的重要来源，因此，创新的模式向个体化延伸。

发展中国家的企业应不再是创新的旁观者，应不再单纯追随模仿发达国家的企业创新，因为低收入阶层的差异化，个性化的需求同样是创新的主要来源。印度和中国的许多企业正是利用了这种低收入阶层的差异化需求机会，实现了创新。华为、联想等中国民营企业是关注低端客户进行创新的典范。

随着全球产业价值链不断结构化，企业生产资源越来越全球化，也越来越需要更为灵活和高效的整合方式。因此，企业从本地或全球多个来源获取资源，而不局限于企业及其子公司。下一代企业的核心竞争力是企业整合全球资源的能力，而不是别的能力。

因此，未来企业必须在全球范围内整合和配置资源。而企业在全球配置资源的产业价值链中，最高端也是最具有决定意义的是整合高级生产要素资源，让散布在全球的高级生产要素聚集形成集体智能，产生产业价值链升级的自我加强作用。

资料来源：贺志刚.找寻新的客户价值生成模式.中国经济网.2009年2月5日。http://book.ce.cn//.

价值链（value chain）概念由迈克尔·波特（Michael E.Porter,1985）首先提出。最初，波特所指的价值链主要是针对垂直一体化公司，强调单个企业的竞争优势。随着国际外包业务的开展，波特（1998）进一步提出了价值体系（value system）的概念，将研究视角扩展到不同公司之间，这与后来出现的全球价值链（global value chain）概念有一定的共通之处。寇伽特（Kogut,1985）也提出了价值链的概念，他的观点比波特的观点更能反映价值链的垂直分离和全球空间再配置之间的关系。2001年，格里芬在分析全球范围内国际分工与产业联系问题时，提出了全球价值链概念。全球价值链概念提供了一种基于网络、用来分析国际性生产地理和组织特征的分析方法，揭示了全球产业的动态性特征。

价值系统与价值链是企业为顾客提供的产品或服务，是设计、生产、销售、发送和辅助产品（服务）一系列活动的结果。这些相互联系的活动共同创造了总价值，因此我们称之为价值链。价值链的构成和水平则决定了企业的竞争优势。同时，企业总是处于一定的环境之中，作为一个系统有着自己的输入与输出，因此企业并不是孤立地完成创造价值的任务。单个企业的价值链蕴藏在范围更广的一连串活动中，它和上游企业（如供货商）、下游企业（如销售商）组成了一个更大的创造价值的系统。这些相关企业的经营活动必然会对企业的竞争优势产生重要影响。

5.1 价值链理论

波特在分析公司行为和竞争优势的时候认为，每一个企业都要为产品的设计、生产、营销、交货及支持进行活动，这些活动的集合就形成了价值链。上述这些活动之所以能构成价值链，是因为它们都对产品价值的形成具有正向作用，这些活动被称为价值活动。我们可以把企业的价值活动分为两类：基本活动和辅助活动。

5.1.1 基本活动

基本活动是指与实物产品制造、产品销售、产品向消费者以及促销人员转移相关的活动，包括内向物流、生产运营、外向物流、营销和销售以及服务等。

1. 内向物流

与投入物资的接受、储存和分配相关的活动，比如原材料处理、仓储、库存控制、车辆调度和向供应商退货。

2. 生产作业

与把投入转换成最终产品相关的活动，比如机械加工、包装、组装、设备维护、检测、印刷和设施运作。

3. 外向物流

与集中、储存及运送产品实物给买方相关的活动，比如成品的仓储、物料的处理、送货车辆的调度、订单处理和进度安排。

4. 营销和销售

与提供一种可以让顾客买到产品的方式并引导他们购买产品相关的活动，比如广告、促销、销售队伍、报价、渠道选择、渠道关系和定价。

5. 服务

与提供服务以增加或保持产品价值相关的活动，比如安装、维修、培训、零部件供应和产品调整。

每一种类型的活动对竞争优势都可能是至关重要的，但不同类别的企业可能侧重点不尽相同。对于批发商而言，进货和发货的物流管理最为重要；对于像饭店或零售店这样提供服务的企业而言，外向物流可能根本不存在，而运营则是关键；对致力于向企业贷款的银行而言，营销和销售通过那些拜访客户的职员工作的有效性以及贷款的打包和定价方式对竞争优势起重要作用；对于高速复印机生产企业而言，服务则成为竞争优势的关键来源。不过，无论是哪种企业，所有类型的基本活动都在一定程度上存在并对竞争优势的构筑发挥作用。

5.1.2 辅助活动

辅助活动包括采购、技术开发、人力资源管理和企业基础设施。

1. 采购

采购是购买企业价值链所需投入品的一项活动，不是指购买的投入品本身。购买的投入品包括原材料、补给以及其他易耗品，也包括各种资产，如：机器、实验设备、办公设备和建筑物。尽管购买的投入品通常与基本活动联系紧密，但是购买品其实是出现在包括辅助活动在内的每一个价值活动中的。例如，实验用品和独立的测试服务一般是技术开发过程中的外购投入，一家会计公司则通常是企业基础设施中的外购投入。

采购往往遍布整个企业。一些物件如原材料是由传统的采购部门购买，而其他物件或服务则由其他部门的人员购买。比如：机器由加工厂经理购买，临时帮工由部门经理雇用，食宿费用等由销售人员花销，战略咨询服务由总裁购买。

尽管通常情况下，一个采购部门服务于很多价值活动，而且购买政策在全公司范围内都是适用的，但是一次特定的采购活动则常常与一项具体的价值活动或是它所辅助的活动相联系。采购活动本身的成本即使不能说是总成本中无所轻重的部分，也通常只是很小的一部分。不过，它对企业的全面成本和经营差异化有很大影响。采购行为对于外购投入品的成本和质量产生强烈影响。除此之外，还有许多其他活动与接收和使用投入品有关，因此也受到采购行为的强烈影响。例如，在巧克力生产业和供电产业，可可豆和燃料的采购分别是决定其成本地位最重要的因素。

2. 技术开发

每项价值活动都包含技术成分，无论是技术诀窍、程序，还是在工艺设备中体现的技术。大多数企业应用的技术范围非常广泛，从文件准备、商品运输，到产品本身，都包含了技术。此外，大多数价值活动所使用的技术涉及不同的科学学科分支。例如，机械加工包括了冶金、电子和机械等学科的技术。

技术开发是由一定范围的各种活动组成的。这些活动大体上可以被分为两类，一类是改善产品的，另一类是改善流程的。我们把这些活动称为技术开发而不是研究和开发，因为研究和开发对大多数管理人员来说是一个非常狭义的概念。技术开发似乎倾向于与工程部门或开发小组相联系，然而实际上，技术开发发生在企业中的很多部门。比如，订货登记系统中的电子通讯，或会计部门的办公自动化，都要用到技术开发。

技术开发对所有行业中的竞争优势都很重要，在某些行业中甚至起到核心作用。例如，在钢铁行业，企业的工艺技术是竞争优势中最为重要的因素。

3. 人力资源管理

人力资源管理包括人员的招聘、雇用、培训、开发和薪酬发放过程中的各种活动。人力资源不仅对单个基本活动或辅助活动起到辅助作用，而且对整个价值链也有同样的作用。人力资源管理决定雇员们的技能和积极性，以及雇用和培训的成本，而这影响着企业的竞争优势。在一些行业中，它对竞争优势起关键作用。

4. 企业基础架构

企业基础架构由大量活动组成，包括综合管理、计划、财务、会计，以及与法律、政府有关的事务和质量管理。之所以称这些活动的集合为企业基础架构，是因为它们支撑了整条价值链。企业的基础架构就像是一幢房子的钢筋结构，又像是人体的骨骼，没有它，整个企业就会坍塌。在公司的基础架构方面，全公司可以采用一个完整的体系，也可以在业务单元和母公司中采用不同的体系。在多元化经营的企业里，基础架构中的活动往往被划分为业务单元和公司两个层面。不过，许多基础架构中的活动是在上述两个层面中都出现的。

企业活动以价值链的形式表示出来，如图5-1和图5-2所示。分别包含了企业的基本活动和辅助活动。

企业结构（例如，财务，会计和法律）					利润
人力资源管理					
技术发展					
采购					
输入物流	生产运作	输出物流	营销与销售	服务	

图5-1 迈克尔·波特提出的基本价值链

战略管理				竞争优势
营销管理				
人力资源管理				
会计				
财务管理				
生产管理				
计划	组织	领导	控制	

图5-2 修正的基本价值链

5.2 价值链与竞争优势

波特有关价值链的基本观点如下：①将企业作为一个整体来看，无法识别竞争优势。②竞争优势来源于企业的各种价值活动，价值活动中的每一种都对企业的相对成本地位有所贡献并且奠定了标新立异的基础（竞争优势有两种：成本领先和差异化）。③在一个企业众多的“价值活动”中，并不是每一个环节都创造价值。企业所创造的价值实际上来自企业价值链的某些特定的价值活动。这些真正创造价值的战略活动，就是企业价值链的“战略环节”。企业在竞争中的优势，尤其是能够保持长期的优势，归根结底，是企业在价值链某些特定战略环节上的优势（波特，1997）。

基本价值链是波特在《竞争优势》一书中提出用以分析企业内部竞争优势来源的工具。价值链把一个企业分解为战略性相关的许多活动，所有这些活动都可以用基本价值链表示出来，一个企业的价值链和它所从事的单个活动方式反映了其历史、战略、推行战略的途径以及这些活动本身的根本经济效益。企业正是通过比竞争对手更廉价或更出色地开展这些重要的战略活动来赢得竞争优势。基本价值链由5项基本活动和4项辅助活动构成。基本活动是涉及产品的物质创造及其销售转移给买方和售后服务的各种活动，辅助活动是辅助基本活动并通过提供外购投入、技术、人力资源以及各种公司范围的职能以相互支持的活动。点划线反映了采购、技术开发和人力资源管理都与各种具体的基本活动相联系并支持整个价值链。企业的基础设施不与各种具体的基本活动相联系，但支持整个价值链。

贝特曼和斯奈尔认为，要获得竞争优势，“你需要比竞争者更好地为顾客创造价值”，竞争优势的四个支柱是“低成本、高质量产品、速度和创新”。波特认为“价值链将一个企业分解成战略性相关的许多活动，企业正是通过比竞争对手更廉价或更出色地开展这些重要的战略活动来赢得竞争优势”。

企业在运用价值链分析方法寻找企业竞争优势时，在定性分析基础上可以结合以下方法步骤进行适当的量化分析。

1. 确定各价值活动的分摊成本

在具体操作中，首先确认和计算各作业中资源的耗费，统计出各项作业的成本。其次，按照作业动因将各作业成本价值分配计入最终产品和技术。最后按照价值链将作业成本价值计入价值链各环节。通过成本分摊，可以了解各价值活动贡献大小和耗用成本大小，与竞争对手的价值和成本分布进行比较，找出差异。

2. 分析影响各价值活动成本动因

成本动因与实耗资源相关程度较高，在分配作业成本、计算产品成本时要充分考虑。成本动因包括结构成本动因和执行成本动因。结构成本动因是指决定企业基础经济结构的成本动因，如规模经济、学习、生产能力；执行成本动因是限定企业作业程序的成本动因，如管理政策、风格、文化等。

3. 结合目标成本，确定竞争优势和劣势

确定各活动的目标成本，也就是实现其功能的最低成本。企业内部价值链各目标成本不易获得，可通过把市场相近产品最低成本按一定的标准分配到本企业目标活动所属部门，再分配到目标活动，便可得到该活动的目标成本。确定目标成本后，结合各活动成本动因进行价值分析，再结合企业外部价值链即企业价值链的前向和后向价值链的最低成本分别是竞争对手最低的原材料价格和产品销售成本，最终确定企业价值链的优势和劣势活动。

企业在形成竞争优势的过程中，是通过价值链的各个环节予以实现，图5-3即是企业协同竞争优势形成机制的简略表示。

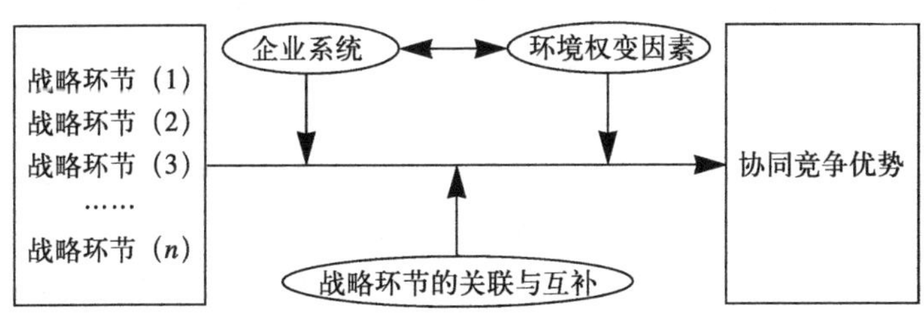

图5-3　协同竞争优势的形成机制

个案研究

耐克公司的价值链管理及对我国企业的启示

耐克公司是于1964年由美国俄勒冈大学长跑运动员费尔–奈特和其教练比尔·波曼合伙组建的。20世纪70年代初，耐克公司开始设计鞋子，并以“古希腊的胜利女神”Nike命名。但公司并没有建立自己的生产基地，而是外包给世界各地的生产厂家，耐克公司只集中人力、物力、财力开展产品设计、市场营销和品牌维护。1972年，耐克公司委托日本企业正式生产Nike运动鞋，为降低生产成本，1975年将日本生产线转移到人力成本相对较低

的韩国与中国台湾，1980年进入中国江苏和广东的东莞等地区。随着慢跑热的逐渐兴起，耐克公司抓住发展机会，开发出一种脲烷橡胶制成的弹性更强的新型鞋底。独特的设计理念使耐克公司产品销路迅速打开，1976年的销售额从前一年的830万美元猛增到1 400万美元。此后，公司投入巨资开发新式跑鞋。到1979年，公司市场占有率达到33%，1981年甚至达到50%，遥遥领先于其他运动品牌。进入20世纪90年代后，公司遇到了自创立以来的第一次重大危机，市场占有率大幅下降。1995年，新任总裁克拉克采取一系列改革措施，将体育、表演和公司的品牌形象结合起来，聘请著名体育明星作为形象代言人等，逐步把耐克公司带出了低谷。2003年7月9日，耐克公司收购了另一家著名的运动鞋制造商——匡威公司，填补了在中档运动鞋和休闲鞋市场的空白，并进一步完善了产品线。经过40多年的发展，耐克公司已从一个无名小卒一跃成为运动产品市场的领跑者。

耐克公司的价值链管理

1. 探寻企业发展的战略环节，建立竞争优势。波特把在企业中真正创造环节的基础上开始集中企业资源培育价值的活动称为“战略环节”。企业选择一个或几个最有价值的环节作为经营重点，不仅符合社会与行业分工的趋势，而且能聚焦企业有限的财力和精力。耐克公司的经营特点是“重研发、重销售、轻生产”。设计和营销是其价值生成的关键阶段，对产品总价值的贡献最大。而在生产方面，由于美国人力成本相对于其他国家没有优势，对产品总价值的贡献不大，故耐克公司选择了生产外包。因此耐克公司的战略环节就是产品的设计和广告营销，它们为公司的价值链增值，是公司赖以发展壮大的核心竞争力。“微笑曲线”可以说明耐克公司价值链各环节资源的耗费与创造价值之间的关系。

2. 控制企业发展的战略环节，创造企业价值。耐克公司在明确战略竞争优势后，开始集中企业资源培育具有发展潜力的核心业务和具有竞争优势的战略环节。首先，雇用将近100名研究人员专门从事研发工作，其中涵盖了生物学、力学、实验生理学、工业设计学等多个相关领域。公司还聘请了研究委员会和顾问委员会，其中有教练员、运动员、设备经营人、医生和整形大夫等，他们定期审核公司的各种设计方案、材料，改进运动鞋的设想，这使耐克公司的产品始终走在世界前列，从而稳固和发展了顾客群，源源不断地为公司创造价值。其次，在营销策略上，耐克公司将明星与产品结合起来，既可以为品牌价值增值（耐克公司的品牌价值达81亿～87亿美元），又可以吸引消费者，为企业带来直接经济利益。鞋类市场分析家普遍认为，明星对消费者的吸引力为耐克公司带来的巨大商业利益是其直接销售额的两倍。

3. 将非战略环节的“短板”进行生产外包。生产外包就是创造企业价值。由于体育用品制造业是一个劳动密集型和低附加值的产业，因此，耐克公司从20世纪70年代以后，便把制造环节外包给很多亚洲国家的企业。以中国为例，耐克公司目前在中国有17个签约运动鞋厂、130个签约运动服厂及配件厂。生产外包不仅使耐克公司获得了廉价劳动力，并从供应商那里得到大量折扣，而且还使顾客更快地从市场获得新产品，减少了中间环节的投入。

4. 财务为公司战略运行提供支持。耐克公司对研发的投入很高，1980年用于产品研究、开发和实验方面的费用约为250万美元，1981年为将近400万美元。同时耐克公司也将大量资金投放于营销环节，如与体育明星合作，以大量吸引人的广告使公司品牌家喻户晓，并由此不断获得顾客群。此外，财务数据也为公司的战略决策提供了依据。如通过美国劳动生产率与中国劳动生产率的比较，发现美国公司劳动生产率是中国的几十倍，同时通过财务数据测算出公司生产所耗费资源与其创造的价值成反向关系，所以耐克公司决定生产外包。

对我国企业的启示

1. 剥离非核心业务，发展核心能力，建立竞争优势。贪大求全、填补空缺是我国企业特别是国有企业存在的普遍现象。由此带来的结果是资源使用分散，既没有将有限的人力、物力、财力配置于核心能力上，又没有将企业外部的人力、物力、财力配置于自己的非核心竞争力上，企业容易陷入“规模陷阱”，无法真正做大做强。同时，国外企业关注核心业务的价值链管理理念颠覆了“木桶理论”。它强调拆除企业竞争中的“短板”，加长原有的“长板”，使之成为竞争的利器，而不是重点去“补短”。这种价值链管理方式值得我国企业学习。

2. 以顾客价值为中心，由传统的“纵向一体化”管理模式向“横向一体化”管理模式转变。过去，企业为追求规模效益曾一度崇尚“纵向一体化”管理模式，但“纵向一体化”管理模式需要巨额资金投入，往往不利于企业的资金周转，同时资源有限（筹资困难）的企业很难把这些资源分配到如此多的部门，不利于各部门充分发挥自己的潜能。在这种情况下，“横向一体化”管理模式开始受到企业的青睐。企业开始加强与其他公司的合作，达到资金、技术、市场等方面的优势互补，最大程度地优化企业资源配置，从而提升企业核心竞争力。国内很多企业总是把其他企业当成竞争对手，没有从长远的角度考虑彼此的关系。还有很多企业没有迎合消费者的需求，造成产品大量滞销，加大了库存成本。所以企业应在市场调研方面多下工夫，投入更多资金，从消费者的角度设计产品，最大限度地满足其需求。

3. 创企业品牌，提升企业品牌价值。企业品牌使得价值链呈几何级数增长，价值链的膨胀增值又促使企业品牌力量不断扩大，这是个互动、双向的过程。青岛双星鞋和耐克鞋的制造成本只差3～5美分，然而两者的市场价格却相差整整5倍。耐克公司的产品之所以能卖出高价就是因为其高档品牌定位。而国内许多企业缺的就是自有品牌，往往只是做一些“贴牌”生产，以廉价的劳动力成本获得收益，而没有任何核心技术。因此，国内企业应跳出“低附加值”的路子，走“高附加值、创新、品牌”之路，集中精力创企业品牌，提高顾客对品牌的忠诚度和信任度，通过品牌价值提升产品售价，从而在众多同类产品中脱颖而出，保持企业长久发展。

4. 重视财务对企业战略的作用。对于企业而言，无论是产品开发战略、市场开发战略还是多元化战略，都要经过科学论证。而科学论证必须以财务数据为基础，如吸引力论证以利润额或利润率为标准、协同效应论证以降低成本和资源整合为考察点等。在这些论证完成后，决策者参考以财务数据为主的论证结果，选择出最优方案并予以实施。因此，以财务数据为基础的论证是战略方案形成过程中的重要环节，它支持着企业战略的选择。但我国很多企业却低估了财务的作用，认为财务只是记账、算账和报账，各部门将信息单向传递给财务部门，而财务部门并没有将分析结果加以反馈，造成很多资金运用不符合战略管理的要求，降低了企业的整体价值。所以，国内企业应将财务作为决策的基础，将资金投资于企业的战略环节，以提高资金利用率。

5.3 开发虚拟价值链

信息化的今天，企业同时在两个世界参与竞争：由看得见、摸得着的资源所组成的有形世界和由信息所构成的虚拟世界。例如，银行既通过有形市场的分支机构向顾客提供服务，也在虚拟市场向顾客联机服务；航空公司在有形和虚拟两个市场向乘客出售机票。

将实物价值链以信息的形式反映在虚拟信息世界所形成的信息价值链，就是企业的虚拟价值链。虚拟价值链是实物价值链的信息化反映，它有别于虚拟企业的价值链。尽管虚拟价值链以实物价值链为基础，是实物价值链的信息化反映，但是它又高于实物价值链。传统管理认为，虚拟价值链只是帮助管理者管理实物价值链的一种工具，只是创造附加价值。但是，现代信息经济和人们对数据化信息商品的需求，使得虚拟价值链管理不仅创造附加价值，而且还可以创造价值。不同于实物价值链的是，它的每一个价值增值环节都可以创造价值，从而给企业带来竞争优势。

虚拟价值链的战略价值主要表现在：

（1）实物价值链的信息化反映，增强实物价值链的可视性，便于管理者对实物价值链各环节进行协调管理，从而取得协同效应。根据波特的竞争优势理论，企业各项活动的集成度是决定竞争能力的重要因素，集成度越高，协调性越强，效率就越高。价值链是由相互联系的一系列价值活动构成，其中的联系反映了协调工作的必要性。而信息系统对于联系的作用至关重要。虚拟价值链就像一面镜子，把实物价值链上既相互分离又相互联系的环节整体反映出来，使得管理者能够把实物价值链看做一个整体而不是分散的体系，能够从整体上看清实物价值链各环节联系和运动情况，并对其进行协调优化和整合，从而获得实物价值链的协同效应，降低实物价值链的运作成本，获得竞争优势。如美国的弗雷德-雷公司，该公司的信息系统不仅联结了市场营销、销售、制造、后勤、财务等，而且还能为管理人员提供有关供应商、顾客和竞争者的信息。公司所有现场工作人员每天收集关于全国各地每家商店的产品销售信息、竞争产品的销售和促销信息，以及竞争对手推出新产品的信息，然后用电子方式发给公司。管理人员利用这些实地数据和来自实物价值链每个环节的信息，决定公司内部的原材料供应，分派生产活动，制定更有效的运输路线等。

（2）虚拟价值链的建立，可以将创造价值的活动由单独在物质空间进行，转变为物质空间和虚拟空间同时进行，为企业建立起两条平行的价值链。实物价值链的任何价值增值环节都可以在虚拟空间实现，并具有实物价值链不可比拟的优势。比如，将实物价值链的研发设计放在虚拟价值链上进行，借助于互联网技术，在数据资料共享的条件下，可以超越时空限制，积聚世界各地优秀的设计师，24小时不间断工作，从而大大提高了工作效率。另外，还可以邀请供应商和买方参与到设计工作过程中。供应商参与设计，可以使供应商及时了解企业所需，并主动对提供的商品进行改进；买方参与设计，可以使企业直接设计出市场上最具有吸引力的商品，而不必经过一次次的市场试验和试销，从而降低了新产品开发成本。由于数据资源的非损耗性，企业大大降低了研发成本。

（3）虚拟价值链有助于企业建立新型客户关系，扩大经营范围。一些企业利用已经建立的虚拟价值链，在因特网上与选定的客户建立并保持联系。比如DEC公司的网站，允许公司未来的客户通过个人计算机与他们的销售代表接触，搜寻产品和服务；ORACLE公司在网上分销它们的产品等。虚拟价值链的每一个价值增值环节都考虑从信息流中提炼出精粹，而每种精粹都可能会构成一种新的产品或服务。如美国联合汽艇服务协会，它利用虚拟价值链进行顾客风险预测，发明了针对顾客特殊需要的业务，为汽艇拥有者提供保险的同时，还提供购买汽艇的业务。当顾客被窃进行索赔时，公司既可提供支票，又可代为顾客购买汽艇。而且由于大量购买，可从商家获得折扣。公司实物价值链上的货物流动，正是来源于其虚拟价值链的感知能力的指引。

（4）虚拟价值链可以实现价值活动共享，重新定义了企业的边界和规模经济，使得中小企业同样可以获得竞争优势。建立在市场空间的虚拟价值链，在信息技术和互联网技术的支持下，可以实现价值活动共享，增强了价值活动的生产能力。在价值活动的成本对规模经济或学习敏感的条件下，或者如果由于不同的业务单元在不同的时间对价值活动提出需求，而共享改善了生产能力的利用模式的条件下，共享则成为取得规模经济、加速学习曲线下降或在单一产业界限之外充分利用生产能力的潜在途径。共享使企业在不同的差异性市场或跨地域销售产品、提供服务成为可能，使中小企业可以在大企业占主导地位的市场获得较低的单位成本，从而获得规模效益。

（5）虚拟价值链可以实现企业价值链与供应商和买方价值链有效结合，提高价值链的快速反应能力。波特认为，竞争优势的获取和保持，不仅取决于对价值链的管理，还取决于对整个价值系统的适应。供应商的产品特点以及它与企业价值链的其他接触点，能够十分显著地影响企业的成本和标新立异，为增强企业竞争优势提供了机会。而虚拟价值链为供需双方的有效结合提供了基础。例如，宝洁公司和沃尔玛公司通过一种复杂的电子交换连接系统，将双方已建立的虚拟价值链有效连接，沃尔玛的有关宝洁商品销售的信息会自动传给宝洁公司。如果宝洁的商品缺货了，宝洁的系统会自动生成订单，在经过确认之后就可以自动补货。完成交易循环后，只需使用电子发票和电子转账。由于整个“订购—支付”循环的速度极快，因此，沃尔玛在货物卖给消费者之后，很快就可以向宝洁付款。自动补货系统意味着宝洁的产品已经卖给消费者，而不是变成存货，而沃尔玛也因此既减少了宝洁产品的存货，也使产品脱销的可能性下降。通过合作，双方实现了双赢。再如，丰田公司的各个销售部门利用计算机每天收集客户的订货信息，并根据车型、发动机、传动机构和车辆级别等，对来自各地的订货进行分类、整理，然后在出厂前3天把这些信息传递给汽车公司。汽车公司根据这些信息组织生产，从而确保4天交货。所有这些，都离不开虚拟价值链的建立和管理。

虚拟价值链任何一个环节的价值形成包含一系列五种活动：积累信息和编组、挑选、合成与分类。今天经理人员收集原始信息，创造价值就是通过这些步骤，它向人们取得原材料，加工成有用物——比如在产品线上装配汽车所包含的一系列任务。虚拟价值链重新定义了公司占支配地位的市场上能取得产品和服务的低单位成本。根据行业管理来思考，美国邮政服务不可能在全国的每一个家庭都建立一个邮局，但是联邦快递允许个人同互联网连接，通过公司网页跟踪包裹，从而在虚拟市场上做到了这一点。顾客能向联邦快递索取软件，从而不仅跟踪他们的包裹，而且随时可以对整个业务的办理提出评论。新的规模经济使得联邦快递事实上能为每一个顾客设立一个微型小店，使得在某一特定时刻不管是成千上万还是一个顾客要求提供服务，都能得到满足。在虚拟市场，通过利用同一套数据资源为无关的分散市场提供价值，降低交易成本。虚拟价值链上的交易成本同有形价值链上对应部分相比要低得多，而且随着信息化的进展，这种成本还在急剧下降。在1960年保

存一位顾客的信息的成本大约是1美元，现在则是每位顾客不到1美分。低成本允许公司控制和跟踪那些以前要花大量成本才能获取处理的信息。

企业界越来越需要从供应方立场转向需求方立场来考虑问题。由于公司在虚拟市场上收集、编组、挑选、合成和分类信息，在有形市场上管理原材料和支撑品，他们就比仅简单地制造和出售产品和服务更有机会了解顾客的需求并做出反应。

从价值链到价值群传统的关于价值的思考是建立在各种建设和行业经济的模式之上的。

根据这种观点，每个公司在价值链上占有一个位置：上游企业（供应商）提供原料（配件），公司创造新的价值，通过下游企业把它们传递到价值链上下一个行动者（或是另一个企业，或是最终顾客）。从这一点来看，战略定位的基本艺术就是确定公司在价值链上的适当位置，即适当的业务、适当的产品和市场定位、适当的价值增加行动。

然而，全球竞争、变化的市场和新的技术已经催生出创造价值的新形式。现在，成功的公司不仅仅是增加价值，而是重新定义它。他们进行战略分析的着眼点不仅是本公司，甚至也不仅是本行业，而是价值增加系统本身，它包括不同的经济角色——供应商、业务伙伴、同盟者、顾客——共同创造联合价值。战略的关键任务是重新定位角色和战略群中的关系，从而以全新姿态创造新的价值形式。战略最基础的目标是形成一个不断改进的能力和顾客配套。

个案研究

Geffen公司开发虚拟价值链的实践

传统的专业录音标签产品是预先录制好音乐的磁带或唱片包装，它是一系列有形世界的价值形成过程的重点，包括发现新的作曲家，辨认具有市场潜力者，在工作室录制作品，编辑和选择，形成专业音带制成CD或盒式磁带，包装、宣传和分销产品。但是，在虚拟市场，音乐进入市场能够更快、更优质、更廉价。对Geffen Records的MCA音乐制作部门的调查，说明了如何利用信息创造价值。Geffen公司在互联网上有一个为音乐服务的地址，并用它来散布数字式视听样带，提供有关音带的信息。这个网页已成为Geffen公司在虚拟市场的产品展销室和潜在零售渠道。这也是有形世界发生的传统活动所映射的信息与有形价值链的一个步骤平行的虚拟价值链的一个环节。

另外Geffen使用自己的网页在ZUMA地址上发现新的音乐天才，代替传统的录音室里在音带上进行的类似功能或者在计算机上修改和编辑，而代替在音带上一遍又一遍地测试以便找到一种对主要曲目的合适的演绎方式。每一种活动都是虚拟价值链的一个环节，通过和借助信息来进行并映射有形世界的一个步骤。

要真正开发虚拟价值链，Geffen的经历还要更进一步应用虚拟市场的一般价值增加步骤，在有形价值链的每一个环节收集信息，为顾客创造新的价值。例如，在网上邀请乐迷们到工作室开一次有关音带的讨论会，并收集信息，加以数字化而利用，在音带出版或广泛分销前允许乐迷们像技师编辑材料一样听带子，并通过电子媒介同有关人员无拘无束地交换意见。而且，信息提供了低成本同顾客建立新的关系的机会，例如，顾客虽然对某种新唱片没有兴趣，也可以在互联网上参加一次座谈会。同大部分公司一样，Geffen必须在二维和三维两个市场上扮演角色。公司经理必须继续监控有形世界价值链创造和销售CD，但他们也必须建立和开发虚拟价值链。我们研究了各行业中试图在有形和虚拟两个市场都有所作为的企业的比例，发现在信息王国能赚钱的企业成功地开发了两种价值链。他们实际上管理着两种价值增加过程。这两种价值增加过程是完全不同的，有形价值链是由一系列线性的预定的投入产出活动所构成，而虚拟价值链是非线性的，是能广泛进入和多渠道分配的潜在的投入产出源泉。要想在新的经济领域中取得成功，管理者必须懂得在有形市场和虚拟市场上创造和提炼价值的区别，并有效地管理和协调它们。公司经理必须接受一整套现代化的指导思想，因为许多以前的商业原则在虚拟市场已不再有效，这是数字资产的定律。数字资产，与有形资产不同，在使用时不会被消耗。创造数字资产的公司可以在无数潜在场合重复使用它们，因而改变行业竞争态势。

5.4 竞争优势递增实现机制：一个基于价值链模型的路径分析

企业如何实现竞争优势的不断递增呢？这里将应用迈克尔·波特的价值链模型，对递增机制的实现路径进行初步分析。价值链理论（Michael Porter，1985）在过去近20年中获得了很大的发展，并被当今先进管理思想者所采用，已经成为研究竞争优势的有效工具。从传统意义上的企业内部价值链，发展到体现横向及纵向关联的企业的集合——即产业价值链，以及最近提出的全球价值链概念，实际上蕴涵着企业竞争优势从基于外显的成本和质量，向基于内隐的创新（包括创新能力）和知识（包括学习能力和知识产权等）转变的递增机制，帮助企业实现竞争优势的转变和升级。

（1）以增强创新能力和学习能力为目标，整合、优化或再造核心增值流程，不断强化内部价值链，以形成竞争优势的根本基础。

价值链最初被看成是一系列连续完成的活动，是原材料转换成一系列最终产品的过程。这个价值实现过程的成本、规模、质量及差异化或独具一格的市场定位决定了企业的基本竞争优势。整合、优化或再造核心增值流程，不断强化企业的内部价值链，不论是过去还是将来，都是培育竞争优势的出发点。随着基本竞争优势的确立，企业就有必要考虑在此基础上的竞争优势的新源泉（从竞争策略而言，就是寻求从价格竞争到非价格竞争的转变过程）。这时，非价格竞争体系的有效性成为进一步增进竞争优势的关键。经变换所得到的价值链表明，研发、服务和物流系统转为企业价值活动的基本环节，而不仅仅起到辅助作用。研发的创新能力（包括更有效的物流体系的构建能力）和学习能力（包括基于服务与营销环节、来自顾客的信息和知识的吸收与消化能力）直接影响到新的竞争优势的形成。同时，如何支持创新能力和学习能力，就成为企业基础设施建设和人力资源管理的核心任务。创新或学习体系都是开放的系统，而物流和营销/服务系统的建设与完善必然要求与供应商和顾客更为频繁的沟通与交流，这些因素促使封闭的内部系统（即原有的价值链）通过信息系统、信息技术的导入转变为开放系统，才能支持企业与不同经济活动单元（供应商、企业合作者和顾客）共同创造价值的协作过程。从价值链角度而言，企业的新增价值已不再受限于有形产品本身的物质转换。基于研发、服务和物流的创新能力和学习能力的形成，促使企业价值链的构成及运作机理发生了质的变化，使原有的以“制造”为核心的价值链演变为以“研发”和“服务/营销”为双核心的“哑铃型”价值链，在原有基础上实现了竞争优势的递增。

（2）结合行业结构和竞争态势分析，以技术研发或营销／服务为核心，实现与其他企业价值链的有机衔接，创建基于产业价值链的竞争优势。一般认为，产业链是针对一系列相关联、特定的产品或服务，从原材料的提供到市场的销售等中寻找导致这些产品满足需求的前后顺序关联的、横向延伸、有序的经济活动的集合。产业价值链是指以某项核心技术或工艺为基础，以提供能满足消费者某种需要的效用系统为目标的、具有相互衔接关系的企业集合，可以分为技术主导型、生产主导型、经营主导型和综合型等类型。实际上，任何公司的价值链都存在于一个由许多价值链组成的价值体系（value system）中，而且该体系中各价值行为之间的联系对公司竞争优势的大小有着至关重要的影响。企业之间的竞争已经演变为价值网之间的竞争。同时，价值形态正在发生着深刻的变化，物质产品中的价值逐步让渡给研发（知识）和营销／服务中的价值。

在产业链没有形成前，各企业的价值链是相互独立的，彼此之间的价值联结是松散的，甚至没有联系。通过产业整合，企业被捆绑到一个产业价值链系统，产业链上的产业价值链随之形成。产业链通过应用企业间价值链的创新联结，来创造出新的价值。人们发现，与传统的生产环节相比，价值链的下游环节投资规模小、收益大，具有更大的利润空间。而且，随着技术的发展和市场的成熟，许多产业的产品在技术和性能方面的差异性变得越来越小，相互替代或互补性越来越强，单靠提供差异性产品来维持竞争优势已日益艰难。正如所指出，内部价值链演化为以“研发”和“服务／营销”为双核心的“哑铃型”既是价值链发展的必然规律，也是企业不断获取竞争优势的内在要求。例如，20世纪90年代以来，跨国公司开始调整价值链重心：①业务重点向产业价值链的下游环节——市场营销和服务环节——进行战略转移。这些环节不仅包括产品保修、售后服务和系统维护等传统服务领域，还包括融资、租赁、咨询、培训、联谊等新出现的增值业务。②继续保持并加强产业价值链上游环节（即研发）的投入，并借助专利和WTO机制等手段和途径形成对创新能力及知识产权的强力保护。③减少产品生产和制造中间环节（包括仓储及运输等物流业务）的投入，越来越多地采用贴牌和外包的方式来剥离这些成本高、利润低的经营活动。跨国公司产业价值链形态的演变——即发展为综合型产业价值链，占领了市场竞争的制高点，使其竞争优势顺利得到递增，而市场服务和技术开发则成为这种优势的来源。与国外相比，我国制造企业的价值链大多呈现为“橄榄球形”的产业价值链，竞争优势更多地体现在中间的生产与制造环节，而两端的产品研发和营销／服务环节显得非常薄弱。由此所产生的许多产业价值链，大都直接以生产主导的形式出现的，往往没有经历过技术主导阶段（或者说技术主导期的时间非常短暂）。自然资源、环境资源和劳动力资源价格低廉加剧了这种价值链形式的涌现，对大规模生产和低价格竞争形成了极度依赖，始终难以形成基于高层次的竞争优势，这才是我国产业价值链发育过程最值得重视的问题。

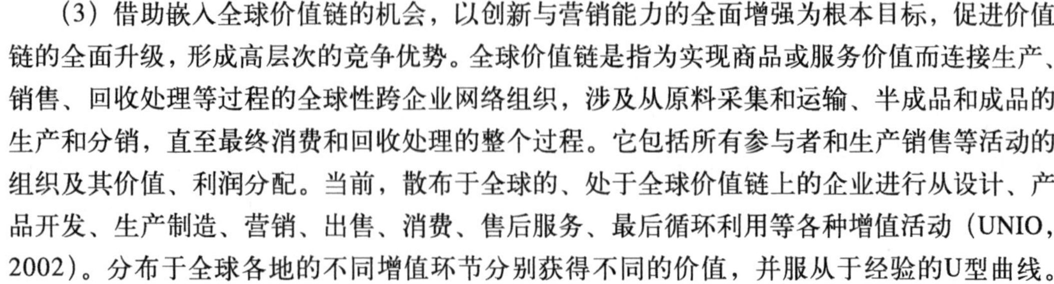

（3）借助嵌入全球价值链的机会，以创新与营销能力的全面增强为根本目标，促进价值链的全面升级，形成高层次的竞争优势。全球价值链是指为实现商品或服务价值而连接生产、销售、回收处理等过程的全球性跨企业网络组织，涉及从原料采集和运输、半成品和成品的生产和分销，直至最终消费和回收处理的整个过程。它包括所有参与者和生产销售等活动的组织及其价值、利润分配。当前，散布于全球的、处于全球价值链上的企业进行从设计、产品开发、生产制造、营销、出售、消费、售后服务、最后循环利用等各种增值活动（UNIO，2002）。分布于全球各地的不同增值环节分别获得不同的价值，并服从于经验的U型曲线。

格里芬（1999）将采购者驱动（buyer-driven）的价值链与生产者驱动（producer-driven）的价值链进行了比较研究。前者大多分布于劳动密集型产业如服装、鞋袜、玩具、小家电等，一般被大的品牌商、零售商所掌控。这些采购商充当联系海外工厂、贸易商和利基市场的战略经纪人，获取因产品的研发/营销所带来的利润，非常注意维持品牌的价值并通过知识产权战略来维护其知识产权（专利技术、商标等）优势。生产者驱动价值链主要分布在资本—技术密集型产业如汽车、飞机、电子产品和通讯等，其中，控制关键技术的跨国公司是“核心”，供应商、分包商、承销商构成“边缘”力量，形成“核心—边缘”的价值链模式，通过大批量生产、技术专利与创新、组织创新等途径来获取竞争优势。

纵观世界500强企业，如沃尔玛、耐克、微软、IBM、戴尔等，它们在重视生产和市场的同时更加重视价值链管理。企业的发展不仅与企业的技术水平密切相关，更与企业的管理水平相关。世界500强企业引入价值链管理理念后，竞争优势上了一个新的台阶。价值链管理是世界500强企业保持竞争优势不可或缺的重要手段，无论是传统制造行业，还是现代服务业，世界500强企业既善于进行价值链管理，也是价值链上最大的受益群体。价值链管理是经济全球化市场竞争环境下一种很有效的管理模式。在产业链的组织和管理方面，世界500强企业在其所处的行业中的作用越来越大，它是以市场需求为导向，以客户需求为中心，从而将客户、供应商、研发中心、制造商、经销商和服务商等合作伙伴联结成一个极具竞争力的价值链。世界500强企业通过建立行业标准、共享技术和资源而控制核心环节，主导价值链的发展，决定其中的组织方式和发展命运。

一是强化产业价值链的薄弱环节，释放整体效能。企业占据价值链全部或大部分价值增值环节的模式已演变为企业向价值链上的优势环节集中，与同一价值链上的其他企业密切合作，企业竞争已经从单个企业间的竞争演变为产业价值链之间的竞争。只有确保整体价值链在竞争中胜出，作为此价值链成员的单个企业才可能获得相应的价值和收益。在任何行业，其价值链上都会有最薄弱的环节，世界500强企业也有其不足之处。沃尔玛面临薄弱环节困扰时，它通过建立战略合作伙伴来解决问题。经过数年与最大的供应商宝洁合作，宝洁能够制造沃尔玛所需的产品，最终双方都从中受益：沃尔玛减少了库存，提高了出货率，增强了产品计划灵活性；而宝洁也提高了存货周转率，降低了退货率和破损率，形成了现代化的生产和分销体系。如今，沃尔玛已通过实施先进的信息系统、电子数据互换和即时运送等方式来强化价值链的关键环节。可见，沃尔玛主动修复薄弱环节，随之而来的是强有力且高效率的供应链。高效率的价值链管理犹如汽车的引擎给汽车提供源源不断的动力。

二是重构价值链以取得更大成本优势。世界500强企业始终遇到这样的问题，即如何通过保持成本优势以实现竞争优势，这就需要跟踪技术和市场的发展，不断调整和优化产业链，强化价值链管理，确保企业价值链的生机与活力。同时，要解决企业的全球运作问题，世界500强企业也需要对价值链上每个环节进行系统性筹划。价值链重构将从根本上改善成本结构，增强企业的竞争优势。在全球价值链结构中，现代服务业处于知识、技术、策划、营销等附加值多的价值链高端；而制造加工类企业则居于附加值相对较少的价值链低端。企业价值链重构的方法通常有：采用不同的工艺，扩大产品或服务差异，变间接销售为直接销售，采用新的分销渠道，前向（朝研发环节）或后向（朝服务环节）整合等。随着经济全球化的发展，价值创造的贡献被重新界定，价值和利润也在向对价值创造起关键作用的环节集中，而且转移范围越来越大，转移方式越来越多样化，转移频率也越来越快。作为企业转型的主要内容，世界500强企业纷纷调整其价值链重心，将业务重点转向增值空间更大的市场营销和服务环节。世界500强企业如IBM、通用电气等成功转型，都是在其相应产业链中不断向高端提升的结果。价值链的高端部分是世界500强企业竞争的主战场。诺基亚、波音、IBM、英特尔等世界500强企业在价值链形态上的变化正是其战略转型的具体体现。

三是在统一的品牌旗帜下整合价值链。支撑企业价值链管理运作的除了信息技术平台以外，还包括企业发展战略、市场分析、营销体系、人力资本、虚拟企业、敏捷制造、企业资源计划、协同产品研发、客户关系管理、物流和电子商务等现代企业管理理论和方法在内的管理平台。这一切都归结为一个好的品牌。品牌战略决定了企业产品针对哪类消费者、为消费者提供什么样的服务水平。品牌是企业巨大的无形资产，在不同行业，品牌占企业总价值的比率达5%～95%。可口可乐已经有100多年的历史，没有什么可以引起轰动效应的创新或高技术发明，它最重要的企业设计创新是价值链管理，这一设计的构成要素包括：饮料行业最低制造、装瓶和后勤成本；全世界最强力的品牌；全世界最具有成本优势的广告宣传，以及许可证和标志图案；在国际市场具有广泛影响力的市场地位。一般情况下，对于低值易耗品类生产企业来说，营销环节是主要增值环节，买方跟着卖方的感觉走，成功的企业往往把精力集中在营销网络的建设和品牌宣传上；对于资金密集型产品、高档耐用消费品生产企业来说，其关键环节往往在技术开发上，凭产品真实的功能、档次和品牌内涵吸引顾客，在买卖双方关系上，与前一种情况恰好相反，表现为买方是主动方，卖方是被动方，卖方跟着买方的意愿走。因此，产品的宣传主要是通过用户的滞后宣传，而非通过媒体的超前宣传实现。企业必须识别和发现所在产业链的核心价值环节，即高利润区，并将企业资源集中于此环节，培育核心能力，形成竞争优势。

四是不断提高产业价值链的协同效率。世界500强企业为保持已取得的竞争优势和领先地位，应对产业价值链价值重心的不断转移和变化，不断优化产业链，并随着行业的发展和演进，承担起管理整个行业价值链的责任，以获得产业链的合理结构和高效的协同效率；同时引领整个行业去应对其他相关行业的竞争冲击或发展要求，以保持整个行业的竞争力，谋求产业链的利益最大化。企业的竞争优势建立在所处产业链整体效率基础上，企业主动帮助和改善制约自身价值链效率的上、下游企业的运作效率，强化产业价值链中的薄弱环节，提高整个产业链的运作效能，从而获得相对于其他链条上竞争对手的优势。企业通过投资、协同、合作等战略手段深化与产业价值链上、下环节企业的关系，在开发、生产和营销等环节上进行密切的协同和合作，使自身产品和服务进一步融入伙伴企业的价值链运行当中，从而切实改善其运作效率，进而帮助其增加产品的有效差异性，整体快速响应市场，提高产业链整体竞争能力。在此过程中世界500强企业得以结构性地提升存在价值，进一步加强市场竞争优势，同时也符合产业链的控制规律和产业的演进趋势，从而获得较高利润回报和竞争位势。企业与企业之间的竞争是价值链的竞争，为确保整个价值链的高效率，企业在抓住关键环节的同时，还应取得对其他环节协同的主动性和资源整合的杠杆效益，成为产业链主导，获得其他环节的利润或价值的转移，实现产业链协同的竞争优势。随着信息技术的发展，不同产业的关联度加强，原来看似没有联系的不同产业价值链之间变得关联度越来越高，并出现一系列的重叠、替代、交叉和趋同等变化。每一个环节运作效率对整个产业链整体效率影响也越来越大，各成员企业间联系更为紧密，优势互补、相互依存。同时企业运用信息技术以多种方式与产业链中其他环节的专业性企业进行高度协同和紧密合作，这样极大提高了整个产业链的运作效率，也使得企业获得低成本快速满足客户日益个性化需求的能力。信息交流对整个价值链效率具有很大的影响。而有些信息利用人力很难捕捉到，必须利用信息技术手段，实现价值链上信息共享。为了获得顾客永久性的忠诚，在供应链的设计和管理中，必须建立有效的反馈通路，使信息能在价值链中通畅交流，尽量缩短与消费者之间的距离。世界500强企业作为价值链的核心企业，十分重视运用信息技术整合企业价值链。建立在信息网络技术基础上的价值链体系，使世界500强企业赢得成本优势。高效的价值链管理，可实现资源的高效配置，降低产品或服务的总成本。通过建立信息交流平台，世界500强企业可顺畅地与供应商、批发商、零售商实现信息共享，从而把供应商纳入自己的价值链，弱化企业与企业之间的边界，优化企业资源配置，产生更强竞争优势。世界500强企业正是利用网络对其价值链进行优化组合，实施全球范围内的生产管理、市场营销和售后服务。

世界500强企业以信息网络技术进行全球价值链的整合与优化。网络不仅具有快捷、低成本的优势，并且具有放大和延伸传统渠道的功能，如产品展示、在线支付、产品配送、技术支持和服务等。信息网络技术可以使世界500强企业对世界各国的资源要素和成本要素在数十秒钟内做出快速分析和准确判断，以便于按比较优势原则，对企业价值链进行合理布局，最终实现采购、研发、生产和物流等价值要素在全球范围内的优化组合和效益最大化。

企业国际化经营要求其生产经营管理系统日益标准化、柔性化、人性化、信息流、资金流、物流合而为一，形成全球一体化的价值链。这正是信息网络技术的拿手好戏，信息化使企业整个生产经营管理系统的运行适应国际化经营的需要。以互联网为基础的电子商务和全球化物流为世界500强企业跨国经营提供了有力的技术支持。总之，世界500强企业成功的秘诀就在于价值链管理理念。价值链以创造价值为最终标准，并以此为纽带促使企业形成完整的价值体系。世界500强企业的发展壮大有力地证明了价值链管理对企业生存发展所起的巨大作用。

5.5 “2+1”价值链精益管理

5.5.1 “2+1”价值链精益管理的内涵

“2（全面预算管理和全员目标成本管理）+1（岗位价值精细管理）”价值链精益管理是以全面预算管理为总纲、全员目标成本管理为基础、岗位价值精细管理为目标的综合经营管理体系。三者在实际运用过程中，紧密衔接，互为条件，有机地融为一体。首先，全面预算管理以企业经营目标为出发点，通过对市场需求的研究和预测，形成以销售预算为主导，进而延伸到生产、成本和资金等方面的预算，最后编制预计财务报表。它将企业的战略目标及其资源配置规划加以量化，并使之得以实现。其次，全员目标成本管理以企业的目标利润为起点，以成本控制为核心，采取科学合理的方法将成本指标层层分解到基层单位和每个岗位，同时根据业务职能将成本指标对口挂钩到各职能管理部门，从而通过全员、全过程、全方位的成本控制和全面的成本考核，形成纵横交错的“自上而下层层分解、自下而上逐级保证”的指标和责任落实的、小指标保大指标的成本管理体系。最后，岗位价值精细管理将市场机制引入企业内部，并建立起内部市场规则，“经营主体”为生产作业工

序上的每一个岗位，并作为最小的核算单元进行损益核算和经营管理，以促使其自主经营和进行功能分析，实现价值增值。“2+1”价值链精益管理运用全面预算管理，将产品、质量、成本、用户、人力资源、资金占用、风险、环保作为核算对象和全过程成本控制对象，这一控制在企业表现为由内及外的岗位“价值链”，企业内部要消除不增值作业和成本与价值不匹配的作业或改进作业工艺，拓展岗位功能，实现增值作业，从而降低成本，使企业能以最低的成本为用户提供有用的价值。

5.5.2 “2+1”价值链精益管理的具体操作

1. 建立内部市场，确立岗位实体

“2+1”价值链精益管理的目标就是让企业内部成为一个市场，按照市场规则进行等价交换和价格结算，通过收入与成本的配比核算，客观、真实地反映各岗位实体的经营成果与利润，并按既定的经济政策对利润进行分配、兑现，从而激励各岗位实体去经营岗位，实现岗位的价值增值。在岗位实体的确立上，集团严格按照岗位的“市场主体”、“价值主体”、“负债经营体”三种属性来划分。作为一个岗位实体，它的使用价值和货币价值要可测定，能够自主经营，用自己生产的产品或提供的劳务与下道工序的岗位实体进行等价交换。因此，可能一位员工就构成一个岗位实体，也有可能几位员工组成的经营体构成一个岗位实体。此外，确定岗位实体时，要综合分析各方面的因素和实际作业情况，同时兼顾管理习惯，对岗位实体的划定是一个渐进的实践过程，而且在作业工艺、劳动组织变化后，岗位实体还需重新修正完善。

2. 完善计量、鉴定设施

准确、及时地反映各种耗费和生产成果的数量、质量是精益管理的要求，也是真实反映岗位实体经营成果的关键。因此，根据生产管理的要求和工艺特点，企业配备和完善了相应的计量、鉴定设施，并制定了各种耗费和生产成果质量等级鉴定标准和控制程序，以确保准确、及时地反映各种耗费和生产成果的数量、质量。

3. 测定内部结算价格

岗位实体作为企业内部市场的经营主体，相互间是买卖关系和等价交换关系，因此必须确定岗位实体之间提供产品或劳务的内部结算价格。内部结算价格的测定一般采用目标成本定价法，即通过分析、测算各岗位实体的消耗定额和生产成果，结合各种材料、动力、工时的计划采购单价，确定目标总成本和目标单位成本，并以目标单位成本作为内部结算价格进行结算。当实际单位成本低于目标单位成本（即售价高于成本）时，岗位实体就会产生利润，反之则亏损。这里的目标总成本和目标单位成本指的是完全成本，即不仅包括材料、动力、人工等变动成本，还包括岗位主体应承担的直接制造费用（如折旧费、保险费、税金等）和辅助生产分配转来的间接制造费用，以及按一定标准分摊承担的管理费用、财务费用和销售费用等固定成本。固定成本的存在使得各岗位实体在经营中必须充分利用经营杠杆效应，在控制成本的同时最大限度增加生产成果，以实现经营成果的成倍增长（增长倍数为经营杠杆系数），从而减少了过去对生产成果产销量的考核。如果生产成果存在不同的质量等级，就要分别测定相应质量等级的目标单位成本作为内部结算价格，这样就减少了过去对生产成果质量等级的考核。总之，以目标单位成本作为内部结算价格，既直观明了（盈利说明成本节约，亏损说明成本超支），又能保证各级岗位实体经营成果的一致性，避免出现下一级岗位实体盈利而上一级岗位实体亏损的情况。

4. 健全内部结算体系，完善内部核算

健全内部结算体系是“2+1”价值链精益管理的基础，也是企业内部市场运行的重要支撑。在健全内部结算体系上，企业重点是根据内部结算的需要完善了原始记录和内部票据，同时制定了实物与票据在岗位实体间传递的控制程序，以同步控制实物与票据的传递。同时由于核算工作量很大，必须依托会计电算化作支撑，企业通过内部核算模块的开发和完善，从而能够准确、及时地核算出各岗位实体月、周乃至日的经营成果。

5. 制定特殊政策，促进价值增值

在岗位实体经营中，有许多增收节支的措施或方法能促进岗位实体价值增值，企业将其归纳为“价值增值双十策”，即双杜绝（杜绝丢失与浪费）、双再生（回收复用再生与修旧利废再生）、双替代（低成本替代与高功能替代）、双挖潜（人与物的潜能挖潜）、双改进（设备与工艺改进）、双开发（劳动组织效率开发与岗位作业功能开发）、双精心（精心操作与维护检修）、双卓越（质量与服务卓越）、双到位（责任考核与奖罚激励到位）、双索取（索酬与索赔）。为促进岗位实体全力落实、执行“价值增值双十策”，企业制定了一些特殊政策加以限制或鼓励。比如，对于违背双杜绝的岗位实体，要按丢失或浪费成本额的一定倍数核减其利润；对于执行双再生的岗位实体，要按节约成本额的一定倍数核增其利润。通过这些特殊政策的实施，带动和鼓励员工增收节支、节能降耗。

6. 严格利润分配兑现，促使岗位实体价值增值

企业严格规范内部考核政策，实行以岗位损益为标准的工资分配办法，即利润全额兑现为工资，亏损全额用工资抵补，从而使生产成果（包括产销量、质量等）和各种消耗与浪费(包括正常消耗、人为浪费、窝工、材料丢失、修旧利废、回收复用等)直接体现在岗位实体损益上，进而反映到职工工资分配中，真正体现“省下的就是赚下的”和“浪费成本就是消费工资”的成本观，以促进各岗位实体和员工在工作中认真分析投入与产出的关系，自主研究与探索少投入、多产出的办法，使岗位潜力得到进一步的挖掘和发挥。“2+1”价值链精益管理的深入开展，使企业的管理重心不断下移并向班组和岗位延伸，通过岗位实体自主经营来达到节能降耗、增收节支、创造利润的目的，从而实现了“人人都是经营者、岗位都是利润源”。同时，该成本管理方法促进了财务管理工作的三个转变，即由“小成本管理”向“大成本管理”转变、由“统计核算”向“会计核算”转变、由财务的“静态管理”向“动态管理”转变，从而把企业各项生产经营指标层层分解落实到岗位，用岗位活力承接企业经营压力，形成了一系列紧密联系实际、具有特色的成功经验和做法。

企业的任务就是不断创造价值，在一个企业众多的价值活动中，并不是每一个环节都创造价值。企业所创造的价值，实际上来自企业价值链上某些特定的价值活动，这些真正创造价值的经营活动，就是企业价值链的“战略环节”。企业在竞争中的优势，尤其是能够长期保持的优势，是企业在价值链某些特定的战略环节上的优势。价值链理论认为，企业的竞争优势来自该企业某些特定环节的竞争优势，抓住了这些关键环节，也就抓住了整个价值链。因此，价值链活动是竞争优势的来源。

但是，如果把企业作为一个整体来考虑，就无法识别这些竞争优势。因此必须把企业活动进行分解，并通过考虑这些活动本身及其相互之间的关系来确定企业的竞争优势，这就是价值链分析法的内涵。它将企业分解为构成竞争优势的基础活动、并确定对竞争优势

起核心作用之间的联系，判定出企业在创造价值过程中的利弊。价值链分析法可以说是识别和探寻企业竞争优势的一个有力的战略工具。

企业要获取有力的竞争优势，就要实施基于价值链的战略。

企业选择国际化发展是实施发展战略和价值链整合的内在要求，企业可以在全球范围内优化和调整价值链，实施企业内部经营资源的能力与外部市场环境的有机结合。企业通过国际化发展，将价值链的部分环节放置于国外进行，嵌入全球产业价值链，并在国际化发展与竞争优势互动中获益。同时，国际化发展使企业获得和发展竞争优势，为企业国际化的进一步发展提供了条件。在全球化大背景下，单个企业间的竞争已经被价值链之间的竞争所替代，企业的竞争优势无疑来自价值链的竞争优势。

本章小结

在激烈的市场竞争环境中，企业如何确立和加强自己的竞争优势？最关键的是审视企业的价值创造过程，从传统的价值链重整，到开发虚拟价值链，进而以价值群的视野来真正为顾客创造价值，企业就能从战略上构建自身的竞争优势。

基本价值链是分析企业竞争优势来源的重要工具。波特价值链理论指出企业竞争优势来源于价值链战略环节，即企业竞争优势类似于战略环节优势。

依据波特企业竞争优势来自价值链战略环节的理论，若企业具有多个战略环节优势，则企业竞争优势=战略环节(1)+战略环节(2)+…+战略环节(n)（假设企业有n个战略优势环节）。笔者认为各战略环节的协同效应（协同效应就是企业整体协调后所产生的整体功能增强，可以简单地表示为“1+1>2”。协同效应可以给企业带来持久竞争优势，主要取决于协同的作用机制和协同效应的不可模仿性），即企业总体竞争优势大于企业各战略环节优势之和，此即为协同竞争优势。

值得注意的是：①若企业抛开内部系统的其他活动(即价值链的非战略环节活动)，则其战略环节优势是不可能实现的。比如，企业的产品具有质量优势、差异化优势等，但若没有完善的销售网络，没有较好的基础管理和战略管理规划，则优势很难实现。战略环节优势必须通过与价值链的其他活动耦合才能发挥作用，才能真正转化为具有实践意义的竞争优势。②协同竞争优势取决于企业内部系统的正常运作情况（包括战略环节活动及非战略环节活动的正常运作情况）。如果系统运作正常，企业就具有大于各战略环节之和的协同竞争优势；反之，企业就难以获取其相应的协同竞争优势。从这个意义上，企业系统是企业协同竞争优势的调节变量。③企业协同竞争优势还受到环境权变因素（如宏观环境、产业竞争状况、战略集团定位等）的调节。环境权变因素在一定程度上决定了企业价值链战略环节能否最终表现为企业市场竞争优势，能否产生协同竞争优势。④企业价值链各战略环节的关联性、互补性也对企业协同竞争优势的获取与持久具有调节作用。

关键术语

价值链　　竞争优势　　虚拟价值链　　价值链精益管理

复习思考题

1. 什么是价值链理论？企业的基本活动和辅助活动分别包括哪些？

2. 如何理解价值链与竞争优势之间的关系？怎样运用价值链分析方法寻找企业竞争优势？
3. 什么是企业的虚拟价值链？它对企业有怎样的战略价值？
4. 简单阐述竞争优势通过价值链而实现递增的机制及效应。
5. 什么是“2+1”价值链精益管理？怎样在实践具体应用？

参考文献

[1] 迈克尔 A 希特，等．战略管理[M]．吕巍，等译．北京：机械工业出版社，2009．
[2] 弗雷德 R 戴维．战略管理[M]．李东红，译．北京：经济科学出版社，2001．
[3] 王方华，陈继祥，等．战略管理[M]．上海：上海交通大学出版社，2003．
[4] 陈继祥，黄丹，等．战略管理[M]．上海：格致出版社，上海人民出版社，2008．

第6章　企业战略目标的制定

学习目标

1. 了解企业使命定位的具体内容和企业使命定位应考虑的因素。
2. 了解企业使命与企业战略之间的关系。
3. 掌握企业任务定位的含义以及功能定位要解决的三个问题。
4. 掌握企业战略目标的定义与特征。
5. 掌握企业战略目标体系的具体内容。
6. 掌握制定企业战略目标的原则与方法。

开篇案例　雷士10年：中国照明领袖品牌的崛起之路

1998年至2008年这十年是改革开放30多年中的黄金10年，是市场竞争最激烈、市场经济日益完善的10年，也是国家大力倡导创新的10年。时代在呼唤创新，只有创新，中国才有出路。

回顾雷士的发展史，不难发现，雷士始终秉承“创世界品牌，争行业第一”的发展战略，以创新性的思维、前瞻性的举措，创造了一个个令人叹服的“雷士奇迹”。

打造自主品牌

1998年11月底，雷士在广东省惠州市悄无声息地诞生了。当时谁也没有料到，在短短10年间秣马厉兵、星夜兼程，雷士不断在中国照明行业掀起层层波澜，转眼之间成长为中国照明行业里的领军企业。

襁褓中的品牌之梦

“营销未动，战略先行”，雷士在创业最初阶段并不是忙于建立工厂、生产产品，而是先确定企业的战略目标。

1998年年底，照明市场在中国方兴未艾。众多跨国照明行业巨头刚进入中国，占据着大部分的中高端市场，而本土企业实力较弱，只能在中低端市场占据一席之地。通过早年在照明行业摸爬滚打的实战经历，雷士总裁吴长江对照明行业做出三大前瞻性结论：

1. 中国照明电器行业不缺少好产品，缺的是好品牌。
2. 未来几年，中国照明电器行业的市场格局将由产品竞争转为品牌竞争。

3. 不久的将来，中国照明电器行业的竞争除了品牌竞争外，渠道竞争将逐渐主导消费市场。

因此，1998年年底，33岁的重庆人吴长江在创业之初，便审时度势，提出“创世界品牌，做行业第一，用3～5年时间打造行业知名品牌”的企业战略目标。

事实上，后两个目标雷士已经基本实现。从1999年到2002年，雷士销售额从3 000万元跃升到2亿元，用4年时间完成了对行业知名品牌的打造；从2003年到2008年，雷士销售额依然保持行业水平3倍的速度增长，又用了5年时间成为名副其实的行业领头羊。现在，雷士正向“创世界品牌”稳步迈进。

开创品牌专卖先河

在确定战略目标，完成工厂建造之后，如何把产品卖出去成为当务之急。有人提议打广告，“轰炸”出知名度来，但刚成立不久的雷士根本打不起广告。此外，行业内也没有这种做法，照明产品通常放在灯具市场销售，各种样式的产品摆在一起卖，像开杂货铺式的密密匝匝。

实际上，照明产品是一种较为特殊的商品，其中光源类产品可视为快速消费品，电子灯具则属于耐用工业品。传统的一店多品牌的销售方式，不仅不能为顾客提供专业、优质的服务，更不利于品牌建设。能不能将家电行业的品牌专卖模式嫁接到照明行业中来呢？经过周密的市场调研和品牌营销策划之后，雷士制定了以专卖模式为主的营销策略，并在沈阳率先创办了中国照明行业的第一家品牌专卖店。2年后，雷士品牌专卖店在全国已达数百家。目前，雷士已经拥有超过2 500家的专卖店。

在品牌专卖经营中，雷士始终将“加盟商的盈利是企业发展的动力”的观点贯彻到行动中去，用完善的管理来保障加盟店盈利。加盟店的盈利又不断刺激更多的经销商加盟，从而实现了快速扩张。

产品召回，赢得信誉

2000年，正当雷士向1亿元销售额的目标迈进时，一批已经卖出价值200多万元的产品出现了质量问题。200多万元，对于刚刚起步、资金捉襟见肘的雷士来说，无疑是一次“灭顶之灾”。

是召回产品，还是置之不理？在这生死攸关的时刻，雷士毅然决定：召回全部问题产品。诚信是一个企业的立足之本，雷士虽然损失了200多万元人民币，但却让经销商和消费者对雷士“刮目相看”，也换来了“雷士照明”这块金字招牌。

开辟隐形渠道

2002年，雷士一边加大力度铺设专卖店网点向二、三级市场渗透，一边在探索中开辟了照明行业的另一条贴近消费者的“隐形渠道”——众多的家装公司、工装公司、设计院、设计师、装修工、电工等等。他们虽然不是产品最终购买者，但是却对买主的购买行为产生强大影响。

雷士在奥运项目中通过自主创新实力，为奥运量身定做的新品大获全胜。2006年6月在奥运招标项目中，雷士聘请了全明星级的设计团队以确保中标，北京市建筑设计研究院、清华美院、上海复旦电光源系、上海灯具研究所专家作为雷士照明奥运工程灯具研发及团队顾问，进行前期的产品创新设计和照明设计推广。

在变革中奔跑

“雨小后，桶的漏洞一定要赶快补上!”在经历了快速发展的创业期之后，雷士的“漏洞”日益显现，产品线单一，品牌专卖模式动力不足，亟待革新；资本运营能力不足，企业成本控制力度不够，管理成本居高不下……从2003年开始，雷士开始逐步对内部进行革新。

满足客户需求的产品矩阵

创立之初的雷士以低压石英射灯切入市场，最初也仅以商业店铺为主要工程客户。显然，这不能满足市场需求。雷士加大产品研发方面的投入，致力于新型绿色照明产品的开发和和谐光环境的营造，给照明市场提供全面解决方案。随着企业的高速成长，雷士对产品群结构进行全面调整，截至目前，雷士已经形成商业照明、办公照明、户外照明、家居照明、光源电器、电工六大产品群。

经过厂商双方的努力、区域市场的深耕细作，雷士照明拥有了一大批忠诚的客户。通过终端用户的口碑宣传及公司的大规模市场推广，雷士公司以其优质的产品和完善的售后服务不断被顾客所接受、认可。雷士照明产品的知名度不断提高，销售量更是突飞猛进，同时也收获了一系列的荣誉：“3C认证”、“国家免检产品”、“中国驰名商标”，等等。

雷士变脸，品牌升级

2004年之后，以打造自主品牌为目标的雷士照明频频在国内外的大型照明展览会上亮相。2004年6月，在世界第二大照明展览会广州光亚展上，在雷士展台上悬挂的“NVC”标志颇为引人注目，有不少参观者甚至认为这是一个来自国外的高端品牌。

拥有自己的企业并不等于拥有了自己的品牌。雷士通过差异化塑造了“NVC”这一崭新的品牌形象，将自己与其他中低端品牌区别开来。由于品牌形象新颖，在对消费者的影响力方面，已经和一些老牌的中国照明企业拉开了差距。在2004年年底，雷士又进一步对“NVC”进行形象细化，提出了“光环境专家”的口号。

但自主品牌的构建并非朝夕之功。尽管在商业照明灯具领域，雷士在国内已经成为龙头老大，但是在光源电器方面，只有坚持自主创新，才能拥有企业的核心竞争力。所以，雷士要达到甚至要超越国际巨头们，除了坚持品牌之路以外，还需坚持自主创新，坚持走出国门，积极参与全球竞争，在国际市场的锤炼下夯实产品品质，构造具有全球影响力的品牌。

资料来源：http://www.nvc-lighting.com.cn/showmsg.Aspx?TID=40&ID=111.

从上面的案例可以看出，雷士照明在10年的时间从一家小企业发展到“光环境专家”，除了总裁吴长江个人卓越的经营领导能力和前瞻性之外，集团的战略设计与战略管理对企业经营持续成功也起着积极的促进作用。

战略设计与战略管理首先要解决的问题是基于对企业发展的机会和存在的威胁，以及企业自身的竞争优势和劣势的基础之上，进一步明确企业使命，明确企业的使命定位，界定企业任务和制定战略目标。

本章将重点介绍企业使命的含义、企业使命定位的内容、企业任务的定位、企业战略目标体系以及制定企业战略目标的原则与方法等内容。

6.1 企业使命的定位

企业的存在是为了在宏观经济环境中实现某种特殊的社会目的或满足某种特殊的社会需要。每个企业从其建立开始，就应该承担相应的责任并履行相应的使命。按照前面章节所讲的企业战略管理的过程模型，企业制定战略的第一步就是确定企业使命。一方面，企业使命的定位是在对企业内外部环境分析的基础上完成的；另一方面，企业使命的定位也为企业内外部环境分析界定了范围。

6.1.1 企业使命的定义

企业战略目标的制定是从确定企业使命开始的。企业使命是指企业区别于其他类型组织而存在的原因或目的。绝大多数的企业使命是高度抽象的，它不是企业经营活动具体结果的表述，而是为企业提供了一种原则、方向和哲学。过于明确的企业使命会限制企业功能和战略目标制定过程中的创造性；宽泛的企业使命会给企业管理者留有细节填补及战略调整的余地，从而使企业在适应内外部环境变化中有更大的弹性。

企业使命有狭义和广义之分。狭义的企业使命是以产品为导向的。例如，一家准备进入高新技术产业领域的公司可以将其使命定义为生产计算机。这一表述清楚地确定了企业的基本业务领域，即公司生存的目的；同时也显然限制了企业的活动范围，甚至可能剥夺了企业的发展机会。因为任何产品和技术都存在一定的市场生命周期，都会随着时间的推移而进入衰退阶段，而市场需求却是持久的。因此，广义的企业使命是从本企业的实际条件出发，以市场为导向来定义的，着眼于满足市场的某种需要。前面提到的这家公司如果将其企业使命定义为“向顾客提供最先进的办公设备，满足顾客提高办公效率的需要”，这一表述相对比较模糊，但为企业经营活动指明了方向，就不会在未来计算机惨遭淘汰之时失去方向，失去经营领域的连续性。又如，一家电话电报公司应将自己的使命定义在满足用户通信的需要上，而不是局限于电话电报；这是因为通信是用户持久不变的需要，而电话电报却在不断地更新；从普通电话到半自动电话、自动电话、无绳电话、程控电话、移动电话、可视电话等不断在发展创新。在《营销短视症》一文中，西奥多·莱维特（Theodore Levit）提出下述观点：

> 企业的市场定义比企业的产品定义更为重要。企业经营必须被看成是一个顾客满足过程，而不是一个产品生产过程。产品是短暂的，而基本需要和顾客群则是永恒的。马车公司在汽车问世后不久就会被淘汰，但是同样一个公司，如果它明确规定公司的使命是提供交通工具，它就会从马车生产转入汽车生产。

6.1.2 企业使命定位的内容

虽然并不是所有的企业都有书面的使命表述，而往往只为少数高层管理者所了解，但越来越多的企业将确定企业的使命看成是企业战略的一个重要组成部分。一般地，企业使命的定位包括以下三个方面的内容：企业存在的目的、企业经营哲学及企业形象。

6.1.2.1 企业存在的目的定位

企业存在的目的定位应该站在顾客的角度说明企业通过提供某种产品来满足顾客的某种需求，提升顾客价值，而不是说明企业要生产某种产品。下面的个案研究中莲花超级购物中心便是从顾客的角度来进行定位的一个典型例子。

个案研究

莲花超级购物中心（Lotus Supercenter）的企业目标是："我们在全国开设的莲花超级购物中心和平价百货商店要做到干净、整洁、具有吸引力、友好待客、方便购物并针对家庭而设；我们为顾客提供多种优质品牌的商品以满足他们的日常需求及希望拥有的商品，并以美味、高质量的生鲜食品而闻名；我们的商场坚持提供整体低价商品，并成为每天低价的领导者，绝不允许有比我们更低的售价。"

围绕着满足某种需求可以开发出许多不同的产品和服务，这就是为什么美国的电话电报公司（AT&T）将企业存在的目的定位于提供信息沟通工具和服务而不是生产电话；埃克森公司的企业使命强调提供能源而不是出售石油和天然气；露华浓公司的企业目标定位于出售希望而不是生产化妆品；哥伦比亚电影公司则旨在提供娱乐活动而不是经营电影业等等。著名管理学家彼得·德鲁克认为企业只有一个利润中心，那就是顾客钱包；经营只有一个目标，那就是创造顾客。企业存在的主要目的是创造顾客。只有顾客才能赋予企业以存在的意义。他指出：

决定企业经营什么的是顾客。顾客意愿购买产品或服务才能将资源变为财富，将一般物质变成产品。只有顾客对产品及其价值的看法才决定企业经营什么、生产什么以及企业的前途。顾客所购买的以及认为有价值的从来就不是产品，而是一种效用；也就是产品或服务带给他们的满足。顾客是企业生存的基础和理由。

以满足顾客需要作为企业生存的基础，还会促使企业不断开发新技术和新产品，使企业在创新中不断得到发展。

6.1.2.2 企业经营哲学定位

企业经营哲学是对企业经营活动本质性认识的高度概括，是企业从事生产经营活动的基本指导思想，它是由一系列管理哲学所组成的，包括企业的基础价值观、企业内共同认可的行为准则及企业共同的信仰等等。例如，莲花超级购物中心的经营哲学是：

(1) 吸收、培训和发展各个层次的高素质人才。

(2) 与供应商建立良好关系。

(3) 坚持公司内每个员工高度的正直和诚实。

(4) 不断提高，好上加好，永不自满。

(5) 勇敢创新，领导市场。

(6) 互相公开、友善地进行指正，没有保护性和本位性。

(7) 技术领导者，成为低成本的经营者。

(8) 愿意做出改变。我们的态度是"可以做到"，我们的字典里没有"做不到"这个词。

(9) 建立一支强有力的队伍，互相支持、互相帮助。

(10) 愿意做困难的决定。

(11) 在营运和商品采购的各个层次坚持纪律。

(12) 必须以生鲜食品出名。

(13) 做得开心！对我们所取得的成就感到骄傲，并从所取得的成果中得到满足感。

而Zale公司的经营哲学是：

(1) 市场和客户服务——企业是以顾客为中心的，未来的成功依赖于对顾客需要的满

足程度。

（2）管理任务——从经营中取得利润回报，一切活动并不仅仅为了获得成就感，结果必须是可度量的。

（3）人力资源——吸引、发展和激励富有业务能力、有勇气和协调性的人才，对于表现出色的个人会提供各种挑战、机会，从内部提拔是我们的目标。

（4）财务及控制——制定合理的融资计划，为企业的成长筹措资金并优化股东的投资回报，发展和完善控制系统，及时发现潜在的重大失误并进行积极修正。

从以上两例可以看出，企业经营哲学的主要内容是通过企业对外界环境和内部环境的态度来体现的。对外可以包括企业在处理与顾客、供应商、社区、政府、新闻媒体等关系的指导思想；对内包括企业对其投资者、员工及其他资源的基本观念。一般地，企业的经营哲学由于受文化的影响具有较大的共性；同时，不同国家的企业在管理理念上则表现出明显的差别。例如，美国企业在经营哲学的描述上着重于企业在市场上获得成功的因素，如“公司发展事业的基础是技术革新、生产率和市场占有率”（德州仪器公司），“IBM的事业不是出售机器，而是出售产品的功能，因此必须切实为顾客解决问题”。而日本企业的经营哲学旨在向员工表明企业的愿景，唤起员工承担责任的激情和创新精神，如松下电器公司的“像自来水那样不断生产，创造无穷物质财富，建设人间天堂”，东京电器化学工业公司提出的“通过创造，贡献于世界文化产业”等。

6.1.2.3 企业形象定位

企业使命定位的第三部分是企业形象的定位。对企业形象的重视反映了企业对环境影响及社会责任的认识程度。从公共关系理论角度来看，一个企业组织的营运过程，一般涉及员工、股东、顾客、供应商、竞争者、社区、新闻媒体、政府等基本公众。每一企业在其特定的公众心目中都有自己的形象；如顾客普遍认为IBM是电脑业的蓝色巨人，松下是生产高质量电子产品的企业，百事可乐则是年轻一代的选择。企业形象的定位通过理念识别、视觉识别、行为识别等三个部分来体现。

个案研究

Wacoal公司的企业形象

Wacoal公司从1946年创业之初经营仿造的珍珠制品转向经营内衣用品之后，公司一直继续扩大经营范围和活动领域——从内衣业发展到各种相关商品，从国内市场业务扩展到国外市场业务。公司为了树立其综合性的服饰企业形象，在其30周年纪念之际，放弃了原来使用的Clover商标，设计了新的商标图案作为企业形象的重要标志：含有Wacoal的第一个英文字母W；形状似一对展开的翅膀，象征着企业的飞跃；外形流畅圆滑，具有女性的亲切感；整个图形向上展开，寓意着企业的扩大与发展。Wacoal公司的产品大多通过百货公司销售，每年有5万种以上的商品在市场上流通，因而在日本服饰树立了领先者的形象。

研究表明，对于不同行业的企业，影响企业形象的主要因素各不相同。例如，在食品业，良好的企业形象在于表达安全、信任感、经营规模、技术等特征；而对生产精密仪器的企业，顾客可能会对可靠性、新产品开发、时代感、研发能力、发展前景等诸方面的形

象比较关注；对于服务业，向公众传递良好的服务质量、清洁程度、现代化等信息可能会有利于树立良好的企业形象；等等。通过公司理念、统一标志、专用字体、标准色以及企业主题歌等手段将企业的形象概念具体化，不仅传播了企业文化，使顾客认识、接受企业及其产品，而且有助于使企业的内部与外部达成共识，易于实施企业战略。

德鲁克曾提到："关于一个企业的宗旨和使命的定义，很少有维持到30年的，更不用说50年了，一般只能维持10年。"这是因为在企业成立之初，企业使命通常比较明确，但随着时间的流逝，当企业规模逐渐扩大，增加新产品，开拓新市场时，其使命可能不再能适应新的环境条件。因此，企业使命不是一成不变的。在企业生存发展的关键阶段，必须通过制定企业战略，对企业使命进行研究并重新定位。此外，无论在企业处于发展的哪一个阶段，对企业使命的定位或再定位都应该包括上述三个基本构成因素。

6.1.3 企业使命定位应考虑的因素

根据美国管理学者金尼斯（M. C. Ginnis）的研究，一个好的企业使命应包括以下一些特征：①应该明确企业生存的目的；②应该既宽泛，以允许企业有创造性的发展，同时又对企业的一些冒险行动有所限制；③应该使本企业区别于其他同类企业；④应该作为评价企业现在和未来的活动的框架；⑤应该清楚明白，易于为整个企业所理解。一般而言，好的企业使命要求企业在进行使命定位时考虑下述六个因素。

- **外部环境要素** 外部环境是企业生存和发展的基本条件。外部环境发生某些变化，企业使命必须做相应改变。特别是对这些变化可能带来的威胁和机遇，企业更要善于发现和及时做出反应。
- **企业领导者的偏好** 企业主要的领导者都有着自己的人生观和价值观，对某些问题有着自己独特的偏好，如追求产品的创新、注重产品的品质或顾客服务等等，这些偏好对企业使命的确定有很大影响。
- **企业的发展历史** 每个企业都有自己的发展历史，既有企业的辉煌业绩，也有它的经验教训。现实和未来是相互连接的，不了解过去，就无法规划未来。
- **企业资源** 这是企业实现其使命的物质基础，它主要包括人力资源、金融资源、物质资源、信息资源和关系资源等。
- **企业的核心能力** 企业使命应尽可能反映它特有的能力，即其自身竞争优势，从而指导企业获取较高的市场地位。
- **其他与企业相关的利益主体的要求与期望** 例如股东、员工、债权人、顾客、竞争者、政府、社区、公众对企业的要求与愿望。这些利益主体的要求与愿望既可能是企业生存和发展的支持力量，也可能是企业生存和发展的制约力量。

6.1.4 企业使命与战略的关系

任何企业在制定其战略时，都必须在分析研究企业及其环境的基础上进一步明确自己的使命。这不仅因为它关系着企业能否生存和发展，而且在整个企业战略的制定、实施和控制过程中有很重要的作用。

6.1.4.1 企业使命为企业发展指明方向

企业使命的确定，首先会从总体上引起企业经营方向、发展道路的改变，使企业发生战略性的变革；其次，企业使命的确定也为企业构筑了一个目标一致的愿景。一方面，为企业成员理解企业的各种活动提供依据，确保企业内部对企业目标达成共识；同时，为企业外部公众树立了良好的企业形象，以使企业获得发展的信心和必要的支持与帮助。

6.1.4.2 企业使命是企业战略制定的前提

首先，企业使命是确定企业战略目标的前提。只有明确地对企业使命进行定位，才能正确地树立起企业的各项战略目标；其次，企业使命是战略方案制定和选择的依据。企业在制定战略过程中，要根据企业使命来确定自己的基本方针、战略活动的关键领域及其行动顺序等。

6.1.4.3 企业使命是企业战略的行动基础

首先，企业使命是有效分配和使用企业资源的基础。有了明确的企业使命，企业才能正确合理地把有限的资源分配在能保证实现企业使命的经营事业和经营活动上；其次，企业使命通过企业存在的目的、经营哲学、企业形象三方面的定位而为企业明确经营方向、树立企业形象、营造企业文化，从而为企业战略的实施提供激励。

6.2 企业任务的定位

企业任务是对企业的性质、企业在社会中的作用和地位的更为具体的说明。彼得·德鲁克在他的《管理：任务、责任和实践》一书中提到：工商企业需要深入思考和清楚地说明企业的理论，要明确地说明企业的宗旨和企业的使命，要提出这样的问题：“我们的企业是什么以及它应该是什么？”企业不了解自己是什么、代表着什么、自己的基本概念、价值观、政策和信念，就不能合理地改变自己。对企业任务的界定是企业高层管理者的首要责任。具体地说，就是要分析和回答下面这三个问题：我们的企业是什么？我们的企业将会是什么？我们的企业应该是什么？

6.2.1 关于“企业是什么”的分析

对“企业是什么”的界定，主要是反映战略决策者对未来环境变化的判断和对企业未来发展的期望。罗伯特·汤赛德（Robert Townsend）把艾维斯汽车租赁公司（Avis Rent-A-Car）的企业宗旨表述为：“我们希望成为汽车租赁业中发展最快、利润最多的公司。”这一功能定位明确规定了艾维斯公司的经营任务，排除了该公司开设汽车旅馆、航空线和旅行社业务的考虑。关于“企业是什么”通常有许多分析方法，下面介绍最重要的几种。

6.2.1.1 基本分析方法

分析“企业是什么”的基本方法是分析企业的产品或服务、市场、技术以及企业的自我认知。一方面，产品、市场与技术共同决定着企业目前与未来的经营活动范围与能力，是企业任务定位中不可缺少的组成部分；另一方面，企业认知主要用来反映企业对于自身实力与竞争优势的认识。

1. 产品或服务

产品是企业存在目的的主要表现形式，也是形成企业活动类型的基本因素。一方面，企业经营成败的关键在于其产品在市场上的销路及收益；另一方面，对企业生产的基本产品或提供的主要服务的描述是引导顾客识别企业的重要因素。对产品的描述是从产品的具体划分种类开始，如企业产品可以划分为最终消费品和中间产品两大类；最终消费品又可分为一般消费品和耐用消费品两类；耐用消费品又可具体划分为家用电器、家具等。如美国ITT公司的一家子公司在规定企业的产品与服务范围时指出：“本公司的任务是用优质的仪器为企业与政府服务。这些仪器包括流量计、电子显示器、指示器、录音机、分析仪器以及用于变量观测、数据收集、控制和传输过程的各种测量仪器。”一般地，对基本产品或服务的描述具体到品种。过于宽泛的描述会使公众无法确认企业的产品；而过于详细的描述则可能成为产品说明书。对产品或服务更加广泛的表述则不仅是指具有一定使用价值的物品实体，同时还包括能满足顾客更多需要的内涵。例如，IBM公司将自己的产品定义为：向顾客提供计算机硬件系统，而且还附有一套完整的服务，包括软件系统、咨询、维修、培训及各种保证服务措施等。可以说，该公司是向用户销售一套完整的“产品系统”，而不仅仅是一台电子计算机。

2. 市场

市场是企业生存的基础和前提。市场经济的残酷性在于被顾客抛弃的产品必将在市场上消失。对市场的描述主要说明企业的产品是满足哪些消费需求，即企业的目标市场定位。例如，当蓝色巨人IBM开始进入个人计算机市场并逐渐吞噬了苹果公司的市场份额后，苹果公司的经理人员分析了双方的实力和个人计算机市场的发展趋势，果断地将其基本市场确定为非办公室个人计算机市场，并赋予其产品更适合个人设计师、工程师、程序员的特殊需要的特点。此外，有关市场的描述还应包括对产品地理销售区域的说明。如某公司为了打入国际市场，逐步向跨国公司发展，提出在巩固在上海市场的占有率的基础上，计划在加拿大等国外市场建立营销机构等。

3. 技术

企业的技术及其水平状况的定位将反映企业所提供的产品或服务的质量，有助于明确企业的技术竞争力。例如，某公司对其技术的描述为：本公司是我国唯一研究、生产、经营各种信用卡及信用卡专用设备的企业；担负着印刷各种有价证券的重要任务，属于技术密集型企业；拥有当今世界最先进的制版与印刷设备；技术力量和生产能力均达世界先进水平。

4. 自我认知

分析“企业是什么”的另一重要内容是确定其在行业和市场上的位置，从而与外部环境进行有机协调。例如，某公司根据现状说明其自我观念是：“本公司作为全市首家上市股份有限公司，将继续在全市电子行业中保持领先地位，并积极争取在内地扩大自己的市场份额。”良好的自我认知来自于战略环境分析的结论和建议，即把外部战略环境的各种要素划分为机会和威胁，将内部战略条件的各种要素表述为优势和劣势，从而形成企业所面临的战略形势的四种类型：理想型——机会与优势较多、威胁与劣势较少的战略总形势；冒险型——机会与威胁共生、优势与劣势并存的战略总形势；成熟型——机会与优势、威胁与劣势较少的战略总形势；危机型——机会与优势较少、威胁与劣势较多的战略总形势。企业对自己的认识将影响到企业所选择的目标和所采取的行动。

6.2.1.2 德鲁克的分析方法

彼得·德鲁克认为“顾客决定企业”。“企业是什么”不是由公司的名称、制度或各项程序来决定的，而是由顾客购买一项商品或服务时所满足的需要来决定的。因此，确定企业任务必须从顾客和市场出发，分析以下三个方面：

1. 谁是企业的顾客

顾客不仅指一种产品或服务的最终使用者，而且包括与最终使用者有关的间接用户。例如，某一卫浴洁具制造企业过去认为自己的顾客仅仅是住房者，后来企业把小区房地产商也确定为自己的顾客，结果销量大大增加。再者，在工业品市场上，采购者往往不是企业中直接使用产品的人，有很多利益团体影响产品购买的决策；这时企业分析谁是自己的顾客就更显得重要。在确定企业的潜在顾客时，需要回答下列问题：①市场发展趋势及市场潜力如何？②随着经济的发展，由于消费风尚的改变或竞争的推动，市场结构会发生什么样的变化？③何种革新将改变顾客的购买习惯？④顾客的哪些需要还不能靠现有产品和服务得到充分满足？

2. 顾客在哪里

找到这一问题的答案常常是分析“企业是什么”的重要部分。一个企业不了解自己的顾客在哪里，就会盲目地行动；尤其当企业的原有顾客发生转移时，如果企业反应缓慢，就可能失掉自己的服务对象。例如，在城市人民生活水平提高后，原来的中低档耐用消费品的顾客转移到了农村；对于生产这些产品的企业来说，或者放弃高档产品的生产面向农村，或者放弃中低档产品的生产面向城市。例如，燕舞牌收录机的成功即是对目标市场进行了良好的分析和定位；而金星彩电的失败即是因为没有认清顾客发生了转移，高、中、低档产品都生产，结果导致企业营销及其他战略的制定以及实施难度较大，不能进行很好的配合。

3. 顾客买什么

从表面上看，企业向不同顾客提供相同的产品或服务，但实际上不同顾客所需求的可能是根本不相同的东西。每一顾客对企业有不同的认识、期望和价值观，这是因为顾客所买的从来不是产品本身，而是一种需要的满足。例如，同样是买鞋，对普通工薪阶层的消费者来说，是想拥有一双合脚舒适、耐用的鞋子；而对于某明星来说，一双鞋的价值可能是为了出席某一次宴会所需的高级款式、时髦带给她的满足。又如都是买汽车，有的是作为交通工具，有的则是为了证明声望和地位；换句话说，桑塔纳和凯迪拉克提供给顾客的价值绝不相同。只有弄清楚顾客买什么，即顾客关心的产品价值（或效用）是什么，企业才能正确地确定自己的经营范围，才能明确产品实际的竞争市场和竞争对手情况。例如，凤凰自行车公司如果将其产品作为一种代步工具，则这一市场上的顾客考虑的价值是产品质量、价格、款式等，企业的竞争厂家是捷安特公司等；若将自行车作为运输工具，顾客则关心其耐用性、价格等因素，此时，除了生产类似产品的企业与之竞争外，很可能生产摩托车的企业也会介入其竞争市场；若再将自行车作为运动、健身器材时，不仅产品的形式需做改动，而且企业的竞争者也包括一些生产健身器材的厂家。因此，购买相同产品的不同顾客，实际需要的是不同的价值。弄清楚这一点对企业来说非常重要。

6.2.1.3 其他特殊的分析方法

除了以上两种分析方法外，一些公司根据其自身的特点，采取了独特的分析方法来界定“企业是什么”，并获得了经营的成功。

例如，日本明星精密机械公司是日本的一家钟表企业。在1950年创业之初，为使企业能够遵循正确的发展方向，它首先确定了企业经营哲学的三条基本方针：

- 选择不依赖自然资源或不使用自然资源的事业，因为日本自然资源缺乏，石油、钢铁等供给相对困难。
- 选择生产运输成本低的产品，因为当时日本静冈县仅有生产木器家具和食品罐头的加工企业，产品体积大，运输成本高，生产利润空间小。

- 选择不费人力的事业，因为当时日本工业刚刚恢复，职工工资还很低，受美国自由化的影响，常常由工会组织罢工，对生产造成很大的影响。

基于以上原则，要选择原材料比率低、运输成本低而附加值高的产业，自然就集中到了精密机械行业，但这一行业往往需要大量的人工劳动，所以该公司提出彻底机械化、自动化的战略方针。它从瑞士引进最新型的自动车床，建立了以生产手表产品零部件为主的精密零件生产体制，为公司后来的成长和发展奠定了基础。

菲利浦 · 莫里斯公司收购米勒酒业公司时，从是否能产生协同作用的角度分析其即将进入的事业。其收购分析报告指出："由于我们公司的市场占有率和社会消费水平每年只能稳定地增长约1%～2%，我们的国内香烟业务将不可避免地趋于持平；同时我们的现金流量将大幅度地增长，需要投放于发展中事业……然而难以找到另一个与烟草业同样诱人的行业……而生产啤酒则可能使我们的技能与市场机会最为相称。香烟和啤酒同是价廉的享受品，它们的原料都来自农业，加工和包装都可使用高速的机器，它们的广告方式相同，经过相似的销售渠道卖给相同的最终消费者。喝啤酒的和抽香烟的往往是同一群体。"

6.2.2 关于"企业将会是什么"的分析

企业研究表明，一个企业的使命和任务很少有维持30年不变的，一般只能延续10年。因此在提出"企业是什么"这一问题时，还有必要对"企业将会是什么"进行分析。分析的出发点是市场及其潜力和趋势，主要目的在于使企业适应于预期的变化，在于修改、扩充、发展现有的和继续经营中的企业。这就需要对市场的发展趋势及市场潜力做进一步分析；需要对由于经济发展或竞争推动对市场结构中的变化进行预测；需要对改变顾客购买习惯的革新进行判别；需要对没有被现有产品或服务充分满足的需求进行界定。将以上这些预测、判断运用到企业战略思想、企业目标、战略规划上去，使企业顺应环境的变化，从而得以进一步发展。

6.2.3 关于"企业应该是什么"的分析

在考虑企业的任务定位时，除了分析"企业是什么"和"企业将会是什么"外，还应结合"企业应该是什么"加以分析。"企业应该是什么"更多地带有一种主观的追求色彩，对这一问题的回答主要是确定企业在行业中的地位和在社会中的形象，反映了战略管理者的价值观。对"企业应该是什么"进行深入分析的目的在于了解企业有些什么机会或可以创造些什么机会，以便把企业改造成为一个不同的企业。关于"企业应该是什么"的分析应该注意以下三点：

- 社会、经济和市场的各种变化为企业提供的新机会。例如人口结构的变化、自然寿命的延长等提供了为老年人市场服务的各种机会。
- 本企业及企业外部的改革、创新为企业提供的新机会。如高新技术的出现，尤其是互联网和信息技术的快速发展推动了经济的发展，出现了许多生产和生活的新需要，这些新的机会都可能引起企业的经营范围及其性质的变化。
- 与有计划地决定做哪些不同的新事业同样是重要的，有计划地淘汰那些不再适合于企业使命和功能、不再能有效满足顾客需要的事业也很重要，否则企业的资源会在维持这些过时的事业中浪费。

个案研究

可口可乐公司对“我们的事业”的报告是对“企业是什么、将会是什么、应该是什么”的具体说明，它是有关企业任务的典型案例。

“到20世纪90年代，在世界上每一个对我们经济上适合的国家里，我们将继续保持或成为软饮料业的统治力量。我们将继续重视世界范围内的产品质量，并在不断扩大的市场上提高市场占有率。食品事业部的产品也将继续成为食品市场，特别是美国市场中的先驱。葡萄酒系列产品将继续经营，迅速发展，并特别注意资产收益的优化。

“在美国，我们还将在包装消费品行业方面变得更加强大。我们也不排除为这方面的顾客提供适当服务。很可能我们将从事现在尚未涉及的行业。然而，我们不会远离我们的主要优势，不会忽视顾客对我们产品完美无缺的印象；名列前茅的、独特的联营系统；对世界各地工商界情况的详细了解和良好的关系。

“在选择新的经营领域时，我们希望所进入的每一个市场必须有足够的、内在的增长潜力，保证这种进入有光辉的前景。我们并不希望在新领域内的停滞市场中为提高市场占有率而继续奋斗。总的说来，工业品市场不属于我们的经营范围。

“最后，我们将孜孜不倦地去调查那些补充我们产品线和与顾客印象相匹配的各种服务。”

例如，日本一家化纤公司多年来以其产品闻名于世，一直居于市场的领先地位。但近年来公司的负责人提出了不同的意见，他认为，化纤产品已经进入市场饱和期，发展远景并不理想。因此企业应当及时把握时机，改变产品结构，强调以化学、电子学、生物工程学相结合，使其成为居于新兴化学工业时代发展最前端的企业。

6.3 战略目标体系

企业使命与企业任务从总体上描述了企业存在的理由与发展前景，但仅有明确的企业使命和任务定位并不能保证企业经营的成功，还必须把这些共同的愿景和良好的构想转化成各种具体的战略目标，以保证企业经营的有序进行。

6.3.1 企业战略目标的定义

战略目标是企业战略构成的基本内容，它所表明的是企业在实现其使命和任务过程中要达到的长期结果。战略目标是企业的长期目标，它与战略的时间跨度应当一致，国外通常为2～5年，国内一般为5年。前面所讨论的企业使命和任务是对企业总体任务的综合表述，一般没有具体的数量特征及时间限定；而战略目标则不同，是为企业在一段时间内所需实现的各项活动进行数量评价。目标可以是定性的，也可以是定量的，如企业获利能力目标、生产率目标或竞争地位目标等。正确的战略目标对企业的行为具有重大指导作用，它是企业制定战略的基本依据和出发点。战略目标明确了企业的努力方向，体现了企业的具体期望，表明了企业的行动纲领；它是企业战略实施的指导原则，战略目标必须能使企业中的各项资源和力量集中起来，减少企业内部的冲突，提高管理效率和经济效益；它是企业战略控制的评价标准，战略目标必须是具体的和可衡量的，以便对目标是否最终实现进行比较客观的评价考核。因此，制定企业战略目标是制定企业战略的前提和关键。如果一个企业没有合适的战略目标，则势必使企业经营战略活动陷入盲目的境地。

6.3.2 企业战略目标的特征

企业战略目标的确定需要根据企业使命要求，选定目标参数，简要说明需要在什么时间内、以怎样的代价、由哪些人员完成哪些什么工作并取得怎样的结果。这样才能为企业的有序运营指明方向，为业绩评估与资源配置提供标准与依据，从而有助于企业有效地开展整个战略的制定与实施等活动。企业战略目标的特征包括可接受性、可检验性、可实现性、可分解性和挑战性。

6.3.2.1 可接受性

企业战略的实施和评价主要是通过企业内部人员和外部公众来完成的，因此，战略目标首先必须能被他们理解并符合他们的利益。现实中，这些不同利益集团有着互不相同，甚至相互冲突的目标。例如，在企业中，股东追求利润最大化，员工需要工资和有利的工作条件，管理人员希望拥有权力和威望，顾客渴望获得高质量的产品，政府则要求企业尽可能多地纳税。因此，企业的战略目标必须在这些利益集团之间求得平衡，并力图满足所有公众的要求，以使他们能继续与组织合作。一般地，能反映企业使命和功能的战略目标易于为企业成员所接受。此外，战略目标的表述必须明确，有实际含义，不易产生误解，易于被企业成员理解的目标也易于被接受。

6.3.2.2 可检验性

为了对企业管理活动的结果给予准确衡量，战略目标应该是具体的，可以检验的。目标必须明确，具体地说明将在何时达到何种结果。目标的定量化是使目标具有可检验性的最有效的方法，如“极大地提高企业销售利润率”的目标就不如“到2002年，产品的销售额达到2亿元，毛利率为40%，税前利润为23%，税后盈利为1 500万元，五年内使销售利润率每年提高1%”的目标恰当。又如，企业生产目标不应是“尽可能多地生产产品，减少废品”，而应是“2002年产品产量为4万个，废品率降至2%”。事实上，还有许多目标难以数量化，时间跨度越长、战略层次越高的目标越具有模糊性。对于这样的目标，应当用定性化的术语来表述其达到的程度，要求一方面明确战略目标实现的时间，另一方面详细说明工作的特点。对于完成战略目标的各阶段都有明确的时间要求和定性或定量的规定，战略目标才会变得具体而有实际意义。一般地说，企业的战略目标一经制定，应该保持相对稳定，同时应保持一定的弹性以对客观环境的变化做出积极反应。

6.3.2.3 可实现性

在制定企业战略目标时必须在全面分析企业的内部条件的优劣和外部环境的利弊的基础上，判断企业经过努力后所能达到的程度。战略目标必须适中、可行，既不能脱离实际将目标定得过高，也不可把目标定得过低；过高的目标会挫伤员工的积极性、浪费企业资源；而过低的目标容易被员工所忽视、错过市场机会。因此，战略目标要处于经过一定努力可以实现的水平，这样才能具有强大的激励作用。

6.3.2.4 可分解性

企业战略目标是一个总体概念，它必须是可分解的，即能够按层次或时间阶段进行分解（使每一目标只包含单一明确的主题），使其将应完成的任务、应拥有的权利和应承担的责任，具体分配给企业的各部门、各战略单位乃至个人，从而把总体目标转化为具体的小目标和具体的工作安排，以帮助管理者有效地从事计划、组织、激励和控制工作。

6.3.2.5 挑战性

目标本身是一种激励力量，特别是当企业目标充分体现了企业成员的共同利益，使战略大目标和个人小目标很好地结合在一起时，就会极大地激发组织成员的工作热情和献身精神。一方面，企业战略目标的表述必须具有激发全体职工积极性和发挥潜力的强大动力，即目标具有感召力和鼓舞作用；另一方面，战略目标必须具有挑战性，但又是经过努力可以达到的。因而员工对目标的实现充满信心和希望，愿意为之贡献自己的全部力量。

6.3.3 企业战略目标内容

战略目标是企业使命和功能的具体体现，一方面，不同的企业会根据各自的使命制定不同的战略目标；另一方面，企业内各部门的子目标也从不同侧面反映了企业的自我定位和发展方向。因此，企业的战略目标是多元化的，既包括经济性目标，也包括非经济性目标；既包括定量目标，也包括定性目标。彼得·德鲁克和B. M. 格罗斯等都对目标有过详细论述。如德鲁克认为各个企业需要制定目标的领域全都是一样的，所有企业的生存都取决于同样的一些因素。他在《管理的实践》一书中提出如下八个关键领域的目标：

- 市场方面的目标：应表明本公司希望达到的市场占有率或竞争中占据的地位。
- 技术改进和发展方面的目标：对改进和发展新产品，提供新型服务内容的认知及其措施。
- 提高生产力方面的目标：有效地衡量原材料的利用，最大限度地提高产品的数量和质量。
- 物质和金融资源方面的目标：获得物质和金融资源的渠道及其有效地利用。
- 利润方面的目标：用一个或几个经济指标表明希望达到的利润率。
- 人力资源方面的目标：人力资源的获得、培训和发展，管理人员的培养及其个人才能的发挥。
- 职工积极性发挥方面的目标：对职工激励、报酬等措施。
- 社会责任方面目标：注意公司对社会产生的影响。

此外，B. M. 格罗斯在其所著的《组织及其管理》一书中归纳出组织目标的七项内容：

- **利益的满足**　组织的存在以满足相关的人和组织的利益、需要、愿望和要求为目标。
- **劳务或商品的产出**　组织产出的产品包括劳务（有形的或无形的）或商品，其质量和数量都可以用货币或物质单位表示出来。
- **效率或获利的可能性**　即投入–产出目标，包括效率、生产率等。
- **组织、生存能力的投资**　生存能力包括存在和发展能力，有赖于投入数量和投资转换过程。
- **资源的调动**　从环境中获得稀有资源。
- **守法**　对法规的遵守。
- **合理性**　即令人满意的行为方式，包括技术合理性和管理合理性。

彼得·德鲁克和B. M. 格罗斯从不同的角度对组织目标进行了较为详细的概括。综合以上观点以及考虑到企业所处的行业、发展阶段、竞争环境等特点，企业在对其战略目标进行规划设计时，一般要考虑以下10个方面：

- **盈利能力方面**　一般用利润、投资收益率、每股平均收益、销售利润率等来表示。例如，5年内税后投资收益率增加到15%。
- **市场方面**　用市场占有率、销售额或销售量来表示。例如，4年内微波炉的年销售量增加到100万台。

- **生产率方面** 用投入产出比率或单位产品成本来表示。例如，4年内每个工人的日产量提高10%。
- **产品方面** 用产品线或产品的销售额和盈利能力、开发新产品的完成期等来表示。例如，5年后淘汰利润率最低的产品。
- **资金方面** 用资本构成、新增普通股、现金流量、流动资本、回收期等来表示。例如，5年内流动资金增加到100万元。
- **生产方面** 用工作面积、固定费用或生产量来表示。例如，5年内浦东分厂的生产能力提高20%。
- **研发方面** 用花费的货币量或完成的项目来表示。例如，8年中陆续投资1亿元开发一种新型汽车。
- **组织方面** 用将实行的变革或将承担的项目来表示。例如，4年内建立一种分权制的组织机构。
- **人力资源方面** 用缺勤率、迟到率、人员流动率、培训人数或将实施的培训计划数来表示。例如，5年内以每人不超过8 000元的费用对200名员工实行40小时的培训计划。
- **社会责任方面** 用活动的类型、服务天数或财政资助来表示。例如，5年内对希望工程的捐助增加200万元。

6.3.4 企业战略目标体系的构成

企业在制定战略时一般都要确定其战略活动所要达成的战略目标。由于企业内不同利益团体的存在，目标之间不可避免地会出现冲突和矛盾。例如，企业生产部门的产量目标和销售部门的销量目标之间可能存在冲突；企业降低成本、增加利润的经济目标和依法纳税、保护环境的社会责任目标之间可能存在冲突，等等。因此，制定战略目标的有效方法是构造战略目标体系，使战略目标之间相互联合、相互制约，从而使战略目标体系整体优化，反映企业战略的整体要求。

6.3.4.1 企业战略目标的树形表示

企业战略目标的树状结构一般是由企业总体战略目标和主要的职能目标所组成。企业依据其使命和功能定位来制定企业总体战略目标时，为保证总战略目标的实现，必须将其层层分解，规定保证性职能战略目标，即总战略目标是主目标，职能性战略目标是保证性的目标，如图6-1所示。

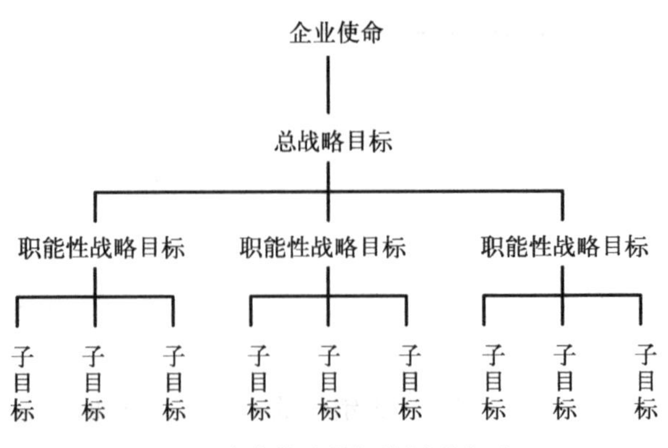

图6-1 企业战略目标的树形表示

6.3.4.2　企业战略目标的核心结构表示

在企业使命和企业任务定位的基础上，企业战略目标一般按市场目标、创新目标、盈利目标和社会目标等四大内容展开，并且，每一个目标又可进一步分解。市场目标可分解为产品目标、渠道目标和沟通目标；创新目标可分解为制度创新目标、技术创新目标、管理创新目标等；盈利目标可分解为生产资源目标、人力资源目标和资本资源目标等；社会目标可分解为公众关系目标、社会责任目标、政府关系目标等，如图6-2所示。

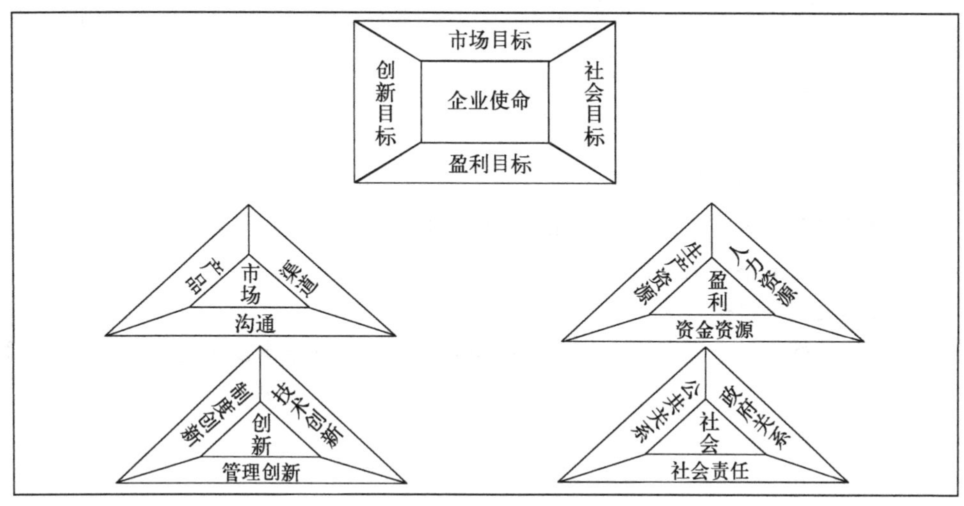

图6-2　企业战略目标的核心结构表示

1. 市场目标

企业在制定战略目标时，最重要的决策是企业在市场上的相对地位，因为一个企业的市场地位从侧面反映了该企业的竞争地位。企业预期达到的市场地位应该是最优的市场份额，这就要求对顾客、目标市场、产品或服务以及销售渠道等做仔细的分析。

- **产品目标**　包括产品组合、产品线、产品销量和销售额等。
- **渠道目标**　包括纵向渠道目标，即渠道的层次或级数，以及横向渠道目标，即同一级渠道成员的数量和质量目标。
- **沟通目标**　包括广告、营业推广等活动的预算及预期效果。

2. 创新目标

在环境变化加剧、市场竞争激烈的社会里，创新概念受到重视是必然的。创新作为企业战略目标之一，是使企业获得生存和发展的生机和活力。每一个企业中，基本上存在着三种创新：技术创新、制度创新和管理创新。为树立创新目标，战略制定者一方面必须预计达到市场目标所需的各项创新；另一方面，必须对技术进步在企业的各个领域和各项活动中引起的变化做出评价。企业的创新目标包括：

- **制度创新目标**　制度创新目标是对企业资源配置方式的改变与创新，目的是使企业适应不断变化的环境和市场。
- **技术创新目标**　这一目标既包括原材料、能源、设备、产品等有形的创新目标，也包括工艺程序设计、操作方法改进等无形的创新目标。制定技术创新目标有助于推动企业引入或采取新的生产方式，从而增强企业的市场竞争力。

- **管理创新目标** 管理创新涉及经营思路、组织结构、管理风格和手段、管理模式等多方面的内容。管理创新的主要目标是努力设计一套规则和程序以降低交易费用，这一目标的建立是企业不断发展的动力。

3. 盈利目标

企业作为一个经济组织，它必须不断盈利才能够继续生存下去，因此，盈利目标是企业的一个基本目标。利润既是对企业经营成果的检验，又是企业风险的报酬，也是企业乃至社会发展的资金来源。盈利目标的达成取决于企业的资源配置效率及利用效率，包括人力资源、生产资源、资本资源等的投入−产出目标。

- **生产资源目标** 通常情况下，企业通过改进投入与产出的关系就可以获得盈利：一方面，提高每个投入单位的产量；另一方面，在单位产量不变的情况下，成本的降低也同样意味着利润的增加。
- **人力资源目标** 人力资源素质的提高能使企业生产率得以提高，同时还能减少由于人员流动造成的成本开支。因此，企业的战略目标中应包括人力资源素质提高、建立良好的人际关系等目标。
- **资本资源目标** 达成企业盈利目标同样还需要在资金的来源及其运用方面制定各种目标：一方面，确定合理的资本结构并尽量减少资本成本；另一方面，则通过资金、资产的运作来获得利润。

4. 社会目标

随着竞争的加剧以及社会的发展，现代企业越来越认识到自己对用户及社会的责任。一方面，企业必须对本组织所造成的社会影响负责；另一方面，企业还必须承担解决社会问题的部分责任。企业日益关心并注意树立良好的公众形象，既为自己的产品或服务争取信誉，又促进组织本身获得认同。企业的社会目标反映企业对社会的贡献程度，如环境保护、节约能源、参与社会活动、支持社会福利事业和地区建设活动等。企业的社会目标包括：

- **公众关系目标** 这一目标的着眼点在于企业形象、企业文化的建设，通常以公众满意度和社会知名度作为保证、支持性目标。
- **社会责任目标** 常常是指企业在处理和解决社会问题时应该或可能做些什么，如在对待环境保护、社区问题、公益事业时所扮演的角色和发挥作用的程度。
- **政府关系目标** 企业作为纳税人支持着政府机构的运作；同时，政府对企业的制约和指导作用也是显而易见的。往往这一目标的达成可能为企业赢得无形的竞争优势。

在实际中，由于企业的行业性质不同、企业发展阶段不同，战略目标体系中的目标重点也大相径庭。同一层次的战略目标之间必然有先导目标。以上分析为企业确定其战略目标体系提供了参考。

6.4 制定企业战略目标

第6.3节讨论了战略目标的定义、特征、内容、目标体系的构成及表现形式等。这些知识为企业制定具体的企业战略目标奠定了基础，本节将进一步讨论企业制定战略目标的原则、方法和技术，从而为企业战略目标的制定提供依据和指导。

6.4.1　制定战略目标的原则

6.4.1.1　系统原则

由于企业是在开放环境下运行的组织，战略目标的制定必须建立在实事求是地对内外环境进行系统分析、预测的基础上。首先，要明确企业的现状，充分估计企业发展的潜力，分析企业的优势与劣势等；同时，通过对外界环境的分析判断确认这些因素可能给企业带来的机会和威胁，在此基础上才能科学系统地制定出本企业的战略目标。

6.4.1.2　平衡原则

为了满足与企业关联的不同利益主体及未来发展等方面的要求，企业在制定战略目标时，需要达到以下三个方面的平衡。

- **不同利益主体之间的平衡**　扩大市场和销售额的目标与提高投资利润率的目标往往是有矛盾的，即因扩大销售而牺牲了利润，或因提高了利润而影响了销路，必须把两者摆在适当地位求得平衡。
- **近期需要和远期需要之间的平衡**　只顾近期需要，不顾长远需要，企业难以在未来继续生存；相反，只顾远期需要而不兼顾近期需要，企业也将难以为继。因此，战略目标的制定必须兼顾企业的长短期利益。
- **总体战略目标与职能战略目标之间的平衡**　企业总体战略目标是通过职能战略目标来体现和实现的，但由于有些职能目标对企业的未来成长影响大，而对总体战略目标的实现影响不大，这就要求企业在制定企业战略目标时需要在总体战略目标与各职能战略目标之间取得平衡，以使企业在实现其总体战略目标的同时，促进企业的全面发展。

6.4.1.3　权变原则

客观环境变化的不确定性常常影响到企业对未来发展预测的准确性，这就要求企业在制定战略目标时，应制订多种方案。一般情况下，企业在制定战略目标时，把企业所面临的宏观经济环境分为繁荣、稳定、萧条三种情况，并分析各自的可行性及利弊得失，从而选择一种而将另外两种作为备用。或者，制定一些特殊的应急措施，如原材料价格猛涨等情况下对战略目标进行适应性调整。例如，一个快速发展的食品公司的发展目标是在4年内扩建6个商店，相应的权变方案是：如果情况比预料的要好，新扩建的商店就可达到10个；如果经济萧条的话，公司不但无法扩展，而且有可能关闭掉4个到10个商店。

6.4.2　制定战略目标的方法和技术

6.4.2.1　时间序列分析法

时间序列分析法把过去和未来的某一目标值都看成是一个时间函数，这一序列是由互相配对的两个数列构成的，一个是反映时间顺序变化的数列，另一个是反映各个时间目标值变化的数列。编制时间序列是动态分析的基础，主要目的在于了解过去的活动过程，评价当前的经营状况，从而制定战略目标。这一方法一般使用于环境较为稳定情况下对未来的预测。下面我们以我国某炼钢企业为例介绍时间序列分析法，参见表6-1和图6-3。

图6-3中黑点表示每一时期的有关产量变数。虽然比较离散，但仍可据此对未来的产量做大略的估计。如果要制定2000年的钢产量目标，可以把坐标图上的直线外延出去，从而

得出2000年的产量目标，大致定于10 000万～12 000万吨之间。

表6-1　某炼钢企业钢产量时间序列

年　份	1952	1965	1978	1980	1985	1990	1995
产量（万吨）	135	1 223	3 178	3 712	4 679	6 604	8 905

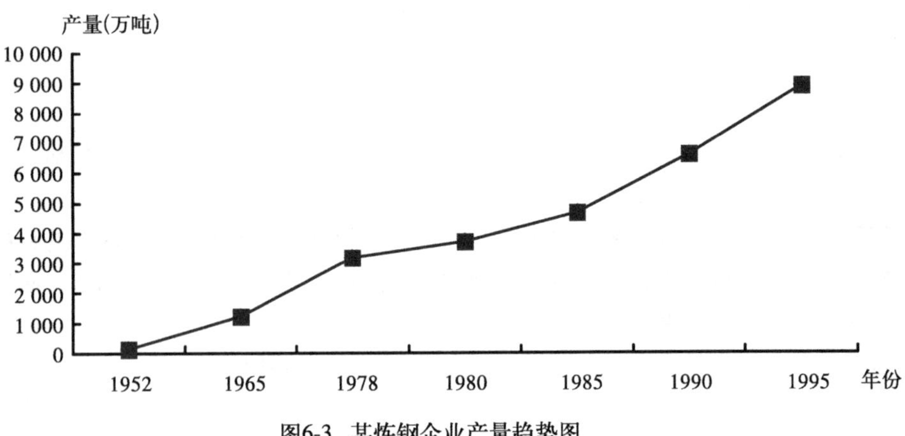

图6-3　某炼钢企业产量趋势图

以上只是较为简单的模型。对于时间序列所反映的指标变化，都是由众多复杂因素共同作用的结果。经典的时间序列模型是将之分解为如下四种变动因素：趋势变动、循环变动、季节变动、偶发事件。下面我们再以A企业一个产品过去销售的时间序列为例来阐述这一方法。假设其1996年销量为1 400万台电冰箱。

（1）销量的趋势变动是人口、资本构成和技术状况基本发展的结果。通过对销量的分析可以发现它近似于一条直线，假设每年增长5%的销量；这样，预计第5年的目标销量是$1\,400\times(1+0.05)^5$。

（2）销量的循环波动是指经济活动波动的影响。这一波动带有某种周期性的特征，即估计第5年的营业活动会繁荣，并且能获得长期预测销量的120%；因此，2003年的销量可能是$1\,400\times(1+0.05)^5\times120\%$。

（3）销量的季节变动。这指一年中销售活动的固定型态，这一型态可能与天气因素、假期因素等有关。如果各月的销量相等，则每月销量为$1\,400\times(1+0.05)^5\times120\%/12$，但是12月份的季节指标为0.90，因此2003年12月份的销量可能为$1\,400\times(1+0.05)^5\times120\%/12\times0.9$。

（4）不规则变动，包括罢工、风暴、火灾、战乱等突发事件对销售造成的干扰，这些偶发成分是无法预计的。为了有利于观察较正常的销售行为，应该把它从过去数据中分离出去。在这一例子中，假设没有偶发事件，则第5年12月份最理想的战略目标——估计销量是$1\,400\times(1+0.05)^5\times120\%/12\times0.9$。

对四种变动的分析测算如长期趋势的测定，可以采用移动平均法、最小二乘法等。

另外，一种有效而又简单的目标制定方法是指数平滑法。指数平滑法的最简单模型，只需三种数据：本期实际销售量、本期平滑销售额$Q_{t-2}=aQ_t+(1-a)Q_{t-1}$。平滑常数$a$可用反复实验法获得，即用在0和1之间的不同平滑常数代入试算，从而找出能反映季节变动和趋势变动因素的综合参数。

6.4.2.2 相关分析法

相关分析法是研究变量之间存在的非确定性的数量依存关系。这一方法广泛应用于经济分析中。社会经济与市场诸因素之间常有一种内在的相关性或因果关系，如研究消费者收入、年龄、性别、职业等对产品消费量的影响程度，寻求产品的“目标市场”。因果分析则是相关分析的一种，主要研究变量之间存在的主从关系或因果关系，从而判断变量的发展趋势，并在此基础上制定战略目标。简单的回归模型为：$y = ax_1 + bx_2 + cx_3 + d$。$y$是因变量，$x_1$、$x_2$、$x_3$代表自变量，$a$、$b$、$c$、$d$代表常数，可根据最小二乘法求出。以某轻工公司为例，其所属材料厂的统计数据如表6-2所示。

表6-2　某轻工公司新增生产性固定资产与产量的增加值序列

新增生产性固定资产X（万元）	18	22	25	30	36	40	47	50
产量的增加值Y（万元）	54	62	70	104	130	160	170	200

从表6-2可以看出，企业产值与企业生产性固定资产直接相关，生产性固定资产投入越大，企业产值越高；但不是完全成比例。如果进行回归分析，可求得a=−36.82，b = 4.63，故回归直线方程为Y=4.63X−36.82；根据回归方程，在产值目标确定的基础上，可以求得固定资产增加的目标。

当然，还可通过估计标准误差来衡量Y的实际值和估计值离差的一般水平。

6.4.2.3 盈亏平衡分析法

这一方法是企业制定战略目标常用的一种有效方法，是根据产品的销售量、成本和利润三者之间的关系，从而分析各种方案对企业盈亏的影响，并从中选择出最佳的战略目标。图6-4是盈亏分析图解。

y轴表示收入或费用（元），x轴表示产品数量，只要单位产品销售价格大于单位总成本，则总收入线必能与总成本线相交于某一点，相交点就是盈亏平衡点。从图6-4可看出，当产品销量（或产量）低于盈亏平衡点X时，企业必然亏损；只有当产品销量（或产量）大于盈亏平衡点X时，企业才有盈利。

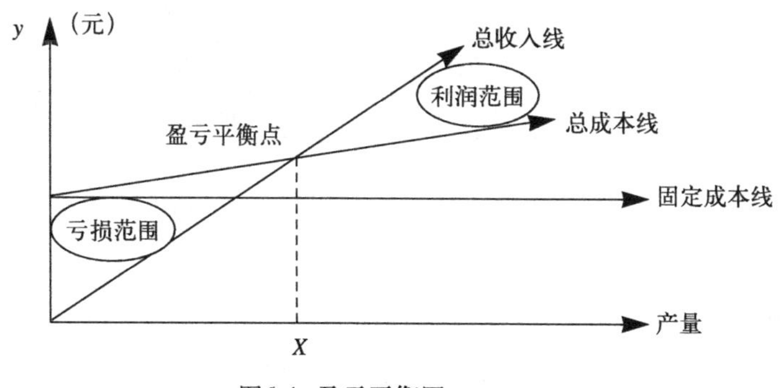

图6-4　盈亏平衡图

设BEP为盈亏平衡点，TFC为总固定成本，P为每件产品的价格，VC为每件产品的变动成本，则

$$BEP = \frac{TFC}{P-VC}$$

例如，如果计划生产一种香水，每瓶香水的市场销售价格为20元，而生产每瓶香水的变动成本为15元，每年的固定成本为400 000元，试问每年必须生产多少瓶香水才能达到盈亏平衡？根据公式可以算出：BEP = 80 000（瓶）。因此，要达到盈亏平衡的话，就必须生产销售80 000瓶香水；如果香水价格上升为每瓶25元的话，则生产40 000瓶就可以了。

6.4.2.4 决策矩阵法

以矩阵为基础，分别计算出各种备选方案在不同条件下的可能的结果，然后按照客观概率的大小，计算出各备选方案的期望值，进行比较，从中选择最优的战略目标。采用这一方法一般必须具备以下几个条件：

（1）要有明确的目标（如获取最大的利润）。

（2）要有两个以上的备选方案。

（3）存在各种可能状态，并能估计其发生的客观概率以及可能的结果。

例如，某公司决定扩张以进入一个新的地区市场。有三种方法可以选择：一是建立新的生产企业；二是购买并改建现成的企业；三是外包给其他厂家进行生产。假定由于一主要销售合同的签约风险导致在新的市场上需求水平的不确定性，如果顺利签约，需求很可能达到20 000个单位；否则只有10 000个单位的预期。此外，对于不同方案在不同的销售量下，其销售价格也是不一样的，见表6-3。

表6-3 不同选择方案下销售水平及销售价格

年销售量	销售价格（元）		
	建立新企业	购买及改建	外　包
10 000单位	58	56	50
20 000单位	35	33	40

另外，假设出现较高需求的可能性为30%，较低需求的可能性为70%，通过计算，可以计算出各种不同战略选择的加权平均成本，见表6-4。

表6-4 不同销售水平下的成本

	成　本		
	建立新企业	购买及改建	外　包
年销售量10 000单位	58元×0.7	56元×0.7	50元×0.7
年销售量20 000单位	35元×0.3	33元×0.3	40元×0.3
加权平均	51.10元	49.10元	47.00元

通过计算与比较可以知道，外包方案的加权平均成本最低，因而为最优方案。但值得注意的是，虽然决策矩阵在分析战略方案时非常有用，但是这一简单的分析方法也忽视了间接因素的考虑。在上例中，外包生产的分析忽略了主要的竞争者迅速在该市场出现的机会。

6.4.2.5 决策树法

风险决策通常采用决策树法。决策树法的基本原理是以收益矩阵决策为基础进行最佳选择决策，所不同的是，决策树是一种图解方式，对分析复杂的问题更为适用。决策树能清清楚楚、形象地表明各备选方案下可能发生的事件和带来的结果，使人们易于领会做出决策的推理过程。如果问题极为复杂，还可借助于计算机进行运算。决策树分析法不仅能帮助人们进行有条理的思考，而且有助于开展集体讨论，统一认识。从20世纪50年代以来，许多企业都利用决策树法来制定企业目标，取得了明显的成效。例如，某公司开发新产品，欲在R&D方面进行投资。计划产品开发期为6年，有下列投资方法：一次性投入500万元；或仅投入200万元；或先投入200万元，2年后追加投资到500万元；或先投资500万元，2年后紧缩。

图6-5列示了四种不同的投资方案在不同经济景气程度下所引起的净现值的变化（B1～B16）。E1～E10为净现值的期望值，D1～D5为决策。假定在第1～2年经济繁荣的概率为$H=0.5$，第3～6年繁荣与萧条的概率分别为$HH=0.9$与$HL=0.1$；而第1～2年经济萧条的概率为$L=0.5$，第3～6年繁荣与萧条的概率分别为$LH=0.1$与$LL=0.9$。由此，求得：

$$E3 = B1 \times HH + B2 \times HL = 4.05$$

$$E4 = B3 \times HH + B4 \times HL = 3.5$$

比较E3，E4得到决策为追加投资，记为D2(E3)。又

$$E5 = B5 \times LH + B6 \times LL = 0.45$$

$$E6 = B7 \times LH + B8 \times LL = 3.5$$

则得到D3（E6）。

同理求得 $E7=2.5\quad E8=5.55$ 故D4(E8)

$E9=1.5\quad E10=0.95$ 故D5(E9)

所以 $E1=E3 \times H+E6 \times L=3.775$

$E2=E8 \times H+E9 \times L=3.525$

故得D1(E1)。

也就是说，投资目标是先投入200万元，如果未来两年经济高涨，则追加投资，如果经济衰退，则维持原有水平。

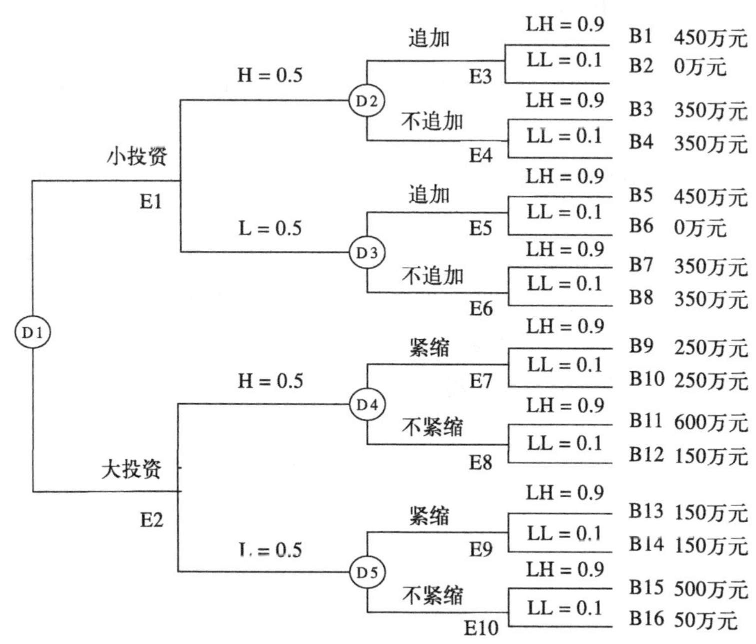

图6-5 投资决策树分析

6.4.2.6 博弈论法

博弈论又称对策论，是运筹学的一个分支，最初是用在军事上，用来研究如何战胜对方的最佳策略，后来被企业单位广泛采用，通过用数学方法来研究有利害冲突的双方在竞争性的环境中如何找出并制定战胜自己对手的最优策略等问题。例如，美国的可口可乐公司想通过改变原来的饮料包装来提高饮料的销售价格，它就必须了解其他竞争对手是否也会采取相应的竞争战略。

6.4.2.7 模拟模型法

所谓模拟，就是模仿某一客观现象建立一个抽象的模型，并对模型进行分析试验，以观察并掌握客观现象运动、变化的规律，从而找出错综复杂问题的解决方案。通过给各种模型输入不同的数据，再观察这些模拟的运转和可能产生的结果，从而制定合适的战略目标。模拟模型试验，特别是复杂的建模，往往需要专家顾问的帮助，也要有计算机的帮助。用计算机来进行模拟的基本步骤是：①建立模型。这种模型往往不是简单的数字公式，而是用来描绘事件运行的逻辑步骤；②把这些逻辑模型输入计算机，编成计算机模拟程序，这样既便于操作，又能大大提高效率；③进行设计和实验。在模拟客观现实问题的各方案中选出较优的战略目标。目前，美国许多大公司、企业都用模拟方法来判定战略方案和目标。一个战略模拟可能包括所有相关的环境因素以及内部成本结构、资源分配等因素对企业经营业绩的影响；也就是说，战略模型试图将本章介绍的各种不同的分析技术所涉及的因素，纳入一数量模拟模型加以分析研究，使战略目标的制定更完整、更系统化。

本章小结

1. 企业制定战略目标是从确定企业使命开始的。企业使命定位包括企业存在的目的定位、企业经营哲学定位和企业形象定位等三个方面的内容。企业使命定位应考虑六个方面的因素：①外部环境要素；②企业领导者的偏好；③企业的发展历史；④企业资源；⑤企业的核心能力；⑥其他与企业相关的利益主体的要求与期望。
2. 企业在进行功能定位时，主要解决三个问题：①企业是什么？②企业将会是什么？③企业应该是什么？
3. 一个好的企业战略目标应该具有可接受性、可检验性、可分解性、可实现性、挑战性等特征。
4. 企业战略目标的核心结构包括：市场目标、创新目标、盈利目标、社会目标，这些目标在不同行业、不同发展阶段的企业是不一样的，需要进行比较、分析和精心制定。
5. 制定企业战略目标的方法主要有：时间序列法、相关分析法、盈亏平衡法、决策矩阵法、决策树法、博弈法、模拟模型法。

关键术语

企业使命 企业任务 战略目标

复习思考题

1. 试比较企业使命的产品导向和市场导向，然后请谈谈你的看法。
2. 企业任务定位主要解决哪些问题？请运用彼得·德鲁克的方法选择一企业并对“企

业是什么”进行分析。

3. 试述企业战略目标的重要性以及一个好的战略目标有哪些特征?
4. 一个以发展为目的的企业应该如何构造其战略目标体系?
5. 制定战略目标的原则有哪些? 假如你是企业的总经理，你将如何平衡各利益集团的目标?
6. 制定战略目标有哪些方法? 能否再举出其他一些方法和技术?

参考文献

[1] 迈克尔 A 希特，等. 战略管理[M]. 吕巍，等译. 北京：机械工业出版社，2009.
[2] 王方华，吕巍. 企业战略管理[M]. 上海：复旦大学出版社，1997.
[3] 弗雷德 R 戴维. 战略管理[M]. 李克宁，译. 6版. 北京：经济科学出版社，1998.
[4] Cliff Bowman. The Essence of Strategic Management [M]. 影印版. 北京：中国人民大学出版社，1997.
[5] 徐二明. 企业战略管理[M]. 修订版. 北京：中国经济出版社，2002.

第7章　战略态势选择

学习目标

1. 了解战略态势的含义，掌握四种战略态势的概念、特征、适用性、利弊及类型。
2. 了解清算战略与放弃战略的区别与联系。
3. 掌握波士顿矩阵分析法和战略群模型两种具体的战略分析方法的内容。
4. 掌握战略态势选择存在的误区及克服方法。

开篇案例　吉利汽车公司发展史

作为中国最早进入汽车工业并获得迅速发展的民营企业，吉利控股集团已成为国内轿车制造业“3+6”格局的重要成员，并正以“中国自主品牌”的资格和自主创新的姿态，引人注目地登上国际汽车工业舞台，当之无愧成为中国轿车走向世界的代言人。

回顾吉利的发展史，任何对中国汽车工业稍有了解的人都会承认，这确实是一个奇迹。对吉利在打造民族轿车上的执著和艰辛，任何稍有民族情结的人都会肃然起敬。2005年10月，国家科技部召开的“吉利现象研讨会”甚至用这样热情洋溢的语言评价吉利：一个拥有13亿人口的发展中大国，要想真正自立于世界民族之林，就不能没有像吉利一样的灵魂，不能没有像吉利一样的脊梁。

剥下轿车的“贵族”外衣

1997年，吉利集团董事长李书福走进临海城东一片荒草没膝的田野，开始了他的造车之梦。次年8月，当第一辆吉利轿车在欢庆的鞭炮声中从流水线上开出时，人们在高悬的大红横幅上读出了这样的字句：“造老百姓买得起的好车！”

在此之前的中国，尽管改革开放已多年，但轿车仍然是“市长”、“局长”的坐骑，“老板”、“老总”的专利，大街上跑的不是“官车”就是“商车”。1998年，由于吉利轿车的问世，披在轿车身上种种令人目眩的外衣，像神祇身上年久的油漆一样，一片一片地开始剥落。首先是价格，四五万元的吉利轿车一上市，理所当然在中国汽车市场引起极大的轰动。众多合资品牌轿车，即使心有不甘，也不得不低下“高贵”的头。

然而，更重要的还不是价格的返璞，而是观念的归真。这个来自西方工业文明的普通代步工具，在中国人心目中的伪尊贵，被李书福无情地横扫在地，还原了它的本相。

轿车是什么？不就是四个轮子，两张沙发，一个铁壳吗！

我们一定要让吉利轿车走遍全世界，而不是让外国车走遍全中国！

李书福就是用这种貌似狂妄的语言，彻底刷新了人们对轿车的理解，颠覆了中国人对制造轿车的敬畏感。这种刷新和颠覆不亚于是中国轿车界一次思想解放。

在此之前，弥漫在轿车界的“没有20年时间打造不出中国自主品牌汽车”、“中国造不出自己的发动机、变速箱”、“中国没必要搞自主品牌汽车”等悲观论调比比皆是，桎梏着中国汽车人自主创新的意志。

在此之后，络绎不绝的中国企业家步上吉利后尘，意气风发地加入自主研发中国品牌轿车行列。一般可以与外商叫阵、令世界汽车巨头不敢小觑、让国际传媒惊呼“中国车来了”的力量终于在中国大地上形成。吉利的观念创新，成就了中国汽车界的一场革命。

打造强势“吉利军团”

李书福嗜“才”如命。中国汽车工业几十年的发展，积累下大批德才兼备的汽车技术人才。这些佼佼者的共同信念，就是期望在中国汽车工业的振兴热潮中建功立业。然而蜂拥而入的合资企业，无情地扼杀了精英们证明自身价值的报国热情。

当立志“造老百姓买得起的好车”、“让吉利轿车走遍全世界”的李书福树起“招贤纳士”的旗帜，“投奔”者如过江之鲫就一点也不奇怪了。短短几年间，吉利旗下英才云集，身怀绝技的专业人才多达900余人。其中工程院院士2名、外国专家8名、博士数十名、硕士数百名、高级工程师及研究员级高级工程师数百名。

这些来自世界各地的顶尖人才，运用自身的专业知识和经验，在吉利的决策层、技术管理层、生产制造层等各个层面、各个领域开始发挥作用并与国际先进水平接轨，逐步形成科技自主创新型的发展模式，很快改变了吉利的面貌。

短短几年，吉利已经成功研发并投产九大系列不同的车型，其中美人豹、自由舰已在国内外成为中国自主品牌轿车的代名词，近期投产的还有6款新车型。

在开发手段上，吉利已迅速向世界先进水平靠拢，目前已完全具备了全数模的开发方式，拥有每年开发两三款新车型的研发能力。

逐步掌握轿车核心部件研发技术，实现了中国第一台也是迄今中国唯一的自动变速器的设计制造、电子智能助力转向系统的设计生产、世界领先国内领先的大升功率发动机的设计制造和整车设计、匹配、试验、验证技术的全面应用。

如今，吉利已经形成豪情、美日、优利欧、SRV、美人豹、华普、自由舰、吉利金刚、远景等9大系列30多个品种的产品谱，拥有1.0L到1.8L的8大系列发动机和JLS160、Z110等8大系列变速器。

不仅仅是注重“引才”，李书福更注重“育才”。1998～2005年，吉利先后在临海、北京、海南创办了“浙江吉利汽车工业学校”、“浙江吉利技师学院”、“北京吉利大学”、“海南大学三亚学院”等大专院校，培养专业的汽车技工、技师和各类汽车人才。进入2007年，吉利又创办了国内首家培养行业高级专业人才的“浙江吉利汽车工程学院”。在办校同时，吉利又设立了“未来人才基金”，为吉利未来事业定向培养1 000名学习成绩好、创业心强、不怕苦、愿奉献但家庭贫寒的大学生。

李书福最近在接受采访时宣称：“根据吉利汽车年产销量200万辆的规划，吉利共需员工近20万人。因此，我们计划把吉利在校学生增至10万人，平均每年毕业2万～3万人，每年进入吉利工作1万～2万人。”再经过10年的发展，一个年产销200万辆汽车的吉利集团公司就有了基本的人才保证。

只有自主开发方能命运自主

李书福在多个场合反复强调：“自主品牌、自主知识产权和自主开发，也就是说主权经济，你必须掌握在自己手里面。”进入轿车行业后，吉利是怎样把这个“主权”始终紧紧攥在自己手里的呢？

一是下大力气攻克轿车核心部件研发技术。李书福提出，吉利必须要有自己的发动机、变速箱、整车技术。为此，吉利投下巨资，建起现代化的汽车研究院，包括现代化的基础、电气、道路模拟、多功能实验室，现代化的变速箱、发动机厂……其间自然有无数的艰难困阻，这里毋庸细述，结果则是：479Q发动机下线，MR479Q系列发动机通过国家鉴定，电力助力转向系统开发成功……一系列的成功，标志着吉利完全具备了一家自主企业必须拥有的整车造型、车身、底盘、汽车附件、发动机、变速箱、整车电子电器等开发设计能力。

当然，坚持自主开发并不是“从头开始”，更不是“闭门造车”。相反，吉利越是坚持自主，越是注重汲取世界先进技术。吉利没有同世界上的任何汽车公司合资，但却同世界上几十家汽车技术及相关专业公司进行着技术合作，包括引人注目地与英国锰铜合作打造世界名牌出租车。这是一项拥有百分之百自主权的合作，吉利具有充分的话语权。这正是吉利能在较短时间里迅速赶上国际先进造车水平的“奥秘”所在。

二是逐步实现零部件全面国产化。20多年的改革开放，中国的纺织、五金、机械、模具、塑料、橡胶、电子电器、石油化工、计算机工程、信息技术等行业都已经得到迅速的发展。李书福认为，将这些行业的相关技术整合在一起，通过技术集成优化，就是一辆中国汽车。

正是通过这种整合，吉利与国内众多汽车零部件生产厂家建起了合作伙伴关系，通过知识的交流互动，形成了以本土企业为主的核心零部件供应体系。吉利的销量也由此呈现出几何级数的增长：由1999年的1 600辆，跃向1万辆、2万辆、4万辆、8万辆、10万辆、15万辆直到2006年的20.4万辆。2007年，集团更把目标锁定在29万辆。

自主创新，自主品牌，自主知识产权。吉利“科技创新型发展模式”的成果灿烂而又辉煌。今年，吉利又成功收购了瑞典汽车大亨沃尔沃，为中国自主汽车品牌开辟了新的局面。中国汽车在世界上不再卑微，不再渺小，吉利为中国汽车自主品牌的国际化迈出了坚实的一步。

资料来源：http://www.0351auto.com/html/2007/11/4/20071141434044700.html.

从案例中可以看出，吉利汽车由中国汽车自主第一品牌发展到能够收购国际汽车巨头沃尔沃，其经营成功的关键因素之一可归功于吉利创立十多年来正确的战略态势选择及实施。

所谓战略态势，就是在目前的战略起点上，决定企业的各战略业务单位在战略规划期限内的资源分配、业务拓展的发展方向，一般可分为稳定型战略、增长型战略、紧缩型战略和混合型战略等四种，见图7-1。吉利作为中国汽车自主第一品牌，建立至今不过十余年，采取的几乎都是增长型战略，以扩大规模、扩大势力范围为主要目标。在特定的内外部环境下，稳定型战略、增长型战略、紧缩型战略和混合型战略等四种战略都是合适的选择方案，也都是明智的选择。在企业的实践中，这四种战略态势并不是被相同程度地采纳。美国管理学者格鲁克（Glueck）在对358位企业经理15年中的战略选择进行深入研究之后发现，以上四种战略态势被使用的频率分别为：稳定型战略，9.2%；增长型战略，54.4%；紧缩型战略，7.5%；混合型战略，28.7%。

本章将分别介绍这四种战略态势的概念、特征、适用性、利弊及类型，以及企业在进行战略态势选择时的影响因素、选择的技术和方法以及选择中存在的误区等。

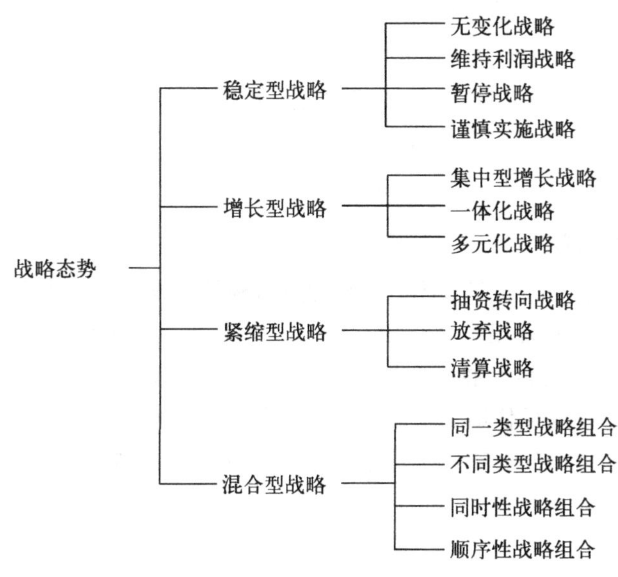

图7-1　战略态势的类型

7.1　稳定型战略

7.1.1　稳定型战略的概念及特征

稳定型战略是指在企业的内外部环境约束下，企业准备在战略规划期限内使企业的资源分配和经营状况基本保持在目前状态和水平上的战略。企业采取稳定型战略也就意味着企业经营方向及经营产品在其经营领域内所达到的产销规模和市场地位都大致不变，或以较小的幅度增长或减少。

从企业经营风险的角度来说，稳定型战略的风险是相对小的，对于那些曾经成功地在一个处于上升趋势的行业和一个不大变化的环境中活动的企业来说会很有效。由于稳定型战略从本质上追求的是在过去经营状况基础上的稳定，因此，它具有以下特征：

（1）企业对过去的经营业绩表示满意，决定追求既定或与过去相似的经营目标。例如，企业过去的经营目标是在行业竞争中处于市场领先者的地位，稳定型战略意味着在今后的一段时间里依然以这一目标作为企业经营目标。

（2）企业在战略规划期内所追求的绩效按一定的比例递增。这里的增长是一种常规意义上的增长，而非大规模的和非常规的迅猛发展。例如，稳定型增长可以指在市场占有率保持不变的情况下，随着总的市场容量的增长，企业的销售额也随之增长，这种情况并不能算典型的增长型战略。实行稳定型战略的企业总是在市场占有率、产销规模或总体利润水平上保持现状或略有增加，从而稳定和巩固企业现有的竞争地位。

（3）企业准备以过去相同的或基本相同的产品和劳务服务于社会，这意味着企业在产

品上的创新较少。

从以上特征可以看出，稳定型战略主要依赖于前期战略。它坚持依照前期战略对产品和市场领域进行选择，以前期战略所达到的目标作为本期希望达到的目标。因而，实行稳定型战略的前提条件是企业过去的战略是成功的。对于大多数企业来说，稳定增长战略也许是最有效的战略，如美国的佐治亚信托投资公司就采用了这一战略态势。由于该公司参与竞争的领域在佐治亚州的亚特兰大是增长比较迅速的行业，该公司的经营业绩稳定发展，避免了在一场对房地产打击特别严重的衰退期间其主要竞争对手遇到的危机。又如，另一家美国企业南方铁路公司由于重视运输服务，并注意收购其他铁路公司或与之合并，因而保持了平衡增长并避免了其他铁路公司经历的财务危机。

7.1.2 稳定型战略的适用性

采取稳定型战略的企业一般处在市场需求及行业结构稳定或者较少动荡的外部环境中，因而企业所面临的竞争挑战和发展机会都相对较少。但是，有些企业在市场需求以较大幅度增长或是外部环境提供了较多发展机遇的情况下也会采用稳定型战略。这些企业一般来说是由于资源状况不足以使其抓住新的发展机会而不得不采用相对保守的稳定型战略态势。下面分别讨论企业外部环境和企业自身实力对采用稳定型战略的影响。

7.1.2.1 外部环境

外部环境的相对稳定性会使得企业更倾向于稳定型战略。影响外部环境稳定性的因素很多，大致包括以下几方面：

（1）宏观经济状况会影响到企业所处的外部环境。如果宏观经济在总体上保持总量不变或总量低速增长，那么企业所处行业的上游、下游产业也往往只能以低速增长，这就势必影响到该企业所处行业的发展，使其无法以较快的速度发展。因此，由于宏观经济的慢速增长会使得某一产业的增长速度也降低，这就会使得该产业内的企业倾向于采用稳定型战略，以适应这一外部环境。

（2）产业的技术创新度。如果企业所在的产业技术相对成熟，技术更新速度较慢的话，企业过去采用的技术和生产的产品无须经过太大的调整就能满足消费者的需求和与竞争者抗衡。这样产品系列及其需求保持稳定，从而促使企业采纳稳定型战略。

（3）消费者需求偏好的变动。这是决定产品系列稳定度的另一方面。消费者频繁的偏好转移势必使得企业在产品特性和营销策略上与过去的做法有所不同，否则将会被竞争对手所击败，而这种策略上的变动毫无疑问将影响到企业的经营战略。因而企业若继续采用稳定型战略态势的话，很可能陷入被动。从这点来看，稳定型战略适合于消费者需求偏好较为稳定的企业。

（4）产品生命周期（或行业生命周期）。对于处于行业或产品的成熟期的企业来讲，产品需求、市场规模趋于稳定、产品技术成熟，新产品的开发和以新技术为基础的新产品开发难以取得成功，因此以产品为对象的技术变动频率低，同时竞争对手的数目和企业的竞争地位都趋于稳定，这时提高市场占有率、改变市场地位的机会很少，因此较为适合采用稳定型战略。

（5）竞争格局。如果某企业所处行业的进入壁垒非常高或由于其他原因使得该企业所处的竞争格局相对稳定，竞争对手之间很难有较为悬殊的业绩改变，则企业采用稳定型战略可以获得最大的收益，因为改变竞争战略带来的业绩增加往往是不尽如人意的。

7.1.2.2 企业内部实力

正如前面所说的，企业战略的实施一方面需要与外部环境相适应，另一方面要有相应的资源和实力来实施，也就是既要看到外部的威胁与机会，又要看到自身的优势与劣势。

即使外部环境较好，行业内部或相关行业市场需求增长为企业提供了有利的发展机会，也并不意味着所有的企业都适合采用增长型战略。如果企业资源不够充分，例如可以用来投资的资金不足、研发力量较差或在人力资源方面无法满足增长型战略的要求时，就无法采取扩大市场占有率的战略。在这种情况下，企业可以采取以局部市场为目标的稳定型战略，以使其有限的资源能集中在某些自己有竞争优势的细分市场，维护竞争地位。

当外部环境较为稳定时，资源较为充足的企业与资源相对较为稀缺的企业都应当采用稳定型战略，以适应外部环境，但两者的做法不同。前者可以在更为宽广的市场上选择自己战略资源的分配点，而后者应当在相对狭窄的细分市场上集中自身资源，以执行稳定型战略。

当外部环境较为不利，如行业处于生命周期的衰退阶段时，资源丰富的企业可以采用一定的稳定型战略；而对那些资源不够充足的企业来说，则应视情况而定：如果它在某个细分市场上具有独特的竞争优势，那么可以考虑也采用稳定型战略态势；但如果本身就不具备相应的特殊竞争优势，那么不妨实施紧缩型的战略，以将资源转移到其他发展较为迅速的行业。

7.1.3 稳定型战略的利弊分析

以上讨论了稳定型战略态势在不同内外环境下的适用性。就一般意义上来说，稳定型战略具有自己的优点和缺点。其优点主要表现为：

- **企业经营风险相对较小**　由于企业基本维持原有的产品和市场领域，从而可以利用原有的生产经营领域、渠道，避免开发新产品和新市场所必需的大额资金投入、激烈的竞争抗衡和开发失败的巨大风险。
- **能避免因改变战略而改变资源分配的困难**　由于企业经营方向和内容等与过去大致相同，因而稳定型战略不必考虑原有资源的增量或存量调整，相对其他战略态势来说，要容易许多。
- **能避免因发展过快而导致的弊端**　在行业发展迅速时，许多企业无法清醒地看到潜伏的危机而盲目发展，结果造成资源的大量浪费。我国的许多彩电和空调企业就犯过这种错误，造成了设备闲置、效益不佳的结局。
- **能给企业一个较好的修整期，使企业积聚更多的“能量”，以便为今后的发展做好准备**　从这点上说，适时的稳定型战略是将来的增长战略的一个必要的酝酿阶段。

但是，稳定型战略也具有不少的缺陷，主要表现在以下几个方面：

- 稳定型战略的执行是以包括市场需求、竞争格局在内的外部环境基本稳定为前提的。一旦企业的这一判断没有被验证，就会打破战略目标、外部环境、企业实力三者之间的平衡，使企业陷入困境。因此，如果环境预测有问题，稳定型战略也有很大的风险。
- 特定细分市场的稳定型战略往往也隐含着较大的风险。由于资源不够，企业会在部分市场上采用稳定型战略，这样做实际上是将资源重点配置在这几个特定的子市场上，因而如果对这部分特定市场的需求把握不准，企业可能更加被动。

- 稳定型战略也容易使企业的风险意识减弱，甚至形成惧怕风险、回避风险的企业文化，这就会大大降低企业对风险的敏感性、适应性，从而也增大了以上所述风险的危害性和严重性。

稳定型战略的优点和弊端都是相对而言的，企业在具体的执行过程中必须权衡利弊，准确估计其收益和风险，并采取合适的风险防范措施。只有这样，才能保证稳定型战略优点的充分发挥。

7.1.4 稳定型战略的类型

在具体实施方式上，稳定型战略又可依据其目的和资源分配的方式分为不同类型。我们下面介绍美国的一些管理学家对稳定型战略类型的划分。

7.1.4.1 无变化战略

无变化战略似乎是一种没有战略的战略。采用它的企业可能是基于以下两个原因：①企业过去的经营相当成功，并且企业内外环境没有发生重大变化；②企业并不存在重大的经营问题或隐患，因而企业战略管理者没有必要进行战略调整，或者害怕战略调整会给企业带来利益分配和资源分配的困难。在这两种情况下，企业的管理者和职工可能不希望企业进行重大的战略调整，因为这种调整可能会在一定时期内降低企业的利润总额。采用无变化战略的企业除了每年按通货膨胀率调整其目标以外，其他都暂时保持不变。

7.1.4.2 维持利润战略

这是一种以牺牲企业未来发展来维持目前利润的战略。维持利润战略注重短期效果而忽略长期利益，其根本意图是渡过暂时性的难关，因而往往在经济形势不太景气时被采用，以维持过去的经营状况和效益，实现稳定发展。但用得不当的话，维持利润战略可能会使企业的元气受到伤害，影响长期发展。美国铁路行业在20世纪60年代处于十分困难的境况。许多铁路公司通过减少铁路维修和保养来减少开支，实行稳定型战略，维持分红。然而不幸的是这一困难时期延续到了20世纪70年代，铁路的状况十分恶化，最终使得这些铁路公司的经营受到了影响。

7.1.4.3 暂停战略

在一段较长时间的快速发展后，企业有可能会遇到一些问题使得效率下降，这时就可采用暂停战略，即在一段时期内降低企业的目标和发展速度。例如在采用购并发展战略的企业中，往往会在新收购的企业尚未与原来的企业很好地融合在一起时，先采用一段时间的暂停战略，以便于有充分的时间来重新实现资源的优化配置。从这一点来说，暂停战略可以让企业积聚能量，为今后的发展做好准备的功能。

7.1.4.4 谨慎实施战略

如果企业外部环境中的某一重要因素难以预测或变化趋势不明显，企业的某一战略决策就要有意识地降低实施进度，步步为营，这就是所谓谨慎实施战略。比如，某些受国家政策影响比较严重的行业中的企业，在政策或法规公布之前，就很有必要采用谨慎实施战略，一步步稳固地向前发展，而不是不问青红皂白地大干快上，置未来政策于不顾。

7.2 增长型战略

7.2.1 增长型战略的概念及特征

增长型战略是一种使企业在现有的战略基础上向更高一级目标发展的战略。它以发展作为自己的核心内容，引导企业不断地开发新产品、开拓新市场，采用新的生产方式和管理方式，以便扩大企业的产销规模，提高竞争地位，增强企业的竞争实力。

从企业发展的角度来看，任何成功的企业都应当经历长短不一的增长型战略实施期，因为本质上来说只有增长型战略才能不断地扩大企业规模，使企业从竞争力弱小的小企业发展成为实力雄厚的大企业。

与其他类型的战略态势相比，增长型战略有以下的特征：

（1）实施增长型战略的企业不一定比整个经济的增长速度快，但它们往往比其产品所在市场增长得快。市场占有率的增长可以说是衡量增长的一个重要指标，增长型战略意味着企业不仅应当有绝对市场份额的增加，更应有在市场总容量增长的基础上相对份额的增加。

（2）实施增长型战略的企业往往获得大大超过社会平均利润率的利润水平。由于发展速度较快，这些企业更容易获得较好的规模经济效益，从而降低生产成本，获得超额的利润率。

（3）采用增长型战略态势的企业倾向于采用非价格的手段来同竞争者抗衡。由于采用了增长型战略的企业不仅仅在开发市场上下工夫，而且在新产品开发、管理模式上都力求具有优势，因而企业通常很少采用会损伤自身利益的价格战，而是以相对更为创新的产品和劳务及管理上的高效率作为其竞争手段。

（4）增长型战略鼓励企业的发展立足于创新。上文已提到，这些企业经常开发新产品、新市场、新工艺和旧产品的新用途等，以把握更多的发展机会，谋求更大的风险回报。

（5）与简单的适应外部环境的变化不同，采用增长型战略的企业倾向于通过创造以前并不存在的某物或对某物的需求来改变外部环境，使之适合自身。这种去引导或创造合适环境的特点是由其发展的特性决定的：要真正实现既定的发展目标，势必要有特定的合适外部环境，被动适应环境显然不一定有帮助。

增长型战略能够真正地使企业获得比过去更好的经营规模。事实上有大量的公司通过实施增长型战略获得了成功。

7.2.2 增长型战略的适用性

目前，增长型战略是一种比较流行、使用频率较多的战略态势。在企业的实践中，该战略之所以被采用，并不仅仅因其给企业带来了经营上的优势，还包括许多其他原因：

- 在动态的环境中竞争，增长是一种求生存的手段。不断的变革能创造更高的生产经营效率与效益，从而能在不同的环境中适应并生存。
- 扩大规模和销售可以使企业利用经济曲线或规模经济效益降低生产成本。
- 许多企业管理者把增长视同成功。这种认识上的错误是因为没有意识到简单的总量增长有可能意味着效率和效益下降，因而追求增长型战略。
- 增长快的企业容易掩盖其失误和低效率。
- 企业增长得越快，企业管理者就越容易得到升迁或奖励，这是由最高管理者或最高管理层所持的价值观决定的。

从这些原因中我们可以看到，增长型战略的使用原因有时可能并不是单一从经营上考虑的，而往往与经营者自身利益相关。因而，增长型战略的使用确实存在着一定的误区，因为其使用是有相应的适用条件的，即：

（1）企业必须分析战略规划期内的宏观经济景气度和产业经济状况。这是由企业增长型战略的发展所决定的。企业要实施增长型战略，就必须从环境中取得较多的资源。如果未来阶段宏观环境和经济走势都令人乐观的话，消费品需求者和投资品需求者都有一种理性的预期，认为未来的收入会有所提升，因而其需求将会有相应幅度的增长，这就保证了企业增长型战略的实施。从上面分析可以看出，在选择增长型战略之前必须对经济走势做一个较为细致的分析，良好的经济形势往往是增长型战略成功的条件之一。

（2）增长型发展战略必须符合政府管制机构公布的政策法规和条例等约束。世界上大多数国家都鼓励高新技术企业的发展，因而一般来说这类企业很自然地可以考虑采用增长型战略。

（3）公司必须有能力获得充分的资源来满足增长型战略的要求。由于采取增长型战略需要较多的资源投入，因此企业从内部和外部获得资源的能力就显得十分重要。这里的资源是一个广义的概念，既包括通常意义上的资本资源，也包括人力资源、信息资源等。在资源充分性的评价过程中，企业必须问自己一个问题："如果企业在实行增长型战略的过程中由于某种原因暂时受阻，它是否有能力保持自己的竞争地位？"如果回答是肯定的，那表明企业具有充分的资源来实施增长型战略，反之则不具备。

（4）判断增长型战略的合适性还要分析企业文化。企业文化是一个企业在其运行和历史发展中所积淀下来的深植于员工心中的一套价值观念。不同的企业具有各异的文化特质。如果一个企业的文化氛围是以稳定为其主旋律的话，那么增长型战略的实施就要克服相应的"文化阻力"，这无疑增加了战略的实施成本。当然，企业文化也并不是一成不变的事物，事实上，积极和有效的企业文化的培育必须以企业战略作为指导依据。这里要强调的只是企业文化有可能会使某种战略的实施带来一定的成本，而并不是认为企业文化决定企业战略。

7.2.3 增长型战略的利弊分析

从一般意义上来看，与稳定型战略一样，增长型战略也有相应的利弊，在实施决策前要充分地加以权衡。其优点体现在以下方面：

- 企业可以通过发展提高自身的价值，这体现在经过扩张后企业的市场份额和企业资产的增加。这种价值既可以成为企业职工的荣誉，又可以成为企业进一步发展的动力。
- 企业能通过不断变革来创造更高的生产经营效率与效益。由于采用增长型战略，企业可以获得过去不能获得的崭新机会，避免企业组织的老化，使企业总是充满生机和活力。
- 在竞争日益激烈的今天，增长型战略能保持企业的竞争实力，增强企业的竞争优势。犹如"逆水行舟，不进则退"一样，如果在竞争对手都采用增长型战略的情况下，企业还在采用稳定或紧缩型战略，那么很有可能在未来失去竞争优势。

当然，增长型战略也存在着一些弊端，主要表现在以下几个方面：

- 在采用增长型战略获得初期的效果之后，很可能导致企业盲目的发展和为发展而发展，从而破坏企业的资源平衡。要克服这一弊端，要求企业在做出每一个战略态势决策之前都必须重新审视和分析企业的内外部环境，判断企业的资源状况和外部机会。

- 过快的发展很可能降低企业的综合素质，使企业的应变能力虽然表面上不错，而实质上却出现内部危机和混乱。这主要是由于企业新增机构、设备、人员太多，而未能形成一个有机的相互协调的系统而引起的。针对这一问题，企业可以考虑设立一个战略管理的临时性机构，负责统筹和管理扩张后企业内部各部门、人员之间的协调，在各方面的因素都融合在一起之后，再考虑取消这一机构。
- 增长型战略很可能使企业管理者更多地注重投资结构、收益率、市场占有率、企业的组织结构等问题，而忽视产品和服务的质量，重视宏观的发展而忽视微观的问题，因而不能使企业达到最佳状态。克服这一弊端需要企业战略管理者对增长型战略有一个正确而全面的理解，要意识到企业战略态势是企业战略体系中的一个部分，因而在实施过程中必须通盘考虑。

7.2.4　增长型战略的类型

在实践中，增长型战略有许多种不同类型，下面分别加以介绍。

7.2.4.1　集中型增长战略

这种增长型战略主要集中于单一产品或服务的增长，即以快于以往的增长速度增加企业目前的产品或服务的销售额、利润和市场份额等，它比较适合于那些对企业的产品或服务的需求正在增长的场合。

实施这一战略的方法之一是识别一个企业的销售额、利润或市场份额下降的原因。这些原因可能有四种：①在相关市场内缺乏一个完整的产品系列（产品系列缺口）；②通往相关市场或在相关市场内的销售渠道体系缺乏或不充分（销售缺口）；③现有市场潜力没有得到充分利用（利用缺口）；④竞争对手的销售（竞争缺口）。

我们可以采用图7-2所示的策略来满足这些缺口。

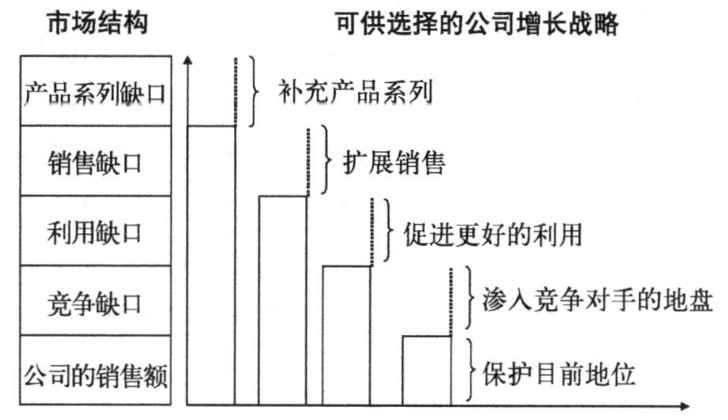

图7-2　缩小缺口的增长战略

集中单一产品或服务的增长战略风险较大，因为一旦企业所拥有的产品或服务的市场萎缩，企业就会陷入困境。因此一般企业都不会仅使用单一产品战略作为一种增长态势。

7.2.4.2　一体化战略

一体化战略是指企业充分利用自己在产品、技术、市场上的优势，根据物资流动的方向，使企业不断地向深度和广度发展的一种战略。它有利于深化专业分工协作，提高资源

的利用深度和综合利用效率。一体化战略可细分为后向一体化、前向一体化和水平一体化三种。

1. 后向一体化

后向一体化是指企业产品在市场上拥有明显的优势，可以继续扩大生产，打开销售，但是由于协作供应企业的材料、外购原件供应跟不上或成本过高，影响企业的进一步发展。在这种情况下，企业可以依靠自己的力量，扩大经营规模，由自己来生产材料或配套零部件，也可以向后兼并供应商或与供应商合资兴办企业，组成联合体，统一规划和发展。如电视机制造公司兼并显像管制造公司，食品公司投资兴办养殖场等，均属此种策略。随着我国外贸体制改革的深入发展，我国许多外贸公司提出了“工贸结合”的战略思想，或与长期供货企业订立长期合作协议，或自己建立生产基地，由此一些专业进出口公司或拥有外贸权的商贸企业出现了一种向综合商社转变的趋势。

2. 前向一体化

从物资的移动方向看，前向一体化就是朝与后向一体化相反方向发展。前向一体化一般是指生产原材料或半成品的企业根据市场需要和生产技术可能条件，充分利用自己在原材料、半成品的优势和潜力，决定由企业自己制造成品，或者与成品企业合并，组建经济联合体，以促进企业不断成长和发展。如纺织公司兴办服装公司，木材加工企业投资家具制造业等均属此例。德国奔驰汽车公司就是在两位创始人发明和制造发动机的基础上发展起来的。

前向一体化与后向一体化又称纵向一体化。通过纵向一体化，企业不仅能通过规模经济降低成本，而且以某种垄断来缓解竞争，从而获得一体化经济，提高进入和移动壁垒等战略利益。但是，企业一旦走了纵向一体化之路，由于投资巨大，“脱身”亦难，并且面对的发展机遇可能有限。

3. 水平一体化

水平一体化是指企业以兼并处于同一生产经营阶段的企业为其长期活动方向，以促进企业实现更高程度的规模经济和迅速发展的一种战略。例如，美国WCI公司在20世纪60年代末曾制定了在冰箱和冰柜市场上进行横向一体化的长期战略。为此，公司先后于1971年收购了弗兰克林电器公司；于1978年买下了美国汽车公司的家荣华电器分部；1979年买下了通用汽车公司的电冰箱分部。WCI公司在短短的10年内通过水平一体化实现了迅速扩张。

水平一体化也称为横向一体化，该战略主要通过收购企业的竞争对手来达到增长的目标，因此，它的主要问题是行业内竞争的消失及由此引起政府对垄断的干预。

7.2.4.3 多样化战略

1. 多样化战略的类型

根据现有业务领域和将来的业务领域之间的关联程度，可以把多样化战略分为：横向多样化、纵向多样化、复合多样化。

（1）横向多样化　横向多样化是以现有的产品市场为中心，向水平方向扩展业务领域，也称为水平多样化或专业多样化。如零售行业中的百货店、自我服务廉价商店、超级市场、便利店等就属于这种多样化。

横向多样化战略由于是在原有的市场、产品基础上的变革，因而产品内聚力强，开发、生产、销售技术关联度大，管理变化不大，比较适合于原有产品信誉高、发展潜力大的大型企业。

（2）纵向多样化　这是指虽然与现有的产品、市场领域有些关系，但是通过开发完全异质的产品、市场来使业务领域多样化。这种多样化包括三种类型：

- **技术关系多样化**　这是以现有业务领域中的研究技术或生产技术为基础，以异质的市场为对象，开发异质产品。例如，半导体公司向生产收音机、电视机的多种经营方向发展；玻璃生产商向生产照相机镜头玻璃、玻璃器皿、眼镜等方向发展。由于这种多样化利用了研发能力的相似性，能够获得技术上的相乘效果，因而有利于大量生产，在产品质量、生产成本方面也有竞争力。而且，各种产品之间的用途越是不同，多样化的效果越明显。但是，在技术关系多样化的情况下，一般来说销售渠道和促销方式是不同的。这对于市场营销的竞争是不利的。这种类型的多样化一般较适合于技术密集度较高的行业中的大型企业。
- **市场营销关系多样化**　这是以现有业务领域的市场营销活动为基础，打入完全不同的产品市场。例如，钢笔厂生产自动铅笔、圆珠笔、钢笔等。市场营销多样化利用共同的销售渠道、共同的顾客、共同的促销方法、共同的企业形象和知名度，因而具有销售相乘效果。但是，由于没有生产技术、设备和材料等方面的相乘效果，不易适应市场的变化，也不易应付全体产品同时老化的风险。这种类型的多样化适合于技术密集度不高，市场营销能力较强的企业。
- **资源多样化**　这是以现有业务所拥有的物质资源为基础，打入异质的产品市场领域，以求得资源的充分利用。

（3）复合多样化　这是一种增加与企业目前的产品或服务显著不同的新产品或服务的增长型战略，即企业所开拓的新事业与原有的产品、市场相关性不大，所需要的技术、经营方法、销售渠道必须重新取得。如美国通用汽车公司除从事汽车产品外，还生产电冰箱、洗衣机、飞机发动机、潜水艇和洲际导弹等。复合多样化可划分为以下四种类型。

- **资金关系多样化**　这是指一般关系的资金往来单位随着融资或增资的发展，上升为协作单位。
- **人才关系多样化**　当发现企业内具有专利或特殊技术人才时，就利用这种专利或技术向新的事业发展。
- **信用关系多样化**　这是指接受金融机关的委托，重组由于亏本濒临破产的企业或其他经营不力的企业。
- **联合多样化**　这是指为了从现在的业务领域中撤退或者为了发展为大型的事业，采用企业联合的方式进行多样化经营。

复合多样化的最大优点在于它能较为有效地分散企业的经营风险，使企业能够抗衡较为强烈的行业波动。此外，企业通过复合多样化能把握住更多的机会，使企业能在不同的领域实现非均衡发展，使资源不断向优势行业和市场转移。

但是，与此同时，企业业务范围的迅速膨胀将使企业内部管理趋于复杂，并且实证研究证明，多样化经营会使投资效益与效率有所降低。因此，要想复合多样化取得成功，企业必须对自身“多样化”的能力进行评估，并且最好采纳一个逐步推进的方案。

2. 多样化战略的影响因素

多样化战略的实施效果主要受下列两方面因素的影响：

- 企业有能力选择经营业务领域，在各业务领域之间分配企业资源，监督并控制各业务单位经理，并且所达到的效率比市场机制的效率高的话，那么多样化经营的企业比单一化经营的企业具有更强的盈利能力和更高的增长速度。
- 由于存在协同效应，进入多个相关产业的多样化经营企业要比进入多个不相关产业的多样化经营有更强的盈利能力。

最近几年有关多样化战略实施效果的实证研究表明，以上所做的两种假设是基本成立的。一项由鲁梅尔特主持的调查发现，实行多样化战略的企业进入一个与原产业领域紧密相关的产业，其盈利能力确实强于进入多个非相关产业经营的企业。随后所做的几项调查验证了鲁梅尔特的发现，而且证明了这种现象不仅在美国，而且在德国、日本、加拿大也存在。同时，进入广泛的不相关的产业领域内经营的企业，如LTV、ITT等的较差业绩表现也为此提供了一个反证。于是，1982年汤姆·彼得斯（Tom Peters）与罗伯特·沃特曼（Robert Waterman）总结了这一成果："事实上每一个学术研究都已证明，非相关的多样化经营是一项失策。"

得出以上结论的主要原因是多样化战略所产生的协同作用，这种协同作用的基础就是产业间的关联性。产业间的关联可以体现在共同的核心技术或共同的市场上。比如，导弹制导系统与个人计算机两个产业间的关联在于有共同的核心技术，而蔬菜罐头与冷冻甜食的关联在于它们通过共同的销售渠道销售给共同的消费者。这种有关产业关联的定义还处于操作层上的关联，不同的产业之间还存在战略层上的关联。这种战略层上的关联表现在不同的产业领域内使用的管理技术上的共同性。表7-1列示了决定不同产业领域战略层关联性的因素。

表7-1　关联性因素

公司管理任务	战略关联的决定因素
资源分配	类似的投资项目规模 类似的投资项目时间长度 类似的风险来源 类似的一般管理技术
战略实施	类似的关键成功要素 类似的产业生命周期 公司在不同产业内所占据的类似竞争地位
下属业务单位的监督和控制执行	类似的业绩监督指标 产业目标的类似执行时间

"战略透视"专栏中巨人集团的兴衰从反面说明了企业在选择增长战略时，应注意控制好其发展速度。企业片面追求增长战略，结果也只会加速企业消亡的速度，同时，企业为实现其增长战略而选择多元化战略时，应了解多元化的弊端所在、不同产业领域战略层关联性的因素等，才能避免多元化的陷阱。

战略透视　巨人集团的兴衰

1991年4月，史玉柱创办的珠海巨人新技术公司成立，共有员工15人，注册资金200万元，史玉柱任总经理。8月，其新产品M-6403汉卡开发成功。11月，公司员工增加到30人。1992年，巨人高科技集团公司成立，史玉柱持股90%，注册资本1.19亿元，公司员工发展到100人，是当时仅次于四通的中国第二大民营企业。年销售M-6403汉卡2.8万套，产值1.6亿元，利润3 500万元，年发展速度达500%。

1993年1月，巨人集团在北京、深圳、上海、成都、西安、武汉、沈阳、香港成立了8家全资子公司，员工增至190人。12月，巨人集团发展到290人，在全国各地成立了38家全资子公司。集团在一年之内推出中文手写电脑、中文笔记本电脑、巨人传真卡、巨人中文电子收款机、巨人钻石财务软件、巨人防病毒卡、巨人加密卡等产品。同年，巨人实现销售额300亿元，利税4 600万元，成为中国极具实力的计算机企业。

史玉柱等领导班子认为：国外跨国电脑企业纷纷来中国拓展业务，将会给巨人汉卡带来巨大的冲击，公司必须寻找新的产业支柱。于是，1993年，公司决定进入生物工程、房地产等领域，投资300万元成立全资子公司——康元公司，从事脑黄金等保健品的开发、生产和销售。同年，巨人集团进入陌生的房地产领域。其拟建的巨人科技大厦设计方案一变再变，楼层节节拔高，从最初的18层一直涨到70层，投资也从2亿元涨到12亿元。

1994年8月，史玉柱召开全体员工大会，提出“巨人集团第二次创业的总体构想”。其总目标是：跳出电脑产业，走产业多元化的扩张之路，以发展寻求解决矛盾的出路；产值目标是1995年10亿元，1996年50亿元，1997年100亿元。

1995年5月，巨人集团在全国发动促销电脑、保健品及药品的“二大战役”，以集中轰炸的方式，一次性推出电脑、保健品、药品三大系列的30个产品。巨人产品广告同时以整版篇幅跃然于全国各大报。不到半年，巨人集团的子公司就从38个发展到228个，员工也从200人发展到2 000人。但1995年9月开始，巨人的发展形势急转直下，步入低潮。

1996年年初，史玉柱为挽回局面，将公司重点转向减肥食品“巨不肥”，3月，“巨不肥”营销计划顺利展开，销售大幅上升，公司情况有所好转。由于巨人大厦急需资金，史玉柱决定，抽调生物工程项目的流动资金投入巨人大厦建设中。但同时，进入7月份，全国保健品市场普遍下滑，巨人保健品的销量也急剧下滑，维持生物工程正常运作的基本费用和广告费用不足，其生物产品业务的发展受到了极大的影响。

按原合同，巨人大厦施工三年盖到20层，1996年年底兑现，但由于施工不顺利而没有完工。1997年，巨人集团危机爆发，巨人集团终因财务状况不良而陷入了破产的危机之中。

资料来源：根据www.macrovision.com.cn和www.on-acct.com等改编。

7.2.4.4　外包战略

外包实际上是一种商业战略，即企业把自己拥有的业务一部分交给外部专家或专业机构管理运作，以降低营运成本、提高品质、集中人力资源、提高顾客满意度。外包是新近兴起的一个行业，它给企业带来了新的活力，实质上是将企业的各种资源进行重新配置，将有限的资源集中于企业相对优势较强的业务领域，构筑自己的核心竞争优势，使企业始终把握持续发展的能力。

业务外包战略的兴起有其深刻的社会经济原因。第一，经济全球化浪潮不断迭起，跨国企业为了赢得时间和空间上的优势，会向外部进行寻源：寻找更好的海外制造基地、全球采购区域，或者寻找外部供应商伙伴。这样做的目的只有一个，就是更快地向市场推出新产品，占领市场份额，缩短产品生命周期。第二，按照比较优势和交易成本经济学理论，通过市场交易方式的交易成本若比自行内部运作成本低，那么采用业务外包，缩小企业边界的做法会使整个供应链中资源配置效率得以提高。业务外包作为企业的一种竞争和发展策略，很早就已经出现并为发达国家的企业尤其是跨国公司采用。以前，跨国公司往往将非核心业务外包给中国企业。20世纪90年代以后，在经济全球化和企业之间的竞争愈演愈烈的形势下，跨国公司越来越多地在全球范围内寻找承接外包业务的合作伙伴，跨国公司的外包业务出现了全球化趋势，越来越多的国家和企业被纳入跨国公司的全球网络中。

1. 人力资源外包

人力资源外包就是企业根据需要将某一项或几项人力资源管理工作或职能外包出去，交由其他企业或组织进行管理，以降低人力成本，实现效率最大化。这是一种全面的高层次的人事代理服务。人才服务机构与企业签订人事外包协议以规范双方在托管期间的权利和义务，以及需要提供外包的人事服务项目。

2. 信息技术外包

IT外包简单地说就是公司在内部专职电脑维护工作人员不足或没有的情况下，将公司的全部电脑、网络及外设的维护工作转交给专业从事电脑维修维护的公司来进行全方位的维护。

深入地讲，IT外包还包括高技术含量高附加值的应用系统和业务流程外包服务，它能协助企业用较低的投入获得较高的信息化建设和应用水平。选择IT外包服务可以节省人员开支，使公司更专注于自己的核心业务，并且可以获得更专业，更全面的稳定服务。

企业要想在激烈的市场中立足，必须更加专注其核心业务，IT环境对任何一家企业来说，并不是其专注的内容。但随着IT技术的迅猛发展，它越来越渗透到企业的核心业务中，从而IT对企业的可靠性、可用性、快速适应性提出了越来越高的要求，这与企业要求较低的IT运营成本、高效的工作效率、专业的技术支持能力存在着巨大的矛盾。

3. 财务外包

财务外包是企业将财务管理过程中的某些事项或流程外包给外部专业机构代为操作和执行的一种财务战略管理模式。财务外包根据其外包形式可分为传统财务外包和现代网络财务外包。

传统财务外包主要是将整个财务管理活动根据企业的需要分解成若干模块，如总账核算、往来账款管理、工资核算、固定资产管理、报表系统、纳税申报等，将这些模块中企业不擅长管理或不具有比较优势的部分外包给那些在该方面居于行业领先水准的专业机构处理。如将财务资金管理外包给银行等金融机构管理、将应收账款外包给收账公司去管理等。

现代网络财务外包是利用提供财务应用服务的网络公司（如ASP，即应用服务提供商）搭建的网络财务应用平台，通过合同或协议的形式，企业将全部或部分财务系统业务外包给服务商，由服务商通过互联网上的专营网站替代企业执行财务操作流程及财务信息的生产职能，而分析、决策的职能仍由本单位高层财务管理人员执行，同时服务商保证财务信息质量并给予必要的咨询和指导的一种财务外包方式。现代网络财务外包是网络技术普及后传统财务外包发展的高级形式，各项外包财务职能通过网络技术平台形成有机的逻辑联系，这种方式还可以实现整体财务职能的外包，而且效率极高。

7.3 紧缩型战略

7.3.1 紧缩型战略的概念和特征

随着企业的经营环境在不断变化，原本有利的环境在经过一段时间后会变得不利；原来能容纳许多企业发展的产业会因进入衰退阶段而无法为所有企业提供最低的经营报酬，或是企业为了进入某个新业务领域需要大量的投资和资源的转移，等等。所有上述情况的发生都会迫使企业考虑紧缩目前的经营，甚至于退出目前的业务或实施公司清算，即考虑紧缩型战略态势。

紧缩型战略是指企业从目前的战略经营领域和基础水平收缩和撤退，且偏离战略起点较大的一种经营战略。与稳定型战略和增长型战略相比，紧缩型战略是一种消极的发展战略。一般地，企业实行紧缩型战略只是短期性的，其主要目的是避开环境的威胁和迅速地实行自身资源的最优配置，向其他产业转移。可以说，紧缩型战略是一种以退为进的战略态势。

与此相适应，紧缩型战略有以下特征：

- 对企业现有的产品和市场领域实行收缩、调整和撤退策略，比如放弃某些市场和某些产品线系列。因而企业规模在缩小，同时一些效益指标，比如市场占有率等都会有较为明显的下降。
- 对企业资源的运用采取较为严格的控制，尽量削减各项费用支出，往往只投入最低限度经营资源，因而紧缩型战略的实施过程往往会伴随着员工的裁减、资产设备的暂停购买，等等。
- 紧缩型战略具有短期性。与稳定型和发展型两种战略态势相比，紧缩型战略具有明显的过渡性，其根本目的并不在于长期节约开支、停止发展，而是为了今后发展积聚力量。

7.3.2 紧缩型战略的适用性

采取紧缩型战略的企业可能出于各种不同的动机。从这些不同的动机来看，有三种类型的紧缩型战略：适应性紧缩战略、失败性紧缩战略、调整性紧缩战略。下面分别论述这三类不同动机的紧缩型战略的适用性。

适应性紧缩战略是企业为了适应外部环境而采取的一种战略。这种外部环境包括经济衰退、产业进入衰退期、对企业产品或服务的需求减小等。在这些情况下，企业可以采取适应性紧缩战略来渡过危机、以求发展。因此，适应性紧缩战略的适用条件就是企业预测到或已经感知到了外界环境对企业经营的不利，并且企业认为采用稳定型战略尚不足以使企业顺利地渡过这个不利的外部环境。如果企业可以同时采用稳定型战略和紧缩型战略，并且两者都能使企业避开外界威胁、为今后发展创造条件，企业应当尽量采用稳定型战略，因为它的冲击力要小得多，因而给企业带来的风险也就小得多。

失败性紧缩战略是指由于企业经营失误造成企业竞争地位虚弱、经营状况恶化，只有采用紧缩战略才能最大限度地减小损失，保存企业实力。失败性紧缩战略的适用条件是企

业出现重大的内部问题，如产品滞销、财务状况恶化、投资已明显无法收回等情况下。这就涉及一个“度”的问题，即究竟在出现何种严重的经营问题时才考虑实施紧缩战略？要回答这一问题，需要对企业的市场、财务、组织机构等方面做一个全面的评估，认真比较实施紧缩战略的机会成本，经过细致的成本效益分析，才能最后下结论。

调整性紧缩战略的动机则既不是经济衰退，也不是经营失误，而是为了谋求更好的发展机会，使有限的资源分配到更有效的使用场合。因而，调整性紧缩战略的适用条件是企业存在一个回报更高的资源配置点。为此，需要比较的是企业目前的业务单位和实行紧缩型战略后资源投入的业务单位。在存在着较为明显的回报差距的情况下，可以考虑采用调整性紧缩战略。

7.3.3 紧缩型战略的利弊分析

与稳定型和增长型战略一样，紧缩型战略也有利有弊。一般来说，其优点有：

- 能帮助企业在外部环境恶劣的情况下，节约开支和费用，顺利地渡过面临的不利处境。
- 能在企业经营不善的情况下最大限度地降低损失。在许多情况下，盲目而且顽固地坚持经营无可挽回的业务，而不明智地采用紧缩型战略，会给企业带来致命性的打击。一些世界性的大公司并不回避采取紧缩型战略。20世纪60年代初，美国无线电公司和通用电气公司都试图进入计算机市场，然而这两个公司的努力都没有得到预期的结果，于是两者都采用了紧缩型战略退出了计算机制造业。
- 能帮助企业更好地实行资产的最优组合。如果不采用紧缩型战略，企业在面临一个新机遇时，只能利用现有的剩余资源进行投资，这样做势必会影响企业在这一发展机遇上的前景。相反，通过采取适当的紧缩型战略，企业往往可以把不良运作的资源部分转移到新的发展点上，从而实现企业长远利益的最大化。

与上述优点相对应，紧缩型战略也有可能为企业带来一些不利之处。例如，实行紧缩型战略的尺度较难加以把握，因而如果盲目使用紧缩型战略，可能会扼杀具有发展前途的业务和市场，使企业总体利益受到伤害。此外，一般来说，实施紧缩型战略会引起企业内部人员的不满，从而引起员工情绪低落，因为紧缩型战略在某些管理人员看来意味着工作的失败和不力。这些紧缩型战略潜在的弊端往往较难避免，这为战略管理者在战略态势决策上提出了新问题，要求他们在紧缩型战略实施中对战略参与者加强宣传和教育，以减少可能的弊端。

7.3.4 紧缩型战略的类别

根据紧缩的方式和程度不同，紧缩型战略又可以分为三种类型：抽资转向战略、放弃战略和清算战略。

7.3.4.1 抽资转向战略

抽资转向战略是企业在现有的经营领域不能维持原有的产销规模，不得不采取缩小产销规模和市场占有率，或者企业在存在新的更好的发展机遇的情况下，对原有的业务领域进行压缩投资、控制成本以改善现金流，从而为其他业务领域提供资金的战略方案。例如，本章开篇案例中提到的吉利汽车就因采取了该战略从而推动了企业的进一步发展。另外，在企业财务状况下降时也有必要采取抽资转向战略，这一般发生在物价上涨导致成本上升或需求降低使财务周转不灵的情况下。

个案研究

谷歌中国败退

改革开放30多年来，跨国公司在中国市场上攻城略地、所向披靡，国产品牌节节败退，有些甚至销声匿迹。但是，就在跨国企业的汹汹来势之中，美国互联网领袖企业Google却在2010年年初宣告败退中国市场，这引起了全世界的轰动。

Google市值近2 000亿美元，排在世界公司前5位，品牌价值以1 000亿美元位居榜首，2009年净收入高达65亿美元，技术非常先进，英才济济。而百度的规模则小得多，Google的收入是百度的36倍，利润是百度的30倍。Google与百度的规模就像一头大象与一只土狼的关系。

中国的搜索引擎市场竞争异常激烈，外来的如Google、Yahoo、微软的Bing，本土的如百度、搜狗、网易的有道、腾讯的搜搜，就像春秋战国一样，纵横捭阖，无所不用其极，经过多年的鏖战，土狼百度终于摇摇领先Google，占据了霸王的位置。尽管Google在世界许多地方高歌猛进，不可一世，在中国，Google不得不承认，自己败在一个弱者手下。

资料来源：http://space.itpub.net/24203764/viewspace-670176.

针对这些情况，抽资转向战略可以采取以下措施来配合进行：

- **调整企业组织**　这包括改变企业的关键领导人，在组织内重新分配责任和权利等。调整企业组织的目的是使管理人员适应变化了的环境。
- **降低成本和投资**　这包括压缩日常开支，实行更严格的预算管理，减少一些长期投资项目等；也可以是适当减少广告、研发、公共关系等活动，缩小或减少某些管理部门或降低管理费用。在必要的时候，企业也会以裁员作为压缩成本的方法。
- **减少资产**　这包括出售与企业基本生产活动关系不大的土地、建筑物和设备；关闭一些工厂或生产线；出售某些在用的资产，再以租用的方式获得使用权；出售一些盈利产品，以获得急需使用的资金等。
- **加速收回企业资产**　这包括加速应收账款的回收期，派出讨债人员收回应收账款，降低企业的存货量，尽量出售库存产成品等。

抽资转向战略会使企业主营方向发生变化，这有时会涉及经营的基本宗旨的变化，其成功的关键是管理者明晰的战略管理概念，即必须决断是对现存的企业业务给予关注，还是重新确定企业的基本宗旨。

7.3.4.2　放弃战略

在采取抽资转向战略无效时，企业可以尝试放弃战略。放弃战略是指将企业的一个或几个主要部门转让、出卖或者停止经营。这个部门可以是一个经营单位、一条生产线或者一个事业部。

放弃战略与后面将要介绍的清算战略并不一样。由于放弃战略的目的是要找到肯出高于企业固定资产时价的买主，所以企业管理人员应说服买主，使对方认识到购买企业所获得的技术或资源能使其利润增加，而清算一般意味着基本上只包括资产的有形价值部分。

在放弃战略的实施过程中通常会遇到一些阻力，包括以下几个方面。

- **结构上或经济上的阻力** 即一个企业的技术特征及其固定和流动资本妨碍其退出，例如一些专用性强的固定资产很难出售。
- **公司战略上的阻力** 如果准备放弃的业务与企业的其他业务有较强的联系，则该项业务的放弃会使其他有关业务受到影响。
- **管理上的阻力** 企业内部人员，特别是管理人员对放弃战略往往持反对意见，因为这往往会威胁他们的职业和业绩考核。

这些阻力的克服可以采用以下办法：在高层管理者中，形成“考虑放弃战略”的氛围；改进工资、资金制度，使之不与“放弃”方案相冲突；妥善处理管理者的出路问题。

7.3.4.3 清算战略

清算是指卖掉其资产或停止整个企业的运行而终止一个企业的存在。显然，清算战略对任何企业来说都不是最有吸引力的战略，而且通常只有当所有其他战略都失败时才启用它。但在确实毫无希望的情况下，尽早地制定清算战略，企业可以有计划地逐步降低企业股票的市场价值，尽可能多地收回企业资产，从而减少全体股东的损失。因此，清算战略在特定的情况下，也是一种明智的选择。

要特别指出的是，清算战略的净收益是企业有形资产的出让价值，而不包括其相应的无形价值。

7.4 混合战略

7.4.1 混合型战略的概念与特征

前面所讲的稳定型战略、增长型战略和紧缩型战略既可以单独使用，也可以混合起来使用。事实上，大多数有一定规模的企业并不只实行一种战略，如格兰仕集团在其20多年的发展历程中则采用了增长型战略、紧缩型战略以及本节要论述的混合型战略等。

所谓混合型战略是指稳定型战略、增长型战略和紧缩型战略三种战略态势的一种组合，其中组成该混合战略的各战略态势称为子战略。从混合型战略的特点来看，一般是较大型的企业采用较多，因为大型企业相对来说拥有较多的战略业务单位，这些业务单位很可能分布在完全不同的行业和产业群之中，它们所面临的外界环境，所需要的资源条件不完全相同。因而若对所有的战略业务单位都采取统一的战略态势，显然是很不合理的，这会导致由于战略与具体战略业务单位的情况不相一致而使企业总体的效益受到伤害。因此，混合型战略是大企业在特定历史发展阶段的必然选择。广东的健力宝饮料公司就是采取这种混合型战略的典型例子。该公司在饮料传统业务上采取稳定型战略，而采用后向一体化的增长型战略从国外引进易拉罐生产线，同时又采用多样化战略生产高档运动服装，进而又在其运动服装厂中采用前向一体战略，在全国各地设立零售商店，直接出售其产品——李宁牌系列运动服装。

从市场占有率等效益指标上来看，混合型战略并不具备确定的变化方面，因为采用不同战略态势的不同战略业务单位市场，其占有率的变化方向和大小不一致。所以，从企业总体的市场占有率、销售额、产品创新率等指标反映出来的状况并没有一个一般的结论，实施混合型战略的企业只有在各种不同的战略业务单位中才体现出该战略业务单位所采用的战略态势的特点。

在某些时候，混合型战略也是战略态势选择中不得不采取的一种方案。例如，企业遇到了一个较为景气的行业前景和比较旺盛的消费者需求，因而打算在这一领域采取增长型战略。但如果这时企业的财务资源并不很充裕，可能无法实施单纯的增长型战略。此时，就可以选择部分相对不令人满意的战略业务单位，对它们采用实行抽资或转向的紧缩型战略，以此来保证另一战略业务单位实施增长型战略的充分资源。由此，企业从单纯的增长型战略变为了混合型的战略态势。值得注意的是，稳定型、增长型、紧缩型和混合型战略四种战略态势并无优劣之分，企业也不强调孰优孰劣，因为在特定场合下，这四种战略态势都有可能是最合适的选择。

7.4.2 混合型战略的类型

根据不同的分类方式，混合型战略可以分为不同的种类。本节将按照各子战略构成的不同和战略组合的顺序不同进行分类。

按照各子战略的构成不同，混合型战略可分为如下两类。

- **同一类型战略组合** 所谓同一类型战略组合指企业采取稳定、增长和紧缩中的一种战略态势作为主要战略方案，但具体的战略业务单位是由不同类型的同一种战略态势来指导。例如，前面介绍过的健力宝集团就是采用由不同类型的增长型战略组成的混合型战略。因此，以严格意义上来说，同一类型战略组合并不是“混合型战略”，因为它只不过是在某一战略态势中的不同具体类型的组合。
- **不同类型战略组合** 这是指企业采用稳定、增长和紧缩中的两种以上战略态势的组合，因而这是严格意义上的混合型战略，也可以称为狭义混合型战略。不同类型战略组合与同类型战略组合相比，其管理上相对更为复杂，因为它要求最高管理层能很好地协调和沟通企业内部各战略业务单位之间的关系。事实上，作为任何一个被要求采用紧缩战略的业务单位管理者都或多或少会产生抵抗心理。例如，总公司决定对A部门实行紧缩战略，而对B部门业务单位实行增长战略，则A部门的经理人员则往往会对B部门人员产生抵触和矛盾情绪，因为紧缩战略不仅可能带来业绩不佳和收入增长无望，更有可能对自己管理能力的名誉产生不利影响，使个人的价值受到贬值。

按照战略组合的顺序不同，混合型战略可分如下几种。

- **同时性战略组合** 这是指不同类型的战略被同时在不同战略业务单位执行而组合在一起的混合型战略。战略的不同组合可以有许多种，但常见的主要是以下几种。
- 在撤销某一战略经营单位、产品系列或经营部门的同时，增加其他一些战略经营单位、产品系列或经营部门。这其实是对一个部门采取放弃或清算战略，同时对另一部门实行增长战略。
- 在某些领域或产品中实行抽资转向战略的同时，在其他领域或产品中实施增长战略。这种情况下，企业实行紧缩的战略业务单位还并未恶化到应该放弃或清算的地步，甚至有可能是仍旧有发展潜力的部门，但为了为其他部门提供发展所需的资源，只有实行紧缩战略。
- 在某些产品或业务领域中实行稳定战略，而在其他一些产品或部门中实行增长战略。

这种战略组合一般适用于资源相对丰富的企业，因为它要求企业在并没有靠实行紧缩而获取资源的情况下，以自己的积累来投入需要增长的业务领域。

- **顺序性战略组合** 顺序性战略组合指一个企业根据生存与发展的需要，先后采用不同的战略方案，从而形成自身的混合型战略方案，因而这是一种在时间上的顺序组合。常见的顺序性战略组合有以下几种。
- 在某一特定时期实施增长战略，然后在另一特定时期使用稳定战略。其好处是能够发挥稳定战略的"能量积聚"作用。
- 首先使用抽资转向战略，然后在情况好转时再实施增长战略。采用这种战略的企业主要是利用紧缩战略来避开外界环境的不利条件。

当然，不少企业会既采用同时性战略组合，又采用顺序性战略组合。总的来说，对大多数企业的管理层而言，可采用的战略选择的数量和种类都相当宽泛。明确识别这些可用的战略方案，乃是挑选出一个特定企业最为适合的方案的先决步骤。

7.5 战略态势选择的影响因素与方法

在前面我们分别讨论了稳定型、增长型、紧缩型和混合型四种战略态势的特征及适用性。但作为企业的高层决策人员来说，还需要对这四种不同的战略态势在企业各战略业务单位之间的搭配组合做出合适的选择和评价。本节讨论战略态势选择的影响因素、选择的方法以及选择中存在的误区等。

7.5.1 战略态势选择的影响因素

由于战略态势的选择会对企业未来战略实施的效果产生重大影响，因而企业在做出决策时必须慎重。有时在对各种可能的战略态势进行全面评价后，企业管理者会发现好几项方案都是可以选择的。在这种情况下，会有一些因素对最后决策产生影响，这些因素在不同的企业和不同的环境中起到的影响作用是不同的，但了解这些因素对企业战略管理者制定合适的战略方案来说是非常必要的。

7.5.1.1 企业过去的战略

对大多数企业来说，过去的战略常被作为战略选择过程的起点。因而，进入企业所考虑范围的战略方案的数量会受到基于企业过去的战略的限制。一项研究考察了1950～1973年间德国大众汽车公司的战略，结果发现，过去的战略决策强烈影响着公司后来的战略选择。由于企业管理人员是过去战略的制定者和执行者，因此他们也常常倾向于不改动这些既定战略，这就要求企业在必要时撤换某些管理人员，以削弱目前战略对未来战略选择的影响，因为新的管理层可能更少受到过去所采用的战略的限制。

7.5.1.2 管理者对风险的态度

企业和管理者对风险的态度影响着战略态势的选择。风险偏好者一般采取一种进攻性战略，以便在被迫对环境的变化做出反应之前主动地做出反应。风险回避者则通常采取一种防御性战略，只有在环境迫使他们对环境变化做出反应时，他们才不得不这样做。风险回避者相对来说更注重过去的战略，而风险偏好者则有着更为广泛的选择。

7.5.1.3 企业对利益相关者的依赖性

企业总是生存在一个受到股东、竞争者、客户、政府、行业协会和社会影响的环境之中。企业对这些环境力量中的一个或多个因素的依赖程度也影响着其战略选择过程。对环境的较高的依赖程度通常会减少企业在其战略选择过程中的灵活性。

例如，美国克莱斯勒汽车公司对联邦贷款委员会贷款协议的依赖极大地限制了其20世纪80年代早期的战略选择。公司提前归还贷款的决定在很大程度上是为了减少对利益相关者的依赖，提高公司战略的灵活性。

此外，当企业对利益相关者的依赖性特别大时，企业还会或不得不邀请利益相关者的代表参加战略态势的选择。

7.5.1.4 企业文化和内部权势关系

任何企业都存在或强或弱的企业文化。企业文化和战略态势的选择是一个动态平衡、相互影响的过程。企业在选择战略态势时不可避免地要考虑企业文化对自身的影响。企业未来战略的选择只有在充分考虑到与目前的企业文化和未来预期的企业文化相互包容和相互促进的情况下，才能被成功地实施。

另一方面，企业中总存在着一些正式和非正式组织。由于种种原因，某些组织成员会共同支持某些战略而反对另一些战略。这些成员的看法有时甚至能左右战略的选择，因此在现实企业中，战略态势决策不可避免地或多或少要打上这些各种势力影响的烙印。

7.5.1.5 时期性

时期性首先是指允许进行战略态势决策的时间限制。例如，克莱斯勒汽车公司面临的财务危机使它的战略选择决策被限制在一个很紧迫的时间限度内。时限压力不仅减少了能够考虑的战略方案的数量，而且也限制了可以用于评价方案的信息数量。事实表明，在时限压力下，人们倾向于把否定性因素看得比肯定性因素更重要一些，因而往往做出更具防御性的决策。

时期性的第二个要点包括战略规划期的长短，即战略的时期着眼点。战略规划期长，则外界环境的预测相对更为复杂，因而在做战略方案选择时不确定性因素更多，这会使战略方案决策的复杂性大大增加。

7.5.1.6 竞争者反应

在战略态势的选择中，还必须分析和预计竞争对手对本企业不同战略方案的反应。例如，企业采用增长型战略，主要竞争者会做出什么反击行为，从而对本企业打算采用的战略有什么影响。因此，企业必须对竞争对手的反击能力做出恰当的估计。

在寡头垄断型的市场结构中，或者市场上存在一个极为强大的竞争者时，竞争者反应对战略选择的影响更为重要。例如，IBM公司的竞争行为反应会强烈地影响着计算机行业的所有公司的战略抉择。而美国各汽车巨头也都必须紧盯其他巨头的竞争反应，以确定其自己的战略。

7.5.2 战略态势分析和选择方法

战略态势分析和选择的方法首先要根据企业内各项业务的优势、相应的产业特征及发展阶段，分析企业目前业务组合状况，然后用一定的评价标准为各业务单位定出发展前景和目标，得出相应的战略态势选择。企业常用的战略态势分析和选择方法主要有波士顿矩阵分析法和战略群模型两种。

7.5.2.1 波士顿矩阵分析法

波士顿矩阵是美国波士顿咨询公司发明的一种被广泛运用的业务组合分析方法，它主要根据一个企业的相对竞争地位（市场份额）和业务增长率两个基本参数来进行战略态势的分析与选择。以业务增长率和相对竞争地位分别作为横轴与纵轴，可以将企业的各业务单位分为明星类、金牛类、瘦狗类和问题类等四类。

波士顿矩阵是分析公司战略的有效方法，但它也有不足之处，主要体现在：市场份额和市场增长率的理解和获得较难有统一的看法和精确的数据；仅以市场增长率和相对竞争地位来衡量业务环境也相对过于简单；没有考虑市场差别化等其他的竞争手段对业务单位运作的影响。

为此，许多企业对波士顿矩阵做了改进，如GE、壳牌石油等公司都做过改进的业务矩阵分析，将业务单位分类的指标更加丰富化和多样化，但其思考方法还是与波士顿矩阵相类似。

7.5.2.2 战略群模型

战略群模型是对波士顿矩阵加以修正后得出的又一种企业战略态势选择方法，其主要内容体现在图7-3中。与波士顿矩阵类似，战略群模型也将业务单位划分为四种类型，即竞争地位和市场发展相互组合成的四个象限。

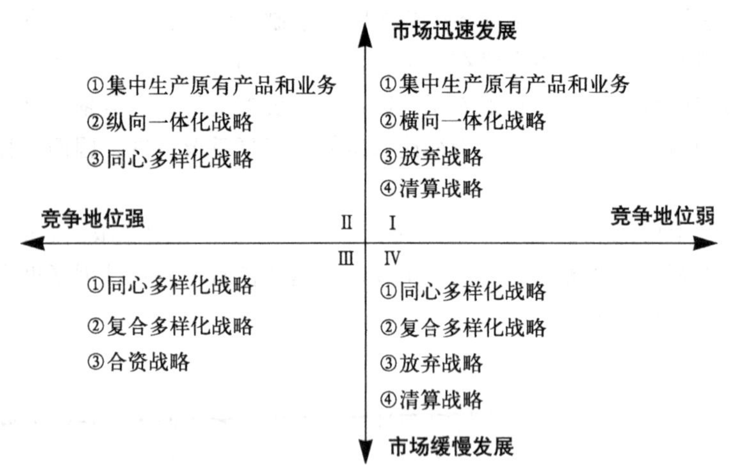

图7-3 战略群模型

第Ⅰ象限中的业务与问题类业务类似。这种业务要求战略管理者进行仔细分析，找出在迅速发展的市场上竞争地位较弱的原因，并确定是否有能力实现过去确定的战略目标。如果认定企业还具备尚未充分体现的潜在竞争优势和实力，经过努力能实现既定的业务单位战略目标，企业可以仍旧集中生产现有的产品和业务，或者用横向一体化战略来提升企业的竞争实力。相反，若分析的结果是在战略规划期内企业无法获得更多的竞争优势和实现既定的战略目标，那么企业可以考虑放弃和清算战略。

第Ⅱ象限中的业务与明星类业务类似。首先选择的战略应当是集中发展目前的产品和

业务，因为企业目前的战略实施情况是令人满意的。但是，如果企业拥有超过集中性增长战略所需的资源时，就可以考虑纵向一体化战略，因为这有助于更好地接近用户和供应商，从而保护企业的利润和市场份额。当然，企业也可尝试同心多样化的战略，但这对资源的要求大得多。

第Ⅲ象限中的业务相当于金牛类业务。这些业务一般具有现金流入大，内部发展对资源的需求少的特点。所以，对它们既可以采取各种多元化战略，也可以采取联合投资的做法，以实现进入更有发展前途的业务领域的目标。

第Ⅳ象限中的业务对应于波士顿矩阵中的瘦狗类业务。对于这类业务，如果企业管理者经过分析确认这种缓慢的市场发展和相对弱的竞争地位将继续下去，那么就应当实施紧缩型的抽资转向战略，或者干脆采用放弃和清算战略，以尽可能收回被其占有的资源。但如果这类业务的转向和清算战略较困难（如受沉没成本和资产专用性影响），企业也可考虑进行一定的多样化经营，力图从相关和不相关的业务领域中获取发展机遇。

7.5.3　战略态势选择的误区

在实际管理实践中，战略管理者往往容易犯一些共同的毛病，造成战略态势选择的失误。这些战略态势选择的误区有其背后的客观原因，这要求战略管理者在决策时要特别小心。下面介绍战略态势选择的主要误区。

7.5.3.1　盲目跟随他人

这是指企业没有仔细分析企业特有的内外部环境条件和自身的资源情况，而是盲目地追随市场领导者或目前流行的战略态势，从而造成失误。

盲目跟随他人往往发生在市场前景较为乐观、经济较为景气的时期。此时，诱人的外部环境会使大多数企业采取增长型战略。但是，结果常常是一哄而上，最后导致供大于求。而其中，一些实力强大、竞争优势明显的企业将最终获得市场扩张的好处。真正遭受损失的就是那些盲目跟风，采用增长型战略的中小企业，它们并没有经过审慎的战略分析，而是照搬其他企业的战略态势。

比如在我国开始引入资产重组概念，采用购并方式来壮大企业实力的方式比较流行时，一些企业也不认真做战略环境分析，盲目地购进一些对企业总体运作作用不大的企业，结果造成资产不能互相组合产生效益，使企业浪费了许多资源和发展机遇。

7.5.3.2　过度分散投资领域

有些企业管理者认为投资于许多行业和业务领域，既能降低经营风险，又能显示出企业实力。因此，它们只要有机会就倾向于实行各种多元化经营战略。

这其实是一种非常错误的观念，因为并不是投资领域越分散就越能体现企业的实力。事实上，多元化会使得企业资源的分散和管理经验变得欠缺。这些都将使得企业在各业务领域内的竞争实力受到影响。我国的一些企业，甚至包括一些上市公司，都深受这一错误观念的影响，结果在一些自身毫无经验的行业吃了大亏。

7.5.3.3　排斥紧缩型战略

正如前面几节中所论述的，管理人员排斥紧缩型战略的原因是，实行紧缩即意味着管理人员的失败，而大多数人则不愿意看到自己的失败。

而另一类管理人员却是因为缺乏全局观念而排斥紧缩型战略。他们一方面没有认识到有许多成本具有沉没成本特性，一旦投入进去就无法弥补，因而不如及早放弃或清算；另一方面，他们没有意识到在企业有更好的业务机遇时，完全可以将其他不良运作的业务资源转移过来，从而实现企业资源的最优配置。

需要特别强调的是，我国国有企业特有的预算软约束，加上企业管理者的行政本位，使得一些企业领导者对不良的业务部门不愿意及早撤退，而宁愿继续投入，形成“钓鱼工程”，给国家造成损失。

7.5.3.4 战略规划与执行的非系统性

这里指的是战略规划在时间连续性，与未来环境的适应性方面不够系统。例如，战略制定出来实施的时间不长，就遇上主要管理人员的更换，由此造成战略态势的重新选择，使企业战略没有连续执行的效率，变得失去长期的总体效益。

克服这一缺点的方法就是努力培养一种尊重既定战略、科学客观地执行战略的企业文化。只有这样，才能使企业战略发挥其应有的指导企业长期、全局的经营业务的作用。

本章小结

1. 战略态势主要分为稳定、增长、紧缩和混合等四种不同的战略。其中，稳定型战略态势适合于外界环境变化不大，而企业资源状况也相对均衡的条件；增长型战略则一般用于迅速成长的市场，并且企业能够获取充分的投入资源的情况下；而在经济衰退、企业没有特别突出的竞争优势时，则可以考虑暂时性的紧缩型战略；混合型战略则是针对不同的业务单位采取不同的战略态势，或者在不同的时期里实施不同的战略方案，以满足各部门适应内外部环境的变化和发展的需要。
2. 战略态势选择中的方法与技术多种多样，常用的有波士顿矩阵法和战略群模型。此外，企业在做出战略态势选择的决策时还受到许多因素的影响，如企业的战略实施历史、管理者对风险的态度、企业对利益相关者的依赖性、企业文化、时期性及竞争对手的反应等。
3. 在管理实践中，战略管理者也常常会陷入一些战略态势选择的误区，这些都有其特定的原因。要克服它们，需要战略管理者努力培养一种尊重既定战略、科学客观地执行战略的企业文化。

关键术语

战略态势　　稳定型战略　　增长型战略　　紧缩型战略　　混合型战略

复习思考题

1. 从企业发展的角度看，为什么大多数企业都倾向于采取增长型战略？
2. 纵向一体化战略和横向一体化战略各有什么利弊？
3. 放弃战略和清算战略有什么区别？
4. 什么是战略群模型？它与波士顿矩阵方法有何区别？
5. 试分别讨论在我国一些国有企业当中存在战略态势选择误区的原因。如有可能，请举例说明。

参考文献

[1] 迈克尔 A 希特，等. 战略管理[M]. 吕巍，等译. 北京：机械工业出版社，2009.

[2] 王方华，吕巍. 企业战略管理[M]. 上海：复旦大学出版社，1997.

[3] 弗雷德 R 戴维. 战略管理[M]. 李克宁，译. 6版. 北京：经济科学出版社，1998.

[4] 格兰特. 公司战略管理[M]. 胡挺，张海峰，译. 北京：光明日报出版社，2001.

第8章 企业的竞争战略

学习目标

1. 掌握竞争的定义，了解竞争与战略的相互关系。
2. 描述现代企业竞争特征。
3. 了解竞争战略的重要性。
4. 在对竞争力量和竞争对手类型分析的基础上，描述三种基本竞争战略。
5. 知道每种竞争战略具有一定的风险，并对其进行分析。
6. 研究竞争者的响应模式，采用定点超越战略。
7. 了解竞争战略及价格竞争对市场占有率的影响，掌握提高市场占有率的战略途径。

开篇案例 诺基亚雅虎结盟移动互联网提升竞争力

移动互联网引发第三次创业浪潮。无论是苹果还是诺基亚、雅虎，都并行在“创业”初期。通过逐渐全面的服务布局，诺基亚、雅虎正沿着自己勾勒的蓝图转型为移动互联网服务和应用供应商，这也是他们对抗新对手的重要环节

随着手机逐渐成为新兴经济体用户的首要上网工具，相关企业拓展在新兴经济体的服务具有重要意义。2010年，全球最大手机生产商芬兰诺基亚公司与美国搜索引擎雅虎公司就加强移动上网服务达成合作协议。根据协议，从下半年开始，雅虎将独家为诺基亚手机提供电子邮件服务，而诺基亚将独家为雅虎提供地图和导航服务。这正如业内人士所言：“WAP时代已经过去了，我们真正迎来移动互联网的时代，迎来设备+应用+带宽的时代。”

从2001年互联网泡沫破灭到2010年移动互联时代确立，在这个改变全球电信乃至商业巨头排名的赛场上，诺基亚如何屹立？雅虎如何突围？

市场失意成为“难兄难弟”

2010年，除了大中华区之外，诺基亚在欧洲、北美、亚太、中东、非洲的市场份额全线下滑。第一季度的财报显示，诺基亚手机销售总量为1.079亿部，同比上升16%，但运营利润下降了4%；同样在金融危机的环境中，诺基亚在高端手机领域里最具威胁的对手苹果，其手机销量却同比提升131%，运营利润上升了5%。

不单如此，就连诺基亚较为看重的中国市场也已经出现松动迹象。赛诺咨询提供的数据显示，2010年第一季度，诺基亚在中国市场的整体份额为30%，比去年同期下降3.4%，而

2008年第三季度高峰时其份额曾为36%。

对此，业内人士表示，虽然诺基亚仍然是很多人的首选，但是却不再是唯一的选择了，随着智能手机的普及，诺基亚面临着远离人们视线的危险。

媒体评论则指出，财季净利未达预期、市场份额逐步走低、品牌排名迅速下跌、CEO下课风波迭起、投资者酝酿抛售股票……这正是诺基亚在迎来移动互联网时代后的真实写照。

再看雅虎。2010年4月，雅虎网站在美国的独立访问数量下滑至1.556亿人，下滑幅度为2.6%，雅虎网页浏览总数也下滑了11.4%。

在移动互联网来临的今天，诺基亚已投资超过100亿美元打造音乐下载、电子邮件等移动网络服务，但收效欠佳。如此看来，诺基亚和雅虎成为一对“难兄难弟”。

四面出击转型移动互联网

2010年以来，诺基亚的变革可以称得上是声势浩大。诺基亚的广告不再仅仅以新潮的手机新品为主角，而是逐渐转向服务，发布的所有新举措也几乎全与移动互联网战略相关。

在Ovi这个移动互联网大品牌下，诺基亚在市场上发动了一系列攻势。

1月，诺基亚推出免费的Ovi地图；

2月，为了吸引学习英语的用户，诺基亚和培生公司成立了无线教育公司；

3月，诺基亚联合搜狐、土豆网推出了“互联应用、中国创造”活动，鼓励原创主题、铃声和视频；

4月，诺基亚发布了正版音乐下载服务乐随享；

5月，诺基亚发布了旨在为农村以及小城镇消费者提供一系列与健康、农业、教育以及娱乐相关内容的Ovi生活通服务。

与诺基亚一样，雅虎在2010年也积极加大移动互联网投入。3月底，雅虎宣布推出针对iPhone和iPod Touch的两款新应用工具：Sketch-a-Search和Yahoo Search。4月26日，雅虎宣布与三星结为战略性全球合作伙伴关系，通过三星手机提供雅虎的多种服务。与诺基亚就加强移动上网服务达成合作协议后，5月25日，雅虎宣布已经收购了印尼手机社交网站Koprol。

通过逐渐全面的服务布局，诺基亚、雅虎正在沿着自己勾勒的蓝图转型为移动互联网服务和应用供应商。

强强联手能否演绎“弯道超车”？

苹果进入手机市场后，移动服务和软件的重要性日益凸显，这也迫使传统手机生产商如诺基亚和三星等纷纷加强自身在这些领域的竞争力。与雅虎的结盟，正是他们对抗新对手的重要步骤。

根据合作协议，诺基亚将通过Ovi品牌把地图和位置服务带给雅虎用户，雅虎也将成为诺基亚Ovi邮件和Ovi Chat（在线交谈）的独家提供者。

诺基亚公司是全球最大的移动设备生产商，同时也是数字地图领域的领导者。诺基亚Ovi地图基于先进的“混合矢量图”技术，目前可以支持全球74个国家46种语言的语音导航、10多个国家的交通信息查询以及180多个国家的详细地图，还包括了全球200个城市的6 000个三维标记。

雅虎则是全球最大的互联网运营商之一，业务遍及24个国家和地区，为全球超过5亿的独立用户提供多元化的网络服务。

强强联手的消息出炉后，诺基亚股价上涨0.4%至8.05欧元，但最终收盘下跌0.44%至7.98欧元；雅虎股价则是上涨1.8%至15.75欧元，最终收报15.54美元。

投资机构伯恩斯坦（Bernstein Research）分析师皮埃尔·法拉古指出，也许有人说两个失败者合作并不能成功，事实经常如此。但对于诺基亚来说，正确的投资之路是稳定现有的市场地位，并在移动平台取得成功。

市场研究与咨询机构Strategy Analytics无线设备策略主管尼尔·马斯顿也认为，雅虎和诺基亚的交易能提供更有效、更节省成本的移动服务。

综观而言，移动互联网将引发第三次创业浪潮。无论是苹果，还是诺基亚、雅虎，都并行在“创业”的初期。苹果仅仅先行一步，诺基亚与雅虎联手“弯道超车”并非不可能。

资料来源：搜狐网http://it.sohu.com/20100604/n272562145.shtml.

这是一个典型的双赢战略。诺基亚与雅虎在各自的领域都属于行业的领导者，市场份额较高，但面对来自各方面的竞争压力，他们选择强强联手打破市场竞争格局。这一突破性的竞争战略，减少了互相的运营成本，同时使得双方的股价都有不同程度的提升。

8.1 竞争战略的基本类型

8.1.1 竞争与战略的相互关系

8.1.1.1 竞争概论

简单说来，竞争就是两者或两者以上的不同主体，为了某种目的，有意识地进行相互较量和争胜的活动。从本质上讲，竞争只是帮助竞争主体实现生存与发展这一最终目的的一种手段和方法。任何竞争总是服从于某一目的。

市场竞争作为竞争的一种形式，其实质是经济利益和资源的再分配过程。企业不管以何种方式和策略参与竞争，其出发点和最终目的都是为了增进自身的利益。竞争的结果表现为一种经济利益的重新置换和重新配置，企业在社会生产中的地位也将相应变更。

竞争作为一种经济关系的反映，其产生的基本条件是商品生产和商品交换的存在。市场竞争并不是自古就有的，而是一个历史范畴，是市场经济发展的产物，并且其范围、规模和强度随着市场经济的发展而发展。现代意义上的竞争是经济发展的动力，无竞争便无发展。现代市场经济的发展与繁荣，企业的生存与发展，都离不开市场竞争这一巨大的推动力。

8.1.1.2 现代企业竞争的特征

现代企业市场竞争已从微观到宏观、从浅层到深层影响着企业的经营效率，对企业参与竞争和赢得竞争的能力提出了更高的要求。这主要表现在以下几个方面：

（1）市场结构的变化要求企业必须寻求其在市场竞争中的优势地位，提高市场竞争能

力。除某些特殊产业外，现在绝大多数产业的市场结构都已呈明显的不完全竞争特征，即以寡头竞争和垄断竞争型市场结构为主。在这种不完全竞争的市场结构中，市场竞争已不再是单一的价格竞争，而表现出企业间竞相赢得某些“垄断优势”的竞争。如以规模优势取胜，以技术优势取胜，或是以质量优异取胜等。要获得这类垄断优势，企业必须要首先学会“寻找其在产业中的竞争地位”，否则，企业就谈不上是具有竞争力的，也就无法适应产业内市场结构的变化，以实现企业的长期的生存与发展。

（2）产业结构的演变及向高级化发展的趋势要求企业必须构建长期的竞争优势，具有长期的市场竞争力。产业组织理论的一些研究结果表明，当前产业结构的发展存在着两大趋势：

- 第三产业的比重逐渐上升，第一、第二产业的比重在主要发达国家则呈相对下降的趋势。
- 在工业内部，工业结构的变化也呈现出三阶段的发展形态：重工业化→高加工度化→技术集约化。

这种演变趋势的主要原因在于社会需求结构的变化，人们的需求正由低级走向高级，由单一化走向多元化，市场竞争已不仅仅只是企业争夺市场的竞争，更是企业创造市场的竞争。创造市场，企业必须构建长期的竞争战略和优势，需要企业具有长期的市场竞争力。

（3）市场竞争的全球化趋势要求企业必须在更大的市场范围内尽快提高其市场竞争能力。进入20世纪90年代，世界经济一体化步伐的加快使许多国家的企业都面临着更大范围、更高水平的市场竞争。这无疑大大加重了赢得市场竞争的难度，需要企业更新经营理念，全方位地提高其市场竞争能力。

（4）企业经营外部环境的急剧变化，对企业的生存与发展产生着越来越重大的影响。从根本上重新构造企业的生存哲学已成为中外众多企业的一大趋势。这一点从企业形象设计（CIS）、顾客满意（CS）、企业再造的兴起和倡导中可见一斑。所谓“死生之地，存亡之道”正是现代企业市场竞争的真实写照。没有一定水平的市场竞争能力，企业将因无法适应其生存环境的变化而陷入生存危机。

作为社会经济的基础构成，现代企业必须肩负促进经济持续发展和促进社会进步的历史使命，现代企业参与市场竞争的目的不是“昙花一现”式的生存，而应是谋求企业在市场中的长期生存与持续发展。为此，现代企业需要从战略角度，从企业的长期利益出发，提高企业的长期的市场竞争力。

8.1.1.3　现代企业竞争的战略层面

竞争的最初形式表现为产品竞争。在市场经济发展初期，市场供应并不充足，因此，最早的产品竞争形式比较简单，主要表现为企业间的价格竞争。到20世纪初，随着市场营销观念的引入和不断更新，产品竞争策略在理论和实践部门皆得到了进一步的研究与丰富。尤其是第二次世界大战以后，西方资本主义国家经济迅速恢复和发展，科学技术水平大幅度提高。一方面，市场供应日益丰富，新产品不断涌现；另一方面，随着西方政府一系列刺激有效需求的政策的实施，市场需求也日趋多样化。因此，市场形势发生了根本的变化，买方市场全面形成。来自市场供求两方面的竞争压力促使企业必须不断地发展和丰富其竞争策略，产品竞争的具体形式不仅包括了产品的价格竞争，而且也包括了建立在市场研究

基础上的产品市场定位、产品开发、质量控制、品牌建立、销售服务及促销等一系列的竞争策略和技巧。竞争的侧重点已由产品的价格竞争转向非价格竞争。

现代企业竞争已经不再围绕产品本身，也不只是问顾客想要什么，因为顾客可能在别人向他们指出他们可以得到什么之前还不知道他们想要什么。现代企业竞争必须适应顾客评判价值的标准和价值观念，必须提供综合价值垄断形成竞争优势。企业必须要对自身所处的市场环境及其趋势有一个深入的了解，并以此为基础，以战略角度考虑企业的生存与发展。

从20世纪60年代开始，正有一些企业开始转向战略经营，超越企业的单个产品，将战略业务单位（SBU）作为企业竞争决策的基点，围绕企业生存与发展的根本目标，通过战略业务单位在时空上的组合与布局决策，构建企业的总体战略，以在有限的资源条件下，更合理、更有效地配置资源，充分发挥每种资源的效力，以形成企业的竞争优势。企业市场竞争相应进入战略竞争时代，企业战略竞争的重点是优化配置企业资源，有意识、有目的地构建企业的竞争优势。

8.1.2 竞争对手的选择

8.1.2.1 五种竞争力量

竞争战略的前提问题是：谁是竞争对手？在制定整个战略时，是否重点针对某一明确的竞争对手（或某一集团）？而在实际实施战略时，是否又变换了竞争对手？之所以强调这一问题，原因有二。其一是，竞争对手有可能出现在意想不到的地方，或是由于情况发生变化，真正的竞争对手变了，使问题意外地复杂。其二是，在确定竞争对手的问题上，与其简单地认为是企业所处的竞争环境中“既有”的对手，还不如说，在很大程度上企业应主动地选定“谁是对手”。

对企业而言，来自于行业内外的任何一种竞争力量都是一种挑战与威胁。企业要在市场上确立并维持自己的市场地位，并要应付各种竞争力量，就必须在分析研究每一种力量的来源及其作用方式的基础上，制定相应的对策，抵御这些竞争力量或影响这些竞争力量，使其对企业有利。这正是确定竞争战略的关键与目的所在，也是企业发挥和提高其市场竞争的直接动因。迈克尔·波特将影响企业竞争的因素，或称其为影响某一行业竞争状态的基本力量，归纳为五个方面，即行业内现有企业间的竞争、潜在的参加竞争者、替代产品生产者、购买者、供应商。

对不同企业、不同行业而言，这五种竞争力量的影响力是不同的，每个企业、每个行业都有其最主要的影响力量。因此企业在制定竞争战略时，必须首先进行行业竞争结构分析，以认清影响企业竞争的各种力量以及这些力量对企业的作用程度，以此为出发点确立的竞争战略才会大大加强企业市场竞争力，使企业在利用一切可利用的市场机会的同时，也能从容应付可能出现的挑战与成功，在竞争中获得成功。

8.1.2.2 好坏竞争者的判断

许多行业中，适当数量的竞争者可以加强而不是削弱一个公司的竞争地位。竞争者有好坏之分。所谓“好”的竞争者是指那些能起有益作用又不会带来太严重的长期威胁的竞争者。“好”的竞争者不会为满足虚荣心而向本企业挑战，与这样的对手竞争可以得到稳定的、有利的产业均衡而无须陷入旷日持久的冲突。一般地说，“坏”的竞争者具有相反的特征。

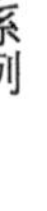

行业内“好”的竞争者具有如下特征：

- **有信用和活力。**“好”的竞争者有充分的手段和能力充当激励者，它促使本企业努力降低成本，改进差别，还促使企业为顾客所依赖和接受。
- **有明显的自知性。**“好”的竞争者虽然有很高的信誉和活力，但它也知道自己有相对于本企业的弱点，且知道这些弱点很难改变。
- **通晓规则。**“好”的竞争者通晓产业的竞争规则并按其行事，愿意观察和理解市场信号，支持市场开发和现有技术的进步，而不会为了获得地位就采取中断竞争和技术进步过程的战略。
- **有现实的假定。**“好”的竞争者对自己所处的产业和自己在产业中的相对地位有现实的假定，不会高估自己的能力，以致为获得市场份额而挑起战斗，但也不会低估自己的力量而逃避对进入者实施报复。
- **有改善产业结构的战略。**“好”的竞争者有保护、增加产业结构中合理因素的战略。例如，它的战略可能提高进入产业的障碍，强调产品别具一格而不是强调降价或者通过增加销售方式的活力来减少客户的价格敏感性。
- **有可协调的目标。**“好”的竞争者有可与本企业目标协调的目标。好的竞争者对其市场地位感到满意，而它这个心态可使本公司赚取高利润。

8.1.3　三种基本竞争战略

根据波特的理论，使企业获得竞争优势的有三种基本竞争战略：成本领先、差异化和集中一点战略。

8.1.3.1　成本领先战略

成本领先战略在20世纪70年代由于经验曲线概念的流行而得到日益普遍的应用，即通过一系列针对本战略的具体政策在产业中赢得总成本领先。成本领先要求积极地建立起达到有效规模的生产设施，在经验基础上全力以赴降低成本，严格控制成本与管理费用，以及最大限度地减少研发、服务、推销、广告等方面的成本费用。为了达到这些目标，有必要在管理方面对成本控制给予高度重视。尽管质量、服务以及其他方面也不容忽视，但贯穿于整个战略中的主题是使成本低于竞争对手。

尽管可能存在着强大的竞争作用力，处于低成本地位的公司可以获得高于产业平均水平的收益。其成本优势可以使公司在与竞争对手的争斗中受到保护，因为它的低成本意味着当别的公司在竞争过程中已失去利润时，这个公司仍然可以获取利润。低成本地位有利于公司在强大的买方威胁中保护自己，因为买方公司的能力最多只能将价格压到效率居于其次的竞争对手的水平。低成本也构成对强大供应商威胁的防卫，因为低成本在对付卖方产品涨价中具有较高的灵活性。导致低成本地位的诸因素通常也以规模经济或成本优势的形式建立起进入壁垒。最后，低成本地位通常使公司与替代品生产者竞争时所处的地位比产业中其他竞争者有利。这样，低成本可以在全部五类竞争作用力的威胁中保护公司，原因是讨价还价使利润蒙受损失的过程只能持续到效率居于其次的竞争对手也难以为继时为止，而且在竞争压力下效率较低的竞争对手会先遇上麻烦。

赢得总成本最低的地位通常要求具备较高的相对市场份额或其他优势，诸如良好的原材料供应等。或许也可能要求产品的设计要便于制造生产，保持一个较宽的相关产品系列

以分散成本，以及为建立起批量而对所有主要客户群进行服务。由此，实行低成本战略就有可能要有很高的购买先进设备的前期投资，激进的定价和承受初始亏损，以攫取市场份额。高市场份额又可进而引起采购经济性，从而使成本进一步降低。一旦赢得了成本领先地位，所获得的较高的利润又可对新设备、现代化设施进行再投资，以维护成本上的领先地位。这种再投资往往是保持低成本地位的先决条件。

8.1.3.2 差异化战略

差异化战略是将公司提供的产品或服务标新立异，形成一些在全产业范围内具有独特性的东西。实现差异化战略可以有许多方式：设计或品牌形象、技术特点、外观特点、客户服务、经销网络及其他方面的独特性。最理想的情况是公司使自己在几个方面标新立异。当然，差异化战略并不意味着公司可以忽略成本，但此时低成本不是公司的首要战略目标。

如果差异化战略可以实现，它就成为在产业中赢得超常收益的可行战略，因为它能建立起对付五种竞争作用力的防御地位，虽然其形式与成本领先有所不同。差异化战略利用客户对品牌的忠诚以及由此产生的对价格敏感性的下降使公司得以避开竞争。它也可使利润增加而不必追求低成本。客户的忠诚以及某一竞争对手要战胜这种“独特性”需付出的努力就构成了进入壁垒。产品差异化带来较高的收益，可以用来对付供应商压力，同时可以缓解买方压力，当客户缺乏选择余地时其价格敏感性也就不高。最后，采取差异化战略而赢得顾客忠诚的公司在面对替代品生产者威胁时，其所处地位比其他竞争对手也更为有利。

实现产品差异化有时会与争取占领更大的市场份额相矛盾。它往往要求公司对于这一战略的排他性有思想准备，即这一战略与提高市场份额两者不可兼得。较为普遍的情况是：如果建立差异化的活动总是成本高昂，如广泛的研究、产品设计、高质量的材料或周密的顾客服务等，那么实现产品差异化将意味着以成本地位为代价。

然而，即使全产业范围内的顾客都了解公司的独特优点，也并不是所有顾客都有能力支付公司所要求的较高价格。

8.1.3.3 集中一点战略

集中一点战略是主攻某个特定的顾客群、某产品系列的一个细分区段或某一个地区市场。正如差异化战略一样，集中一点战略可以具有许多形式。虽然低成本与产品差异化都是要在全产业范围内实现其目标，集中一点战略的整体却是围绕着很好地为某一特定目标服务这一中心建立的，它所制定的每一项职能性方针都要考虑这一目标。这一战略的前提是：公司能够以更高的效率、更好的效果为某一狭窄的战略对象服务，从而超过在更广阔范围内的竞争对手。结果是，公司或者通过较好满足特定对象的需要实现了差异化，或者在为这一对象服务时实现了低成本，或者两者兼得。公司可采用两种集中化战略为某一特定、独特的细分市场的顾客创造价值，这两种战略是集中成本领先战略和集中差异化战略。

- **集中成本领先战略**。通过采用集中成本领先战略，全球家具零售商宜家为顾客提供了一种“美好生活付得起”的解决方案。既讲究款式又要求低价的青年消费者构成了宜家的细分市场。针对这些顾客，公司提供的家居产品综合了如下特点：设计新颖、功能齐全、质量保证、价格低廉。公司采用了不同的做法以使成本保持在较低水平。例如，宜家不是依赖第三方生产商，而是由其工程师自行设计低成本、可由消费者自行安装的模块式家具。宜家的商店是自助式的，你看不到那些带着顾客奔走于各家具店的销售代表。通常，竞争对手的家具店都是按照不同家具分门别类地在不同的房间里展出。这样，顾客就需要在这间房看厨房餐桌，再到另一间房里看沙发，然后还要再到另外一间房里去看要买的床。宜家则不是这样，它把家具摆成“家居型”，顾客只要看不同的家居组合（包括沙发、椅子、桌子等等）就可以了。这样，也就不需要销售代表或摆设人员了，因为他们主要是帮助顾客想象不同的家具摆放在特定的房间里（如客厅）是什么样子的。这种方式使销售人员数量大大减少，从而使宜家能够把成本控制在较低水平。然而作为成本领导者，宜家在低价之外还提供了许多对顾客极具吸引力的服务，包括店内照看小孩以及延长营业时间的服务。据称，这些服务“很巧妙地满足了宜家顾客的需要。因为宜家的顾客通常都很年轻，不是很富有，很可能有小孩（但又没有专门照看小孩的保姆），而且他们必须工作以谋生，所以也只能在工作以外的时间购物”。

- **集中差异化战略**。还有一些企业采用集中差异化战略。用以满足某一特定细分市场独特需求的产品差异化的方式数之不尽。不同地点的高层公寓大厦，包括纽约市的曼哈顿，其设计都是从满足追求科技的城市居民的角度考虑的。这些公寓的差异化特征包括高速数码互联网接入和其他一些先进的电信服务项目。那些以其差异化特征满足了消费者需求的公寓，要价就极高。例如，许多汽车生产商，如法拉利在特小型的超级车产品上展开竞争。这些车的价格从15万美元起，最高达60万美元。一位公司官员称，这些车其实代表着一种情感，而绝非单纯的交通问题。

采用集中差异化战略的公司必须能够以一种优于竞争对手的方式完成一系列主要及辅助活动，以获取战略竞争力。尽管从整个市场的角度看，集中差异化战略未能取得低成本或差异化优势，但它的确在其狭窄的市场目标中获得了一种或两种优势地位。

以上所介绍的三种基本战略的区别及联系如图8-1所示。集中一点战略常常意味着对获取的整体市场份额的限制。集中一点战略必然地包含着利润率与销售量之间互为代价的补偿。正如差异化战略那样，集中一点战略可能会也可能不会以总成本优势作为代价。

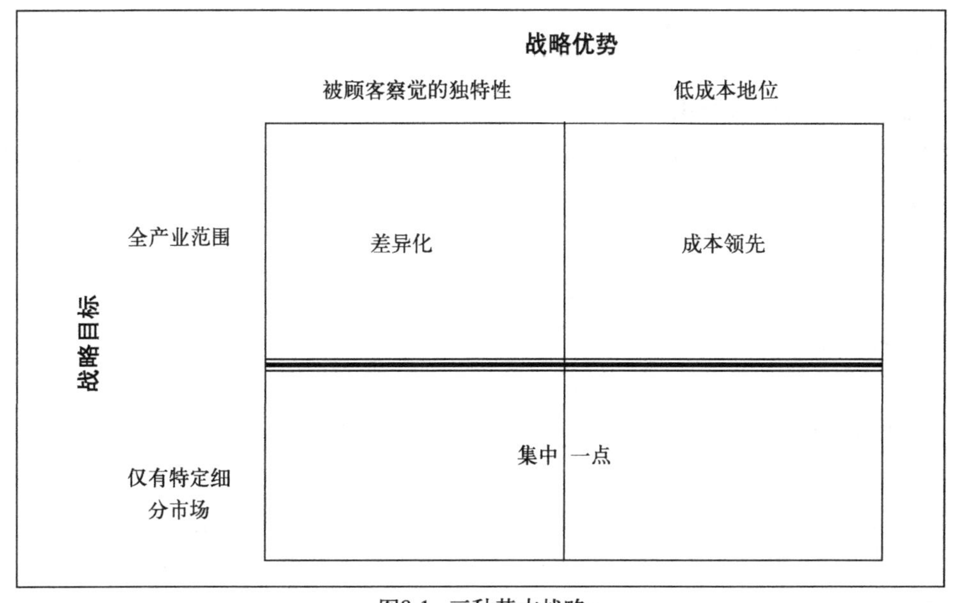

图8-1　三种基本战略

专论摘要　迈克尔·波特对三种基本竞争战略的阐述

迈克尔·波特认为三种基本战略在架构上的差异远甚于上边所列举的功能上的差异。成功地实施它们需要不同的资源和技能。基本战略也意味着在组织安排、控制程序和创新体制上的差异。其结果是，保持采用其中一种战略作为首要目标对赢得成功通常是十分必要的。可得到更多资源的大公司一般以成本领先或差异化为基点进行竞争，而小公司则往往以集中一点战略为基点进行竞争。三种基本战略在这些方面的通常含义如下表所示。

基本战略	通常需要的基本技能和资源	基本组织要求
成本领先战略	•持续的资本投资和良好的融资能力 •工艺加工技能 •对工人严格监督 •所设计的产品易于制造 •低成本的分销系统	•结构分明的组织和责任 •以满足目标为基础的激励 •严格的成本控制 •经常、详细的控制报告
差异化战略	•强大的生产营销能力 •产品加工 •对创造性的鉴别能力 •很强的基础研究能力 •在质量或技术上领先的公司声誉 •在产业中有悠久的传统或具有从其他业务中得到的独特技能组合 •得到销售渠道的高度合作	•在研发、产品开发和市场及营销部门之间的密切协作 •重视主观评价和激励，而不是定量指标 •有轻松愉快的气氛，以吸引高技能工人、科学家和创造性人才
集中一点战略	•针对具体战略目标，由上述各项组合构成	•针对具体战略目标，由上述各项组合构成

各基本战略也许还需要有不同的领导风格，并可以体现为不同的公司文化和公司氛围，从而吸引不同类型的人才。

8.2 竞争战略的风险分析

8.2.1 竞争战略风险的产生

竞争战略的制定是基于现有环境状况分析进行的。由于客观存在信息的不对称，企业的竞争战略必然具有许多不确定性，这些不确定性就会导致风险的产生。具体地说，竞争战略的风险的产生包括以下三个方面：

选择竞争对手的风险；采用基本竞争战略的风险；选择基本竞争战略组合的风险。

8.2.1.1 选择竞争对手的风险

企业在制定竞争战略时必须制定是攻击或联盟一系列竞争者的一部分还是其中之一的决策，包括确定强大和弱小的竞争者，紧密和松散的竞争者，好的和坏的竞争者等。

- **强大和弱小的竞争者**　许多公司重点攻击弱小的竞争者，这种战略需要的资源较少，时间较短。但是在攻击弱小竞争者的进程中，公司在能力的提高上收效甚微。公司也应该与强大的竞争者进行竞争以保持竞争状态和竞争艺术。而且，即使是强大的竞争者也有其弱点，公司可以成为有效和有价值的竞争者。

- **紧密和松散的竞争者**　许多公司和自己最紧密的竞争者竞争，如克莱斯勒和福特竞争，而不和豹牌竞争。同时，公司应该避免伤害紧密的竞争者。波特引用了一个例证：在隐形眼镜行业，鲍叶和罗姆斯于20世纪70年代后期采取了侵略性行动，如压价倾销等，从而获得了巨大成功。但是这种做法导致弱小的竞争者把公司卖给了大公司，如雷尔温、强生和谢林–普劳公司。随着资本向这些竞争者的集中，鲍叶和罗姆斯不得不应付一场激烈的战斗。在许多情况下，公司成功地攻击了紧密的对手，但却带来了更强硬的竞争者。
- **"好"的和"坏"的竞争者**　波特认为每个行业都有"好"的和"坏"的竞争者。公司应该支持它的"好"的竞争者，攻击它的"坏"的竞争者。"坏"的竞争者会破坏产业内的均衡。

个案研究

IBM公司在研究其主要竞争对手时发现Cray Research公司是"好"的竞争者，因为它遵从行业规则，满足它的细分市场而不是利用价格和较低的差异化攻击IBM的核心市场，即其通晓产业的竞争规则并按其行事，愿意观察和理解市场信号，支持市场开发和现有技术的进步，而不会为了获得地位就采取中断竞争和技术进步过程的战略。但IBM发现富士通（Fujitsu）则是"坏"的竞争者，因为它攻击IBM的核心市场。在日本业界，富士通曾经以一句"打倒IBM"的口号闻名遐迩。在最鼎盛的20世纪七八十年代，富士通在硬件方面也的确对IBM构成了巨大的威胁，据说，在20世纪80年代初期，IBM美国总部每周都设一个"富士通日"，数名管理人员集中起来搜集富士通在全球各地的信息，进行分析，并拟定对策。

8.2.1.2 采用基本战略的风险

从根本上看，采用基本战略的风险有两种：①未能形成或未能保持这种战略；②既定战略带来的战略优势的价值会随着产业演变而发生变化。

1. 成本领先战略的风险

成本领先给公司带来要保持这一地位的沉重负担。这意味着要为设备现代化再投资，坚决放弃陈旧的资产，避免产品系列扩展以及对技术进步保持敏感。成本随累计产量的增加而下降绝不是自动出现的，也不是未经一定程度的努力就使可能获得的规模经济轻易到手。成本领先战略的风险包括：

- 技术上的变化将过去的投资与学到的经验一笔勾销。
- 产业的新加入者或追随者通过模仿或者以其对高技术水平设施的投资能力，用较低的成本进行学习。
- 由于将注意力放在成本上，因而无法看到所需产品或市场营销的变化。
- 成本膨胀削弱了公司保持足够价格差异的能力。用以抵消竞争对手们的品牌形象或其他产品差异努力的影响，需要设法保持足够的价格差异。

个案研究

关于成本领先战略带来风险的一个经典例子是20世纪20年代的福特汽车公司。福特公司曾经通过限制车型及种类、积极实行后向整合，采用高度自动化的设备，减少改型以促进经验积累，以及通过经验积累严格推行低成本化措施等，取得所向无敌的成本领先地位。然而，当许多收入升高，已购置了一辆车的买主考虑再买第二辆时，市场开始偏爱有风格的、改型的、舒适的封闭型汽车而不是敞篷车。客户愿意为得到这些性能多出价。通用汽车公司对开发一套完整的车型进行资本投资有所准备。福特公司曾为把被淘汰车型的生产成本降至最低时出了巨额投资，这些投资现在变成了障碍，使得福特公司的战略调整面临极大代价。

2. 差异化战略的风险

差异化战略同样包含着一系列风险，包括：

- 实行低成本的竞争对手与实行了产品差异化方针公司之间的成本差距过大，以至于产品差异化不再能笼络住顾客。在这种情况下，买方会牺牲公司所提供的某些产品差异化特性、服务或形象的诱惑以节省大笔开支。
- 买方需要的差异化程度下降。当客户们变得更加精明时，就可能发生这种情形。
- 模仿使已建立的差别缩小。随着产业的成熟，往往会发生这种情况。
- 赝品。赝品就是那些以极低的价格向顾客传递差异化特征的产品，它已成为执行差异化战略的企业所越来越关注的问题。比如在英国，据估计，“未经品牌所有者许可、以大大低于零售价的价格销售的汽车、卫生用具以及服装等进口产品的市场每年约为13亿英镑”。关于差异化战略的这一风险，公司往往是求助于政府部门，希望有关的进口管制能遏制类似问题的出现。

公司的差异化优势通常只能在某一价格差范围内才能保持，因而，如果某个实行产品差异化的企业由于技术变化的原因或仅仅因为不在意而使成本升得太高，则低成本的企业就处于可以大规模侵占的优势地位。

3. 集中一点战略的风险

集中一点战略包括另外一系列风险，即：

- 大范围提供服务的竞争对手与集中一点公司间的成本差距变大，从而使针对一个狭窄目标市场的服务丧失成本优势，或使集中一点产生的差异化优势被抵消。
- 战略目标市场与整体市场之间对所期待的产品或服务的差距缩小。
- 竞争对手在战略目标市场中又找到细分市场，因而使集中一点显得不够集中。

表8-1对以上所讲的基本战略的风险进行了总结。

4. 夹在中间的风险

如果一个公司未能沿三个方向中的至少一个制定自己的竞争战略，即一个公司被夹在中间，这样的公司正处于极其糟糕的战略条件下：它缺少市场份额、资本投资和“打低成本牌”的决心，也不具备避免追求低成本地位而需要的在全产业范围内标新立异，更没有在比较有限的范围内建立起产品差异化或低成本优势的目标集聚。

表8-1 基本战略的风险

成本领先战略的风险	差异化战略的风险	集中一点战略的风险
成本领先的地位无法保持 • 竞争厂商的模仿 • 技术变革 • 成本领先地位的其他基础遭到削弱 差异化相应地位的丧失 成本集中的厂商在部分市场上取得了更低的成本	差异化的形象无法保持 • 竞争厂商的模仿 • 作为差异化形象的基础对客户的重要性下降 成本中的相应地位丧失 差异化集中的厂商在部分市场上取得了更加差异化的形象	集中一点的战略被人模仿，目标市场结构变得毫无吸引力 • 结构被破坏 • 需求消失 竞争者占领了部分市场 • 该部分市场和其他部分市场的区别缩小 • 多品种生产的优势增加新的集中一点的厂商进一步使产业市场细分化

夹在中间的公司几乎注定是低利润的。这样的公司或者会失去要求低价格的大批量客户，或者必须为从低成本公司手中争夺生意而在竞争中丧失利润。然而它在高利润业务领域又无法战胜那些专攻高利润目标的或做到了全面差异化的公司。夹在中间的公司也可能因为模糊不清的企业文化、相互冲突的组织安排与激励系统而遭受种种麻烦。

夹在中间的公司必须做出一种根本性战略决策。它或者必须采取必要的步骤实现成本领先，或起码使成本水平与别人相当。这通常意味着积极的投资以实现现代化以及可能存在"买取"市场份额的必要性；亦或该公司须使自己面向某一特定目标（集中一点）或者使自己具有某些"独特性"（产品差异化）。后两种方案可能很大程度上意味着要收缩市场份额，甚至减少公司的绝对销售量。这些方案的选取必须基于公司的能力及限制条件。贯彻每一类基本战略都意味着投入不同的资源、力量、组织安排以及管理风格。一个公司对三种基本战略均适宜的情况绝无仅有。

一旦公司处于迷惘状况，摆脱这种令人不快的状态往往要花费时间并需经过一段持续的努力。然而，似乎存在这样的倾向，即处于困境中的公司长时间在这三种基本战略间游移不定。由于实施这三种战略有着潜在的不一致性，因而这一方式几乎注定要失败。

5. 战略组合的风险

由于三种基本竞争战略均存在各自的风险，因此越来越多的企业开始采用将两种基本竞争战略组合的方式来降低风险。采用战略组合可以使企业获得更好的竞争优势，以适应快速变化的环境，但是同时也带来较大的风险。

低成本和高差异的战略组合是企业采用较多的组合战略，即企业将低成本和差异化战略结合起来，在低成本和差异化两个领域内同时确立竞争优势。采用低成本和高差异战略组合较好地弥补了低成本和差异化战略的缺陷，可以使企业有效规避采用单一低成本或差异化战略所带来的风险。但战略组合对企业的战略规划和战略管理能力和控制能力也提出了更高的要求，企业必须在整个行业或者某个局部市场同时寻求不断降低成本和创造差异，而且在上述两个方面具有超过竞争对手的优势，同时要求企业在战略上具有很高的应变能力或者弹性。

采用战略组合的最大风险在于：如果一个企业没有能够在低成本和差异化两个方面同时形成竞争优势，而只是在低成本和差异化之间寻求了一种折中或混合，就有可能使企业的竞争战略模糊不清，从而丧失竞争优势。

8.2.2 竞争战略的竞争导向

竞争战略建立在公司自身和竞争者的博弈过程中。“知己知彼，百战不殆”，因此，竞争战略必须强调竞争导向，研究竞争者，进而提高战略决策的有效性，规避风险。

8.2.2.1 判定竞争者的战略和目标

公司最近的竞争者是那些用与己相同的战略服务于同一目标市场的公司。在某一目标市场上采取同一战略的一组公司称为战略集团。公司必须首先确认自身竞争所处的战略集团。

虽然在同一战略集团内部的竞争非常激烈，不同的战略集团通常也成为竞争对手。这是由于如下原因：

- 某些战略集团都想争夺同一顾客群。
- 顾客可能不能充分认识到不同战略集团之间的差异。
- 每一战略集团都要扩张其市场份额，特别是公司间在规模和力量上相当平均且战略集团之间的转换障碍较低时。

公司必须持续不断地监控其竞争者的战略。拥有资源的竞争者会随着时间的推移修正它们的战略。例如，福特公司由于成功地以低成本生产汽车而成为早期的获胜者。后来通用汽车公司由于适应了顾客对多样化的新需求而超越了福特。再后来，日本的竞争者由于能提供节省燃料的汽车而取得了领导地位。显然，公司必须时刻对顾客需求的变化以及竞争者如何修正其战略以满足出现的需求保持警惕。

一旦公司确认了其主要竞争者和它们的战略，就必须追问：每一竞争者将在市场上取得什么位置？影响每一竞争者行为的因素是什么？

一个有意义的前提假设是竞争者追求利润最大化。但是，公司在对待短期利润和长期利润的权重上有所不同。而且，一些公司改变了它们的追求，围绕满意利润而不是利润最大化——它们设置了利润目标，并在实现目标后感到满意，甚至在它们原本可以采取其他战略或其他努力获得更多利润时。

另一替代假设是每一竞争者追求一种目标组合：当前的利润率、市场份额的增长、现金流、技术领先、服务领先等等。知道竞争者如何权衡每一目标可以帮助公司确认竞争者是否满意它们现有的财务状况，竞争者会如何攻击等等。例如，追求成本领先的竞争者对显著的成本降低会反应强烈，而对广告预算上升比较冷漠。

竞争者的目标可以根据许多因素进行刻画，如规模、历史、现在的管理状况、财务状况等。而且，公司也应该监控竞争者的扩张计划，从而判定竞争发展态势。

8.2.2.2 评价竞争者长处和弱点

竞争者是否能实现其战略和达到其目标取决于竞争者的资源和能力。总体上讲，每一家公司在分析其竞争者时应该监控以下三个变量：

- **市场份额** 竞争者在目标市场上的份额。
- **意识份额** 顾客在回答“说出这个行业的第一家公司”时提到竞争者的百分比。
- **倾向份额** 顾客在回答“你愿意从哪家公司购买产品”时提到竞争者的百分比。

显然，在意识份额和倾向份额上获得稳定成长的公司将不可避免地在市场份额和利润率上获得增长。

在确认竞争者的弱点时，公司应当判定竞争者对其业务的假设。有些竞争者相信他们生产行业中最高质量的产品，而实际上却不是。许多公司错误地抱定传统的想法，如“顾客倾向于产品较全的公司”，“销售力量是唯一重要的营销工具”，“顾客评价价值胜过价格”。如果公司知道竞争者正按某种错误的假设行事，公司将处在有利的地位，并从中获得利益。

8.2.2.3 评估竞争者响应模式

确认竞争者的目标及长处和弱点有助于公司预测竞争者的响应模式。绝大多数竞争者有以下四种响应模式：

- **冷漠型竞争者**　竞争者对对手的举措并不迅速或有力地反应。对竞争对手的举措缺乏响应的原因有许多。冷漠型竞争者可能认为它们的顾客高度忠诚；它们可能在该业务领域挤取利润；它们可能对对手的变化缺乏注意；它们可能缺乏响应的资金支持。对手必须评估竞争者冷漠行为的原因。
- **选择型竞争者**　竞争者只对某些攻击做出响应而忽视其他攻击。比如可能对削价进行反应而对广告费用增加置之不理。石油公司如壳牌和埃克森是选择型竞争者，它们只对竞争者削价做出反应，而忽视对手的促销。知道关键竞争者对其对手如何反应可以确认最可能的攻击线。
- **强硬型竞争者**　竞争者对其领域受到的任何打击均做出迅即和强有力的响应。其他公司最好不要攻击强硬型竞争者，因为它会战斗到底。宝洁公司从不让一种新洗衣粉轻易进入市场。
- **随机型竞争者**　竞争者并不展示出可预见的响应模式。这种竞争者根据特定的环境可能会也可能不会做出反应，仅仅依靠其所处的经济地位、历史和其他信息并不能预计它会如何反应。许多小公司是随机型竞争者，如果它们能负担一场战争，它们就会在某些前沿进行竞争。如果竞争过于昂贵，它们就会放弃响应。

个案研究

1969年，美国啤酒业中的“老八”，米勒啤酒公司，被菲力浦·莫里斯公司（PM）收购。那时美国啤酒业是一种寡头竞争的态势。市场领导者安豪泽—布施（Anheuser-Busch）公司的主要品牌是“百威”和“麦可龙”，市场份额约占1/4。佩斯特蓝带公司处于市场挑战者的地位，市场份额占15%。米勒公司踉跄在第八位，份额仅占6%。啤酒业的竞争虽已很激烈，但啤酒公司营销的手段仍很低级，它们在营销中缺乏市场细分和产品定位的意识，把消费者笼统地看成一个需求没有什么区别的整体，用一种包装、一种广告、一个产品向所有的顾客推销。PM公司兼并了米勒公司之后，在营销战略上做了根本性的调整。它派出烟草营销一流好手充实到米勒公司，决心再创啤酒中的“万宝路”。

当米勒公司在20世纪70年代后期引入淡啤酒时，安豪泽—布施公司仍以啤酒行业领导者自居而不予理睬。后来，当米勒公司在市场上更加富有进攻性并且宣称其淡啤酒已占到60%市场份额时，安豪泽—布施公司才开始开发自己的淡啤酒。

8.2.3 迎战竞争者的战略——定点超越

竞争战略的风险来自于信息不对称和环境变化性，以及与竞争者复杂的博弈过程。为了降低竞争战略决策时的风险，国外企业界开发了定点超越战略技术。

8.2.3.1 定点超越战略技术的基本含义

定点超越是20世纪80年代后期兴起的一种新的经营管理方法。最初是由一些大公司为了满足其谋求持续发展和盈利的需要而提出并实施的，其宗旨是保持发展和追求完美。定点超越的基本含义是：为了保持企业的持续发展而将企业的内部行为及其运作过程和管理过程加以客观分析，在此基础上，为自己建立一个参照点——选择并确定企业的目标竞争对手（可能是行业中的竞争领先者，也可能是行业内的其他竞争者，或是行业外的某一一流竞争领先者），将本企业的竞争实力与目标竞争对手进行对比分析，评价企业自身与目标竞争对手的竞争战略、竞争力水平及竞争优势的差距，将竞争对手已取得的成就作为本企业的竞争目标，并将其成功的经验引入本企业的竞争战略中，以在此基础上形成和实现企业的竞争优势，提高企业的市场竞争力水平，超越目标竞争对手，促进企业的发展，并实现企业追求完美的愿望。

定点超越建立在观察、确定、分析、对比目标竞争者的基础上，减少了战略决策中的不确定性，降低了风险。最早实施这一战略并获得成功的是施乐公司，该公司成功地将其运用于公司与日本同行的竞争中。1976年以后，一直保持着世界复印机市场垄断地位的施乐公司遇到了全方位挑战，如佳能、NEC等公司以施乐的成本价销售产品且能够获利，产品开发周期、开发人员分别比施乐短或少50%，施乐的市场份额从82%直线下降到35%。面对竞争威胁，施乐公司最先发起向日本企业学习的运动，开展了广泛、深入的标杆管理。通过全方位的集中分析比较，施乐公司弄清了这些公司的运作机理，找出了与佳能等主要对手的差距，全面调整了经营战略、战术，改进了业务流程，很快收到了成效，把失去的市场份额重新夺了回来。该公司的首席执行官戴维 T. 科纳斯如此评价定点超越："它是一个不断和竞争对手及行业中最优秀公司比较实力、衡量差距的过程，将我们的注意力由削减价格、控制支出等方面移向外部，去了解和关注那些真正为消费者所关注的内容。"

8.2.3.2 定点超越战略技术的核心思路

定点超越以保持和实现企业竞争优势为目的，更明确地指出了企业的竞争动态。其核心思路可归纳为如下四点：

- **知己知彼** 知己指企业参与市场竞争时首先必须对自身竞争能力有一个正确的自我识别，了解自身的竞争优势及弱点，了解在当前竞争力水平上，企业在市场上所处的竞争地位。知彼就是要同样了解竞争对手，了解它们的优劣势和竞争地位高低，在此基础上，将自己和竞争对手加以全面的分析比较。
- **取长补短** 比较只是一种分析手段，并不是一种目的。比较的目的是为了能学习和引进标杆竞争者优先于企业的成功因素，这是一种少走弯路、扬长避短的有效方法。通过学习，企业在竞争中保持已有的竞争优势的基础上又可赢得更多的优势，企业的市场竞争力也会随之强化。
- **互惠互利** 这也是定点超越与传统的竞争者分析方法区别所在。定点超越是公开和正当的竞争分析活动，它更强调竞争各方在竞争过程中的互惠互利和互助互补。优胜劣汰的竞争是严酷的，但现代竞争应超越尔虞我诈的原始竞争形态，彼此促进，并维护竞争双方共同生存的空间。为此，要坚持三项原则：一是友好相处，二是互帮互利，

三是优势互补。

- **领先一步** 通过学习，企业缩短了与标杆竞争者的距离，实现和保持竞争优势。随着企业市场竞争力水平的不断提高，企业应该及时调整其标杆竞争目标，以超越竞争对手，向更高目标挑战，争取领先一步，成为行业中的竞争领先者。当然，并不是所有的企业都能最终成为领先者，但企业至少应在某一方面拥有超越对手的优势与能力，这是企业在竞争中实现长期生存与发展的基本立足点。

8.2.3.3 定点超越战略技术的实施

实施定点超越战略技术通常遵循如下几个步骤：

- 确定准备比较的内容和基准。
- 确定测量的关键变量。
- 寻找在该方面表现一流的对象。
- 测量该对象的经营业绩。
- 测量本公司的业绩。
- 制定缩小差距的基础和条件。
- 修正和监控结果。

定点超越要求寻找到在某一方面表现最佳的公司，询问顾客、供应商和分销商是一个较好的起点，它们往往将竞争者进行排序。同时，许多咨询公司也常常提供这类服务，因为它们拥有大量的资料和经验。为了控制成本，公司应该关注那些对顾客满意和公司成本有重大影响的方面，并且经过改进后，这些方面应有显著提高。

8.3 提高市场占有率的战略途径

8.3.1 市场占有率与竞争战略

由于竞争的加剧和对市场竞争力的日益关注，理论界和企业界都越来越重视市场占有率（或称市场份额）的分析，将市场占有率视为测度企业市场竞争力的最直接、最重要的指标。

8.3.1.1 市场占有率分析的意义

市场占有率的定义是：在一定时期内，企业所生产产品在市场上的销售量或销售额占市场同类产品销售量或销售总额的比重。用公式表示为：

$$\text{市场占有率}=\frac{\text{企业产品的销售量(额)}}{\text{同类产品的销售总量(总额)}}\times 100\%$$

按照这一定义，还可进一步计算企业某一产品品种的市场占有率或某一品牌产品的品牌市场占有率。对市场占有率的定义还有绝对市场占有率和相对市场占有率之分。上述定义就是绝对市场占有率的定义。相对市场占有率则分两种情况。一种情况是相对最大竞争者的市场占有率，即将本企业的销售额（量）与市场上的最大竞争对手同期的销售额（量）相比，结果超过100%的，则该企业可被视为是该市场的市场竞争领先者，接近100%的，则该企业的市场地位与市场最大竞争者旗鼓相当。另一种情况是相对市场前几位竞争对手的市场占有率，即本企业的销售额（量）与处于市场前几位的（如前三位）竞争对手同期的

销售额（量）之比。相对市场份额的计算主要是为比较本企业与竞争对手的市场成长速度。相对市场份额高，说明本企业市场成长速度快于竞争对手，也可反映出市场上企业竞争力的增减变化。

市场是企业生存与发展的根基，企业的市场竞争力究竟如何，最终还要通过市场来验证。市场占有率就是一个重要的市场竞争力的测度指标。企业的市场占有率越高，其控制成本价格的能力就越强。因此，从根本上讲，市场占有率的高低决定了企业所能创造利润的多少。也正因如此，当今很多企业的经营目标已不再是单纯地追求短期利润的增加，而是转向选择以提高市场占有率为目标，以此来谋求企业的长期发展。

个案研究

iPhone市场占有率超Android三倍多

根据6月4日尼尔森公布的最新研究报告显示，2009年第四季度及2010年第一季度中，苹果iPhone手机操作系统所占据的全球市场份额为谷歌Android手机操作系统的三倍多。其中，苹果iPhone手机操作系统占据全球市场市场份额的28%，而谷歌Android手机操作系统仅占据9%。

但占据全球手机操作系统市场份额最多的并不是苹果，而是RIM公司。RIM黑莓手机操作系统以35%的市场份额占有量排行第一，苹果排行第二，微软的Windows手机操作系统以19%的市场份额排行第三，谷歌排行第四，Palm以4%的市场份额排行第五。2010年第一季度，苹果和谷歌市场占有率上涨2%，而RIM和微软市场占有率下滑2%。

另外，尼尔森公司报告同时指出，iPhone及Android手机操作系统用户忠诚度相对较高。其中80%的iPhone手机操作系统用户希望下一代产品中仍可以继续使用该操作系统。Android手机操作系统用户中持有相同忠诚度的比率为70%，而此数据在RIM手机操作系统用户中仅占47%，微软Windows手机操作系统用户中仅占34%。

资料来源：http://telecom.chinabyte.com/342/11363842.shtml.

用市场占有率来衡量企业竞争战略的合理性和科学性，至少有这样三个方面：

（1）市场占有率与企业收益水平间存在着一种正相关的关系。市场战略对企业收益的研究（简称PIMS研究）已表明，在大多数情况下，市场占有率高的企业，其效益水平也较高，这正好与企业经营的利润目标相一致。

（2）市场占有率，尤其是相对市场占有率的高低，能体现企业的竞争地位和竞争强度的变化。在市场需求一定的情况下，一个企业的市场占有率的扩大就意味着竞争对手市场份额的减少。即使市场需求总量扩大，对单个企业而言，其市场占有率也不会无限制扩大，企业间市场占有率的这种此消彼长的增减关系仍然成立。这种增减的变化是企业间竞争地位变动的直接表现，并且这种增减变化也能反映出市场竞争强度的变化，增减越频繁，表明企业间在该市场上的竞争强度就越高。

（3）争取提高市场占有率将有助于增加企业的竞争实力。企业提高市场占有率是通过经营活动过程来实现的，因此，提高市场占有率的过程是企业不断完善和积累营销和竞争技能与经验的过程，也是企业不断完善、确立自身形象，建立和提高企业市场知名度和顾客忠诚度的过程。而这种技能、经验、形象和知名度等要素，均是企业的无形资产。按照日本学者伊丹敬之的观点，无形资产才是企业竞争力的真正源泉。从这一角度讲，提高市场占有率正好与企业的竞争导向相一致。因此，从市场占有率角度分析、研究企业竞争战略具有重要意义。

8.3.1.2　企业竞争战略以提高市场占有率为目标

市场占有率是反映企业市场竞争能力的一个重要指标，也是影响企业战略的关键因素。PIMS研究结果充分展示了市场占有率与企业收益间的关系。扩大市场占有率是提高企业收益的关键因素。

哈佛商学院教授巴兹尔（Robert Buzzell）和麻省理工大学教授盖勒（Bradly Gale）等人所领导的PIMS研究，从1971年年末起分阶段进行了大量调查，从600家公司中获得了大量的数据，以期弄清楚什么是影响企业投资收益率（ROI）的主要因素，并预测企业战略对企业收益的影响程度。在他们总结出的影响企业投资收益的37项主要因素中，市场占有率是最重要的。这里所用的“投资收益率”意指企业的税前营业收益占企业资本和长期负债总额之比。

图8-2清楚地表明了市场占有率与投资收益率的关系。

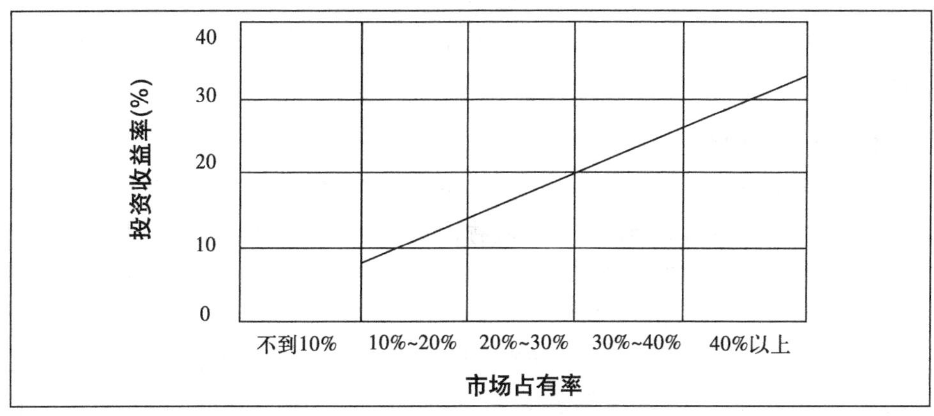

图8-2　市场占有率与投资收益率的关系

由图8-2可以较直观地看出，较高的市场占有率对应着企业的高投资收益率。在企业界也不难找出这样一些实例，如IBM、柯达等大企业，它们在市场上凭借拳头产品拥有较高市场占有率时，其投资收益率也在明显增长。

收益是企业生存和发展的前提，也是企业追求的目标。竞争战略的实施会影响企业的收益水平，而市场占有率是影响企业收益率的关键因素，因此竞争战略必须以市场占有率为目标。

8.3.1.3　企业竞争战略对市场占有率和利润率的影响

迈克尔·波特指出市场份额与利润率间存在多种可能的关系。在某些产业中，被夹在中间可能意味着采用差异化或集中一点战略的较小公司和成本领先战略的较大公司是最能盈利的公司，而中等规模的公司利润最低，即利润率与市场占有率之间存在一种U型关系，如图8-3所示。

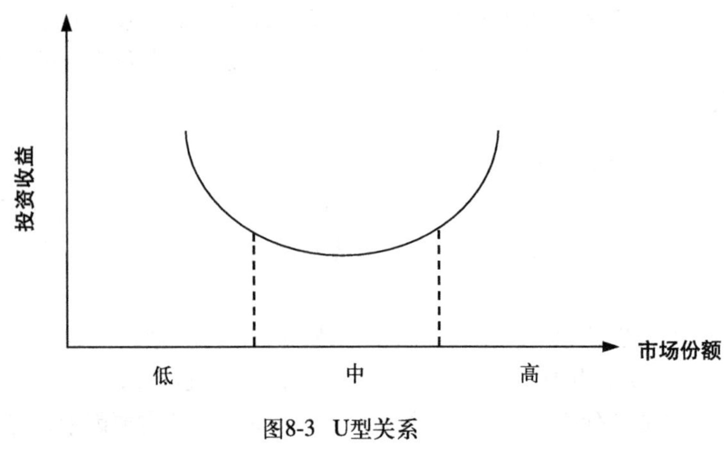

图8-3 U型关系

但是，这种U型关系并非在每一个产业中都成立。在某些产业中可能不存在差异化和集中一点的机会，而只能在降低成本上下工夫，如日用消费品行业。在另外一些产业中，由于顾客和产品特点的原因，成本相对变得不重要。在这些产业中，甚至出现市场占有率与利润率表现为颠倒了的关系。还有一些产业的竞争如此激烈，以致唯一能够获得高于平均水平利润率的途径就是采用集中一点或产品差异化战略。许多小公司由于没有较高的市场份额去争取低成本优势，必须通过差异化来抵消其成本地位。

8.3.1.4 价格竞争对市场占有率的影响

近几年来，中国企业的价格战风起云涌，如火如荼。价格战是指某个行业内因为单个或某些厂商的大幅度降价对其他厂商造成威胁，从而引致的整个行业产品平均销售价格的大幅下降。从价格战涉及的参与者来看，它包括了行业内的主导厂商。从价格战涉及的市场范围来看，它影响了行业内的主要产品和重要的市场区域。

随着市场由卖方市场向买方市场的转变，目前国内很多行业中都出现了生产能力过剩，而价格战也成为了大多数行业竞争的主旋律。以彩电工业为例，彩电工业中数次发生的价格战，无论在理论界和产业界中都曾引起了热烈的讨论。从彩电业价格战的过程来看，价格战促进了产业集中度提高，加速了行业内企业的多元化进程，加快了新产品开发，在一定程度上保证了富有效率的产业进入和退出行为，促进了产品结构的优化，有助于促进产业从比较优势进化到竞争优势。

价格竞争过程中会出现领先者和落后者、优势和劣势企业。由于生存的需要，落后者会进行反击。根据波特的竞争战略框架，其他企业的反击方式或反应方式主要有总成本领先战略、差异化战略和集中一点战略。有关研究表明，发动价格战的企业往往是该行业中的领先者，其在成本上具有一定的优势，从而其通过降价行为来达到扩大市场占有率的目的。以彩电业为例，在1996年年初所发动的价格战中，长虹是行业的领先者。在价格战发生后的不长时间内，长虹彩电的市场份额就有了较大程度的上升。

在价格战发生后，如果竞争规则不发生变化，那么行业内最有效率的企业，也就是平均成本最低的企业迅速扩大市场份额，甚至最终会完全垄断市场。但在实际产业发展过程中，这一情形一般不会出现，原因如下：

第一，在需求增长迅速的行业，领先企业扩张生产能力的速度往往跟不上需求规模的

扩张速度，因而仍会有其他成本高于领先者或者说效率低于领先者的企业存在。

第二，完全垄断行业往往是缺乏效率并且是非社会福利最大化的，因而一些国家的《反垄断法》会干预企业的垄断行为。

第三，在技术进步和需求变化迅速的现代社会，从企业角度而言，一个企业完全垄断一个行业往往不但是不明智的行为，而且也是非生产商福利最大化的。因为：

- 企业承担了行业发展的全部风险。如果需求萎缩，企业会出现生产能力闲置；但如果存在其他竞争者并且这些竞争者成本高于本企业，需求萎缩的风险将主要由竞争者来承担。
- 从产品定价的角度而言，其他竞争者成本高于本企业，领先者可以跟随其他企业的定价，甚至略低于其他企业的产品定价，但领先者仍可以享受“效率高”所带来的“租金”。

第四，网络经济中所鼓吹的“赢家通吃”现象存在的前提是，提高市场份额的企业能够获得由于网络效应所带来的正反馈。

价格竞争成为一些企业竞争的主要手段，为降低成本，企业不惜降低产品质量要求，造成产品质量下降。恶性价格战在各个方面都会产生一系列的危害：①增加了企业成本。价格战必然伴随着宣传战，双方大量的广告投入使企业经营成本大幅度上升；②减少了收入和利润。如果一方降价而另一方不降价，则降价方可以通过扩大市场来增加收入和利润。但多年的实践证明，降价必然会引起连锁反应，竞争对手都会以不同的形式跟进降价，结果是市场份额都无法扩大，虽然启动了一些潜在市场，但很难弥补降价造成的收入和利润损失。

因此恶性价格战的最终结果是两败俱伤，并给竞争各方留下很多后遗症。价格战通常都是短期行为，缺乏长远考虑，因此往往会引发一些难以解决的问题。所以应该引导价格竞争正常化，企业竞争战略的重点不应放在价格竞争上，而应该放在非价格竞争策略上，即使在产品的价格以外或销售价格不变的情况下，借助于产品有形和无形差异、销售服务、广告宣传及其他推销手段等非价格形式销售产品、参与市场竞争的一种竞争形式。由于社会经济的迅速发展，商品生命周期不断缩短，单靠价格竞争很难取得超额利润。同时，生产力的提高使消费结构发展显著变化。因而，非价格竞争就成为扩大商品销路的重要手段。其主要方法有：①采用新技术，提高管理水平，改进产品的质量、性能、包装和外观式样等。②提供优惠的售后服务。③通过广告宣传、商标、推销手段等造成公众的心理差异等。非价格竞争是垄断竞争的一种重要形式。

8.3.2 提高市场占有率的战略措施

波士顿咨询公司的赫德逊（B.Herderson）等人总结多年的实践经验，提出了产品系列管理理论（product portfolio management，PPM）。该理论以经验曲线理论和生命周期理论为前提，以企业的总体资金流量为中心，评估企业各个经营项目。按照经验曲线理论的解释，市场占有率最高的企业，其生产成本最低。尽管PIMS和BCG研究市场占有率的方法、目的不同，PIMS利用回归分析方法，分析了大量的数据，其研究目的是要最大限度地提高市场投资收益率。BCG则在经验曲线理论基础上增加一系列例证，提出一种增长→经验曲线加大→成本降低→市场占有率增加→增长的经营战略思维结论，其研究目的是谋求企业的长期发展。这一结论应用于战略选择时基于这样一种指导思想：公司的主要经营目的在于发展和盈利，而一个经营多种业务公司的主要长处在于它能把高盈利、低发展潜力的企业的资金投向有长期发展和盈利潜力的、有吸引力的业务中去，能够通过资金的平衡调度达到系统的总体优化。从PPM理论得出的战略方针和企业业务发展动向示意（也即著名的波士顿矩阵）分别如表8-2和图8-4所示。在矩阵理论中，波士顿咨询公司提出了资金投资管理理论。根据市场增长率和相对市场份额的不同，矩阵被划分为4个象限（如图8-4所示）：①金牛业务，即能为公司带来了大量资金的业务。②明星业务，常常是有利可图的，并且是公司未来的现金牛业务。③问题业务，大多数业务都是从问题业务开始的。公司为了跟上迅速发展的市场并打败竞争者，必须增加工厂、设备和人员，因此需要大量资金。④瘦狗业务，亦称衰退类产品。一般来说，它们的利润低，虽然可能损失一些钱，但损失不会很大。瘦狗业务通常要占用管理部门较多的时间，需要进一步被收缩，甚至被淘汰。针对矩阵中不同类型的业务单位，公司可以进行发展、维持、收获或放弃的战略经营选择。

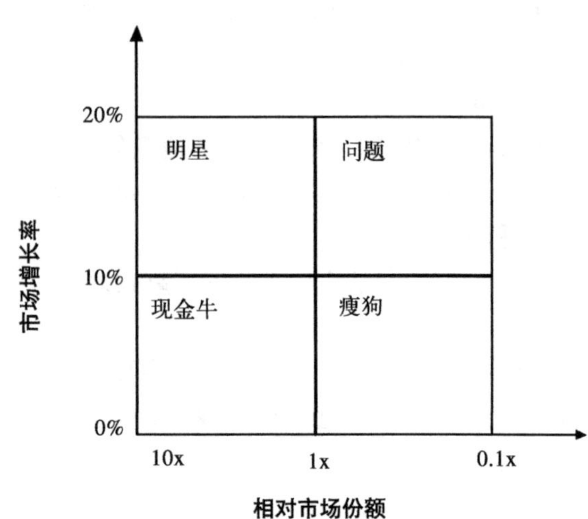

图8-4　企业业务发展动向

表8-2　从PPM理论得出的战略方针

业务类别	市场占有率方针	业务盈利能力	投资需要	净资金流
明星	保持/扩大	高	高	接近于0或小负数
现金牛	保持	高	低	大正数
问题	扩大	无或亏损	很高	大负数
	利用/退出	低或亏损	回收	正数
瘦狗	利用/退出	低或亏损	回收	正数

这两项研究对市场占有率与企业获利力之间的关系的结论是一致的，即企业的利润率和收益率是市场占有率的函数。市场占有率与企业获利能力、企业市场竞争力间存在着正相关的关系。正因为如此，对企业而言，确定本企业的市场占有率目标和市场占有率战略就成为企业竞争战略的一个重要组成部分。

8.3.2.1　市场占有率目标的确定

正因为市场占有率与企业长期收益、长期发展的密切关系，现在很多企业已不再将短期利润最大作为目标，而将市场占有率的扩大作为企业的战略目标之一。但并不是所有行业、所有企业在任何市场环境下，都只将扩大市场占有率作为其唯一的市场占有率目标。企业确立其市场占有率目标的可能性和必要性取决于是否愿意为长远利益而放弃部分眼前利益等等因素。因此，对市场占有率目标的确定，企业可有三种选择：

- **扩大市场占有率**　通常可通过引进新产品，增加营销力量等措施来努力实现。

- **维持现有市场占有率战略**　在相对成熟的市场上，对于已进入市场并在市场上占有一个稳固地位的企业来讲，这是一种最常见的战略选择。要在成熟的市场寻找一个突破点以扩大市场占有率并不容易，多数的选择将是尽可能地维持现有市场占有率水平。维持战略也需要多种因素的配合，企业必须严格控制成本水平和产品质量水平，同时也要密切关注竞争对手的战略变化，由于竞争的激烈，大多数的企业无法真正做到保持相当水平的市场占有率以实现收益最大。
- **收缩市场占有率战略**　即通过某些途径缩小市场占有率，采取这一战略的目的往往是为了短期内的高收益。有些企业采取这一战略是有意识、有目的的，是为与企业的总体竞争战略（如集中化战略）相配合。当然，也有很多企业的收缩战略是非自愿的，是因为市场内强大的竞争对手的加入、竞争加剧或成本上涨、政策改变等影响企业获利能力和竞争地位的内外部因素的变化所致。

8.3.2.2　扩大市场占有率战略

大多数情况下，企业要获取自身认定的投资收益率，必须达到一个最低的市场占有率水平，这个最低的水平是企业得以生存的基本前提。在下列情况下，企业一般应考虑采取扩大市场占有率战略：

- 企业的市场占有率没有达到这一最低限额时，如果不想放弃该市场，就必须采取扩大战略。
- 企业的现有市场占有率水平虽未低于最低水平，但相应投资收益率没有达到企业满意的程度时，也要考虑采取扩大策略。
- 很多企业为谋求企业的长期发展，不满足于当前的市场占有率水平，也采取市场占有率扩大策略。

扩大市场占有率的途径可以通过增加新产品、提高现有产品的质量及增加市场费用以拓展市场等几个方面来实现。针对产品不同的需求特点和竞争形态，企业或是细分市场重点推出满足某一特定顾客层的需要的新产品。如推出物美价廉的小型轿车以满足单身上班族交通需要，或是改进现有产品、增加特色等，或是几个方面相互配合。在这方面企业界也不乏成功的实例。

需要说明的是，以往的研究已表明，要在短时间内实现市场占有率的大幅度增加是很困难的，并且一般皆需要增加更多的支出，需要以短期的利益损失为代价，所以企业做出扩大市场占有率战略选择时要充分考虑企业自身的财务能力以及政府有关的法律规定等内部因素。在PIMS资料库中，其20世纪70年代调查的600家企业中，只有20%的企业在两年内扩大了2%的市场份额。

另外，在一段时间内，市场占有率越低的企业，其为扩大市场占有率所付出的成本就越高。即使是市场领先的高市场占有率的企业，在扩大市场占有率初期，其投资收益率也比市场稳定时的收益率低。

8.3.2.3　扩大市场占有率战略的局限性

PIMS研究提出的市场占有率、投资收益率矩阵，在理论界和企业界都引起了高度的重视，现在诸多有关市场占有率的研究也是以PIMS的研究结果为基础展开的。市场占有率与企业收益率间相互关系的存在使得市场占有率成为衡量企业市场竞争力的最直接的因素。

企业竞争力是一个相对的概念，在市场竞争十分激烈的今天，企业要比较与竞争对手的力量的强弱和竞争地位的变化，就必须了解自身和主要竞争对手几方面的市场占有率，密切注意市场占有率的变化。如果不是企业主动采取降低的措施，市场占有率的下降就可能意味着企业经营出现问题，如果不及时发现并采取措施加以补救，就会带来竞争地位的丧失。但在进行市场占有率分析时，也存在一定的局限性。

美国哈佛商学院教授哈默尼希（R.G.Hanernesh）在20世纪70年代后期进行的研究表明，低市场占有率的企业并不像传统理论认为的那样，只有提高市场占有率或退出市场这两种选择。低市场占有率的中小企业在低成本和处于成熟期的行业中同样有利可图。如果过分强调市场占有率，则企业在竞争分析时将可能忽略这些市场占有率极低但实际竞争能力并不容被忽视的中小企业。

迈克尔·波特也指出："在某些行业中，企业获利能力和市场份额之间并没有必然的联系，除非某一企业可以很轻易地控制市场，使另外一些专业化的企业只在一些很窄的市场中占有绝对份额。同时，该行业中一些成本较低的企业也不能立足（因为这些企业通常在任何一个子市场上都不会占有最高的份额），即使改变行业的界定，我们也无法解释为什么收益率较高的企业往往是那些在整个行业中完成了很好的划分，但其所持的市场份额却低于行业领导企业。"

另外，市场占有率所反映、比较的只是现实存在的、具有直接替代关系的同类产品间的竞争力的强弱，而实际上，市场上还有各种替代品的竞争存在，这也是一项不容忽视的竞争力量。此外，在竞争环境不公平，如某些企业享受特殊优惠政策的行业中，市场占有率的高低也不能准确反映企业间竞争力量的强弱。再者，对市场占有率的过于注重，也不排除企业可能会采取一些急功近利的短期行为，如把顾客视为其扩大市场占有的"份额点"而偏重于采取各种促销技巧，从而丧失了"满足顾客需要"的真正意义；或是不遗余力地开发某种产品，并试图将其打入竞争对手优势已十分明显的某一细分市场。这种短期的市场份额的增加并不意味着企业市场竞争力的同步提高，与之相反，还会削弱企业的长期市场竞争力。这些局限性的存在是企业在运用市场占有率与竞争战略的关系时必须加以注意的。

战略透视　联想确立集成分销策略　欲打造斯巴达克方阵

2005年5月18日，联想在海南召开合作伙伴会议之后，提出了集成分销战略。简单地说，是把大客户产品线和中小客户产品线分离，两类面对不同客户的营销模式自成体系；把渠道纳入整体设计，与联想分工协同，高度契合起来。前者是联想柔性企业再造战略的重要组成部分，后者是其渠道战略，名曰集成分销。

因此，围绕这个集成分销战略，联想的各级渠道相应地也做了一些调整。例如，为了更好地配合销售，北京润讯达成科技公司仿照联想的双模式运作规划，把公司内部相应地划分为产品与客户两大部门，在此之下又分别对产品种类、客户种类做了细致和专业的区分。据悉，这个客户部门之下又细分为增值业务处、行业客户处以及大客户处，然后设置相应的人员，针对重点客户展开业务攻势。

但是，项目销售虽然一次性打单数量比较可观，毕竟也有不尽如人意之处。比如，项目销售并不能准确预测当月的销量，往往两三个月都是在做各种前期的努力和投入，到了第四个月打单与否也不确定。虽然润讯达成是一家系统集成出身的公司，自身的项目运作实力比较强，但靠项目销售毕竟市场覆盖面有限。更加难受的是，因为鼓励直接面向客户打单，所以部分经销商也被允许可从供应商处直接提货。正因为如此，使得类似润讯达成这样的联想区域分销商感觉到了不同以往的压力。

此外，据江苏依迪科技发展有限公司总经理陆卫东介绍，他们在实际操作中也遇到一些分歧和差异。例如，在用户界面上，分销商的定位和形象如何确定？特别是在一些习惯于跟厂商直接打交道的大客户面前，他们在工作中经常会遭遇到这样的询问：联想是不是支持你们？你们能不能代表联想？等等。

陆卫东认为，这样的问题就需要联想的客户经理在用户界面工作中对分销商做出明确定位和解释，否则，分销商要实现集成分销战略就会事倍功半，而且会导致客户对联想体系的误解。

实际上，为了推进集成分销战略第一阶段目标的完成，联想2005年在渠道建设方面也是下了一番工夫的。首先，通过“五个一”工程、“四个一”工程的推进，使得渠道在五、六级市场的占有率得到一定的提升；其次，分销商的划区分治解放了分销商的生产力，有效地避免了不必要的内部竞争；最后，原来终端渠道只能销售一种产品，现在多产品的销售也使得渠道的获利得到提高。

其实，联想提出集成分销战略之后，显然是希望分销商能够“文武双全”。但是，任何一个分销商都不可能拥有两只同等长度的“手臂”。每个区域分销商所处的发展阶段不同，资源背景不同，在集成分销战略运作模式上也必然会有所倚重。这样一来，一些联想的区域分销商自然感到无所适从了。

ThinkPad渠道冷暖自知

不仅如此，2005年9月底，年初划出来的联想国际也被并入到联想中国区，在这种调整之下，ThinkPad业务如何在市场高速增长的背景下挖掘增量扩大销售，也成了原ThinkPad渠道们关注的焦点。

目前，ThinkPad的渠道模式，实际上是通过总代理、分销商和核心经销商构成的一个多层次、混合式的销售模式。但是，对于这个销售模式，广东奥通科技有限公司总经理孙国进却认为，综观目前ThinkPad整个总代的层面，能够很好地控制和维护市场价格，积极策划推动市场销售能力的总代已经不多了。并且现在ThinkPad的产品线如此丰富，总代有7家，他们所谓选择区域分销商的标准也有不同，所以对大部分以区域市场分销为主的渠道来说，感觉有些茫然，因为首先ThinkPad的渠道要在区域做一个大数，但发现很多产品线的利润实在是无法控制，这对渠道提高销售量的信心是会打折扣的，如果长期不盈利，也会使渠道们放弃一些产品线的运作。

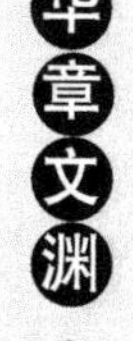

另外，ThinkPad的总代尽管投入了大量的资金在产品的运作上，但对区域分销商的一些资金的占用也非常明显，在资金价保、倒挂和返还节奏及速度上，只有部分总代能够做到比较及时和清晰。即便如此，广东奥通一年下来还是有超过100万元的资金被无偿占用了，这也是影响到区域分销商在ThinkPad上加大投入的一个很重要的因素。当然，从产品线的定位、销售经营模式上看，现在的渠道政策也有很多需要积极改进的地方。

孙国进表示，从奥通成立之初，就开始了和IBM的合作，从2004年和2005年公司的销售数据来看，销量增长比较明显，达到了40%。但2005年的利润增长却不明显，这是未来联想需要帮助ThinkPad渠道解决的问题。他认为："目前ThinkPad渠道政策出现的问题，对企业内部资源的整合和管理，对企业的再投入的决心是有很大的影响的。"

打造斯巴达克作战方阵

针对上述种种问题，前不久，联想悄悄地在黄山召开了第八届大联想核心顾委会，并吸纳了27家ThinkPad渠道加入了这次顾委会，同时，此次黄山会议也确立了联想今后一段时间的渠道大政方针。

一是集成分销要成为业务增长的核心竞争力。据了解，联想把集成分销划成三个战略发展阶段：首先从2004年开始的1～2年，是战略设计和基础竞争力设计阶段；下面的3～4年，是持续深化和优化，使两个模式协同发展，让它真正成为一个非常长远的、业务增长的长期核心竞争力；后面的5～8年，集成分销会达到一个最优的状态，就是无缝集成、高效运营；二是在不损害、确保ThinkPad品牌保持增值的情况下，推动双品牌战略的运作。

在这两个大的战略指导下，未来联想的第一个渠道策略就是保持两套体系相对独立，他们的管理团队和管理体系都是不相同的。不过，如果ThinkPad的渠道伙伴希望经营Lenovo的产品，那他可以申请开一个Lenovo的专卖店；而Lenovo的渠道如果想加入ThinkPad的销售，同样也可以申请开一个ThinkPad的体验中心，这样操作下来，完全可以确保ThinkPad品牌面向高端市场，Lenovo品牌则面向中低端市场。

据悉，针对Lenovo的渠道体系，联想会在产品模式下在分销商、经销商层面做如下的工作布置：首先，分销商会继续把"四个一"工程进行到底，把它制度化，使它不会变成一项运动而要变成一项分销商日常的事情。其次，在商用业务上，联想会去建设一些商用精品店，特别是在一些消费类产品卖得好、商用类产品卖得不好的地方，去扩大商用PC的销售；最后在笔记本市场，联想也会继续做深做透，重点会是在四、五级市场进行开拓。

而在客户模式下，联想会逐步提升客户代理商经营客户的能力。一方面联想会不断地清晰自身的定位，而客户代理商则要认真锁定客户，不能再停留在分销批发的层面，真正实现扁平化。据悉，联想近期会推出超级伙伴计划，希望通过这样的计划培养出最核心客户的增值伙伴。

此外，针对ThinkPad的渠道体系，联想也会像建设Lenovo渠道体系一样去清晰渠道的架构，逐渐清晰各级ThinkPad渠道的功能，抓住终端，促进销量，同时进行很好的协同，提升整个联想渠道的效率。联想认为，ThinkPad体验中心的布局目前还远远不够，要增强布局，希望ThinkPad的渠道能多建店、快建店。同时，联想也希望ThinkPad的渠道能成立专门的团队来做行业客户的销售。换句话说，联想也希望在ThinkPad的渠道体系里推进集成分销战略的执行。

资料来源：http://www.enet.com.cn/article/2006/0111/A20060111492276.shtml.

本章小结

本章介绍了竞争的概念、竞争对企业的生存和发展的巨大推动力。现代企业市场竞争已从微观到宏观、从浅层到深层影响到企业的经营效率，对企业参与竞争和赢得竞争的能力提出了更高的要求，从而呈现出新的特征和趋势。在分析了五种竞争力量和完成竞争者

判断以后，企业要选择竞争对手，进而选择三种基本竞争战略：成本领先、差异化、集中一点。这三种基本战略所需要的基本技能、资源和组织要求都有所不同。

竞争战略产生于不确定性中，无论是选择竞争对手、基本竞争战略，还是选择基本竞争战略组合都存在风险。竞争战略建立在公司自身和竞争者的博弈过程中，必须强调竞争导向，研究竞争者，进而提高战略决策的有效性，规避风险。定点超越成为面向竞争者的有效战略。

由于竞争的加剧和对市场竞争力的日益关注，理论界和企业界都越来越重视市场占有率分析，将市场占有率视为测度企业市场竞争力的最直接、最重要的指标。企业必须谨慎选择市场占有率战略，努力提高市场占有率。

关键术语

竞争战略　成本领先　差异化　集中一点　定点超越　市场占有率

复习思考题

1. 如何界定竞争？现代企业具有什么特征和变化趋势？如何看待现代企业竞争的战略层面？
2. 如何描述迈克尔·波特的行业竞争结构？
3. 如何分析竞争力量，分辨竞争者？如何选择竞争对手？
4. 三种基本竞争战略有何特征？
5. 分析三种基本竞争战略的先决条件、优点以及包含的相应风险。
6. 如何通过采用成本领先战略、差异化战略、集中成本领先战略、集中差异化战略来获取竞争优势？
7. 为什么竞争战略存在风险？基本战略的风险如何界定？
8. 如何认识竞争战略的竞争导向？
9. 如何认识和评价定点超越战略？定点超越战略对我国企业有何启示？
10. 市场占有率分析有何重要意义？
11. 如何制定市场占有率战略？
12. 提高市场占有率的战略途径有哪些？
13. 市场占有率分析的战略局限性如何？

参考文献

[1] 弗雷德R戴维．战略管理[M]．李东红，译．北京：经济科学出版社，2001．
[2] 梅澎．富士通变革的背后[J]．中国营销传播，2004-3-12．
[3] 段晓燕．富士通：矩阵革命　再战IBM[J]．21世纪经济报道，2004-2-26．
[4] 迈克尔A希特，等．战略管理[M]．吕巍，等译．北京：机械工业出版社，2009．
[5] 许晓明．企业战略管理教学案例精选[M]．上海：复旦大学出版社，2001．
[6] 谢伟．追赶和价格战：中国彩电和轿车工业的实证分析[M]．北京：经济管理出版社，2001．
[7] 王方华，陈继祥．战略管理[M]．上海：上海交通大学出版社，2003．

第9章 企业购并与战略联盟

学习目标

1. 了解企业购并的含义、类型以及我国企业的购并程序。
2. 掌握企业购并的动因和企业购并的实施策略。
3. 掌握战略联盟的概念、特点以及战略联盟的动因。
4. 了解战略联盟的形式及应注意的问题。

开篇案例 吉利杠杆收购沃尔沃

2010年3月28日，吉利控股集团宣布与福特汽车签署最终股权收购协议，以18亿美元的代价获得沃尔沃轿车公司100%的股权以及包括知识产权在内的相关资产。此项交易预计于2010年三季度完成，当然还要符合通常交易完成条件，包括获得相关监管部门的批复。此交易得到中国、瑞典两国的高度重视，中国工信部部长李毅中以及瑞典副总理兼企业能源部长Maud Olofsson出席了签署仪式。作为中国汽车业最大规模的海外收购案，吉利上演了中国车企“蛇吞象”的完美大戏。

收购历程

2009年4月——福特汽车对中国企业发出出售沃尔沃的情况说明，北汽、奇瑞、东风、吉利均传出有意收购沃尔沃。

2009年10月——吉利和福特双方首次正式宣布，吉利成为沃尔沃的首选竞购方。

2009年12月——吉利引入两名拥有跨国公司管理经验的重量级高管，负责沃尔沃项目，包括原华泰汽车总裁童志远和原菲亚特动力科技中国区总裁沈晖。

2009年12月23日——吉利集团和福特集团就收购沃尔沃轿车公司的所有重要商业条款达成一致，并表示将在明年2季度完成交易。

2010年3月28日——吉利正式收购瑞典沃尔沃轿车100%的股权。

收购价格

1999年福特以65亿美元的高价购得沃尔沃品牌。然而事与愿违，沃尔沃这个品牌在过去几年里让它伤透了心，2008年沃尔沃税前亏损额高达16.9亿美元。随着金融危机全面到来，在售出阿斯顿马丁、路虎、捷豹之后，沃尔沃又成为了福特剥离的目标。

根据洛希尔综合采用现金流折现法、可比交易倍数、可比公司倍值等估算方法对沃尔沃资产进行的评估，在金融危机最严重时的沃尔沃估值，合理价位在20亿～30亿美元之间。其中，合理收购资金15亿～20亿美元，运营资金5亿～10亿美元。正是根据洛希尔做出的这一估值，吉利提出的申报收购金额为15亿～20 亿美元，最终成交价格确定为18亿美元。

吉利花费18亿美元的代价收购沃尔沃，不到当年福特收购价的1/3。这是全球金融危机导致世界汽车行业重新洗牌的意外收获。从沃尔沃的品牌、已有的供应商和经销商网络和它的技术来看，我们认为这次收购还是物有所值的。被誉为"世界上最安全的汽车"的沃尔沃，其品牌价值和技术含量堪称世界一流。吉利收购沃尔沃抓住了历史性的机遇，是中国汽车企业海外并购的成功典范。

交易架构

此次收购将以在国内及海外设立特殊目的项目公司的形式进行。为便于收购，吉利成立了北京吉利万源国际投资有限公司（以下简称吉利万源）和北京吉利凯旋国际投资有限公司（以下简称吉利凯旋）来作为国内的收购主体。

吉利万源最初由北京吉利凯盛国际投资有限公司（以下简称吉利凯盛）出资2 000万元成立，3月2日，吉利万源注册资本剧增至71亿元人民币。其中吉利凯盛投资由2 000万元增至41亿元，占注册资本总额比例的57.75%；大庆市国有资产经营有限公司将增资30亿元，占注册资本总额的42.25%。

吉利凯旋与吉利万源几乎同时注册，目前其股东只有李书福一人，注册资本仍为1 000万元。按照18亿美元的收购价格折算，李书福这次收购需要超过120亿元人民币。吉利万源的注资已经完成，那么下一步50多亿元的融资缺口，需要通过吉利凯旋来完成。

吉利万源和吉利凯旋将通过在瑞典设立一家全资的特殊目的公司（SPV）来持有沃尔沃汽车股份。瑞典特殊目的公司虽不具备实际运营功能，但作为持有收购目标公司的法律实体，可以方便瑞典事务的推进。

吉利为什么选择收购沃尔沃

吉利之所以重金收购沃尔沃，看上的是沃尔沃的品牌价值和核心技术。在收购沃尔沃之前，吉利就已经开始从低端品牌向中高端发展的战略转型。刚入市时，吉利以低价获得市场；为了尽快追赶世界先进水平，吉利又提出了"生产世界上最环保、最安全的车"的主张，正是基于这一战略思想，沃尔沃成为吉利的首要购买对象。

吉利收购沃尔沃，得到的是"Volvo"品牌。虽没有奔驰、宝马知名度高，但仍然是全球知名豪华车品牌。沃尔沃这个品牌的核心价值是安全和环保，沃尔沃近年来致力于实施双零即"零伤亡，零污染"战略正是其品牌价值的体现。美国公路损失资料研究所曾评比过十种最安全的汽车，沃尔沃荣登榜首；企业品牌在世界品牌实验室（World Brand Lab）编制的 2006年度《世界品牌500强》排行榜中名列第232位。沃尔沃品牌轿车车身可再回收率达80%，这对一辆豪华车来说基本是不可能的。沃尔沃的环保更直接体现在它的油耗和排放上。

沃尔沃在汽车安全和节能环保方面，有许多独家研发的先进技术和专利。它拥有4 000名高素质研发人才队伍与体系能力，拥有低碳发展能力，可满足欧6和欧7排放法规的10款整车和3款发动机，年产汽车能力近60万辆。1999年福特公司并购沃尔沃后，投资不下100亿美元，研究低碳技术。除了沃尔沃传统的汽车安全技术方面的优势之外，吉利更看中的是沃尔沃的低碳技术，顺应了时代发展需要与潮流。知识产权问题一直是西方国家对中国企业海外并购进行攻击的内容之一。吉利百分之百购买的做法，彻底杜绝了这一后患。

资料来源：新浪财经频道，上海胜道投资管理有限公司报告。

随着信息网络技术的发展、企业经营环境变化速度的加快以及企业竞争的加剧等，速度成为影响企业市场竞争力的关键因素之一。传统的依靠自有资金积累来扩大规模的做法越来越难以满足企业发展的需要。因此，通过收购和兼并等资本运作以及战略联盟等成为企业快速发展的主要实现途径之一。

企业购并自19世纪末在西方兴起，一个世纪以来，西方企业的购并事件层出不穷。购并战略对优化资源配置、调整产业结构、有效利用规模经济效益、实现生产与资本的迅速扩强等起着重要作用，日益成为企业实现其战略态势的一个重要途径。

此外，随着企业实践的深入，越来越多的企业开始采取一种新的实现途径——战略联盟来实现企业开拓新市场、实现其发展战略态势目标的有效途径之一。战略联盟的本质是一种组织制度创新。随着我国经济的快速增长以及对外开放步伐的加快，购并与战略联盟越来越多地被国内企业运用，成为企业实现其发展目标、增强竞争力的主要途径之一。

本章就企业购并和战略联盟的基本概念、实施操作及实施中应注意的问题等进行详细论述。

9.1 企业购并概述

企业购并是指一个企业通过购买另一个企业全部或部分资产或产权，从而控制、影响被购并的企业，以增强企业竞争优势、实现企业增长等经营目标的行为。企业购并从19世纪末开始在西方迅速被企业界所采用。在我国，由于长期受计划经济的影响，这种发展方式并没有被很好采用。近年来，随着我国经济体制改革和现代企业制度的推行，这一方式越来越受到我国企业界的重视。通过企业购并能够提高我国企业的规模，增强企业的竞争能力，从而促进企业的发展。

9.1.1 企业购并的类型

企业购并有多种类型，从不同的角度有不同的分类方法，下面分别从购并双方所处行业、购并的方式、购并的动机、购并的支付方式等角度进行描述。

9.1.1.1 从行业角度划分

从购并双方所处的行业情况看，企业购并可以分为横向购并、纵向购并和混合购并。

1. 横向购并

横向购并是指处于相同行业、生产同类产品或生产工艺相近的企业之间的购并。这种购并实质上是资本在同一产业和部门内集中，迅速扩大生产规模，提高市场份额，增强企业的竞争能力和盈利能力。

2. 纵向购并

纵向购并是指生产或经营过程相互衔接、紧密联系的企业之间的购并。其实质是通过处于生产同一产品不同阶段的企业之间的购并，实现纵向一体化。纵向购并除可以扩大生产规模，节约共同费用外，还可以促进生产过程各个环节的密切配合，加速生产流程，缩短生产周期，节省运输、仓储费用等。

3. 混合购并

混合购并是指处于不同产业部门、不同市场，且这些产业部门之间没有特别的生产技术联系的企业之间的购并。这包括三种形态。

- 产品扩张型购并，即生产相关产品的企业间的购并。
- 市场扩张型购并，即一个企业为了扩大竞争地盘而对其他地区生产同类产品的企业进行购并。
- 纯粹的购并，即生产和经营彼此间毫无联系的产品或服务的若干企业之间的购并。

混合购并可以降低企业长期处于一个行业所带来的风险。另外，通过这种方式可以使企业的技术、原材料等各种资源得到充分的利用。

9.1.1.2 从是否通过中介机构划分

从购并是否通过中介机构进行划分，企业购并可以分为直接购并和间接购并。

1. 直接购并

直接购并指收购公司直接向目标公司提出购并要求，双方经过磋商，达成协议，从而完成收购活动。如果收购公司对目标公司的部分所有权提要求，目标公司可能会允许收购公司取得目标公司新发行的股票；如果是全部产权要求，双方可以通过协商，确定所有权的转移方式。由于直接收购条件下，双方可以密切配合，因此相对成本较低，成功的可能性较大。

2. 间接购并

间接购并指收购公司直接在证券市场上收购目标公司的股票，从而控制目标公司。由于间接收购方式很容易引起股价的剧烈上涨，同时可能会引起目标公司的激烈反应，因此会提高收购的成本，增加收购的难度。

9.1.1.3 从购并动机划分

从收购公司的动机划分，可以分为善意购并与恶意购并。

1. 善意购并

收购公司提出收购条件后，如果目标公司接受收购条件，这种购并称为善意购并。在善意购并下，收购条件、价格、方式等可以由双方高层管理者协商进行并经董事会批准。由于双方都有合并的愿望，因此这种方式成功率较高。

2. 恶意购并

如果收购公司提出收购要约和条件后，目标公司不同意，收购公司只有在证券市场上强行收购，这种方式称为恶意收购。在恶意收购下，目标公司通常会采用各种措施对收购进行抑制，证券市场也会迅速对此做出反应，股价迅速提高。因此恶意收购中，除非收购公司有雄厚的实力，否则很难成功。

战略透视　首例国企敌意收购外企案例收宣告成功

2008年7月11日早晨，澳大利亚中西部公司（Midwest）挂出大股东中钢集团的声明，截至7月10日，中钢总计持有Midwest股份已达到213 840 550股，持股比例达到50.97%，获得了Midwest的控股权。分析人士称，此项目是中国国有企业的第三次海外敌意收购尝试，也是第一宗成功的敌意收购案例，已无须澳官方再行审批。对于鼓舞中国企业开展海外并购会产生积极影响。

“敌意收购”终获成功

中钢集团一位负责人说，中钢拥有Midwest 50.97%股权，成功收购Midwest的声明在7月10日就已经传给澳大利亚证券交易所。昨天早晨，Midwest挂出了公司大股东中钢集团的声明。中钢总裁黄天文表示：“对Midwest的收购是中钢国际化发展中重要的一步。”

中钢集团昨天也就收购事件表态，在此次收购过程中，中钢集团遵循国际市场并购的规律和澳大利亚的市场规范，组建了专业的团队，反应迅速，对市场及时做出正确的判断和果断的决策，使得收购取得最终成功。

7月10日，中钢任命了三名董事进入Midwest董事会。他们是中钢矿业开发有限公司副总经理吴红斌，中钢澳大利亚矿业有限公司总经理程思俊，以及澳大利亚律师Ian MaCubbin。Midwest发表声明表示欢迎三名新董事，任命于7月11日正式生效。另外，Midwest宣布将在中钢控股达到50.1%后，向市场发行3 019 245股新股，用以支付投行的费用。

此次中钢在澳大利亚对中西部公司的成功收购，在中国企业海外并购史上是具有里程碑意义的。这是中国有史以来第一次在其他国家的资本市场上成功完成的“没有被邀请的要约收购”（unsolicited takeover），也就是大家所称的敌意收购（hostile takeover）。此项目仅是中国国有企业的第三次海外敌意收购尝试，也是第一宗成功的敌意收购案例。其他中国公司很有可能会受此鼓舞，更加积极地实施他们的海外扩展计划。

该分析人士认为，中钢将为中西部新资源开发项目和相关基础设施的建设提供充足的资金和技术支持。此外，公司为当地的居民提供就业机会，并且将向澳大利亚政府纳税，因此澳大利亚也将从此交易中受益。

海外并购任重道远

从2007年12月5日中钢向Midwest董事会正式递交收购意向函，到2008年7月18日中钢收购要约截止日，历时7个多月。显然，该案例的成功对于中国企业的海外并购将生产积极影响。

2007年12月中钢向Midwest提出意向性收购提议，到今年3月14日宣布收购要约、随后又将收购报价提高13.9%至总金额13.67亿澳元，与其竞争对手Murchison展开交锋。在7月7日Murchison宣布退出竞购，Midwest董事会再度推荐中钢方案，且有4名董事表达愿意转手所持股份。此后，中钢的收购进程大大加快，实际上已无悬念。

业内人士认为，中钢的成功收购并非一日之功。作为一家为钢铁行业提供系统集成服务的大型国企——中钢集团，早在1988年就与当地合作开发澳大利亚恰那铁矿，从而成为了第一个参与海外矿产资源项目的中国企业。2005年中钢与Midwest签署合资协议，共同进行Weld Range赤铁矿项目和Koolanooka磁铁矿项目的可行性研究。Midwest是一家中小型铁矿石生产商，在澳大利亚中西部共有五处铁矿项目，其矿山探明储量5亿吨，预测远景储量可达10亿吨。

随着国际铁矿石价格的节节攀升，中国钢企海外找矿渐成浪潮，但真正成功案例并不多。

宝钢、武钢、鞍钢、首钢、沙钢等中国钢企都在澳大利亚等产矿集中地投资矿石资源。今年以来，中国企业走出去的步伐明显加快。中国有色金属龙头企业中铝与美铝以140亿美元入股力拓。而沙钢通过伦敦证券交易所间接收购了澳大利亚一家铁矿石公司，相关程序也在进行中。

中钢协常务副会长罗冰生在一次大会上提到一件案例。一家中国企业在俄罗斯花重金收购了一座矿山，最后发现品位太低，如果算上到中方的运费，该矿山已经没有开发价值。该案例也提醒中国企业，走出去，需要更高更远的战略眼光，也需要打好“小算盘”。

资料来源：中国证券报，中证网。

9.1.1.4　按支付方式划分

按购并过程支付方式的不同，购并可以分为现金收购、股票收购、综合证券收购。

1. 现金收购

现金收购是收购公司通过向目标公司的股东支付一定数量的现金而获得目标公司的所有权。现金收购在西方国家存在资本所得税的问题，这会增加收购公司的成本，因此在采用这一方式时，必须考虑这项收购是否免税。另外现金收购会对收购公司的资产流动性、资产结构、负债等产生影响，所以应该进行综合权衡。

2. 股票收购

股票收购是指收购公司通过增发股票的方式获取目标公司的所有权。采用这种方式，公司不需要对外付出现金，因此不至于对财务状况产生很大的影响，但是增发股票会影响公司的股权结构，原有股东的控制权会受到冲击。

3. 综合证券收购

综合证券收购指在收购过程中，收购公司支付的不仅仅有现金、股票，而且还有认股权证、可转换证券等多种形式的混合。这种方式兼具有现金收购和股票收购的优点，收购公司既可以避免支付过多的现金，保持良好的财务状况，又可以防止控制权的转移。

9.1.2　企业购并的动因

企业购并有多种动因，下面分别加以介绍。

9.1.2.1　企业发展的动机

在激烈的竞争环境中，企业只有不断地发展才能生存下去。通常情况下企业既可以通过内部投资发展，也可以通过购并获得发展。两者相比，购并方式效率更高，其主要表现在以下几个方面：

- **购并可以节省时间**　企业的经营与发展是处在一个动态的环境之中，在企业发展的同时，竞争对手也在谋求发展。因此，在发展过程中，必须把握好时机，尽可能抢在竞

争对手之前获取有利的地位。如果企业采用内部投资方式，将会受到项目的建设周期、资源的获取及配置等方面的限制，制约企业的发展速度。而通过购并的方式，企业则可以在极短的时间内，迅速将规模做大，提高竞争能力，将竞争对手击败。尤其是进入新的行业的情况下，谁先行一步，就可以取得原材料、渠道、声誉等方面的优势，在行业内迅速建立起领先者的地位。这一地位一旦建立，别的企业就很难以取代，在这种情况下，如果通过内部投资，逐渐发展，显然不可能满足竞争和发展的需要。因此，购并的方式可以使企业把握时机，赢得先机，获取竞争优势。

- **购并可以降低进入壁垒和企业发展的风险**　企业进入一个新的行业会遇到各种各样的壁垒，包括资金、技术、渠道、顾客、经验等，这些壁垒不但增加了企业进入这一行业的难度，而且提高了进入的成本和风险。如果企业采用购并的方式先控制该行业的桥头堡，继续扩张，则可实现企业在这个行业中的发展。这样可以使企业以低的成本和风险迅速进入这一行业。

  此外，有的行业受到规模因素影响较大，企业的进入会导致生产能力的过剩，引起其他企业的剧烈反抗，产品价格很可能迅速降低。如果需求不能相应得到提高，该企业的进入将会破坏这一行业的盈利能力水平。而通过购并的方式进入这一行业，不会导致生产能力的大幅度扩张，从而保护这一行业，使企业进入后有利可图。

- **购并可以促进企业的跨国发展**　目前，竞争全球化的格局已基本形成，跨国发展已成为经营的一个新趋势，企业进入国外的新市场，面临着比进入国内新市场更多的困难。其主要困难包括企业经营管理方式、经营环境的差别、政府法规的限制等。采用购并当地已有企业的方式进入，不但可以加快进入的速度，而且可以利用原有企业的运作系统、经营条件、管理资源等，使企业在今后阶段顺利发展。另外，由于被购并的企业与进入国的经济紧密融为一体，不会对该国经济产生太大的冲击，因此，政府的限制相对较少。这些都有助于跨国发展的成功。

9.1.2.2 发挥协同效应

购并后，两个企业的协同效应主要体现在生产协同、经营协同、财务协同、人才技术协同等方面。

1. 生产协同

企业购并后的生产协同主要通过工厂规模经济效益取得。购并后，企业可以对原企业之间的资产及规模进行调整，使其实现最佳的规模，降低生产成本；原有企业间相同的产品可以由专门的生产部门进行生产，从而提高生产和设备的专业化，提高生产效率；原来企业间相互衔接的生产过程或工序，购并后可以加强生产的协作，使生产得以顺利进行，同时，还可以降低中间环节的运输、储存成本等。

2. 经营协同

经营协同通过企业规模经济来实现。企业购并后，管理机构和人员可以进行精简，使管理费用由更多的产品进行分担，从而节省管理费用；原来企业的营销网络、营销活动可进行合并，节约营销费用；研发费用可以由更多的产品进行分担，从而可以迅速采用新技术，推出新产品。购并后，由于企业规模的扩大，还可以增强企业抵御风险的能力。

3. 财务协同

购并后的企业可以对资金统一调度，增强企业资金的利用效果。由于规模和实力的扩大，企业筹资能力可以大大增强，满足发展过程中对资金的需求。另外，购并后的企业由于在会计上的统一处理，可以在企业中互相弥补产生的亏损，从而达到避税的效果。

4. 人才、技术协同

购并后，原有企业的人才、技术可以共享，充分发挥人才、技术的作用，增强企业的竞争能力。尤其是一些专有技术，企业通过其他方法很难获得，通过购并获取对该企业的控制权，从而获得该项技术或专利，促进企业的发展。

9.1.2.3 加强对市场的控制能力

在横向购并中，通过购并可以获取竞争对手的市场份额，迅速扩大企业的市场占有率，增强企业在市场上的竞争能力。另外，由于减少了一个竞争对手，尤其是在市场上竞争者不多的情况下，可以增加企业的垄断能力，增强对供应商和顾客讨价还价的能力，因此企业可以以更低的价格获取原材料，以更高的价格向市场出售产品，从而扩大企业的盈利水平。

9.1.2.4 获取价值被低估的公司

在证券市场中，从理论上讲公司股票市价的总额应该等同公司的实际价值，但是由于环境的影响、信息的不对称和未来不确定性等方面的影响，上市公司的价值经常被低估。如果一个企业认为自己能够比原来的经营者做得更好，那么该企业可能收购这家公司，通过对其经营获取更多的收益，该企业也可能将目标公司收购后重新包装出售，从而在短期内获取巨额收益。

9.1.2.5 避税

各国公司法中一般都有规定，一个企业的亏损可以用今后年度的利润进行抵补，抵补后再缴纳所得税。因此，如果一个企业历史上存在着未抵补完的正额亏损，而收购企业每年产生大量的利润，则收购企业可以低价获取这一公司的控制权，利用其亏损进行合理避税。

9.1.3 我国企业购并的程序

1. 一般企业的兼并程序

根据1989年2月19日国家体改委、国家计委、财政部、国家国有资产管理局共同发布的《关于企业兼并的暂行办法》规定，一般企业购并程序应为：

（1）初步确定兼并和被兼并的企业。双方可以直接洽谈，也可以通过产权交易市场。

（2）对被兼并企业现有资产进行评估，清理债权、债务，确定资产或产权的转让底价。

（3）确定成交价。以底价为基础，双方直接接触的可协商定价，通过产权交易市场招标确定。

被兼并方为全民企业的，成交价涉及被兼并企业产权时，收购要约应当按照比例从所有预受要约的受要约人中购买该股票。

收购要约人在约期满后的30个工作日内，不得以要约规定以外的任何条件购买该种股票。预受要约的受要约人有权在收购要约失效前撤回对该要约的预受。

（4）主要要约条件改变。收购要约发出后，主要要约条件改变的，收购要约人应当立即通知所有受要约人。通知可以采用新闻发布会、登报或其他传播形式。

（5）要约期满。① 收购要约人持有的普通股未达到目标公司发行在外的普通股总数的50%时，为收购失败。收购要约人除发出新的收购要约外，其后每年购买该公司发行在外的普通股数不得超过该公司发行在外的普通股总数的5%。② 收购要约人持有的普通股达到该公司发行在外普通股总数的75%以上时，该公司应该在证券交易所终止交易。③ 收购要约人持有的股票达到该公司股票总数的90%时，其余股东有权以同等条件向收购要约人强制出售其股票。

（6）收购后重整。收购完成后，对目标公司的经营进行重整，使其与公司的发展战略相符合。

（7）归属所有者确认。① 兼并双方的所有者签署协议（全民企业所有者的代表为审核批准兼并的机关）。② 办理产权转让的清算和法律手续。

2. 上市公司的购并程序

根据我国《公司法》的规定，上市公司的购并程序如下：

（1）选择目标公司。购并公司先根据自己需要选择出目标公司。

（2）聘请顾问。由于收购过程中有许多问题需要解决，因此目标公司选好以后，应该聘请有关方面的顾问，同时应当做好保密工作。

（3）收购目标公司不超过5%的发行在外的股票。

（4）继续收购。当收购公司直接或间接持有目标公司发行在外的普通股达到5%时，在该事实发生之日起3个工作日内，向目标公司、证交所、证监会做出书面报告并公告。但这不包括因目标公司发行在外的普通股总量减少所引起的持有5%以上发行在外的股票。在做出此报告并公告之日起2个工作日内和做出报告前，不得直接或间接买入或卖出该种股票。以后，持有目标公司的股票增减变化每达到该种股票发行在外总额的2%时，应当自该事实发生之日起3个工作日内，向目标公司、证交所和证监会做出书面报告并公告。在做出此报告并公告之日起2个工作日和做出报告前不得再直接或间接买入或卖出该种股票。

（5）发出收购要约。当持有目标公司发行在外的普通股达到30%时，在该事实发生的45个工作日内向证监会做出有关收购方面的书面报告，然后向目标公司所有股票持有人发出要约，并以货币支付方式收购股票。购买价格取在收购要约发出前的12个月内收购要约人购买该种股票所支付的最高价格，和在收购要约发出前30个工作日内该种股票的平均市场价格之中的较高的一种价格。在收购要约发出前，不能再行购买该种股票。

在发出收购要约的同时，向受要约人、证交所提供本身情况的说明和与该要约有关的全部信息，并保证材料真实、准确、完善，不产生误导。

收购要约的有效期不得少于30个工作日，自收购要约发出之日起30个工作日内，收购要约人不得撤回其收购要约。而且，收购要约的全部条件适用于持有同种股票的所有人。

收购要约人要约购买股票的总数应低于预受要约的总数。

9.1.4 企业购并实施策略

在企业购并的实施过程中，有许多问题需要解决，其中主要包括：目标公司分析、价值估算、筹资、购并后整合等。

9.1.4.1 目标公司分析

在收购一家公司之前，必须对其进行全面分析，以确定其是否与公司的整体发展战略相吻合，并了解目标公司的价值，审查其经营业绩及公司的机会与障碍何在，从而决定是否对其进行收购、收购价格以及收购后如何对其整合等。

审查过程中，可以先从外部获得各方面有关目标公司的信息，然后再与目标公司进行接触，如果能够得到目标公司的配合，可以得到目标公司的详细资料，对其进行周密分析。分析的重点一般包括产业、法律、运营、财务等方面。

1. 产业分析

任何公司都是处在某个产业之中，公司所处产业状况对其经营与发展有着决定性影响。产业分析主要包括以下几个方面。

（1）产业总体状况　产业总体状况包括产业所处生命周期阶段及其在国民经济中的地位、国家对该产业的政策等。

大部分产业在发展过程中都要经历一个由产生、成长、成熟到衰退的周期，处于不同生命周期阶段的各个产业的发展状况是不同的，这也决定了位于该产业的公司的发展。如果一个公司位于一个处于成长阶段的产业，则这个公司的发展空间就会相对较大，前景较好；反之，其发展就会受到相对限制。

各个产业在经济发展的不同时期在国民经济中的地位是不同的，一定时期内一些产业处于主导地位，在国民经济发展中发挥着重大作用，这些产业很容易受到国家重视，得到政府的扶持。如果公司位于这些产业中，容易从中受益。

（2）产业结构状况　根据哈佛商学院波特教授的研究，产业中存在着五种基本的力量：行业内现有企业间的竞争、潜在的参加竞争者、替代品生产者的威胁、供应商讨价还价的能力和购买者讨价还价的能力，这五种竞争力量组成了产业结构状况。五种竞争力量的不同分布决定着一个行业的竞争程度和行业内公司盈利能力。公司所处不同行业的结构状况对公司经营有着重要影响。如果一个公司所处行业的结构不好，即使经营者付出很大努力，也很难获得一个好的回报。

（3）产业内战略集团状况　产业内各竞争者可以按不同的战略地位划分为不同的战略集团，一个产业中各战略集团所处位置、战略集团之间的相互关系对产业内竞争有很大的影响。如果一个产业各战略集团分布合理，公司处于有利的战略集团的有利位置，则对公司经营十分有意义。

通过以上对目标公司所处产业状况分析，可以判别对目标公司的购并是否与公司整体发展战略相符，并判断购并后是否可以通过对目标公司的良好经营为公司创造收益。

2. 法律分析

对目标公司法律方面的分析，主要集中在以下几个方面：

（1）审查公司组织、章程　在对公司组织、章程的审查过程中，应该注意对收购、兼并、资产出售方面的认可，并购中应经过多大比例投票认可方能进行的规定；公司章程和组织中有无特别投票权和限制。另外，对公司董事会会议记录也应当进行审查。

（2）审查财产清册　应审查公司对财产的所有权以及投保状况，对租赁资产应看其契约条件是否有利。

（3）审查对外书面合约　应对被收购公司使用外界商标、专利权或授权他人使用的约定，以及租赁、代理、借贷、技术授权等重要契约进行审查，注意在目标公司控制权转移后这些合约是否还继续有效。

（4）审查公司债务　注意其偿还期限、利率及债权人对其是否有限制。例如，规定公司的控制权发生转移时，债务立即到期。

（5）审查诉讼案件　对公司的过去诉讼案件和或有诉讼进行审查，看是否有对公司经营有重大影响的诉讼案件。

3. 经营分析

对目标公司经营方面进行的分析主要包括分析目标公司大致运营状况、管理状况、重要资源等。

（1）运营状况　通过对目标公司近几年的经营状况的了解，分析其利润、销售额、市场占有率等指标的变化趋势，对今后运营状况做大致预测，同时找出问题所在，为购并后的管理提供基础。

（2）管理状况　调查分析目标公司的风格、管理制度、管理能力、营销能力，分析购并后是否能与母公司的管理相融合。

（3）重要资源　通过分析目标公司的人才、技术、设备、无形资产，以备在购并后充分保护和发挥这些资源的作用，促进整个公司的发展。

4. 财务分析

对目标公司财务方面的分析十分重要。财务分析主要是确定目标公司所提供的财务报表是否真实反映了其财务状况。这一工作可以委托会计师事务所进行，审查的重点主要包括资产、负债和税款。审查资产时应注意各项资产的所有权是否为目标公司所有；资产的计价是否合理；应收账款的可收回性，是否提取了足额的坏账准备；存货的损耗情况；无形资产价值评估是否合理等。对债务的审查主要集中在查明有无漏列的负债，如有，应提请目标公司调整。另外，应查明以前各期税款是否足额及时缴纳，防止收购后由收购公司缴纳并被税务部门罚款。

9.1.4.2　目标公司价值估算

在购并实施过程中，收购方必须对目标公司的价值进行估算，从而为公司的出价提供基础。另外，通过估算目标公司的价值和其现金流量，可以决定相应的融资方法。由于公司是市场经济中的一种特殊商品，其价值是由多种要素所决定的，公司的盈利能力则是它的使用价值，因此目标公司的价值估算是一个十分复杂的问题。一般在公司的购并中，目标公司的价值估算可以用三种方法进行：净值法、市场比较法和净现值法。

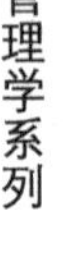

1. 净值法

净值法用公司净资产的价值作为目标公司的价值。净值法是估算公司价值的基本依据。利用这种方法估算公司的价值，一般在目标公司不适合继续经营或收购方主要目的是获取目标公司资产时使用。使用这一方法的关键是正确估计目标公司资产和负债的实际价值，因此必须在保证目标公司资产负债表准确性的基础上进行。

资产的估算　在资产价值的估算中应该注意以下项目：有价证券一般应以市值而非账

面价值为基础计算，外币应计算汇兑损益，应收账款应注意其可收回性以及是否已提取足额的坏账准备，存货应合理估算其目前的市价，固定资产按其净值计算，无形资产的价值采用合理的方式评估其价值。

负债的估算　应对目标公司的负债进行审查，查明有无漏列的负债。另外，应对目标公司的或有负债进行合理处理。

目标公司资产和负债净值估算出来后，将两者相减即得出其净值，它可作为目标公司的价值。

2. 市场比较法

市场比较法是以公司的股价或目前市场上有成交公司的价值作为标准，估算目标公司的价值。有三种标准可用来估计目标公司的价值。

（1）公开交易公司的股价　尤其是对于没有公开上市的公司，可以根据已上市的同业类型公司的市价作为标准，估算目标公司的价值。具体操作是：先找出产品、市场、目前盈利能力、未来业绩成长等方面与目标公司类似的若干家上市公司，以这些公司的各种指标与股价的比率作为参考，计算目标公司大约的市场价值。在实践中，可以根据收购公司的不同目的，选择不同的标准，尽可能使估算价值趋向于实际价值。

（2）相似公司过去的收购价格　如果最近市场上有同类公司成交的案例，则可以这些公司的成交价格作为参考的对象。这种方法由于所采用的标准是收购公司支付的真实价值，且由于继续经营的溢价和清算的折价均已包括在收购公司的成交价格中，所以相对较为准确。但这种方法由于很难找到经营项目、财务业绩、规模等十分相似的公司作为参考，且不同的目标公司由于收购公司战略、经营条件的不同，对收购公司有不同的意义，因此这一溢价很难合理确定，这对这一方法的采用产生了很大局限。

3. 净现值法

如果收购公司的目标是为了对其继续经营，那么对目标公司的价值估算应以净现值法为宜。净现值法是预计目标公司未来的现金流量，再以某一折现率将其折现为现值作为目标公司的价值。

这一方法将收购后公司的利润资本化作为目标公司的价值，它是基于目标公司未来的盈利能力，而不是基于其资产的价值来估算公司的价值。这符合公司这一特殊产品的本质，因为在收购后对目标公司继续经营的情况下，目标公司的使用价值是其盈利能力，而非资产本身。传统上用以往年度目标公司的会计盈余为基础估算公司的价值，这忽略了货币的时间价值，且没有反映未来时期公司的盈利能力、经营风险，因此无法反映收购后继续营运的价值。由于上述原因，净现值法是目前美国公司收购时通用的评估方法。

由于净现值法是将目标公司未来的现金流量折现为现值估计其价值，因此这一方法的关键在于未来现金流量的折现率的确定。在具体操作中需要注意以下事项：

（1）现金流量　在净现值法下，现金流量的计算公式为：现金净流量＝税后净利+非现金费用+税后利息费用−固定资产与营运资金投入。这个公式可用于对无债务负担的目标公司进行估价，因此在计算出公司价值后再减去负债额，得出目标公司的估算价值。

（2）残值计算　在计算最后一年的残值时，不应以会计折旧的概念来计算残值。通常用最后一年的现金流量除以折现率来计算。

（3）年限确定 在确定现金流量的年限时，应根据企业的具体情况进行。一般经营状况稳定的企业时间可以长一些，而经营状况变化快的企业，如高科技企业则可以短一些。

（4）折现率的确定 在确定折现率时，一般应以买方企业购买目标企业的资金成本来确定折现率，因为不同的资金成本要求有不同的报酬率。

以上三种方法在估算目标公司的价值时经常被采用，这三种方法适用不同的场合，并不存在优劣之分，在购并之中可以灵活使用，也可以几种方法同时使用。

9.1.4.3 筹资

在企业购并中，收购公司需要支付给目标公司巨额资金，因此，如何筹集资金成为公司购并实施过程中的一个重大问题。

1. 筹资渠道的选择

从资金筹措的来源角度划分，筹资渠道可以分为内部筹资渠道和外部筹资渠道。

（1）内部筹资渠道 企业内部筹资渠道是指从企业内部开辟资金来源。企业内部筹资的来源有三个方面：企业自有资金、企业应付税利和利息、企业未使用或未分配的专项基金。一般在企业购并中，企业都尽可能选择这一渠道，因为这种方式保密性好，企业不必向外支付借款成本，因而风险很小。

（2）外部筹资渠道 外部筹资渠道是指企业从外部所开辟的资金来源，主要包括专业银行信贷资金、非金融机构资金、其他企业资金、民间资金和外资。从企业外部筹资具有速度快、弹性大、资金量大的优点，因此，在购并过程中一般是企业筹集资金的主要来源。其缺点是保密性差，企业需要负担高额成本，因此产生较高的风险，在使用过程应当慎重。

2. 筹资方式的选择

随着我国金融市场的发展，企业的筹资有多种方式可以选择。在购并中企业可以根据自身实际情况选择合理的方式。

借款 企业可以向银行、非银行金融机构借款来满足购并的需要。这一方式手续简便，企业可以在较短时间内取得所需资金，保密性也很好。但企业需负担固定利息，到期必须归还本息。如果企业到期不能合理安排还贷资金，会引起企业财务状况的恶化。

发行债券 债券是公司为筹集资本，按法定程序发行并承担在约定时间内支付一定利息和偿还本金义务的有价证券。这一方式与借款有很大共同点，但债券融资的来源更广，筹集资金的余地更大。

普通股融资 普通股是股份公司资本构成中最基本、最主要的部分。普通股不需要还本，股息也不需要像借款和债券一样需定期支付，因此风险很低。但采取这一方式筹资会引起原有股东控制权的分散。

优先股融资 优先股综合了债券和普通股的优点，既无到期还本的压力，也不必担心原有股东控制权的分散。但这一方式的税后资金成本要高于负债的税后资金成本，且优先股股东虽负担了相当比例的风险，却只能取得固定的报酬，所以发行效果上不如债券。

可转换证券融资 可转换证券是指可被持有人转换为普通股的债券或优先股。可转换证券由于具有转换成普通股的利益，因此其成本一般较低，且可转换债券到期转换成普通股后，企业就不必还本，而可获得长期使用的资本。但这一方式可能会引起公司控制权的分散，且如到期后股价大涨而大大高于转换价格，会使公司蒙受财务损失。

购股权证融资　购股权证是一种由公司发行的长期选择权，允许持有人按某一特定价格买入既定数量的股票，它一般随公司长期债券一起发行，以吸引投资者购买利率低于正常水平的长期债券。另外，它也是在银根紧缩和公司处于信用危机边缘时给予投资者的一种补偿，以鼓励投资者购买本公司的债券。它与可转换债券的区别是，可转换债券到期转换为普通股并不增加公司的资本量，而购股权证被行使时，原来发行的公司债并未收回，因此可增加流入公司的资金。

3. 筹资成本分析

筹资成本是指公司为取得并使用资金而付出的代价，其中包括支付给股东的股息和债权人的利息等。在购并筹资过程中，公司必须权衡筹资风险与筹资成本，以使公司保持一个合理的资本结构，保障公司的良好运营。一般公司在购并过程中都是从多种来源筹集购并所需的资金，因此各种资金的成本也是不同的。为了估算全部筹资的综合成本，需要对资金成本进行加权计算，其公式如下：

$$K=\sum_{i=1}^{n}W_iR_i$$

式中　K——加权平均资金成本率；

W_i——第i种资金占全部资金总额的比例；

R_i——第i种资金的成本率。

9.1.4.4　购并后整合

企业购并的目标是通过对目标企业运营谋求企业的发展，实现企业的目标，因此，通过一系列程序取得了目标企业的控制权，只是完成了购并目标的一半。在购并完成后，必须对目标企业进行整合，使其与企业的整体战略、经营协调一致并互相配合。整合的具体内容包括战略整合、业务整合、制度整合、组织人事整合和企业文化整合等。

1. 战略整合

如果被购企业的战略不能与收购企业的战略相互配合、相互融合，那么两者之间很难发挥出战略协同的效应。只有购并后对目标企业的战略进行整合，使其发展符合整个企业的发展战略，这样才能使收购方与目标企业互相配合，使目标企业发挥比以前更大的效应，促进整个企业的发展。因此，在购并以后，必须根据整个企业的战略，规划目标企业在整个战略实现过程中的地位与作用，然后对目标企业的战略进行调整，使整个企业中的各业务单位之间形成一个相互关联、互相配合的战略体系。

2. 业务整合

业务整合指在对目标公司进行战略整合的基础上继续对其业务进行整合，根据其在整个体系中的作用及其与其他部分相互关系，重新设置其经营业务，将一些与本业务单位战略不符的业务剥离给其他业务单位或者合并掉，将整个企业其他业务单位中的某些业务划到本单位之中，通过整个运作体系的分工合作，提高协作效果，发挥规模效应和协作优势。相应地，对其资产也应重新进行配置，以适应业务整合后生产经营的需要。

战略透视　神州数码并购日本SJI　海外扩张成新基点

作为中国企业首个收购日本软件上市公司的"吃螃蟹"者，神州数码跨国并购之举，或将掀起中国软件企业一轮进军海外市场的热潮。

并购，带来双赢格局

2009年11月4日，我国最大整合IT服务提供商神州数码（00861.HK）宣布，其旗下的神州数码软件公司和神州数码间接持有16.1%股权的中王科技，将于年内分别购入日本上市科技公司SJI 23.65%和6.69%的股权，同时年终将再获得SJI公司一定数量的认股权。

认股权如最后行使，神州数码将支付约3.6亿港元的对价，并最终以40%的持股比例成为SJI的最大股东。

《日经新闻》报道称，中国头号IT企业联想控股集团下属的神州数码公司收购日本的系统开发公司SJI，此举标志着从世界金融危机中率先脱颖而出的中国企业正在加快海外投资，今后对日本企业的并购有可能增加，对日本企业是"机会与威胁并存"。

此次合作，神州数码和SJI将通过共享专门知识和知识产权、技术、人力资源和销售网络，合作开拓中国、日本两地业务。神州数码董事会主席兼首席执行官郭为表示："神州数码与SJI拥有长期的业务合作关系，相信进一步的深化合作将为两家企业的业务带来双赢局面。"

SJI是日本一家上市公司，年度营收折合约22.1亿港元，在业务、管理能力、经验与团队方面都有着较好的基础。目前SJI在中日两地拥有近2 000名IT工程师，能够强化和补充神州数码的技术能力，在金融、通信、政府等行业也都有较为成熟的产品，能够与神州数码现有业务起到非常好的协同效应，扩充神州数码的软件及解决方案产品线，加大在中国大型金融机构、通信公司和政府机构获取IT订单能力。

同时，通过与SJI的合作，神州数码将进一步加强IT服务和软件开发能力，并有机会将业务拓展至中国软件业最大外包市场日本国内，开辟了新利润增长点，增强与国内外竞争对手对抗的筹码。

而神州数码资本的注入，有望缓解SJI的资金瓶颈压力，并有利打破外资企业进入中国金融、通信、政府等行业的壁垒，撬开在华业务的更大市场空间。

并购已成软企发展的重要路径

如今，在全球范围内掀起了新一轮企业并购热潮，重大并购案此起彼伏，愈演愈烈。国际软件巨头更是频频并购，大规模圈地。应对并积极参与此轮世界并购潮，已成了国内软件企业防止被国际巨头吞并、快速成长的战略之一。

而近几年，以软件业为代表的我国企业并购势头发展更是迅猛，目前用友、金蝶、东软、浪潮一边在国际巨头们身边周旋合作事宜，增加技术平台的砝码，另一边不忘加紧圈地，内外收编行业性软件，夺取更大话语权，也开始掀起了新一轮的并购大潮。据统计，今年(2009年)上半年我国软件行业有30起并购案例，并购案例数和金额分别同比增长79%和180%。年初迄今，金蝶更是频频出手，海内外并购高达6次。

史料证明，几乎没有一个大型企业不是通过并购方式成长起来的，尤其是在时下复杂变化的经济形势面前，资产联营、兼并、收购、参股、控股等资本手段已经成为软件企业加快产业转型、快速占领市场、做大做强的一条捷径。

目前我国已有近两万家软件企业，但以中小型企业为主，行业集中度非常低，规模最大的前10家软件企业的总收入仅有100亿美元左右。这大大削弱了我国软件企业参与国际竞争的能力，如果不采取新发展模式壮大自己，就会面临被别人吃掉的危险。因此国内软件企业急需寻求规模升级的途径，而并购正好成为国内软件企业快速成长的必要手段。

软件产业作为IT产业的核心，过去十几年走的主要是一条内生式发展道路。如今，内外部情况发生了一些变化，外延式并购将在软件企业的战略中扮演越来越重要的角色。从宏观层面看，近期国家扶持软件行业发展的各项利好措施陆续出台，促使软件企业加快并购步伐。可以说是“走出去，到海外扩张”已成为近年中国软件企业界最响亮的口号。而去年金融危机发生，海外企业经营业绩下滑、资产缩水，给中国企业提供“抄底买入”的良机，进军海外、购并国外优秀企业已成为现金流丰沛的中国软件企业的首选目标，软件企业增长的新利基。

专家表示，未来一两年国内软件业的并购将朝三个方向演变：一是通过并购进一步完善产品线，满足客户个性化的需要；二是通过内外两条线的并购，完善行业应用，实现行业市场更好的扩张。通过并购，软件厂商可以迅速进入更为细分的行业市场，并具备提供行业应用解决方案的能力；三是并购规模、范畴可能更大，海外扩张将日渐成为常态，“强者恒强”的格局将更明显。

资料来源：http://www.cnjpetr.org/ribenzixun/rizhishangpin/zhaoxiangji/2010/0305/7246.html.

3. 制度整合

管理制度对企业的经营与发展有着重要的影响，因此购并后必须重视对目标公司的制度进行整合。如果目标企业原有的管理制度十分良好，收购方则不必加以改变，可以直接利用目标企业原有的管理制度，甚至可以将目标企业的管理制度引进到收购企业之中，对收购企业的制度进行改进。假设目标企业的管理制度与收购方的要求不相符，则收购方可以将自身一些优良的管理制度引入到目标公司之中，例如，存货控制、生产流程、销售分析等。通过这种制度输出，对目标公司原有的资源进行整合，使其发挥出更好的效益。尤其是收购后收购方拟将目标公司纳入自己整体的情况下，为了沟通和整体性管理的需要，收购方应逐步地将规划与控制制度纳入到目标公司之中。

在新制度的引入和推行过程，常常会遇到许多方面的问题。例如，引入的新制度与目标公司某些相关的制度不配套，甚至互相冲突，影响新制度作用的发挥。在很多情况下，引入新制度还会受到目标公司管理者的抵制，他们通常会认为收购方企业的管理者并不了解目标企业的实际情况，而盲目改变目标企业的管理制度。因此，在对目标企业引入新制度时，必须详细调查目标企业的实际情况，对其各种影响因素进行细致分析，之后再制定出周密可行的策略和计划，为制度整合的成功奠定基础。

4. 组织人事整合

在收购后，目标公司的组织和人事应根据对其战略、业务和制度的重新设置进行整合。根据购并后对目标企业职能的要求，设置相应的部门，安排适宜的人员。一般在收购以后，目标企业和收购方在财务、法律、研发等专业的部门和人员可以进行合并，从而发挥规模优势，降低这方面的费用。如果购并后双方的营销网络可以共享，则营销部门和人员也应进行相应合并。总之，组织人事整合可以使目标企业高效运作，发挥协同优势，使整个企业运作系统互相配合，实现资源共享，发挥规模优势，降低成本费用，提高企业的效益。

5. 企业文化整合

企业文化是企业经营中最基本、最核心的部分。企业文化影响着企业运作的一切方面，购并后，只有目标企业文化与收购方达到融合，才意味着双方真正地融合，因此对目标企业文化的整合对于购并后整个企业能否真正协调运作有着关键的影响。在对目标企业文化的整合过程中，应深入分析目标企业文化形成的历史背景，分析目标企业文化的优缺点以及与收购方文化融合的可能性。在此基础上，吸收双方文化的优点，摒弃其缺点，从而形成一种优秀的、有利于企业战略实现的企业文化，并很好地在目标企业之中推行，使双方真正实现融合。

9.1.5 企业购并应注意的问题

购并对企业的发展具有重大的意义，但是并非所有的购并都能得到令人满意的结果。在美国已发生的收购案中，有30%～50%是失败的。在欧洲已发生的收购案中也有近一半是败笔。为保证购并的成功，以下几个方面的问题应该注意。

- **在企业战略的指导下选择目标公司** 在购并一个企业之前，必须明确发展战略，在此基础上对目标企业所从事的业务、资源情况进行审查。如果收购后的目标公司能够很好地与收购企业的战略相配合，从而通过对目标企业的收购增强收购企业的实力，提高整个系统的运作效率，最终增强竞争优势，这样才可以考虑对目标企业进行收购。反之，如果目标企业与收购企业的发展战略不能很好吻合，即使目标企业十分便宜，也应慎重行事，因为对其收购后，不但不会通过企业之间的协作、资源的共享获得竞争优势，反而会分散收购企业的力量，降低其竞争能力，最终导致购并失败。
- **购并前应对目标企业进行详细审查** 许多购并的失败是由于事先没有能够很好地对目标企业进行详细审查造成的。在购并过程中，由于信息的不对称，收购企业对目标企业的了解是不完整的，但是许多收购方在事前都想当然地以为自己已经十分了解目标企业，觉得可对目标企业的良好运营创造更大的价值。但是，许多企业在收购程序结束后才发现，事实并不像当初想象中的那样，目标企业中可能会存在着没有注意到的重大问题，以前所设想的机会根本不存在，或者双方的企业文化、管理制度、管理风格很难融合，因此很难将目标公司融合到整个企业运作体系中，从而导致购并的失败。
- **合理估计自身的实力** 在购并过程中，收购方的实力对于购并能否成功有着很大影响，因为在购并中收购方通常要向外支付出大量现金，这必须以企业的实力和良好的现金流量作为支撑，否则企业便要大规模举债，造成本身财务状况的恶化。企业很容易因为沉重的利息负担或者到期不能归还本金而导致破产，这种情况在购并中经常出现。
- **购并后对目标企业进行迅速有效地整合** 目标公司被收购后，很容易形成经营混乱的局面，尤其是在目标企业存在重大问题而被收购的情况下，许多管理人员会纷纷离去，客户流失，生产混乱，因此需要对目标企业进行迅速有效的整合。收购方可通过向目标公司派驻高级管理人员以稳定目标公司的经营，然后对各个方面进行整合。其中，企业文化整合尤其应受到重视，因为许多研究发现，很多购并的失败都是由于双方企业文化不能很好融合所造成的。收购方可通过对目标公司的整合，使其经营重新步入正轨并与整个企业运作系统的各个部分有效配合。

9.2 战略联盟

在经济全球化和信息化的背景下，企业孤立经营的传统格局正在被打破，通过购并来获得迅速的发展也存在很多问题，例如由于信息不对称导致购并失误，购并后整合十分困难等，失败率很高。而战略联盟的出现使传统的竞争方式发生了根本的变化，企业为了自身的生存和发展，需要与竞争对手进行合作。据统计，在世界150多家大型跨国公司中，以不同形式结成战略联盟的高达90%。在我国，战略联盟也日渐兴起，如新科、上广电、熊猫、广电万燕4家在上海宣布成立DVD联合体；科龙集团与小天鹅集团签署战略联盟协议，双方将在电子商务等多个领域进行广泛合作，等等。战略联盟作为一种全新的现代组织形式，已被众多当代企业家视为企业发展全球战略最迅速、最经济的方法，同时也是企业实现增长战略的有效途径之一。

9.2.1 战略联盟的概念和特点

9.2.1.1 战略联盟的概念

战略联盟是指两个或两个以上的企业为了达到一定的目的而通过一定的方式组成的网络式的联合体。

战略联盟的概念首先由美国DEC公司总裁简·霍普罗德和管理学家罗杰·内格尔提出，随即得到实业界和理论界的普遍赞同。从20世纪80年代初以来，战略联盟在西方和日本企业界得到迅速发展。从1980～1990年，日本企业和美国企业签署了500多个战略联盟，目前，美国大的钢铁公司在日本均有自己的合作伙伴。最近，战略联盟又在欧洲、亚洲等地得到了广泛的认可与运用。

9.2.1.2 战略联盟的特点

战略联盟是现代企业组织制度的一种创新，随着经济的发展，企业作为组织社会资源的最基本单位，其边界越来越模糊。目前，网络式组织已成为企业组织发展的一种趋势，战略联盟正具备网络组织的特点。

1. 边界模糊

战略联盟这一组织形式并不像传统企业那样具有明确的层级和边界，企业之间以一定契约或资产联结起来对资源进行优化配置。战略联盟一般是由具有共同利益关系的单位之间组成的战略共同体，它们可能是供应商、生产商、分销商之间形成的联盟，甚至可能是竞争者之间形成的联盟，从而产生一种你中有我，我中有你的局面。

2. 关系松散

战略联盟由于主要是契约形式联结起来的，因此合作各方之间的关系十分松散，不像传统企业组织之中主要通过行政方式进行协调管理。另外，战略联盟不是由纯粹的市场机制进行协调，而是兼具了市场机制与行政管理的特点，合作各方主要通过协商的方式解决各种问题。在时间上，战略联盟存在期限一般较短，在联盟形成之时，一般有存续时间的协议，或者规定一个固定的时期，或者规定在一定任务完成之后解散。

3. 机动灵活

由于战略联盟主要是以契约的方式所组成的，因此，通过外部购并比内部投资新建来扩展所需时间较短，组建过程相对也十分简单，同时也不需大量投资。这样，如果外部出现发展机会，战略联盟可以迅速组成并发挥作用。另外，由于合作者之间关系十分松散，战略联盟存续时间又较短，解散十分方便，因此当外界条件发生变化，战略联盟不能适应变化的环境时，可迅速将其解散。

4. 运作高效

由于战略联盟在组建时，合作各方都是以自己最核心的资源加入到联盟中来，联盟各个方面的资源都是世界一流的。在目前分工日益深化的情况下，战略联盟的实力是单个企业很难达到的，在这种条件下，联盟可以高效运作，完成一些单个企业很难完成的任务。

9.2.2 战略联盟形成的动因

战略联盟在近年来得到迅速发展，战略联盟形成的原因有很多，下面介绍最重要的几个。

9.2.2.1 增强自身实力

随着经济社会的发展，企业之间的竞争越来越激烈。在这个激烈竞争的环境之中，企业要想获取持久的竞争优势在市场上立于不败之地，必须善于利用各方面的力量提高竞争能力。企业通过与自己有共同利益的经营单位建立战略联盟，彼此之间可以通过加强合作而发挥整体优势，尤其是对竞争者的看法上，战略联盟理论与传统管理理论有着不同的看法。传统上，企业都是与竞争对手处于势不两立的位置，双方都是想采取一切可能的手段将竞争对手挤出市场。而在战略联盟中，竞争对手之间可能通过彼此合作，加强各自实力，共同对付别的竞争者或潜在竞争者。

9.2.2.2 扩大市场份额

有的企业之间通过建立战略联盟来扩大市场份额，双方可以利用彼此的网络进入新的地区市场，加强产品的销售，或者共同举行促销活动来扩大影响。例如，我国的小天鹅洗衣机与碧浪洗衣粉，双方因为产品互相关联的特点共同进行促销活动。

9.2.2.3 迅速获取新技术

目前，技术创新和推广的速度越来越快，一个企业如果不能紧跟技术前进的步伐，就很可能被市场所淘汰，即使很大的企业也存在着这一方面的压力。而技术创新需要企业有很强的能力和充分的信息，否则很难跟上技术创新的步伐，这就要求具备各种专长企业之间的配合，而战略联盟正好能够满足这一要求。

个案研究

HP RIM战略联盟 黑莓商务移动化

HP与全球移动通信公司 Research In Motion (RIM)于2009年5月4日宣布双方正建立战略性联盟，共同提供应用于BlackBerry®平台的移动商务解决方案。该解决方案支持BlackBerry® Enterprise Server 5.0，可为客户提升服务水平、节省营运成本、提高生产力。

HP与RIM将设计并推出解决方案，以提高全球日益增长的移动办公人员的生产力，使公司在实施移动商务解决方案中获得投资回报。

HP 科技方案部执行副总裁Ann Livermore表示："如今，企业都在思考如何通过创新来提升服务水平、节省营运成本、提高生产力；他们将通过改善移动工作团队管理的基础架构来实现。新兴的通讯及协作模式为RIM和HP提供了一个机会，通过以服务为基础的移动商务解决方案，为客户创造价值。”

RIM联合首席执行官Jim Balsillie表示：“RIM与HP的合作，旨在为客户提供可将移动方案融入公司日常营运的解决方案——由应用在云计算上的创新服务适用于为企业而设的移动商务服务。我们通过与HP合作，让企业可以在BlackBerry上存取更多的应用程序及服务。”

在此次美国佛罗里达州奥兰多市举行的WES会议上，HP将展示两项全新的解决方案——为BlackBerry®而设的HP CloudPrint及为BlackBerry Enterprise Server而设的HP Operations Manager。

资料来源：eNet硅谷动力http://www.enet.com.cn/.

9.2.2.4　进入国外市场

竞争全球化是企业竞争的一个趋势，这已为越来越多的企业所认识，很多大的企业正在谋求全球化发展，但是仅靠出口产品的方式占领国际市场存在着很大的局限。现在许多企业都试图在国外生产、国外销售，这一方式也存在着很大问题，因为国外的经营环境与国内有很大差别，且由于存在各国政府法规的限制，这对企业的发展有着极大的制约。通过与进入国企业建立战略联盟，用合资、合作、特许经营等方式可以有效地解决这一问题。这些优点是在国外直接投资建厂、购并当地企业所不具备的。

9.2.2.5　降低风险

现在市场竞争千变万化、瞬息万变，因此企业经营存在着巨大风险，而通过战略联盟的方式可以分担风险，从而使企业经营风险大大降低。例如，在科技投入方面，由于研究开发费用很大，而成功率却很低，即使开发成功，也很可能迅速被更先进的技术所取代，因此研发存在很大风险。而通过几个企业建立战略联盟共同开发，不仅可以提高成功的可能性，而且可以使用费用得到分摊，迅速回收成本，大大降低了这方面的风险。

9.2.3　战略联盟的形式

战略联盟有各种形式，目前主要有以下几种：

- **合资**　合资指由两家或两家以上的企业共同出资、共担风险、共享收益而形成企业，这种方式目前十分普遍，尤其是在发展中国家。通过合资的方式，合作各方可以以各自的优势资源投入到合资企业中，从而使其发挥单独一家企业所不能发挥的效益。
- **研发协议**　为了研发某种新产品或新技术，合作各方可以签订一个联合开发协议，联盟各方分别以资金、设备、技术、人才投入、联合开发，开发成果按协议各方共享。这种方式由于汇集了各方的优势，因此大大提高了成功的可能性，加快了开发速度，另外，各方共担研发费用降低了各方单个的研发费用与风险。
- **定牌生产**　如果一方具有知名品牌且生产能力不足，另一方有剩余生产能力，则有生产能力方可为有知名品牌一方生产，然后冠以对方知名的品牌销售。这样，生产能力不足一方可以迅速获得一定生产能力，增加产品销售，扩大品牌影响，而另一方可以充分利用闲置生产能力，谋取一定收益。对于拥有品牌一方，还可以降低投资或购并所产生风险。

- **特许经营** 合作各方还可以通过特许的方式组成战略联盟，其中一方具有重要无形资产，它可以与其他各方签署特许协议，允许它们使用自己的品牌、专利或专有技术，从而形成一种战略联盟。这样，特许方可以通过特许权获取收益，并可利用规模优势加强无形资产的维护，而受许方可以利用该无形资产扩大销售，提高收益。
- **相互持股** 相互持股是指合作各方为加强相互联系而持有对方一定数量的股份。这种战略联盟中各方的关系相对更加紧密，各方可以进行更为长久、密切的合作。与合资不同的是双方的资产和人员不必进行合并。

9.2.4 组建战略联盟应注意的问题

战略联盟是一种新的组织模式，与购并相比具有反应迅速、机动灵活的优点。但也正是由于这些特点产生了许多不足，在具体操作中，应该注意一些重要问题。

9.2.4.1 慎重选择合作伙伴

由于战略联盟中合作各方关系相对十分松散，其内部存在着市场和行政的双重机制在起作用，而不是像购并中主要靠行政方式来管理，因此合作各方能否真诚合作对于战略联盟的成败有决定影响。在组建联盟时必须选择真正有合作诚意的伙伴。另外，合作各方核心专长是否能够互补也有很重要影响，因为战略联盟的核心思想就是通过联盟这一方式发挥核心优势互补的效应，因此合作之前必须仔细权衡。

9.2.4.2 建立合理的组织关系

战略联盟是一种网络式的组织结构，不同于传统企业层级式的模式，因此对其管理与传统组织中的管理有不同要求。在战略联盟设置之初，应该针对合作的具体情况，确定合理的组织关系，对合作各方的责、权、利进行明确界定，防止由于组织不合理影响其正常的运作。

9.2.4.3 加强沟通

战略联盟各方由于相对独立，因此彼此之间组织结构、企业文化、管理风格有着很大的不同，尤其是对跨国界的战略联盟而言，这一方面表现得更为突出。这对双方的沟通、合作造成了一定的困难，而在战略联盟中，合作各方良好的沟通与协作对于联盟的成败有着重要影响。许多战略联盟的失败都是由于各方缺乏沟通所致，因此，各方应有意识地加强沟通。

本章小结

1. 企业购并是指一个企业通过购买另一个企业全部或部分的资产或产权，从而控制、影响被购并的企业，以增强企业的竞争优势、实现企业经营目标的行为。企业购并可以从双方所处行业、购并动机、购并支付方式等角度分为不同的类型。
2. 企业购并动因主要有企业发展、发挥协同效应、加强对市场的控制能力、获取价值被低估的公司、避税等。
3. 在购并实施过程中，有许多实际问题需要解决，其中主要包括：目标公司分析、价值估算、筹资和购并后整合等。此外，还要注意一些直接关系到购并成败的问题。
4. 战略联盟是指两个或两个以上的企业为了达到一定的目的而通过一定方式组成的网络式的联合体。作为一种组织制度的创新，战略联盟与传统组织有着许多不同。组建战略联盟的动因主要包括：增强自身实力、扩大市场份额、迅速获取新技术、进入国外市场和降低风险。

5. 战略联盟主要有以下几种形式：合资、研发协议、定牌生产、特许经营、相互持股等。

关键术语

企业购并　　战略联盟　　特许经营

复习思考题

1. 企业购并主要包括哪些类型？
2. 企业购并对企业发展有何意义？
3. 对目标公司如何进行产业分析？
4. 企业购并失败的原因主要有哪些？应如何避免？
5. 战略联盟这一组织形式与传统企业组织有何异同？
6. 战略联盟对企业发展有何意义？
7. 战略联盟失败的原因主要有哪些？应如何避免？

参考文献

[1] 迈克尔 A 希特，等．战略管理[M]．吕巍，等译．北京：机械工业出版社，2009.
[2] 王方华，吕巍．企业战略管理[M]．上海：复旦大学出版社，1997.
[3] 赛罗沃．协同效应的陷阱：公司在购并中如何避免功亏一篑[M]．杨炯，译．上海：上海远东出版社，2001.
[4] 周建．战略联盟与企业竞争力[M]．上海：复旦大学出版社，2002.
[5] 周三多．战略管理新思维[M]．南京：南京大学出版社，2002.

第10章　企业的战略实施

学习目标

1. 了解战略实施的背景与意义，理解战略实施与战略基础和战略风险的关系。
2. 构建人力资源管理、生产、营销、财务、研发在战略实施中的框架型结构。
3. 明确战略实施的核心是整体的系统概念，战略是协调各种活动的关系以达到整体最优。

开篇案例　尖锋科技的结构设计

企业战略的成功实施，是一个全过程与全员有机整合的结果。在部门分立、员工众多的系统中，依靠清晰的结构与战略导向性的制度来整合企业的所有经营管理活动，是有效实施战略的唯一选择。结构随战略而动，就是这一要求最为经典的表述。

陈创波读完手中的书，已经是深夜三点钟了。他所领导的尖锋科技近来遇到了不少的麻烦，最大的问题是竞争越来越激烈、对手越来越强大，而企业在这样的竞争下却屡屡处于下风，这使得尖锋科技的领导层不得不重新思考自己的定位。

尖锋科技创办于1993年。当时我国的软件业还刚刚起步，刚刚从学校毕业的陈创波与几个同窗好友办起了只有七八个人的小公司，其主要业务是将国外一些印刷排版软件汉化后在国内进行销售。由于市场进入得早，公司很快发展成为一家拥有一百多名员工、颇具规模的软件企业。公司除了最初的排版系统外，还开发了铁路运输、金融保险和新闻出版等行业的专业软件。到2000年，公司年销售收入突破了3 000万元，并成功地完成了公司的股份制改造，吸引了3 000多万元的战略资金，使企业的规划和实力得到了增强。

就在陈创波等人踌躇满志，准备大展身手的时候，公司力推的几个新产品都遭到了失败，规模相对太小、集成力量有限等致命缺陷使尖锋科技的发展面临着巨大挑战。公司管理层经过痛苦的抉择，决定对企业的定位做重大调整，提出尖锋科技将从“软件集成商”转变成为“软件生产线”，为国内外著名的软件集成企业加工“零配件”，通过生产效率的提高来确立企业的竞争优势。

随着企业战略上的重大转移，整个企业的运作和管理都将发生根本性的变化。与集成商相比，OEM企业面对的客户将是技术上十分精通、集中采购的大客户，其产品可以为单一的功能性模块而不是一个集成性的最终产品。这就要求企业在某些专门技术上掌握独到的本领，并且需要在营销环节中迅速确定技术解决方案、需要技术和市场人员协同行动。

战略方针已定，尖锋科技能否在短期内顺利完成这样的转变成为陈创波最为关注的问题。战略的实施成功与否，取决于每一个员工的努力。但如何将公司内七八个部门一百多人的思想与工作有机地整合起来，使企业能及时地与新战略保持一致，这是下一步最为关键的工作任务。

陈创波刚刚读的就是一本关于网络时代组织设计的新书，他联想到了他的战略实施，于是决定对公司的组织结构进行一次大的调整。那么该设计什么样的部门结构？设置什么职能？部门间的关系问题，陈创波又觉得无从入手了……

资料来源：http://jixie.yp.daqing.cm/corp-294884.html.http://www.szjianfeng.cn/.

战略的实施是一个有机的整体，需要技术研发、生产、营销、财务、人力资源等各个职能间的密切配合。然而，目前大多数企业仍按职能分块进行运作，部门间的割裂是必然存在的。要确保每一部门的工作都是企业经营有机整体的一个部分，就需要一个共同的规则来加以整合，这个规则就是企业的战略思想。尤其在目前复杂动态的市场环境和激烈的竞争中，对企业运作的整合性要求越来越高，企业内部不同的职能之间的运作必须结合得更加紧密。由于环境的变化，企业内部价值链的每一个环节，都需要相关部门的动态协同，而不是部门工作的静态组合。在这样的环境下，不仅需要一个明确的战略整合，而且需要各个执行部门深刻理解战略意图和战略思想。这样，不同的部门间动态协同才能合拍，部门间的沟通才具备基础。

战略实施的核心是整体，即通过战略来协调各种活动之间的关系，它追求整体最优而不是局部最优，追求相互协作、配合而不是各自为战。战略的实施是战略定位、战略意图的逻辑延伸和逻辑分解，是对经营管理者职能的一次有机整合。

企业战略思想是通过战略意图、战略基础与战略风险这3个方面来沟通与企业各职能之间的联系的。战略意图是希望达到的目的，是各职能最终的目标；战略基础是实现战略目标的条件，对职能发展提出直接要求；战略风险是职能规划中需要予以特别防范的。战略与企业其他各个职能间的逻辑关系如图10-1所示。

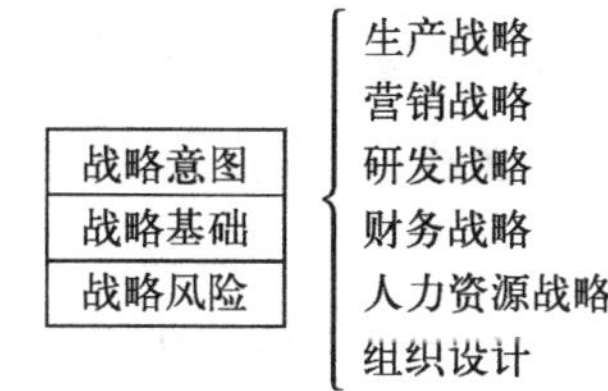

图10-1　战略与各职能间的逻辑关系

而且，只有战略能够正确实施，战略管理才最终取得其应有的价值。战略制定与战略实施属于两个不同的管理范畴。它们之间存在许多的区别，如表10-1所示。

表10-1　战略制定和战略实施的区别

战略制定	战略实施
行动之前配置资源	行动中配置资源
注重效能	注重效率
思维过程	行动过程
直觉与分析技能	激励和领导技能
对几个人进行协调	对众多人进行协调

上述差异决定了战略制定与战略实施对团队组织存在以下不同的要求。

1. 涉及的范围不同

战略制定阶段的参与人员一般都非常肯定，当然在战略的制定过程中，战略决策小组会大量咨询外部技术专家、政府官员以及相关人士，也可能会进行大规模的市场调研，并听取内部关键成员的意见，但最终决策还是在有限的几个人当中完成。而战略的实施则是一个全员性的概念。企业的经营管理工作是一个完整系统，研发、生产、物流管理、销售、市场营销、人力资源管理、资本结构优化，各个层次、各个环节之间的工作是紧密相连、相互影响的，也许一个小小的问题就可导致企业整盘战略的失败。所以，战略的实施需要全体人员的支持和配合，当然首先需要全员对战略有一个较为正确与深刻的理解。事实上，正确地实施企业战略往往要远比确定战略方向困难得多。

2. 对人的要求不同

在战略的制定阶段，需要的是分析能力与良好的直觉，注重的是一种概念技能。而战略的实施则需要脚踏实地，需要一种迅速有效的行动能力。如果说战略的制定是运筹帷幄、决胜千里的话，那么，就需要一批攻城略地、攻无不克、战无不胜的将才来实施这些战略设想。因此，在这两个不同的阶段对领导人素质、个性和能力方面的要求是截然不同的。选择合适的人选来担任战略的制定与实施的指挥工作，是战略管理得以成功的关键。

3. 所需的文化氛围不同

由于战略制定与实施这两个阶段的工作性质的不同，它们所需要的环境氛围也不尽相同。在战略的制定过程中，创造力是至关重要的，这就需要一种灵活、创新的团队氛围，需要一种非程序化的工作方式，需要等级不清、边界模糊的组织形式。而战略实施追求的是效率，此时需要更多的“埋头拉车”。在这一阶段需要一个科层制的组织结构来保障战略意图的有效实现。

10.1 战略实施中的组织设计问题

结构随战略而动。组织设计的考虑，在很大程度上是企业战略意图在组织结构上的反映。企业的总体战略定位一旦明确，就意味着选择了自己所从事的事业领域，即选择了企业的外部环境（包括产业环境）。在不同外部环境中经营发展，需要不同的企业技能，或者是突出效率，或者是突出响应速度，或者是突出技术创新能力，而这些独特技能的形成，需要组织结构予以保障。因此，企业组织结构设计的主要依据是企业的发展战略，而组织结构与战略是否匹配，决定了战略实施的成功与否。

不同的组织结构有其突出的优点，也存在一些固有的缺陷，根据战略需要与结构特征的比照，可以为组织结构设计提供一个明确的指导。除了组织结构设计外，组织的运作模式、协调规划、信息系统、文化体系，都会对组织能力产生深远的影响，因此在这些方面上，针对战略的要求，进行系统有机的规划和培育，也是战略实施中非常重要的问题。

因此，在战略的实施阶段，无论从思维方式，还是在组织结构和组织文化上，都需要做出相应的调整，以奠定一个良好的组织基础。

除了组织配套外，企业经营的各个方面都应围绕着战略来开展工作，形成一种整体运作的模式，这是战略得以实施的根本保障。

在任何组织里，组织目标的实现都在很大程度上依赖于组织结构所给予的保障，战略实施也不例外。要成功地实施一项组织战略，首先要具备组织基础，即要为战略的实施匹配合理的组织结构。

组织结构设计的要素与内容是解决组织匹配问题的着眼点，对于一个组织而言，其结构的设计需要解决以下10个方面的问题：

1. 工作分析

工作分析的内容主要包括组织的战略要求产生什么样的工作需求，各种工作需求的强度、频度、重要程度如何等，工作分析是组织设计最为基础的环节。

2. 机构设置

组织结构最基本的形态就是部门的设置情况，在机构设计时要解决需要设计什么部门，部门间横向、纵向的关系如何，以及岗位人员定编等问题。

3. 职能分布

职能分布设计与机构设计是并行的，在机构设计时，也应同时定义各部门、各岗位的工作职责、工作要求与素质要求。

4. 工作标准的设定

工作标准是在工作职责的基础上提出预期的工作结果状态，是组织应该完成的各种绩效的一个组合。

5. 工作规范的建立

要达到组织的工作目标和绩效要求，仅靠员工个人的素质和努力往往是不够的，工作规范能够帮助员工迅速掌握工作要求，提高工作质量和工作效率，减少差错，能够使更多的、更普通的员工胜任更复杂的工作。一个良好工作规范的形成是企业的价值体现之一。

6. 沟通协调规则设计

组织的根本使命是通过对社会资源的整合产生1+1>2的协同效果。在组织内部，资源按什么样的规则进行协调是组织运行的基本前提。沟通协调规则的配置需要解决这样的问题：当组织内部出现分歧、冲突或其他问题时，需要有一套预先设定的解决问题的规则减少无谓的扯皮或重要事情被耽误，从而提高企业运作的效率与效益。

7. 考核与激励模式设计

考核与激励模式设计要确保组织从制度上保证组织成员的行为符合组织的利益和组织的战略，使组织的结果状态更具可预测性和稳定性。

8. 文化模式的倡导

在战略的实施过程中，除了制度保障外，文化模式的形成也是非常重要的。首先，文化模式的形成是制度起源的基础；其次，文化氛围的形成能弥补制度的不足，任何制度都是不完备的；再次，文化的保障作用能最大限度地降低管理成本。

9. 信息系统的建立

信息系统是组织运作的重要基础，它应该保证组织内部的信息流通以及与外部进行有效的信息变换。

10. 公司治理结构

公司治理结构则从最高层着手，解决核心管理层的激励、监督、控制，以及权利制衡问题，它从组织法人的角度，对最高管理层进行管理。

战略实施中的组织结构匹配，即是以战略为核心。在以上10个方面进行整合性的规划设计，从而为战略实施奠定一个有形的、高效的结构体系。结构与战略相匹配时可遵循以下指导原则：

（1）指出对成功地实施战略非常重要的主要的价值链活动、能力和竞争力。

（2）考察一些价值链活动（尤其是关键的支持活动，但也许是挑出来的主要活动）采用外包是否比内部运作更有效率或更具效果。

（3）考察那些具有战略关键意义的活动和能力需要与供应商密切合作，以及与前向渠道联盟（分销商、特约经销商或特许权）、互补产品制造商，甚至与竞争对手进行密切合作。

（4）在内部运作/开发那些主要的价值链活动和能力，并使那些具有战略关键意义的组织单元成为组织结构中的主要构成单位。

（5）决定管理每个组织单元所需的职权的程度，并在具有相等职权的单个经理的集中决策和将决策权下放给能够做出及时、正确决策的组织层次之间寻求平衡。

（6）如果一种内部的、具有战略关键意义的活动和能力，其所有方面都不能在一名经理的职权范围内完成，那就要设法建立各部门间的联系，获得必要的合作。

（7）决定如何与外部各方建立关系，并对建立必要的组织联系确定责任。

10.1.1 工作分析

公司战略发生变革时，由于业务领域和经营区域的变化，公司的工作结构必然发生相应的变动。工作分析就是根据新的业务结构对工作内容及职位进行清理与调整，以保证组织工作不缺位、不多余。

对目前的企业来说，多余的职位也许很容易引起人们的注意，而工作的缺位则往往被人忽视。只有当由于工作缺位引起的混乱造成重大损失时，人们才想起这些被遗忘的职责。甚至有不少企业到最后都不明白自己失败的原因所在。

要使工作设计不遗漏，需要从结构上进行分析。工作分析一方面来源于业务范畴，另一方面以竞争战略为依据。

在保证工作职能完备的前提下，还要关注那些具有战略关键意义的活动和竞争力。在主要的价值链活动中，有某些关键的经营过程，它们运行的好坏，或这些方面竞争能力的强弱，直接影响到战略的成功实施。例如巧克力生产商必须精于以低价购买高质量的可可豆，有效率的生产，商品推销和促销活动；在房地产业，开发商必须有能力获取价格低廉和品质上乘的土地，高效使用资金，具有强大的资本实力和融资能力，熟悉目标客户生活习惯；在特殊化工制品行业，关键的活动是研究与开发，产品革新，迅速将产品推入市场、有效营销以及在辅助顾客方面的技能，或者是对独特资源的垄断能力；在技术发展日新月异的电子行业，关键的组织能力是公司将先进的新产品推入市场的周期长短。因此，具有战略关键意义的活动和能力会因公司的战略、价值链构成和竞争需求的特殊性而有所不同。

由此可见，在进行工作分析时，具有战略关键意义的活动的辨识和确认对于组织管理工作而言是重要而基础的。在关键活动的辨识过程中，可以从这两个方面进行检测：

（1）什么样的职能必须运作特别好或者采用适时的模式以获得持续的竞争优势？

（2）在什么价值链活动中，不良业绩会严重危及战略成功？

10.1.2 结构设计

对于组织而言，机构相当于人的骨骼，它是组织成形的关键环节，组织结构的差异会对组织运作产生较大的影响，对于战略匹配而言结构设计是特别需要考虑的问题之一。企业的组织结构会影响管理层的决策，进而影响企业的运作，它能帮助企业发掘内在优势和核心竞争力。虽然组织结构本身不产生竞争优势，但它对企业战略有着重大影响，关系着企业能否良性发展。一些国际知名公司正是因为运用了合理的组织结构而使企业在全球获得了成功。

从相对稳定时期的企业结构来划分，组织结构一般包括职能专业化、区域组织、事业部制、战略经营单位、矩阵结构和横向型结构六大类。换言之，这仅是从静态来区分而得出的。如果从企业发展的角度，即从动态上来看，企业处于不同发展时期时，必将会采用不同的组织结构。

企业结构也一定是随企业的发展过程进行不断的推演、创新，从而寻求到最佳状态。因此，我们在理解企业组织结构的战略含义时不能仅局限于其静态时的几种形态，更重要的是从企业的发展动态过程中理解其演变过程及在不同时期表现出来的形态。只有这样，我们才能不被一时的表面现象所迷惑，才能在复杂的过程中更准确地把握企业组织结构的动态变迁，这才是其更深的战略内涵。

尤其是随着许多行业的日益全球化，实施国际战略的公司越来越多。为了应对不同区域环境带来的挑战，审时度势、以动态眼光来选择组织结构显得特别重要。

一般来讲，一个企业总会有产生、发展、壮大、衰退、终结的生命周期过程，即企业要经历不同发展阶段的战略时期。

钱德勒对美国大企业的实证研究得出的结论显示，随着历史发展，企业的战略发生着变化。他认为，19世纪初期，强调的是本土化和专业化；而到了19世纪后期、20世纪初期，企业的战略走向地域拓展和一体化；19世纪20年代以后，企业战略又逐步走向多样化。

20世纪70年代以后，企业战略走向全球化、综合化，适应复杂企业构架的矩阵式组织结构出现。20世纪90年代后期，瞬息万变的信息技术革命促使企业战略向动态柔性发展。

从现有的情况看，组织结构大体分为直线制、职能制（包括直线职能制）、事业部制、矩阵制、集团控股型、网络型与蜂团形7种形态，这7种组织结构的优劣如表10-2所示。

表10-2　不同组织结构的优劣

组织形态	优　　点	缺　　陷
直线制	管理结构简单，管理成本低，指挥命令关系清晰、统一，决策迅速，责任明确，反应灵活，纪律和秩序的维护较为容易	要求各级管理者有管理和生产的全面知识，成员之间和组织单位之间的横向联系较差，沟通周期长，对环境变化反应缓慢，专业化分工不足
职能制	能充分发挥专业管理人才的作用，弥补各级行政领导人管理能力的某些不足	易形成多头领导，削弱统一指挥，各职能部门的指挥有可能相互矛盾，下级无所适从
直线职能制	既有利于保证集中统一的指挥，又可发挥各类专家的专业管理作用	①各职能部门自成体系，不重视横向信息沟通，加上本位主义，可能引发组织运行中的各种矛盾和不协调现象；②若职能部门不被授权，则容易引起它们的不满；若授权过大、过宽，容易干扰直线指挥系统的运行；③按职能分工的组织通常弹性不足，对环境的反应较为迟钝；④不利于培养综合管理人才

（续）

组织形态	优　点	缺　陷
事业部制	公司能把多种经营业务的专门化管理和公司总部的集中统领导更好地结合起来，总公司和事业部间形成比较明确的责、权、利关系；事业部以利润责任为核心，既能够保证公司获得稳定的收益，也有利于调动中层经营管理人员的积极性，各事业部门能相对自主、独立地开展生产经营活动，从而有利于培养综合型高级经理人才	①对事业部经理的素质要求高，公司需要有许多对特定经营领域或地域比较熟悉的全能型管理人才来运作和领导事业部内的生产经营活动；②各事业部都设立有类似的日常生产经营管理机构，容易造成职能重复，管理费用上升；③各事业部拥有各自独立的经济利益，易产生对公司资源和共享市场的不良竞争，由此可能引发不必要的内耗，使总公司协调的任务加重；④总公司和事业部之间的集分权关系处理起来难度较大也比较微妙，容易出现要么分权过度，削弱公司的整体领导力，要么分权不足，影响事业部门的经营自主性
矩阵制	加强了横向联系，克服了职能部门相互脱节，各自为政的现象；专业人员和专用设备随用随调，机动灵活，不仅使资源保持了较高的利用率，也提高了组织的灵活性和应变能力各种专业人员在一段时期内为完成同一项任务在一起共同工作，易于培养他们的合作精神和全局观念，且在工作中从不同角度的视觉相互激发，容易取得创新性成果	成员的工作位置不固定，容易产生临时观念，也不易树立责任心，组织中存在双重职权关系，出了问题，往往难以分清责任
集团控股型	适合于：非（弱）相关领域开展多种经营的企业	易产生管理缺位现象，从而导致投资效益下降
网络型	网络型结构使企业日以利用社会上现有的资源使自己快速发展壮大起来	由于结构的松散易导致组织的不稳定性，从而影响组织的长远发展
蜂团型	决策迅速，能适应市场的快速变化，把握机会，回避风险	只适合少数类型的企业

不同组织形态的特点决定了它们对不同公司战略的影响是不一样的，因此，对于特定的战略及其内外环境而言，存在一种“最优”的结构形式。这就是结构与战略匹配的逻辑基础。

组织结构设计的战略性考虑是从环境、竞争属性和内部条件3个方面的因素来分析的。环境分析从复杂性、稳定性入手，用“确定性”这一指标来反映企业的外部环境特性，如表10-3所示。

表10-3　不同行业的外部环境特征

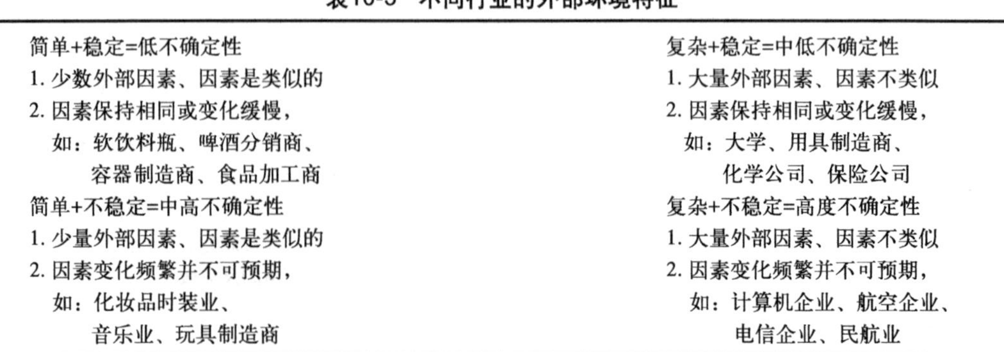

简单+稳定=低不确定性 1. 少数外部因素、因素是类似的 2. 因素保持相同或变化缓慢， 如：软饮料瓶、啤酒分销商、 容器制造商、食品加工商	复杂+稳定=中低不确定性 1. 大量外部因素、因素不类似 2. 因素保持相同或变化缓慢， 如：大学、用具制造商、 化学公司、保险公司
简单+不稳定=中高不确定性 1. 少量外部因素、因素是类似的 2. 因素变化频繁并不可预期， 如：化妆品时装业、 音乐业、玩具制造商	复杂+不稳定=高度不确定性 1. 大量外部因素、因素不类似 2. 因素变化频繁并不可预期， 如：计算机企业、航空企业、 电信企业、民航业

企业战略所选择的业务领域环境特征对组织提出特定要求。一般而言，当外部环境稳定时，内部组织具有规章、程序和明确的权利层级特点，组织被规范化，也被集权化，大多数的决策由高层管理者做出，这种组织称为机械性组织系统。在迅速变化的环境中，内部组织是相当松散、自由流动和具有适应性的，规章和规则通常是非书面的，权力的层级是不明确的，决策权力分散化，这种组织称为有机性组织系统。

企业组织结构对战略的实行乃至企业的生死存亡都有着极大影响。如前文所述，企业必须根据自身的特点，综合各种因素选择结构模式，其最终目的必须是使企业本身获得强大的竞争优势，从而为企业赢取更多的超额利润。每一种组织结构都是适应不同的需求而逐渐形成的，都在一定的情况下具备特有的优势和局限性。企业在选择自身的战略结构时，应该根据企业的具体发展而定。

应该说，这几种结构模式之所以称做模式，是因为它们最主要的功能是给企业组织战略的制定提供最初始的分类和参考。企业的具体组织战略制定必须全面地考虑各种内部因素和外部环境。真正符合企业本身的组织战略必须是为该企业度身定制的组织战略。因此，所谓组织结构的选择，其真正含义就是在已经总结出的各种模式中选择最接近自身特点和需求的类型作为基础，继而制定组织战略。

企业组织结构作为企业战略成功实施的重要基础之一，最重要的根本性原则就是适应性。适应性是企业战略的重要特性之一。它强调企业组织能运用已占有的资源和可能占有的资源去适应企业组织外部环境和内在条件的变化。这种适应是一种极为复杂的动态调整过程，它要求企业能一方面加强内部管理，另一方面则能不断推出适应性的有效组织结构。因此，适应的特殊性决定了这种适应不是简单的线性运动，而是一个循环上升的过程，企业组织理论界人士将这个过程称做适应循环。它明确地指明组织结构如何适应企业战略的原则。因此，适应循环原则是企业组织战略调整的根本原则。

一些常见的企业战略所对应的企业组织结构如表10-4所示。

表10-4　企业组织结构和企业战略的匹配

企业战略	企业组织结构
业务集中战略	追求数量倍增战略的组织结构（职能型组织结构）
业务多元化战略	联络型相关战略：多元化经营战略的组织结构（事业部制组织结构）
不相关多元化战略	矩阵式组织结构：一体化战略的组织结构
差异化战略	业务单一：追求数量倍增战略的组织结构（职能型组织结构） 业务多元：矩阵式组织结构
成本领先战略	业务单一：追求数量倍增战略的组织结构（职能型组织结构） 业务多元：多元化经营战略的组织结构（事业部制组织结构）
国际化战略	一体化战略的组织结构： • 地理区域结构 • 产品分区结构 • 地理与产品分区混合结构
紧缩清算、业务扁平战略	紧缩、清算战略的组织结构

一个企业战略在不同的发展时期受到不同环境因素的影响而变化，其组织结构也随之发生转变。常见的造成企业组织结构变革的企业战略激励因素，如图10-2所示。

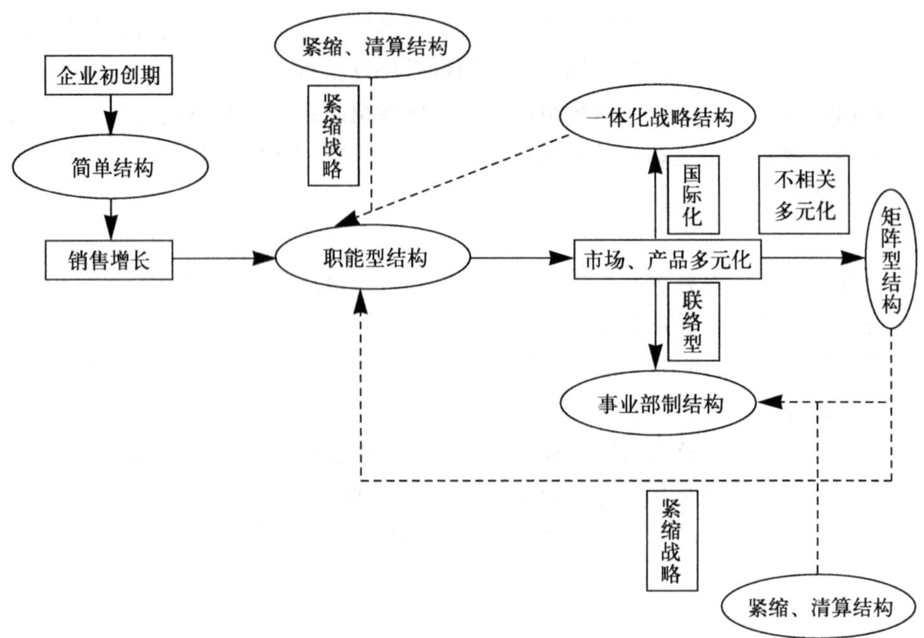

图10-2 组织结构变革的战略激励因素

10.1.3 职能分布

职能分布要对工作分析后所得出的工作需求进行分配，其中包括内部分配与外部分配。

职能分布的第一个问题是确定价值链活动中哪些需要外包，哪些在组织内部完成。外包似乎已成为目前商界的一股潮流，企业将一些非关键业务外包，使企业能够将时间、精力、资源集中到自己的核心业务中去。外包最基本的出发点是外部企业在这些业务上具有专长，质量更好，成本更低，等等。外包还有另一个考虑，从战略的角度出发，通过外包获得非关键的支持性活动的服务(有时也可能从价值链中挑选出来的重要活动)能够养活内部的官僚主义，使组织结构扁平化，突出公司的战略重点并且增强竞争的敏感性。

有不少人担心广泛的外包会使一个公司空心化，使其受制于外部供应商，并且缺乏掌握自己命运所需的能力和组织才能。但越来越多的企业成功地依靠外部的供应商、设计所、分销渠道、广告代理和财务公司等代为完成重要的价值链活动。例如宝丽来公司多年来都是从伊士曼-柯达公司购买其需要的胶卷介质，从德州仪器公司购买电子部件，从泰姆克斯和其他公司购买相机，而它自己则集中于生产其独特的自主开发的盘装胶卷，并设计其下一代相机和胶卷。耐克公司将力量集中于设计、营销和对零售商的销售，而在外部进行其鞋类和运动装的几乎所有的生产。许多房地产开发商将规划、设计、广告、销售、物业管理等重要的业务进行外包，自己则只进行活动的整合工作。因此，当外部企业能够以比自己运作更低的成本和较高的增加值来运作某些价值链活动时，外包从战略上说就是有道理的。

寻求外部的合作还有另外一个非常重要的原因，即通过战略伙伴、战略联盟等方式，与供应商、分销商、互补产品和服务生产者，甚至与竞争对手的密切合作，能增强一个公司的竞争能力，有助于其更好地实施战略。与外部合伙能够使公司更快地引进新技术，实现更快的发货速度和更低的零售部件库存，并且能为顾客提供更好或更快的技术辅助，还可以使公司具备地理范围更广泛的分销能力，发展多种分销渠道、提高专有技术的水平，

使生产具有经济性，开展更广泛的售后支持服务，等等。通过不断地建设，主要利用这些组织能力，公司发展了竞争成功所需的资源力量——增强了为顾客服务的能力、为顾客提供价值的能力和对手很难匹敌的能力。

康柏与它的供应商形成战略联盟关系，使得康柏可以不备原材料库存；中国移动与联通虽然是死对头，但它们在光缆铺设时有采取合作的方式，降低施工的成本，从而开辟更大的市场。

职能分布的第二个问题是：将组织内部活动分配到组织的各个部门中。在进行职能分布的过程中，需要注意几个原则：

1. 专业分工原则

专业相近的业务应安排在同一部门或同一主管下的其他部门之中，专业的聚集可以发挥专业分工的优势，同时方便业务管理，有利于部门内的合作与沟通。

2. 统一指挥原则

需要经常进行联系的职能最好安排在同一主管下，缩短协同路径，提高沟通与协调效率，避免因平行部门的分歧而导致工作的停滞。

3. 名副其实原则

中国有句古话，名不正则言不顺，言不顺则事难成。职能在进行分配时应名实相符，否则该职能将很难得到应有的重视。一家将总经办职能分配到人力资源部的公司的总经理说："人家是人力资源部，连我都不好意思将一些办公事务交给他们去办。"

4. 完备性原则

也就是确保所有的活动都有明确的部门或人员负责，不会出现有事没有人管理，或者有事大家管理的现象。职能与部门间必须建立起一个完备的一一对应的关系，保证不漏缺，不重复。

5. 合理跨度原则

在一个部门内，活动类型过多会使人员精力分散，导致工作人员负荷过重、工作效率低下。合理跨度是一个动态的概念，它受部门人员的能力、工作性质、工作环境、管理基础等一系列因素的影响。因此，跨度与其说是一个操作性指标，倒不如说是一个概念，其作用主要在于提示组织设计中这一方面的考虑。

10.1.4　标准与规范的设定

从减少差错、提高效率、提高工作质量和降低对人员素质要求的考虑出发，在战略的实施过程中，对一些程序化的和战略关键活动制定标准的工作方法和程序，是保障战略实施的有效手段之一。

标准设定是长远战略目标倒算以及总体战略目的分解的结果。标准分为两大类：一类为业绩，如销售量、劳动生产率等，这是直接业绩指标；另一类为工作标准，对于一些没有直接业绩量度指标的工作，需要用一定的标准来确保其工作质量，如按标准程序进行工作，工作成果应包括既定的内容和和结构等。

从长期的角度来设置工作标准，体现了战略的基本思想。因此，工作标准的确定除了能够反映当期的业绩外，还需要设置一些能够反映企业未来发展潜力的标准。

10.1.5 建立运作支持系统

如果没有一个强大的信息支持系统，公司的战略就很难得到很好的实施和执行。航空公司如果没有一个计算机自动订票系统，一个准 确而又迅速的行李处理系统和一项强大的飞机维修计划，难以想象它能提供一流的航空服务。联邦捷运公司有一套计算机包裹跟踪系统，使其能够立即报告处于其运送过程中的任何特定包裹的所处地点；它还有通讯系统使其能够协调它在各地的21 000辆运货车每天平均停靠720 000次以收取顾客的包裹；并且它还有先进的飞行操作系统，使得一个人就可以同时控制多达200架联邦捷运的飞机。所有这些运作对于联邦捷运的战略：保证一件包裹于次日能够“绝对地、确定地、必须送达目的地”都是非常必要的。

精心组织的现代化支持系统不仅促进战略更好地实施，而且也能够加强组织实力使之足以产生相对于对手的竞争优势。例如，一家基于产品优越质量来追求差异化战略的公司，如果拥有在质量技巧方面对员工进行培训、在生产的每一阶段建立产品质量以及保证所有发出产品符合质量标准的系统时，它就增加了自己的实力。一家努力想成为低成本供应商的公司如果有一套标杆学习系统以识别降低经营成本的机会，它就具有了更强的竞争力。想将业务扩展到很广的地域、迅速增长、发展为公众公司并在行业中获得永久地位的年轻的企业，不得不比满足于在一个地域保守经营的小公司投资更多到组织系统和基础的建设上。在现代的经营环境中，竞争优势属于那些能够促进信息流动并能创建有关系统，有效利用知识的公司。

准确信息是行动的必要指导。每一个组织需要系统来收集和储存资料、建立关键的业绩指标、识别和诊断问题、报告具有战略关键性的信息。电话公司有精密的信息系统来测量信号质量、接通次数、断线次数、错接次数、收费错误数以及其他一些衡量可靠度的指标。为跟踪和管理对乘客服务的质量，航空公司设置信息系统以监测登机延误时间、按时离港和到达次数、行李处理的次数、对丢失行李的不满意见的次数。许多公司为他们与顾客直接打交道的员工提供与顾客数据库相连的电子路径，这样他们就能对顾客的要求做出高效的反应，实现顾客服务的个性化。如一些五星级宾馆备有全球联网的信息系统，记录每一位曾经入住该酒店集团任何一家宾馆的顾客的个性特征，从而不论该顾客到全球任何一家连锁店，服务人员都能掌握该顾客的个性需求，从而提供更好的服务，使顾客真的得到宾至如归的享受。

电子信息系统使管理人员可以监测战略实施的状况和日常运营，在早期没有取得预期进展或事情好像正在脱离正常轨道时指导它们成功地采取措施。信息系统需要覆盖以下5个领域：

顾客资料；运营资料；员工资料；供应商、合伙人、合作企业资料；财务业绩资料。

所有关键的业绩指标要尽可能地经常进行量度。许多零售商为每个商店做出每日销售情况的记录。制造业企业常常做出每日生产报告，并跟踪每一班工人的劳动生产率。从长期来看，损益表和统计总结正由每月统计越来越快地变为每日统计，甚至被电子技术带来的即时业绩监测所代替。这样的诊断控制系统使管理者可以及早发现问题，如果需要时进行必要的干预，并对战略或其实施方式进行调整。

10.1.6 沟通协调规则设计

沟通协调规则是企业协调运行的依据，对战略实施来说，注重的是整体运作，这使得部门之间的依赖性加强．也就不可避免地产生大量的协调工作。依靠组织结构的力量而不是个人的协调工作，组织协调工作才有保障。以制度的方式把沟通与协调规则明确下来，是确保不出现扯皮、工作停滞等不良现象的基本手段。

由于企业外部环境的剧烈变化，组织的横向化将成为未来企业沟通协调规则的主要特征。横向化注重的是部门间的沟通与协调，强调部门间的合作以加快信息的流动，使企业对环境的变化具有更好的整体应对能力。

后工业化社会孕育出的另一个重复的组织管理工具就是业务流程再造（BPR）。所谓的业务流程再造，就是以业务流程为核心，对企业的运作模式作根本性的变革。以流程为核心的概念是针对以职能为核心的工作模式而提出的。在传统的职能结构中，活动是以职能部门为单元进行的，各种业务活动封闭在职能部门内完成，然后在企业既定的规则下整合。这种模式在变化缓慢的环境中是有效的，但如果企业面对的是一个不稳定的环境，那么这时既定的整合规则就会失效，需要根据新的情况进行实时的业务整合，以流程为核心的模式是以流程为单元，各部门围绕着各个流程开展协作活动，它强调多部门的全过程参与和合作，这种模式也称为同步工程。比如在房地产开发中，从项目选择开始，到规划、设计、施工，到物业的交付使用，每一个环节都由市场部门、设计部门、工程部门、销售部门、财务部门等协同作战，以保证各个环节工作的整合性。职能导向和流程导向的组织方式如图10-3和图10-4所示。

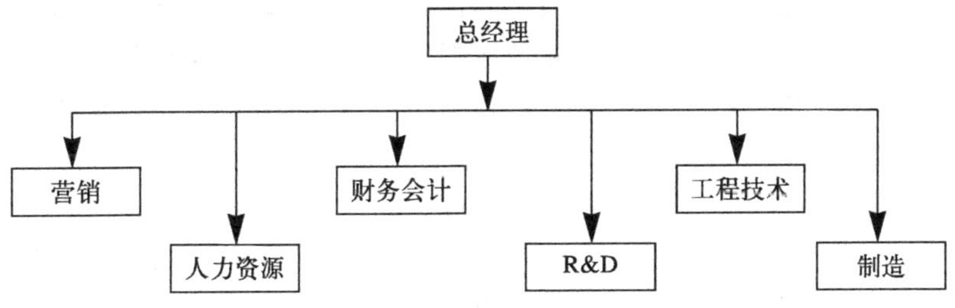

图10-3　职能导向的组织方式

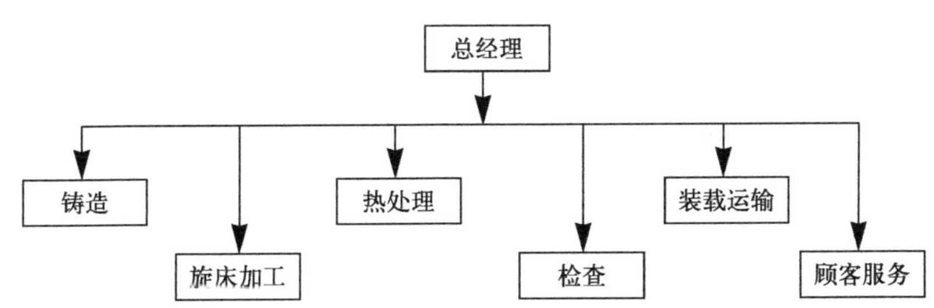

图10-4　流程导向的组织方式

以流程为核心的协调模式在后工业社会中是一个非常重要的战略考虑，因为在这样的社会中，唯一不变的就是变化，能否迅速适应环境的变化，保持整体运作的优势，是企业生存的基本前提。朗讯公司虽然拥有世界一流的贝尔实验室，但由于其运作模式还是传统

的职能模式，导致设计与生产和物流是完全脱节的，所以经常发生设计图纸上要求的零部件型号是市场上早已被淘汰的产品的现象。朗讯的衰落与这种职能模式不能适应IT业快速变化的环境不无关系。

10.1.7 考核与激励模式设计

在整个组织设计工作中，考核与激励模式是最为重要的环节。企业中任何工作都是由人来完成的，除了有一整套实施标准和工作规范，从技术上确保战略实施的正确性外，更重要的是组织成员积极地、建设性地参与战略实施。要稳定地解决员工积极性与建设性的问题，需要利益上的良好驱动，即创造一个利益场，驱使员工朝企业的战略方向努力。绩效考核与激励体系的建立就是利益场的具体体现。

考核是确认员工的行为是否与组织的战略需要相吻合，而激励则解决员工的主动性问题。因此考核与激励必须是紧密结合的。

考核指标体系的建立是考核工作的基础，也是绩效考核工作最重要的环节。对于一个组织而言，绩效往往是一个多指标的体系，确定考核的指标以及指标的权重，需要以战略为核心，建立相应的考核指标体系。相比较而言，以战略目标和战略阶段性要求进行考核比财务指标考核更具体，也更能落实到企业的各个部门和岗位中。

10.1.8 文化模式的倡导

战略的实施除了利益的驱动外，还需要文化上的支持。与战略实施所需的价值观、习惯和行为准则相一致的文化有助于激发人们以一种支持战略的方式进行工作。例如，一种将节俭这一价值观广泛植根于组织成员中的文化会非常有利于成功实施和执行追求低成本领导地位的战略；而一种以支持创造性、支持变化和挑战现状为主题的文化对于实施和执行一种追求产品革新和技术领导地位的战略非常有利；一种顾客导向，鼓励员工以他们的工作而自豪、给予员工高度的决策自主权等原则建立的文化对于实施为顾客提供更卓越服务的战略是非常有帮助的。但文化的形成过程是漫长的，文化的变革也是非常困难的，因此，建立一种支持战略的公司文化，是战略实施中最为重要也是最为困难的工作。

新的经营战略往往受市场驱动，并受到各种竞争力量的支配，以及决定于外部不可控因素，因此，当一个公司的文化无法与取得战略成功的需要相匹配时，就应改变这种文化以适应新的战略。当然，文化现状的制约性也不能不予考虑。在进行文化培育时，需要把握两个原则：一是承认历史，尊重现实，考虑文化变革成本；二要体现改良性，要逐步使组织文化朝适应环境变化的方向发展，毕竟要生存，就要适应环境的变化，否则这种没落的文化只能阻碍企业前进的步伐。

连接企业文化与企业战略最有效的因素有以下几点。

（1）对企业宗旨、章程和纲领的正式陈述。

（2）企业的布局与外表形象。

（3）树立榜样，内部培训。

（4）明确的奖励和级别制度及提升标准。

（5）有关关键人物的事件和故事、传说与格言等。

（6）企业领导的工作重点、手段和控制方式。

（7）企业领导对关键事件和企业危机的反应。

(8) 企业组织的设计和构造方式。

(9) 企业组织系统和工作程序。

(10) 企业人员的招聘、选用、提升、退休等方面的工作标准。(Schein，1983)

将文化与战略相匹配的第一步就是要找出现有文化中哪些是支持战略的，哪些不是。在将文化与战略结合起来的努力中，既有象征性行动，也有实际性行动。象征性行为的价值在于它可以向人们提出关于战略实施者希望鼓励的各种行为模式和业绩的信号。最重要的象征性行动是高层领导人所采取的、被视为榜样的那些活动。最好的公司和最好的领导人会熟练地运用象征、角色榜样、仪式性场合和集会来加强战略和文化间的匹配。如沃尔玛就因其简朴的设施、领导人的节俭、对浪费的杜绝和积极地进行成本控制而闻名。实际性行动更是深入到企业经营管理的每一个环节中，比如制度的确定、决策的规则、价值判断的准则，等等。

在文化建设过程中，道德标准和价值观的建立是最为重要的。价值观的建立是多途径的，一些历史悠久的企业依靠口头教育和传统力量来注入价值观和强化道德行为，而现代许多公司则将它们的价值观和道德标准以书面的形式写下来，具体说明公司想做和期望大家做的事情，并且可以成为判断公司政策和行动以及个人行为的基准。不论如何，价值观和道德标准一旦被确定，就应结合到公司的政策、实践和实际的行为当中，通过这些活动来促进文化的形成，实施这些活动往往可能从以下这些方面入手。

(1) 将价值观宣言和道德准则融人员工训练和教育计划。

(2) 在招聘和雇用员工时要明确注重价值观和道德，剔除那些性格特征与公司价值观和道德准则不相一致的人。

(3) 对所有员工传达价值观和道德准则并向他们解释遵守的规章。

(4) 从企业最高层到基层员工的参与和监督。

(5) 最高层领导的强烈认可。

(6) 口头的教育。

成功的企业往往是因为企业的价值观能够被员工所认同，并且能和员工个人的价值观融合。这样，员工们在为企业努力奋斗的同时，也会认为是在为自己的理想目标而奋斗，从而对企业产生强烈的归宿感。这种归宿感为企业带来的效益是巨大的。美国著名管理学家彼得斯和沃特曼在《追求卓越》一书中指出，在经营得最成功的公司里，居第一位的并不是严格的规章制度或利润指标，更不是计算机或任何一种管理工具、方法、手段，甚至也不是科学技术，而是企业文化或公司文化。成绩卓著的公司能创造一种内容丰富、道德高尚而且为大家所接受的文化准则，使员工们情绪饱满，互相适应和协调一致；使员工热爱企业产品，产生提高服务质量的愿望以及对企业高度的责任感和归宿感，为企业战略的有效实施提供保障。

中国企业自20世纪80年代后期起也开始日渐关注企业文化建设。作为上海出租车行业的知名企业，上海大众交通集团股份有限公司在多方考察学习后，形成了自己的核心价值观："一切为大众"，包括：提供大众客户温馨满意的服务，回馈大众股东稳定良好的收益，创造大众员工幸福美好的生活等。在此基础上，形成了"爱岗敬业，诚实守信"的核心行为准则和"乘客为尊、温馨为本、诚信为魂"的企业口号。

在大众发生过这样一件事，有一位乘客坐上大众出租车，言明要到浦东国际机场购票以乘坐去深圳的班机。其实，路程近得多的虹桥机场也有航班，只是不一定能买到机票。也许很多司机会选择送乘客到浦东机场，既有150元左右的收入，又能保证乘客准点坐上飞机，两全其美。但出租车司机小赵想，乘客舍近求远，无非是因为心理因素，应该为乘客多着想，提供方便。于是小赵一边向浦东机场方向驶去，一边将虹桥机场问讯电话告诉乘客，请他立即联系。果然，虹桥机场方面告知，他要坐的航班还有余票。随后，小赵掉头驶向虹桥机场。到达目的地后，计价器显示车费是95元。按理，小赵照价实收也不为过，因为乘客已经感激不尽。可他只收50元，这使乘客大惑不解。小赵说："从您上车的地点到虹桥机场最多只不过50元的路程，现在我已经多绕路，虽说我没有什么过错，但我也不能多收这40多元，因为我是一名大众司机。"此举着实让乘客激动不已，他紧紧握住小赵的手，连连说："谢谢!"

当个人利益与乘客利益发生矛盾时，大众的出租车司机选择乘客利益至上。虽然小赵在收入上少了几十元，甚至上百元，但这位乘客一定会记住这次经历。他会向他的家人、朋友、同事衷心推荐大众出租车，这是用金钱难以衡量的。小赵身上充分体现了大众的企业文化，体现了诚信服务的伦理精神，树立了大众的企业形象，使大众获得了别人难以模仿的竞争优势，为企业带来了巨大财富。

可见，企业文化影响着企业如何开展业务，并有助于管理和控制员工的行为，是获取和保持竞争优势的重要来源。企业必须不遗余力地将企业文化灌输到员工的心中。只有企业的员工有了共同的价值观，在平时的工作中处处体现企业的文化，企业才能创造和保持竞争优势。

因此，企业应该追求企业文化和战略的匹配。在企业文化变革成本可以接受的前提下，根据不同的战略，企业可以努力构建不同的企业文化，尽管调整或变革企业文化的过程很可能是艰难和漫长的。比如，推动成本领先战略，则组织文化应该是节俭、纪律及注重细节；推动差异化战略，则组织文化应该是鼓励创新、发挥个性及承担风险等。如果组织文化与企业战略相适合，组织文化可以强有力地巩固战略所寻求建立的竞争优势。最后，组织文化本身并无优劣之分，它是获取竞争优势的一种手段，而不是目的。

总而言之，文化的构建是一个漫长的、潜移默化的过程，威廉 · 大内在他的《z理论》中写道："据粗略估计，由开始实施到全面接受，大概需要两年的时间……从A型到Z型，遍及公司和工厂的每一个工人，可能需要十年到十五年的时间。"对此，企业应有足够的思想准备和决心。

10.2 战略实施中的人力资源问题

我们知道，企业制定战略时必须进行内外部环境分析。通过研究外部环境，企业确定它会做什么；通过研究内部环境，企业可以知道它能做什么。清楚了解企业目前所具有的资源、能力及核心竞争力，对企业战略的制定是非常重要的。而在企业战略制定后，根据战略的要求，调整分配企业资源，提升企业内部的实力，使之与企业战略的要求相匹配，是企业战略能否得到有效实施、企业能否最终获取竞争优势的关键。

企业的资源可以分为物质资源、财务资源、人力资源和信息资源。如今，企业的人力资源发挥着越来越重要的作用，已经成为企业中最重要的资源，对企业战略的制定和实施起着举足轻重的作用。

管理的核心是人，知识经济的出现意味着在未来的社会生产中，人力资源在生产要素中所占的比例越来越大。在战略的实施过程中，评估各备选战略的人员使用需求与成本，并为战略的有效实施而制定人员计划显得越来越突出。因此，人力资源管理部门必须将战略实施同人力资源管理战略紧密结合，从而达到最佳的效果。例如，在对管理者和雇员的激励过程中通过使他们参加战略管理活动和提出建设性的意见，从而同时给他们个人和公司都带来益处。与此相反的是，如果人力资源战略背离公司的总战略而一意孤行，结果自然是得不偿失。举例来说，在对离职人员的控制和管理过程中，不同的战略会带来不同的效果。我们知道企业的目标是留住那些对企业有价值的员工，这主要由员工的总体绩效和其可替代性来决定。根据可替代性的难易程度和绩效的高中低不同，我们可以找到对应于A、B、C、D、E、F各个不同员工的类型：A类员工的离职对于公司来说属于严重破坏性的离职，由于该类型的员工绩效高、可替代性差，在市场上很难找到相应的替代者；B类员工的离职对于公司来说是属于比较具有破坏性的离职，由于该类员工绩效高但可替代性高，在市场上很容易找到相应的替代者，所以对于这类员工的跳槽，公司只要有足够的时间应付还是可以找到替代者，可是如果员工是突然提出辞职的，就会在找到接替者之前给公司带来很大的损失；C类员工的离职对于公司来说也是属于破坏性的离职，虽然该类员工绩效不高，但可替代性差，在市场上也不容易很快找到相应的替代者，所以他们的跳槽也会引起公司不小的风波；D类员工的离职对于公司的破坏性程度取决于公司的花费，即招聘新员工和支付一名旧员工的花费孰低孰高：如果招聘的费用低，则离职给公司带来益处，反之则离职给公司带来损失；E类员工的离职对于公司来说是短期属于破坏性的离职，然而对于长期而言则是属于有利的离职，由于该类员工的绩效低，所以从长远来看，找一个更高的高绩效的替代者对于公司的长远发展有益，但是另一方面由于这类员工的可替代性差，在市场上又很难很快找到相应的替代者，所以短期而言还是会给公司带来麻烦；F类员工的离职对于公司来说是属于非常有利的离职，由于该类员工绩效低、可替代性好，在市场上很容易找到相应的替代者。

针对以上六种人员的类型，公司应该有的放矢，采取以下措施留住最需要的人才。

A类：保留和开发这类人员。

B类：保留和开发这类人员，但是在程度上要稍稍低于A类。

C类：保留该类员工。

D类：衡量招聘新员工和继续雇用旧员工的成本大小。

E类：使用后备人员或者改进这类员工的绩效，如果以上措施都不奏效就终止合同。

F类：改进该类员工的绩效，不奏效就终止合同。

除前文已有阐述的业绩考核问题外，人力资源管理的内容还包括人员的规划、招聘与培训、提升等重要职能。人力需求是依据企业的战略定位和竞争特性来进行规划的。在人力资源计划的基础上，结合绩效考核的情况，开展人力资源管理的各个职能的工作。在人事招聘培训方面，在公司制定员工招聘计划之前，人事部门必须有指导性的战略原则，从而决定招聘同公司战略相符合的人才，决定到底是提供上岗培训式的职位培训还是提升员工潜力的职业培训，最终使得企业在招聘培训项目的成本效益达到最佳。所以，在企业制定其战略时，如何分析企业自身的竞争性地位，将战略同企业人力资源的最优化配置紧密相连，从而最终促进企业战略的成功实施，成了企业所需要考虑的重要问题。举例来说，

从下面几个战略匹配方案可以看出，不同的战略背景下有着不同的人力资源战略与之适应。

1. 战略与招聘与选拔的匹配

战略方案一：采取从外部资源选拔，是相对应那些存在较多容易替代岗位的公司，这些公司的特点在于规模不大、刚刚起步或者是没有较多时间和精力关注于长期的人力资源的开发与储备上面；战略方案二：采取从内部资源选拔，是相对于那些规模较大的企业，或者那些存在较多不容易替代岗位的公司，因为从长远考虑，从内部资源选拔，有利于提高员工的积极性，避免员工对选拔制度的不满而跳槽所带来的损失。例如，广州宝洁(P&G)，采取的就是内部资源选拔，它会在全国的各类名牌大学做宣传，然后招聘优秀的人才进入宝洁成为新一轮的管理培训生（management trainee)，给他们提供良好的职业生涯计划以及丰富的提升机会。从这一点看，宝洁采取的就是规范而且广泛的社会化选拔方法。又如通用汽车，每年都是通过基于“团队合作”的绩效考评成绩来决定最后的内部提升人选。同样道理，通用汽车也是使用了内部提升与选拔的方式，对员工的综合技能进行考察从而留下了一些绩效高、可替代性差的员工。

2. 战略与培训与发展的匹配

战略方案一：更关注员工目前的技能，是相对于那些涉及较多事务性工作的岗位而言。这些岗位的培训特点在于：

（1）基于个体导向的，即针对某个员工的不足提供适当的培训。

（2）培训的规模不大，由于是针对性的培训所以其规模较之战略方案二要少。

（3）一般来说，该类培训没有计划性，因为只是存在某些员工不能很快适应工作，而提供的简单的类似的上岗培训的内容，所以它的实施是没有计划性的，很有可能是部门负责人自发性的行为，不需要事先制定计划。

战略方案二：更关注于员工今后发展的技能，是相对于那些涉及较多挑战性的工作岗位而言。这些岗位培训的特点在于：

（1）基于集体导向的，由于工作的复杂性以及挑战性，采用团体合作的形势是首选方案，所以在提供培训的时候就要考虑到培训的目的在于提高整个团队的绩效，而非个人的绩效。

（2）培训的规模很大，主要是针对大多数的员工，由于战略二的长远观点，所以需要对团队中所有员工进行培训。

（3）一般来说，该类培训有着完备的计划性，因为这实际上是公司的一项长期投资，初期投入的成本将会是相当大的一笔开销，而且它的回报也不能立竿见影。所以，该类培训的实施需要谨慎的规划以及合理的步骤。

3. 战略与薪酬的匹配

战略方案一：更关注员工工资和福利，采取这种薪酬方案的公司具有以下特点：

（1）更为强调短期的奖励，而不是类似员工持股期权（share option）之类的长期鼓励。

（2）强调内部的公平性，由于行业的特殊性或者员工群体的特征决定了员工对于内部公平性更为敏感。

（3）主要采用个体激励，因为员工更为关心内部意志、内部公平，这就决定了公司的福利要么是固定的要么是没有的，这样才能保持统一。所以唯一可以激励员工的方式即是采取个体激励的方式，以便拉开距离，形成激励。

战略方案二：更关注员工奖金，采取这种薪酬方案的公司与战略一有相反的特点：

（1）更为强调长期的奖励，这是因为公司要保持它的外部竞争力而采取的必要手段。

（2）强调外部竞争性。

（3）主要采用集体激励，因为在一个强调外部竞争力的企业中，员工的任务往往更为复杂、更为具有挑战性，所以一般来说会采用团队合作的方式来提高绩效，降低风险。这类公司以团队作为激励的目标，来激发员工最大的积极性，从而达到最好的绩效。

结合波特的竞争战略分析，我们可以进一步清晰地发现战略与人事的匹配要求。我们知道，波特将企业的成长归纳为四个生命周期（形成阶段、成长阶段、成熟阶段和衰退阶段），由于各个周期的战略不同，所以最终的人力资源的实施方向也有所侧重。下面我们就形成阶段所采取的差异化战略与成长阶段所应采取的成本领先战略来进行比较。

4. 战略与人事匹配

从比较中发现，采取战略方案一：差异化战略，公司具有以下特点：

（1）更注重于创新、承担风险，由于公司创立之初，需要创新的观念来节约成本创造财富，从而才可以在激烈的竞争中存活下来。同时，由于公司正处于形成之初，每一步都是举步维艰，所以处处都需非常小心。

（2）比较宽泛的工作任务，因为公司要采用差异化战略，鼓励员工创新，并且敢于承担风险，所以必须要有宽泛的工作任务与之匹配，否则会束缚员工的创造力。

（3）较广阔的职业发展道路。同样道理，鼓励员工推陈出新，就要给予员工较为广阔的发展空间，从而避免遏制员工在某一方面的天赋的发挥。

（4）外部招聘。

（5）竞争性。

第四、五点的原因已经在前表述，这里不再赘述。

采取战略方案二：成本领先战略，公司具有以下特点：

（1）更为强调效率，这是因为公司处于成长阶段，生存已经不是主要的问题，如何打败竞争对手迅速成为该行业的领头人将是它要考虑的首要问题，所以成本的领先是实现这一目标的最有效的手段，自然提高效率、降低成本成了新的关注点。

（2）专门化、重复化的任务。同样道理，由于战略的转移，导致了对员工的角色定位不同，为了追求高效率，企业会放弃宽泛的任务而提供专门化、重复性的工作岗位。

（3）特定的、短期的上岗技能培训。由于公司强调的是效率第一，招聘一个有经验的员工，远比找一个新人要有效率得多，前者只需提供较短而且特定的培训即可上岗。

（4）内部提拔。

（5）内部公平性。

第四、五点原因已经在前表述，这里不再赘述。

现代企业的人力资源管理问题还关注员工持股（ESOP）、工作丰富化与员工职业生涯规划等问题。

员工持股（ESOP）即雇员可以利用贷款或者现金购买公司股票，它是一种能够减免税收的、固定缴款式的员工福利制度。ESOP使得雇员能够以所有者的身份进行工作，正是因为如此，ESOP的数量在20世纪80年代和90年代飞速发展。除了增强员工的责任感和提高员工的积极性外，ESOP还给企业带来了减少纳税的好处。因为，ESOP长期借款的本金、利

息和股息支付均可以冲减所得税。目前，类似ESOP的薪酬策略已经被人力资源总监列为减少跳槽的最有效战略。

此外，将管理者与企业战略相匹配时会遇到一个问题，工作责任是非常具体并且相对稳定，但个人发展则是动态的，所以时常会出现个人发展的要求远远超过工作责任的要求。这时候，我们就需要通过工作的丰富化手段调动员工的积极性、提升员工的潜能，使得每一个员工能够成功地经历三个心理阶段，如图10-5所示（①体会到工作的意义，②对工作的结果承担责任，③了解实际的工作结果），从而达到高自我激励、高绩效、高工作满意度和低的缺勤率和跳槽率。同时，为员工规划同组织战略完全契合的职业生涯设计，也会使得员工的工作满意度提高、减少跳槽率，从而提升组织的绩效。

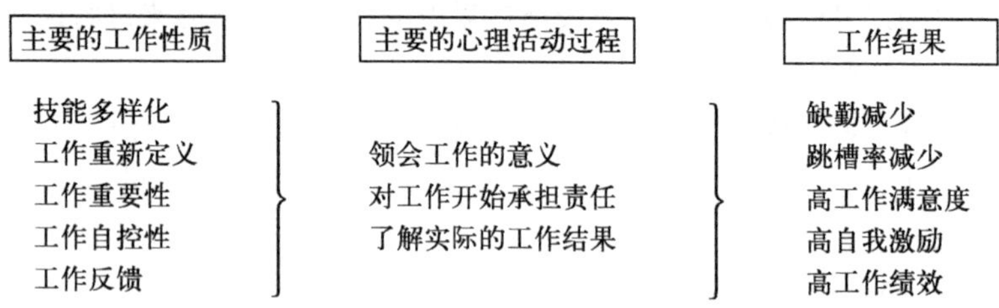

图10-5 工作丰富化的流程

从图10-5中，我们可以看出员工所经历的三个心理阶段：

第一个阶段：通过工作丰富化的不同的扩展形式，例如技能多样化、工作的重新定义、工作重要性的突出、工作自控性的加强以及工作反馈的增加，来重新定义工作的性质。

第二个阶段：通过重新认识工作的意义，逐步增强自身对于工作的责任感，从而从开始对工作承担责任，到一步一步了解实际工作结果。

第三个阶段：最后，通过工作丰富化这个手段，重新找回工作的积极性与热情，从而达到高绩效。

10.3 战略实施中的生产问题

企业生产作业能力与特性是企业实现其经营目标的重要因素。生产过程通常占企业资产的70%以上，生产成本也往往占总成本的50%以上。所以说，生产环节对产品的功能、质量、成本等重要的竞争要素起着至关重要的作用，对战略的实施影响很大。

10.3.1 生产系统的目标规划

企业环境以及用户对产品的要求主要分为8个方面：

1. 生产规模

生产规模的确定是以战略目标为依据，它建立在对未来市场的预测和判断之上，战略目标的确定直接决定了企业的生产规模，从而决定了配套生产设施、物流能力、投资预算、流动资金预算等一系列的相关问题。

2. 生产区位

区位选择一方面是出于成本，包括人力资源成本、物流成本、生产外部性成本等的考虑。如能源的生产，就是一种资源本地化的特征。另外，企业目标市场的选择。区位选择的另一方面考虑处于目标市场导向的问题，一些行业的区域化消费特征非常明显，属地化生产也非常有吸引力。此外，生产区位还考虑产业集聚的问题，在产业集中的区域中，不仅生产成本较低，而且信息流动、技术创新等方面都比其他地区具有更大的优势。

3. 产品设计

产品设计主要是产品的外观设计，不同的消费人群对产品的外在形态有不同的偏好，因此，它是针对企业目标客户群来定位的。

4. 加工方式

加工方式的确定取决于企业的竞争战略，差异化战略要求独特的加工方法或手工生产的方式，而成本领先战略的企业则会采用大规模的、机械化的生产方式。

5. 物流管理

不同行业和不同战略对物流的要求也是不一样的，有的对物流的成本特别敏感，有的要求物流系统有很快的反应能力，有的却对物流系统的可靠性要求很高。

6. 质量控制

质量控制取决于产品的使用特征与顾客层次的定位。对于一些时尚性的产品而言，质量相对来说是不重要的，而对于耐用品来说，质量就成为消费者决定性的考虑因素之一。另外，对于低消费层次的消费者来说，价格要比质量更重要，而对于一些高消费层次的消费者而言，质量也就更受关注。

7. 成本管理

成本定位直接受企业竞争战略的影响，作为一家成本领先的企业，其在成本上的定位就会以低于同行的成本水平为基准，即使会降低产品的质量或功能。而采取差异化战略的企业则会在成本上留足一定的空间。

8. 过程控制

过程控制是生产管理精细化程度的一种反应，是工作质量的良好保证。然而过程控制也须遵循成本效益原则，而评判成本效益也需从企业的战略要求着手。

10.3.2 战略性生产技术问题

目前生产管理问题基本围绕着成本的降低来展开，如准时生产制（JIT）、柔性制造系统（如何用低成本制造个性化产品）、供应链管理（SCM，降低物流费用）、清洁生产等。在企业竞争战略中，成本优势是最为基础的，当然，这种优势可以体现在价格上，即用低价格进行竞争从而获胜，也可以体现在服务、质量、新技术开发上（歧异化战略）。没有成本优势（至少没有太大的优势），无论采取哪一种竞争战略，都是难以长久的，从而也是不可靠的。

在进行生产布局之前需要考虑的因素包括：

（1）主要资源的可得性。

（2）地区工资水平。

（3）与发货和收货相关的运输成本。

（4）主要市场的位置（顾客需求响应周期）。

（5）地区和国家的政治风险及高质量员工的供给情况。

生产决策中的产品设计、质量水平等问题，是依据公司的战略定位（目标客户群）来确定的，这一部分工作与营销管理中的相关问题是紧密联系在一起的。

10.4 战略实施中的营销整合

营销整合是企业战略实施中最重要的环节。营销整合即对产品、价格、渠道、促销四个方面（4P）进行战略规划，一般需要考虑的营销问题如表10-5所示。

表10-5 战略实施中的关键营销要素

产　品	价　格	渠　道	促　销
质量	价格水平	销售渠道	广告推销
特性与选择	折扣	销售覆盖范围	人员促销
样式	付款条件	销售点布局	促销
品牌		销售区域	公关宣传
包装		库存数量与布局	
产品系列		运输工具	
质量保证			
服务水平			
其他服务			

10.4.1 市场细分

市场细分是广泛采用的营销策略。其基本概念是通过统计方法，在基础变量（如消费者的性别、年龄等）和行为变量（如对产品的购买率）之间建立某种联系。在此基础上，选择特定的顾客人群，并制定相应的营销组合。

对于顾客而言，细分意味着更合乎自己需要的产品和服务，这种个性化的服务是顾客以最小的代价取得最大效用的最佳方式。因此，细分是争取顾客最有效的手段之一。对于采取细分策略的企业来说，细分一般分为两种：一种是“纵向细分”，即从现有的产品、市场中做更有针对性的区分并采取相应的营销策略；另一种是“横向细分”，即选择一个与现有产品或市场不相冲突的细分领域。前者更多的是加强自己的竞争优势，后者则注重回避竞争，寻找更合适自己的经营领域。

市场细分的最终选择是企业根据行业竞争态势、自身能力、细分市场吸引力3个维度综合考虑的结果。无论对于“纵向细分”还是“横向细分”，都是从获取价值出发，其细分的目的就是实现企业利益最大化。因此，细分不是盲目争胜，也不是偏安一隅苟且偷生，而是积极地寻求适合自己的生存空间，更好地实现企业目的。要达到这一目的，需要从外部（行业竞争状况）和内部（企业自身能力和优势）两个方面来进行系统考虑，这一点正是战略思维的特征，市场细分实际上是构造企业营销与企业战略的重要桥梁。

10.4.2 营销组合与战略

产品定位、价格定位、销售渠道的选择、促销手段的安排等是企业营销工作的核心内容，这些销售手段的选择，完全应该由企业的战略定位来决定。

产品定位是由企业所选择的细分顾客群所决定，这些顾客需要什么决定了企业的产品定位。宝马汽车突出驾驶的乐趣，它是为爱好驾车的顾客设计的；劳斯莱斯凸显尊贵，是为达官显贵们生产的；沃尔沃强调安全，其顾客群是企业家等。

价格定位一方面由顾客选择决定，另一方面也由企业的战略目标决定。当然，特定顾客群的价格接受能力是定价的根本因素。但除了这一点考虑外，企业的战略目标也是重要的决定因素。企业的目标是盈利、增长，还是打击竞争对手，对价格的制定起着决定性的影响。如果企业追求盈利，那么一般价格会定得高一些；如果追求的是增长，一般价格会定低一些；如果要打击竞争对手，其价格一般都会定得非常低。另外，企业的竞争战略也是决定因素之一，如果是成本领先战略，其定价就会尽可能低，如果采用差异化战略，其价格一般会比较高。因此，产品价格的确定是以市场定位、战略目标与竞争战略为逻辑依据的。

要保证定价政策的一致性，市场定位、战略目标与竞争战略这三者之间必须相互协调，即市场定位、战略目标与竞争战略之间不能相互冲突。其核心问题是：这样的目标市场能否达到战略目标，采取这样的竞争战略是否有优势，或者为了这个战略目标采取这样的竞争战略是否合理。在这三个问题中，战略目标是最为基本的，因此三者的协调是，应以目标为出发点进行考虑，否则就会出现因果关系混乱的矛盾。

10.5 战略实施中的财务问题

战略实施中的财务问题主要是财务保障与绩效分析的问题。对于前期的战略选择而言，财务可行性问题在内部条件分析时实际上就已有所考虑，但前期的财务分析是一种一般性分析，不可能做到对确切的战略方案进行具体的财务安排。财务战略实施就是在较为长远的战略规划期内，为企业的战略运作提供可靠、稳定和低成本的资金保障，包括资金需求预算、融资渠道的建立、企业价值的评估等。

10.5.1 财务预算

准确的财务预算与资金计划是提供资金保障的前提。长远的战略规划应分解出具体的年度目标，而年度目标应分解到企业的每一个部门，对每个部门的活动进行预算，并汇总到财务部门，由财务部门再进行资金优化调度，就得到了企业的资金计划。因此资金计划并不是各部门预算的总和，而是对各部门的资金需求进行整合，使资金流动最合理、效率最高，以达到降低资金成本、保障资金供给的目的。

资金计划是融资、投资管理的重要依据，在此基础上，预测企业的现金流，确定资金缺口，以提高筹资活动的计划性和适时性。资金渠道管理是财务战略最重要的环节之一，这要求企业对资金渠道做一个长远的规划，如何使资金的使用与资金的来源相匹配，对现金的不足以及现金的溢出应作何应对等。

资金计划的编制是通过财务预测而得来的，财务预测的一般步骤是：

销售预测；估计需要的资产；估计收入、费用和保留的盈余；估计所需融资。

对于在市场经济体制运作的企业，市场导向是分析问题的源头。因此财务预测的第一步就是销售预测，而销售预测的依据是企业的战略目标，这属于市场营销的范畴，此处不再赘述。在销售预测的基础上，根据以往的资产/销售结构做一个资产规模的预测，然后计算出资金缺口，即所需融资或资金溢出的具体数字。

A企业预计下一年销售4 000万元，需作一个财务预测，其本年的相关材料如表10-6所示。

表10-6　A企业的财务预算表　　　　（单位：万元）

	上年期末实际	占销售额百分比（销售3 000万元）	本年计划（销售4 000万元）
资产：			
流动资产	700	23.33%	933.33
长期资本	1 300	43.33%	1 733.33
资产合计	2 000	66.66%	2 666.66
负债及所有者权益			
短期借款	60	N	60
应付票据	5	N	5
应付款项	176	5.87%	234.8
预提费用	9	0.30%	12
长期负债	810	N	810
负债合计	1 060	6.17%	1 121.8
实收资本	100	N	100
资本公积	16	N	16
留存收益	824	N	950
股东权益	940		1 066
融资需求			478.86
总计	2 000		2 666.66

从表10-6财务预测得知，A企业该年需融资478.86万元。这是资金计划的一般流程，在操作过程中，这一流程还应根据具体情况作一定的调整。如经营规模与资产规模之间是不是一种线性的关系？按上例来说，该企业销售量为3 000万元时，其资产规模是销售额的66.66%，负债是销售额的6.17%等，而销售量提高到4 000万元时，这些比例是否还保持不变？或者通过企业内部管理流程的改进，这一比例会发生什么变化？这都需要做出一定的调整，以使财务预测更能反映企业最新的经营管理状况。

10.5.2 资金保障

有了明确的资金需求，接下来需要做的就是决定通过什么途径筹集资金以及如何落实资金来源。资金筹集途径基本上有三大类：权益融资，即通过增资扩股来募集资金；负债融资，即通过银行贷款、发行债券等方式筹集资金；商业信用，即通过调整与供货商以及顾客的信用条件来改变企业的资产——销售结构，从而改变企业的资金需求。

选择什么融资方式，最根本的考虑就是资金成本问题，当然除了最低资金成本考虑外，还需考虑融资方式的可行性。这在财务管理上并不是什么新鲜的东西，但作为战略管理上的考虑，资金成本就不是一般财务处理上的资金成本的概念了。简单地说，此时的资金成本是一种战略成本，包括了有形成本、无形成本和机会成本，它是从整体、长远的角度来衡量的。例如为了减少资产/销售比例，企业采取紧缩信用政策的做法，这一做法一方面会降低对资金的需求，另一方面也会造成销售增长的放慢，销售增长的放慢会对企业的战略造成什么影响，这就是这一政策的战略成本。

利用每股收益与息税前收益（ESP/EBIT）分析是确定在战略实施中，如何在借贷融资、股权融资之间选择一个最优的资本结构的最常用的财务技术。这一技术用于分析不同的资本结构对每股收益的影响。ESP/EBIT分析是进行战略实施中融资决策的一种很有价值的工具，但采用这一技术时应当考虑如下几点：

（1）当每股收益水平越低时，股票融资的盈利水平可能越高，当公司的经营目标是利益最大化而不是股东财富最大化时，采用股票融资是最好的选择。

（2）ESP/EBIT分析时还要考虑一个灵活性的问题。当企业的资本结构发生变化时，其满足未来资金需求的灵活性也会发生变化。仅采用举债融资或仅采用股票融资可能会导致过于僵硬的责任和义务、限制性的契约关系，会严重削弱企业未来进一步融资的能力。

（3）在进行ESP/EBIT分析时，与股票价格、利率和债券价格相关的时机因素非常重要。在股票低落时，从成本和需求两方面看债务融资都是最有利的选择。然而，当利率高昂时，发行股票则更具吸引力。

10.6　战略实施中的研发问题

研究与开发（R&D）人员在战略实施中起到综合作用。他们通常被赋予实施战略而开发新产品和改进老产品的任务。研究与开发管理人员的任务包括引进复杂的技术、使生产工艺适合于本地生产以及使产品适合于特定的消费口味及要求。诸如产品开发、市场渗透、集中多元化等战略均要求成功开发新产品和明显改进老产品。目前全球的企业对研发的重视都不断提高，统计资料表明，美国公司研究开发费用为销售额的3.5%，日本公司为5.5%，德国公司为5.4%，加拿大为5.2%，瑞士公司为6.3%，瑞典公司为5.8%。一些高科技企业的研发费用高达销售额的10%以上。管理层还往往抱怨，对研究开发的支持受到可利用资源的制约。人们容易忽略的一件事情是，可利用资源是一个相对的概念，尤其是对于研究开发这样一种以大脑智力为主的活动，资金的实力是一个方面，企业人力资源的组织和管理能力是不容忽略的问题。

从外部得到研究开发力量还是建立企业自己的研究开发力量，这是一个较难决策的问题，在这一问题上，可以借助以下决策准则：

（1）如果技术进步速度较慢，市场增长速度适中，而且对新的市场进入者存在明显的障碍，那么在企业内进行研究开发是可取的。原因在于成功的研究开发将导致一时的产品或工艺垄断，公司可以利用这一机会。

（2）如果技术变化迅速而市场发展缓慢，那么大力进行研究开发可能会具有很大风险。因为这样最终可能会开发出过时和没有市场的技术。

（3）如果技术变化缓慢但市场增长迅速，那么企业可能没有足够的时间进行内部开发。可行的办法是以专有或非专有的形式从外部公司得到研究开发的能力。

（4）如果技术与市场均发展得很快，那么应当通过收购该产业一家优良公司而得到研究开发能力。

研究与开发战略主要有3种。第一种战略是做营销新技术产品。这是一种既令人兴奋，又十分危险的战略。3M、宝丽来、通用电气公司等都曾成功地实施了这种战略，但有不少采用这种战略的企业已经落伍甚至被淘汰了。

第二种战略是创新性地模仿成功产品，这样可以将风险和初期费用降至最低。日本公司是采取这种类型的典型战略。

第三种战略是大规模地生产与新产品性能类似，但更为便宜的产品，从而降低成本。我国的VCD、DVD厂家就是这种战略的执行者。

采取什么样的研发战略，是由企业的实力、传统及其具有优势的细分市场的特征来共同决定的，其最根本的原则就是扬长避短，发挥自己的长处，回避自己的不足，尤其要考虑如何增大风险的承受能力等。

10.7 战略实施中的资源配置问题

任何一个企业，其能够利用的资源都是有限的，而这正是经济学和管理学的价值所在。如何对有限的资源进行优化配置，是战略实施中一个不可忽视的问题。

资源配置无非是对人、财、物、技术等在企业内部进行分配，由于部门本位主义的存在，对资源的配置，人们习惯于用重要性来进行判断，人们往往说，营销部门更重要、研发部门更重要，等等。这种思维方式不单于事无补，而且还会在部门间引发矛盾。也有一些争论是从需要出发的，但“需要”这个标准并不确切，在这一问题上的争论往往也会由于缺乏共同的价值标准而没有结论。

要形成一个较为一致的资源配置方案，应从资源投入的边际产出来分析，这个边际产出也应是从整体的角度来考虑，测算每一单位的投入对企业整体战略会产生什么样的影响，然后根据边际产出最大化来进行决策。

本章小结

战略的成功实施依赖于企业各职能间的有机整合。战略意图、战略基础与战略风险对企业的组织结构以及生产经营等各个职能都提出了具体的要求。建立不同职能与战略的关系，是一个个性化极强的问题，需要从具体的战略意图、战略基础和战略风险入手，结合企业的具体情况，本着实现企业战略意图，建立企业战略核心条件和防范战略风险的思想，构造相应的组织结构，规划和运作企业内部的各个专业职能。

本章讨论了战略组织设计的几个主要的组成部分、组织设计和调整如何结合企业的战略意图来进行规划，组织设计的各个环节是如何与战略进行联系的，等等。

工作分析形成的工作需求，是进行职能分布的重要基础。职能分布首先考虑哪些职能可以外包，哪些职能在企业内部完成；然后按专业化分工原则、统一指挥原则、名实相符原则、完备性原则、合理跨度原则等，把各个职能完整地、独立地分配到不同的部门中去。

结构设计是组织的重要显性特征，不同的结构各有利弊，而不同的战略环境对这些要素的要求是不尽相同的，应本着权衡利弊的思想，选择一个与企业战略相匹配的组织结构。

为更好地实施企业战略，除了结构的匹配外，还需对企业的工作标准与工作规范、沟通与协调规则、绩效考核与激励模式、企业文化体系等软件方面进行系统的规划与构建。

本章还就人力资源管理规划、生产及管理规划、营销规划、财务规划、研发规划等职能与企业战略相匹配的问题提出框架性的考虑因素。

关键术语

组织结构　　文化模式　　营销整合　　资源配置

复习思考题

1. 与战略的制定相比，战略实施在思维方式上有什么不同？
2. 结构随战略而动在操作过程中应该考虑什么问题？

3. 组织文化是从哪些方面降低管理成本的？
4. 在促进良好组织文化的形成方面，我们需要考虑哪几个方面的问题？
5. 绩效考核体系的设立应考虑哪些基本原则？
6. 组织结构再造除了考虑战略的需要外，尤其要注意哪几个方面的问题？
7. 从哪几个方面判断人力资源需求与战略实施的联系？
8. 成本控制在战略实施中处于一个什么样的地位？
9. 传统行业中企业的研发活动应该朝哪一个方向发展？
10. 研发战略的选择应遵循什么样的原则？
11. 如何通过战略意图对各个职能进行整合？
12. 资源进行配置时应采取什么样的原则？

参考文献

[1] M. Loeb. Where Leaders Come From. Fortune. September 19, 1994: 241-242.

[2] M. F. R. Kets de Vries. Life and Death in the Executive Fast Lane. John & Wiley Sons., 1995.

[3] R. J. Kramer. Organizing For Global Competitiveness. Strategic Management Journal, 1999.

[4] 常卫．虚拟组织：提升企业核心竞争力的新载体[J]．人民论坛，2004(5)．

[5] 朱名宏．人力资源与知识经济增长[J]．四川师范学院学报，2003．

[6] 黄勋敬．E时代的人力资源管理战略革命[J]．中企联合网，2003(5)．

[7] 刘秀琴．浅议组织文化在管理中的作用[J]．科技情报开发与经济，2003(3)．

[8] S. A. Snell, M. A. Youndt. Testing A Contingency Model Of Executive Controls. Journal of Management, 1995.

[9] T. Kono. A Strong Head Office Makes A Strong Company. Long Range Planning, 1999(32): 225-246.

[10] 凯瑟林·米勒．组织传播[M]．袁军，译．北京：华夏出版社，2000．

[11] 迈克尔 A 希特，等．战略管理[M]．吕巍，等译．北京：机械工业出版社，2009．

[12] 王吉鹏．价值观的力量[M]．中国管理传播网，2003．

[13] 陈继祥，黄丹，等．战略管理[M]．上海：格致出版社，上海人民出版社，2008．

第11章 企业的战略控制

学习目标

1. 了解企业战略控制及其基本步骤。
2. 了解企业战略控制的特性，把握影响战略控制的因素和趋势。
3. 洞悉企业战略控制的动态过程。
4. 说明企业战略控制与信息流动、组织和环境的相互关系。

开篇案例 双汇春都：两种战略控制，两种发展结果

我国两大肉类加工企业双汇集团和春都集团在市场竞争中因管理不同呈现出不同景观：双汇集团去年实现利税5.02亿元，比上年增长69.5%，步入快速发展轨道；春都集团去年亏损6 982万元，连续两年出现巨额亏损，企业陷入困境。

同是国务院确定的全国520家重点企业，同是中国名牌，同是地处中原的肉类加工企业，双汇的迅速崛起和春都的严重滑坡引起社会各界的广泛关注。

双汇集团和春都集团的前身分别是漯河肉联厂和洛阳肉联厂，都是始建于1958年，又都是1984年由省下放到地方管理。不同的是，1984年漯河肉联厂的资产总额是468万元，企业累计亏损534万元，而洛阳肉联厂当时的资产总额是2 000万元，当年实现利税200万元。1986年，中国第一根火腿肠在洛阳肉联厂诞生，而漯河肉联厂生产出第一根火腿肠已经是6年之后的1992年。1993年，春都集团工业总产值、利税分别达到11.599亿元、1.082亿元，而双汇集团仅为8.57亿元和7 045万元。从各方面讲都处于劣势的双汇集团，为什么在短短几年内成了行业的排头兵，而春都集团却在市场竞争中败下阵来？

原因就在于两者对集团战略的控制有所不同。同是扩张战略，双汇集团将决策紧紧控制在围绕肉类加工主业上扩大项目规模，使企业迅速形成了以肉类加工为主，养殖、屠宰、包装、彩印等紧密联系的产业群体，1998年集团实现利税2.95亿元，去年又突破了5亿元大关。而春都集团在扩张战略中盲目贪大求快，许多决策并没有得到合理地控制，不仅收购和兼并了洛阳市旋宫大厦、平顶山肉联厂、重庆万州区食品公司等10多家扭亏无望的企业，使春都背上了沉重的包袱，而且在条件不成熟的情况下，还投巨资上了茶饮料等十来个大型项目。由于缺乏流动资金，这些项目大都无法启动。

企业战略的控制很大程度上依赖于对资金的管理。在这方面，双汇集团对项目精心运作，

最大限度压缩银行存款，减少库存，实行产品销售一律现款现货制度，对原料采购实行生产试用合格后付款制度。双汇集团靠严格的资金管理取得了良好的经营业绩，投资回报率高达35%～70%。而春都集团的12亿元贷款中，有6.6亿元被项目占用，2.3亿元用于购买或兼并亏损企业，2亿元是长期外欠货款，也就是说有10.9亿元资金退出了市场，用于生产经营的不足1/10。

春都集团在战略控制的其他方面，如成本管理、人事管理、营销管理、质量管理、基础管理等，与双汇集团的差距更大。在营销管理上，双汇集团提出了"踏遍千山万水、历尽千辛万苦、走进千家万户、说尽千言万语"的找市场营销策略，而春都集团则"在全国不设一兵一卒"。在基础管理上，双汇集团建立健全了财务部垂直管理、审计部日常监督的财务管理体制，使财务管理走上了规范化、制度化、法制化轨道，而春都集团财务上报数据虚假，该集团债转股情况汇报上显示1998年集团实现利润——4 994万元，而上报省贸易厅的数字是实现利润2 055万元。

春都与双汇两个集团的背景可以说相似性非常大，而且不约而同地选择了扩张性战略，不同的是对于战略的控制相差甚远，造成了两种天壤之别的发展结果。

资料来源：摘自http://www.longjk.com/a-a-shuanghui.htm.

在20世纪岁末，人们展望未来的时候，估计没有多少人相信，春都的今天会如此惨淡。当年全国各地的进货车在生产线外排成长龙的镜头还历历在目，可是企业上市时的欢腾与喧闹早已被连续亏损即将退市的威胁与恐惧所取代。2004年春，当"ST春都高管潜逃"从股市传闻变成了不争的事实后，人们开始再次怀疑"扩张战略"是否等于"扩张陷阱"。但是，与此同时，双汇比任何一个坚持扩张战略的企业都更有力地回击了这一论调。两者有相似的背景，同样都在扩张，双汇却从更低的起点登上了更高的山峰。这不是什么"悲剧"与"奇迹"共生的偶然现象，这是某种"忽略"与"坚持"对抗的必然结果。被春都"忽略"而在双汇得到"坚持"的，正是对企业战略的控制。

11.1　企业战略控制及其动态过程

企业战略控制就是把企业战略执行过程中所产生的实际效果与预定的目标和评价标准进行比较，评价工作业绩，发现偏差，采取措施，以达到预期的战略目标，实现战略规划。它是战略实施中保证战略实现的一个重要阶段。战略控制是一个活动过程，由制定评价标准、评价工作业绩和反馈这三个基本要素构成。

那么，企业为什么要进行战略控制呢？这要从战略的一些基本特性谈起。

11.1.1　企业战略的相对性

也许现在你的手中已经有了一份企业战略的蓝图，并且认真地对该战略的实施做出了部署，可是你并不知道在它向前推进的过程中会发生什么样的事件，以致使企业的发展偏离了你的战略轨迹；你也不知道你的扩张脚步是否超出了原先预计的接受能力……所以，不要急着去判断或者向人证明你的战略有多么优秀，因为战略本身的好与差只是相对的，从制定到实施过程中的全程动态控制会对结果产生巨大影响。

有效的战略通常应该包含三个要素：①要达到的最重要的目标（或目的）；②具有指导或限制行动的最重要的政策；③在规定范围内完成既定目标的重要行动顺序（或计划）。因此，战略所确定的只是企业的总方向和行动焦点，其控制过程通常包括如下要点：

（1）分析自己的内部情况：优势、弱点、能力、存在的问题。

（2）规划现有的产品系列今后的利润、销售量、资金需求等。

（3）分析所选择的外部环境和竞争对手的行动，以便确定良机和威胁。

（4）以公司的战略目标作为下属部门制定子战略时的指标。

（5）摸清可望产生的结果与希望产生的结果之间的差距。

（6）向下级传达有关战略的假设、目标和政策。

（7）要求下级提出子战略，其中应包含具备更明确指标的目标、资源需求和辅助行动方案。

（8）要求对备选方案、应急计划和较长期的机会做专门研究。

（9）审查和批准各部门的子战略，并将这些子战略综合起来，以满足公司需要。

（10）制定与战略有关的长期预算。

（11）安排战略的执行。

（12）对照战略进行预算检查，评审行动效果。

图11-1显示了在任何一级管理部门中这些步骤是如何相互联系的。图中的环形说明每一阶段都是一个持续反复过程的一个部分。

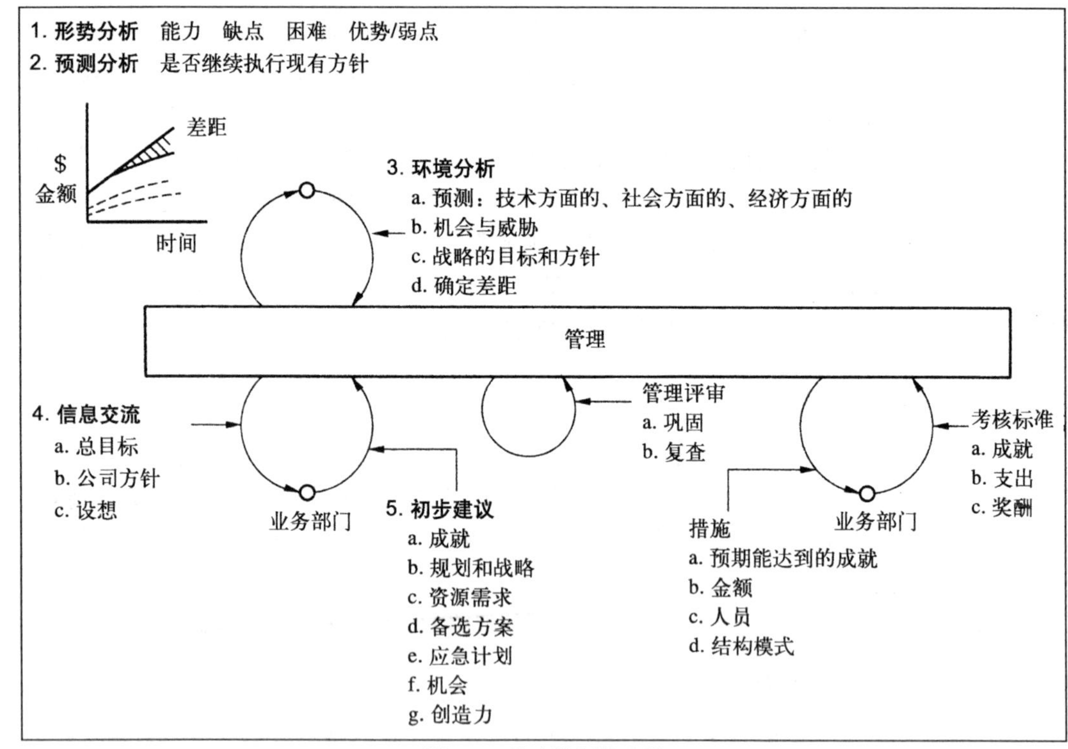

图11-1　战略控制的步骤

但如果以为严格地遵循这些步骤就能周密细致地控制企业战略就大错而特错了。企业战略不仅要处理不确定因素，还要处理不可预知因素。在制定大的企业战略时，没有哪一位分析家能精确地预计出所有有关因素将如何相互作用，将如何受环境或人们感情的影响，或受聪明对手想象力和有意识的对抗活动的影响。因此，任何战略都只具有相对的适应性。

即使是作为“哈佛商学院教学案例”出现的经典企业战略，也不可能照搬到身边的企业中，更别提屡试不爽了。在企业战略的相对适应性面前，制定与实施战略过程中可能犯

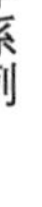

的最严重的错误之一就是过早冻结战略。战略管理的整个控制过程都要随着新发明、技术创新和变化的出现而调整。当夏新电子（原厦新电子）正在为进军彩电业的时机错误而对长虹为首的降价厂商抱怨不已时，大陆手机市场的悄然升温让夏新一下子看到了企业扭亏的希望。如果1999年的夏新冻结其传统家电领域的发展战略，而错过发展手机事业的机会，恐怕也不可能在2002年仅凭“夏新A8”一款手机就实现企业的扭亏。企业都希望能采用现有的最先进技术并满足顾客的最新要求，因此必须在这个过程中尽快地从市场和技术领域收集反馈信息，做出决策。假如过早地确定项目评审技术图表或其他详细的图样设计，就意味着在研制过程中不会有新知识涌现，不会有发明创造，也不会有任何新的设计思想值得考虑了；而错过这样的机会，企业的发展可能就将滞后，甚至深陷泥潭。

成功的企业把一系列为期数年的战略形成过程与决策联系在一起，并使它们统一起来。起初，经理们实际上无法预见到所有对公司的未来起作用的事件和力量。他们所能做的是预计可能对公司有重大影响的因素以及它们可能影响的范围。然后，它们往往试图建立一种资源基础以及一种公司姿态。这种资源基础和公司姿态在选中的领域里是如此强劲有力，以至可以使企业在除特大灾难性事件以外的任何情况下都能生存和发展。

成功的战略家们经常不断地对未来做出重新估计，随着事态的发展去寻求新的协调，并随着各种因素的相互影响而想到一种更好的但永远不可能是尽善尽美的组合，将企业的技能与资源结合在一起，形成一种支配资源和避免风险之间的新的平衡。这个过程是不断运动的，既没有真正的开始，也没有真正的结束。

11.1.2 企业战略的风险性

正是因为企业战略有上述相对性，所以任何一个战略从制定到实施都隐含着一定风险。企业战略是规范和指导企业整体行为的总纲。战略风险就是指企业战略与实际状况相脱节，从而导致企业发展方向出现偏误的风险。那么，企业战略制定及其实施过程中都存在哪些风险呢？

11.1.2.1 战略定位风险

战略风险的产生和战略定位有着直接的联系，定位不当或者定位失误都会埋下战略风险的隐患。现实中这样的例子并不少见，例如，电脑业界的霸主IBM公司就曾遭遇过战略定位不当的风险。早在个人电脑初露端倪之时，由于IBM的高层决策者对个人计算机的前景判断失误，仍然将公司战略定位于工业用大型机之上。这一错招致使IBM坐失获利良机，在个人计算机市场上一度落后于后起之秀苹果电脑公司。

一般而言，战略定位的方式主要有以下四种：

（1）竞争导向。竞争导向的战略定位，其目标主要是力图建立企业的竞争地位。在市场竞争中，随着竞争实力发生变化或者新竞争者的出现，竞争结构就会随之改变，因而按照原来的竞争目标确立的企业战略也就自然会丧失其有效性。要控制竞争战略的风险，关键是要不断追踪竞争对手的变化状况，准确把握竞争对手与自身实力的对比，从而找出进攻和努力的方向，提高自身的竞争优势。

（2）市场导向。市场导向的实质是需求导向，即按市场需求确定企业的战略目标。显然，对市场需求判断失误是引发此类战略风险的主要原因。按需求来实施战略定位，尤其应注意需求信息的时效性和真实性。由于消费者的需求偏好经常发生波动，因此，对市场

需求的把握应及时准确，以免在战略定位过程中出现误导。此外，超前发掘潜在的市场需求也是提高市场导向战略定位有效性的重要手段。在这种定位方式中，重点是要突出产品的适销性，以扩大企业的市场占有率。

（3）成本导向。通过规模化降低成本，进而促进产品的销售，这也是企业常用的战略定位方法。成本导向要求企业具备规模化生产的能力和条件，并将资源集中用于降低成本，贯穿于整个战略之中的目标就是要使成本低于竞争对手。由于此种战略定位方式过分强调产品成本的减小，在企业资源有限的条件下，产品其他方面的功能便难以顾及，因而它在建立价格优势的同时，往往容易在质量、性能及服务等方面对企业战略构成威胁。

（4）创新导向。在战略定位中贯彻创新意识，有利于建立起企业在行业中的竞争优势地位。这是一种风险最大但同时收益也最可观的战略定位方式。青岛海尔集团奉行的就是创新导向的战略定位，通过在冰箱领域的一系列创新，“海尔”产品始终领先于竞争对手，从而赢得了持久的竞争优势，经营业绩也不断攀升。无疑，以创新为战略定位目标，要求企业应具有雄厚的创新实力和勇于开拓的进取精神，否则就无法保证创新战略的实施和成功。

无论采用以上四种战略定位方式中哪一种，已定位的战略都不可避免地要在实施过程中经受现实的检验。一旦定位错误，必须及时更换战略。

11.1.2.2 经营风险

经营风险来自于公司运作的每个内部环节以及公司所依赖的外部环境。图11-2列出了公司经营风险的主要构成。

1. 外部环境风险

由图11-2可以看出，作为企业经营风险的一部分，外部环境风险又可细分为：

- **市场竞争风险** 即行业内现有企业间的竞争、潜在的参加竞争者、替代品生产者的威胁、供应商讨价还价的能力以及购买者讨价还价的能力。这五种力量对比带来的风险请参见第2.2.1节及图2-2。
- **环境与消费者** 从某种意义上来说，环境与消费者需求的变化是决定企业战略是否需要调整的前提。许多企业的成长及其在成长过程中的战略转换，都是沿着消费者需求层次的升级而递进的。

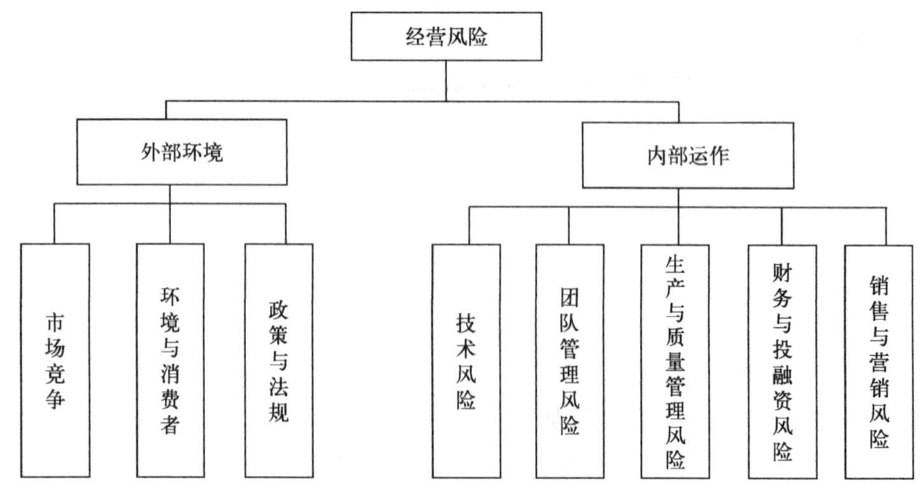

图11-2 企业经营风险构成

- **政策与法规**　国家或当地政府对宏观经济的判断与规划，以及在此基础上所制定的相关政策与法规，左右了企业战略发展的方向。例如，国家认为当前经济过热，于是通过对部分行业投资的限制，如水泥，希望达到控制经济增长速度，减少通货膨胀压力的目的。这对于沿着扩张战略发展的企业来说，必然是当头一棒。至少较长的一段时间内，企业增加生产线的可能性减小了许多。

2. 内部运作风险

企业的内部运作风险可细分为：

- **技术风险**　公司面临的技术风险可以分为四类：①新的革新性的技术出现使得公司的产品丧失技术优势，在产品性能、产品价格的任何一个方面，甚至两个方面都被抛在后面。②无法通过专利法的保护设立技术壁垒。③并无新的革新性技术出现，但公司的技术壁垒被突破。④替代产品通过技术革新和降价等方法对公司的产品产生巨大冲击。规避这类风险最好的办法就是迅速申请专利，并在一年的优先权享受期内在产品主要市场的国家同步申请。
- **团队管理风险**　任何伟大的战略都需要有能够理解它并付诸实施的人员来实现，因此公司优秀的管理人员和核心员工一旦辞职、跳槽，或者干脆就是被竞争对手挖了墙角，都必将影响到企业整个战略的实施，因此如何留住和激励核心员工是规避此类风险的基础。值得注意的是，针对这类核心员工的激励措施不能仅仅局限于薪资的增加，而应该考虑员工不同时期心理的实际需求，通过奖励旅游、培训机会等方式起到激励的目的。
- **生产与质量管理风险**　生产经验不足可能带来产品质量的不稳定，外包加工可能导致生产延迟和难以有效进行质量控制，大规模生产可能带来产品性能指标的下降等。为此，公司必须完善质量指标体系，通过标准化质检要求和全过程质量管理来规避风险。
- **财务与投融资风险**　在公司初创和发展阶段，重点控制融资和资金管理风险；在公司成熟阶段，重点控制投资风险。
- **销售与营销风险**　销售与营销风险包括市场萎缩，产能与订单不匹配，售后服务滞后，赊销造成资金周转不便，营销成本过高，渠道配合不力等风险。相信您还记得“爱多”、“秦池”这些曾经风靡一时的名字，他们都是死在央视广告标王名下的冤魂。如果说第一次竞得标王的轰动效应的确能够带给这些企业市场知名度的提升和市场份额的扩张，那么，花费上亿元来保住标王的身份似乎注定它们要走向灭亡。如果这个时候渠道商再联手议价，对它们来说真是名副其实的雪上加霜了。

事实上，任何风险都不是毫无端倪的天外来客，通过探讨风险的构成和成因，可以帮助我们提前发现风险的兆头，及时做出反应，尽量减小造成损失或者扩大损失的可能性。其实，风险与控制就像一对孪生兄弟，有了风险才会想到控制，而良好的战略控制又是控制风险的最佳良方。

综合以上两种企业战略特征，我们就不难理解战略控制的重要性和必要性了。企业通过对战略实施过程的全面控制，不但可以尽量避免可能的风险，而且还能及时发现原有战略的不足并加以补充和调整。

11.1.3　影响战略控制的因素和趋势

在这样一个不断变化的动态控制过程中，是什么使那些制定和实施战略的人心神不定？哪些因素可能改变了企业战略的真正轨迹呢？全程战略控制必须同时考虑现有的定量分析因素、信息上的缺陷因素、不确定因素、不可知因素以及人类心理等因素。在这些因素中有一些是某些企业内部的特点，正是这些特点才使同一行业里的各个公司产生差异。另一些因素由于受到行业性质和环境的制约，则使一个行业中的企业在战略上较为近似。

无论何种行业，尽管各种因素的影响力度不同，但影响战略控制的因素可分为三类：需求和市场、资源和能力、组织和文化。这三类因素在现代企业中呈现如下趋势：

（1）更加重视质量、价值和顾客满意。不同的需求驱动因素（如便利、地位、风格、属性、服务等）在不同的时间和地点扮演了不同的角色。现在的顾客在做出购买决策时更加重视质量和价值。中国的消费者在痛恨过去侵华日军罪行的同时，也无法抗拒今天索尼电子产品带来的高品质视听享受。类似的卓有成效的公司致力于提高质量，同时降低成本。它们的指导思想是持续不断地用更少的成本提供更多的产品和服务。

（2）更加重视关系建设和竞争导向。现代企业关注于培养顾客忠诚度，从交易过程转向关系建设，与企业的关联者保持和谐融洽的状态。在欧莱雅面向新顾客的美容讲座中，有许多讲师就是普通的消费者，他们作为老顾客的亲身经历成为吸引新顾客的最好教材，同时他们也成为欧莱雅最忠诚的顾客。

（3）更加重视业务流程管理和整合业务功能。现代企业从管理一系列各自为政的部门转向一系列基本的业务流程，企业组成跨部门的工作团队管理这些基本流程。

（4）更加重视全球导向和区域规划。现代企业的边界日益扩张，无国界经营成为发展潮流。当企业进入国外市场时，必须转变传统风气去适应当地的影响力量。企业必须从全球化角度进行战略思考，但战略的计划和实施却必须区域化、当地化。韩国三星电子成为2003年全球增长最快的企业之一，其在全球范围内赶超索尼的战略在中国大陆做到了充分的当地化。这得益于三星电子对中国大陆文化和消费者习惯的充分了解，于是我们见到了带有农历日期的三星手机。这种配合与全球战略的当地化特点不但使得三星手机在中国大陆的市场占有率一路上扬，更使三星电子真正成为能够跻身世界一流的品牌。

（5）更加重视战略联盟和网络组织。在全球化面前，企业会意识到无论它们多么强大，也正在失去保证成功的某些资源和能力。考虑到完整的价值链，它们认识到了和其他组织进行合作的必要性和重要性。企业高层管理人员把越来越多的时间用于设计战略联盟和网络组织，以此形成竞争优势。宝钢集团虽然已经成为中国汽车用钢板的龙头企业，也是中国高端钢材市场占有率第一的企业，但它从来没有停止过对未来发展战略联盟的构建。2003年，宝钢与巴西最大的铁矿石出口企业结成战略联盟，2004年年初又与中远航运结成战略联盟，这样，宝钢就可以保证高质量进口铁矿石的供应和远洋运输的通畅。如此稳固的战略联盟网络框架充分服务于宝钢的战略发展需求，不能不说是宝钢战略控制过程中高明的招数。

（6）更加重视权势架构及其影响。任何组织都存在利用权势实现个人或集团利益的现象，在许多时候，企业的战略决策就是由权势决定的。现代企业面临的复杂环境决定了人们在目标、价值观、利害关系、职责和认识上的分歧，同时彼此对对方有控制权，在某种程度上要依赖对方。

显然，这些因素及其发展趋势会对战略控制过程产生深远的影响。

11.1.4 企业战略控制过程的特征

企业战略的相对性使得战略控制是一个动态的过程。

11.1.4.1 渐进性

通用汽车公司的一名经理在谈到缩小车身决策时说："当我还比较年轻的时候，我总是想象有那么一个房间，人们在那里制定适用于全公司的战略。可是后来我怎么也找不到这样的房间……公司的战略甚至可能并不存在于某一个人的头脑中。我确实不知道它是在哪里写下来的。它仅仅是通过一系列决策传达下来的。"

一般来讲，总体战略是逐步演变而成的，并在很大程度上是凭直觉得到的。虽然人们可以经常在平时的点滴想法中发现一些十分精练的正规战略分析内容，但真正的战略却是在公司内部的一系列决策和一系列外部事件中逐步得到发展，使最高管理班子中的主要成员们有了对行动的新的共同的看法之后，才逐渐形成。在管理得法的企业中，管理人员积极有效地把这一系列行动和事件逐步概括成思想中的战略目标。

管理部门基本上无法控制的一些外部或内部事件，常常会影响公司未来战略姿态的决策。从1973～1974年的石油危机迫使通用汽车公司做出的决策中，从突然发生的国有化措施迫使埃克森石油公司改变其姿态的做法中，从静电复印术和浮法玻璃技术的意外发明使施乐公司和皮尔金顿兄弟有限公司得到了惊人的发展机会中，都可以清楚地看到这种现象。就这个意义来说，突发事件是完全不可知的。再说，一旦这些事件发生了，公司也许就不可能有足够的时间、资源或信息来对所有可能的选择方案以及其后果进行充分的、正规的战略分析。

认识到这一点之后，高级经理们常有意识地用渐进的方法来进行战略控制。他们使早期的决策处于大体上形成和带有试验性的状态，可以在以后随时复审。在有些情况下，公司和外界都无法完全理解变通办法的全部意义。大家都希望对设想进行检验，并希望有机会获悉和适应其他人的反应。

通用汽车公司的最高管理当局在逐步明白石油危机与环境保护需求将影响其现有的各分部或经销网络机构的生存能力之后，才渐渐地重新安排了它的各种汽车系列。这些变化综合在一起，使通用汽车公司的汽车系列在平衡与布局上发生了重大变动。公司管理当局十分关心其战略对各部门的权力和发展程度可能产生的影响。然而当他们对某一具体战略因素做出决策时，实际上不可能确定一个具体时间。

为了改善战略控制过程，其逻辑要求而且实践也证明：通常最好是谨慎地、有意识地以渐进法加以处理，以便尽可能推迟做出决策，使其与新出现的和必要的信息相吻合。

11.1.4.2 交互性

现代企业面临的环境控制因素的多样性和互相依赖决定了企业必须与外界信息来源进行高度适应和相互交流，利用所获得信息的有力刺激因素。许多士气高昂的公司，如英特尔公司正是借助这种交互性在设计上压倒了大型电子公司，如美国无线电公司，甚至压倒庞大的、有计划的官僚机构，如美国原子能委员会。

20世纪60年代，通用汽车公司觉得关于成本与效益互偿的技术性讨论对那些"杀人的烟雾"或"通用汽车公司是世界上最大的污染者"这样的煽动性口号没有多大的制止作用。于是它公开反对早期人们要实施污染控制标准的企图，宣称这些"超出了技术现状"。可是它耗费巨资，冒着风险成功地研制出了催化变换器后，人们更把公司先前的担心说成公司在技术潜力方面进行“欺骗”或“撒谎”。正如一位经理人员所说的那样：“你干也不是，不干也不是。”

只有通过与管理人员、内部员工及公众利益团体进行长期相互合作之后，通用汽车公司才真正了解到它的对手的要求和压力潜势。于是，它学会在一个又一个地区与各主要利益集团进行友好交流。只有这样才能找到对付各方面的各种有效方式。

对企业战略来说，最起码的先决条件是要有一些明确的目标，以便确定主要行动的范围，在这一问题上做到统一指挥，留有足够的时限以使战略有效。要使公众形成对自己有利的观点和政治行动需要很长时间，而这需要积极地、源源不断地投入智力和资源。

战略控制要求保持高质量的工作效果、态度、服务和形象等有助于提高战略可靠性的因素。由于许多复杂因素的影响，企业必须进行适当的检验、反馈和动态发展，注重信息收集、分析、检验，以唤起人们的意识，扩大集体意见，形成联合和其他一些与权利和行为有关的行动。

11.1.4.3 系统性

有效的战略一般是从一系列制定战略的子系统中产生的。子系统指的是主要为实现某一重要战略目标而相互作用的一组活动或决策。每一子系统均有自己的、与其他子系统不相关的时间和信息要求，但它又在某些重要方面依赖于其他子系统。通常情况下，每一子系统涉及的人员班子各不相同，但这些不同的班子一般并不组成分立的单位以单独实现战略目标。相反，许多高级经理们经常是这类班子的兼职成员。他们每人都要制定出一个子系统的战略，并在制定的过程中，请不同的辅助小组参加。

子系统各自有组织地针对全公司性的某个具体问题（如产品系列的布局、技术革新、产品的多种经营、收购企业、出售企业、与政府及外界的联络、重大改组或国际化经营等)，其逻辑形式十分完善，作为规范的方法，是企业总战略的关键组成部分。不过每个战略子系统在时间要求和内部进度参数上却很少能配合同时进行的其他战略子系统的需要，而且各子系统都有它自己的认知性限度和过程的限度，因此必须采取有目的、有效率、有效果的管理技巧，把各子系统整合起来。

有意识地运用系统性的动态控制对以下三个重要方面通常是很有帮助的：

• 适应相互影响的每个主要决策所要求的各种各样的准备期和顺序安排。

• 克服必要的改革遇到的重要政治与信息障碍。

• 使个人与整个企业获悉、理解、接受并支持改革，培育出共同愿景。

由于主要子系统的进度千差万别，因此不管在什么时候，它们在明确问题、唤起注意、初步概念化、进行试验、产生集体意见和具体细节、确定措施和控制等方面各处于不同的阶段。因此，除了概括的原则之外，不可能一下子提出同时能顾及所有领域的企业整体战略。整体战略在细节上永远不可能真正地完整。即使所有的子系统偶尔在同一时刻安排停当，按照逻辑，战略几乎会立刻随着新数据、新情况对它的影响开始发生变化。实际上，认为应当先制定出详细的总体战略，然后再加以执行的想法甚至是很危险的。许许多多的例子表明，这种方法会产生一些相反的效果。

因此，能干的经理们非但不去寻找整体战略的最终特性，反而接受十分模糊的战略。他们做出必要的规定，并进行平衡工作以使主要子系统的行动不失去控制，并避免企业工作自相矛盾。他们设法把总体战略规定得足够详细，以鼓励人们朝正确的方向前进，避免混乱。但他们又总是有意识地避免将其规定得过于具体，因为这样会破坏利用新信息和新机会所需要的灵活性或相应支持。子系统和整体战略都保持了一定的笼统性，以适应和应付未来无数的可能变化。

11.1.5 企业战略控制的关键节点

企业战略控制虽然需要在战略实施的全过程同步开展，但是，不能将它理解为一项“摊大饼”式的工作。其实，战略控制成功与否取决于企业的管理人员是否能够把握好控制过程中的一些关键节点。

这里所说的关键节点主要指战略规划中预先设定的时间型节点、与战略目标相关的成果型节点和服务于战略组合的多个项目间资源的约束型节点。

11.1.5.1 时间型节点

时间型节点是最简单也最容易实现的一种规划性很强的控制节点。一般为一年、一个季度、一个月、一周甚至一天，节点的具体密度视战略类型和实施力度而定。有些情况下，时间型节点只是简化为中期审查而已，当然，这也不能说不可行，只是控制力较弱。时间型节点对于参与控制的执行人员来说也有便于统一认识的优点。但是，它也有自身的不利之处，比如，节点密度的确定主要是靠预测时的人为设定，不一定能够与战略实施的进程相匹配。因此，这类节点比较适合依靠总量型指标来进行控制的部门，例如定期（季度）总结销售部门、生产部门的总量指标，以此来控制整体战略的推进速度。

11.1.5.2 成果型节点

当一个企业的战略被分割成若干个子战略之后，战略控制也不得不针对每个子战略展开，此时，没有必要强迫每个子战略都齐头并进地实施。所以，只要关注每个子战略的完成情况，对其成果进行检查与控制，就可以实现对整体战略的把握。这种控制节点的方法比较适合各个部门或分公司负责某部分战略实施的情况，尤其是研发部门，因为战略规划者很难提前预测新技术和产品到底需要多长时间开发成功，所以成果型节点比时间型节点更贴切。

11.1.5.3 约束型节点

当某种战略部署下的多个部门共同完成几个工作项目的时候，会碰到几个项目同时争夺某些资源的情况，于是，考虑某些关键资源的分配和补给情况就成为实现控制的手段。例如，在扩张性战略下，公司同时考虑在外地设立不止一个分公司时，资金、人才都成了各个分公司争夺的资源，战略控制此时表现为合理的资源配置与规划，尤其是不能耽误各个项目自身的进程。这是提高战略实施效率，保证其成功非常关键的一种节点类型。

需要特别指出的是，企业的战略控制尽管是为了推进原定战略的顺利实施，但并不意味着必然要保证原有战略一定成功，因为当周围环境和企业发展阶段发生变化，原有的战略有可能被事实证明是不合时宜的，这就一定要毅然决然地更换成后备方案。可见，没有后备方案的控制无异于将自己置之死地而求后生的赌博，但问题在于置之死地未必一定能够带来重生，所以，对于置身于实际经营的企业来说，多手准备、有备无患是才是明智之举。但是，后备方案并不意味着一定是保守方案，它与原方案的区别在于市场环境等预期的前提条件不同，至于哪个保守，哪个激进，可能跟决策者的风险偏好有着直接的关系。

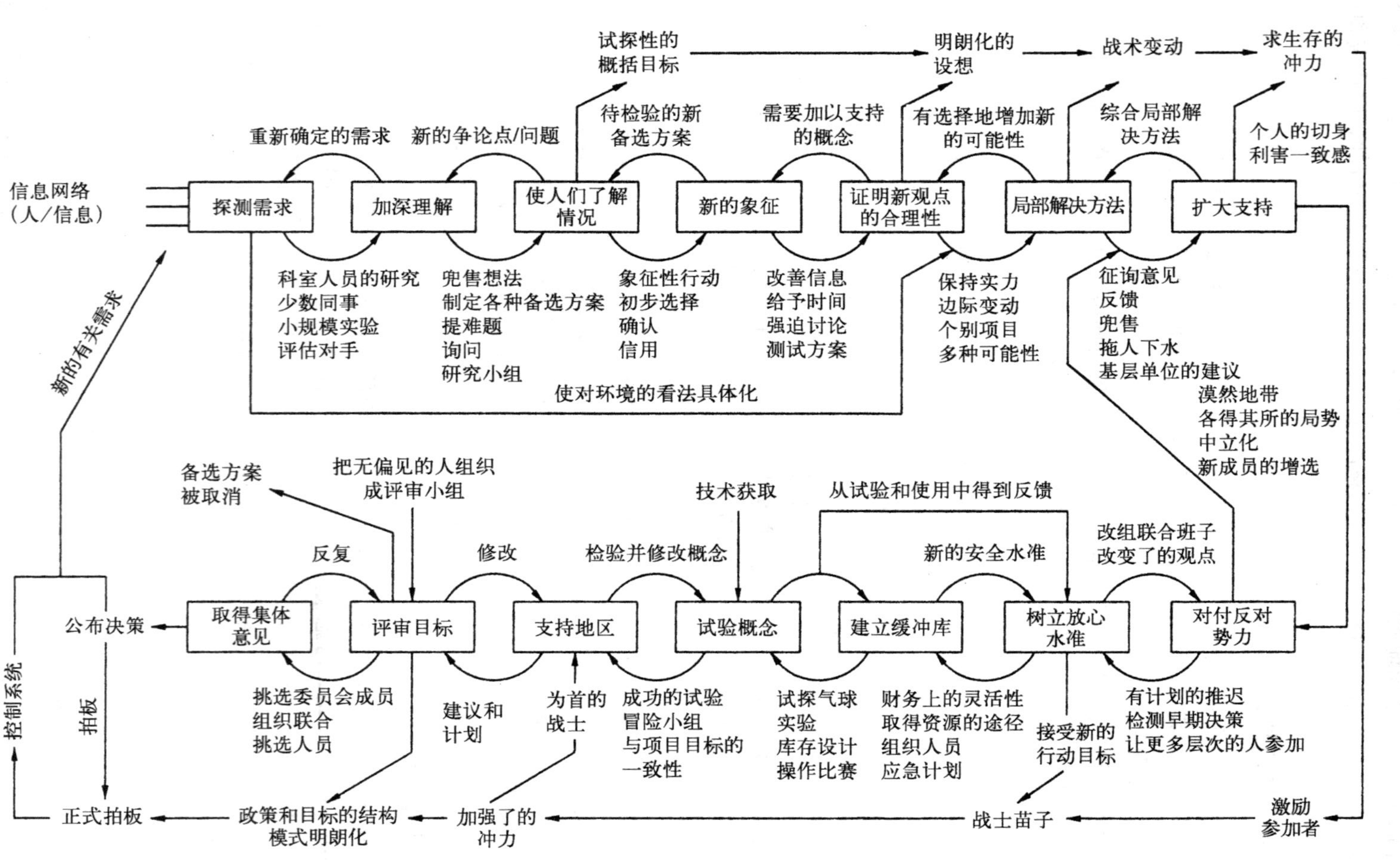

图11-3 战略推进与转移过程

11.2 企业战略的推进与转移

11.2.1 连续脉冲式的推进和转移

由于各企业的形式、管理风格和决策内容各不相同，没有一个范例能适用于所有的战略决策。但是复杂的战略决策的处理一般都包含图11-3所列出的主要步骤。

虽然战略过程中的各阶段——无论是制定子系统阶段还是企业的整体战略制定阶段——一般都按图11-3所示顺序进行，但各阶段却不是有顺序的，也不是孤立的，而且不是任何管理人员都能控制这一过程的所有阶段。即使管理人员确实积极有效地控制了个别步骤，但任何单一决策都可能随着意外问题出现而后退许多环节，回到该决策的开头几个阶段中。或者由于重大危机的突然出现，决策时间可能很紧，因此要求有意识地对企业战略进行推进和转移。

许多企业不需要从根本上改变现行战略，但是它们可能还没有充分发挥潜力。企业现已存在的事实就意味着它一定做对了许多事。但是“存在”和“业绩优异”之间有很大的区别，企业今天在这个位置，并不意味着五年后它还存在。

原始战略的有效性并不在于它是否能被原封不动地运用到底，而在于它能否成功地适应不可知的现实，自行调整，并在最后能有效地运用资源达到既定的目标。随着时间的推移，信息传递得到了改进，领导经验有所丰富，最后经过协调的战略质量实际上也应该比原始的高。不妨来看看青岛海尔的例子吧。海尔一直遵循多元化扩张战略，从白色家电到个人电脑，从手机到高清晰电视机，海尔的产品线不断扩展。然而，从2000年开始，海尔的一部分管理人员开始怀疑这种类似通用电气的发展战略是否真的有效，虽然企业的规模和品牌效应都在多元化的扩展中升级，但从渠道中反映出来的现象却非常不妙。由于海尔在多元化发展过程中一直都是各个子公司分别销售各自的产品，结果造成在同一家商场同时出现8个海尔不同产品销售代表的状况，不但使海尔与渠道商的沟通非常混乱，更使得海尔浪费了大量的资金和人力进行渠道的重复建设。经过集团内部激烈的讨论，海尔终于在2002年做出决定：坚持多元化发展战略不变，但调整集团的组织结构，在各子公司之上组建营销事业部，全面整合所有产品渠道。简而言之，以后一家商场只需要跟一名海尔的销售代表打交道就可以解决所有海尔产品的交易往来了。这一决策没有打乱原有的战略计划，但是通过对组织结构的改造，完成对渠道的整合，实现了卓有成效的战略控制。

战略制定的总过程绝不可能是线性的。将所有子系统综合起来的过程是一个不断摸索、循环的过程，它常常转回原处，遇到干扰和延宕，而且很难在任何时候都成为明确的决策。战略在其最终的发展阶段包含着一系列相互联系的（在各子系统中的）局部决策，这些决策与所有子系统内的其他局部决策以及总的现有资源基础相互起作用。菲弗诺把这种过程恰如其分地描绘为“生物化学中的发酵过程，而不是工业中的装配线”。

11.2.2 影响战略推进和转移的力量场

图11-4概括了影响战略推进和转移的力量。行业结构、竞争位置、内部资源、组织和文化等共同作用，使企业要想成为业绩优异者，就必须对企业现存真实状况进行彻底检查，并努力从现在所在的位置移动到未来希望所在的位置。

图11-5描绘了被称为“力量场分析”的技巧。当前的状况被描述成一条线的形式，它受

到推动力和抵抗力的双重作用。有些事情帮助到达企业的共同愿景（推动力），它受到阻止企业向正确方向移动的力量（抵抗力）的限制。现在如果推动力比抵抗力强，就向正确的方向移动。如果不是，则意味着到达愿景所需的转变力量相当大，必须重新审视这一愿景（见图11-5）。

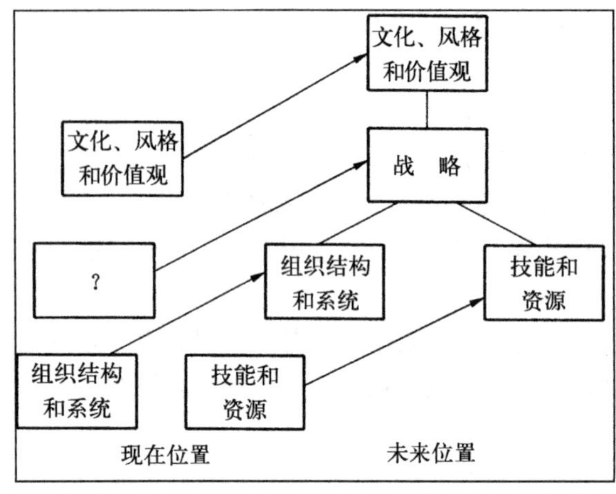

图11-4　影响战略推进和转移的因素

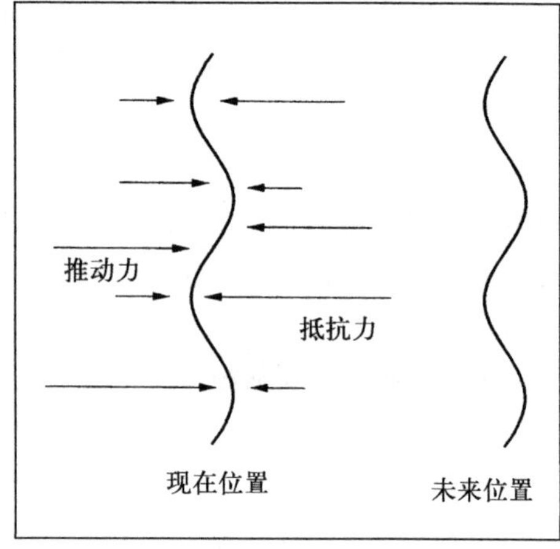

图11-5　力量场分析

企业战略推进和转移的推动力来自于企业的自我修炼，因为：

- 企业有自我超越的要求，对企业现状不满会产生创造性张力，推动企业追求更高目标，从而推进战略进展。
- 企业必须不断地调整自身的心智模式，以更好地体察环境的变化，并做出迅即响应。
- 企业通过个人和他人的选择、奉献和遵从，培育出目标的共同感和伙伴关系，形成企业的共同愿景，这正是企业战略推进与转移的源动力。
- 企业通过反思与探询，尝试着在虚拟世界中操练战略，通过团队学习更好地进行推进和转移。
- 企业运用系统思考方法，把整体战略和一系列子战略有机结合起来，使战略的推进和转移呈现脉冲式的动态特征。

另一方面，战略的推进和转移也会受到有意和无意的抵抗。这些力量如表11-1及表11-2所示。

表11-1　影响战略推进和转移的惯性力量

	来　源	结　果
管理部门的偏好	受制于已有的战略和组织结构	对推进和转移的必要性和可接受的推进和转移性质没有明确的认识
管理风格	1. 受制于已有的网络 2. 已建立的关系方面的成果	1. 抵制、扭曲一些有利战略推进和转移的信息 2. 对推进和转移犹豫不决以及推进和转移的动力消失
企业文化	1. 迷恋于已有的价值观和信息 2. 重视现有的任务和关系	1. 忽视正在变化的环境形势 2. 抵制、扭曲一些有利于战略推进和转移的信息 3. 避免或扭曲推进和转移最初的动力

表11-2　有意识地阻碍推进和转移的力量来源和结果

来　源	结　果
反对评价推进和转移的必要性及性质	用游说的方法阻止最初的推进和转移
对推进和转移的低承受能力	制造推迟推进和转移的理由，或转变推进和转移的方向
个人利益或集团利益	攻击推进和转移的行动者

因此，企业战略推进和转移过程中可以使用以下三种方法进行加速：加强现有的推动力；减弱现有的抵抗力；增加新推动力。

11.2.3　对战略推进和转移的控制

在推进和转移任何战略时都必须采取以下步骤。

（1）清楚地确定管理者要承担的一个或几个加强推动力或削弱抵抗力的行动。

（2）给管理者一些资源和支持以完成这些行动。

（3）设置最后期限，监督情况变化，必要时采取一些纠正性的行动。

对战略推进和转移的控制必须遵循如下要点。

（1）必须有一个清晰的愿景来稳固基础，这是关于企业向哪里前进的愿景，否则将冒险进行一个零散的、独立的、没有关联的行动，没有人真正理解为什么要改变这些事。

（2）不可能推进太多的战线，否则将分散管理资源。最好的行动是“先消灭容易消灭的敌人”，这样做将会使事情朝好的方向移动。诚如古话所说，“千里之行，始于足下”。

（3）把所采取行动的责任清楚地指派给个人，要确保人们知道他们负有完成整个战略某一特定部分的责任。

（4）必须有实质性的、可见的管理行动为后盾，不能低估象征性事件和变化的力量。

（5）使人们了解如何投入到改变的工作中去。人们越感到他们已经在决定怎样到达企业应该去的地方时起了作用，就会更乐意承诺去完成这种转变。

（6）确保检测和控制系统支持新战略。比如，在追求顾客满意战略时，就必须不仅弄清顾客真正看重的价值是什么，而且还要弄清将怎样衡量并奖赏他们满足需求方面的业绩。

毫无疑问，战略的推进和转移是富有挑战性的和有困难的工作。但有时战略的推进和转移不是通过战略改变来实现的，而是通过组织和文化的调整使企业战略得以进一步实施来达到目的的。例如，在克莱斯勒，艾柯卡（Lee Iaccoca）领导的引人注目的转变并没有涉及战略方向上的根本改变。艾柯卡解雇了许多副总裁（而把他自己的人放在那些位置上），改变了一些系统，通过仅付给自己一美元的年薪强调了降低成本的重要性，并雇用了新的广告代理商。这些改变进一步加强和加速了组织中已有的倾向。是艾柯卡的魄力、能量和清楚表达的使命感，而不是引入新的竞争战略，创造了与众不同的克莱斯勒。

11.2.4　企业生命周期与战略控制的演进

一个企业在它从无到有、从小到大，或者从建立到成功，又从巅峰走向灭亡的过程中，企业战略很有可能需要进行因时制宜的调整，或者战略本身不变，但对企业经营中的某些环节进行战术上的改变，这时如何进行战略控制的变化管理就显得非常关键了。就好像一辆高速列车在轨道上疾驰，在需要转换轨道的时候，如果没有及时、恰当地进行扳道处理，火车不出轨才“出鬼”呢。

企业战略控制的变化管理针对企业发展的不同阶段，其内容是不同的。

11.2.4.1 企业发展的初期

创业过程往往是艰辛的，此时的企业规模不大，生存是企业需要解决的首要问题。因此，即使创业之初曾经制定了非常有抱负的发展规划，此时似乎都像空中楼阁一般可望而不可即。在这一阶段，企业战略控制的内容主要是“信誉”，切忌急功近利。在企业举步维艰的时候，如果企业领导者忘记了控制信誉，而采取一些不正当的竞争经营行为，有可能在短时间内维持企业的生计，甚至有所发展，可是，当企业不断壮大时，曾经有损声誉的行为必将阻碍企业战略的实施，到时候企业不得不付出的代价将远远大于当初用于战略控制的成本。尤其是在今天这个诚信体系不断完善的竞争社会中，一个企业能否最终成功，很大程度上取决于它是否以一个诚信的姿态出现。无论是“迫不得已”地放弃信誉，还是“心存侥幸”地欺世盗名，企业都不可能走得太远，甚至夭折在摇篮中。

11.2.4.2 企业发展的成长期

就像一个处于青春期的少年一样，步入成长期的企业总是嫌自己长得太慢，恨不得一夜之间就成为风流倜傥、受人瞩目的明星。此时的企业规模正在扩张，融资与扩大市场份额往往成为企业需要解决的关键问题。在这一阶段，企业战略控制的内容主要是“速度”。因为在渡过了创业的难关之后，企业的领导人往往发现自己实现战略目标并大展宏图的时候终于到了，于是，贯彻执行战略部署并迅速扩张往往成了大多数企业在这一阶段的选择。在良好的愿望和乐观的预期面前，如果领导人忘了控制企业战略实施的速度，一味求快，很容易造成资金链断裂的困境。这种情况在制造型企业中表现为产能的扩张，在商业型企业中表现为门店的扩张，像红极一时的“亚细亚”就是在这个阶段没有控制好战略扩张的速度，而最终走向灭亡的。（事实上，亚细亚在创业初期的战略控制相当成功，树立了“微笑服务”等多个商业企业中家喻户晓的服务品牌。）当然，控制速度并不等于压制速度，因为毕竟这一时期是企业发展较快的时期，一旦企业谨小慎微、缩手缩脚，就很可能错过市场良机，造成的遗憾也许是无法弥补的。因此，对于速度的合理控制，取决于对于行业和市场发展以及自身管理能力提升的准确分析与判断。过快与过慢都不足取。

11.2.4.3 企业发展的成熟期

当一个人顺风顺水地步入中年，以往的成就很可能会使得这个人非常自信。可是，一旦此人失去了对自身能力的客观审视，他就将面对危机四伏的险境了。一个企业也是如此。已经步入成熟期的企业，规模已经相当可观，保持企业利润的增长成为决策者关心的问题。这一阶段，企业战略控制的内容是“客观、协调”。随着企业规模的扩大，总资产的膨胀，无论是通过自身的积累，还是企业上市募集资金，此时的企业既不缺钱，也不缺人。企业的管理决策者往往比较有优越感，尤其是那些一手创办企业的领头人。于是，以往的成就往往使他们非常相信自己的判断，认为把过去的经验复制到别的行业中去就可以使企业更加成功。这种拷贝成功的愿望往往脱离了对自身企业核心能力的客观判断，而原来的战略规划很可能也在这种不断膨胀的成功欲望中被改变。于是，很多企业投资新项目的出发点变得极其简单——利润率高。20世纪90年代末中国的那次房地产发展浪潮，就是许多企业缺乏对自身特质的客观审视，纷纷盲目投资房地产而造成的泡沫经济。所谓的高利润率没有给它们真正带来奇迹，却使得一个个企业由盛到衰。

另一方面，企业发展到这一阶段往往会发现，原有的组织结构和制度已经不再适应进一步的发展要求。故而企业在进入成熟期后大都会进行组织结构再造，甚至为企业重新命名。当然，这一过程有些是主动的，有些是被动的。例如，为了实施国际化战略，TCL集团进行股权结构改造，将手机业务拆分并在海外上市；夏新则对其中英文名称进行更改。耐人寻味的是，此前不久，也是在实施国际化战略的道路上，联想由于其英文名称无法在海外注册，而被迫将英文名称改成一个新生词汇。这些重大举措如果不是在企业全面协调的战略控制下进行，很可能给企业带来重创。

11.2.4.4　企业发展的衰退期

任何企业都希望能够长葆青春，永续经营。可是，当行业衰退、市场萎缩时，企业如何继续发展？大多数企业都会随着行业的衰退而销声匿迹，因为它们没有意识到，这个阶段的企业发现新的增长点是避免悲剧的良方。相应地，此时的战略控制内容为“调整”，即针对企业发展的需要，及时调整战略方向，并通过战略控制使得企业的各种资源、各项工作配合该调整进行，保证企业的二次创业能够成功。20世纪80年代，卡西欧将电子计算器和电子琴（电子和声器）作为企业战略的基点，并使这两种产品的市场占有率不断提升。可是，随着计算机和手机的发展，电子计算器市场开始逐渐萎缩，卡西欧也走到了战略转型的关键时刻。于是，分析市场趋势，结合自身优势，卡西欧推出了世界上最薄的数码照相机，厚度仅同一张名片，一下子打开了数码相机市场，找到了企业新的成长点。而这个战略转型并非手到擒来。卡西欧经过三年的调整，对研发、制造乃至股东与战略合作伙伴都进行了相应调整，进军数码相机的战略转型并非其心血来潮的跟风，这个控制过程设计了从研发到营销的各个环节，是一项相当复杂的系统工程。

总之，企业战略控制的变化管理必须根据企业实际发展的需要，充分整合企业资源，通过各种方法的综合运用实现最终目的。

11.3　企业战略控制的方法

11.3.1　企业战略控制的基本特征

企业战略千姿百态，纷繁复杂，但其控制过程一般总具有如下一些基本要求。

适宜性　判断企业战略是否适宜，首先要看这个战略是否具有实现公司既定的财务和其他目标的良好的前景。因此，适宜的战略应处于公司希望经营的领域，必须具有与公司经营哲学相协调的文化。如果可能的话，必须建立在公司优势的基础上，或者以某种人们可能确认的方式弥补公司现有的缺陷。

可行性　可行性是指公司一旦选定了战略，就必须认真考虑企业能否成功地实施。必须判断公司是否具有足够的财力、人力或者其他资源、技能、技术、诀窍和组织优势，换言之，是否具有有效地实现战略的核心能力。如果在可行性上存在疑问，就需要将战略研究的范围扩大，并将与能够提供所缺乏的资源或能力的其他公司或者金融机构合作等方式包括在内，通过联合发展达到可行之目的。特别是，管理层必须确定实施战略要采取的初始的实际步骤。许多情况下，在开始实施战略时，很多公司并不知道应该采取什么行动，

这就说明了所选择的方案是不可行性的。

可接受性 可接受性所强调的问题是：与公司有利害关系的人员是否对拟议中战略非常满意，并且愿意提供支持。一般来说，公司越大，对公司有利害关系的人员就越多。要保证得到所有的利害关系集团的积极支持是不太可能的，但是，拟议中的战略必须征得最主要的利害关系集团的同意，而在战略被采纳之前，必须充分考虑其他利害关系集团的反对意见。

整体利益和局部利益、长期利益和短期利益的不一致性 企业整体是由局部构成的。从理论上讲，整体利益和局部利益是一致的，但是在具体问题上，整体利益和局部利益可能存在着不一致性。企业战略控制就是要对这些不一致性的冲突问题进行调节。如果把战略控制仅仅看成是一种单纯的技术、管理业务工作，就不可能取得预期的控制效果。

多样性和不确定性 美国管理学家罗伯特·沃特曼认为，战略具有不确定性。他在《创新经营：优秀公司如何赢得并保持竞争优势》一书中指出，追踪一家公司的真实战略路线，有一点像观察一只蝴蝶飞过夏日的草地，它可能是朝着某一点飞，但它的路线看上去却像是完全没有规律，没有效率且不合理。在他看来，战略是一个方向，其路途曲折多变，这时的战略也就具有多样性。同时，虽然经营战略应是明确的、稳定的且具有权威性，但在实施中由于环境变化，战略必须适时地调整和修正，因而也必须因时因地具体提出控制措施，也就是说战略控制具有多样性和不确定性。

弹性和伸缩性 战略控制中如果过度控制、频繁干预，容易引起消极反应。例如，上级对下级采取高压政策，对下级来说犹如“针刺”，下级会形成一种反管理集体，对上级实行“针刺”反击。因而针对各种矛盾和问题，战略控制有时需要认真处理、严格控制，有时则需要适度的、弹性的控制。只要能保持与战略目标的一致性，就可以有较大的回旋余地而具有伸缩性。所以战略控制中只要能保持战略的正确方向，应尽可能少地干预实施过程中发生的问题，尽可能多地授权下属在自己的范围内解决问题，对小范围、低层次的问题更不要在大范围、高层次上解决，反而能取得有效的控制。

11.3.2 企业战略控制的网络

战略控制过程一般由以下三方面的活动所组成：

- 确定定性和定量目标，并与产业内优秀企业比较，根据目标制定评价标准。
- 评估执行过程中经过信息反馈回来的实际效果。
- 经过比较后反映出来偏差，针对偏差采取的纠偏行为。

这三方面结合在一起形成一个战略控制网络，如图11-6所示。

战略评价标准是进行战略控制的首要条件。评价标准采用定量和定性相结合的方式。无论是定量还是定性指标，都必须与企业的发展过程做纵向比较。此外，还必须与产业内竞争对手、产业内业绩优异者以及其他产业的参照企业进行横向比较。

实际工作成果是战略在执行过程中实际达到目标水平的综合反映。通过信息系统把各种战略目标执行的信号汇集起来，这些信号必须与战略目标相对应。要想获取实际的准确成果，必须建立管理信息系统，并采用科学的控制方法和控制系统。

有效的控制方法和控制系统必须满足几个基本要求：①控制系统和方法必须是节约型的；②控制系统和方法必须是有意义的；③控制系统和方法必须适时地提供信息；④控制

系统和方法必须能测量出活动或职能的真实的特征；⑤控制系统和方法应提供关于发展趋势的定性的信息；⑥控制系统必须有利于采取行动；⑦控制系统及报告应力求简单化。

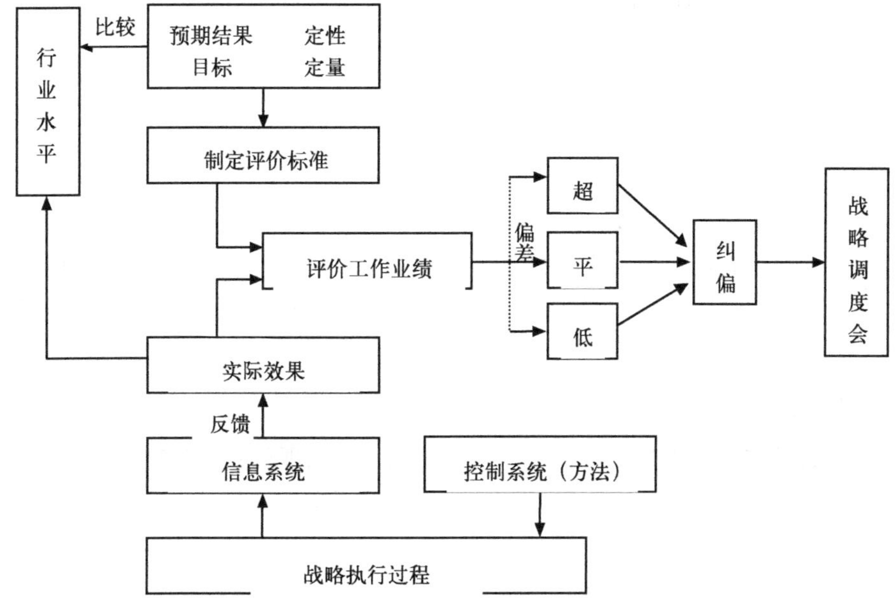

图11-6　战略控制网络

评价工作业绩时，要将实际成果与预定的目标或标准进行比较。经过比较，就会出现三种情况：一种是超过目标和标准，即出现正偏差。在没有做特定要求的情况下，出现正偏差是一种好的结果；第二种是正好相等，没有偏差，这也是好的结果；第三种是实际成果低于目标，出现负偏差。这是不好的结果，应及时采取措施纠偏。

乔治·斯坦纳进行过一次关于250多家企业的研究，他让这些企业的高层经理们按作用大小排列出85个有助于成功的因素。这些经理认为如下10个因素最可能影响企业未来的成功。

（1）吸引和保留高质量的高层管理者。

（2）为国内经营培养未来的经理。

（3）激发出管理人员获取利润的强烈愿望。

（4）在最高管理层的决策中，要保证有较好的判断力、创造力和想象力。

（5）发现对产品的新需求和新机会。

（6）制定更好的长期计划。

（7）改善顾客服务。

（8）为股东们提供竞争性收益。

（9）使股东们的投资价值尽量增大。

（10）为了达到发展目标，在新的经营好机会来临时，激励管理人员去承担与收益相适应的风险。

关于战略发生偏差（负偏差）的主要原因可以归纳为以下几个方面。

（1）目标不现实。

（2）为实现企业目标而选择的战略发生错误。

（3）用以实施战略的组织机构发生错误。

（4）主管人员或执行人员不称职或玩忽职守。

（5）缺乏激励。

（6）组织内部缺乏信息沟通。

（7）环境压力。

11.3.3 企业战略控制的类型

11.3.3.1 避免型控制

避免型控制采用适当的手段，使不适当的行为没有产生的机会，从而达到不需要进行控制的目的。如通过自动化使工作的稳定性得以保持，按照企业的预期目标正确地工作；通过与外部组织共担风险减少控制；或者转移或放弃某项战略活动，以此来消除有关的控制活动。

11.3.3.2 开关型控制

开关型控制又称做事中控制或行与不行的控制。其原理是：在战略实施控制过程中，按照既定的标准检查战略行动，确定行与不行，类似于开关的通与止。

开关型控制方法的具体操作有多种形式：

（1）直接领导。管理者对战略活动进行直接指挥和指导，发现差错及时纠正，使其行为符合既定标准。

（2）自我调节。执行者通过非正式、平等的沟通，按照既定标准自行调节自己的行为，以便和协作者配合默契。

（3）共同愿景。组织成员对目标、战略宗旨认识一致，在战略行动中表现出一定的方向性、使命感，从而达到殊途同归、和谐一致、实现目标。

开关型控制方法一般适用于实施过程标准化的战略实施控制，或某些过程标准化的战略项目的实施控制。

11.3.3.3 事后控制

事后控制又称做后馈控制。其原理是：在战略推进和转移过程中，对行动的结果与期望的标准进行衡量，然后根据偏差大小及其发生的原因，对行动过程采取矫正措施，以使最终结果能符合既定的标准。事后控制方法在战略控制推进中控制和检测的是结果，纠正的是资源分配和人的战略行动；根据行动的结果，总结经验教训来指导未来的行动，将战略推进保持在正确的轨道上。但是，事后控制往往由于纠偏不及时，会给战略带来一定的损失，其运用大都局限在企业经营环境比较稳定的条件下的战略实施控制。

事后控制方法的具体操作主要有联系行为和目标导向等形式。其具体内容如下。

联系行为 即对员工的战略行动的评价与控制直接同他们的工作行为联系挂钩。员工比较容易接受这种方法，并能明确战略行动的努力方向，使个人行为导向和企业经营战略导向接轨；同时，通过行动评价的反馈信息修正战略实施行动，使之更加符合战略的要求；通过行动评价，对战略实施行动进行合理的分配，从而强化员工的战略意识。

目标导向 即让员工参与战略行动目标的制定和工作业绩的评价，这样员工既可看到个人行为对实现企业战略目标的作用的意义，又可从工作业绩的评价中看到成绩与不足，从中得到肯定和鼓励，为战略推进增添动力。

11.3.3.4　事前控制

事前控制又称做前馈控制、跟踪控制。其原理是：在战略实施中，对战略行动的结果趋势进行预测，并将预测值与既定的标准进行比较和评价，发现可能出现的偏差，从而提前采取纠偏措施，使战略推进始终不偏离正确的轨道，保证企业战略目标的实现。

事前控制是在战略行动成果尚未实现之前，通过预测判断战略行动的结果是否可能会偏离既定标准。因此，管理者必须对预测因素进行分析与研究。一般有三种类型的预测因素：

（1）**投入因素**。即战略实施投入因素的种类、数量和质量，它们将影响产出的结果。

（2）**早期成果因素**。即依据早期的成果，可预见未来的结果。

（3）**外部环境和内部条件的变化，它们是对战略实施的制约因素。**

事前控制对战略实施中的趋势进行预测，对其后续行动起调节作用，能防患于未然，因而是一种卓有成效的战略控制方法。

11.3.4　企业战略失效及对策

战略在实施过程中，有时与人们的期望并不一致，当出现非理想状态时，在战略学上称为“失效”。战略失效按时间来划分有早期失效、偶然失效和晚期失效三种类型，如图11-7所示。

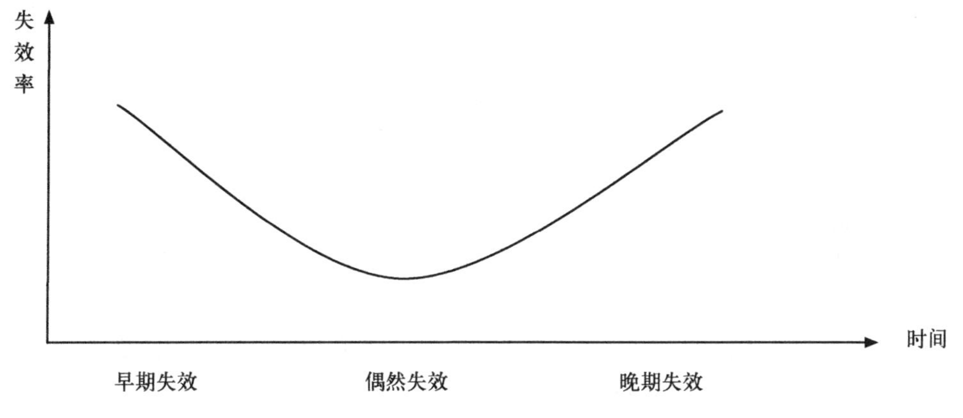

图11-7　战略失效“浴盆曲线”

当一项战略开始实施时，就可能遇到早期失效。实践表明，大量的战略实施早期失效率较高，这是因为新战略还没有被员工理解和接受，或者实施者对新的环境、工作还不适应等。战略决策者对这种早期失效不可惊慌失措，更不可对新战略失去信心，暂时的挫折并不意味着战略的不合理。进行战略控制时必须考虑到“滞延效应”。

经历了战略的早期失效后，工作可能会就此步入正轨，而使战略进入平稳发展阶段，类似一舟从高峡激流进入了水势平缓的平湖，即图11-7中以“浴盆曲线”的盆底表示的部分。当然，在水波不兴的平湖上，也会出现一些意想不到的事，即所谓战略实施中的“偶然失效”。当处于偶然失效时，战略决策者也不可掉以轻心，而应及时、慎重处理，维持战略的平稳推进，当战略推进一段时间以后，战略的失效率可能又会提高。

随着时间的推移，外部环境的变化因素制约着战略的实施，而进入了“晚期失效”阶段。此时，战略决策者应适应外部环境的变化，调整转移战略，积极创造条件推进战略。

战略失效的“浴盆曲线”揭示了战略在不同时间失效率高低的规律，分析了不同阶段战略失效的本质区别，为制定正确的战略实施控制策略提供了理论依据和战略推进方法。

同时，认真理解“浴盆曲线”不仅可以防止战略在早期失效阶段的来回反复，还避免了晚期失效阶段慌忙修改或固执原状的错误；它使战略实施控制过程既有阶段性，又有相互联系、协调发展的连贯性。

11.4 企业战略控制的信息反馈

11.4.1 信息流动和战略控制

战略信息是与企业战略和长期计划有关的决策所需的重要信息。企业战略是目的协调统一的模式，对企业长期存在和发展具有非常重要的意义。因此，战略可以理解为企业的基本表象、目的、现在和将来的活动领域，以及在这些领域期望得到的企业地位。另外，战略还可以理解为企业在其外部环境出现风险和机会时敏感地做出反应。在内部环境里，企业必须对现在和潜在的强度和弱点做出反应。

我们并不是说企业必须把外部环境里发生的各种现象及其相互关系都作为战略信息，有些东西在本质上不能作为战略信息。但是，假如某一信息关系到战略问题和战略机会，这个信息就可以按照战略信息进行分类。战略信息不过是经营者得到的全部信息的一部分。

许多重要的战略问题开始时往往以相当模糊或不明确的方式出现，如企业内部行动方式的不一致，或企业当前姿态与企业对未来环境的观念不相符。早期的信号可能来自四面八方，但是一开始，很难从日常繁忙的信息交流中觉察出来。当然，危机能在控制系统中紧急反映出来。然而，如果企业一直坐等信号明显得能被正规的信息网络察觉到的话，那么也许就不可能进行顺利有效的过渡了。企业也许会坐失良机，要不然就会在竭力设法应付这发现得太晚的危机时蒙受重大损失。

几乎每个人都通过自己的价值体系所确定的“观察筛滤网”来筛取威胁与良机的信号。因此，积极有效地寻找新的潜在的良机与威胁的管理人员必须把这些看法与企业中占支配地位的传统看法有所不同的人纳入自己的观测网。有些企业甚至在公司总部成立“野鸟”小组，在整个企业里搜集鼓舞人心的非常规的解决方法。

企业战略信息来源于三个领域，即人的信息源，文件、文献信息源和混合信息源。各个领域的信息源又可分为企业外部和企业内部两种类型，如表11-3、表11-4和表11-5所示。

表11-3 人的信息源

来自企业外部	来自企业内部
1 顾客、消费者	1 直属上级
2 批发商	2 推销员
3 政府机关工作人员	3 同事
4 竞争对手的工作人员	4 干部
5 海外业界调查员	5 其他上级
6 公司外董事	6 部下
7 销售代理店店员	7 公司内图书资料员
8 有学识的老手	8 其他
9 法律顾问及咨询人员等	
10 同学、朋友	
11 其他	

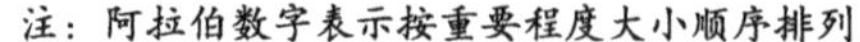
注：阿拉伯数字表示按重要程度大小顺序排列。

表11-4　文件、文献信息源

来自企业外部	来自企业内部
1 业界新闻、业界杂志	1 企业内部传阅的文件备忘录
2 一般新闻杂志	2 文件、数据档案资料
3 科学技术杂志	3 来自分支机构的报告书
4 未发表的论文和研究资料	4 企业内部科学研究报告书
5 竞争对手的科学研究开发报告书	5 企业内部报刊和书信
6 专业书籍和参考书	6 其他
7 学术书籍	
8 论文摘要	
9 政府刊物	
10 教科书和手册	
11 来自驻外人员或者外国协作厂商的往来函件和报告	
12 来自服务公司的报告	
13 科学研究论文	
14 数据信息中心	
15 其他	

注：阿拉伯数字表示按重要程度大小顺序排列。

表11-5　混合信息源

来自企业外部	来自企业内部
1 海外企业考察	1 企业内部定期例会
2 现场考察	2 内部不定期会议
3 不定期碰头会和讨论会	3 内部学术报告会
4 定期例会	4 本公司产品展销会
5 商业贸易展览会	5 本公司设施的访问与视察
6 业界会议、讲演会、讨论会	6 其他
7 会议、座谈会	7 公司内部劳资谈判
8 电视、广播	8 本公司制作的影片、幻灯片、录音磁带
9 电影片、幻灯片、录音磁带	
10 其他	
11 劳资协商或谈判	

注：阿拉伯数字表示按重要程度大小顺序排列。

这些信息流动和战略决策的关系如图11-8所示。

11.4.2 战略、组织和环境的相互作用系统

现代企业是一种开放性体制，在这种体制中有输入、转换、输出以及重新输入，确认有循环往复。开放性组织特性中含有来自环境的能量和物质，其过程为将这些能量和物质转变为产品，产品在环境中还原为资源，再将来自环境的资源重新投入生产。在开放性体制中还含有负平均信息量、信息输入、负反馈、编码程序、稳定状态、动态平衡、分化、同等结局等特性。

巴克莱（W. Buckley）认为，所谓某种企业组织是开放性的，不仅意指这种体制和外部环境接触，而且这种接触是加强体制的生存能力、再生产能力或者连续性以及能适应环境

变化的能力的主要因素。组织对一切环境的作用应是开放的。

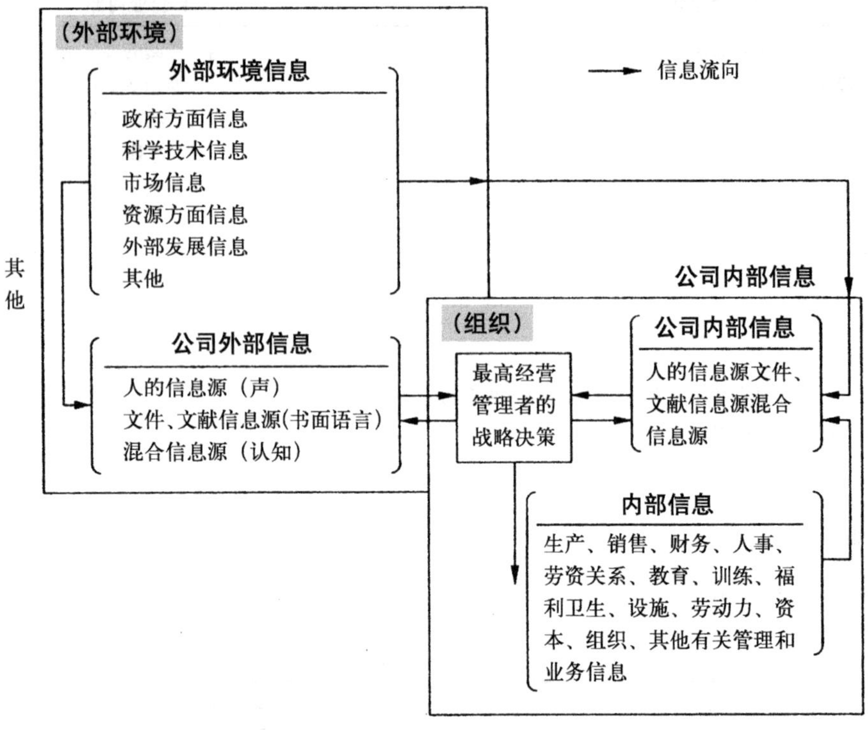

图11-8 信息流动和战略决策

西蒙认为，任何一种目标探索系统都通过两种渠道（或子系统）和外部环境保持相互联系。一种是输入性的，目标探索体系通过它接受环境信息；另一种是输出性的，目标体系通过它作用于环境。

肖达毕克（C. G. Schoderbek）等把这种联系与环境和组织相互作用体系相对应，如图11-9所示。西蒙提出的两个子系统中，输入子系统与扫描系统相对应；输出子系统与决策系统相对应。在西蒙的这两个子系统中再追加肖达毕克等以及智力子体系，使之和组织体系相对应，则可以发现，这三个子系统的关系是：

输出（决策）子系统的输出组织行动不是根据输入（扫描）子系统的输出，而是根据受体，即作为扫描子系统的评价者的智力子系统（即组织子系统）的输出进行。因此，由扫描（受体）子系统搜集的或者接受的数据资料被输送到组织（评价者）子系统，在那里接受评价。然后将经过评价的数据资料提供给决策子系统，在那里转变为决定行动的信息，用于解决问题。换言之，扫描数据以适当形式转变为能够利用的信息，作为决策的依据而起作用。

数据资料立即转变为可利用的信息的程度由手中特有的问题来决定。这是系统的意向状态（x）和实际状态（y）的差异，由xy间隔的实际存在、趋向和规模来表示（见图11-9）。实际上，进入决策系统的是经过评价的数据资料，战略就是在解决问题过程中形成的（见图11-10）。

环境和组织的相互作用由战略控制过程决定。决策者与自己不能控制的环境一起创造出体系的未来，形成完整的决策过程（扫描系统+组织系统+决策系统），成为有环境和组织相互作用的总系统内的子系统。组织通过这三个子系统努力建立环境的状况、变化和组织行动之间的关联性。环境事件的数据资料是以意向状态（x）和实际状态（y）之间发生的误差的形式为扫描系统所接受，即评价xy间隔的实际存在、趋向和规模，并把它们作为数据取得，这就是扫描系统的机能。而将意向状态和实际状态之间存在的误差控制在最小限度内则是决策过程的任务。

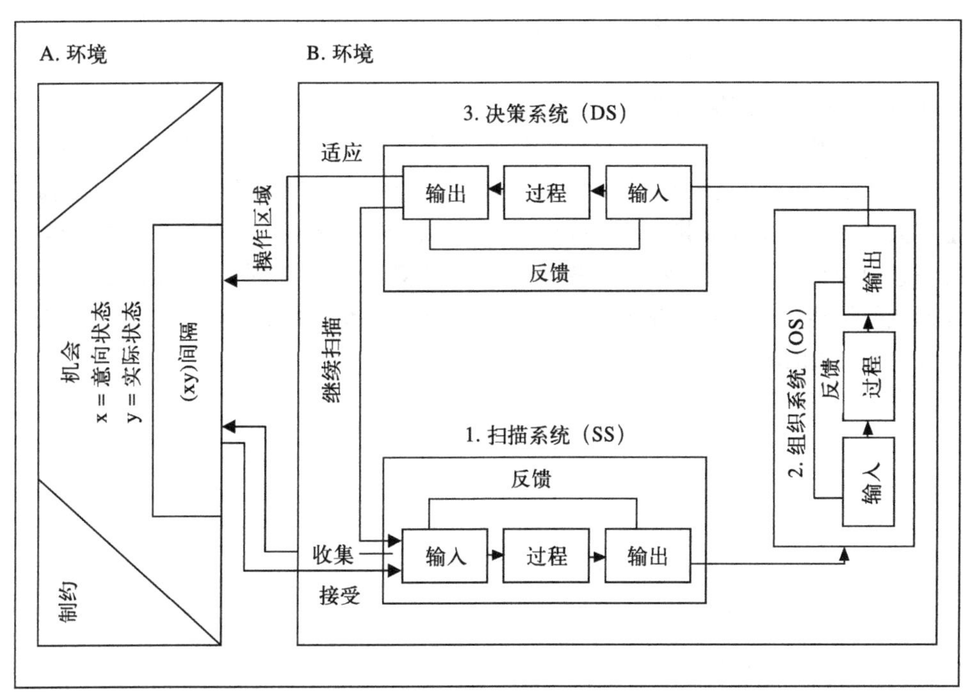

图11-9　环境和组织相互作用体系

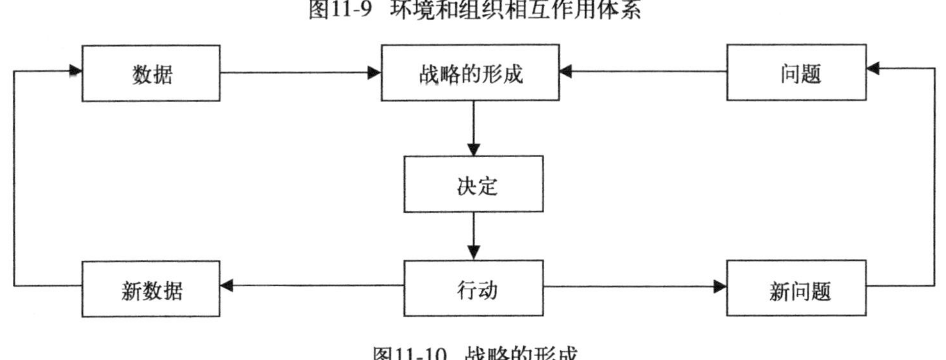

图11-10　战略的形成

11.4.3　战略控制和环境扫描

由于企业组织是开放性体制，强调组织和环境的相互关系，外界环境是企业组织的重要信息源，所以进行战略控制时必须对环境进行扫描。扫描是企业组织在决策中获取所需信息的过程，意味着广泛搜集信息的活动。这个过程的范围涉及从包含有几种程度较低的观察活动到高度的计划研究活动。一切企业组织为获取外界环境正在发生的现象和变化的知识，都需要对环境进行扫描。当决定企业战略和长期计划时，企业高级管理层要努力预测和理解企业环境的变化。

环境中的种种情况随着光阴流逝而变化，既有复杂和急剧变化的生机勃勃的状态，也有几乎不变的无生机状态，这种状态影响企业体制的运用，而且企业体制本身一般不能直接控制它们。企业体制能从外部环境各种状态中得到各种有利因素。企业体制虽不能直接控制外部环境的各种状态，但是能够影响它、适应它或者开拓环境。对于企业来说，外部的信息是基本财富，为创造财富要开发扫描系统。

人们往往认为，信息在环境中无限地存在。然而，这种假想不一定妥当。事实上，有的信息若是努力搜集能够得到，有的无论怎样努力也得不到，其他的信息则是未知的。事实上存在着不可能选取的信息源。

图11-11是用概念表示的各类外部信息领域。E范围所表示的领域是经营者获取外部信息的企业外部环境。圆周A表示可能选取信息的领域，这个领域存在的信息不是全部能够获得，原因是其大都受经济条件或其他条件制约。圆周B表示经营者获取外部信息的全领域，在B领域的信息中含有战略的要素和非战略的要素。圆周C表示经营者在已获得的信息中根据主观判断形成的战略信息领域。圆周X表示经营者在主观上想获取的战略信息领域。圆周Y是根据客观判断形成的战略信息领域。

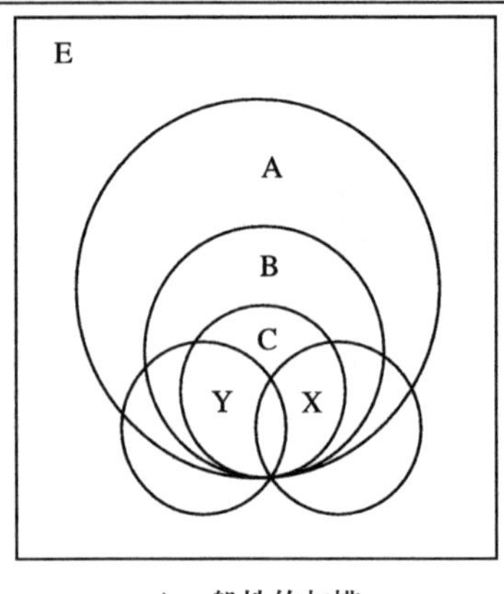

a) 一般性的扫描

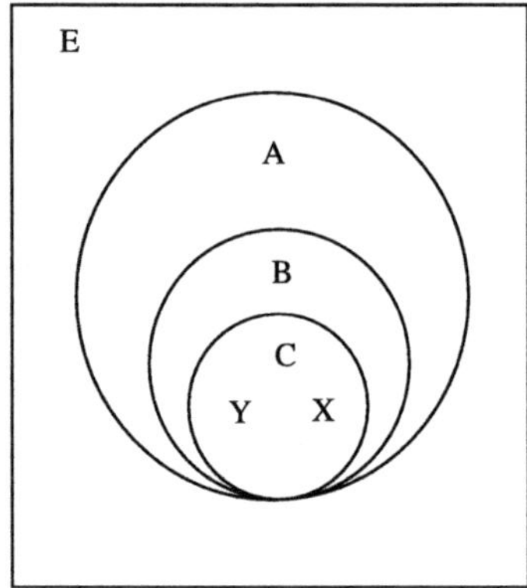

b) 理想性的扫描

E范围：外部环境
圆周A：可能选取信息的领域
圆周B：获取外部信息的全领域
圆周C：在已获得的信息中根据主观判断形成的战略信息领域
圆周X：主观上想获取的战略信息领域
圆周Y：根据客观判断形成的战略领域

图11-11 外部环境信息领域和扫描过程

由图11-11a可知，圆周X和圆周Y之间存在明显的差别。换言之，根据客观判断形成的理想型战略信息与根据主观判断形成的战略信息之间有差别。这种差别是由经营者个人的扫描行动和企业组织总体扫描行动之间的差异产生的。同样，在圆周X和圆周C之间也有差别，亦即经营者想要获取的信息（圆周X）和实际获得的信息之间不尽相同。

图11-11b表示有关扫描过程的一个理想模式。图中圆周C、X、Y都在同一领域内，这个模式中，理想型的客观战略信息（圆周Y）、经营者主观判断为战略信息并想要得到的信息（圆周X）和主观上感知的战略信息、经营者实际上已经获得的信息（圆周C）之间没有差别。

企业为寻求有战略价值的外部信息，会对环境进行通查和精查。然而，经营者想要获得的信息并不是任何时候都能得到，这恐怕是所有企业的实际情况。它意味着企业有时必须在不确定的情况下做出决策，而且在企业获取的一切信息中，只有一部分有战略价值。但实际上，一般的经营者对于什么样的信息是必要的和适用的，什么样的信息有战略价值，并非任何时候都能认识清楚。有时手中虽然持有战略信息，但却不认为它有战略价值，这与企业的认识能力有关。

扫描是为了某一目的而搜集信息的行为。在这个意义上，如果不确定特定的目的，扫描系统设计不当，则通过这个系统获得的信息就不足以信赖。这样的信息战略价值很小，或者说完全没有价值。假如企业使用运筹学方法，就必须获取所需的数据和信息。换言之，必须有明确目的，再据以搜集数据和信息。因此，最理想的是圆周C、X、Y之间不存在差别。扫描过程的最佳方法接近于图11-11b的模式。

在战略控制中的环境扫描把一个个细微到不能感知的动作融合在一起，形成广阔的连续体。为达到分析的目的，企业必须在连续体中制定若干能感知的对照点。

一般地说，战略控制中的基本扫描方法有二。

(1) 通查，即“注意某一感兴趣的事”，其功能是对搜集信息的人提供某种程度的一般知识。

(2) 精查。精查意味着搜集能解决问题的特定信息。

扫描者通过集中调查并研究特定领域，有计划地、慎重地选取适用的信息。如图11-12所示，按照集中程度高低，又可将通查和精查细分为观察和监视，调查和研究。

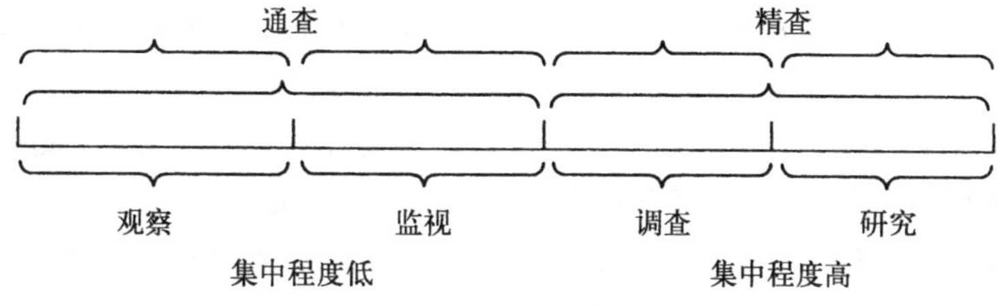

图11-12　扫描方式

观察是为了取得一般信息或者对特定问题加深理解，或者为了选取关于某一事件要注意的信号（该信号有重要意义，也许含有集中精查之必要领域的信号）而利用的扫描方式。监视是注意有明确意义的信息或信息源领域。

调查意味着为某一特定目的搜集特定的信息，在较狭窄的范围内进行有计划的调查活动。研究是为特定目的而搜集特定信息，是正式成为体系的活动。表11-6概括了扫描方式及其价值。

表11-6　扫描方式及其价值

扫描方式（连续体）＼价值及利用		(1) 打算解决问题	(2) 搜集有关问题结构的数据	(3) 增长见闻	(4) 信息决定	(5) 时间关系
通查	观察	低	高	高	低	低
	监视	稍低	稍高	稍高	稍低	稍低
精查	观察	高	低	低	高	高
	监视	稍高	稍低	稍低	稍高	稍高

华章文渊·管理学系列

战略透视 惠普公司绩效管理的七步法

惠普的绩效管理是要让员工相信自己可以接受任何挑战、可以改变世界，惠普的绩效管理可以分做两个内容，一是组织绩效管理，管理的对象是公司绩效；二是员工绩效管理，以员工作为绩效管理对象。

组织绩效管理

惠普用四个指标来衡量组织绩效管理，分别是员工指标、流程指标、财务指标和客户指标。

员工满意度调查是员工指标中的重要一项。在总结各种影响员工工作表现的因素以后，惠普提出了一个待遇适配度（offer fit index, OFI）、满意度（satisfactory, SAT）和重要性（importance, IMT）并重的员工满意度分析方法。薪资并不是员工唯一的需求，员工的工作行为还取决于老板素质、岗位的适配性、能力的增长性、工作挑战性和休假长度及质量等其他因素。问题的关键是怎样来衡量这些指标，惠普的方法是，对每一项指标，都要从适配度、满意度和重要性三个方面用具体的可比较的数据做出衡量，这些数据是从平常众多的调查表中总结出来的，具有非常高的有效性和可靠性。

组织绩效评估的员工指标除了员工满意度以外，还有优才流失率和员工生产率等因素，这些因素看起来无法衡量，但却可以从平时的工作中做出记录，点点滴滴，都可以汇成大海。

组织绩效评估中另一个指标是客户指标，其中又包括市场份额、老客户挽留率、新客户拓展率、客户满意度和客户忠诚度等几个因素。以客户忠诚度为例，惠普每年都要对现实客户和潜在客户做出调查，把客户的忠诚度化为一组组可衡量的数据，这种把客户忠诚度直接和公司销售业绩用具体数据相关联的做法，能使公司上下对忠诚度这一很难衡量的指标有了现实的直接感受，也就能促使公司去努力提高客户忠诚度。

惠普的组织业绩评估尚有其他两个指标：流程指标和财务指标。流程指标包括响应周期、总缺陷率、成本改进率和产品开发周期四个因素，而财务指标则包括销售收入、经营利润和经济附加值三个因素。

员工绩效管理

惠普的员工绩效管理框架包括四个步骤，通过这四个步骤的测评，惠普员工绩效管理最后要达到的目标是：造氛围（培养绩效文化）、定计划（运筹制胜业绩）、带团队（建设高效团队）、促先进（保持激发先进）、创优绩（追求卓越成果）。可分为以下七个方面：

1. 制定上下一致的计划。

一个公司有许多不同职位上的人员，惠普要求每个层面上的人员都要做各自的计划。股东和总执行官要制定战略计划，各业务单位和部门要制定方针计划，部门经理和其团队要制定实施计划，通过不同层面人员的相互沟通，公司上下就能制定出一致性很高的计划，从而有利于发展步骤的实施。

2. 制定业绩指标。

对于员工的业绩指标，公司用六个英文字母来表示：SMTABC。具体的解释是：S（specific，具体性），要求每一个指标的每一个实施步骤都要具体详尽；M（measurable，可衡量），要求每一个指标从成本、时间、数量和质量等四个方面能作综合的考察衡量；T（time，定时），业绩指标需要指定完成日期，确定进度，在实施的过程中，管理层还要对业绩指标做周期检查；A（achievable，可实现性），员工业绩指标需要和老板、事业部及公司的指标相一致且易于实施；B（benchmark，以竞争对手为标杆），指标需要有竞争力，需要保持领先对手的优势；C（customeroriented，客户导向），业绩效指标要能够达到客户和股东的期望值。

3. 向员工授权。

经理是这样一些人，他们通过别人的努力得到结果同时达到公司期望的目标，所以惠普特别重视经理怎样向员工授权。惠普强调的是因人而异的授权方式，根据不同的员工类型、不同的部门类型和不同的任务，惠普把授权方式分为五种，分别是：actonyourown（斩而不奏）、actandad-vise（先斩后奏）、recommend（先奏后斩）、askwhattodo（问斩）、waituntiltold（听旨）。不同的员工要用不同的授权方法，因人而异。

4. 教导员工。

根据员工的工作积极性和工作能力，惠普把员工分成五个类型，分别采用相应方法进行教导。最好的员工既有能力又有积极性，对于这样的员工，惠普公司的管理层只是对他们做一些微调和点拨，并且很注重奖励，以使员工保持良好的状态；第二等级的员工有三种，一是工作能力强但工作积极性弱，这样的员工，公司主要对他们做思想上的开导和鼓励，解决思想问题，还有的员工工作积极性强但能力弱，公司教导的重点就在教育和训练上，还有的员工能力和积极性都处在中等，这样的员工，公司需要就事论事地对他们做出教导，以使得他们在能力和积极性上都有提高；最坏的员工是既无能力又无积极性的，公司要对这样的员工做出迅速的处理，要么强迫他们提高能力或增长积极性，要么毫不犹豫地开除。

5. 处理有问题的员工。

和其他公司一样，惠普公司也会有一些表现不好的员工，面对这些员工，迅速地做出反应是很重要的，一般处理时间在60～90天之间。惠普希望迅速而永久地解决不可接受的差员工，不让他们在公司过久停留。一旦公司发现哪个员工表现不好，就会向他们发出业绩警告，当年不会涨工资也不会有股票期权。经过一番教导以后，当发现员工的表现没有显著改善时，就要进入留用察看期，除了不涨工资、不配授股票或期权以外，这些员工还不能接受教育资助，也不允许内部调动工作。如果一段时间的教导以后员工的表现仍未提高，公司就要立刻行动，开除这些员工。

6. 确定员工业绩等级。

在评定员工业绩时，惠普要综合考虑以下一些指标：个人技术能力，个人素质，工作效率，工作可靠度，团队合作能力，判断力，客户满意度，计划及组合能力，灵活性创造力和领导才能。在评定过程中，惠普会遵循9个步骤：协调评定工作，检查标准，确定期望，确定评定时间，进行员工评定，确定工作表现所属区域，检查分发情况得到最终许可，最后将信息反馈给员工。

7. 挽留人才。

惠普通过体制、环境、员工个人事业和感情四个方面来挽留人才。

惠普试图通过自己良好的公司体制来吸引员工，在平时的管理中，对员工的工作目标有很明确的界定，对各人的工作职责和工作流程有明确的划分，对不同表现的员工奖惩分明，这些体制上的优点都有可能促使员工对公司产生好感而不愿离开。在工作环境方面，公司倡导开放和平等的工作气氛，强调员工和管理人员间的相互信任和理解，同时积极营造活泼自由的工作氛围。公司尽量让员工跨部门轮换工作，从而增加员工的工作履历和工作经验，为员工的发展打造基础，并且提供大量的培训机会，让员工感觉到自己的事业能够得以迅速发展。公司还通过亲和的上下关系和对员工家庭、健康等全方位的关怀来取得员工对公司的依赖感，增强员工的公司的感情，让员工最终不愿意离开公司。

资料来源：王晨光，惠普公司绩效管理的七步法，新浪财经，http://finance.sina.com.cn/.

本章小结

企业战略具有相对性的特征，许多定量、定性的因素都会影响战略控制的趋势。战略的相对性使得战略控制成为一个动态过程，具有渐进性、交互性和系统性。战略的推进和转移是连续脉冲式的动态过程。影响战略推进和转移的多种因素形成力量场，推动或阻碍战略的演进。企业战略控制必须具有适宜性，可行性，可接受性，整体利益和局部利益、长期利益和短期利益的不一致性，多样性和不确定性，弹性和伸缩性等基本特征。企业战略控制网络一般由三方面活动组成：确定评价标准、测定实际效果、实施纠偏行为。企业战略控制有避免型控制、开关型控制、事后控制和事前控制四种。根据战略失效“浴盆曲线”，可以规划企业战略控制过程。最后，战略控制与信息流动、组织和环境相互作用系统、环境扫描有紧密的相互关系。

关键术语

企业战略　战略控制　力量场　控制网络　战略失效　信息反馈　环境扫描

复习思考题

1. 为什么企业战略具有相对性？企业战略的相对性对企业有何意义？
2. 企业战略控制一般具有哪些步骤？有何关键控制环节？
3. 影响企业战略控制的因素和趋势有哪些？
4. 企业战略控制过程如何演进？
5. 为什么企业战略推进与转移是一种连续脉冲过程？它具有什么环节和步骤？
6. 如何运用力量场分析技术分析战略推进和转移？
7. 如何对战略的推进和转移进行控制？
8. 企业战略控制具有什么基本特征？如何应用这些特征推进企业战略控制？
9. 企业战略控制网络如何构建？
10. 企业战略控制有何基本类型？各自特征如何？各自适用范围如何？
11. 为什么战略会发生失效？如何响应和克服？
12. 战略控制与信息流动有何关系？如何相互影响？
13. 为什么战略控制架构于组织和环境相互作用系统之上？
14. 如何在战略控制中对环境进行扫描？

参考文献

[1] Jerker Denrell, Christina Fang, Sidney G Winter. The Economics of Strategic Opportunity. Strategic Management Journal, 2003(24): 977.

[2] Rodolphe Durand. Predicting A Firm's Forecasting Ability: The Roles of Organizational Illusion of Control And Organizational Attention. *Strategic Management Journal*, 2003(24): 821.

[3] Markides Costas. What is Strategy and How Do You Know if You have One? *Business Strategy Review*, 2004(15): 5-12.

[4] Yip George. Using Strategy to Change Your Business Model. *Business Strategy Review*, 2004(15): 17-24.

[5] Gibson Elizabeth, Billings, Andy. Best Practices At Best Buy: A Turn Around Strategy. *Journal of Business Strategy*, 2003(24): 10-16.

[6] 迈克尔 A 希特，等．战略管理[M]．吕巍，等译．北京：机械工业出版社，2009.

[7] 王方华，吕巍．企业战略管理[M]．上海：复旦大学出版社，1997.

[8] 迈克尔·波特．竞争战略[M]．陈小悦，译．北京：华夏出版社，1997.

[9] 项保华著．战略管理：艺术与实务[M]．北京：华夏出版社，2002.

[10] 詹姆士·布瑞安·魁因，弗雷德里克 G 希尔默．战略性外购[J]．斯隆经营管理杂志，1994（夏季号）.

[11] 余光胜．企业竞争优势根源的理论演进[J]．外国经济与管理，2002(10):2-7.

[12] 赵弘．企业战略的控制与管理[J]．经济师，2000(12): 211.

[13] 王建平．浅议企业战略的风险控制[J]．经济师，2001(2): 182.

[14] 门桂平．浅谈企业内部控制的管理控制[J]．北方经贸，2002(03): 87.

· 管理学系列

第12章 企业国际化经营战略

学习目标

1. 了解企业国际化经营战略的定义及国际竞争的环境。
2. 学会挖掘国际竞争力的驱动力因素；能够区分跨国经营的传统动机和新的动机。
3. 讨论全球经营战略规划的一般思路。
4. 掌握国际市场的进入方式。
5. 熟悉国际竞争存在哪些风险。
6. 了解为何进行组织设计、战略伙伴选择和跨文化管理。
7. 掌握如何实施国际竞争战略的控制。

开篇案例 华为屡败屡战的国际化战略

可以用“异常艰难”来概括华为8年的国际化历程，“屡战屡败、屡败屡战、败多胜少、逐渐有胜”的品牌策划战略，但依稀之间，已经看到了一丝希望的曙光。

据专家咨询了解，在2003年，华为的海外销售额达到10亿美元，已经占到其整体销售额的近1/3。作为中国电信设备供应商龙头企业，从完全面向国内市场发展到以国际市场作为其业务增长的重点，这种历史性的转变，对许多希望成为国际级企业的中国公司而言，无疑有着很强的借鉴意义。

国际化，无法绕过的门槛

中国加入WTO以后，国际化愈加成为中国企业发展进程中无法绕过的门槛。而华为提早将国际化作为自身发展的重点，还有其他因素的考虑。从华为所在的电信设备市场来看，进入21世纪之后，虽然移动通信与宽带网络市场仍有比较快速的增长，但中国的电信设备市场的总体发展速度已明显放缓，中国电信运营商固定资产的投资，从1996年到2000年24.9%的年平均增长率，快速下降到2000年到2002年的2.1%的年平均增长率（资料来源：CCIC），华为、上海贝尔（阿尔卡特控股之前）、中兴三家公司作为中国国内主要设备供应商，占据了传统电信设备市场的一半以上。特别是华为，其主打产品交换机、接入网、光网络、智能网、接入服务器等的国内市场份额都已超过30%。但大家都清楚地认识到，随着市场增量的减小，在传统产品市场上，收入与利润的增长已经变得异常困难，因此，电信设备市场的龙头厂家，必须在战略上做出调整，以维持自身的持续发展。

三家公司都开始加大新产品的开发力度，但真正的差异还是在战略发展路径上。2001年7月，阿尔卡特公司以50%+1股的模式控股上海贝尔，使一家国有控股的合资企业变成了一家国际大型跨国公司的控股企业。阿尔卡特可以整合其在国内林林总总的合资企业，迅速扩大在中国市场的地位与影响，并获得其全球战略布局中在亚太地区重要的制造/营销/研发基地。

中兴通讯则采取了一种相对稳健的做法:国内国际双线发展，仍以国内市场为主。在产品策略方面，中兴重点与日本、韩国企业进行OEM/ODM方式合作，这既能充分利用其已有的遍布全国的营销与服务网络快速推出产品以获得收入增长，又能弥补其在研发实力上与华为存在的差距，以其差异化的竞争策略，逐步实现由跟随向超越的质变。这也应验了一个企业界普遍承认的道理，没有一家企业甘做一辈子的“老二”，不是不想做老大，只是时机不到而已。中兴海外市场的发展重心集中在发展中国家市场，如亚洲的印度、巴基斯坦，非洲的肯尼亚、刚果等国家。据中兴内部人士透露，2002年中兴国际市场的销售额为2亿美元，2003年的销售额约5亿美元，为华为国际市场销售额的一半。这与在国内市场中兴与华为销售差距快速缩小形成鲜明的对比。

早在1994年，当华为自主开发的数字程控交换机刚刚取得一定的市场地位的时候，任正非就预感到未来中国市场竞争的惨烈和走出国门参与国际市场的意义。这一年，华为第一次在北京参加国际通信展，1996年开始迈出国门开拓国际市场。

农村包围城市，最后夺取城市

华为国际市场开拓，还是沿用国内市场所采用的“农村包围城市”的先易后难策略，首先瞄准的是深圳的近邻香港。1996年，华为与长江实业旗下的和记电信合作，提供以窄带交换机为核心产品的“商业网”产品，与国际同类产品相比，除价格优势外，可以比较灵活地提供新的电信业务生成环境，从而帮助和记电信在与香港电信的竞争中取得差异化优势。这次合作华为取得了国际市场运作的经验，和记电信在产品质量、服务等方面近乎“苛刻”的要求，也促使华为的产品和服务更加接近国际标准。

随后，华为开始考虑发展中国家的市场开拓，重点是市场规模相对较大的俄罗斯和南美地区。以俄罗斯为例，1997年4月华为就在当地建立了合资公司（贝托－华为，由俄罗斯贝托康采恩、俄罗斯电信公司和华为三家合资成立），以本地化模式开拓市场。2001年，在俄罗斯市场销售额超过1亿美元，2003年在独联体国家的销售额超过3亿美元，位居独联体市场国际大型设备供应商的前列。南美市场的开拓并不顺利，1997年就在巴西建立了合资企业，但由于南美地区经济环境的持续恶化以及北美电信巨头长期形成的稳定市场地位，一直到2003年，华为在南美地区的销售额还不到1亿美元。

2000年之后，华为开始在其他地区全面拓展，包括泰国、新加坡、马来西亚等东南亚市场，以及中东、非洲等区域市场。特别是在华人比较集中的泰国市场，华为连续获得较大的移动智能网订单。此外，在相对比较发达的地区，如沙特、南非等也取得了良好的销售业绩。

此后，华为开始在觊觎已久的发达国家市场有所动作。在西欧市场，从2001年开始，华为以10G SDH光网络产品进入德国为起点，通过与当地著名代理商合作，华为产品成功进入德国、法国、西班牙、英国等发达地区和国家。2003年华为的销售额约为3 000万美元，预计2004年可以达到5 000万美元的规模。北美市场既是全球最大的电信设备市场，也是华为最难攻克的堡垒，华为在北美市场仅仅销售了少量电源等低端产品，主流产品至今仍难以打入。

为配合市场国际化的进展，华为也在不断推进产品研发的国际化。1999年，华为在印度班加罗尔成立了华为印度研究所，目前已有700人的规模，迅速提升了自己的软件开发水平，成为了国内唯一一家达到CMM 5级认证的企业。2000年之后，华为又在美国、瑞典、俄罗斯建立了自己的研究所，通过这些技术前沿的触角，将国际先进的人才、技术以各种形式引入，为华为总部的产品开发提供支持与服务。

解决企业国际化的深层次问题

华为总裁任正非很早就认识到，企业的国际化是一个系统工程，市场、制造、研发的国际化，只是其表象问题，而要成为真正的国际化企业，还需要更加深层次的推动力量。其中管理水平的国际化和资本运作的国际化，是华为实现国际化的重要举措。

1. 管理水平与国际接轨

任正非认为，职业化管理和国际化的人才是成为世界一流企业的必要条件。华为从1997年开始，就与国际著名管理顾问公司合作，改革人力资源管理制度，逐步建立起了以职位体系为基础，以绩效体系与薪酬体系为核心的现代人力资源管理制度，使员工的职业化素质得到了明显加强。

紧接着，华为又酝酿业务流程的变革。1999年，华为与IBM签订了业务流程变革咨询合同，在IBM的帮助下启动了以IPD（集成产品开发）、ISC（集成供应链）为核心的业务流程变革。

在职业化管理和核心业务流程重整的基础之上，从2003年开始，华为又进行组织机构的重大调整，将过去集权化的公司组织向产品线/准事业部制改变，以化小利润中心的模式，加快决策速度，适应快速变化的市场，增强“以小搏大”的差异化竞争优势。

2. 筹备境外上市

华为从2001年开始考虑以定向私募的方式，邀请若干家国际知名企业成为其少数股东，并计划在私募完成后境外上市。华为的私募与TCL私募的目的类似，希望透过资本所形成紧密合作的纽带，借国际一流公司的实力，帮助自己早日实现国际化的梦想。2001年，华为将其非核心业务华为电气出售给美国的爱默生公司，除了获得60亿元人民币的收入外，也是为将来更大规模的国际化资本运作所做的尝试和铺垫。

这些年来，非公众公司性质以及高度分散的内部股权结构对华为未来国际化发展带来许多的限制。首先是透明度问题，由于华为不是上市公司，不需要履行信息披露的义务，前些年内部又比较刻意地封锁一些消息，造成了外界对于华为的种种猜测，这些给华为寻求与国际公司的广泛合作制造了障碍。

虽然华为在国际市场开拓方面取得了比较大的进展，但与期望目标还存在着很大的差距，2002年，华为的国际市场销售额约为5.5亿美元，占总体销售额的21%，但由于居高不下的营销费用，其净利润水平非常低，同时，随着国内市场销售收入的减少，华为的整体销售额，从2000年的220亿元，2001年的255亿元，到2002年的220亿元，基本处于平稳状态，而净利润却从2000年的58亿元，2001年的28亿元，下降到了2002年的9亿元。由此看来，华为希望通过国际市场的开拓，实现其持续增长的目标还远没有实现。

华为的红旗究竟能够打多久？中国3G市场的时间表固然重要，但更加关键的还是取决于华为国际化发展的进程。我们希望看到，在不远的将来，任正非总裁可以写出一篇题为“华为之火，可以燎原”的文章。

资料来源：中国品牌总网。

12.1 识别国际竞争的机会

国际化战略是指在本国市场以外销售公司的产品。在21世纪国际一体化的大平台下，人们关注的重点将会是真正的全球市场，而不是世界的某些特定地区。对于那些在全球市场上进行竞争的公司来说，实施国际化战略（区别于本土化战略）即是快速及时地寻找新的国际竞争机会，建立自身独特的竞争优势。通常来说，实施国际化战略主要是因为国际市场存在以下竞争机会。

- **新的潜在机会** 雷蒙德·弗农（Raymond Vernon）阐述了国际多元化的经典原理。他认为，如果一个公司在本国市场上（尤其是发达国家，比如美国）推出了一项创新产品，在其他国家的市场上也会产生对这个产品的需求，于是就会有产品出口。当国外市场上的需求增长到一定程度，特别是当国外厂商也开始生产这种产品以满足增长的需求时，本国公司就会直接投资到国外市场，开办工厂，生产产品。随着产品的标准化，这个公司就可能会追求经营的合理化，把工厂移到生产成本最低的地方。所以，弗农认为这些公司在实行国际多元化以延长产品的生命周期。
- **充足的资源** 在某些行业中，原材料的供应，特别是矿物和能源至关重要，例如铝生产商需要铝土矿，轮胎公司需要橡胶，而石油公司探寻全球以寻找石油矿藏。
- **生产的低成本** 制衣、电子产品、制表和很多其他行业将它们的部分工厂转移到国外以寻求低成本。例如，为了加强成本优势，通用电气公司将它的一些家电制造工厂转移到全球的不同地方，它和墨西哥公司Mabe在墨西哥圣路易斯波托西州建立了一个合资企业，其所有的煤气炉都由这个合资企业生产。在墨西哥，通用电气公司共约雇用了24 000人，主要生产家用电器。

  土耳其是欧洲工资率最低的国家之一，它的每小时平均工资率只有葡萄牙这个欧盟最穷国家的一半，而在一些东欧国家和发展中国家，工资率更低。正因为工资率如此之低，而工人生产率却以每年3.6%的速度增长——相比OECD平均增长率为2.8%，很多跨国公司都在把工厂转移到土耳其。事实上，外国投资已经促进了土耳其经济的快速增长，以至于已经出现了劳动力短缺的现象。
- **新兴的大规模市场** 新兴的市场（如印度）的需求也是促进国际化的重要原因之一。而且由于这些国家货币波动较大，为了减少一国货币贬值的风险，跨国公司更倾向于使工厂分布在很多国家。虽然这样，一些新兴市场（如中国）的独特性也带来了巨大的成长机遇。当然，独特性既带来了机遇，也带来了挑战。如中国，很多方面都和西方国家截然不同，包括文化、政治和经济运行的规则。然而中国是一个巨大的潜在市场，即使和西方国家存在着巨大差异（在很多跨国公司的眼里，中国几乎是一个未开发的市场），随着现代工业的来临，需求会快速增长，但巨大的差异也意味着这些西方公司必须拥有必要的技能来管理财务、经济和政治上的风险。

同时，在有些行业中，为了达到规模经济效应必须大规模投资，从而使生产能力超出了本国需求，这也是推动全球化的一个原因。实行低成本的全球化采购也同样如此，例如在本国市场上可能缺乏新兴的小企业所需的研发人员等。

12.1.1 追求国际化战略动力

在追求国际多元化战略过程中有如下四个基本动力因素：①扩大市场；②更高的资本

投资回报率或生产（产品和过程）投资回报率；③更大的规模、范围和学习效应；④相关地理区域的竞争优势（如低成本劳动力、关键资源和客户）。在利用这些优点增强企业竞争力的同时，也应该考虑到其实施成本和与国际化相伴而来的问题。这些成本包括更多的协调费用、对本地文化的不熟悉以及对东道国政治风险了解有限。

12.1.1.1 扩大的市场规模

通过进入国际市场能够有效地扩大市场，有时扩大程度甚至相当可观。作为其扩张努力的一部分，南方贝尔已进入多个南美国家市场。不仅如此，它们还将充分利用当地正在进行和即将到来的电信解制来取得竞争优势。南方贝尔最终的目标是成为跨拉美的、面向企业用户的、一站式的全面电信服务提供商。它在拉美市场首先提供了无线漫游通信，如阿根廷的客户在委内瑞拉也能使用它的移动电话，而无须加拨特殊号码或信用卡号。南方贝尔7%的销售额来自拉美市场。尽管南方贝尔已在这些市场中立稳了脚跟，它还面临着来自西班牙的Telefonica及意大利的意大利电信的激烈竞争。由此可见，在国际市场上，机遇总是和挑战并存的。

改变消费者的那些与本地文化和传统紧密联系的口味和爱好并不是轻而易举的事。例如，当美国麦片生产商家乐士和大磨坊进入国际市场寻求发展机会时，虽然最初的努力似乎卓有成效，但麦片并不是欧洲人早餐的主食，于是销售量达到一个顶点后，在20世纪90年代后期开始下降，最后当销售额和利润均下降以后，家乐士不得不关闭了它在欧洲的麦片工厂。

对于那些处在有限增长的本国市场的竞争者来说，国际化战略是一个更有吸引力的选择。例如，当美国的软饮料市场相对饱和，多数市场份额的增加都是以竞争对手份额减少为代价的。在这种情况下，两个主要的软饮料制造商可口可乐和百事可乐都进入了国际市场寻找发展机会。百事多年前就进入了前苏联市场，而后，可口可乐进入中国市场。本来它们各自在这两个国家中独占统治市场，但今天俄罗斯和中国市场都已开放。可口可乐已在俄罗斯市场超越百事占据统治地位，且在欧洲、拉美和亚洲的销量也超过百事。在美国以外的市场，可口可乐的总销量几乎是百事的三倍。但最近可口可乐在它的几个国际市场中遇到了麻烦，尤其是在欧洲，这导致可口可乐利润下降，公司也开始进行调整。

某一国际市场的规模大小也影响公司在这个市场研发投资的决策。容量较大的市场通常意味着更多的潜在投资回报，因此投资风险更小。当地国家科技水平基础同样也影响其投资决策。大多数公司都倾向于在科技知识和人才较多的市场中投资，无论是新产品还是生产过程的研发投资，从而取得更好的投资效果。

我们预计未来将只有六家全球性的汽车制造商能够幸存下来。这些幸存的公司都将是庞然大物，并将拥有巨大的市场力量，因而将赶走那些弱小的竞争对手。事实上，备受批评的雷诺汽车收购陷于困境中的日产一案，其主要目的就是为了积蓄足够的市场力量，以取得能和全球汽车制造业巨人（如戴姆勒-克莱斯勒、通用汽车、福特和丰田）相抗衡的竞争地位。分析师指出，至少8～10年后，雷诺才能够取回它在日产的投资，而且如果日产不能扭转其颓势，很有可能雷诺自己也将因此被迫出售。正因为日产的业绩对于雷诺来说至关重要，雷诺将日产复兴的任务交给了强硬而有着成功经验的巴西人Carlos Ghosn。为了在制造过程中大幅度降低成本、提高效率，他对这家日本汽车制造商进行了彻底的改造。有趣的是，雷诺还在寻找其他的收购目标，主要是在亚洲，特别是韩国。

但是庞大的市场规模和市场影响力并不是成功的保证。分析师认为，法国的Seita和西班牙的Tabacalera之间合并成功的可能性微乎其微，这两家效率低、管理差的小公司合并的结果很可能仍是一家效率低、管理差的公司。

12.1.1.2 获取高额投资回报的机会

对于数额巨大的投资来说，如工厂和资产设备或研发，巨大的市场规模至关重要。因此大多数研发密集型的行业都实行国有化。例如，飞机制造业需要大量投资研制新飞机，为补偿它们的投资，飞机制造公司必须不仅拥有本国市场，而且也要拥有国际市场。这正是波音和空中客车公司所处的环境。为了取得满意的投资回报率，国际销售能力对于这两家公司来说都极为重要。空中客车公司正在不断提高竞争力。1999年，共同拥有空中客车的两家公司，DASA（戴姆勒-克莱斯勒的子公司）和Aerospatiale Matrais宣布合并，预计这将加强空中客车在国际市场上与波音一争高下的能力。看来波音也需要马上采取行动了，因为空中客车在1999年比波音拿到了更多的民航客机的订单。

除了需要大规模的市场来收回在研发上的大量投资，技术发展的速度也在加快，结果是新产品的生命周期变短。因此，投资就必须更快地收回。除此之外，公司拥有的技术发展能力也会扩张。由于不同的国家专利保护法各不相同，新产品被仿制的可能性增加了。通过反向工程技术，竞争对手能够分解新产品，学会新技术，从而用相似的新技术生产出和原产品相仿的产品。由于竞争对手快速跟上，尽快收回投资成本的需求也就更迫切了。在某些行业中（如计算机硬件），扩大了的市场也意味着有更多的机会收回大量的资本投资和大规模的研发费用，所以国际化扩张具有特别的吸引力。但必须强调的是，投资国际市场最主要的原因还是取得更好的投资回报。于是我们从预期的投资回报就可以看出一家公司准备进军国际市场的意图。当然，不同国家的公司有不同的期望，也使用不同的方法来决定是否进入国际市场。

12.1.1.3 规模效应和学习效应

公司的市场扩张之后，可能为公司带来规模效应，特别是在制造过程中。企业根据产品在不同国家标准化的程度、生产工具的相似性来调整关键资源功能，这就有可能取得最优化的规模效应。规模效应在全球汽车工业中至关重要。由于市场影响力和有效竞争的需要，未来将只有六家（通用、福特、戴姆勒-克莱斯勒、大众和亚洲的丰田和本田）全球性的汽车公司能够生存，例如本田已取得了巨大成功，并在发动机制造方面有相当竞争力，但当它和几个更庞大、拥有更多资源的对手竞争时，就暴露出了很多问题。福特有230亿美元现金，而本田只有32亿美元。通用每年在研发上投资90亿美元，而本田只能投资26亿美元。其结果是，本田被普华永道排除在六家幸存的公司之外。有一家公司咨询师认为，只要本田变得足够大（有充足的资源和相当的规模效应），就有机会生存下去。本田已经在发动机的研制和销售上取得了规模效应。它每年的汽车销量只有200万辆，但发动机的销量是1 000万台（包括除草机引擎）。最近，本田已和通用结成一项联盟，将为它的汽车制造发动机。如此看来，本田倒很有可能作为一个独立的发动机生产商而生存下去。

国际市场也为公司开发核心竞争力提供了机会，因为它为跨越国界的资源和知识共享创造了条件。除了取得协同效应、帮助公司以低成本生产高质量的产品、提供高质量的服

务之外，海外工作经验也提供了学习的机会。不同的市场和不同的实践为跨国公司提供了无数的学习机会，即使是发达国家的公司也能从新兴市场的运行中学到很多东西。

12.1.1.4 地理优势

把工厂和设备开设到海外可以降低产品和服务的成本。例如，更容易获取廉价的劳动力、能源和其他自然资源。其他的位置优势包括获得关键供应商和客户。一旦占据有利的地理位置，就必须通过有效的管理来获取最大的位置优势。在国际扩张过程中，电信公司就开始寻求特定的位置优势。同样，为了获取位置优势，美国的农用机械制造商已在拉美地区进行了大规模投资。拉美的劳动力成本比美国低得多，而且随着拉美经济的增长，农用机械市场的前景也更光明。有些国家，特别是墨西哥，有着良好的基础设施和熟练的劳动力。

12.1.2 国际经营环境分析

与国内经营环境相比，国际经营环境更加复杂。一方面，国际经营的构成要素繁多，不仅有政治、经济、文化、地理等宏观环境因素，还有竞争者、供应商、客户等微观环境因素以及企业自身的生产能力、销售能力、财务能力等因素。另一方面，国际经营环境范围更广，不仅有企业所在国的环境，还有目标市场国家的环境乃至全球的环境。再就是国际经营环境内容更加丰富，不同的国家处于不同的地域，有不同的地理环境、不同的历史、不同的文化习俗以及不同的文化发展阶段，等等。

对国际经营环境的分析和评估是企业制定国际化经营战略的基础。企业的一切经营活动都受环境因素的制约，国际经营环境的变化随时会给企业带来新的机会和产生新的威胁。对国际经营环境的分析主要从两个角度，一是分析东道国的环境，以单个国家为对象分析该国的具体环境；二是分析国与国之间的联系，以多个国家为对象分析区域乃至全球环境。

12.1.2.1 国别环境分析

国别环境的构成要素包括以下两个层次：

- 一般环境因素如政治、经济、技术、社会、人口、教育、法律、文化、自然资源、地理环境等。这些因素中尤其要注意其与本国差异的地方，这种差异性会影响和制约企业的国际经营战略活动，但是这种影响和制约作用是比较间接的，因而也称为次级影响因素。
- 直接影响企业经营活动的因素，如客户、供应商、竞争者、政策、技术等方面的因素，这些也称为特殊环境要素（见图12-1）。

企业对上述环境分析包括以下两个阶段：

- **在国际经营活动之前的分析**　一般来说企业要对全球诸多国家进行层层筛选，最后筛选出若干国家按上述因素进行具体分析。但也有许多企业对国家的选择是非常偶然的，如自己的大客户在该国经营取得了成功，带动了该企业到该国经营；也有的是因为许多本国或同类企业纷纷到国外经营后跟随而来。
- **在国际经营活动过程中的分析**　环境因素是不断变化的。环境的变化会给企业带来机会和风险，因而这个阶段分析的主要目的在于寻找机会和避免风险。

企业对于上述环境因素的分析可设计若干个衡量指标，通过指标的对比可以分析出环

境的变化，也可发现与本国的差异，其中比较重要的指标如表12-1所示。

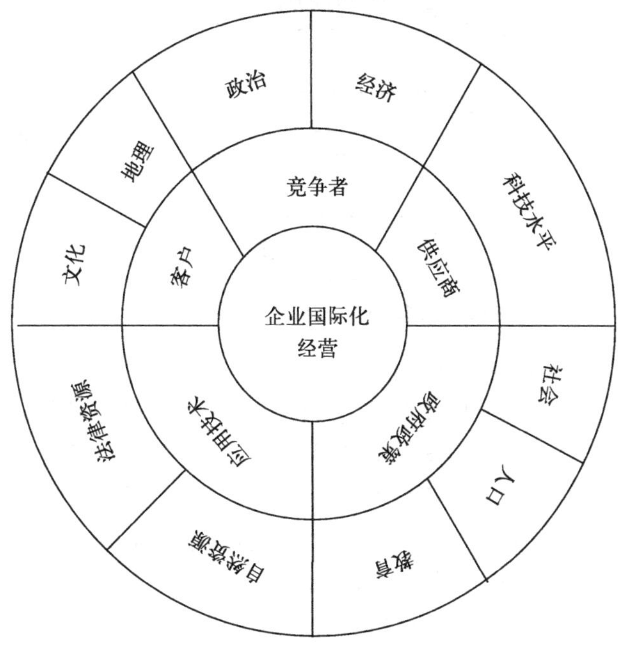

图12-1　国别环境的构成要素

表12-1　衡量环境因素的重要指标

经济：	(1) 国内生产总值趋势	(2) 经济发展阶段	(3) 财政与货币政策	(4) 失业率
	(5) 外币可兑换性	(6) 工资水平	(7) 与地方经济组织的关系	(8) 气候
技术：	(1) 技术转让的规则	(2) 能源成本与可获性	(3) 自然资源可获性	(4) 交通运输网络
	(5) 专利商标的保护	(6) 信息设施		
政治法律：	(1) 政府组织	(2) 政治意识形态	(3) 税法	(4) 政权稳定程度
	(5) 政府对外国公司态度	(6) 对外国公司资产的限制		(7) 反对党的力量
	(8) 贸易限制	(9) 保护主义者的感情趋向		(10) 外交政策
社会文化：	(1) 习俗、道德标准和价值观	(2) 语言	(3) 人口状况	(4) 生活预期
	(5) 社会团体	(6) 地位身份标志	(7) 生活方式	(8) 宗教信仰
	(9) 对外国人的态度	(10) 教育水平		

12.1.2.2 国际竞争环境分析

对国际竞争环境的分析不仅包括国际经营活动中对东道国的环境分析，还应超越国别，分析国与国之间、地区与地区之间的联系，从而站在全球的角度对国际经营环境进行分析。对于国际企业来说，竞争已从国内延伸到国际，对国际经营环境的分析目的在于谋取国际竞争优势，因而对国际竞争环境的分析就尤为重要。对国际竞争环境的分析应从两个方面去把握：一方面是国与国之间的联系，即国家之间是通过哪些方式互相联系的，竞争要通过国与国之间的联系才能体现出来；另一方面是国际竞争究竟采取何种形式，什么因素决定了国际竞争，即国际竞争的优势来源于何处。

1. 国家之间的关联

国与国之间的经济联系有三条纽带（见图12-2）。

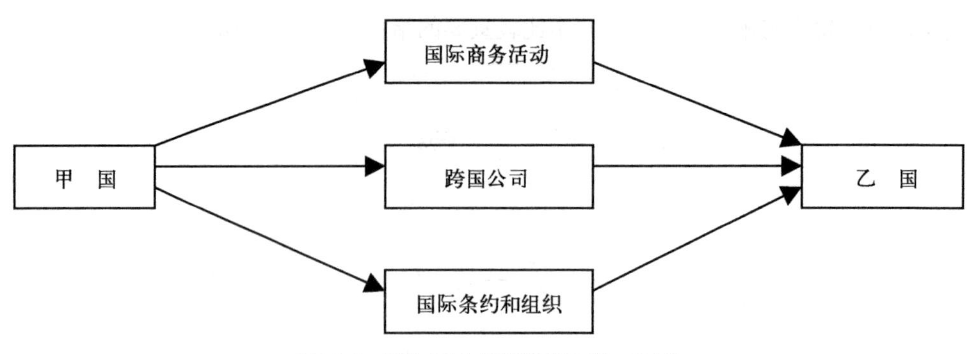

图12-2　国与国之间经济联系的三纽带

国际商务活动　国际商务活动的内容非常广泛，主要包括国际贸易、国际金融等方面的内容。具体来说包括：①国际收支状况与国际储备；②国际外汇市场；③国际货币与资本市场；④国际投资与资本流动；⑤国际贸易与商品市场等。国际商务活动把各国的商品及要素市场互相联系起来，这种联系显然对国际经营活动有重要影响。企业国际化经营战略就是从国际市场角度出发配置生产要素和销售商品或提供服务，因而了解国际商务活动、分析商务环境是制定国际化经营战略的重要前提。

以国际外汇市场为例。随着各国政府对资金流动限制的降低和信息技术的发展，外汇市场日益一体化，外汇交易量急剧上升，几十亿美元的资金可以在瞬间从一国流向另一国。这对于国际经营活动来说是十分有利的，因为这意味着国际企业可以方便迅捷地调动资金，提高资金的周转效率，但是这也增大了国际商务活动的风险。资金的大规模国际流动加大了汇率的波动，会引来政府的干预。如1992年9月16日，英国宣布调高利率以使英镑升值，谁知英镑仍继续贬值，当天再次调高利率仍无济于事，只好放弃这一徒劳举措。外汇市场的剧烈波动使许多企业受到巨大损失，另外，外汇市场风险是国际企业不可避免的风险。如德国波舍尔赛车因受美元汇率的影响，从1985年3万辆销量下跌到1992年的3 000辆，至今未恢复元气。

跨国公司　跨国公司实际上是国际商务活动的载体，它通过其分支机构把上述商务活动的分工、协调、计划、管理等工作在组织上联系了起来。跨国公司超越国家的界限，进行"无国界经营"，成为"无国界企业"。如ABB公司总裁所言："ABB公司既没有地理中心，也没有民族轴心。与此相反，ABB是许许多多民族企业公司在世界范围协作的联盟。我们到处为家。"

一个企业在国际经营活动中应充分考虑其他国际企业对国家的影响。在战略上，甚至应考虑结成战略联盟以增强相互间对国际事务的影响能力，如波音公司与麦道公司的合作，日本企业结成战略联盟以对付欧洲的空中客车集团。

国际条约和组织　国际条约和组织对国与国之间的政治、经济、社会生活等方面起着重要的协调和制约作用，对国际企业的经营管理活动有很大的影响。国际企业一方面要受制于这些条约和组织，另一方面又要充分利用这些条约和组织来保护自己。例如利用世界贸易组织中的反倾销条款可以防止其他厂商用倾销手段来夺取自己的市场。

国际条约和组织可以按其区域范围及其所具功能分成四大类（见表12-2）；另外表12-3中还列出了当今世界主要国际协议、条约和组织。

表12-2　国际条约和组织的划分

	功　能　性	全　面　性
全球性	世界贸易组织	联合国
区域性	北美自由贸易区	欧洲联盟

表12-3　主要国际协议、条约和组织

全球性协议和组织	功能性协议和组织
（全球性）联合国及所属组织	
世界法庭	空运：国际空港协会；国际民航组织
世界产品销售公约	海运：联合国贸发组织船运公约
技术转让准则	电信：国际电信联盟
反垄断行为准则	贸易：关税总同盟；世界贸易组织
跨国企业行为准则	货币：国际货币基金组织
消费者保护准则	投资：世界银行；世界金融组织；多国投资保护组织
环境保护协定	
（区域性）欧洲联盟	空气污染公约：海洋公约
北美自由贸易区	月球公约
拉丁美洲自由贸易区	
经济发展合作组织	

2. 国际竞争

企业开展国际经营活动就意味着要参与国际竞争，因而国际竞争是国际化经营战略中的重要组成部分。

国际竞争可以从参与者在本行业的地位及其参与方式两方面进行界定，如图12-3所示。参与方式是指企业采取的国际经营方式，如参与程度高的直接投资，参与程度低的商品出口。我们可以通过商品进出口贸易额占该商品总销售额的比重来衡量，指标值高，参与程度低，反之亦然。

	高	低
主要	**全球市场** 计算机、客机、轿车	**多国市场** 软饮料、快餐食品、银行业
次要	**大宗贸易市场** 玩具、纺织品、粮食、矿石	**纯国内市场** 个人服务业（如理发、牙医）

图12-3　国际竞争地位

全球市场　这些产业是全球性产业，跨国公司在行业中占主导地位，主要采取直接投资和国际贸易相结合的竞争优势。这些行业是技术和资金密集型的，跨国公司在技术和规模经济方面要求很高，必然导致企业走出国界，在全世界范围内生产和销售。企业国际竞争是全方位的、激烈的，不但争市场，而且争资金、技术、战略伙伴。如波音公司在全球范围内生产零配件，销往世界各地。

多国市场　这些行业中的企业多为跨国公司，但与全球市场相比，企业间的国际竞争在竞争范围和竞争焦点上均不同。这些行业产销难以分离，只能在当地市场生产并直接销售，竞争形式一般采取直接投资形式，竞争范围只限于区域市场而非全球市场。另外，从

竞争焦点来看，这些行业的关键环节是销售而非制造，如产品形象、广告宣传、渠道策略、促销手段等。如百事可乐和可口可乐之间尽管有百年之争，但实际上是一个区域市场的竞争。在20世纪80年代，印度拒绝了可口可乐，却接纳了百事可乐，但可口可乐在印度的失败并未妨碍它在中国的成功。同样百事在印度的主导地位不意味着它在中国也能同样如此，两者市场不同，竞争方式和策略均不同。另外，不论是百事可乐还是可口可乐，它们都在广告上进行了大量的投入，把竞争放在产品形象上。

大宗贸易市场　大多数原材料和农产品属于这一类。在这些行业中，主要包括一些中小企业或从事进出口业务的外贸公司。这些行业生产技术含量较低，只是粗加工，也不需要设立复杂的营销和服务机构。竞争方式主要是价格竞争，其优势取决于丰富的自然资源和廉价的劳动力。如中国的纺织品一直在我国出口贸易中占有很大的份额，但国际上价格竞争非常激烈，例如越南、斯里兰卡等国的劳动力成本更低，对中国纺织品出口有很大的威胁。

纯国内市场　这些行业很难开展国际经营活动，只能是由特定的人为特定的消费者提供特定的服务。

3. 国际竞争优势

企业在国际市场中竞争，其竞争优势不只来源于企业本身，还来源于一个国家的竞争优势，因为一个国家的经济、社会、政治等环境因素势必影响各行各业的竞争力，行业的竞争力势必影响企业的竞争力。例如，美国、日本的汽车和家电产品有很强的影响企业的竞争力，而美国的娱乐业、软饮料和个人卫生用品却有很强的国际影响力。日本的家电企业，如松下、索尼能成功地进入美国市场，而其个人卫生用品等行业却无一企业成功进入美国市场。

关于国家的国际竞争优势来源有很多理论，如大卫·李嘉图的“比较优势”论，俄林的“要素比例”说，还有日本等国研究后得出的“产业政策论”、“管理文化论”等，都从不同的角度做出了一些解释。但比较全面的是迈克尔·波特的“国家竞争优势四因素论”(见图12-4)。

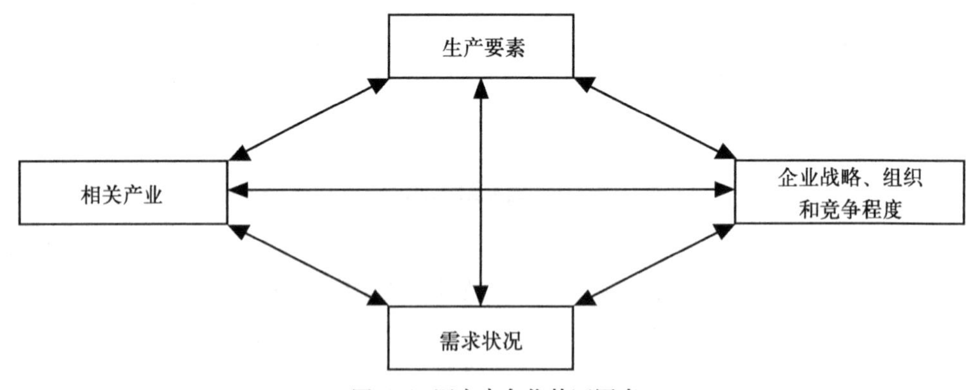

图12-4　国家竞争优势四因素

生产要素　一国的生产要素是企业发展的资源。生产要素可分为基本生产要素和高等生产要素两大类。

基本生产要素包括自然资源、地理环境、气候条件、初级劳动力等。基本生产要素决定了某些国家的一些行业的竞争优势，如南非的钻石业、中东国家的石油开采与冶炼业等。但是在国际竞争中基本要素的地位正在下降，取而代之的是高等要素。自然资源等基本生产要素的国际竞争优势来源于高等要素。

高等要素包括受过高等教育的人才、发达的通信网络、科研与开发能力等，这些要素很难通过公开市场上的国际贸易取得，更为稀缺，因而更为重要。一个国家或一个企业的基本要素是先天决定的，唯有发展高等要素才能提高其国际竞争力。

需求状况　这是指跨国公司母体的需求状况。例如，日本的家电消费者非常成熟，需要的是高质量、先进但价格合理的产品。日本家电生产商能满足这种需求。由于其他国家的家电生产商没有经历这种需求，因此日本公司显然有明显的国际竞争优势。需求产生国际竞争优势是因为世界各国的需求规模相似，而发达国家和发展中国家则相差很大。

相关产业　美国之所以在计算机和软件业中处于国际领先地位，原因之一是由于加利福尼亚的“硅谷”集中了许多计算机公司及配件企业，这些公司拥有众多的专家和技术人员。相关产业既包括同类型的产业，也包括上游和下游产业。相关产业的竞争优势取决于以下因素：①紧密合作的可能性；②互补性和需求拉动作用；③相关企业密集度和信息环境质量。

企业战略、组织和竞争程度　一个国家的体制、文化、历史等决定了一个企业如何创建、组织和发展，以及管理人员的思维方式、目标价值和行为准则等。例如，西方许多国家将国有企业进行私有化，因为这些国家认识到由于政府对价格和雇员政策的限制使国有企业很难具有国际竞争力。在美国，由于崇尚个人奋斗，体育、影视等娱乐业中涌现出大批的明星，获得巨额收入，因而吸引了许多人才流向好莱坞，希望有朝一日走红。人才的供应使美国娱乐业保持着强大的国际竞争优势。

迈克尔·波特还指出了国际竞争演变的4个阶段：

（1）要素驱动阶段。此时，企业竞争力主要来源于本国的基本生产要素。

（2）投资驱动阶段。此时，竞争优势来源于生产要素的升级和公司的组织与战略。

（3）创新驱动阶段。此时，相关产业被带动和发展起来。如造船业带动钢铁、塑料、电子等产业。

（4）财富驱动。根据波特理论，这个阶段是指国家已经历前述三个富有竞争力的阶段，这时开始衰退了。企业由于成本上升、质量下降、创新缓慢而失去国际竞争优势，完全是依赖于前三个阶段积累的财富。如美国在20世纪70年代在钢铁、汽车、电器产业中与日本相比失去了许多竞争优势。

12.2　国际经营战略规划

完成了对国际经营环境和国际多元化动力因素的分析之后，便要进行战略规划，这包含了两个层次的内容。第一层是对全球若干市场的发展战略的规划；第二层是针对某个具体目标制定市场进入战略，即通过何种方式进入该市场，进入后如何发展。

12.2.1　国际化发展战略规划

公司层制定的国际化战略包括三个主要类型的战略：跨国本土化战略，全球化战略和跨国化战略（跨国本土化和全球化的综合应用），如图12-5所示。

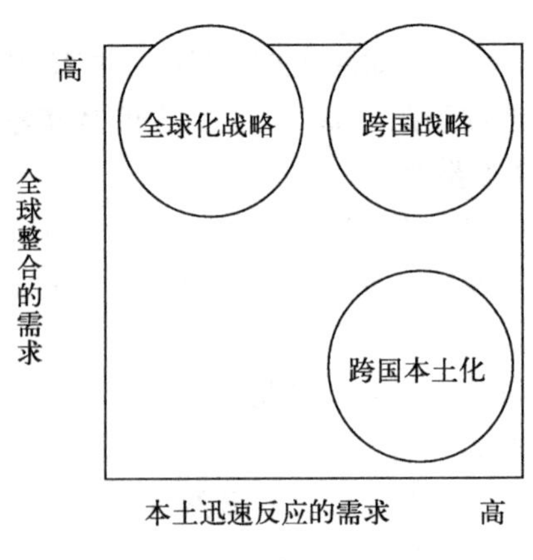

图12-5　公司层国际化战略

12.2.1.1　跨国本土化战略

跨国本土化战略是指企业将战略和业务决策权分配到各个国家的战略业务单元，由这些单元向本地市场提供本土化的产品。跨国本土化战略注重每个国家或地区之间的竞争，认为各个国家市场情况不同，于是以国家界线来划分市场区域。跨国本土化战略采用高度分权的方式，允许每个部门集中关注一个地区或国家。每个国家的消费者需要与需求、行业状况、政治法律结构和社会标准都各不相同，跨国本土化战略让各国子公司的管理者有权将企业产品个性化来满足本地消费者的特殊需求和爱好。

选择跨国本土化战略通常会扩大本地市场份额，因为企业能关注当地顾客的需求。但是不同国家的业务单元在不同的市场上采用不同的战略，将增加公司整体的不稳定性。此外，本土化战略不利于公司实现规模效应。于是采用跨国本土化战略的公司将战略和业务决策权分散到各个国家的业务单元。

12.2.1.2　全球化战略

与企业的跨国本土化战略相反，全球化战略更加集权，强调由母国总部控制。企业采用全球化战略是指在不同国家市场销售标准化产品并由总部确定竞争战略。采取国际化战略的企业注重规模经济，有更多机会在公司层进行创新。

虽然全球化战略降低了企业所承担的风险，但也可能忽略本地市场的一些发展机遇。全球化战略对本地市场的反应相对迟钝，并且由于企业需要跨越国界的协调战略和业务决策，所以难以管理。通过全球化战略达到有效率的运营，需要跨国地分享资源以及协调合作，这又需要集权与总部控制。

12.2.1.3　跨国化战略

跨国化战略是让企业可以实现全球化的效率和本土化的反应敏捷的统一。要达到这一目标显然并非易事，因为这一方面需要全球的协调并紧密合作，另一方面需要本地化的灵活性。虽然实施起来颇具挑战，跨国战略在国际市场竞争中的必要性越来越明显。全球竞争者的增多，加强了对成本削减的需求，而携带了更多信息流的市场复杂程度不断提高，对于生产针对顾客需求的个性化产品的压力越来越大，要求企业将产品差异化，甚至是针对本地市场进行本土化。文化与制度环境的差异，也要求企业根据当地环境调整产品和运营方式。综合以上原因，越来越多的企业运用跨国化战略。

12.2.2 国际市场的进入方式

对各个具体目标市场采取何种方式“登陆”是国际经营战略规划中的重要内容。根据美国麻省理工学院法默和里茨教授的研究，对国际市场进入方式按是否涉及海外管理权可分为以下两类：①不享有国外管理权的方式，如进出口贸易、证券投资、对政府和金融机构贷款、技术转让、合同安排、国际租赁、国际咨询；②享有国外直接管理权的方式，其中包括国外直接投资、国际服务经营、工业合作等。

国际市场进入的战略模式

1. 商品出口

商品出口是国际经营活动的初级形式。商品出口可分为直接出口和间接出口。间接出口是指通过本国的各个外贸机构或国外企业设在本国的分支机构出口，而直接出口则是指企业将产品出口给国外客户，这些客户可能是最终用户，也可能是中间商。

直接出口中，企业对出口产品的经营管理保留部分或全部的控制权，并要参与国际营销活动，如市场调研、寻找客户，出口手续等。其优点是企业可加强控制，更有效地按企业自身的意图实施出口战略，有利于积累国际营销经验，培养营销人才。但是这种方式要求企业投入的资源也比较多，需要大量的人力物力，另外风险也较大。直接出口形式有直接卖给用户和直接卖给国外中间商，如代理商、经销商、零售商等。

间接出口中，企业的产品走出了国界，而企业的营销活动仍在国内进行，企业并不直接参与该产品的国际营销活动。间接出口的优点是风险最低，资金、人力等资源投入较少，但是企业控制海外营销活动能力较差，学习国际经营的潜力较低。间接出口形式一般适合中小企业，或把间接出口作为进一步发展的跳板。即使像IBM和通用电气等巨型跨国公司也采用间接出口的方式渗透到某些次要市场。间接出口的方式主要有：①外贸收购；②外贸代理；③委托出口管理公司代理；④联营出口等。

2. 技术转让

技术转让又称技术授权，即指授权人与受权人签订合同，提供使用专有的工业产权或技术，并收取相应费用和报酬。授权的内容有专利使用权、专有技术和商标。许可的方式有独占许可、排他许可、普通许可、可转售许可等。技术转让一般比较适用中小企业，但是大公司也用它进行市场测试或占领次要市场。例如美国安豪泽-布施公司就用此战略在以色列、韩国、菲律宾等国经销“百威”啤酒。技术转让形式的缺点是可能培养出新的竞争对手，所以企业绝不将技术转让于有明显竞争倾向的受权人，或必须紧紧将核心技术控制住。

3. 战略联盟

近几年来，战略联盟成了国际扩张的流行方式。战略联盟让公司共担进入国际市场的风险与资源，并能促进企业核心竞争力的发展，这有利于提高企业未来的战略竞争力。许多国际战略集团中必然包括一个熟悉和了解该国竞争状况、法律和社会惯例和文化特质的东道主国企业。战略联盟中的每个成员都会为联盟带来知识和资源，同时各有利益。通常新兴经济国家的企业希望成立国际联盟以获得对它们来说较新的高端技术，而非新兴经济体的企业以此进入新的市场而不需要缴纳关税。东道主国企业由此接近扩张企业的技术和产品创新，然而要将技术支持转移到联盟中，通常要求合作伙伴之间相互信任。协调好各方的预期有助于联盟取得更好的效果。

并不是所有联盟都是成功的。失败的联盟根源在于合作伙伴之间的矛盾和冲突。国际战略联盟尤其难以管理。如果战略联盟或合资企业的冲突不能够得到控制，收购可以是一个更好的选择。在面临更多的不稳定性条件下，在合作伙伴之间需要共享知识的时候，战略联盟更加受欢迎。而在需要较少的战略灵活性和进行交易以维持规模经济条件下，收购的方式更为可取。

4. 直接投资

这里是指企业用股份控制的办法，直接参与目标国市场厂商的生产，并对该企业的经营管理拥有一定程度控制权的投资活动。直接投资是国际经营活动的高级形式，也是企业国际化成熟的标志。但是直接投资风险更大，而且灵活性差，一旦受挫，可逆转性差；由于全面介入，管理难度更大。

直接投资从投资方式看有以下几种常见方式。

（1）全股子公司。跨国母公司至少持有95%以上的股份，这是直接投资中母公司介入程度最大、控制性最强的方式。全股子公司的效率一般比合营企业高，能保护技术秘密，保证产品质量，有利于贯彻母公司的管理文化。

（2）分公司。分公司是母公司在海外的分支机构，无独立法人地位，一般授权东道国的某公司或个人担任法律上的代理人。

（3）合营子公司，即母公司拥有非全部股权的子公司。母公司可能占多数股权，也可能占少数股权。一种形式是合资经营，合营双方确定股权比例，双方按股权比例共担风险，共负盈亏；另一种形式是契约式合营企业，双方不按股权，而是通过契约来规定双方的权利和义务。合营可以使双方优势互补，分散经营风险。据统计，国际合营企业与独资企业之比大约已达4 : 1，合营内容从合作生产原材料、零配件到合作科研，甚至合作营销。但是，合营企业的困难和问题也很多，如双方经营目标的不一致，管理方式上的摩擦，文化上的冲突等都有可能使合营失败。据调查，发达国家之间合营企业的失败率高达50%以上。合营方式适宜于企业进入那些限制股权比例的国家，以减少被征用风险，并获得当地支持。

合营企业在建立方式上有两种——收购和新建。收购是指通过购买另一个现有企业从而接管该企业。收购的优点在于能迅速获得生产经营所需的资源和人才、技术和设备；另外，如果收购的是一家有良好营销网络的企业，则可带来很强的“协同效应”。例如K-mart公司为了在中欧扩大市场，收购了捷克和斯洛伐克的许多大型百货商店。但是，在许多国家收购很难进行，主要是因为很难获得候选对象的信息。如美国在航空业限制外商最多只能拥有49%无投票表决权的股票和25%有投票表决权的股票，这也限制了收购。

新建则是企业自己重新建立生产经营设施、安排人事。这种方式进入市场速度缓慢，工作也比较复杂，但是使企业在工厂设计、供应商选择、人员雇用等方面拥有更多的自由。例如，丰田和本田都在英国农村建立自己的汽车工厂并雇用和培养了许多毫无经验的年轻工人。

上述几种进入战略的风险及可控程度是不一样的。间接出口的风险和可控程度最低，而全股子公司（独资）是风险和可控程度最高。如图12-6所示，一般而言，企业国际化过程的演变顺序是从左下角到右上角。

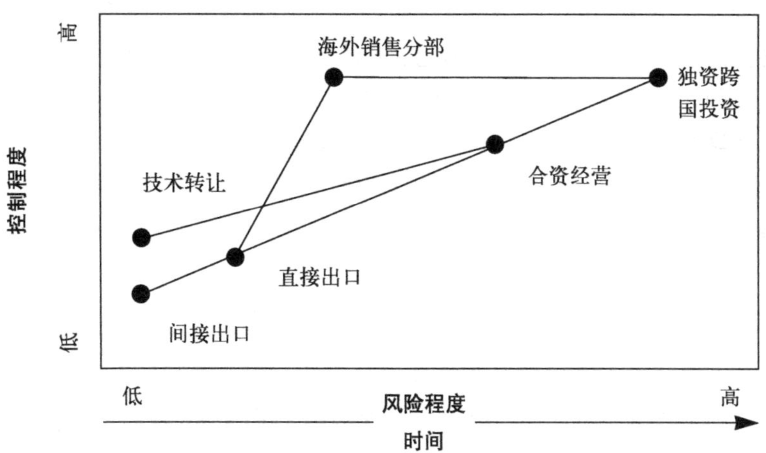

图12-6　企业国际化演变顺序

12.3　国际竞争战略的实施与控制

尽管实施国际化战略有很多好处，但也伴随着复杂性和更大的不确定性。例如，当公司在几个不同的国家运作时会产生多种风险，公司可能变得非常庞大和太多元化，以致难以管理或者管理成本超过了收益。其他复杂性包括国际市场的高度竞争性、多种文化环境、潜在的不同货币价值的变化和一些国家政府不稳定的可能性。

12.3.1　国际竞争环境下的风险

国际多元化总是会伴随着多种风险的。由于这些风险，实施国际扩张很困难，实施后的管理也很困难。主要的风险是政治风险和经济风险。考虑到这些风险，高度多元化的公司对于造成始料未及的竞争环境的市场条件已是习以为常了。有时，这些环境有利于发展公司的战略竞争力，但有时它们对公司的努力也有消极影响。

12.3.1.1　政治风险

政治风险包括国家政府的不稳定和国内国际战争引起的风险。国家政府的不稳定会产生一系列问题，其中经济风险和不确定性的产生原因包括政府管制、大量可能性冲突的存在、法律权威性和潜在的私人财产国有化。例如，在俄罗斯投资的外国公司可能会考虑到其国家政府的稳定。如果政权发生了变化，它们的投资和资产会怎么样？这些顾虑在2000年年初叶利钦突然辞职以后依然存在。

在中国投资的公司顾虑则不同，它们更关心中国管理外国投资的政策的稳定性。中国政府会更妥善地发展中国经济。例如，为了在中国东部省份江苏建立除草剂制造厂，英国化学公司Zeneca与中国政府谈判了五年。另一个例子是1999年中国宣布减少外国公司在中国的移动电话销量。

12.3.1.2　经济风险

如前所述，经济风险和政治风险是相互依存的。国际多元化的主要经济风险是不同货币汇率的差异和波动。对美国公司来讲，美元对其他货币的汇率决定了其国际化资产和收入的价值，如美元升值会降低美国跨国公司在另一个国家资产和收入的价值。另外，不同

货币的价值有时会极大地影响公司在全球市场的竞争力，因为它们会影响到在不同国家制造的产品的价格。由于产品的价格不同，美元的升值会损害美国公司向国际市场的出口。

1999年巴西雷阿尔的贬值大大降低了Drypers的产品销量。货币贬值降低了消费者的购买力，于是降低了Drypers在巴西的销售，而它在阿根廷的生产设备也贬了值，因为它们主要是为巴西市场服务的。最后，Drypers将其在阿根廷的生产设备移到了马来西亚和墨西哥。尽管在拉美遭遇了亏损，由于当地的出生率较高（每个母亲2.9个孩子），因此对婴儿用品的需求很高，Drypers还是会留在拉美市场。

12.3.1.3 国际扩张的限制：管理问题

研究显示，公司国际多元化初期的回报往往是正的，但随着国际多元化超过一定限度后，回报会逐渐减少，直至变成负的。有多个原因限制了国际多元化正回报的实现。第一，地理位置在不同国家的分散性增加了不同部门之间协调成本和产品分销的成本。第二，贸易壁垒、物流成本、文化差异和不同国家的其他差异（如原材料和不同劳动技能的取得）增加了实施国际多元化政策的复杂性。

制度和文化因素造成了公司竞争优势从一个国家转移到另一个国家的主要障碍。当进入新的市场时，国际公司常常不得不重新制定市场营销计划，新的分销渠道也需要建立。此外，还可能碰到不同劳动力成本及费用支出等问题。总体来讲，有效地实施、管理和控制公司国际化运作是很困难的。

Monsanto（现在是法玛西亚的一部分）的前CEO罗伯特 · 夏皮罗（Robert Shapiro）曾经成功实施了NutraSweet和其他一些有效的行动，被人们认为是这方面的专家。但是，他犯了一个基本错误，以为欧洲市场和美国市场是相似的。这个错误的后果是，Monsanto用遗传工程培育的种子（如能抵抗除草剂的大豆）遭到了欧洲人的强烈拒绝。沃尔玛也在拉美市场犯了同样的错误。它最终意识到在一个购物者不拥有汽车的国家中，庞大的停车场并不能吸引来大量的消费者。墨西哥的主要交通工具是公共汽车，那些与停车场和公共汽车站离得很远的商场足以让那些潜在的顾客望而生畏，因为要把他们买的商品带回家实在不是一件容易的事。

国际多元化可管理的程度对于各个公司都不相同。如果是进入一个与本国关系比较好的、文化差异比较小的国家，那么集中协调和整合的问题就会减轻。在那种情况下，贸易壁垒会更少，公司对法律和客户有更深入的了解，产品也更容易适合本地市场。如美国公司会发现进入加拿大和西欧市场比进入亚洲市场更容易。

12.3.1.4 其他管理问题

许多公司的一个主要顾虑是国际市场的高度竞争性。对于习惯了高度竞争的本地市场的公司来说，国际市场更复杂，因为不仅要面对更多的竞争者，而且这些竞争者之间还存在很大差异。例如，一个进入欧洲市场的美国公司不仅要面对来自英国、德国、法国和西班牙的竞争者，也要面对来自欧洲以外国家和地区的竞争者，如中国香港地区、日本、韩国、中国台湾地区、加拿大，甚至可能是南美国家。这些国家和地区的竞争者可能会有不同的竞争优势，有些可能拥有低成本劳动力，有些可能融资方便、拥有低成本的资金，而还有一些可能拥有更高新的技术，适应这些差别不是一件容易的事。最后，因为不同的文化和思想方式，要理解这些竞争者的战略意图也更复杂。

另一个和国际多元化有关的问题在于当地国家政府和跨国公司的关系。例如，日本公司在美国市场竞争时遇到的贸易壁垒较少，而美国公司要想在日本销售产品、开展业务，就会遇到更多的壁垒。

通过限制进口和降低日本出口的价值，日元对美元一直保持着较高的比价，而出口价值的降低又提高了日本产品在国外的价格。虽然这个问题正在逐渐改变，但要降低贸易壁垒，还有更多需要改进的地方。很多公司，如日本的汽车企业和通用汽车正以战略联盟的方式来克服这些壁垒，它们的目的是建立组织间的网络以共享资源和分担风险，同时又具有灵活性。

12.3.2 组织、伙伴选择和跨文化管理

要有效地实施国际化经营战略，就必须充分认识到国家和文化的差异。在众多的考虑因素中，有三点是非常重要的：①设计一个合适的组织结构；②与当地企业结成战略联盟；③人员管理与实践。

12.3.2.1 组织结构的设计

国际企业的组织结构设计主要考虑两个因素：行业及所处国际化经营的阶段。集权和分权不论对多国市场还是全球市场的企业来讲都是尤为重要的问题。就全球市场的企业而言，它必须解决一个矛盾的问题——一方面需要适应当地环境以求最有效，而另一方面需要大力协调，使整个公司活动一致，以求效率最大化。

企业的国际化经营一般要经历五个阶段，每个阶段对组织结构的要求是不一样的。

（1）主要在国内经营的公司通过当地的代理商出口部分产品。这时组织结构的影响很简单，因为所有的出口事务通过设立出口部来解决。

（2）有了第一阶段的成功，企业就可以建立自己的销售公司并在东道国设立办事处，以减少中间商，使自己从事国际市场营销的能力更强。这时，出口业务对企业来说非常重要，企业建立出口事业部来管理国外销售办事处。

（3）前两阶段的成功使公司有能力在主要国家投资建立生产设施，这时企业便开始建立国际部负责国外的业务。

（4）随着企业国外投资的增加，企业在东道国设立分公司或子公司，服务于当地市场和扩大产品生产线。这时企业在投资国建立了生产部门和其他管理职能部门（如研发部、财务部、营销等部门）。随着时间的推移，母公司收购兼并了有关企业，以扩大当地的子公司。当子公司在当地经营得非常成功时，它获得了更多的自主权和独立权。这时企业成立独资子公司作为国际分部来控制和管理在东道国的各类公司。例如美国的杜邦公司在瑞士日内瓦设立国际分部，管理各地的农产品子公司。

（5）一些极为成功的跨国公司发展到了第五阶段。从它们在全球的人事、研发和财务等战略可以看出它们是处于全球市场的企业。跨国公司在全球范围内进行产品设计、制造和销售，这时组织结构的设计应从全球角度来考虑，企业的组织结构大都以地区、产品线和职能组合形成矩阵式。所有的部门经理都必须负责处理国际和国内事务，即国际与国内融为一体。

上述组织结构可归纳成表12-4。

表12-4 国际企业组织结构演变的几个阶段

阶段	企业活动	负责国际经营的组织	负责的经理职位
一	间接或直接出口；出口占次要地位	出口部	出口部经理，向国内销售经理汇报工作
二	出口地位日益重要	出口子公司	出口子公司经理
三	开始进行技术转让和直接投资	国际子公司/国际事业部	国际子公司经理，通常也是母公司副总经理
四	跨国投资增加	国际子公司/总部	总经理，通常也是母公司的副总经理
五	大量的跨国投资；国际经营活动分散化	按地区、产品、功能或上述组合划分全球组织结构；在全球范围里选聘人员	不再由单独的一位经理负责，每个经理都要负责国内和国外经营

关于国际企业组织结构设计的另一个问题是集权与分权。国际企业一方面要建立一个强有力的控制系统以获取协同效应，另一方面又有必要适当分权，使各子公司能根据当地市场情况做出决策。为了处理好这个矛盾，国际企业倾向于按产品或地区进行组织架构，有时甚至实行矩阵式组织，如3M公司。另外，雀巢公司是典型的按地区划分组织结构的公司，而美国的氨腈公司则是按产品来规划全球各子公司。对美国37家大型跨国公司进行的一项调查发现，43%的公司采用国际事业部的形式，35%采用按产品划分形式，14%按地区划分，5%按功能划分，3%采用矩阵式组织。

12.3.2.2 战略伙伴的选择

现在，通过合资企业或许可证协议结成战略联盟的形式正成为国际企业进入别国市场的普遍方式，尤其是对于进入发展中国家市场。由于许多发展中国家政局不稳，政策易变，市场情况比较复杂而且信息不灵通，致使许多公司宁愿采取战略联盟的形式来规避风险。战略联盟实施的关键在于当地合作者的选择。联盟双方不但要考虑各自的战略目标，而且还要考虑各自的资源。一个成功的合资企业也许在合作之前需要至少打两年的交道。事实上，合资企业失败率较高，这一点使有些跨国公司不愿选择这种战略。但是也有调查发现，如果双方在合资企业的所有权平等而且能互相依赖，合资企业能取得更大的成功。中国的合资企业实践也表明，选择什么样的国外公司合资对合资企业未来的发展和成功是非常关键的。有些巨型的跨国公司也开始在某些项目上结成联盟的形式。

12.3.2.3 文化价值与管理

在国际经营活动中，企业需要考虑由于语言和文化不同，各国管理人员及工人是否能适应同一种管理风格，当不同种族和肤色的人在一起时是否需要创造一种新的管理风格。

关于这些，目前有两种相反的观点，一种观点在对八个西方国家中的14644人调查后形成的，该观点认为工作是所有国家人们的共同兴趣，而且工作的有趣性和好的报酬是选择工作最重要的因素，因而人们的价值观趋同。而另一种观点则意见相左。对比美国和日本后发现，美国的管理人员看重职位而不看重什么公司，而日本的管理人员首先看重的是对公司的忠诚而非职位。

美国学者G. 霍夫斯特德对53个国家的文化进行了研究，他用下列五个指标对管理文化与价值观进行了分析和比较：

（1）**权力距离**。权力距离是指一个社会对组织内的权力可接受的程度。若某国的权力距离大，则表示该国的企业管理者非常看重权力，宁愿独断专行而不愿其他管理人员参与。

（2）**回避风险**。回避风险指一个人在不确定或模棱两可的情况下所感到的压力大小。

若某国的该指标值较大，则表示该国的人看重风险回避，因而倾向于工作的稳定性、规范化的规则和对业绩进行精确的衡量。希腊和日本，就是这样的例子。

（3）**个人主义与集体主义**。个人主义倾向于个人自由和行动的独立性，这些国家的人崇尚个人主义，主张通过竞争来获取个人的成功，如美国。而集体主义则相反，这些国家贬低个人主义，主张通过集体的合作来获取成功。

（4）**刚性与柔性**。刚性是指人们看重金钱和物质，而柔性是指看重人。刚性文化看重男性的作用，强调结果和独立性；而柔性文化主张男女平等，强调过程和互相依赖性，如瑞士等国。

（5）**人本与物本**。人本主义主张人与人之间的和谐关系及与社会环境的和谐，提倡教育、勤俭节约和毅力等。而物本主义则认为只有具备物质条件才能生存和发展。

霍夫斯特德认为由于文化不同，使某些管理技术和方法在一些国家很有效，而在另一些国家却无效。例如，目标管理起源于美国，在德国也很有效，因为符合德国人低权力距离和高风险回避的文化特点，但是在法国却不行，因为法国文化特点是高权力距离，即习惯从高度权威的个人那里接受命令，这与目标管理特点背离，因为目标管理看重的是目标而非个人权威。同样，战略决策也因不同的民族背景而显现差异，如阿拉伯人在做战略决策时要比美国人考虑更多的变量，而拉丁语系的欧洲人更愿意把战略解释成危急，并主张立即进行积极的战略行动。霍夫斯特德进一步指出，“不管愿不愿意，现代跨国公司的总部都要面临多元文化的管理。”

由于文化的差异，管理风格和人力资源管理也应适应于各国的具体情况。现代国际企业倾向于从投资所在国聘用管理人员，如联合利华的95%的管理人员是从当地招聘来的。但人员当地化也有缺点，即他们难以把国际企业作为一个整体看待，着重于地区利益最大化。当产品形成全球市场后，就需要拥有那些具有全球眼光的管理人员了。因此，另一种管理人员聘用的来源是那些具有国际背景而不论出生地或国籍的人。如许多跨国公司在中国的投资企业聘用华裔或留美的中国人做经理人员。

据调查，一个国际经理人员应具备以下五种素质：①战略意识；②新环境的适应能力；③对新文化的敏感性；④与国际人员合作的能力；⑤语言技能。为了提高国际经理人员的素质，国际企业非常强调跨文化的培训，这种培训有利于经营管理的成功。

12.3.3　国际竞争战略的控制

有效地实施战略必须有良好的控制措施。国际化经营战略的控制比国内经营难得多。世界各地的文化差异、通信延误以及复杂的国际化经营环境使得国际化经营战略的控制技术要高于传统的控制和国内的控制。

12.3.3.1　所有权控制

一般说来，对子公司的所有权多少就意味着对子公司的控制程度的大小，如美国就信奉“所有权即控制”，对其他国家的子公司倾向于全部或多数控股。通过控股，使母公司在董事会成员中占绝对多数，从而控制了企业重要事项的决策，使子公司的运作更能符合母公司的意图。但是所有权也是东道国政府敏感的问题，东道国政府可能会采用各种手段进行干预。例如20世纪70年代，印度要求外国公司的独资企业变为最多拥有40%股权的合营企业。此外，有些国家则对某些行业限制股权比例。之所以如此，是因为东道国担心企业被外资控制，本国企业因而得不到发展。而跨国公司的母公司则害怕东道国偷窃技术秘密或

产生很多管理冲突并影响企业经营。因此，所有权控制虽然是很强硬的控制手段，但并不是都能实施。企业要考虑东道国的法规政策以及人们对外国企业的态度。

12.3.3.2 人员控制

国际企业通过培养子公司忠实的经营者，加强与子公司经理人员的感情交流，并通过“文化熏陶”来实现对海外子公司的控制。人员控制主要有两种形式：个人控制和私访控制。个人控制是指国际企业让海外子公司的关键人物参与母公司的正式或非正式的组织活动，从而达到控制子公司的目的。这些管理人员一般来自东道国，他们能把母公司的战略与政策更有效地同当地实际情况结合，有利于战略的实施，有利于信息的沟通和交流。私访控制则是通过旅行、考察、个人接触等私访活动使企业内人人感到同处一个和睦的大家庭，从感情上维系住子公司。目前许多国际企业采用这种方法，因为它不仅有利于海外子公司与母公司之间的感情联络，而且也有利于母公司对海外子公司业务活动有更全面和更客观的了解，从而有利于对海外子公司的监督和控制。

12.3.3.3 信息控制

国际企业可以看成是不同国家企业之间的资本、产品和知识交易构成的网络。信息不断地从一个子公司流向其他公司，又反馈回来，结果，国际企业越来越依赖于国际信息网络来协调它们的国际经营活动以及实现对子公司的控制。一个针对89家跨国公司的调查表明，这些公司早已依赖国际信息流来进行国际经营活动，而且未来会使用得更多。但是，有越来越多的国家采取措施控制信息流，因为它们认为信息也应该作为生产经营的“原材料”。

12.3.3.4 财务控制与评价

对海外子公司的经营业绩评价主要有三种技术方法：投资回报分析、财务预算分析和历史比较分析。在一项研究中发现，95%的企业对海外子公司采用了上述三种方法。这些企业认为，投资回报率是最为重要的指标。对海外子公司来说，由于汇率不同、通胀率不同、税率不同和转移价格的影响，净现金流和投资额会被扭曲。

另外，转移定价也是国际企业进行财务控制的方法。一项针对79家跨国公司的研究表明，转移定价主要不是用于业绩评估，而是使税收最小化。例如，许多在美国有业务的日本公司提高供货的价格，以减少在美国的利润，从而减少所得税。转移定价在国际贸易中尤其重要，因为现代发达国家之间的贸易有56%是跨国公司内部贸易，转移定价是转移利润到母公司的重要方式。其他转移利润的方式还有红利、股东权益和管理费用等。

对海外子公司的控制和奖励因不同性质的跨国公司而异。属于多国中心的国际企业对海外公司采取松散式的控制，因此这些企业的利润和回报率指标是不可靠的，国际企业总部主要是通过预算和非财务业绩指标来控制，如市场占有率、生产能力、公共形象、雇员素质以及与东道国政府的关系。而属于全球中心的国际企业则必须对海外公司进行较严格的控制。为了谋取全球竞争优势，国际企业努力将一些标准化的生产和营销设施分散到世界各地，因而一些关键的经营决策必须集中化。海外子公司通常被视为成本中心、收入中心或费用中心，而不是投资和利润中心，而且全球性企业并不是在每个销售地区都有一套全过程的生产设施。

通过对上述控制手段的组合使用，可以建立起一套国际企业对国际经营战略的控制机制。如表12-5所示，控制机制可以分为三种类型。

（1）数据资料的控制机制，主要负责收集和提供与国际经营有关的数据资料。

（2）管理人员的控制机制，负责把管理人员的愿望和自身的利益观念从对子公司的自主权的要求转移到对国际经营活动的关心，对国际企业的全球经营活动关心。

（3）解决争议的控制机制，负责解决设在各个国家中的子公司实行必要的交易时所引起的争议。

上述三类机制的强度、可选择性、连续性及需要高层管理的支持各不相同，应根据企业的具体情况采用适合自己的控制机制。

表12-5　三种类型的控制机制

数据资料的控制机制	管理人员的控制机制	解决争议的控制机制
1. 信息系统	1. 选择关键性管理人员	1. 决策责任的确定
2. 评价系统	2. 企业发展途径	2. 调节者
3. 资源分配程序	3. 奖惩制度	3. 经营小组
4. 战略计划	4. 管理开发	4. 协调委员会
5. 预算过程	5. 社会化模式	5. 特别工作小组
		6. 争端解决程序

12.4　中国企业国际化战略面临的新挑战

12.4.1　金融危机对企业“走出去”的冲击

新千年以来，中国政府将“走出去”作为一项基本政策，鼓励中国企业对外直接投资，中国企业国际化步伐加快。以企业为主体，中国对外直接投资在加入WTO之后显著增加，2003年至2007年五年间年投资额增长近9倍。

但国际金融危机给中国企业的国际化进程增加了不确定因素。资源型企业和制造业仍然维持着海外扩张的势头，不过金融服务业则裹足不前。金融危机造成国际大宗商品价格下跌，拖累国际资源型企业的市值下跌，给国内企业拓展海外资源市场制造了良好的机会 。

制造业本身受到金融危机的冲击很大，另外由于融资渠道收窄，海外扩张出现困难。但情况较好的企业并没有因此放弃拓展国际市场的努力。海尔、联想相继宣布因为受到金融危机的影响，销售下降，海外的收购计划推迟或取消。华为在北美市场取得突破，得到加拿大运营商Telus和Bell的UMTS/HSPA网络合同。中兴通讯近期宣布为埃塞俄比亚政府贷款15亿美元用于在当地建造通讯网络。中国的金融机构与国外的同行相比受危机影响较小，但其前期海外投资损失惨重，因此对投资海外出现畏难情绪，不愿进行海外投资。

12.4.2　国际化战略对人力资源提出新要求

人才问题成为中国企业在全球化进程中面临的一个主要障碍，在麦肯锡的一项调查中，3/4的受访企业认为人才短缺是其全球扩张计划的最大障碍。对于依靠并购来推进全球化步伐的企业来说，没有合适的人来推进中外伙伴关系的建立，使企业的并购能力明显不足，并且由于文化冲突导致问题复杂化，并购后的整合亦困难重重。

人才国际化是新世纪新阶段发达地区人才工作的战略命题。它是指按照国际通行的人力资源规则和惯例，在全球范围内开发和配置人才资源，全面参与国际间人才分工和交往的过程和状态。人才国际化必须重点推进6个方面工作。包括人才理念的国际化、人才标准的国际化、人才引进的国际化、人才培养的国际化、人才市场的国际化和人才环境的国际化等。

战略透视　借体育营销开局：TCL国际化迈过生死线

经历了太多的苦涩后，TCL掌门人李东生终于再次品尝到盈利的喜悦。日前，TCL发布了公司财报。数据显示，TCL集团在2009年收入达到442.95亿元，实现净利润4.7亿元。更为重要的是，TCL集团的海外收入达到165.81亿元。

这是TCL自国际化并购失利而萎靡5年后，首次迎来销售收入的正增长，其旗下多媒体、通信、家电等产业群全部实现了经营性盈利，这宣告着TCL集团最困难的阶段已经成为过去，曾经让李东生焦虑的阵痛期已经成为历史。

在度过了TCL集团历史上最为艰难的岁月后，李东生如今对国际化征途又重新有了信心。事实上，相比于TCL在1999年的初次出征，现时的李东生手里多了两张王牌：互联网电视以及借助体育营销换来的品牌效应。

艰难的坚持

TCL的国际化征途充满了曲折。

一段时间以来，外界对TCL的观感充满矛盾。这家企业既是改革开放之后中国企业的优秀代表，也是中国企业进军海外的一个失败案例；TCL总裁李东生既是曾两度当选央视经济年度人物的风光企业家，也曾被评为亚洲最差的老板之一。

这一切，都来自于TCL在2004年展开的国际化并购。当年1月，TCL并购法国汤姆逊彩电业务，共同成立TCL－汤姆逊电子有限公司；2004年4月，TCL又并购了阿尔卡特移动电话业务。

事实上，TCL早在1998年就开始走国际化之路，但真正让国际化市场知晓TCL品牌却是因为上述两次并购，这让TCL成了一家真正意义上的跨国公司，却也被带入了一场灾难。

由于对国际化运营成本估计和人才储备均不足等原因，加之海外市场彩电从传统的CRT彩管电视向LCD液晶电视的快速过渡，TCL集团的海外业务在并购后出现了严重的亏损。TCL通讯收购阿尔卡特资产后，亏损现象加剧，并始终不见好转。

再三思考之下，李东生不得不调转船头，选择退出。最终，TCL宣布欧洲彩电业务破产，仅仅保留了波兰的制造工厂，这被看做是TCL的壮士断腕之举。事后证明，这样的转身是正确的。

经过艰难的调整，TCL通讯的业绩也出现转机，在2006年转亏为盈，并获得1 500多万港元的盈利，其中海外市场的手机销量贡献率达到80%。

当时间转到2010年，情况变得更加乐观起来。2010年3月，TCL发布了上一年财报：2009年，TCL集团实现净利润4.7亿元。DisplaySearch数据显示，TCL液晶电视出货量从2008年全球第八位上升至2009年第七位。这是自2004年以来最好的业绩单。

打好两张牌

冲破黎明前的黑暗，TCL看到了属于自己的机会。

2010年，国家三网融合政策的推出，给TCL带来了盼望已久的商机。随着IPTV和3G移动通信技术取得的实质性突破，技术已不再是阻碍三网融合的壁垒，市场迫切需要一个突破性产品来加速三网融合进程，集合了电视功能、互联网应用的互联网电视恰巧满足了市场的需要。

TCL快速抓住了这一机会，迅速推出互联网电视。网络下载流媒体播放是TCL今年主打的互联网电视功能，通过USB接口连接移动硬盘，再把电视机连接上宽带，通过TCL的“影客下载引擎”，可以把视频网站PPS随时更新的电影和连续剧，下载到移动硬盘上播放，并可以同时进行多个节目的下载。为了开拓内容资源，日前，TCL与中国网络电视台（CNTV）签约成为战略合作伙伴，双方将共同成立互联网电视研究院，为互联网电视提供软硬件的研发支持。

业界认为，通过与CNTV的结盟，TCL找到了再次踏上国际化征途的勇气；特别是这几年来它借助于体育营销让品牌效应快速扩张的策略，给了李东生更多的信心，也让TCL的国际化梦想变得更为可行。

广州成功申办2010年亚运会的消息传开后，李东生立即做出赞助广州2010年亚运会的决定，希望能借助亚运会的宣传重新树立起符合TCL的市场地位。

在营销过程中，TCL采取了“攻城为下、攻心为上”的策略，TCL希望利用亚运良机，构建起跨越时间和空间的体验平台，让“新视界”所代表的产品创新、技术创新，通过体育营销中独辟蹊径的方式，影响并打动尽可能多的消费群。

现在，TCL已经初步实现了他们的营销理念。正是因为对国际化战略的坚持，才让TCL渡过了一个又一个难关。目前，TCL在越南、印尼的市场占有率已经进入前三，仅次于韩国的两大巨头。TCL亦希望能在这些新兴市场的液晶电视销售中超越韩国同行，并且将在东南亚市场的成功复制到澳大利亚、印度、西亚等其他市场。

虽然取得了这样的成绩，但仍不足以让TCL高枕无忧。毕竟，过去一年中的业绩增长，李东生主要倚赖于国内市场的快速增长。其中，TCL液晶电视国内销售同比增长了213%，而手机国内业务也增长了61%。从这个意义上来说，还算不上TCL已经取得了国际化战略的胜利。但不能否认，它正迎来成功国际化的黎明。

资料来源：秦茜，李东生借体育营销开局 TCL国际化迈过生死线，IT时代周刊，2010年6月。

本章小结

1. 企业国际化经营战略首先对国际经营环境分析。从东道国环境来看，主要分析政治、经济、法律、文化等环境，对环境分析有很多指标。从国与国之间的环境来看，主要是分析国际之间的竞争状况。
2. 国际化战略通常带来四个优势：扩大的市场规模；获取高额投资回报的机会，如工厂和设备或研展；规模效应和学习效应；地理优势。
3. 企业国际化经营战略规划首先是对全球市场进行规划。国际化战略通常包括跨国本土化战略，全球化战略和跨国化战略（跨国本土化和全球化的综合应用）。
4. 对具体市场要采用合适的进入战略，如商品出口、技术转让、合同安排、直接投资等。对多个市场可采用上述战略组合。
5. 管理跨国公司有很多风险，其中包括政治风险（如国家或政府的不稳定）和经济风险（如货币价值的波动）。
6. 国际化经营战略的实施要注重战略伙伴的选择。要设计一个合适的组织结构对人员管理及多元文化的管理。国际企业的组织结构随企业国际化程度的提高而变动。
7. 国际化经营战略的控制手段主要有所有权控制、人员控制、信息控制、财务控制与评价等。对不同性质的企业所采用的财务评估方式不同。对企业来说，应建立一套合适的控制机制，这样才能使企业的国际化经营战略有效地实施。

关键术语

国际竞争环境　国际战略动力　国际战略规划　国际市场进入方式　国际战略控制

复习思考题

1. 国别环境分析包括哪些要素？其具体含义怎样？
2. 社会文化如何影响企业的国际经营活动？
3. 国际竞争环境应从哪几个角度去把握？
4. 下列行业的公司如何应对国际市场上的竞争？①玩具业；②餐饮业；③轿车及其零配件业；④贸易公司；⑤牙医。
5. 如果中国的景泰蓝工艺厂要到国外投资，则它应如何对其国际经营环境进行粗略分析？
6. 企业国际化经营战略的四种主要规划方法对跨国公司的全球战略规划有什么意义？
7. 美国肯德基食品公司目前在中国有上百家分店，这些分店的建立都是由肯德基食品公司与快餐店签订许可协议，授权使用肯德基的品牌、店堂管理、食品配方、服务流程等，并收取许可费。试对其进入中国市场的方式进行评述。由于目前分店众多，如果你被该公司委派负责中国市场经营，你如何对下属分店进行控制和管理？
8. 各种进入战略的优缺点是什么？如何比较选择？
9. 目前跨国公司在中国开办了许多合资企业，许多企业外方通过多种方式控股。另外，外国品牌产品充斥许多市场，如洗涤用品、护理用品等。试对这种状况做一评述。
10. 国际企业如何设计一个合适的组织结构？

参考文献

[1] 迈克尔 A 希特，等．战略管理[M]．吕巍，等译．北京：机械工业出版社，2009．

[2] 项保华．战略管理：艺术与实务[M]．北京：华夏出版社，2001．

[3] R. Vernon. International Investment And International Trade In The Product Cycle. *Quarterly Journal of Economics*, 1996(80): 190-207.

[4] A. Bernstein, S. Jackson, J. Byrne Jack. Cracks The Whip Again. *Business Week*, 1997(15): 34-35.

[5] J. N. Kapferer. Making Brands Work Around The World, As Business Goes Global, Part 1. *Financial Times*, 1998(2): 12-13.

[6] W. Kuemmerle. Building Effective R&D Capabilities Abroad. *Harvard Business Review*, 1997(75): 61-70.

[7] B. J. Oviatt, P. P. Mcdougall. Global Start-ups: Entrepreneurs On A Worldwide Stage. *Academy of Management Executive*, 1995(IX): 30-44.

[8] J. J. Choi, M. Rajan. A Joint Test Of Market Aegmentation And Exchange Risk Factor In International Capital Markets. *Journal of International Business Studies*, 1997(28): 7-20.

[9] D. J. Arnold, J. A. Quelch. New Strategies In Emerging Markets. *Sloan Management Review*, 1998(40): 7-20.

第13章　企业的战略变革

学习目标

1. 了解企业战略变革的背景和意义，理解战略变革在企业成长中的巨大作用。
2. 了解战略变革的困难所在。
3. 描述战略变革的业务流程和具体实施步骤，同时了解几个应该注意的问题。

开篇案例　联想架构调整向内　戴尔战略变革向外

通过对内部组织结构动刀子来提升公司业绩，两个既激烈竞争又互相学习的PC巨头出现分化：戴尔通过内部组织变革，细分市场，延伸产品线，向IT一体化解决方案供应商转型，战略向外延展；联想则为了应对海外市场压力，放大中国团队的经营力量和经营思路，统摄内外市场，战略上向内转身。

2009年3月26日，戴尔公司创始人、董事长兼CEO迈克尔·戴尔在来华访问时首次证实，戴尔将进入智能手机市场，并再次强调戴尔的削减成本计划，以便"我们在新的业务领域进行投资"，从而扭转业绩增长下滑的趋势。

就在此前一天，联想集团则再次调整组织架构，从原有的地理大区架构转变为两个市场——成熟市场与新兴市场，同时将ThinkPad与Idea作为两大产品系平行推进。4月2日，联想集团新兴市场集团总裁陈绍鹏及Idea产品集团总裁刘军在联想2009年全球消费业务战略暨新品发布会上，强调要把联想在中国市场的成功经验复制到其他新兴市场国家。

早在2009年1月，戴尔就对其组织架构进行了大幅度变革，全球业务由原来按地理划分的区域市场转变为消费、大客户、中小企业及公共部门四大独立业务部门。

战略：联想卖产品，戴尔卖方案

曾经，联想在收购IBM PC业务开始国际化之后，引入了大量戴尔高管，一度试图打造联想的"戴尔模式"。但这一模式看来并不适合联想的国际化拓展，联想的前戴尔高管们也已经纷纷离开。所谓的"戴尔模式"到底是什么？事实上，戴尔本身也在调整。

"金融危机之下，客户的IT投入在缩减，这就要求IT厂商须对客户需求有更深入的理解，同时能够对市场做出快速反应"，在分析机构In · Stat中国公司总经理郑云看来，戴尔目前的调整"更像原来的IBM"，"过去戴尔更多是以产品为导向，此次调整则更贴近客户，在消费者市场，戴尔的直销特色可以使其直面客户需求，而针对大客户、中小企业以及公共部门的客户，戴尔此举则有利于其为客户提供一体化的解决方案。"

"而联想的调整实现了扁平化管理，更利于对市场做出快速反应，成熟市场与新兴市场的需求不同，这样划分可方便联想在新兴市场推进新兴产品，如上网本、MID（手持移动设备）这些联想正在开发的产品，"郑云认为，"两家公司组织架构的调整更深层来看，都是一种战略转型。"

而在战略转型层面，戴尔看来走得更快一些。迈克尔·戴尔来华时表示"产品线正在丰富，有小屏幕的移动互联网设备，甚至还有智能手机"。当被问到是否有收购意向时，他强调："我们关注数据中心、服务软件和存储，这些是我们更加关注的领域。"

从戴尔产品线不断拓展的战略来看，戴尔已经从提供单一产品迈向全方位提供解决方案，这也是戴尔这次调整的根本原因。

事实上，联想在此次调整之前，其市场格局是三部分，一是中国区市场，二是欧美等成熟市场的企业客户业务，三是新兴市场和欧美消费市场业务。除中国市场的独特性外，基本上也是以客户来划分的，但联想的调整不仅以市场成熟度来划分，甚至有了更多的产品色彩。

这次联想成立了新的Think及Idea两大产品集团，Think产品集团主要专注于关系型业务以及高端的交易型中小企业市场，由现任负责产品集团的高级副总裁弗兰·奥萨利文来领导，而新的Idea产品集团则专注于新兴市场和成熟市场的主流消费者，以及交易型中小企业商用客户，由现任高级副总裁兼消费集团总裁刘军来领导。

联想集团首席执行官杨元庆在谈到这次调整时强调："这次调整使联想可以更好地在那些相似的市场发挥协同效应，因为这些市场具有相似性，销售什么产品和采用什么方法开发市场也会相似。"言语之中，产品仍然是联想一条非常重要的主线。

戴尔和联想，过去分别以直销和渠道各为特色，都是面向消费市场。而目前，两家开始有了很大的差别。

资料来源：天极网 http://dealer.yesky.com/.

由于整个IT市场正在发生的剧烈变化，3G牌照的发放、移动互联网的发展，联想与戴尔这样的公司都不得不通过战略变革获取与巩固新一轮竞争中的核心能力。在新经济迅猛发展和全球化日益加深的时代，企业必须审时度势地积极变革才能立于不败之地。

13.1 企业战略变革的背景和意义

人们常常感叹于中国企业界中存在的流星现象，很多企业迅速崛起又迅速失败。20世纪80年代和90年代初的行业领先企业，如果没有垄断的保护，现在都已经失去了领先地位，或者已经不存在了。事实上，这种企业从成功走向失败的现象并不是我国特有的。洛克希德-马丁公司董事长兼首席执行官诺曼·奥古斯丁（Norman R. Augustine）说："世界上只有两类企业：一种在不断变化，另一种被淘汰出局"（Augustine，1999）。我们经常可以看到或听到世界知名企业由于未能及时实施战略变革而陷入困境甚至倒闭，或者由于成功地实施变革走出困境，或者主动进行变革而保持持续的成功。这样的例子不胜枚举。

战略变革是企业为了实现持续成长，应对外部环境的变化所做出的形式、性质和状态上的转变。这种变革包含两层含义：企业战略内容方面的变革，包括企业的经营范围、资源配置、竞争优势以及这些因素之间的协同作用的变化；企业应对外部环境的变化以及企业应对战略内容发生变化所做出的变革。这种变革可能体现为企业业务的变化，也可体现为企业组织层面的变化，甚至是两者的综合变化。

战略变革已经成为企业实现其持续发展的一个必不可少的工具，提供了企业在竞争性市场上有效竞争的武器，牵引着成千上万的企业走向成功。但是，随着全球经济和技术的高速发展和竞争的全球一体化，战略变革成为许多企业不得不面对的一个课题。很多主导企业在面对一个快速多变的时代时常常成为失败者，而且，在每一行业中，胜利者常常由于产品的更新换代而成为失败者，在竞争要求企业进行改变时，未能进行转变的管理者数量要远远高于成功地进行了转变的管理者数量。

企业的战略定位应该是一个长期的动态过程。许多著名公司出现的问题大多数都是因为企业原来制定当前战略的前提假设已经发生了变化，或是市场发生了重大变化，或者是出现了重大技术进步，企业的实力发生了变化，企业的使命和目标也未相对应地做出调整。这些变化使得原有战略不再适用，但企业却未意识到这一点，或者虽然意识到了，却无法进行相应的战略调整，最终走向衰落。

13.1.1　新经济时代激烈的市场竞争呼唤变革

竞争是市场经济条件下企业生存和发展的动力，也是企业活力的源泉。企业的竞争力如何，决定着企业在竞争中的地位。但20世纪末以互联网经济、知识经济、高新技术为代表的新经济运动的兴起，给世界经济和企业竞争带来了深刻变化。新经济的显著特征之一就是竞争的激烈甚至疯狂化。这是由许多因素造成的，包括全球市场的形成、公司数量的日益增加、新技术的变革、兼并的狂潮以及证券市场股东资本增值的压力等。而新经济的另一显著特点则体现在人们对改革、创新的适应性上。美国之所以能在许多领域有所创新，根本原因在于这个国家适应变化的能力非常强。35万家快速发展的公司，连续4年销售额的年平均增长率在20%以上，创造了75%的新就业岗位。这些新公司，每年几乎有30%的工作处于流动状态，即产生、淘汰、增加、缩减。这种沸腾经济景象的产生不仅靠新技术，同时也依赖于经济全球化带来的日益激烈竞争。1970～1997年间，美国进出口额的增长速度大于其同期国内生产总值增长速度。

新经济时代，速度是一个重要概念。因为速度与竞争密切相关。不但要比“谁能创新”，还要比“谁创新得最快”，创新最快的企业就可以最快地占领市场，尤其是高新技术产业。新技术的第一个拥有者也往往是该市场的成功者和领导者。不但要比“创新的速度”，还要比“推向市场的速度”，即上市速度，这是企业获得可持续竞争优势的关键。正如全球最大的网络数据传输公司思科系统公司的总裁约翰·钱伯斯指出的：在新经济中，“不是大鱼吃小鱼，而是快鱼吃慢鱼”。速度是新经济的自然淘汰方式，反应快的总是占据有利地位。戴尔计算机公司总裁迈克尔·戴尔认为，商场中唯一永恒不变的就是所有事情都在不断变革。因此，在新经济条件下，企业必须利用并驾驭变革，同时防止受到变革负效应的影响，并设法成为变革的赢家。在当今市场变革日益普遍、激烈的情况下，企业必须打破原有的生存战略，取而代之一种全新的竞争战略。

新经济正在改变着市场经济的游戏规则，其变革速度之快超出了人们的预料。现在的市场和管理环境与20年前相距甚远，新经济时代的市场、技术、人才、空间、速度，都在发生翻天覆地的变化。2000年以来上市公司中互联网企业股价的剧烈震荡也充分说明了这一点。当变革的强度与频率达到一定程度时，当其波及面与影响力日益广泛时，企业传统的生存战略将不能适应复杂的变革实践。如果不进行管理变革，企业将无竞争力可言。

13.1.2 全球化对企业战略变革的影响

经济全球化的环境下，企业的外部竞争格局发生了重要的变化，这也对企业战略提出了如下新的要求：

- 经济运行规则的全球化会提高市场的规范程度，同时保护壁垒的削弱也将使竞争态势日益剧烈。经济全球化的一个本质特征即体现为全球市场的不断开放和市场规则在全球范围内的普遍适用，这对于发展水平与世界发达国家仍有一定差距的发展中国家而言，就是要打破其对本国企业的保护，一视同仁地加入到世界范围的竞争中来。因此随着全球化的不断深入，对于特定产业中处于优势地位的企业，可以利用市场的扩大进一步攫取市场份额，而对于即将陷入劣势的企业，应该分析差距的根源，尝试通过标新立异或目标集聚来寻求市场中独特的空间。此时，创新将成为企业生存和发展的重要支撑力量。
- 分工的日益深化和产业结构的调整使得跨国公司成为经济运行的主体。这使企业既可以在全球范围内调动资源，本身也可以积极地加入到全球化分工中去，成为全球性生产链众多环节中的一环。同时分工的细化也使企业间的相互依存程度日益提高，即一方面使产业内的竞争格局在一定程度上实现相对的稳定，从而降低投资和经营风险；另一方面，分工的细化所带来的专业化程度的提高又会使各企业所拥有的技术相对单一，一旦技术脱节，这种全球性的生产经营联系又是极其脆弱的。因此，在积极参与国际分工的同时，企业仍需要放眼未来，制定企业的长期发展战略，以保持企业的竞争能力。
- 信息化给产业结构带来了新的影响，从而不可避免地影响企业战略的选择。表13-1讨论了网络技术的发展对产业结构的各方面产生的影响：从表中我们看到，全球化的进程的确是加剧了产业结构中的竞争性，很大程度上也就降低了企业的平均获利能力。可以说信息技术的发展和信息化程度的提高给企业带来了机遇，但更多的却是挑战。

全球化的发展带来了产业竞争格局的深刻变化，企业从来没有像现在这样处在变革的漩涡之中。也许我们已经习惯了现在的思维方式，因为人的思维方式具有惯性。但未来不是现在的自然延伸，而是对“现在”的颠覆或反动。因此，作为企业管理者，必须以全新的思维去运营企业，即“现在”要随“未来”而变。传统的企业运作模式是：预备、瞄准、射击，即先制定详细的经营计划或蓝图，然后再付诸实施。传统的战略研究将重点放在“制定企业发展目标”上，它强调企业应选择一个具有吸引力的市场，占据独有的战略位置，并制定一整套相应的竞争策略，此外还需对未来具有独特见解。当然，也只有在这样的前提下，“如何达到企业的发展目标”才能变得顺理成章。但是，对面临持续变化环境的企业来说，传统战略模式往往濒临崩溃。这是因为在速度制胜时代，“唯一不变的就是变”，传统运作模式已不能适应时代的需要，而应考虑预备、射击、再瞄准，即不要再花费时间制定详细计划，而是要确立一套指导行动的基本规则，然后迅速付诸实施，从而将不能致胜的规则淘汰。因此，衡量企业成功的标志是其生存能力、应变能力，而最终将是随时间推移不断改造企业的能力。

表13-1　信息技术的发展对产业结构的影响

替代品 (+) 信息技术的不断发展，扩大了市场规模 (−) 网络通路的激增产生了更多的替代威胁
行业竞争者 (−) 降低了竞争者的差异性 (−) 使竞争转变为价格之争 (−) 拓宽了市场的地理范围，增加了竞争者 (−) 固定成本降低，价格折扣的压力提高
供方 (−/+) 可以提高对供应方的讨价还价能力，也使供应方有条件接触更多的买家 (−) 使供应方可以直接与最终用户联系，降低了中间商的杠杆作用 (−) 网络使得所有的公司可以公平地与供应方联系，并使产品标准化，降低了其差异性 (−) 进入壁垒的降低以及供应方后向整合力量的激增
买方 (−) 最终用户的讨价还价能力提高 (+) 传统渠道的消除或讨价还价能力的改善 (−) 降低了转移费用
新入侵者 (−) 降低了进入壁垒 (−) 网络手段的应用难以与新进入者保持差异性 (−) 许多产业已经涌入了大批的新入侵者

注：(+) / (−) 表示企业竞争优势的增加或者减少。

战略管理实践证明，能够及时进行超前性的战略变革的企业必然是在市场竞争中充满活力的企业。这类企业集中体现了企业战略管理的一个重要原则——集中优势，即将企业战略的重点以及相关的活动集中在能发挥企业核心竞争能力的方面。当企业通过战略变革选择使自己从事于能发挥优势的活动时，获得成功的可能性就会大大提高。但在很多情况下，企业由于各种原因没有能够发挥出自己的优势，这样便丧失了企业的战略核心能力。面临竞争环境的挑战，企业就要通过系统的分析和调整行动，使企业能够重新找到自己的战略优势，并为此集中分配和合理使用企业有限的资源，抓住机遇和挑战，走出困境，以求得企业的生存和发展。

个案研究

Windows面临严峻挑战

多年以来，微软向企业服务器市场销售软件的流程都很简单，就是从Sun、惠普和IBM等提供用于商务网络高运行能力计算机的公司手中争夺业务。年复一年，微软处心积虑地升级用于服务器电脑的Windows操作系统，并力图在价格优势上胜过其他巨头。年复一年，微软在这个市场上的占有率也不断上升。

现在，这个简单的程式正受到挑战，而挑战对手令人吃惊：是Linux。几年前微软甚至不把这个免费共享的操作系统放在眼里。Linux在不断增长，不仅在服务器市场的地位不容微软小觑，就连微软王国赖以建立的视窗软件也受到了Linux的威胁。这样强有力的挑战最终惊醒了微软这个软件行业的巨人。

据《华尔街日报》报道，Linux是从在互联网上传播的免费软件起家的，但它迅速成长为企业计算机系统使用的主流软件。它占领了基于Unix操作系统的计算机市场，如今更是得到太阳微系统、惠普和IBM等销售Unix的公司的支持。这些公司希望藉此遏制微软的发展。虽然由于Linux通常和其他软件工具和服务一起打包销售，因此大部分公司实际间接地向Linux付费了，但Linux系统仍然较为便宜，而且据一些Linux的支持者说，该系统也更为安全。

从某种意义上来说，这里存在一个理念的不同。Linux的支持者说，要想获得更安全、可靠并能不断创新的软件，就必须采用Linux模式，即通过互联网把大量程序设计人员、研究人员和公司连接成一个松散的"社区"，大家来共同完善这个软件。微软对此表示反对。微软认为，只有财力雄厚的商业公司才有能力不断对软件进行创新，跟上市场的需求。微软的大部分利润和收入都来自它的视窗操作系统。

这两种理念的冲突已经越来越在商业竞争中体现出来。Linux正在占领原来由Unix控制的一大块市场，它能做到这些也是因为这两种操作系统的编程技巧很相似。与此同时，微软也在继续抢夺Unix的市场份额。问题在于，谁的速度更快？

据IDC调查，Linux软件2003年的发货量将占整个服务器软件市场的15.9%，而2002年则占13.3%。而微软的市场占有率可能只会有些微增长，由60.42%增至60.46%；Unix将由14.6%降至13.9%。微软最初错误估计了Linux的威胁。目前微软正设法削弱Lunux的实力。微软对产品进行了重新组合，改进了对待客户的态度，并投入更多力量留住政府客户。

微软的一大武器是它从2003年4月下旬开始卖的新系统Windows Server 2003。据微软自己说，这种新的系统提供了很多新的功能，比如安全性更强了，这将使得该系统比Linux和Unix更具竞争力。

Linux及其他开放源代码的软件的引人之处就在于，由于一大群聪明的程序员都能看到源代码，开发人员就能开发出更高质量的软件，这种软件同商业化软件相比，安全性更高，缺陷更少。而微软的视窗操作系统是要收钱的，外人看不到源代码，也就不能为它的改进出谋划策。因此，Linux催生了红帽子等一大批初创公司，这些公司希望通过为大的公司客户定制Linux来获利。很快，惠普、戴尔和IBM都杀进了运行Linux的服务器市场，渐渐地，很多公司开始采用Linux。美林采用了基于Linux的服务器，零售商L.L. Bean公司也采用了基于Linux的电子邮件系统。某搜索引擎公司的创始人开始建立搜索引擎时，曾测试过视窗和Unix等大量系统，最终选择了Linux。该搜索引擎的发言人克兰（David Krane）称，Linux的性价比最好。该公司目前有1万多台基于Linux的服务器。对该搜索引擎来说，Linux的另一个引人之处就在于，由于可以得到Linux的源代码，公司就可以使Linux的表现提升到极致。

随着Linux的兴起，微软的客户们提出这样的问题：例如，在Linux完全免费的情况下，为什么还要购买视窗？或者在用户可以看到Linux的源代码，能够在问题出现之前看出安全漏洞的情况下，源代码不公开的视窗怎么做到比Linux更安全？对于这些问题，客户希望从微软那里得到更清楚的回答。

微软也在逐步调整战略。2002年，微软对开放源代码的软件表示了认可。它推出了一项计划，向政府和重要客户开放了视窗的部分源代码，以增强客户对视窗操作系统源代码

可靠性和安全性的信心。微软还为一项研究提供了资助。对两个操作系统5项相同功能的研究证明，在运行5年的基础上，采用微软系统能以较低的成本完成其中4项功能。很多Linux的支持者对这一结论表示怀疑。同时，微软还致力于加强其新版操作系统视窗服务器2003的表现，为之添加新的功能，例如，更好地保护服务器免遭病毒的侵袭。

资料来源：硅谷动力，2003-5-22；http://phpower.dns0755.net/show.

13.2　企业战略变革的难点

变革总是具有破坏性的。对一个曾经取得过辉煌成就的企业而言，在企业出现明显危机前进行变革是非常困难的。为什么只有极少数的企业变革成功，而绝大多数却走向了失败？究其原因，是因为许多企业对其面临的障碍没有充分的认识，从而导致变革的失败。下面介绍企业战略变革面临的大体障碍。

13.2.1　利益障碍

战略变革首先遇到的障碍是特权利益阶层的反对，特别是高层领导团队的不支持。日本著名企业家松下幸之助认为，一个企业的兴衰成败，领导者要承担70%的责任。应该建立一支有足够能力领导和推动企业变革的领导联盟队伍，并使队伍内成员协同作战，否则变革往往会中途夭折。在这一问题上，失败的企业大都是因为低估了引入变革的难度，换句话说，没有认识到一个强有力的领导联盟支持的重要性。有的企业常常把变革的任务交给战略规划部门、质量管理部门、人力资源部门或者其他某个具体部门去完成，而没有选派一个关键的直线领导，忽略了战略变革要动用企业各方面的力量这一要求，不知道推动变革的团队必须是对企业能造成综合影响的一群人。由于这个联盟缺乏有影响力的人士，不管他们多么有能力、多么敬业，其发动的变革永远也不可能产生变革所需的强大权力。没有领导联盟指导下的变革努力可能会给企业带来一时的改进，但从长远来看，由于变革触动了领导者的地位与权力，改变了传统的势力范围，反对势力最终还会联合起来阻碍变革。

其次是员工担心岗位的安全与变动而带来的障碍。变革常常会带来员工的不安与恐惧，员工出于对行为习惯、安全需求、经济需求，对新环境的疏离、模糊性和不确定性等因素的考虑，会对变革产生抵触心理，从而使他们士气降低，触发焦虑感，感觉到无所适从。随着压力和焦虑的不断上升，员工与企业的摩擦越来越大，矛盾越来越深，员工的沮丧感越来越重，甚至会退步到停止学习，这样就会形成一个恶性循环，使得企业的变革无法顺利进行。

13.2.2　观念障碍

战略变革的关键不是产生新观念，而是抛弃旧观念。曾经对康柏进行过变革的艾哈德·费弗尔（Erhard Pfeiffer）简洁地解释道：“再没有比摒弃曾推动事业达到目前成功状态的观念、战略和偏见更困难的事了。公司需要忘记、摒弃昨天的知识。”即使企业的领导层能够完全看清新技术带来的影响，即使他们能够超越其公司的旧观念和旧思想而做出理智的判断，他们仍旧面临巨大的竞争劣势，而这种劣势的根源在于他们是既有竞争者。给既有竞争者带来现有成功的因素，比如运转有序的组织机构、销售和分销渠道、固定资产、人力资源的技能、品牌、核心产品、既有核心竞争力和强大的企业文化，在企业面临变革时，往往会成为企业的沉重负担，成为变革的阻碍因素。面对市场环境的变化，面对新技术的挑战，

竞争即意味着放弃遗产，甚至意味着摧毁它们。在这种情况下，既有竞争者总是对变革表现得十分犹豫，尤其是在他们的企业盈利时，他们会进行很多复杂的财务评估，并陷入企业内部激烈的辩论和斗争中难以脱身，直到丧失进行变革的最佳时机，甚至完全失去变革的机会。

人们总是习惯于做他们所熟悉的工作，特别是在取得一定成绩之后，更是不愿意去创新，认为这是在冒险。过去所积累的成功经验、经营范式、知识理论等都会成为行为习惯，而许多人囿于行为习惯的障碍，缺少变革的紧迫感和压力。哈默与钱皮在1993年合著了《企业再造》一书，书中根据当代企业经营环境指出，企业以不变应万变的策略或仅仅采取局部修正的策略是无法在不断变化和激烈竞争的市场中取胜的，企业必须打破原有的格局，明确讨论企业危机和潜在危机以及主要的机遇，让全体员工产生进行变革的足够的紧迫感。美国哈佛商学院的约翰·科特教授在对100多家企业的变革研究之后发现，至少有50%以上的企业变革失败是因为没有在企业内部形成足够的紧迫感。许多企业的领导者与员工沉浸在旧有的辉煌与成就中，没有对危机形成紧迫的预期，企业员工对变革的认识还远远不够，他们往往将变革视为可有可无，或者无动于衷，或者因担心危及自身利益而加以抵制。

此外，许多企业囿于观念障碍，缺乏一个清晰的远景，变革的种种努力会很容易产生一个又一个目标不明甚至是相互矛盾的计划，不但收效甚微，还会使公司朝着错误的方向行进。在失败的例子中，我们总能看到种种计划、项目、行政命令，但恰恰缺乏目标统一的远景，结果员工还是不能聚拢在一起，也无法激发变革的兴趣，因为他们感到自己无法融入其中。通常情况下，如果你不能用简短明确的语言把你的愿景告诉别人，并使对方明白、感兴趣，那说明你还没有完成这一阶段的转变。

13.2.3 人才障碍

企业的竞争归根结底是人才的竞争，企业变革的障碍在很大程度上也可归因于人才障碍。目前，困扰许多企业变革的一个严重问题就是管理人才缺乏及现存管理人才流失的双重危机。有关专家指出，我国人才队伍庞大，人才资源总量很大，但是人才资源也只占人力资源的5%左右，其中高层次的人才又仅占人才资源的5%左右，高层管理人才缺乏已经成为制约我国企业战略实施的关键因素。北京大学国际MBA最近一份关于中国企业管理人才的调查报告显示，90%的企业认为自己今后三年不具备足够的管理人才。该报告还显示，企业领导人的领导素质76%来自于实践，42%来自于资深领导的个别培养，33%来自于个人遗传，只有10%～20%来自于大学或科研。这样的领导素质明显不太适合企业在新经济时代的发展。

多数企业没有根据企业发展战略建立人才需求系统、有效的绩效评估体系和健全的人才激励机制。这主要体现在没有根据市场和企业的整体需求与供给状况确定企业未来的需求数量和科学的职位分析系统，以对现有人员进行盘点，并分析人员的素质与数量是否与业务相匹配。错误地根据绩效导向来确定谁是真正的人才，认为谁创造的效益高，报酬就应该高，职位也就高起来，这种导向没能建立有效的竞争机制，会给品行不好者以机会，甚至给企业带来更大的负面杀伤力。还有相当多的企业没能够在企业战略规划中建立一套有效的人才预警系统，防范关键岗位，尤其是关键人才的流失造成的损失。没有合适的人于合适的时间在合适的岗位上，这是目前为什么中国许多企业无法进行变革，或变革也无法取得成功的最大障碍。

13.2.4 沟通障碍

沟通不足是绝大多数企业变革失败的原因。松下幸之助曾经说过：“伟大的事业需要一颗真诚的心与人沟通。”即便是一个不错的变革远景，也将给组织中的每一个人带来暂时或一定的影响，诸如经济利益、权势、安全与地位等。由于绝大多数人都会认为变革必将威胁到自身利益，而基于求稳求全及保守思想，他们会对变革产生很大的抵触情绪，甚至是强烈反对。能否顺利解决这些问题，打消他们的疑虑并取得他们的大力支持，将是变革成功的关键所在。沟通是调整员工关系的有效手段，良好的员工关系是企业搞好其他公关的基础，若沟通开放程度低、渠道不畅、重视不够、缺乏反馈，必然会导致员工缺乏激情，积极性下降。为此，企业应通过有效沟通告诉员工企业具体目标设置、实现目标的过程、应该做什么、如何去做、为员工提供释放情感的情绪表达机制，满足员工的社交需要，使员工感受到来自于企业的尊重、享受到信息的优先权、参与企业的管理，这样员工就会毫无疑心地与企业同舟共济、共渡难关。

沟通首先要营造一种坦率、自由的沟通氛围，缩小管理者与被管理者之间的距离，如经常性的员工会议，企业的定期活动，非正式组织的交流等；其次，要实现双向的动态沟通，通过引导人们从不同角度看问题，消除一些不必要的误解与偏见，实现组织的相互依赖与合作；最后，以真诚之心去沟通，与现代经济社会相协调的是以人为本的现代管理制度，在此基础上的有效沟通更多地表现为情感、心灵的互动，其实质是真正注重人，相信人，关心人，尊重人。沟通不足会使全体员工的不满情绪上升，对沟通的信任度下降。善于沟通的领导联盟会很好地利用各种沟通渠道来传播远景规划，引导大家的讨论和就如何符合公司的远景蓝图提供建议；在日常绩效评估中，指出员工的哪些做法会有助于或者不利于远景的实现。重要的是，领导联盟要学会“说到做到”，有意识地成为企业新文化的代表。

13.2.5　文化障碍

企业文化指被企业成员共同接受的价值观念、思维方式、工作作风和行为准则等群体意识的总称以及与此相适应的机构和制度。每个组织都有自己相对稳定的企业文化，成功的变革必须考虑到企业文化因素的影响，不对文化加以考虑只能导致失败！过去，一些变革方案设计得非常周密，实施得也非常顺利，但是由于变革的观念未能变成企业员工的行为，深深融入企业的骨髓血液当中，变革的成果也就不会长久地保持下来。

如果新的行为方式不能根植于企业规范和价值观当中，一旦变革的压力消失，它也就很容易为老的方式所取代。所以，要将变革过程中形成的新文化和新方法制度化，使新文化深入人心。考虑深植变革于企业文化中时，有两点至关重要：第一，要使大家了解新的看法、操作和行为方式怎样有利于提高绩效；第二，确定下一代领导层的产生方式。一个以错误的方式形成的继任领导者可能导致企业过去的变革努力付诸东流，变革的迹象也会因此消失。但是，很多企业都忽略了这两个因素。所以，在变革的过程中，一定要考虑过去推动企业成功的文化的障碍。比如，伴随着企业年龄与成功而带来的文化惰性，被这种文化不断强化的控制系统，对外来文化消极的选择和自我保护以及对外来文化本能的抵抗等。另外，企业文化改变的滞后性、培育的长期性、作用的潜在性和反作用的隐藏性也将成为战略变革的文化障碍。

战略变革相当于企业的一场革命，正像任何社会革命一样，阻挠变革的势力和障碍因素是变革者无法回避的。因此企业战略变革者必须具有坚强的意志，运用科学而巧妙的方法去战胜和克服这些阻挠变革的势力与因素，克服人们的利益短视行为，建立企业的远景规划，改变人们的行为习惯，加强变革的沟通，实现市场的健康发展，建立有效的人力资

源系统，对变革进行系统规划并且取得阶段性的胜利，不断固化变革的成果，只有如此，战略变革才能取得成功。

13.3 企业战略变革的流程及实施

13.3.1 企业战略变革的流程

一般而言，一项重大的企业战略变革要经历如下过程：以在管理层和员工中树立起危机意识为开端，成立精英领导团队实施变革，明确公司变革的具体方向，接着，建立开放式的信息沟通系统，尤其是企业内部人员与外部市场环境之间的信息沟通渠道要畅通。变革中要注重创造一些短期成果，以增强员工对美好前景的信心，而且要步步为营，以每一个短期目标的实现来确保长期变革目标的成功。最后，让变革思想深深根植于企业文化是战略变革成功的重要保证。图13-1描绘了企业战略变革的具体流程。

从图13-1可以看出，创造重大变革的八阶段流程是企业战略变革的一般步骤，不同的企业在进行不同的变革中，可以在此基础上对流程进行适当增减，从而使战略变革更为有效。

1. 树立危机意识	1. 考察市场和竞争形势 2. 找出并讨论危机、潜在危机或重要机会
2. 组建变革项目团队	1. 组成一个得力的工作小组来负责领导变革 2. 促使小组成员团队合作
3. 确定愿景	1. 创造前景，协助引导变革行动 2. 拟定达成前景的相关策略
4. 沟通前景	1. 运用各种可能的渠道，不断传播崭新前景及相关策略 2. 领导团队以身作则，改变员工行为
5. 授权员工参与	1. 消除障碍 2. 修改破坏变革前景的体制或结构 3. 鼓励冒险和创新的想法、活动、行动
6. 创造短期战果	1. 规划明显的绩效改善或战果 2. 创造上述战果 3. 公开表扬、奖励有功人员
7. 巩固战果，再接再厉	1. 运用上升的公信力，改变所有不能搭配和不符合转型前景的系统、结构和政策 2. 雇用、提升或培养能够达成变革前景的员工 3. 以新方案、新主题和变革代理人给变革流程注入新活力
8. 根植企业文化	1. 创造客户导向和生产力导向形成的绩效改善，更多、更优秀的领导，以及更有效的管理 2. 明确指出新作为和组织成功间的联系 3. 确定办法，确保领导人的培养和接班

图13-1 创造重大变革的八阶段流程

13.3.2 企业战略变革的具体实施

13.3.2.1 树立危机意识

变革的诱因有很多，有些很明显，如业绩大幅度下滑、人才流失、客户资源流失、财务损失、顾客投诉增加等；有些则不太明显，如企业的战略调整、国家的新政策等，这些因素会造成一种假象——变革不是那么必要，不是那么紧迫。而卓越的领导人则能准确地识别变革的需要，把握变革实施的适当时机。准确地识别变革需求后，就要着手进行变革的准备了。并不是所有员工都能意识到变革的重要性，在这个阶段，企业的高层领导要把变革推销给员工，通过种种手段，在组织内部营造一种变革势在必行的氛围。

在变革初期，高层领导与员工之间是信息不对称的，为避免由此带来的抵触和不安全感，领导者可以通过沟通来达成共识，树立危机意识，为成功实施变革奠定基础。可运用的沟通方式很多，有动员会、研讨会、培训、简报、调查问卷、宣传栏等正式的书面沟通，还有个别谈话、娱乐活动、聚餐等非正式沟通形式。通过各种形式的沟通，争取员工的理解和支持。变革的过程是沟通的过程，沟通贯穿于变革的始终。

这个阶段的难点是掌握平衡，既要在组织内部达成变革的共识，又要避免造成大的震荡，毕竟不是所有的人都喜欢变化。

13.3.2.2 组建变革项目团队

要把实施变革当做一个项目来运作，最好成立一个专职的变革项目团队，团队成员不仅要有创新意识，还要具备冲突管理的能力和沟通的技巧，因为变革不可避免地会触及方方面面的利益。变革项目团队既要坚持变革的大方向，又要处理好各种矛盾和冲突，在变革与稳定中寻求最佳平衡点。

为确保变革项目的成功实施，变革项目团队必须被赋予足够的权力，来自高层的支持至关重要。变革项目团队的建立不仅为变革的实施提供了组织保障，也给全体员工传递了一个强烈的信号：变革已经正式开始。在实际操作中，有很多企业聘请外部的咨询公司来协助进行变革。请外脑有下面几个优点：①咨询公司积累了大量经验，拥有专业人才和专业知识；②咨询公司作为中立的第三方，与企业内部员工没有人际关系和利益关系，站在客观公正的立场上，改革方案易于被员工接受；③咨询公司作为外部力量，受到的干扰较少，贯彻变革最彻底。

13.3.2.3 确定愿景并进行沟通

高层领导与变革项目团队充分沟通，传递变革意图和目的，即我们要变成什么样子，也可以说是企业的愿景。这是变革的灵魂，所有的变革步骤都要以此为统帅。变革项目团队要根据变革的目标制订实施方案和行动计划，要根据企业的实际状况考虑方案是否具有可操作性，是否具备所需资源，同时要进行风险分析，建立危机处理预案。

在这个阶段，沟通依然是很重要的，项目小组承上启下，既要与高层领导进行充分沟通，不断修正实施方案，又要同员工进行沟通，全面掌握基层的情况以及员工的情绪变化，为变革计划的顺利推进创造有利的环境。

13.3.2.4 实施变革计划，取得阶段性成果

这个阶段是变革的具体实施阶段。变革项目团队根据项目计划进行结构、技术和人员

等方面的变革。变革计划一般要划分为几个阶段，每个阶段要有一个里程碑，也就是阶段性成果。一个计划周期结束后，要对计划进行评估，衡量是否达到了原定目标，是否需要对计划进行修正。

取得阶段性成果对成功实施变革非常重要，这既是推进变革进程的需要，也可以给企业员工树立变革的信心。阶段性成果可以是业务量的上升，也可以是顾客满意度的提高、财务状况的好转、内部员工满意度的提高，等等。项目小组要选择恰当的时机公布类似的阶段性成果，从而为后续计划的顺利推进奠定基础。

13.3.2.5 固化变革成果

很多企业成功实施了变革，但不久以后，各方面的工作又都回到了原来的老样子，变革的努力付诸东流。原因何在？组织存在一种惯性，对变化有一个适应的过程，会不自觉地回到原来状态，因而在变革完成后，要对变革成果进行固化。企业应当把变革过程中形成的一些政策、制度、规章、流程等以企业宪章的形式予以明确，进行公开承诺，同时对员工进行持续培训，进行充分互动的沟通。

值得注意的是，在变革后的初期，往往会发生一些意想不到的混乱和偏差，如果这些混乱和偏差是由于企业还不适应变化带来的，那么企业高级管理层应当下定决心，领导企业安全度过“磨合期”，使企业走上稳定发展的正途。

13.3.2.6 根植企业文化

经历了共同愿景的规划和既有价值观的创新阶段后，一种支持战略变革的组织文化就初步建立起来了，而这种组织文化仅仅是开始，组织成员对于新的文化价值观只是停留在了解阶段，此时如果过早放松对新的组织文化的培育，战略变革的努力就会面临缺乏动力而停滞不前的风险。因此短期的变革成功并不意味着长期的胜利，只有当新的战略变革深入组织文化的根源中，变革的果实才能得到巩固。要使战略变革在文化中根深蒂固，有几个要素要特别关注。

价值观并不像战略、组织机构、人力资源等管理职能一样清晰可见，也无法在短期内见效，要使组织中的每一个人相信愿景并愿意去实践共同的价值观，领导团队的身体力行最为重要。如果共同的价值观只是停留在口头、文字、会议等形式上，领导团队高高在上，这样的价值观是不可能被员工所接受的。价值观不应该只是每天不断地说教，而应该每时每刻体现在行动上，领导团队的行动更为重要。

任何精神层面的东西，如果不体现在物质层面，是不可能让人们信服的。要员工信奉共同价值观，必然就要让他们相信这样的价值观是能够给他们带来回报的，无论是在薪酬上或者是个人发展空间上，必须有一个体现的载体。所以要有意识地向员工表明新的战略变革可如何帮助他们提高工作绩效，从而使他们对战略变革的作用产生与价值观的联系并愿意去坚持这种价值观。

战略变革一开始往往让组织成员在观念上无所适从，文化惯性使他们怀疑变革的真实性，既有利益者更加会在非正式场合散播变革的不利因素。如何让变革的决心深入人心，让创新价值观成为坚定不移的价值取向，是这场变革的关键。标杆效应是让成员迅速适应变革的有效方法，它可让反对和不支持战略变革的人离开团队，奖励在战略变革中有示范效应的员工，是使员工清楚何对何错的捷径。变革是需要付出成本的，解雇不适合战略变革的成员本身就是一种价值观取向的标杆，它可形成主流文化，坚决清除变革途中的障碍，是向组织成员宣示这场变革的决心的最好途径。

个案研究

企业文化建设

企业文化建设通常需要经过以下一些步骤。

第一，确立企业经营核心理念，这相当于企业的灵魂与人的精神，也是企业文化的内核。例如，诺基亚每年都要在全球召开一系列名为“诺基亚之道”的会议，通过头脑风暴法收集关于什么是诺基亚至关重要的意见，然后集中到最高管理层，由他们过滤提炼成公司战略性的远景规划，最后再通过特别的胶片介绍形式过滤给各个级别的员工。正是以这种形式，使得诺基亚的价值观传递到每个员工，从而达成公司上下的齐心协力。

第二，改变员工的基本态度或心态。如围绕文化内核提出基本的心态构架，利用发生在企业内部的实际例子说明积极心态、消极心态的影响，阐明企业文化对于“四满意”的影响等，使员工认识到企业文化的意义与价值。对于企业文化，只有首先建立起员工的信心，才有可能去贯彻落实，从而产生现实作用。

第三，选择适当切入问题的角度，通过转换人们的视角，达成对于核心理念、基本心态的认同。在此可通过改变假设，阐明对同一问题可能存在的多种不同看法，选择能使企业员工产生共识的角度，在企业中形成一种服务于顾客、壮大公司、丰富人生的文化观念。

第四，制定共识的行为规范，如技术、服务、质量等。在理念、心态、角度共识的基础上，确立普遍接受的可行性操作规范。这种涉及日常工作程序、待人接物做法等的简单操作手册，使得人们相互配合做几遍就能熟知，最后习惯成自然，从而表现出一种其他企业很难仿效的内在素质。

对战略变革管理来说，企业文化建设的关键在于如何既保持企业核心价值观的相对稳定性，又能在具体操作上体现出不断创新的思想。必须注意，企业文化对变革推动力量的大小主要取决于人们对文化的信仰程度、信心强度与行动力度。此外，对于企业文化建设，还必须看到，文化观念的形成实际上经历的是一个潜移默化的替代过程，这与心理倾向的形成一样，不是不破不立，而是不立不破。消除一种阻碍企业发展文化的影响，不能简单地通过对该文化的批判来实现，必须提出一种能为人们所接受的新理念，并以此逐渐替代原有的文化观念。

13.4　企业战略变革应注意的问题

战略变革是企业为了实现持续成长，应对外部环境的变化所做出的形式、性质和状态上的转变。毫无疑问，战略变革已经成为一个企业实现其持续发展的一个必不可少的工具，提供了企业在竞争性市场上有效竞争的武器。虽然战略变革对企业如此重要，企业也愿意花大力气进行变革，但成功的企业却为数极少，绝大多数都走向了失败。究其原因，是因为企业进行战略变革还存在许多问题。下面介绍企业在进行战略变革时应注意的几点。

13.4.1　企业高级管理层的强力支持

战略变革必须得到来自高级管理层的支持。变革的推动者必须是高级管理层，领导者对变革的持续高度关注是变革成功的前提条件。变革需要一个强有力的领导同盟，这一同盟的核心由企业的高层管理人员、咨询人员和重要的客户组成。并且，高层领导必须具备“领导领导者”的能力——发现变革的支持者以建立一个坚定的团队，来协助自己推进改革。再由这些支持者向整个企业辐射，以影响所有员工来支持改革。这样，有了变革的团队去整合企业各方面的力量和资源，企业变革的成功概率将大大地增加。

如果企业高级管理层不能清醒认识到战略变革的目的和风险，就不会注入足够的资源（尤其是业务部门的人员）参与到变革之中，不会投入足够的精力参与项目的各种重大决策中，不会在企业中为战略变革营造足够的声势，使全体员工在意识上做好迎接管理变革的准备。

与此同时，领导者必须明确表明对维持现状的不满。领导者对改革意愿的明确表述是员工判断企业改革实施决心大小的标准，领导者改革意愿的强弱决定了企业和员工配合的程度和主动性发挥的程度。除非企业领导明确表示了改革的决心和对现状的不满，否则员工不会轻易跟随；除非形势逼迫和推动，惰性使得员工不愿意主动要求改变现状。领导者还要确定组织面临的挑战，组织面临的挑战就是改革的方向。正如在锅中被慢慢加热的青蛙，员工自身很难清醒地认识到组织面对的严重局面。领导者的主要责任就是保持清醒，及时发现来自组织内外部的挑战，并清楚地表达出来，唤起全体员工的警觉。

13.4.2 核心理念的稳定性

要明确企业的使命和核心价值观。绝大多数的人都不喜欢整天生活在不确定性之中。在变革时，让参与者明白什么东西不变是非常重要的。对一个企业来说，长期目标、短期目标、经营策略、组织结构、企业领导等都是可能频繁发生变化的，但企业的使命和核心价值观是不应频繁变化的。当重大变革来临时，它们会起到维系组织的作用。

核心理念是由组织的核心价值与核心志向所组成。核心价值指一个组织最基本而且持久奉行的信念——即使这些价值演变成不利竞争的因素，仍会继续奉行下去。核心志向指的是组织存在的根本理由。核心理念界定了一个组织的恒久性格，一种始终一致的认同；这种认同统驭着产品或市场周期、技术进步、管理革新以及个别领导者。事实上，那些著名公司创建者最重要、最持久的贡献就是创造了企业的核心理念。例如海尔集团在张瑞敏的领导下，形成了一条著名的核心理念，即“真诚到永远”。正是凭着对这一理念的不懈追求，海尔不仅在中国人心中赢得了信任，而且也成功占领了国际市场。在公司成长、分权化、多样化、全球扩张和兼并之时，核心理念提供了黏合剂，使组织得以凝聚。任何变革目标若要发挥功效，都必须将组织的核心理念具体落实。

核心价值是某个组织最基本、最恒久的信念。核心价值无须外在理由支撑，是一套永远的指导原则；对组织内部人士而言，核心价值具有实际的价值和重要性。核心志向不仅仅是描述公司的生产成果或目标顾客，它会捕捉公司的灵魂。例如麦肯锡公司的核心志向为协助公司或政府，使它们更成功。志向（应该持续至少100年）与特定的目标或企业策略（在100年间应该改变许多次），两者不应混淆。也许企业可以实现某个目标或完成某项策略，但不能真正实现志向；虽然志向本身通常不改变，但它却会启发变革。志向永远无法真正实现，此一事实意味着企业组织也永远无法停止激励变革与进步。

13.4.3 建立足够的紧迫感

大多数成功变革在一开始时企业领导者总是认真审视公司的竞争态势、市场地位、技术趋势以及财务表现。成功变革的注意力集中在：某项重要专利到期所可能出现的营收下降，某个核心产业利润连续五年下滑的趋势，或某个似乎人人都漠视的新兴市场。然后，他们找寻方法，广泛而戏剧性地传播这些信息；尤其会强调这是个危机（或潜在危机），是个千载难逢的大好机会。这是必要的第一步，因为变革的发动，有赖于集体的合作。如果欠缺动机，众人就不会共襄盛举，改革大业也难有进展。

也许这看起来相当容易，但事实并非如此。调查显示，在第一阶段失败的企业远远超过50%。有的是因为高级经理低估了驱使人们离开“舒适地带”这项工作的困难程度，有的是因为高级经理过高估计了在提升紧迫感方面的成功程度。在很多案例中，高层主管对于各种负面的可能性变得越来越麻痹。他们担心资深员工会产生防卫心理，担心士气会降低，情况会失控，短期业绩受到危害，股价下跌，因而使自己背负创造危机的罪名。

高级经理团队麻痹，往往是因为经理人太多，而领导者却不够。“变革”必须创造一套新的制度，而这项工作常常需要真正的领导者。如果没有足够多的真正领导人才获得擢升或晋级以便担负高层工作，那么这一阶段的变革难有进展。公司若要变革成功，必须拥有一个专门制造危机的团队。

紧迫感要普遍到什么程度才算足够呢？科特（John P. Kotter）认为公司的经营团队中，必须至少有75%以上的成员诚心相信绝对不可能因循守旧。如果紧迫感的普遍性达不到这种程度，在以后的变革过程中，极可能发生非常严重的问题。

13.4.4 不能过早宣布胜利

经过多年的辛勤耕耘之后，经理人看到第一次明显的绩效改善时，也许忍不住要宣布胜利。庆祝有所收获当然是件好事，然而，宣布打赢这场战争却可能导致大灾难。除非改革已经深深渗入公司的文化（其过程可能历时5～10年），否则新的做法仍然很脆弱，随时有倒退的可能。比如，有的公司在主要变革计划完成之后，随即宣布胜利，并支付巨额顾问费用，且对顾问行礼道谢。但在这之后，两年不到，先前引进的各项有益变革却慢慢消失。令人奇怪的是，变革发起者往往与变革抗拒者相结合，共同促成提早庆祝胜利。变革发起者由于热切期待明确的进展信息，以致于做过了头。而迅速找寻任何停止改革机会的变革抗拒者，马上予以响应。庆祝活动一结束，抗拒者会说，宣告胜利表示已经赢得这场战争，应该让部队解甲归田。疲惫不堪的作战部队十分愿意相信自己已经赢了。战士一旦返乡，就不情愿再返战船。不久之后，变革即告终止，老传统悄悄复辟。

切记不要轻易地宣告胜利，因为变革的反对者特别善于识别和利用一切阻碍变革的机会。他们会趁此机会说，革命已经成功，我们不需再努力。有些疲惫的变革战士也就相信他们，不愿将变革进行到底。这时企业员工变革的热情就会逐渐消失，老传统便又卷土重来。

成功的做法是，企业领导者不急着去宣告胜利，而会借助一连串短程收获所提供的可信度来处理更大的问题。针对一些与变革前景相矛盾但从来未曾被提出来解决的制度与结构，成功的企业领导人会一探究竟，谋求解决之道。他们很注意谁应获得提升，谁应被雇用以及人力资源如何被开发这些问题。他们将一些比最初的变革计划范围更大的

方案也囊括进来。他们深深地认识到，这场战略大变革决不是一朝之功，而是至少要花费几年时间。

13.4.5 变革应以成果为导向，而非以活动为中心

以活动为中心的通常打着“全面品质”或“持续改善”的旗号进行，提倡某种管理哲学或风格，如提倡部门合作、对中层管理者赋予权力、员工参与，等等，有些则把焦点放在绩效评价上，例如顾客满意评价等。公司引进这些活动基于一个错误的假设：假如实施足够而正确的改善活动，实际绩效改善就一定会发生。这种逻辑的基础就是，相信一旦经理人把竞争当做标杆来衡量公司的绩效，评估顾客的期望，并训练员工解决问题的技巧，销售额就会增加，库存就会减少，品质也会提升。公司的专家和顾问告诉管理层，不需要把焦点放在改善成果上，因为成果终究会自己呈现出来。

但是以活动为中心的变革存在重大缺陷：一是没有针对特定的成果，二是规模过大，导致难以给出对某项改革措施与绩效之间关联度的认定，三是评价结果的不真实性，四是偏执于正统做法，缺乏实证精神。和以活动为中心的变革形成强烈对比，以成果为导向的变革跳过了冗长的准备仪式，以迅速取得能够加以评价的成果为目标。它具有上述方法所不具备的四大优势。

（1）公司只引进所需的流程管理及创新。以成果为导向的变革，需要经理人针对达成锁定目标所欲采取的创新，审慎安排优先顺序。当变革看起来似乎能使公司加速迈向可测量的目标时，经理人就会以一种“刚好及时”的模式，对管理风格、工作方法、目标设定、信息系统、顾客关系等进行修正。比较而言，如果变革是以活动为中心，所有员工也许会像实施某种仪式般被送去训练，只因为那是“正确”的事情。

（2）透过实际测试显示可行之道。由于各管理阶层依次引进每项管理及流程创新，并将它们与短期目标串连在一起，所以他们很快就会发现每种方法所能创造的成果如何。

（3）经常给予强化，使改善的过程更具活力。经理人员和员工放弃了大规模、模糊不清的变革目标，改以能够快速创造具体成果的短程渐进式目标，从而能享受到成功的心理果实。让员工自我展现成功的能力，不仅可以产生必要的强化作用，而且可以让各管理阶层建立起继续改善的信心及技巧。

（4）管理阶层在设计下一阶段的计划时，以先前各阶段设计经验为基础，因而创造一种持续性的学习过程。以活动为中心的变革和以成果为导向的变革，其最终目标都是要让组织的绩效发生根本变化。以活动为中心的变革将焦点放在全面文化变革、大规模的训练计划以及大量流程创新上；以成果为导向的变革则不然，它首先要找出最迫切需要改革的绩效改善事项，然后设定渐进式目标，迅速予以达成。管理阶层把渐进式计划当做试验厂，用以测试以成果为导向的新管理、评价、组织方法，从而逐渐创造经验基础，以在这个基础上建立全公司的绩效改善。

一般来说，变革能得到彻底贯彻的情况并不多见，在具体实施过程中会遇到这样那样的问题，因此，要寻求变革与稳定的最佳平衡点，既要避免出现大的震荡，又要确保变革的效果。

|战|略|透|视| 索尼战略转型

2008财年，索尼遭受了14年来的首次亏损——总销售收入788.77亿美元，亏损10.1亿美元。此后，索尼液晶电视业务被三星、LG超越，从全球第一名的位置跌至第三名；数字音乐也被苹果的iPod抢走了生意；索尼是第一家开发电子书的企业，而今其E-Reader的全球市场份额与亚马逊的Kindle相比，已经落后20多个百分点(Kindle的全球市场份额为60%)。在最新的产品领域，索尼这个昔日的硬件大王、品质大王，正在失去独领风骚的市场能力。

2009年年初，索尼公司总裁，美国人斯金格开始领导战略转型革命，完成他的前任出井伸之未尽之事业：彻底打通内容和硬件之间的沟壑，包括组织框架和思维模式。斯金格的坚定执著获得了市场回报，在此后的三个财季中，索尼公司逐渐摆脱亏损阴影，第三财季实现营业利润16亿美元。即便如此，索尼公司预计2009财年仍将亏损700亿日元。

2009年圣诞前夕，斯金格终于在公开场合承认苹果公司和亚马逊走在了索尼前面，而在此之前整个公司都无法接受将自己与这两个另类企业做比较。斯金格说得十分中肯："亚马逊超过了我们，是因为我很难说服公司的高管这是一个好业务。我们的数字化是从彼此独立的垂直业务体系中建立起来的，不是一个水平的平台。而苹果公司却可以集中精力建立iTunes平台。"

这就是问题的关键，他们落后的不是技术产品。成立于1946年的索尼公司1955年销售出第一台晶体管收音机；20世纪60年代成功研制出单枪三束彩色显像管技术，彻底改变了彩色电视机显像的质量；1979年推出磁带录音机随身听（即walkman），成为追求创新产品的企业先锋。直到今天，索尼仍可以推出让人眼前一亮的产品，比如3D电视，全球热映的《阿凡达》(Avatar) 3D电影就是用索尼的设备拍摄的。索尼落后的也不是内容，索尼娱乐公司曾制作出《蜘蛛侠》、《达芬奇密码》这类卖座电影，如今至少拥有近万部的电影资料库。

就像斯金格所说，索尼业务全部是垂直一体化运作，各条产品线互不干涉，再加上公司历史悠久、沉疴顽固，很难沟通和融合。苹果公司恰恰做到了这一点。虽然没有任何核心技术能力，甚至没有工厂，产品全部由中国台湾或内地厂家组装，但苹果公司最大的能力是：把自己的电脑操作系统和软件，以及其他的创新产品包括内容(比如iTunes)整合在一起，然后构建出一条新的产业链。在这条新产业链上，苹果是利益的最大分享者。

2010年第一财季苹果公司的净利润为33.8亿美元（同比大增49.56%），与微软公司的盈利能力相当（微软去年第一季度净利润35.7亿美元）。亚马逊的Kindle电子书，也是硬件整合内容的绝好例子。其实，在旧的硬件垂直产业链上，索尼也逐渐失去活力，比如它没有液晶电视的核心面板技术、没有"牵一发而动全身"的半导体工业，而这些韩国的三星公司都有。所以，三星2009年前9个月的净利润达到60.8亿美元，市值是索尼的3倍。

索尼决定放下架子彻底向苹果公司学习的时间是2009年2月。在经济危机的冲击下，此时所有管理层都在翘首期盼斯金格指明方向。斯金格借机对公司管理架构做了重新调整，将所有业务重组为"网络化产品与服务集团"、"消费产品集团"两大集团，并组建了横跨两个集团的业务平台——"共同软件与技术平台"和"生产/物流/采购平台"，以期从研发的初始端打通内容和硬件的融合。

与此同时，索尼开始在全球实施"轻资产"战略转型。去年，索尼卖掉了北美所有的液晶工厂，数码相机、笔记本电脑和Play Station游戏机的部分生产也已经外包生产。最近的打算是，在2010财年（2010年4月份~2011年3月份）将液晶电视的外包订单增加到其液晶电视出货总量的40%。索尼还与合作伙伴开始了2011年的外包谈判，预计外包量达到1 500万台。

在新商业模式的带动下，索尼对2009财年全年财报的预测数字进行了调整，10月底预测的净亏损950亿日元被调整为700亿日元。并预计2011年3月前，实现整体盈利。

“我觉得这时候说服大家把公司分成两个，一个专责硬件、一个专责网络服务（即内容），是奏效的。”斯金格总结了这一年的转型成效，他甚至认为凭借公司拥有的内容优势，索尼可以在平板电视时代重回老大位置，他们已经开始准备将庞大的内容资源装入它的互联网电视中。

资料来源：陈庆春.索尼战略转型初见成效 中国组织架构未变却有一法门.中国经营网http://biz.cb.com.cn.2010年3月。

本章小结

1. 对处于激烈竞争之中的企业来说，进行战略变革是必要的。战略变革是企业维持竞争优势的重要手段。
2. 一般而言，变革是痛苦的，会遇到很多难点。利益障碍、人才障碍、观念障碍、沟通障碍和文化障碍是比较典型的五个阻碍战略变革的障碍。
3. 战略变革的主要实施步骤是先树立危机意识，组建变革项目团队，然后确定愿景并进行沟通，接着实施变革计划，取得阶段性成果，最后要固化变革成果并根植企业文化。
4. 战略变革过程中应该注意，要首先得到企业高层领导的支持，因为这直接决定了战略变革的成败，然后分别要注意保持核心理念的稳定性和足够的紧迫感，不能过早地宣布变革成功，坚持以成果为导向而非以活动为中心。

关键术语

战略变革 新经济 全球化 利益障碍 观念障碍 核心理念 领导者

复习思考题

1. 简述新经济时代企业战略变革的重大意义。
2. 试述企业战略变革的难点。
3. 企业进行战略变革时，应注意哪些具体问题？

参考文献

[1] 科特，等．变革[M]．北京：天下远见出版股份有限公司，2001．

[2] 迈克尔 A 希特，等．战略管理：竞争与全球化[M]．吕巍，等译．北京：机械工业出版社，2009．

[3] 项保华．战略管理：艺术与实务[M]．上海：复旦大学出版社，2004．

[4] 陈庆春．索尼战略转型初见成效 中国组织架构未变却有一法门[J/OL]．中国经营网http:/biz.cb.com.cn，2010年3月．

[5] 薛求知，徐海康．企业战略变革透视[J]．经济理论与经济管理，2001(10)．

[6] Windows面临挑战，http://phpower.dns0755.net/show．

附录A　企业战略管理与《孙子兵法》

A.1　《孙子兵法》对现代企业战略管理的意义

在市场经济条件下，企业作为市场竞争的主体必须在激烈的竞争中谋求生存、发展。企业竞争已从产品竞争的低层次竞争发展到企业战略的高层次竞争。复杂、多变的经济环境要求企业除了具有较强的市场适应能力外，还应该有中长期战略发展规划，即通过一系列有目的的战略步骤，发挥出企业的战略优势，从而实现企业的战略目标，使自己在商战中保持不败。据美国统计，美国企业进行长期发展规划的在1949年为20%，到了1970年，根据斯坦福研究所的调查，已达到100%。日本经济新闻社早在1967年也做过类似调查，在被调查的63家大公司中，有60家进行长期企业规划，占97%。今天，制定企业经营战略在日本已无一例外。

有一句行话“商场如战场”就是把企业竞争比作军事斗争。尽管商场与战场在形式、结果等许多方面不同，但却具有共同的指导原则和发展规律。在战场上适用的军事战略思想对企业的发展也有重要的借鉴作用。我国古代军事著作《孙子兵法》对企业战略管理的指导作用最为显著，许多现代企业战略管理思想的源头在《孙子兵法》。

A.1.1　孙武及《孙子兵法》

《孙子兵法》又称《孙子》，是我国现存最古的兵书，也是世界上最古老的军事理论著作，在中外军事学术史上久享盛名。

《孙子兵法》为孙武所著。孙武，字长卿，春秋末期齐国乐安（今山东惠民县）人。生卒年岁不可考，大约与儒家的创始人孔子同一时代，生活于公元前六世纪末到公元前五世纪初。

《孙子兵法》总结了我国古代战争的经验，揭示了许多具有普遍意义的战争规律，包含着丰富的朴素唯物论思想和辩证法观点，被历代军事家尊为“兵学圣典”。《孙子兵法》中包含的深刻的战略思想至今仍闪耀着光辉。

《孙子兵法》这部光辉著作，不但在我国广泛流传了两千多年，在国外也受到许多国家的重视。早在公元八世纪的唐朝，《孙子兵法》就传入日本。从公元八世纪到今天，日本有关《孙子兵法》的著作多达一百余种。1772年，《孙子兵法》法文译本在巴黎出版。拿破仑失败后，被放逐在圣赫勒拿岛。据说有一天他读到《孙子兵法》，立即拍案叫绝，进而叹息说："倘若我早日见到这部兵书，我是不会失败的。"此后俄、英、德等版本也都陆续出版。许多国家把《孙子兵法》列为军事院校的必修课程。据报道，在20世纪90年代初的海湾战争中，美军"沙漠风暴"行动总指挥施瓦茨科普夫就要求他的下属熟读《孙子兵法》，并将其牢记在心。同时，他也成功地运用了"避实就虚"这一谋略轻而易举地击败了萨达姆，赢了海湾战争的胜利。海湾战争结束后，世界上对《孙子兵法》的研究又掀起了高潮。

事实上，《孙子兵法》的影响远远超出了军事领域。它的许多原则被广泛运用于政治、经济、外交、商业、教育、体育等许多方面。在经济领域中，以日本兵法经营塾塾长大桥武夫的实践研究活动最为突出。他既吸收西方成熟的管理经验，又从中国的《孙子兵法》中汲取营养，再和日本国情巧妙地结合起来，创立了一种独特的经营管理方法，为企业经营发展提供了一条行之有效的科学方法。我国国内有关《孙子兵法》在企业战略管理上的作用和在商战中运用各种谋略的研究正不断深入地开展起来。

A.1.2 《孙子兵法》对企业制定战略思想的指导意义

A.1.2.1 以"全胜"战略思想制定战略规划

孙子曰："夫用兵之法，全国为上，破国次之；全军为上，破军次之；全旅为上，破旅次之；全卒为上，破卒次之；全伍为上，破伍次之。是故百战百胜，非善之善也；不战而屈人之兵，善之善者也。故上兵伐谋，其次伐交，其次伐兵，其下攻城。"（《孙子兵法·谋攻篇》）孙子的这些话体现了"全胜"的军事战略思想，这个战略思想贯穿于整个《孙子兵法》。"全胜"的军事战略思想是进行谋划的重要指导方针，因为它包含了对主观与客观、知己与知彼、物质与精神、局部与全局、眼前与长远等诸多矛盾关系的正确认识。当前企业生产经营所处的外界环境变幻莫测，企业为了能在发展过程中避免挫折和失败，保持长期稳定持续的发展，谋求"全胜"，就要从战略高度来把握企业发展的方向，制定并且贯彻执行企业战略。

制定企业战略就必须先明确企业的经营理念。这种企业的信仰和追求是企业每一个员工都必须理解、认同，并且融入具体工作中的精神动力。例如IBM公司提出"一切为了服务"作为公司经营理念，就为它制定全球用户服务战略打下了深刻的思想基础，并取得了显著的效果。

在统一认识基础上，战略的制定者就要分析环境，把握未来发展趋势，制定出企业生产经营长期发展战略。企业的长期发展战略包括对企业未来前景的期望，并具体规划出旨在实现这一目标的产品和市场战略，明确今后相当长的时间里如何行动的具体步骤，合理配置各种经营资源。

"全胜"的企业战略思想要求企业必须"谋全局"、"谋长远"，勇于创新，而摒弃满足于眼前利益，计较一时一地的得失以及经营上的短期行为。企业要推陈出新，采用先进的经营方式和科学的管理方法。也只有在"全胜"战略指导下制定的企业发展战略才能经受住市场竞争的考验，才能保证企业发展的正确方向。

A.1.2.2 把握竞争胜负的决定因素是完善战略规划的关键

孙子曰："兵者，国之大事，死生之地，存亡之道，不可不察也。故经之以五事，校之以计而索其情：一曰道，二曰天，三曰地，四曰将，五曰法。凡此五者，将莫不闻，知之者胜，不知者不胜。主孰有道？将孰有能？天地孰得？法令孰行？兵众孰强？士卒孰练？赏罚孰明？吾以此知胜负矣。”（《孙子兵法·计篇》）孙子把决定和影响战争胜负的主要因素概括为“五事”、“七计”，并且说“夫未战而庙算胜者，得算多也；未战而庙算不胜者，得算少也。多算胜，少算不胜，而况于无算乎！吾以此观之，胜负见矣”。（《孙子兵法·计篇》）在千百年战争实践中，《孙子兵法》这一论述被证明是完全正确的。在企业竞争中对胜负的判断也正如此。

表A-1 “五事”、“七计”与企业竞争

	军事斗争	企业竞争
五事		
道	战争是否正义，上下意志是否统一	企业经营是否符合国家政策导向，经营方针是否符合实际要求，管理思想、方法是否先进
天	自然气候及客观形势	企业所处的政治、经济、政策、法律等条件
地	地形地势	企业地理位置、资源状况、布局、市场、交通
将	将帅的智、信、仁、勇、严	企业领导的素质及能力
法	军令法规	企业体制和规章制度
七计		
主孰有道	国君是否贤明、战争是否获得群众支持	企业领导是否能够进行英明的领导
将孰有能	将帅是否有才能	企业管理者的德才素质
天孰有得	交战哪一方占据有利的作战地形	企业所处政治、经济环境及地理位置是否有利
法令孰行	将帅的命令和军规是否贯彻执行	企业体制、规章制度、领导指令的有效贯彻情况
兵众孰强	哪方军队实力强盛	企业全体人员素质是否较高
士卒熟练	士兵的训练水平	企业内部技术创新、业务开拓能力的培养和提高
赏罚孰明	军规、军令是否赏罚分明	企业奖惩制度的适用性及执行情况

表A-1比较了“五事”、“七计”在军事斗争和企业竞争中的表现。

从表A-1可以看出，企业要取得经营成功，关键凭企业自身的经营素质和实力。因此把握竞争胜负的决定因素，并使其优于对手是制定切实可行、卓有成效的企业战略的关键。

A.1.2.3 制订以“诡道”为基础的战略方案

孙子曰：“兵者，诡道也。故能而示之不能，用而示之不用，近而示之远，远而示之近。”（《孙子兵法·计篇》）孙子认为，隐蔽自己真实情况、扰乱对方作战步骤、以达到自己的作战目标，这是军事谋略的实质。在企业竞争形势日益紧张，竞争对手都非常想了解对方的情况，力图从对手的薄弱环节突破时，更有必要采取一系列“诡道”的策略，实现较大的收获，即孙子所说的“利而诱之，乱而取之”。企业竞争中运用“诡道”时必须在战略方案中为对手布下种种假象，掩盖自己的弱点，发挥自己的强项，争取更有利的形势，这样才能成为最后的胜利者。

A.1.2.4 实行以利为核心的决策标准

孙子曰：“智者之虑，必杂于利害。”（《孙子兵法·九变篇》）“合于利而动，不合于利而止。”“非利不动，非得不用，非危不战。”（《孙子兵法·火攻篇》）孙子认为在战略决策时，唯一的标准就是“利”。在进行战略决策时，他提出，“一曰度，二曰量，三曰数，四曰称，五曰胜。地生度，度生量，量生数，数生称，称生胜”（《孙子兵法·形篇》）。用最初的资料综合一定的外界因素，用权变的思想进行推断比较，得出正确的结论，用利润作为衡量企业经营好坏的重要标准，就要求企业在决策时必须把实现的利益（不仅仅是利润，还包括对社会的贡献等）作为首要考虑因素。要仔细辨别所处环境，分清利害关系，不能因小利而盲目仓促决策，上对手的圈套，造成不应有的损失和战略上的被动。

A.2 《孙子兵法》与企业战略

A.2.1 企业战略的组成因素

通过对《孙子兵法》中军事战略的理解，我们认为，企业战略指企业通过各种有效的途径，运用必须的手段，以实现企业目标的大政方针。用一个公式表示就是：

企业战略 = 企业目标 + 企业战略方针 + 企业实力

其中，企业战略方针指运用企业实力的各种行动方案；企业实力包括对人、财、物、技术、信息、管理等方面的拥有和运用能力。

我们可以用图A-1表示企业战略、企业目标、企业战略方针和企业实力的相互关系。

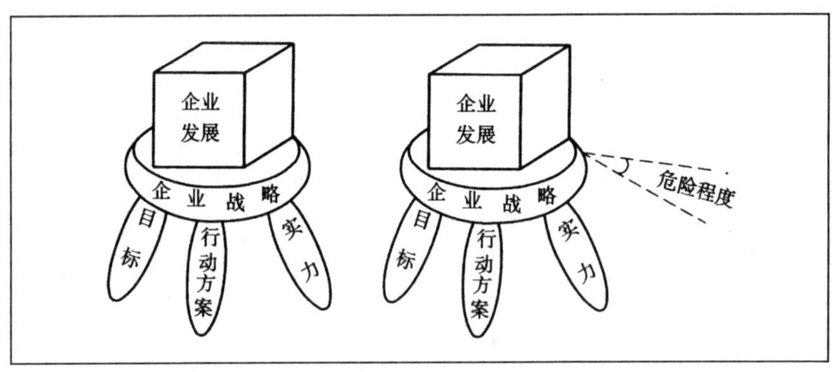

图A-1 “三条腿”企业战略模式图

我们最关心的企业发展由一个三条腿的凳子即企业战略支撑着。凳子的三条腿分别为企业目标、企业战略行动方案和企业实力。三条腿必须取得平衡，否则企业发展就会受影响。如果企业实力不符合战略方针的要求，或者承担的义务超出了企业实力，那么企业就陷入困境。凳子倾斜的角度象征着危险程度，也可以说象征着企业遭受损失的可能性大小或实现目标的希望的大小。

正确的企业战略是企业稳定持续发展的重要保证。企业战略由明确的企业目标、高超的战略方针和强大的企业实力作为支撑。企业目标、行动方案和企业实力任何一个因素出现偏差均会对企业发展构成阻碍，甚至破坏企业的稳定。

由于受资源等条件的限制，既定的企业总目标要分阶段来实现，也就是实现大目标必须是先实现各个小目标。也正是逐步实现小目标才使企业长期战略的实施具有可操作性。

在企业目标确定、企业实力不可能在短时间内迅速提高的情况下，要正确估计竞争对手干预、阻挠的负面因素，确定合理、灵活的行动方案，充分发挥企业的竞争优势，获得竞争的胜利。著名管理学家彼得 · 德鲁克说：“战略规划并不是一种消除风险的企图，也不是使风险最小化的企图，成功战略的最终结果必须是承担更大风险的能力，因为这是提高企业成绩的唯一途径。”

A.2.2 制定企业战略的原则

“知己知彼”是《孙子兵法》中包含的军事理论赖以生存的基础，是一切决策的出发点。而在这个基础上形成的军事作战原则也可以被企业经营决策借鉴。只有“知己知彼”，才能“百战百胜”。

A.2.2.1 有备而战

《孙子兵法·形篇》说：“胜兵先胜而后求战，败兵先战而后求胜。”《孙子兵法·九变篇》说：“故用兵之法，无恃其不来，恃吾有以待之；无恃其不攻，恃吾有所不可攻也。”对于任何战争，都应该是慎重计算、策划、论证，先创造胜利的条件，然后才同对手交战。不要指望对手不行，而要做好使对手攻不破的充分准备，使自己在交战之前就立于不败之地。在企业经营中，在做出任一决策前都必须综合考虑各种因素，做好准备，使企业处于有利的市场地位，确保企业的竞争优势。

A.2.2.2 速战速胜

《孙子兵法·作战篇》说：“兵贵胜，不贵久。”又说：“故兵闻拙速，未睹巧之久也。夫兵久而国利者，未之有也。故不尽知用兵之害者，则不能尽知用兵之利也。”孙子认为长期战争会造成大量人力、物力浪费，如果久战不胜，不仅影响士气，而且劳民伤财。所以孙子主张速战速胜，反对旷日持久的战争。

在企业经营中，能够快速占领市场的产品，就应该以最快的方式进入市场，给顾客造成先入为主的感觉，压缩竞争对手能够利用的空间。国外有研究表明，相同新产品同时投放市场的时间滞后八个月，经济效益就要减少一半。同时，企业的决策者具有速战速胜的指导思想，不但可以节约资源、提高效益，而且可以提高整个企业员工的士气。

A.2.2.3 避实就虚

《孙子兵法·虚实篇》说：“水之形，避高而趋下，兵之形，避实而击虚。”《孙子兵法·势篇》说：“兵之所加，如以瑕投卵者，虚实是也。”《孙子兵法·军争篇》说：“善用兵者，避其锐气，击其惰归。”和对手作战，应该避开对手强处，而攻击对手弱处，这样使对手无法抵御。企业竞争的过程也就是如何发挥自身的强项与对手竞争，而保护自己的弱处不被对手攻击的过程，即选择对手的薄弱环节，集中优势力量进行攻击，进而击败对手。

A.2.2.4 争取主动

《孙子兵法·虚实篇》说：“凡先处战地而待敌者佚，后处战地而趋战者劳。故善战者，致人而不致于人。”《孙子兵法·形篇》又说：“先为不可胜，以待敌之可胜。不可胜在己，可胜在敌。”时时把握作战的主动权，能够用“示形”诱骗的方法调动对手，而不被对手所调动，使自己处于主动地位，使对手陷于被动地位。企业竞争中不论是制定降低成本战略还是创新竞争策略，都必须时时保持自己的主动地位，并用行之有效的谋略调动对方，否则不但达不到预期效果，反而会使自己卷入对方设置的陷阱中去，处于被动地位，显露自己的弱点，遭到对方攻击。

A.2.2.5 灵活善变

《孙子兵法·虚实篇》说：“战胜不复，而应形于无穷。”又说：“水因地而制流，兵因敌而制胜。故兵无常势，水无常形。能因敌变化而取胜者，谓之神。”打仗要根据不断变化的形势来改变自己的作战方法，善于出奇兵以取胜，绝不可一成不变地固守某些条文。《孙子兵法·九变篇》甚至提出“君命有所不受”。这表明将帅有权根据临时情况变化改变作战计划，灵活机动战胜对手。企业竞争也一样，必须因地制宜，不断创新。根据经营条件的变化，在变化中采取不同的经营策略，针对竞争对手运用不同的经营手段来实现企业的目标，这一权变思想也符合辩证法的运动和变化规律。

A.2.2.6 先拔将帅

《孙子兵法·谋攻篇》说：“夫将者，国之辅也。辅周则国必强，辅隙则国必弱。”孙子十分强调将帅的地位和作用，主张慎重地选贤任能。《孙子兵法·计篇》说：“将者，智、信、仁、勇、严也。”应选择具有智谋才能，赏罚有信，爱护士兵，勇敢果断，军纪严明的人担任将帅。《孙子兵法·地形篇》说：“故进不求名，退不避罪，惟民是保，而利于主，国之宝也。”这也体现出将帅的重要作用和地位。企业领导者对于企业发展的作用越来越大。许多成功和失败的例子告诉我们，企业领导者的决策给企业带来的结果，其差异有时是非常大的。因此现代企业家的素质要求并不比古代将帅的要求低，反而比古代将帅面对更为复杂的环境。

在明确企业战略制定原则之后，下面让我们再来研究一下企业战略制定的过程。

A.2.3 分析竞争环境，获得准确信息

《孙子兵法·谋攻篇》指出：“知己知彼，百战不殆；不知彼而知己，一胜一负；不知彼不知己，每战必殆。”在企业中，“知己知彼”也就是分析竞争环境，获得准确信息，这是进行正确决策的依据和保证。

A.2.3.1 “知天”——宏观环境的情报

随着企业经营国际化潮流的到来，文化情报在宏观环境中的重要性日益凸显。文化是一个社会群体世代相传形成的生活方式、价值观念和处事态度，文化的深层次内容不会轻易改变。因此要加强文化情报的收集。

战略竞争要求遵循一定的规则，这些规则多以政策和法律的面目出现在企业面前。对企业战略影响较大的政治法律因素主要有政治稳定性、经济体制、经济政策、法律法规等。

A.2.3.2 “知地”——微观环境的情报

现代企业的竞争来自各个方面，然而它首先是来自企业内部竞争。收集行业内的竞争情报是制定企业总目标和各分目标的基础。企业所受到的外部威胁和压力请参见本书第2章的相关内容。

企业首先应当解决的问题是确定自己的位置。在自我分析之后，应该分析一下整个行业内竞争者的情况，这些情况包括竞争者的数量、行业的增长情况、行业内竞争者的投资强度、行业中产品的差别化程度以及行业的进入和退出障碍等。

分析新加入者的情况 新加入者一般都具备相当的实力和优势，他们的进入将有可能导致整个行业价格水平的下降，最终导致行业利润率的下降，因此是最直接的威胁力量。

分析替代品的情报 替代品的威胁有些是不可避免的，有些是靠行业内企业共同努力可以对付的，但最根本的是要靠企业不断提高自身新产品开发的能力优化营销策略，抵御替代品的冲击。

分析企业原材料供应商以及企业顾客情报 原材料供应商的情报直接影响着企业利润的高低。分析顾客的目的是为了了解顾客的需求，这是制定营销战略的出发点。顾客分析可以从六个方面进行：购买者（Who）、购买对象（What）、购买动机（Why）、购买时间（When）、购买地点（Where）、购买方式（How）。

A.2.3.3 “知彼”——竞争对手的情报

竞争对手的情报包括竞争对手的目标、现行战略、能力、可能采取的反击方法等。竞争对手的目标包括竞争对手的财务目标和市场目标、通过哪些投资获得新的竞争优势、水平、高层领导风格、决策意见和风险程度大小、人力资源目标、企业文化和凝聚力等。分析竞争对手的现行战略就是要了解其各职能部门的关键的经营方针，从局部推断出整体。竞争对手的能力分析应该从核心能力、适应能力、反击能力、持久能力和潜在能力等方面进行。企业要充分分析竞争对手可能采取的反击方法，并提前做好相应的准备。

A.2.3.4 “知己”——企业内部情报

知己的目的在于充分认识自己的优势和不足，其要点包括：

- **战略** 明确本企业战略总目标和分目标及为了实现总目标和分目标所采取的战略方针。
- **组织结构** 研究组织结构的合理性是否符合业务发展的需要以及如何改进。
- **制度** 研究企业现行的财务、人事、责任、研发、资产管理等制度的合理性及执行情况。
- **专长** 研究企业的原料、采购、技术、设备、生产、营销、财务等环节的优势及进一步的改进措施。
- **领导** 研究领导方式是集权还是分权，以工作还是以感情为导向，这对于企业决策的取向和风险性有重要影响。
- **员工** 高水平的员工素质对企业的发展至关重要，而更关键的问题是如何用好人才。
- **价值观** 共同的价值观是企业赖以生存和发展的精神支柱，是企业文化的核心。员工对价值观的认同程度也决定了企业的凝聚力。

A.2.4 发扬竞争优势，制定合理战略

在仔细分析了竞争环境后，企业必须找到自己的竞争优势和薄弱之处，强化优势，改进不足，制定合理的战略。

企业战略可以分为基于顾客的战略、基于企业的战略和基于竞争者的战略三大类。

制定基于顾客的战略要求按顾客的目的、覆盖面、用途构成等方面进行细分，抓住重要细分市场或以企业各相对优势的市场作为主要目标。

制定基于企业的战略要求企业在关键功能的实力上保持鲜明的特色。例如，20世纪五六十年代，日本企业在制造工程技术方面投入了大量的资金和有才智的人力，生产技术及当时它们在劳动力上的优势构成了目前强大实力的源泉。在20世纪70年代，日本企业转向强调质量控制和产品设计能力，并以此为重点加以发展。到20世纪80年代中期，日本企业把基础研究和直接市场投资作为战略重点。

基于竞争者的战略要求与竞争者相对比，对可能形成功能差距的根源进行分析，包括原料采购、研发、销售、服务等各方面。企业要关注价格、产量和销售渠道等战略措施，提高市场占有率。

根据《孙子兵法》，企业在制定战略时还应该注意以下两点。

- 《孙子兵法·虚实篇》中指出："故形人而我无形，则我专而敌分。我专为一，敌分为十，是以十共其一也。则我众敌寡，能以众击寡者，则吾之所与战者约矣。"要集中优势兵力，并设法分散对手的兵力，在局部形成相对优势，就能战胜对手。在制定企业战略过程中，由于资源的有限性，能够征调的资源是有限的。只有将珍贵的资源用在最需要、最有利的地方，如形成一定的资金优势、人力优势、技术优势等，在某一阶段、某一地区与竞争对手相比在这些方面占据一定的优势，就能以强击弱并占据市场份额，提高经济效益。
- 《孙子兵法·军争篇》中指出："先知迂直之计者胜。"这也是制定战略过程中的更高标准。迂和直是矛盾的两个方面，处理好迂和直的关系是具有战略眼光的表现。瑞士以生产机械手表而闻名于世，不但历史悠久，而且制造工艺一流，手表的精确度很高，日本手表公司无论在技术条件、知名度、工艺等方面均不能与瑞士公司竞争。但日本手表公司利用石英技术生产价廉物美的石英电子表，不但在短时间内占领大部分手表市场，而且以此为契机，成为世界钟表行业的新霸主。日本企业运用的就是以迂为直的战略，通过占领石英手表市场，以达到挤垮瑞士机械表的目的，称雄钟表市场。

A.2.5 排除干扰因素，做出战略决策

对于以统一的总目标而制定的各种企业战略方案，不可能全部都能采用，而应根据环境、资源、规模，综合实际情况，进行更深入的研究并做出决策。

《孙子兵法》对于战略决策原则在其《作战篇》、《谋攻篇》、《军形篇》、《兵势篇》等篇章中均有描述，下面阐述几条主要原则。

- 《作战篇》："战争利害之计算，不尽知用兵之害者，则不能尽知用兵之利也。"在未采取措施前就要懂得采取行动的利弊，并进行比较。
- 《谋攻篇》："知胜有五，而患于军者三。"要知道预知胜利的五种方法和危害胜利的三种情况，核心是什么情况下可以出击，什么情况下不可以出击。
- 《军形篇》："善用兵者，修道而保法，故能为胜败之政。"善于用兵作战的人，能够修复政治，确保法制，所以能够成为战争胜负的主宰者。战略制定者一定要先考虑创造自身不败的条件。
- 《兵势篇》："凡战者，以正合，以奇胜。"用兵作战以正兵迎敌，以奇兵取胜。在战略制定中，要以新思想、新观点、新方法，达到以巧取胜、以奇取胜的目的。

A.3 《孙子兵法》对战略实施的要求

A.3.1 创造获胜的条件

《孙子兵法·谋攻篇》："故知胜有五：知可以战与不可以战者胜，识众寡之用者胜，上下同欲者胜，以虞待不虞者胜，将能而君不御者胜。"这是预知胜利的五个依据。企业要创造条件，力争达到这五个标准，要知道什么情况下可以出击，什么情况下不可以出击，就要仔细分析瞬间即逝的机会，在最有利的情况下进攻；充分利用有限的资源，经过运筹分析，用最少的资源投入获得最大的效益产出；加强企业内部凝聚力的培养，从领导到员工形成共识，做到荣辱与共，上下同心，就能具有无往而不胜的精神力量；在决策前充分考

虑到环境的变化所带来的后果，因而在思想上和物质上要多做几种准备，始终把握主动；在战略实施过程中，应当适当分析，做到职责分明，在运作过程中有条不紊。如果出现权限混乱的现象，只能是为对手创造可乘之机。

A.3.2　掌握主动权

《孙子兵法·虚实篇》："凡先处战地而待敌者佚，后处战地而趋战者劳。故善战者，致人而不致于人。"战略实施一定要牢牢把握主动权，牵制对手，使对手陷于被动，从而对其薄弱之处进行攻击。

获得主动权可以采用下列方法。

- **攻击对手的关键之处**。如竞争对手的供应商是关键环节，对于汽车制造商，则可以攻击为其提供钢、轮胎、电子设备的供应商。
- **攻击对手要害之处**。如竞争对手的产品技术是薄弱之处，也是在整个企业运行中起重要作用的因素，则可封锁技术甚至可以提供落后的技术资料。
- **进攻对手意想不到的地方**。有一个故事，是说甲、乙两个制鞋公司争夺太平洋上一个小岛的鞋子市场，实际情况是岛上的居民不穿鞋子行走。甲公司认为，鞋子在该岛上没有市场，因为没有鞋子需求；乙公司却得出相反的结论，认为岛上居民鞋子需求量巨大。结果甲公司放弃了该岛的鞋子市场，而乙公司趁机大举进攻，取得了意想不到的成功。这就是运用"出其不意"的策略攻击对方意想不到的地方。

A.3.3　造形与创势

《孙子兵法》指出："不可胜在己，可胜在敌。""故善战者，求之于势。"创造有利时机的重点在于造形和创势。造形就是先要为自己创造不被对手战胜的条件，以等待对手可以被我战胜的时机。创势就是造成一种可以压倒对手的迅猛之势，并要善于利用这种迅猛之势。

造形一方面要求使自己的力量加强，另一方面要求达到迷惑对手、摸清敌情、因敌制胜的目的。创势就必须从"分数"（组织编制）、"形名"（指挥联络）、"奇建"（出奇制胜）、"虚实"（以实击虚）等四个方面创造条件。

A.3.4　动中取胜

《孙子兵法·九变篇》："故将通于九变之形利者，知用兵矣。"这句话的意思是，将帅能够根据实际情况灵活应变，就算懂得用兵了。它说明用兵之道不是固守老一套做法，应根据不同情况灵活应变。"兵无常势，水无常形"，作战没有固定的方式，就像水没有固定形态一样，只有根据敌情制定作战方针，才能取得胜利。世界上许多著名企业的成功途径没有完全一致的，因而在制定企业战略时，要勇于创新，走前人未走过的路，才能开辟一个新天地，为企业发展带来新的机遇。

A.4　《孙子兵法》对战略控制的要求

A.4.1　对企业战略管理过程中各个环节的控制

A.4.1.1　战略制定阶段

不论对军事斗争还是企业竞争来说，制定战略都要有一个明确的目标。制定企业战略的目标就是提高市场占有率（包括企业产品、服务、企业知名度、影响力等）。企业要根据自身的实际情况，以控制或主导产品市场、占据市场优势位置、打进某一产品市场、争取一定份额为目标。市场占有率既是企业竞争能力、应变能力、开拓能力、创新能力的集中体现，也是企业经济效益和综合能力的衡量标尺，它们可反映企业战略目标设立的正确性。企业战略目标确定以后，便是围绕目标提出问题，确定谋略，即进入解决问题阶段，而收集情报是这一阶段的主要工作之一。

孙子曰："知己知彼，百战不殆。"（《孙子兵法·谋攻篇》）"故明君贤将所以动而胜人，成功出于众者，先知也。先知者，不可取于鬼神，不可象于事，不可验于度，必取于人。知敌之情者也。"（《孙子兵法·用间篇》）由此可见收集信息和情报对于制定决策的重要性。在《孙子兵法》中，孙子专门辟《用间篇》来阐明获取情报对于正确使用谋略的重要性和如何采取各种手段获取情报。

围绕既定目标收集的各种情报，要包括正反两方面的内容，充分掌握有助于和不利于问题解决的所有信息情报。了解各种针对性强的信息对于正确制定战略可以打下良好的基础。

在掌握的各种情报中，以经济环境情报、技术发展情报、顾客需求情报、竞争对手战略情报作为重点。在获得各种制定战略的信息和情报后，就要对这些材料进行认真的分析研究，即"去粗取精"、"去伪存真"。从情报的来源、真实性、可靠性、相关性、可操作性等几个方面进行衡量，拟订各种不同的待选方案。在待选方案选择中，我们必须把握两条原则：①任何战略的执行过程和结果都各有利弊，只是在程度上不同而已。②选择的标准在于以最少的代价取得最大的成果。如果决策者患得患失，迟疑不决，必将错过瞬间即逝的战略良机。孙子曰："是故智者之虑，必杂于利害，杂于利而务可信也，杂于害而患可解也。"（《孙子兵法·九变篇》）所以企业在制定战略决策时，要把各种方案将给企业带来的利益和弊端进行比较，判断并选取利大的方案作为首选方案。

A.4.1.2 战略实施阶段

在战略实施阶段应将重点放在战略反馈调节机制上。反馈控制系统指把前次的输出结果返回到输入端，从而影响下一次输出结果的过程。战略的反馈是把战略在实施过程中不断变化的宏观的、微观的各种情况收集起来，进行分析研究，根据新的情况和条件，对原有战略进行修改、调整或更换新战略的过程。

对于战略实行的反馈调节也是从事物发展运动的角度考虑的。首先考虑战略的制定及实施的时间性。企业所处的环境条件随着时间的推移必将产生变化，有时产生的变化非常大。另外，对战略实施阶段的成果认识也有一个时间过程。企业不可能一下子全部辨清目前产生结果的真相。对于长远的企业战略，要获得真正准确的认识有一个时间过程，对战略再完善又有一个过程。其次考虑战略实施阶段受内外界影响的多重性。战略实施的结果不仅仅取决于企业的主观判断取舍，有时候客观原因影响更大。因此企业在做分析时，就必须尽量努力做到客观、全面，并保留一个弹性伸缩空间。对采取的调整措施也要力争符合实际情况，这样制定的企业战略才能朝既定的目标发展。

A.4.2 对"创新领先"战略的控制

创新领先是指企业不论在产品还是服务上均有相对于竞争对手的独到之处。创新领先战略可以拉开与竞争对手的差距，使企业处于领导潮流的地位。企业实施"创新领先"战略体现了《孙子兵法》中“出奇制胜”的思想，即“攻其不备，出其不意，出其所不趋，趋其所不意”。如计算机行业著名的英特尔公司在计算机芯片的开发技术上、日本索尼公司在电子产品的技术创新和产品的更新换代方面均采用“创新领先”战略，在同行处于领头羊的地位。

采用“创新领先”战略一般要求在研究经费和科技力量等方面实行超前风险投资，但投资成功将会带来丰厚的经济效益，而投资失败将造成巨大的成本浪费。

“创新领先”战略是企业发展战略中风险最大的战略，是某一行业中实力最强，力图成为行业领先者的大型企业能够采用的战略。对于实力一般的企业，不适宜采用这种战略。

有些企业为了避免采用“创新领先”战略的巨大风险，逐步将“创新领先”战略发展演变成“滞后型”“创新领先”战略。这种演变后的企业战略就是不冒险超前研制，不承担大的风险，待其他企业研究已证明成功可能性很大时或产品初步上市并显示出良好前景时，再集中组织人力、财力、物力加速研制，同时做好大量生产销售等准备工作，争时间，抢速度，后来居上夺取市场控制地位。IBM可以说是使用这一战略的巨大受益者。IBM是世界上计算机产品生产的最大生产商，但从晶体管到集成电路，从巨型电脑到个人计算机，都不是IBM首先研制出来的。但IBM瞄准市场趋势，运用“滞后型”“创新领先”战略，巧妙地站在别人独创技术的肩上，迅速发展自己的产品系列，保证了自己在计算机整机市场上的领先地位。

下面介绍实现“创新领先”战略的三个要点。

A.4.2.1 创新与风险的把握

“创新领先”战略与高风险是紧密联系在一起的。为了使某一项技术达到创新的目的而把企业的整体风险提高到企业没有调整余地的地步是得不偿失的，也是缺乏战略眼光的表现。因此在实施“创新领先”战略时，要密切关注竞争对手的动态，把握自己所处的地位。在高新技术日新月异的今天，哪怕只有一个小小的失误被对手抓住，便会失去“创新领先”战略的意义，在较短的时间内从领先变成落后，甚至面临被淘汰的局面。

A.4.2.2 创新与成本的降低的把握

一般来说，成功地开发一项新成果，领先竞争对手，所花去的代价是相当大的。虽然有非常可观的经济回报，但也要时刻防止采用“滞后型”“创新领先”战略企业的虎视眈眈，更要防止实行“低成本”战略的企业带来的巨大压力。因而在创新过程中要时刻注意市场和原材料变化带来的影响，以便及时调整策略，降低开发成本，减小风险。

A.4.2.3 创新的果断性

在分析了创新能为企业实现既定目标所做的贡献后，就要果断行动，否则会贻误战机或给对手留下采取对策的时间。在指导实施“创新领先”战略时，要把握好创新的超前程度，研制符合市场发展规律的、满足顾客即将到来需求的产品，防止不切实际情况的急功近利思想。

A.4.3 对“低成本”战略的控制

“低成本”战略是指企业在竞争中始终以低于竞争对手的成本而占据行业领先地位，实现利益最大化。企业实施低成本战略体现了孙子的“不战而屈人之兵”的全胜作战思想，即在攻击和消灭对手的同时，又尽可能地保护自己不受损害，并进一步发展自己。

下面介绍实施低成本战略时应注意的两个要点。

A.4.3.1 降低成本不意味着降低质量

实施低成本战略的前提条件是不降低产品质量。我们都知道，不论是家用电器还是汽车、机器、设备，日本产品都相对比较便宜，但日本企业在发展新产品时，实施的低成本战略是经过这样一个过程：研制开发新产品——产品达到各项要求——产品质量稳定但成本较高——采取各种途径（先进技术、降低劳动力成本等）降低成本但不降低质量——实现低成本高质量的战略目标。

企业如果单纯追求低成本而损害了已经在消费者心目中树立的产品品质信誉时，要想重新恢复原先的状态，必将付出更多人力、财力、精力，有时甚至连弥补的可能性也没有。

A.4.3.2 低成本不能剥夺产品的特色定位

低成本固然是产品占领市场的重要手段，但如果忽略产品本身的特色及市场定位的不同而一味追求低成本，就可能会在定位上让消费者产生错觉，进而损害产品形象，导致市场份额下降。由于产品的特色和定位落后于市场发展变化的步伐，错误地运用低成本战略的产品必将会导致最终高成本的付出。

A.4.4 对“避实就虚”战略的控制

如果说“创新领先”战略的特点是主动进攻，“低成本”战略的特点是攻守兼备的话，那么“避实就虚”战略的特点就是稳固防守条件下的进攻。

“避实就虚”的战略符合孙子“强而避之”的战略思想，在主动回避自己的薄弱之处并做好必要准备，从而使自己先立于不败之地的前提下，另图其他胜敌之策。

这一战略适用于在行业中处于挑战者地位的企业。因为挑战者不但受到领先者和其他挑战者所产生的巨大压力，而且在向领先者挑战过程中，由于实力等方面的原因，如果自己不先立于不败之地的话，很难实现对领先者有效的进攻。

对“避实就虚”战略的控制体现在下面三个方面。

(1) 企业的发展、壮大要求企业行为以攻为主。先保护自己的弱处，再去另辟蹊径寻找合适的进攻对手的方法。先避开对手锋芒，保护好自己的弱处，然后再进攻，把重点放在进攻上。

(2) “避实就虚”就是要密切注视对手的市场效果与技术缺陷，抓住时机，改进自己的产品，在较短的时间内推出弥补对手缺陷的产品。

(3) 对竞争对手的攻击，在时机的把握上不能等到其已形成规模效应，或已在顾客中产生深刻影响，因为随着竞争对手的优势的增大，会给产品竞争带来更大的困难，带来的成本也增大。

A.5 《孙子兵法》中的谋略先萃

孙子博大精深的谋略思想在《孙子兵法》中用短短的六千余字表现出来，许多谋略思想以成语的形式流传下来。下面我们选择出在企业战略管理中能够运用的谋略习语并略加点评，使读者在运用中能够把握其实质。

（1）以迂为直 《孙子兵法·军争篇》：“军争之难者，以迂为直，以患为利。故迂其途而诱之以利，后人发，先人至，此知迂直之计者也。”在企业竞争中，为了达到一定的目标或更早地实现目标，就必须付出一定代价，采用间接的做法来实现另一个目标，在另一个目标的基础上实现最终目标就容易了。

（2）以治待乱 《孙子兵法·军事篇》：“以治待乱，以静待哗，此治心者也。”企业内部管理要通过严格的规章制度和深入人心的企业文化来提高企业的整体实力。拥有良好的企业整体素质对于击败竞争对手是非常重要的。

（3）非利不动 《孙子兵法·火攻篇》：“故明主虑之，良将慎之，非利不动，非得不用，非危不战。”利润大小是企业管理成功与否的重要检验尺度。企业所采取的一切行动的方式和手段都必须围绕“利”这个中心。

（4）修道保法 《孙子兵法·形篇》：“善用兵者，修道而保法，故能为胜败之政。”孙子的所谓“修道保法”，是指在各方面修好先胜之道，以保证实现“自保而全胜”的法度。在企业管理中，要求企业采用有效的措施创造不被对手战胜的基础，也就是从人、财、物、产、供、销等方面确保自己处于不败之地，然后再谋求全胜对方。

（5）悬权而动 《孙子兵法·军争篇》：“掠乡分众，廓地分利，悬权而动。先知迂直之计者胜，此军争之法也。”“悬权”为悬挂秤砣的意思。称量物体重量时，要等到秤砣稳定下来才能确定。也就是说，在任何行动前，一定要权衡利害，不可轻率。企业在进行战略决策时，要小心谨慎地分析利弊，既要考虑成功的利益，也要考虑失败的成本，更要考虑各种可变因素对结果的影响，选择更有利于自己的方案。

（6）破釜沉舟 《孙子兵法·九地篇》：“帅与之深入诸侯之地，而发其机。焚舟破釜，若驱群羊，驱而往，莫知所之。”这是企业激励员工的手段之一。通过外界条件的剧烈变化，使员工产生强烈的认知失调，进而产生巨大动力，齐心协力战胜困难。企业进行“危机管理”就是这个道理。

（7）上屋抽梯 《孙子兵法·九地篇》：“帅兴之期，如登高而去其梯。”这是以小利进行诱惑，待上钩后，抽去梯子，使对手进退无路，只得就范，从而实现更大利益。企业在制定行动方案时，切记勿以“利”小而为之，因为可能存在陷阱。

（8）亲而离之 《孙子兵法·计篇》。运用这一谋略就是要离间对方联盟，分化瓦解对方优势，积极争取我方优势。在市场竞争中，企业面对的竞争对手如果联合起来在实力或影响力上超过自己时，就必须采用这一谋略离间对手联盟，削弱对手联盟的实力，确保自己处于优势地位。

（9）攻心为上 《孙子兵法·谋攻篇》。这是“上兵伐谋”思想的发展。通过斗智斗谋，达到“不战而屈人之兵”的目标。企业竞争中，采用攻心的谋略，综合运用各种资源，以强大的资金、技术优势为后盾，使自己强大的实力给对手产生巨大的威慑力量，并结合具体的行动表现出来，迫使对方在决策时让步，实现“兵不顿而利可全”。

（10）致人而不致于人 《孙子兵法·虚实篇》。在企业管理中，主动管理、创造高效益，不论在原材料供应还是顾客的争取上，都必须积极主动，尤其在技术、材料、销售等易于受制于他人方面，一定要把握住自己的主动地位。

（11）以患为利 《孙子兵法·军争篇》：“军争之难者，以迂为直，以患为利。故迂其途而诱之以利，后人发，先人至，此知迂直之计者也。”在企业所处的各种条件中，存在有

利条件，也存在不利条件，如何创造机会把不利条件向有利条件转化，为企业战略执行扫除障碍，这体现了企业领导者的素质和水平。

（12）兵以诈立　《孙子兵法 · 军争篇》：“兵以诈立，以利动，以分和为变者也。”不论军事斗争还是企业竞争，用“诈”来掩盖真实行动和目的是运用谋略取胜的本质特征。

（13）兵贵神速　《孙子兵法 · 九地篇》：“兵之情主速。”用兵作战，从捕捉战机到主动进攻都要果断迅速。企业在确定行动方案后，必须坚决果断地按既定方案实施，而不是拖延时间给对手造成反击的机会。

（14）攻其必救　《孙子兵法 · 虚实篇》：“我欲战，敌虽高垒深沟，不得不与我战者，攻其所必救也。”攻其必救的目的在于调动对手。在企业生产中，要防止对手利用大量订单调动大量生产，从而控制原料供应量或价格，造成己方成本上升或交货期拖延，形成被动局面。因而企业在各种渠道上要保持一定的警觉性，防止被对手调动。

（15）因敌制变　《孙子兵法 · 虚实篇》：“兵无常势，水无常形。能因敌变化而取胜者，谓之神。”在企业管理中，要根据客观条件和竞争对手策略的变化，相应地调整企业的经营方针，推陈出新，做到因势利导，才能牢牢地掌握主动权。

（16）避实击虚　《孙子兵法 · 虚实篇》：“兵之形，避实而击虚。”在企业掌握的资源中，存在着优劣不均的状态。在进行策划进攻对手的目标和行动方案时，要尽量避开对手的优势，而攻击对手的薄弱环节。

（17）弱而示强　《孙子兵法 · 势篇》：“强弱形也。”可以采用迷惑竞争对手的方法，把企业的弱处表现为强处，使对手不敢贸然进攻；把企业的强处表现为弱处，保持自己的竞争优势，用“守株待兔”的策略让对手碰得头破血流。如果产品开发技术是弱项，可以秘密引进技术，搞出一两个新产品，给竞争对手形成技术力量雄厚的印象，不敢在新产品开发上小看我方。

（18）顺详敌意　《孙子兵法 · 九地篇》：“为兵之事，在顺详敌之意，并敌一向，千里杀将，是谓巧能成事。”详，通“佯”，假装。假装顺从对方的意图，因势利导，欲擒故纵，把对方的行动引向极端，使之出现错误，再集中力量乘机攻击。这一谋略在企业兼并中可以运用。在股票市场购买对方的股票，达到控制对方的目的时，要警惕被兼并方的表面现象和其实质举动的差异，要防止被对方迷惑，使收购被引向错误方向，更要警惕被对方抓住错误，乘机反击。

（19）奇正相生　《孙子兵法 · 势篇》：“战势不过奇正，奇正之变，不可胜穷也。奇正相生，如循环之无端，孰能穷之哉！”企业竞争与军事斗争一样，只有善出奇兵，敢出奇兵，不断创新，才能取得胜利。而准确把握“奇”与“正”的相互转化规律也是获胜的法宝。

（20）荣辱与共　《孙子兵法 · 计篇》：“道者，令民与上同意也，故可以与之死，可以与之生，民弗诡也。”企业竞争犹如军事斗争，领导与员工只有荣辱与共，同舟共济，才能无往而不胜。企业领导者在企业效益好时，要大力改善员工的福利待遇，解决困难，这样在企业遭遇困难时才能使员工为企业着想，与企业共渡难关。

（21）择人任势　《孙子兵法 · 势篇》：“故善战者，求之于势，不责于人，故能择人而任势。”根据企业实际情况选择好领导者，是调动最积极的因素以保证取得最后胜利的最有效的手段。企业战略从收集情报到制定战略，从战略决策到战略实施，在不同层次都离不开具有各种专长的领导者。

（22）避其锐气，击其惰归 《孙子兵法·军争篇》："善用兵者，避其锐气，击其惰归，此治气者也。"如，竞争对手在新产品问世时采用大规模的广告攻势，力图压住我方。我方可以避开对手的广告攻势，而在产品的特色上下工夫，在产品已被公众了解，对手的广告攻势减弱后，迅速推出本企业同类且富有特色的产品，既可节约广告费用，也可达到非常好的销售效果。

小结

1. 运用《孙子兵法》的谋略观点可以帮助企业建立起战略制定原则；按照《孙子兵法》中的掌握主动权、创造有利时机、动中取胜等原则，可以确保企业战略在实施过程中不致产生偏差；借鉴《孙子兵法》的思想，可以帮助企业明确"创新领先"战略、"低成本"战略和"避实击虚"战略等的控制要点。
2. 《孙子兵法》中的攻心为上、攻其必救、奇正相生等20余条经典谋略，都可以在企业的战略管理中得到相应的借鉴，从而帮助企业在激烈的竞争中生存和发展。
3. 运用《孙子兵法》时不能笼统地照搬谋略的字面意思，而必须领会和把握谋略的实质内涵。同时，要与实际环境的新情况、新特点结合起来，并勇于创新，这样才能在企业战略管理上处于更高的水平。

复习思考题

1. 为什么《孙子兵法》能对企业战略管理起指导意义？
2. 企业战略的基本组成因素有哪些？它们之间的相互关系如何？
3. 《孙子兵法》可如何帮助企业建立起战略制定原则？
4. 如何借鉴《孙子兵法》实施企业战略？
5. 简述《孙子兵法》中"择人任势"的实质意义。
6. 参照《孙子兵法》的思想对企业战略优劣进行评估。
7. 结合自己的理解，谈谈《孙子兵法》谋略思想在企业管理上更广泛的运用。

后　记

2008年年末，我在深圳参加一次会议，那时距离金融危机的爆发已有一段时间了，寒意遍及各地。会上许多企业界朋友和我讨论本轮金融危机何时能够过去，一时众说纷纭。于是，我和大家分享了一个关于过冬的小故事。

北方森林里有这样三只动物，熊、老虎，还有狼。秋尽冬来，万木枯荣，各种食物也相应变得稀少起来。面对漫长的寒冬，熊选择了冬眠，带着一身的脂肪躲进一个舒适的角落蜷成一团，睡过去了。老虎选择了锻炼，在苍茫大地中不断地奔跑跳跃，强健自己的身体，磨炼捕猎的技能，也是取暖驱寒。而野心勃勃的狼则在寒风中四处寻找，攻击那些在寒风中瑟瑟发抖的弱小者……

冬去春来。睡了足足一冬的熊在冰雪解冻的滴答声中苏醒，没有任何运动的它用仅存的能量安然度过了严冬。老虎停下了脚步，虽然身形有些变化，但运动还是帮助它抵抗住严寒的侵袭，而它现在跑得更快，也跳得更高了。不过，这个冬天对狼来讲反而更像是在过年，因为那些曾经和它争抢食物的动物们都过冬去了，而那些曾经费尽力气才能捕获的猎物也变得唾手可得。它同样平安度过了寒冬。三只动物都用自己的方式迎来了春天，只是春天里的故事将会是好还是坏，只有未来知道，但正如故事结尾所说的那样：春天的故事往往来自于冬天的梦想。

我告诉在场的企业界朋友们，面对金融危机带来的寒冬，我们同时有三种选择，我称之为“冬眠”、“冬泳”和“冬猎”。无论你选择怎样过冬，都必须想好即将到来的春天需要具备哪些能力，必须提高企业的预测能力，在冬天就开始规划春天到来时的战略部署。否则，即使熬过寒冬，等到冰雪消融，这到来的春天也不是属于你的。

冬天来了，你们选择好如何度过了吗？

吕　巍

2010年7月于上海交通大学